Olfert/Reichel · Finanzierung

Kompendium der praktischen Betriebswirtschaft

Herausgeber Prof. Dipl.-Kfm. Klaus Olfert

Finanzierung

von

Prof. Dipl.-Kfm. Klaus Olfert
Prof. Dr. Christopher Reichel

13., aktualisierte Auflage

Kiehl

Herausgeber:

Prof. Dipl.-Kfm. Klaus Olfert
Hochschule für Technik, Wirtschaft und Kultur Leipzig
Fachbereich Wirtschaftswissenschaften
Postfach 66, 04251 Leipzig

ISBN 3 470 **53493** 4 · 13. Auflage · 2005

Druck: Druckhaus Beltz, Hemsbach – wa

Kompendium der praktischen Betriebswirtschaft

Das Kompendium der praktischen Betriebswirtschaft soll dazu dienen, das allgemein anerkannte und praktisch verwertbare Grundlagenwissen der modernen Betriebswirtschaftslehre praxisgerecht, übersichtlich und einprägsam zu vermitteln.

Dieser Zielsetzung gerecht zu werden, ist gemeinsames Anliegen des Herausgebers und der Autoren, die durch ihr Wirken an Hochschulen, als leitende Mitarbeiter von Unternehmen und in der betriebswirtschaftlichen Unternehmensberatung vielfältige Kenntnisse und Erfahrungen sammeln konnten.

Das Kompendium der praktischen Betriebswirtschaft umfasst mehrere Bände, die einheitlich gestaltet sind und jeweils aus zwei Teilen bestehen:

- Dem **Textteil**, der systematisch gegliedert sowie mit vielen Beispielen und Abbildungen versehen ist, welche die Wissensvermittlung erleichtern. Zahlreiche Kontrollfragen mit Lösungshinweisen dienen der Wissensüberprüfung. Umfassende Literaturverzeichnisse zu jedem Kapitel verweisen auf die verwendete und weiterführende Literatur.

- Dem **Übungsteil**, der eine Vielzahl von Aufgaben und Fällen enthält, denen sich ausführliche Lösungen anschließen, die schrittweise und in verständlicher Form in die betriebswirtschaftlichen Fragestellungen einführen.

Als praxisorientierte Fachbuchreihe wendet sich das Kompendium der praktischen Betriebswirtschaft vor allem an:

- **Studierende** der Fachhochschulen und Universitäten, Akademien und sonstigen Institutionen, denen eine systematische Einführung in die betriebswirtschaftlichen Teilgebiete vermittelt werden soll, die eine praktische Umsetzbarkeit gewährleistet.

- **Praktiker** in den Unternehmen, die sich innerhalb ihres Tätigkeitsfeldes weiterbilden, sich einen fundierten Einblick in benachbarte Bereiche verschaffen oder sich eines umfassenden betrieblichen Handbuches bedienen wollen.

Für Anregungen, die der weiteren Verbesserung der Fachbuchreihe dienen, bin ich dankbar.

Prof. Klaus Olfert
Herausgeber

Vorwort zur 13. Auflage

Die 12. Auflage war rasch vergriffen, weshalb es notwendig geworden ist, das Buch neu aufzulegen. Die Vorauflage wurde aktualisiert. Änderungen haben sich u. a. ergeben im Hinblick auf das Internetbanking, die statistische Erhebung von Zinssätzen durch die EZB und die Neuorganisation der KfW-Bankengruppe.

Die Anregungen aus der Leserschaft haben sich als wertvoll erwiesen, wofür herzlich gedankt wird.

Leipzig/Neckargemünd/Fürth, im Mai 2005

Prof. Klaus Olfert
Prof. Dr. Christopher Reichel

Benutzungshinweis

Kontrollfragen

Die Kontrollfragen dienen der Wissenskontrolle. Sie finden sich am Ende eines jeden Kapitels. Zur Wissenskontrolle wird folgende Vorgehensweise vorgeschlagen:

- Beantwortung der Kontrollfragen und Vermerk in der Spalte »bearbeitet«.

- Vergleich der beantworteten Kontrollfragen mit den in der Spalte »Lösungshinweis« gegebenen Textstellen.

- Vermerk in der Spalte »Lösung«, ob die beantworteten Kontrollfragen befriedigend (+) oder unbefriedigend (-) gelöst wurden.

Aufgaben/Fälle

Die Aufgaben/Fälle im Übungsteil dienen der Wissens- und Verständniskontrolle. Auf sie wird jeweils im Textteil hingewiesen:

01 Seite ...

02 Seite ...

03 Seite ...

04 Seite ...

05 Seite ...

.
.
.

Der Übungsteil befindet sich als »blauer Teil« am Ende des Buches. Es wird empfohlen, die Aufgaben/Fälle unmittelbar nach Bearbeitung der entsprechenden Textstellen zu lösen.

Inhaltsverzeichnis

Übungsteil (Aufgaben/Fälle)

A. Grundlagen

Unternehmen werden zu dem Zwecke betrieben, Leistungen zu erstellen. Dies geschieht durch die Kombination der Produktionsfaktoren

- Arbeit
- Betriebsmittel
- Werkstoffe

im Rahmen eines **güterwirtschaftlichen Prozesses**, der es notwendig macht, dass die Produktionsfaktoren beschafft und planvoll eingesetzt werden, um die betrieblichen Leistungen zu bewirken und zu verwerten. Die Zeitdauer dieses Prozesses kann erheblichen Umfanges sein.

Die Beschaffung der Produktionsfaktoren auf der einen Seite und der Absatz der betrieblichen Leistungen auf der anderen Seite sind aber nicht nur Elemente eines güterwirtschaftlichen Prozesses, sondern erfordern ebenso einen **finanzwirtschaftlichen Prozess**, denn für die zu beschaffenden Produktionsfaktoren fallen Auszahlungen an, die betrieblichen Leistungen führen zu Einzahlungen.

Der güterwirtschaftliche Prozess steht damit in wechselseitiger Beziehung zu dem finanzwirtschaftlichen Prozess, die Leistungsströme fließen den Zahlungsströmen entgegen und umgekehrt. Beide Prozesse sind aber nicht völlig deckungsgleich, denn es gibt auch **Zahlungsströme, denen keine Leistungsströme gegenüberstehen**:

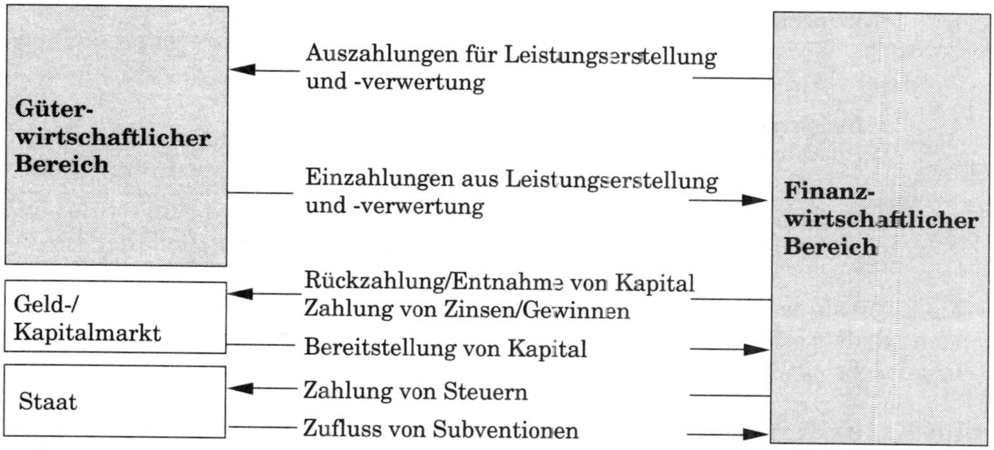

Der **Finanzwirtschaft** obliegt die Planung, Steuerung und Kontrolle der Einzahlungen und Auszahlungen des Unternehmens. Ein typischer finanzwirtschaftlicher **Prozess** kann in folgender Weise ablaufen:

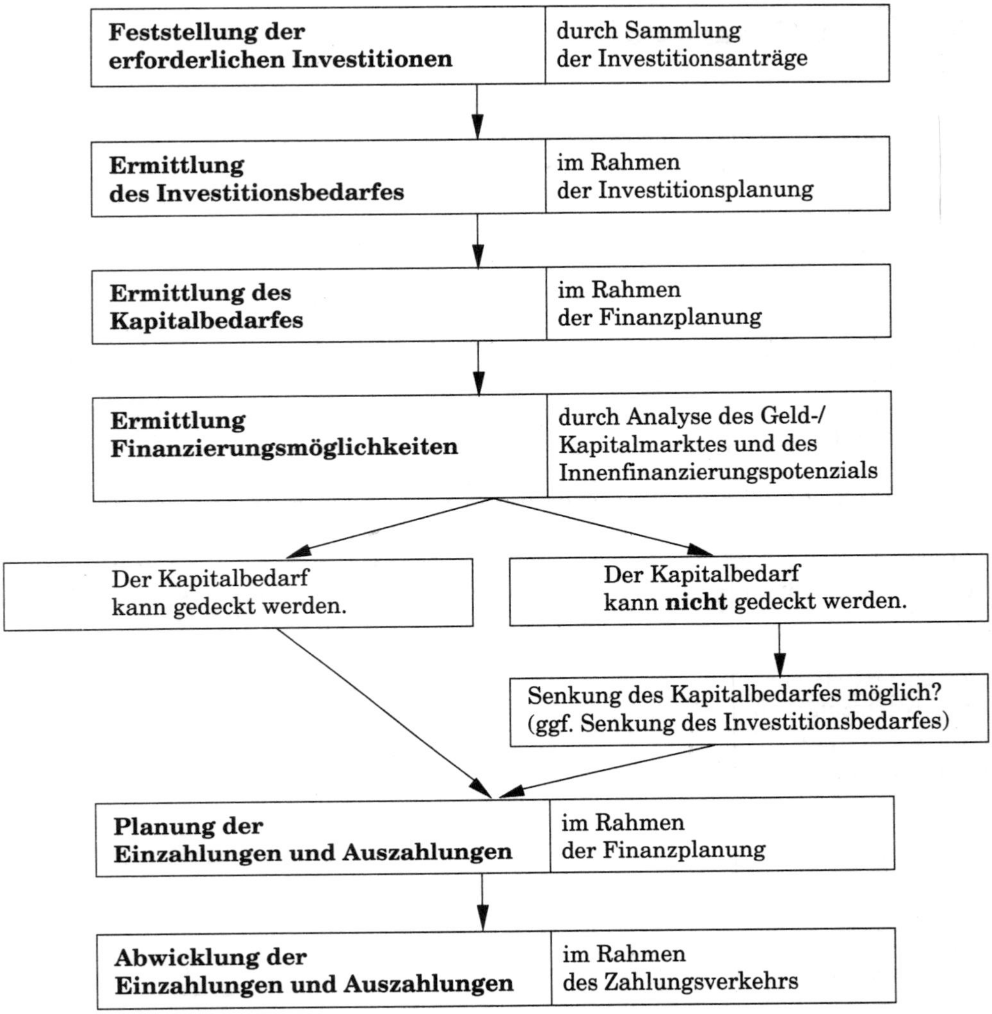

Die zentralen Begriffe der Finanzwirtschaft sind die Finanzierung, die Investition und der Zahlungsverkehr. Sie stellen die **Funktionen** der Finanzwirtschaft dar:

- Als **Kapitalbeschaffung** oder **Finanzierung**, die zur Aufgabe hat, das Unternehmen mit dem erforderlichen Kapital zu versorgen. Sie wird in diesem Buch ausführlich dargestellt.

- Als **Kapitalverwendung** oder **Investition**, die dazu dient, das beschaffte Kapital im Unternehmen einzusetzen. Auf sie wird nachfolgend eingegangen, soweit es dem finanzwirtschaftlichen Verständnis dient – siehe ausführlich *Olfert*, Investition, *Olfert / Reichel*, Kompakt-Training Investition.

- Als **Kapitalverwaltung**, welche die Abwicklung der Einzahlungen und Auszahlungen des Unternehmens ermöglicht, die im Rahmen des **Zahlungsverkehrs** erfolgt. Sie wird in Kapitel C beschrieben.

Kapitalbeschaffung, Kapitalverwendung und Kapitalverwaltung sind nicht nur **Funktionen** der Finanzwirtschaft, sie müssen auch geplant, gesteuert und kontrolliert werden. Das geschieht im Rahmen der **finanzwirtschaftlichen Führung**.

Die Finanzwirtschaft bzw. das Finanzwesen ist **organisatorisch** auf unterschiedliche Weise in das Unternehmen eingegliedert, wobei vor allem folgende Kriterien die Organisation beeinflussen:

- Unternehmensgröße
- Rechtsform
- Branche
- Art der Einbindung in den Konzern.

Verschiedene Organisationsstrukturen ergeben sich beispielsweise aufgrund der Unternehmensgröße:

- In **kleineren** und auch **mittleren Unternehmen** befinden sich die Unternehmensleitung und die finanzwirtschaftliche Führung zumeist in einer Hand, häufig auch noch in Verbindung mit dem Rechnungswesen.

  Finanzielle Entscheidungen – strategischer wie operativer Art – werden oftmals gleichzeitig durch die Unternehmensleitung getroffen und nur routineartige Tätigkeiten delegiert. Dies kann, falls die finanzwirtschaftliche Führung einen Engpassfaktor darstellt, zu existenzbedrohenden Situationen für das Unternehmen führen.

  In ihrer Größe wachsende Unternehmen trennen dann oft die Führungsaufgaben in einen technischen und einen kaufmännischen Leitungsbereich, wobei letzterer die finanzwirtschaftliche Führung übernimmt.

- **Große Unternehmen** weisen üblicherweise bereits im oberen Organisationsbereich eine eigenständige finanzwirtschaftliche Abteilung aus.

Die Finanzwirtschaft bzw. das Finanzwesen kann grundsätzlich funktional bzw. divisional in die Organisationsstruktur der Unternehmen eingeordnet sein:

- Die **funktionale Organisation** fasst gleichartige Verrichtungen und Arbeitsvorgänge in Abteilungen oder Ressorts zusammen. Ziel hierbei ist die Erreichung von Spezialisierungsvorteilen und die Degression der Kosten. Insbesondere kleinere und mittlere Unternehmen nutzen diese Organisationsform.

  Ein **Beispiel** der Organisation nach dem Verrichtungsprinzip ist folgende Einteilung:

Ressort Einkauf	Ressort Technik	Ressort Vertrieb	Ressort Finanzen und Betriebswirtschaft
			○ Controlling ○ Rechnungswesen ○ Finanzwesen: Disposition, Kredit, Ausland ○ Beteiligungen

Nachteilig ist, dass diese funktionale Organisationsform bei wachsenden Unternehmensgrößen zu Koordinationsproblemen führt.

- Die **divisionale Organisation** der finanzwirtschaftlichen Führung ist vor allem bei größeren Unternehmen zu finden. Es erfolgt eine Aufgabengliederung nach **Objekten** und **Sparten**, die sein können:

  - Produkte oder Produktgruppen
  - Kunden oder Kundengruppen
  - Regionen oder Länder.

  Ein **Beispiel** für die divisionale Organisation kann sein:

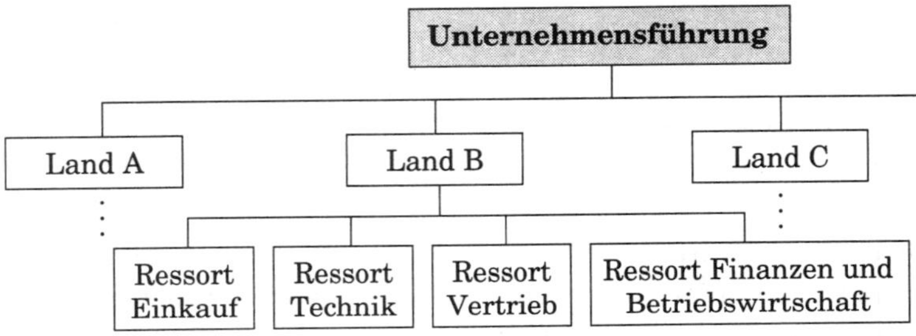

  Vorteile bestehen hier in der Verknüpfung von Zielgerichtetheit der Organisation, beispielsweise auf verschiedene Kundengruppen, und der Nutzung von funktionellen Spezialisierungsvorteilen.

  In Großkonzernen gilt allerdings des Öfteren, dass die finanzwirtschaftliche Führung zusätzlich als eine zentrale Querschnittsabteilung unterhalb der Unternehmensführung angesiedelt ist.

Die im Rahmen der Finanzwirtschaft zu lösenden Aufgaben sind vielfältig und komplex. Je größer ein Unternehmen ist, das gegebenenfalls noch konzernmäßige und/ oder internationale Verflechtungen aufweist, umso schwieriger sind die Aufgaben optimal zu gestalten.

In diesem Falle wurde in der Vergangenheit mitunter eine **Funktionsteilung** im finanzwirtschaftlichen Bereich vorgenommen:

- Der **Controller** nimmt Aufgaben eines Gewinn-Managers wahr.
- Der **Treasurer** wirkt als Finanz-Manager.

Dabei ergaben sich zwischen Controller und Treasurer häufig beispielsweise folgende **Unterschiede** *(Eilenberger)*:

	Controller	**Treasurer**
Funktion	Gewinn-Manager	Finanz-Manager
Position	Leiter des Rechnungswesens	Leiter der Finanzwirtschaft
Aufgabe	Sicherung der Gewinnerzielung	Sicherung jederzeitiger Zahlungsfähigkeit
Steuerungsgröße	Gewinn	Liquidität und Rentabilität
Bezugsgrößen	Aufwand/Ertrag Kosten/Erlöse	Einnahmen/Ausgaben Einzahlungen/Auszahlungen
Ebenen	operativ	operativ
	taktisch	dispositiv
Aufgaben	❍ Allgemeine Unternehmensplanung und -steuerung sowie Kontrolle des Geschäftsablaufes ❍ Berichterstattung und Interpretation des Unternehmensergebnisses ❍ Unterstützung des Managements zur Erreichung der vorgegebenen Ziele ❍ Bereitstellung von Unterlagen für das Finanzamt und andere staatliche Stellen ❍ Sicherung des Vermögens durch innerbetriebliche Kontrollen	❍ Kapitalbeschaffung in Ausführung der Unternehmenspläne ❍ Liquiditätssicherung durch kurzfristige Finanzierungsmaßnahmen ❍ Pflege der Beziehungen zu den Kreditgebern und Aktionären ❍ Überwachung der Gewährung von Kundenkrediten einschließlich Forderungseinzug ❍ Regelung und Koordination von Kapitalanlagen außerhalb des Unternehmens

Die Merkmale und Aufgaben des Controllers und Treasurers können in der betrieblichen Praxis jedoch – entsprechend unterschiedlicher Gegebenheiten in den Unternehmen – von den oben dargestellten Regelungen abweichen.

Im Folgenden werden beschrieben:

Grundlagen	Kapital
	Finanzwirtschaftliche Funktionen
	Finanzwirtschaftliche Führung

1. Kapital

Der Kapitalbegriff wird in der Betriebswirtschaftslehre unterschiedlich weit gefasst, beispielsweise:

- Kapital ist die abstrakte Wertsumme in der Bilanz.
- Kapital ist Geld für Investitionszwecke.
- Kapital ist gleich Geld.

Es lassen sich grundsätzlich unterscheiden:

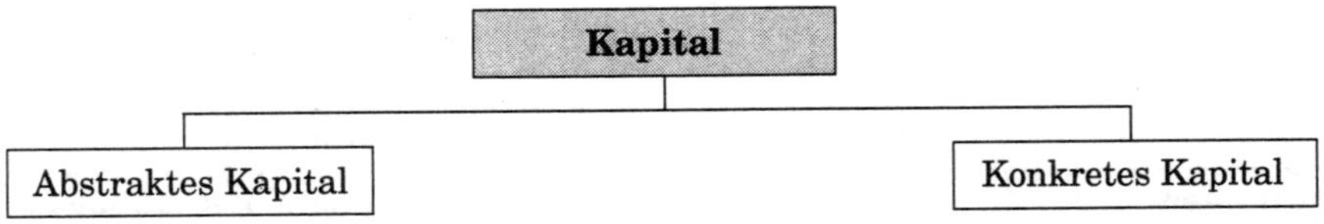

Beide Arten des Kapitals sollen anhand der Bilanzgliederung für Kapitalgesellschaften nach § 266 HGB erläutert werden, die auf Seite 436 im Anhang dargestellt ist.

1.1 Abstraktes Kapital

Das abstrakte Kapital umfasst die Gesamtheit der Positionen, die sich auf der Passiv-Seite der Bilanz befinden. Dem abstrakten Kapital steht – als Gegenposten – auf der Aktiv-Seite das Vermögen als konkretes Kapital gegenüber:

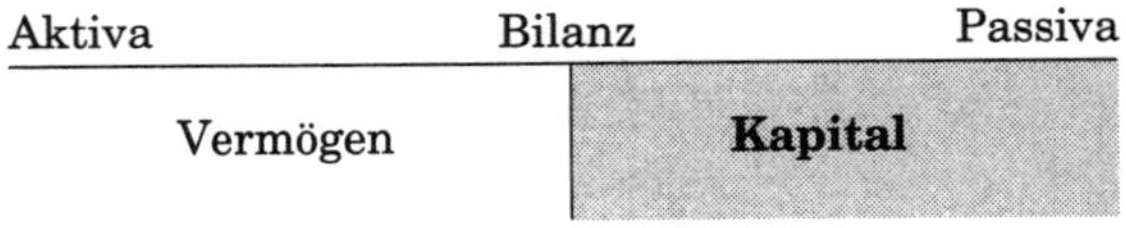

Der Ausweis des abstrakten Kapitals in der Bilanz dient mehreren **Zwecken**. So kann:

- die Kapitalherkunft offen gelegt werden,
- eine Kapitalbewertung vorgenommen werden,
- die Kapitalerhaltung überprüft werden.

Nach der Kapitalart lässt sich das abstrakte Kapital unter rechtlichen Gesichtspunkten untergliedern in:

- **Eigenkapital**
- **Fremdkapital.**

Damit kann die Passiv-Seite der Bilanz differenziert werden:

Aktiva	Bilanz	Passiva
Vermögen		**Eigenkapital**
		Fremdkapital

1.1.1 Eigenkapital

Das Eigenkapital eines Unternehmens setzt sich grundsätzlich aus mehreren Einzelpositionen zusammen. Das können sein – siehe ausführlich *Ditges / Arendt*:

- **Bilanziell ausgewiesene Positionen**

Geschäftsanteile	Sie stellen bei Kapitalgesellschaften das gezeichnete Kapital dar, und zwar als Stammkapital bei der GmbH und als Grundkapital bei der AG.
Rücklagen	Sie können bei Kapitalgesellschaften sein: ○ **Kapitalrücklage** als Zuführung von Mehrbeträgen von außerhalb des Unternehmens als: - Beträge, die bei der Ausgabe von Anteilen einschließlich von Bezugsanteilen über den Nennbetrag hinaus erzielt werden (Aufgeld). - Beträge, die bei der Ausgabe von Schuldverschreibungen für Wandlungsrechte und Optionsrechte zum Erwerb von Anteilen erzielt werden. - Beträge von Zuzahlungen, die Gesellschafter gegen Gewährung eines Vorzuges für ihre Anteile leisten. - Beträge von anderen Zuzahlungen, die Gesellschafter in das Eigenkapital leisten. ○ **Gewinnrücklagen** als Zuführung von Beträgen aus dem Jahresüberschuss als: - Gesetzliche Rücklage, die nur bei der AG oder KGaA auftreten kann. - Rücklage für eigene Anteile, die beim Erwerb eigener Anteile zu bilden ist. - Satzungsmäßige Rücklage, deren Bildung aufgrund des Gesellschaftsvertrages, der Satzung oder des Statuts der Gesellschaft erfolgt. - Andere Gewinnrücklagen als Restgröße.
Gewinnvortrag	Er ergibt sich bei Kapitalgesellschaften aus der Beschlussfassung der Gesellschafterversammlung des Unternehmens. Ein Verlustvortrag mindert das Eigenkapital.
Jahresüberschuss	Er stellt das im abgelaufenen Geschäftsjahr entstandene Ergebnis dar. Ein Jahresfehlbetrag als negatives Ergebnis mindert das Eigenkapital.

- **Bilanziell nicht erkennbar ausgewiesene stille Reserven**

Stille Ermessensreserven	Sie kommen aufgrund von Bilanzierungswahlrechten sowie Bewertungswahlrechten und Methodenwahlrechten zu Stande.
Stille Schätzreserven	Sie ergeben sich aufgrund unterschätzter Nutzungsdauern von Anlagegütern, überschätzten Tageswerten und überschätzten Rückstellungen.

Das in der Bilanz ausgewiesene Eigenkapital nimmt wichtige **Funktionen** wahr:

- Es schafft zunächst die Grundlage dafür, dass ein Unternehmen seine wirtschaftliche Tätigkeit aufnehmen und fortführen kann.

- Für die Fremdkapitalgeber und Geschäftspartner des Unternehmens weist das bilanziell ausgewiesene Eigenkapital auf den Umfang der Haftung hin.

  Beispiel: Eine GmbH haftet für Verbindlichkeiten, die von ihr eingegangen werden, mit ihrem gesamten Vermögen. Die Gesellschafter der GmbH haften grundsätzlich nur bis zur Höhe ihrer Geschäftsanteile.

- Der bilanzielle Ausweis des Eigenkapitals von Personengesellschaften kann Auskunft geben, in wie viele Anteile das Eigenkapital aufgeteilt ist, wie hoch diese Anteile sind und gegebenenfalls wer sie hält. Bilanzen von Kapitalgesellschaften enthalten solche detaillierten Aussagen z. B. nur in zusätzlichen Anlagen zur Bilanz. Damit ist die Möglichkeit gegeben, Auskunft über Gewinnzuweisungen, aber auch Verlustzuweisungen zu bekommen.

- Bei Gesellschaften, deren Gesellschafter nur beschränkt haften, dient das Eigenkapital als Ausschüttungssperrziffer, d. h. die Gewinnausschüttung darf nicht so hoch sein, dass die Geschäftsanteile davon eine Minderung erfahren.

Das Eigenkapital weist besonders folgende **Eigenschaften** auf:

Kriterien	Eigenschaften des Eigenkapitals
Rechtsverhältnis	Das Eigenkapital begründet ein Beteiligungsverhältnis.
Haftung	Der Eigenkapitalgeber haftet als (Mit-)Eigentümer je nach Rechtsform mindestens in Höhe der Einlage, gegebenenfalls auch mit seinem gesamten Privatvermögen.
Vermögen	Der Eigenkapitalgeber hat einen anteiligen Anspruch, wenn der Liquidationserlös die Schulden übersteigt.
Entgelt	Der Eigenkapitalgeber ist grundsätzlich anteilig am Gewinn und Verlust beteiligt.
Mitbestimmung	Der Eigenkapitalgeber ist grundsätzlich zur Mitbestimmung berechtigt, praktisch erfolgt aber mitunter eine Begrenzung.

Verfügbarkeit	Das Eigenkapital ist grundsätzlich zeitlich unbegrenzt verfügbar, kann aber teilweise kurzfristig gekündigt werden.
Steuern	Eigenkapitalzinsen sind steuerlich nicht absetzbar, der Gewinn wird voll belastet, je nach Rechtsform durch ESt, KSt, GewSt.
Umfang	Das Eigenkapital ist durch die finanzielle Kapazität und/oder die Bereitschaft bisheriger und neuer Kapitalgeber begrenzt.
Interesse	Der Eigenkapitalgeber hat üblicherweise ein Interesse am Erhalt des Unternehmens.

1.1.2 Fremdkapital

Als Fremdkapital kann die Gesamtheit der Schulden angesehen werden, die auf der Passiv-Seite der Bilanz ausgewiesen sind. Es lassen sich unterscheiden:

- **Rückstellungen**, die durch das Merkmal der Ungewissheit zum Zeitpunkt der Bilanzerstellung gekennzeichnet sind. Die Ungewissheit kann sich auf den Verpflichtungsgrund und/oder die Höhe der Schuld beziehen.

  Rückstellungen können nach § 266 Abs. 3 HGB sein:

  - Rückstellungen für Pensionen und ähnliche Verpflichtungen
  - Steuerrückstellungen
  - Sonstige Rückstellungen

  Rückstellungen können – trotz ihrer eindeutigen rechtlichen Zuordnung zum Fremdkapital – unter Finanzierungsaspekten dem Eigenkapital nahekommen, wenn sie langfristig gebildet werden. Charakteristisch hierfür sind die Pensionsrückstellungen, die dem Unternehmen – mit gewissen Einschränkungen – über Jahre hinweg Innenfinanzierungsvolumina erschließen.

- **Verbindlichkeiten**, die im Gegensatz zu den Rückstellungen betragsmäßig und terminlich genau festgelegt sind. Nach § 266 Abs. 3 HGB können die Verbindlichkeiten folgende Positionen umfassen:

  - Anleihen
  - Verbindlichkeiten gegenüber Kreditinstituten
  - Erhaltene Anzahlungen auf Bestellungen
  - Verbindlichkeiten aus Lieferungen und Leistungen
  - Verbindlichkeiten aus der Annahme gezogener Wechsel
  - Verbindlichkeiten aus der Ausstellung eigener Wechsel
  - Verbindlichkeiten gegenüber verbundenen Unternehmen
  - Verbindlichkeiten gegenüber Unternehmen, mit denen ein Beteiligungsverhältnis besteht
  - Sonstige Verbindlichkeiten aus Steuern, im Rahmen der sozialen Sicherheit u. a.

Das Fremdkapital kann kurzfristiger, mittelfristiger oder langfristiger Natur sein. Es hat folgende **Eigenschaften**:

Kriterien	Eigenschaften des Fremdkapitals
Rechtsverhältnis	Das Fremdkapital begründet ein Schuldverhältnis.
Haftung	Der Fremdkapitalgeber haftet als Gläubiger des Unternehmens nicht.
Vermögen	Der Fremdkapitalgeber hat Anspruch auf Rückzahlung des zur Verfügung gestellten Kapitals.
Entgelt	Der Fremdkapitalgeber hat grundsätzlich einen festgelegten Zinsanspruch und ist i. d. R. nicht am Gewinn bzw. Verlust beteiligt.
Mitbestimmung	Der Fremdkapitalgeber ist grundsätzlich nicht zur Mitbestimmung berechtigt, praktisch kann dies aber in unterschiedlichem Umfang eingeräumt werden.
Verfügbarkeit	Das Fremdkapital ist grundsätzlich zeitlich begrenzt verfügbar.
Steuern	Fremdkapitalzinsen sind steuerlich als Aufwand absetzbar (mit Einschränkung bei der GewSt).
Umfang	Das Fremdkapital ist durch die Einschätzung des mit der Hingabe verbundenen Risikos und den Umfang verfügbarer Sicherheiten begrenzt.
Interesse	Der Fremdkapitalgeber ist am Erhalt seines Kapitals interessiert.

1.2 Konkretes Kapital

Das konkrete Kapital ist ein Wertausdruck, der Vermögenscharakter besitzt. Es tritt in Erscheinung als

- Geld
- Rechte
- Sachgüter.

In der Bilanz des Unternehmens umfasst das konkrete Kapital nach § 266 Abs. 2 HGB als Vermögenswerte – neben den der zutreffenden Ermittlung des Periodengewinnes dienenden Rechnungsabgrenzungsposten – zwei **Positionen**:

- **Anlagevermögen**
- **Umlaufvermögen.**

Damit ergibt sich folgende Grundstruktur der Bilanz:

Aktiva	Bilanz Passiva
Anlagevermögen	Eigenkapital
Umlaufvermögen	Fremdkapital

1.2.1 Anlagevermögen

Als Anlagevermögen werden all jene Vermögensgegenstände bezeichnet, die dazu bestimmt sind, dem Unternehmen dauernd zu dienen. Es umfasst:

- **Immaterielle Vermögensgegenstände** als nicht-körperliche Vermögensgegenstände, beispielsweise Patente, Lizenzen, Warenzeichen, Gebrauchsmuster, Rechte aus schwebenden Geschäften.

- **Sachanlagen** als körperliche Vermögensgegenstände. Das sind Grundstücke und Bauten, technische Anlagen und Maschinen, Betriebs- und Geschäftsausstattung, andere Anlagen, geleistete Anzahlungen, Anlagen im Bau.

- **Finanzanlagen** als Anteile an verbundenen Unternehmen, Ausleihungen an verbundene Unternehmen, Beteiligungen, Ausleihungen an in einem Beteiligungsverhältnis stehende Unternehmen, Wertpapiere des Anlagevermögens, sonstige Ausleihungen.

1.2.2 Umlaufvermögen

Das Umlaufvermögen umfasst all jene Vermögensgegenstände, die nicht zum Anlagevermögen gehören. Es lassen sich unterscheiden:

- **Vorräte** als Umlaufvermögen im engeren Sinne. Das sind Roh-, Hilfs-, Betriebsstoffe, unfertige Erzeugnisse und Leistungen, geleistete Anzahlungen.

- **Forderungen und sonstige Vermögensgegenstände**, wozu Forderungen aus Lieferungen und Leistungen, Forderungen gegen verbundene Unternehmen, Forderungen gegen in einem Beteiligungsverhältnis stehende Unternehmen, sonstige Vermögensgegenstände wie Vorschüsse, Kautionen, Steuererstattungsansprüche, Zinsansprüche zählen.

- **Wertpapiere** als verbriefte Anteile an verbundenen Unternehmen, eigene Anteile des Unternehmens, sonstige Wertpapiere.

- **Schecks, Kassenbestand.**

- **Zentralbankguthaben.**

- **Guthaben bei Kreditinstituten.**

Das Unternehmen muss seinen Kapitalbedarf damit nicht unbedingt mithilfe von Geldmitteln decken, sondern kann auch Sachgüter und Rechte dazu nutzen.

Beispiel: Wenn eine Maschine für die Fertigung beschafft werden muss, ist entscheidend, dass diese Maschine zum geplanten Zeitpunkt zur Verfügung steht. Nachrangig ist zunächst, ob für den Kauf der Maschine Geldmittel beschafft wurden, mit denen die Maschine bezahlt wird, oder ob dies nicht der Fall war und die Maschine geliefert wird, ohne dass eine sofortige Bezahlung erfolgen muss.

In der modernen Betriebswirtschaftslehre verwendet man häufig den konkreten, **monetären Kapitalbegriff**, da er funktional auf die finanzwirtschaftlichen Problemstellungen ausgerichtet ist.

01 Seite 449

2. Finanzwirtschaftliche Funktionen

Die Funktionen der Finanzwirtschaft sind, wie bereits erläutert wurde:

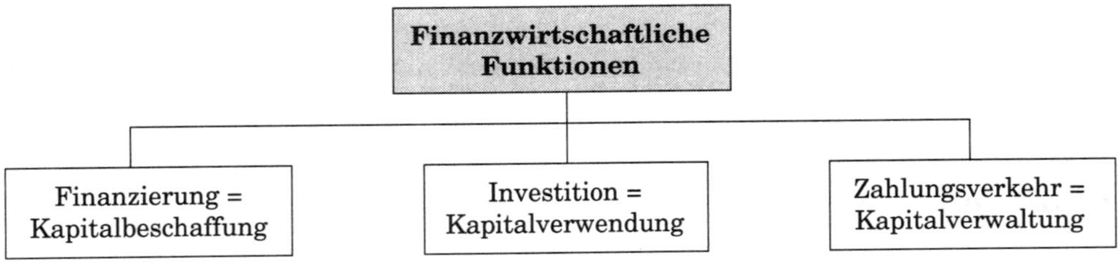

Die **finanzwirtschaftlichen Funktionen** geben Aufschluss darüber, auf welche Arten die Zahlungsströme des Unternehmens bewirkt und abgewickelt werden können. Der dispositive Teil zu diesen Funktionen – die Planung, Steuerung und Kontrolle der Zahlungsströme – geschieht in der **finanzwirtschaftlichen Führung**.

2.1 Finanzierung

Kapital ist zur Leistungserstellung und Leistungsverwertung erforderlich. Die Beschaffung des Kapitals wird Finanzierung genannt. Sie bezieht sich auf alle Maßnahmen der Beschaffung von Geld und geldwerten Gütern. Damit umfasst sie:

- Geld
- Sachgüter
- Rechte.

Die Passiv-Seite der Bilanz, die das abstrakte Kapital enthält, gibt Auskunft über die Art und den Umfang des beschafften Kapitals. Die Aktiv-Seite, auf der das konkrete Kapital ausgewiesen ist, lässt erkennen, welche Arten von Gütern mit dem von den Kapitalgebern bereitgestellten Kapital beschafft wurden.

Die Finanzierung erfolgt in der betrieblichen Praxis überwiegend durch Zuführung von Geld. Ist dies nicht der Fall und werden Sachgüter oder Rechte zugeführt, dann fallen Finanzierung und Investition in einem Zeitpunkt zusammen.

Mit der Finanzierung verbunden sind vor allem folgende **Fragestellungen**:

- *Wie groß ist der Kapitalbedarf des Unternehmens?*
- *Welche Finanzierungsarten bieten sich zur Deckung des Kapitalbedarfes an?*
- *Wie sieht die optimale – insbesondere auch kostenminimale – Finanzierung aus?*

Die Finanzierung lässt sich nach verschiedenen Kriterien systematisieren:

- **Finanzierung mit unterschiedlichen Zwecken**
- **Finanzierung mit unterschiedlichen Kapitalarten**
- **Finanzierung mit unterschiedlicher Kapitalherkunft**
- **Finanzierung mit unterschiedlichen Fristigkeiten**
- **Finanzierung aus unterschiedlichen Anlässen.**

2.1.1 Finanzierung mit unterschiedlichen Zwecken

Die Finanzierung kann unterschiedliche Zwecke verfolgen. Sie dient beispielsweise der Beschaffung von Gütern, sie kann aber auch auf finanzierungseigene Zwecke zielen (*Schierenbeck*):

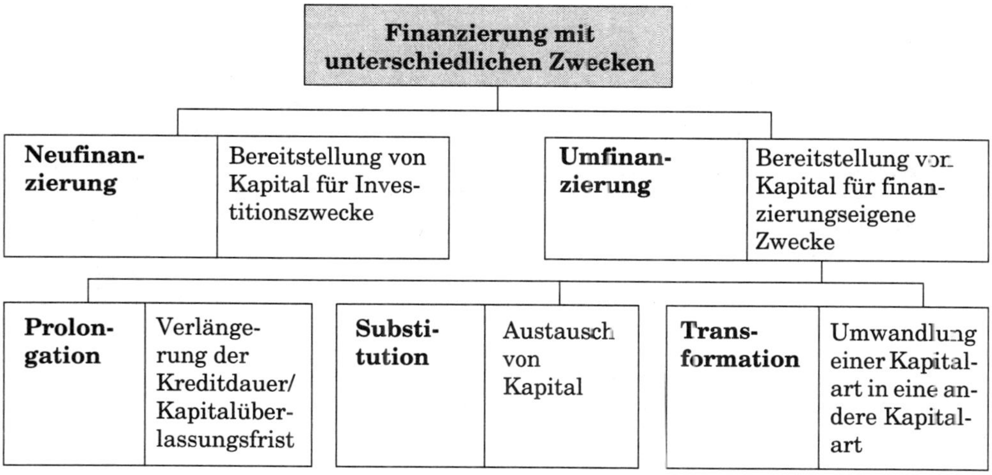

Eine **Prolongation** erfolgt beispielsweise durch die Verlängerung einer zugesagten Kreditlinie im Rahmen eines Kontokorrentkredits.

Substitution ist bei Kapitalentzug erforderlich. Sie kann beispielsweise notwendig werden, wenn

- Prolongationen nicht gewährt werden,
- Kreditverträge ablaufen oder gekündigt werden,
- Gesellschafter ausscheiden.

Bei der **Transformation** wird lediglich beispielsweise kurzfristiges durch langfristiges Fremdkapital bzw. Fremdkapital durch Eigenkapital oder umgekehrt ersetzt. Der Finanzstrom selbst ändert sich nicht.

2.1.2 Finanzierung mit unterschiedlichen Kapitalarten

Die Finanzierung mit unterschiedlichen Kapitalarten – das sind Eigenkapital (EK) oder Fremdkapital (FK) – kann folgende Arten umfassen:

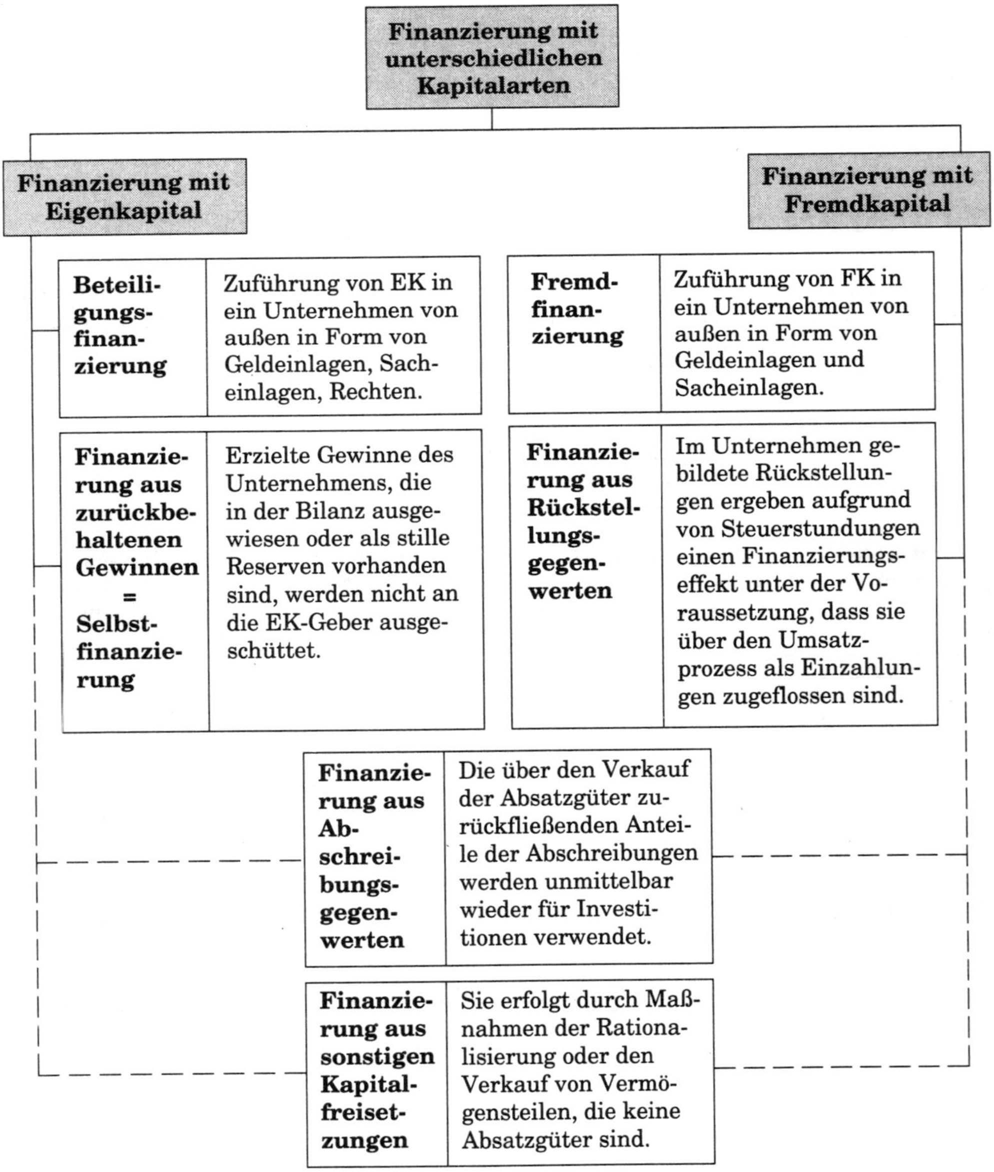

Wie zu sehen ist, lassen sich die Finanzierung aus Abschreibungsgegenwerten und sonstigen Kapitalfreisetzungen nicht eindeutig der Eigen- oder Fremdfinanzierung zuordnen.

Die Beteiligungsfinanzierung wird mitunter auch als **Einlagenfinanzierung**, die Fremdfinanzierung als **Kreditfinanzierung** bezeichnet.

2.1.3 Finanzierung mit unterschiedlicher Kapitalherkunft

Nach der unterschiedlichen Herkunft des Kapitals lassen sich Außenfinanzierung und Innenfinanzierung gegenüberstellen:

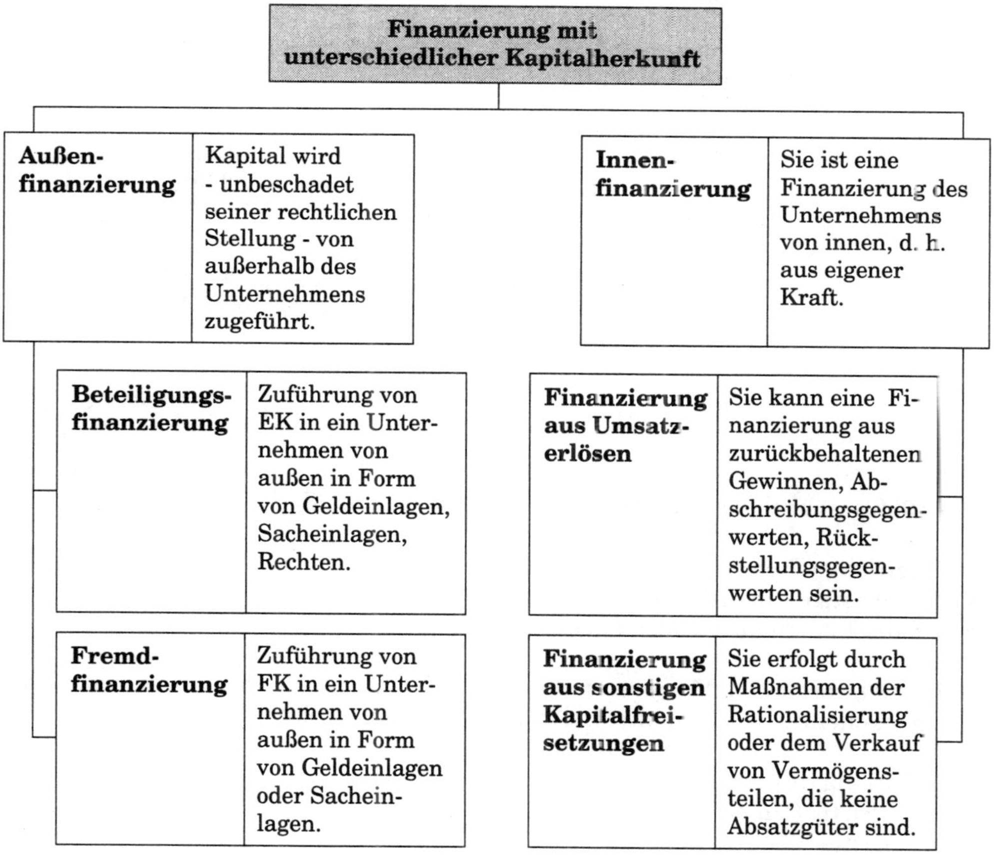

Die **Finanzierung aus Umsatzerlösen** wird vielfach auch als **Überschussfinanzierung** oder als **Cash Flow-Finanzierung** bezeichnet.

02 Seite 450

2.1.4 Finanzierung mit unterschiedlichen Fristigkeiten

Als Finanzierungen mit unterschiedlichen Fristigkeiten lassen sich nennen:

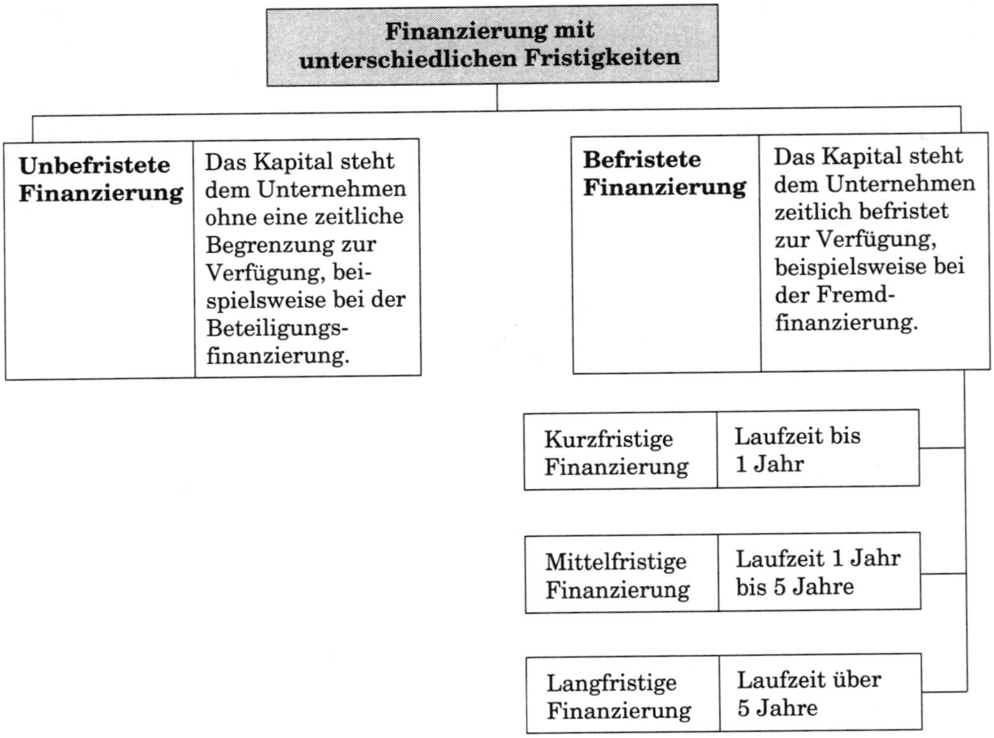

Bis 1998 galt nach der **Bundesbankstatistik** folgende Einteilung:

- Kurzfristige Finanzierungen bis ein Jahr
- Mittelfristige Finanzierungen von einem bis vier Jahre
- Langfristige Finanzierungen über vier Jahre.

Seit 1999 werden Bankkredite an inländische Nichtbanken (Privatpersonen, Unternehmen, öffentliche Haushalte) in Art des obigen Schaubildes ausgewiesen als:

- Kurzfristig (bis ein Jahr)
- Mittelfristig (ein bis fünf Jahre)
- Langfristig (über fünf Jahre).

Damit fand eine Angleichung an die Einteilung der Fristigkeiten im HGB statt.

2.1.5 Finanzierung aus unterschiedlichen Anlässen

Finanzierungen können aus unterschiedlichen Anlässen erforderlich werden:

Finanzierung aus unterschiedlichen Anlässen

Laufende Finanzierungen	Kapitalbeschaffung für tägliche oder periodisch vorkommende Bedarfsfälle.
Besondere Finanzierungen	Kapitalbeschaffung für einmalige oder gelegentliche Bedarfsfälle.

Besondere Finanzierungen:

Gründung	Ein Unternehmen wird ins Leben gerufen.
Kapitalerhöhung	Eigenkapital wird dem Unternehmen zugeführt.
Kapitalherabsetzung	Das Eigenkapital eines Unternehmens wird vermindert.
Umwandlung	Ein Unternehmen ändert seine Rechtsform.
Fusion	Zwei oder mehr rechtlich selbstständige Unternehmen werden zu einem neuen Unternehmen verschmolzen.
Liquidation	Ein Unternehmen wird aufgelöst.

03 Seite 450

2.2 Investition

Die Kapitalverwendung wird als Investition bezeichnet. Dabei erfolgt die Bindung des beschafften Kapitals in Sachgüter oder Rechte, soweit die Bindung nicht bereits mit der

Kapitalbeschaffung einherging. Die Investition ist somit im Wesentlichen eine Abkehr vom Geld.

Bei der Investition geht es vor allem um folgende grundlegenden **Fragen**:

- *Welche Vermögensteile sind vom Unternehmen zu beschaffen?*
- *Wie sehen die optimalen – insbesondere kostenminimalen – Investitionen aus?*
- *Wie lange dauern die Kapitalbindungen?*

Der Investition schließt sich die **Desinvestition** an. Darunter ist die Freisetzung des durch Investition gebundenen Kapitals in Form von Einzahlungen aus dem Verkauf der Erzeugnisse und Waren sowie der länger gebundenen Vermögensteile (z. B. Maschinen) des Unternehmens zu verstehen. Ihr kommt eine Finanzierungsfunktion zu.

Investitionen lassen sich nach verschiedenen Kriterien systematisieren:

- **Objektbezogene Investitionen**
- **Wirkungsbezogene Investitionen.**

Andere Unterteilungsmerkmale können sich beispielsweise auf unterschiedliche Investoren und Umschlagzeiten beziehen – siehe ausführlich *Olfert*, *Olfert / Reichel*:

2.2.1 Objektbezogene Investitionen

Investitionen, die auf unterschiedliche Objekte gerichtet sind, können sein:

Objektbezogene Investitionen

Sachinvestitionen	Beschaffungen des Sachanlagevermögens und desjenigen Teiles des Umlaufvermögens, der Sachgüter darstellt.
Finanzinvestitionen	Erwerb von Forderungsrechten – z. B. Gläubigerrechten oder Wertpapieren - und von Beteiligungsrechten – z. B. Aktien oder Geschäftsanteilen.
Immaterielle Investitionen	Insbesondere der Erwerb von Konzessionen, gewerblichen Schutz- und ähnlichen Rechten, aber auch Investitionen in Werbung, Aus-, Fortbildung, Forschung und Entwicklung.

Die Sachinvestitionen werden auch **leistungswirtschaftliche, produktionswirtschaftliche** oder **Realinvestitionen** genannt.

Die Finanzinvestitionen können auch als **finanzwirtschaftliche Investitionen** oder **Nominalinvestitionen** bezeichnet werden.

Immaterielle Investitionen sind aktivierbar, wenn sie entgeltlich erworben wurden.

2.2.2 Wirkungsbezogene Investitionen

Nach ihrer Wirkung lassen sich folgende Investitionen unterscheiden:

Wirkungsbezogene Investitionen

Nettoinvestitionen	Investitionen, die erstmalig im Unternehmen vorgenommen werden.
Gründungsinvestitionen	Sie erfolgen bei Gründung oder Kauf eines Unternehmens und danach nie mehr.
Erweiterungsinvestitionen	Sie dienen der Vergrößerung des vorhandenen oder der Schaffung neuen Leistungspotenzials und erhöhen die Kapazität des Unternehmens.

Reinvestitionen = Ersatzinvestitionen i. w. S.	Sie dienen der Wiederauffüllung des durch Ge- oder Verbrauch oder sonstige Umstände verminderten Güterbestandes.
Ersatzinvestitionen i. e. S.	Die bisherigen Investitionsgüter werden in gleicher Art wiederbeschafft.
Rationalisierungsinvestitionen	Vorhandene Investitionsgüter werden durch Investitionsgüter ersetzt, die technisch verbessert sind.
Umstellungsinvestitionen	Sie bewirken mengenmäßige Verschiebungen im Fertigungsprogramm.
Diversifizierungsinvestitionen	Sie führen zu einer Veränderung des Produktionsprogrammes und/oder der Absatzorganisation.
Sicherungsinvestitionen	Sie sollen den Bestand des Unternehmens durch Beteiligung oder Investitionen in Forschung und Entwicklung, Werbung, Umweltschutz sichern.

Die Gründungsinvestitionen werden mitunter auch als **Anfangsinvestitionen**, **Erstinvestitionen**, **Errichtungsinvestitionen**, **Neuinvestitionen** bezeichnet.

Die Nettoinvestitionen und Reinvestitionen stellen die Gesamtheit der in einer Wirtschaftsperiode erfolgten Investitionen dar und werden **Bruttoinvestitionen** genannt.

04 Seite 452

2.3 Zahlungsverkehr

Kapitalbeschaffung und Kapitalverwendung müssen im Unternehmen abgewickelt werden, d. h. es sind finanzielle Transaktionen als Einzahlungen und Auszahlungen erforderlich. Dies geschieht im Rahmen der Kapitalverwaltung, die sich insbesondere mit der Abwicklung des Zahlungsverkehrs befasst, der auf drei **Arten von Zahlungsmitteln** beruhen kann:

Zahlungsmittel

Bargeld	Gesetzliches Zahlungsmittel.
Buchgeld	Kein gesetzliches Zahlungsmittel, hat in der Praxis aber größte Bedeutung.
Geldersatzmittel	Keine gesetzlichen Zahlungsmittel, sondern Hilfszahlungsmittel.

Mit der Hingabe von Bargeld oder Buchgeld – in Form einer Überweisung – hat ein Schuldner seine Zahlungspflicht erfüllt, bei der Hingabe eines Geldersatzmittels erst mit dessen Einlösung durch den Gläubiger.

Der Zahlungsverkehr des Unternehmens, der im Kapitel C noch näher behandelt wird, kann – unter Verwendung der genannten Arten von Zahlungsmitteln – abgewickelt werden als:

- **Barzahlungsverkehr**
- **Halbbarer Zahlungsverkehr**
- **Bargeldloser Zahlungsverkehr**.

2.3.1 Barzahlungsverkehr

Beim Barzahlungsverkehr wird Bargeld übertragen. Das kann geschehen als:

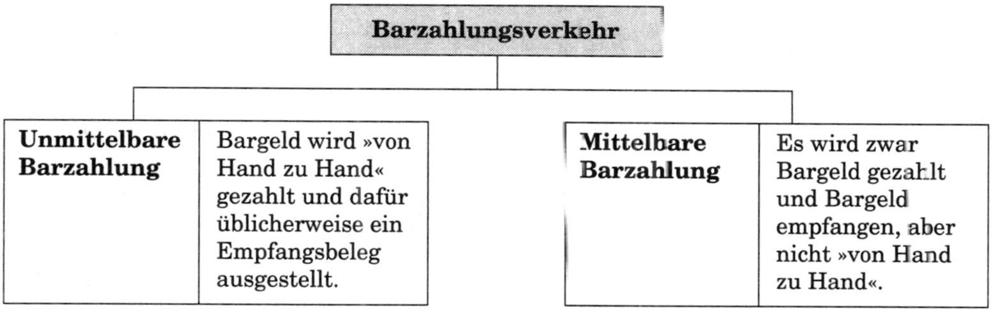

Im Geschäftsverkehr hat der Barzahlungsverkehr im Wesentlichen nur bei Handelsbetrieben und Dienstleistungsbetrieben größere Bedeutung, die Privatpersonen als Kunden haben.

Der Barzahlungsverkehr kann aus Unternehmenssicht hohe Kosten bei der Handhabung und Entsorgung, z. B. durch die Nutzung von Nachttresoren, verursachen. Zudem ist bei Einzahlungen auf Bankkonten das Geldwäschegesetz zu beachten – siehe S. 141.

Der Barzahlungsverkehr im Handel wird zunehmend **ersetzt** durch folgende Möglichkeiten des bargeldlosen Zahlungsverkehrs, nämlich von:

- Debit-Karten in Electronic-Cash-Systemen,
- Kreditkarten.

2.3.2 Halbbarer Zahlungsverkehr

Beim halbbaren Zahlungsverkehr wird Bargeld in Buchgeld umgewandelt oder umgekehrt. Damit muss einer der beiden am Zahlungsverkehr Beteiligten über ein Konto verfügen. Zu unterscheiden sind:

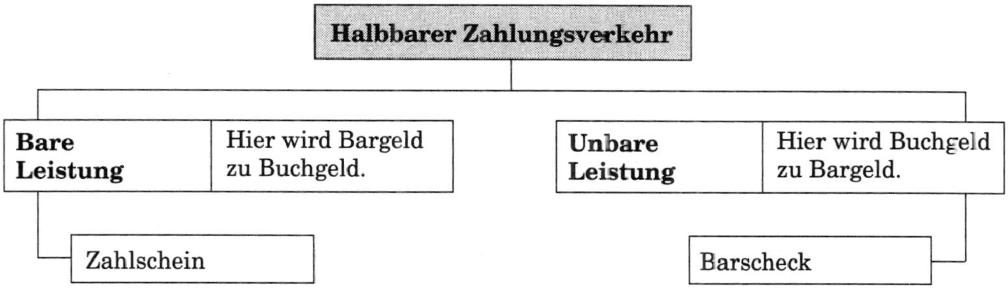

Die **Bedeutung** des halbbaren Zahlungsverkehrs ist in der betrieblichen Praxis im Wesentlichen auf die Zahlscheine begrenzt, die von den Unternehmen vielfach den Rechnungen beigelegt werden.

2.3.3 Bargeldloser Zahlungsverkehr

Beim bargeldlosen Zahlungsverkehr kommen weder der Zahlungspflichtige noch der Zahlungsempfänger mit Bargeld in Berührung. Beide verfügen über ein Konto.

Die Konten müssen nicht beim gleichen Kreditinstitut geführt werden. Dies setzt die Vernetzung der Kreditinstitute untereinander voraus.

Der bargeldlose Zahlungsverkehr kann zwischen Kreditinstituten sowie zwischen diesen Institutionen und den Unternehmen beleggesteuert oder beleglos erfolgen.

Arten des bargeldlosen Zahlungsverkehrs sind:

Bargeldloser Zahlungsverkehr

Überweisungsverkehr	**Lastschriftverkehr**	**Scheckverkehr**	**Wechselverkehr**
Mit Überweisungen wird Buchgeld vom Konto eines Zahlungspflichtigen auf das Konto eines Zahlungsempfängers übertragen.	Der Einzahlungsempfänger kann durch sein Kreditinstitut fällige Forderungen eines Zahlungspflichtigen einziehen lassen.	Der Scheck ist eine unbedingte Anweisung eines Ausstellers an sein Kreditinstitut, einem Dritten bei Sicht einen bestimmten Betrag zu Lasten seines Kontos auszuzahlen.	Der Wechsel ist ein streng förmliches Wertpapier, das ein privates Vermögensrecht verbrieft, dessen Ausübung an den Besitz der Urkunde gebunden ist.
○ Einzelüberweisung	○ Einzugsermächtigung	○ Barscheck ○ Verrechnungsscheck	○ Gezogener Wechsel
○ Dauerüberweisung ○ Beschleunigte Überweisung ○ Sammelüberweisung	○ Abbuchungsauftrag	○ Inhaberscheck ○ Orderscheck ○ Rektascheck	○ Eigener Wechsel
		○ Bestätigter Scheck	

Dazu kommen noch Instrumente des bargeldlosen Zahlungsverkehrs, die sich in den letzten Jahren entwickelt haben, insbesondere:

- Kreditkarten
- Electronic Cash-Systeme
- Electronic/Internet Banking.

05 Seite 452

3. Finanzwirtschaftliche Führung

Der finanzwirtschaftlichen Führung fällt die Aufgabe zu, die Finanzierung, Investition und den Zahlungsverkehr unter Beachtung der Ziele des Unternehmens zu steuern. Sie wird auch bezeichnet als:

- Finanz(wirtschaftliches) Management
- Finanz(wirtschaftliches) Controlling
- Kapitalmanagement.

Führung – und damit auch finanzwirtschaftliche Führung – geschieht in mehreren Führungs- bzw. Managementebenen. Die Führungsebenen lassen sich nach Tätigkeitsschwerpunkten abgrenzen:

Top-Management = Oberste Unternehmensleitung	**Beispiele:** Vorstand, Geschäftsführer
Middle-Management = Mittlere Führungsebene	**Beispiele:** Werksleiter, Abteilungsdirektor, Hauptabteilungsleiter, Abteilungsleiter
Lower-Management = Unterste Führungsebene	**Beispiele:** Büroleiter, Meister, Gruppenleiter

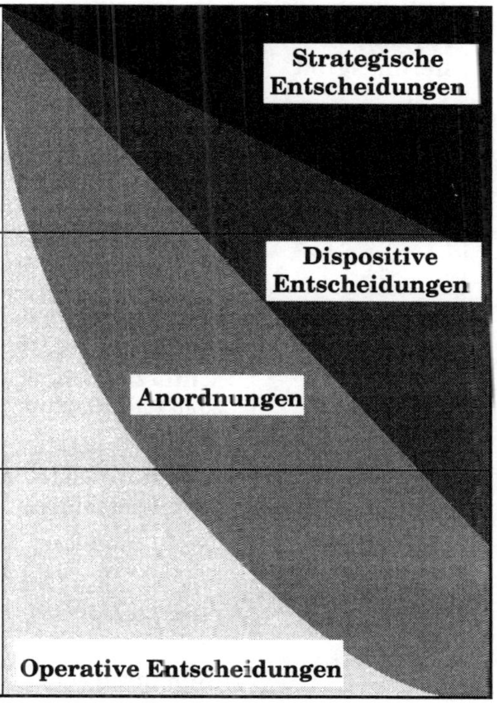

Der **Prozess der finanzwirtschaftlichen Führung** erfolgt – wie jeder Führungsprozess – in vier **Phasen**:

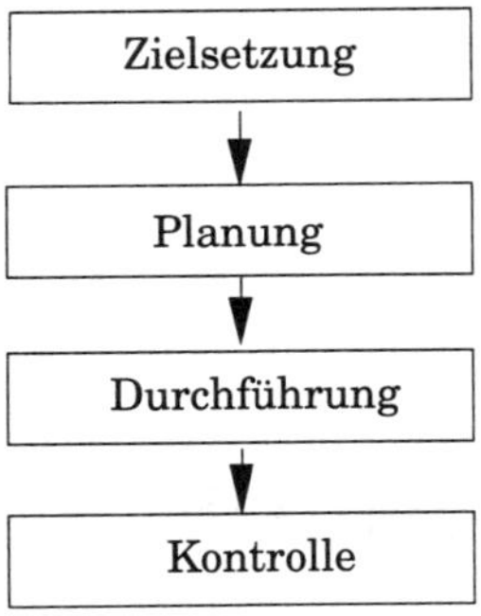

Sie sollen erläutert werden:

- Der Führungsprozess beginnt mit der **Zielsetzung**. Sie bezieht sich auf den Zustand, den das Unternehmen in der Zukunft erreichen will. Die Ziele sind dabei eindeutig vorzugeben nach:

❍ Inhalt	⇨	Fremdkapitalanteil ...
❍ Zeit		... im nächsten Jahr ...
❍ Ausmaß		... um 5 % senken

Ziele lassen sich nach einer Vielzahl von **Kriterien** unterscheiden:

Formalisierungsgrad	❍ **Formalziele** beziehen sich auf die Art und Weise des betrieblichen Handelns und dienen der Ableitung von Verhaltensmaximen. ❍ **Sachziele** dienen zur Realisierung der Formalziele und beziehen sich unmittelbar auf die Leistungserstellung. Dabei kann üblicherweise zwischen mehreren Alternativen gewählt werden.
Bedeutung	❍ **Hauptzielen** kommt eine besonders große Bedeutung zu. ❍ **Nebenziele** haben eine geringere Bedeutung, beispielsweise der Raumbedarf der Maschine.
Hierarchische Beziehung	❍ **Oberziele** werden – meist relativ global – auf der oberen Hierarchieebene formuliert. Sie können Formalziele und Sachziele sein. ❍ **Unterziele** werden aus den Oberzielen abgeleitet und stellen konkrete Handlungsanweisungen dar. Sie können nur Sachziele sein.
Inhalt	❍ **Monetäre Ziele** sind geldliche Ziele, beispielsweise Gewinn, Umsatz, Rentabilität. ❍ **Nicht-monetäre Ziele** sind beispielsweise Unabhängigkeit, Sicherheit, Wachstum, Macht.
Zusammenhang	❍ **Komplementäre Ziele** fördern sich in ihrer Erreichung gegenseitig. ❍ **Konkurrierende Ziele** behindern oder schließen sich in ihrer Erreichung gegenseitig aus. ❍ **Indifferente Ziele** stehen in keinem Zusammenhang zueinander und behindern sowie fördern sich gegenseitig nicht.

Die Zielbildung wird durch interne und externe Interessengruppen beeinflusst, beispielsweise durch Eigenkapitalgeber, Fremdkapitalgeber, Mitarbeiter, Kunden, Lieferanten, Gewerkschaften, Arbeitgeberverbände, staatliche Einrichtungen.

Die Ziele des Unternehmens können vielfältiger **Art** sein, beispielsweise:

Marktleistungsziele	Produktqualität, Produktinnovation, Kundenservice, Sortiment
Marktstellungsziele	Umsatz, Marktanteil, Marktgeltung, Markterschließung
Rentabilitätsziele	Gewinn, Umsatz, Kapitalrentabilität
Finanzielle Ziele	Kreditwürdigkeit, Liquidität, Kapitalstruktur
Soziale Ziele	Einkommen, Arbeitszufriedenheit, Integration
Machtziele	Unabhängigkeit, Image, Prestige, Einfluss

- Die **Planung** ist die systematische und zielorientierte Herbeiführung von Entscheidungen. Sie wird auch als **Willensbildung** bezeichnet und umfasst drei **Phasen**:

Anregungsphase	Sie bezieht sich auf die Feststellung des Problems und seine Klärung mithilfe einer Ursachenanalyse. Es gilt, ❍ das Problem zu erkennen ❍ die Ausgangssituation zu analysieren ❍ die Unternehmensziele festzustellen ❍ die Unternehmensziele zu beachten ❍ die Entscheidungsaufgabe zu präzisieren ❍ die Entscheidungsaufgabe festzulegen.
Suchphase	Sie dient der Vorbereitung der Entscheidung und umfasst als Maßnahmen: ❍ Bestimmen der Entscheidungskriterien ❍ Suchen alternativer Lösungsmöglichkeiten ❍ Ausarbeiten alternativer Lösungsmöglichkeiten ❍ Ermitteln der Konsequenzen alternativer Lösungen ❍ Beurteilen der Konsequenzen alternativer Lösungen.
Entscheidungsphase	Sie baut auf den Erkenntnissen aus der Suchphase auf und schließt die Planung ab, indem ❍ die Lösungsalternativen beurteilt werden ❍ eine Rangordnung der Alternativen erfolgt ❍ die vorteilhafteste Lösungsalternative ausgewählt wird.

- Der Planung schließt sich die **Durchführung** als Prozess der **Willensdurchsetzung** an. Ein frühzeitiges Einbinden der von der Entscheidung betroffenen Personen kann den Durchsetzungsprozess erleichtern.

- Nach der Planung und der Durchführung erfolgt im Führungsprozess die **Kontrolle** als **Willenssicherung**. Sie besteht aus drei **Phasen**:

Erstellung der Kontrollstandards	Kontrollwerte müssen messbar sein, beispielsweise 10 % Gewinnsteigerung oder ein Umsatz von 8 Millionen €.
Soll-Ist-Vergleich	Die geplanten und die tatsächlich eingetretenen Werte werden miteinander verglichen.
Abweichungsanalyse	Die Gründe von Abweichungen der Soll- und Ist-Werte werden offen gelegt und Korrekturentscheidungen vorbereitet.

Die finanzwirtschaftliche Führung bezieht sich, wie die finanzwirtschaftlichen Funktionen, auf:

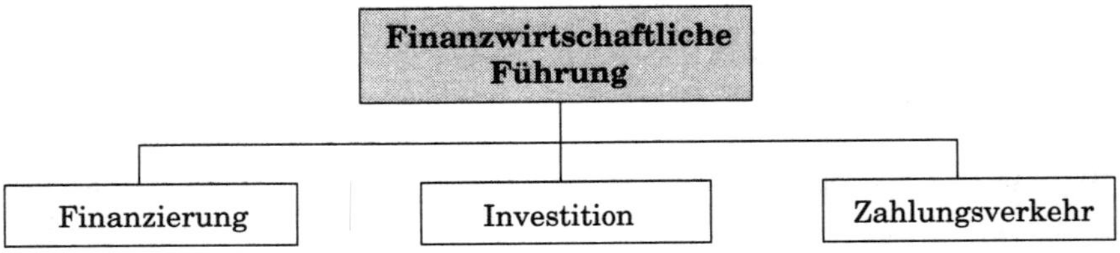

3.1 Finanzierung

Im Finanzierungsbereich ist durch entsprechende Maßnahmen sicherzustellen, dass die Zahlungsströme des Unternehmens optimal gelenkt werden. Wird auf eine geeignete finanzielle Führung verzichtet, können sich negative Entwicklungen ergeben, beispielsweise:

- Das Unternehmen wird in seinem Bestand gefährdet, weil notwendige Aufgaben nicht geleistet werden können, wie z. B. die Sicherstellung der jederzeitigen Zahlungsfähigkeit.

- Im Unternehmen liegen finanzielle Mittel brach, weil Auszahlungen in dieser Höhe gegenwärtig nicht anfallen und hierdurch Opportunitätskosten entstehen.

- Das Unternehmen wird von seinen Kapitalgebern negativ beurteilt, weil die Relationen von Eigenkapital, Fremdkapital, Anlagevermögen, Umlaufvermögen als risikoreich und damit wenig vorteilhaft angesehen werden.

Die finanzielle Führung hat – unter Beachtung der vorgegebenen Ziele – zu steuern:

- Den Kapitalbedarf des Unternehmens
- Die Kapitalbeschaffung.

Die Führung im finanziellen Bereich erfolgt in den **Phasen**, wie sie allgemein für den Führungsprozess bereits dargestellt wurden.

Zur Führung im Finanzierungsbereich dienen:

- **Ziele**
- **Instrumente.**

3.1.1 Ziele

Die Führung im Finanzierungsbereich hat sich an den Zielen zu orientieren, die im Unternehmen vorgegeben sind, und entwickelt daraus weitere Ziele, beispielsweise Unterziele.

Aus der obigen Zusammenstellung betrieblicher Ziele lassen sich Ziele erkennen, die für den Finanzierungsbereich keine unmittelbare Bedeutung aufweisen. Es sind aber auch Ziele festzustellen, die **für den Finanzierungsbereich bedeutsam** sind. Insbesondere sind das die:

- Rentabilitätsziele
- Finanzwirtschaftlichen Ziele
- Macht-/Prestigeziele.

Jedes Unternehmen wird unter dem speziellen Einfluss der Eigenkapitalgeber, Fremdkapitalgeber, Unternehmensleitung, Mitarbeiter, gegebenenfalls auch Lieferanten und Kunden zu einem **individuellen Zielsystem** gelangen. Unabhängig davon kann für den Finanzierungsbereich ein allgemeines Zielsystem beschrieben werden, das grundsätzlich für alle Unternehmen gilt. Dieses – um individuelle Ziele zu ergänzende – **allgemeine Zielsystem** umfasst:

Zielfunktion	Nebenbedingungen
❍ Maximierung der Rentabilität	❍ Erhalt der Liquidität ❍ Erhalt der Unabhängigkeit ❍ Erhalt der Sicherheit

Als Ziele werden damit im Folgenden dargestellt:

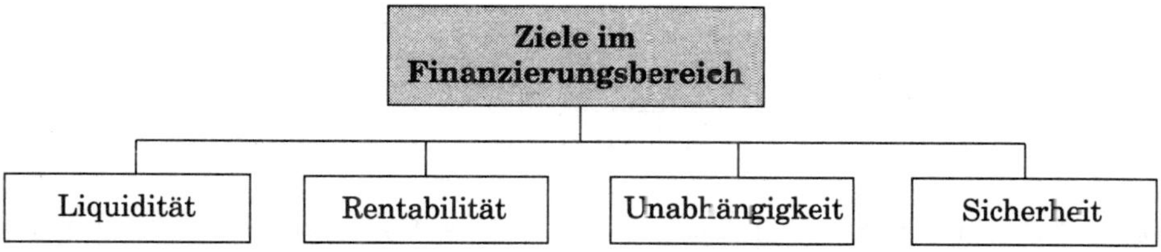

3.1.1.1 Liquidität

Die Liquidität soll gewährleisten, dass das Unternehmen nicht zahlungsunfähig wird.

Sie ist für das Unternehmen lebensnotwendig. Unter Liquidität kann Verschiedenes verstanden werden:

- **Absolute Liquidität**
- **Relative Liquidität**
- **Ausmaße der Liquidität**.

Die **absolute** Liquidität betrachtet lediglich die Aktiv-Seite der Bilanz, während die **relative** Liquidität sich auch auf die Passiv-Seite der Bilanz bezieht.

3.1.1.1.1 Absolute Liquidität

Die absolute Liquidität ist die Eigenschaft von Vermögensteilen, als Zahlungsmittel verwendet oder in Zahlungsmittel umgewandelt zu werden. Danach wird einem Vermögensgegenstand eine umso höhere Liquidität zugesprochen, je rascher er sich in Zahlungsmittel umwandeln lässt.

Es erscheint unzweckmäßig, dies als Liquidität zu bezeichnen. Vielmehr sollte hier von **Liquidierbarkeit** gesprochen werden, der durchaus praktische Bedeutung zuzumessen ist. Für deren Beurteilung gilt es, zwei Gesichtspunkte zu beachten:

- Zunächst ist die **Liquidationsdauer** festzustellen. Das ist der Zeitraum zwischen der Entscheidung zur Liquidation eines Vermögensgegenstandes und dem Eingang des Liquidationserlöses.

  Tendenziell kann unterstellt werden, dass die Liquidationsdauer umso kürzer sein kann, je »weiter unten« ein Vermögensgegenstand in der Bilanz ausgewiesen wird:

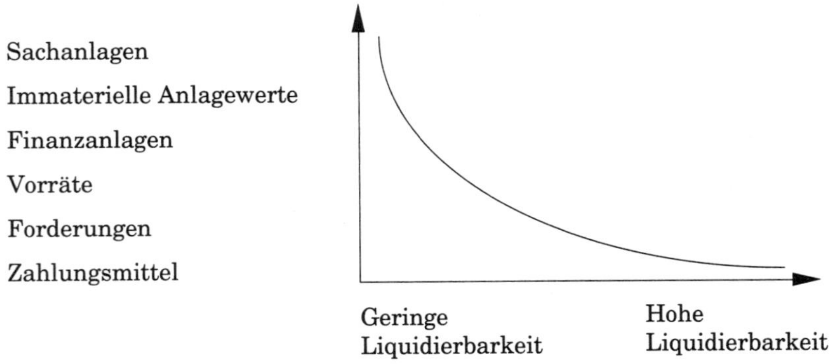

Diese Erkenntnis lässt den Schluss zu, dass anlageintensive Unternehmen im Hinblick auf die Liquidierbarkeit von Vermögensteilen eine geringere Elastizität aufweisen als umlaufintensive Unternehmen.

- Neben der Liquidationsdauer gilt es, den **Liquidationsbetrag** festzustellen. Das ist der Geldbetrag, mit dem als Liquidationserlös zu rechnen ist. Er lässt sich nicht ohne Berücksichtigung der Situation, in der das Unternehmen sich befindet, ermitteln.

  Die **Höhe** des Liquidationserlöses ist abhängig von:

Qualität	Die Qualität des Gutes, das liquidiert werden soll, äußert sich beispielsweise in der Bonität von Forderungen oder dem Zustand des Sachgutes.
Marktgegebenheiten	Folgende Kriterien können Einfluss auf den Liquidationserlös von Gütern nehmen: ○ **Marktexistenz** für ein Gut, z. B. in Form eines Gebrauchsgütermarktes ○ **Marktgängigkeit** eines Gutes, z. B. die Verkaufbarkeit einer hochspezialisierten Druckmaschine gegenüber eines Fotokopierers ○ **Organisationsgrad** des Marktes, der z. B. in Form der Börse seine höchste Ausprägungsform erreicht ○ **Konjunktursituation**, welche die Nachfrage nach einem Gut beeinflussen kann.
Dringlichkeit	Je größer der Zeitdruck des Verkaufes ist, desto geringer dürfte der Liquidationserlös für ein Gut sein.

Die Kenntnis der absoluten Liquidität bzw. der Liquidierbarkeit der Vermögensgegenstände ist für die Leitung des Finanzierungsbereiches von Interesse und zur Sicherung des Unternehmensbestandes zweifellos nützlich.

Allerdings reichen diese Informationen nicht aus um den Bestand des Unternehmens zu gewährleisten.

3.1.1.1.2 Relative Liquidität

Die relative Liquidität kann **statisch** oder **dynamisch** betrachtet werden:

- Die **statische Liquidität** beschreibt das Verhältnis, das zwischen den folgenden Größen besteht:

  - Zahlungsmitteln
  - Kurzfristigen Forderungen
  - Vorräten
  - Kurzfristigen Verbindlichkeiten.

  Kurzfristige Liquiditätsgrade sollen dazu dienen, die Zahlungsfähigkeit des Unternehmens im Hinblick auf seine Zahlungsverpflichtungen zu beurteilen. Zu unterscheiden sind:

Barliquidität	$\text{Liquidität 1. Grades} = \frac{\text{Zahlungsmittel}}{\text{Kurzfristige Verbindlichkeiten}}$
Liquidität auf kurze Sicht	$\text{Liquidität 2. Grades} = \frac{\text{Zahlungsmittel + kurzfristige Forderungen}}{\text{Kurzfristige Verbindlichkeiten}}$
Liquidität auf mittlere Sicht	$\text{Liquidität 3. Grades} = \frac{\text{Zahlungsmittel + kurzfristige Forderungen + Vorräte}}{\text{Kurzfristige Verbindlichkeiten}}$

Die Erwartungen, die in die Aussagekraft der Liquiditätsgrade gelegt werden, erweisen sich als nicht erfüllbar, denn die Liquidität wird nur zu einem einzigen Zeitpunkt gemessen. Unmittelbar vor oder nach diesem Zeitpunkt kann sie völlig anders aussehen.

Außerdem sind die Liquiditätsgrade zu eng mit der Bilanz verknüpft. Ob ein Unternehmen zahlungsfähig ist, lässt sich aus einzelnen aktiven oder passiven Bilanzpositionen nicht ohne weiteres entnehmen. Gründe für die **mangelnde Aussagekraft** der Bilanz sind (*Wöhe / Bilstein*):

- Die Fälligkeiten kurzfristiger Forderungen und Verbindlichkeiten sind nicht bekannt.
- Das Ausfallrisiko, das mit den kurzfristigen Forderungen verbunden ist, lässt sich nur schwer einschätzen.
- Die bilanziell ausgewiesenen Verbindlichkeiten enthalten nicht alle zu leistenden Auszahlungen.
- Die in die Liquiditätsgrade einbezogenen Bilanzpositionen unterliegen der Bewertung.
- Zur Sicherheit übereignete, verpfändete oder abgetretene Teile des Vermögens sind nicht erkennbar.
- Die Messung der Liquidität erfolgt lediglich stichtagsbezogen und auf die Vergangenheit orientiert.
- Die Möglichkeiten zur Beschaffung oder Verlängerung kurzfristiger Kredite sind nicht erkennbar.

Mithilfe der statischen Liquidität lassen sich demnach keine hinreichend genauen Aussagen machen, um den Bestand des Unternehmens kontinuierlich gewährleisten zu können.

Die Liquiditätsgrade gelten aber dennoch als wichtige Kennzahlen im Rahmen der Kreditwürdigkeitsprüfung durch Kreditinstitute (vgl. S. 415 f.), da sie aus den einzureichenden Jahresabschlüssen abgeleitet werden können.

• Die **dynamische Liquidität** bezieht sich **nicht** auf eine bilanzbezogene, zeitpunktbeschränkte Betrachtung.

Liquidität muss ständig, d. h. zu allen Zeitpunkten des Unternehmenslebens vorhanden sein. Illiquidität gefährdet den Bestand des Unternehmens. So wird nach der Insolvenzordnung (§§ 17 ff.) ein Eröffnungsgrund für ein Insolvenzverfahren darin gesehen, dass bei einer

- OHG oder KG Zahlungsunfähigkeit gegeben ist,
- AG, KGaA oder GmbH Zahlungsunfähigkeit oder Überschuldung vorliegen.

Zahlungsunfähigkeit ist das auf dem Mangel an Zahlungsmitteln beruhende Unvermögen des Schuldners, seine fälligen Geldschulden noch im Wesentlichen zu erfüllen. Als **Überschuldung** wird angesehen, wenn das Vermögen die Schulden nicht mehr deckt.

Mithilfe der dynamischen Liquidität ist es möglich, das Unternehmen finanzwirtschaftlich in geeigneter Weise zu steuern. Dabei soll unter der Liquidität die **Fähigkeit des Unternehmens** verstanden werden, **die zu einem Zeitpunkt zwingend fälligen Zahlungsverpflichtungen uneingeschränkt erfüllen zu können, die zu jedem Zeitpunkt seines Bestehens gegeben sein muss.**

Praktisch bedeutet dies, dass die so beschriebene Darstellung der Liquidität folgenden **Erfordernissen** gerecht zu werden hat:

- Es sind sämtliche Einzahlungen und Auszahlungen zu erfassen.

- Die Zahlungsströme sind in geeigneter Weise – nämlich unter Verwendung von Finanzplänen – zu erfassen.

Damit wird es möglich, nicht nur die momentane Liquidität festzustellen, die auf einen bestimmten Tag bezogen ist, sondern auch die Periodenliquidität planerisch zu ermitteln, wodurch offengelegt werden kann, inwieweit die Liquidität künftig gefährdet oder ungefährdet ist.

Die Liquidität – als dynamische Liquidität – kann mithilfe der folgenden finanzwirtschaftlichen **Instrumente** gesichert werden:

- **Finanzplanung** einschließlich Liquiditäts- und Liquiditätsreservenplanung

- **Finanzdisposition**, wie z. B. das Cash Management.

Bei hoher Risikobereitschaft der finanziellen Führung ist es möglich, dass der Liquidität zu Gunsten der Rentabilität geringere Bedeutung zugemessen wird. In kleineren Unternehmen hingegen kommt dem Sicherheitsgedanken – und damit auch dem Liquiditätsgedanken – mitunter besonders hohe Bedeutung zu, was die Rentabilität negativ beeinflussen kann.

Neben der auf den Tag bezogenen bzw. im kurzfristigen Rahmen betrachteten Liquidität gibt es eine Liquiditätsbetrachtung, die **auf längere bzw. lange Sicht ausgerichtet** ist. Sie bezieht sich auf die strukturellen Zusammenhänge von Kapitalbeschaffung und Kapitalverwendung. Dementsprechend kann sie als **strukturelle Liquidität*** bezeichnet werden.

3.1.1.1.3 Ausmaße der Liquidität

Liquidität ist entweder vorhanden, und das Unternehmen ist zahlungsfähig, oder sie ist nicht gegeben, und der Bestand des Unternehmens ist gefährdet. In diesem Falle wird von **Illiquidität** gesprochen.

Wirtschaftlich kann eine grundsätzlich vorhandene Liquidität graduell abgestuft werden. Es lassen sich unterscheiden:

---

* Danach soll die finanzielle Struktur des Unternehmens so beschaffen sein, dass die Fremdkapitalgeber das Unternehmen für kreditwürdig halten und damit seinen Bestand nicht gefährden, indem sie Fremdkapital nicht bzw. nicht im erforderlichen Umfang zur Verfügung stellen oder ihr Fremdkapital aus dem Unternehmen abziehen.

Wie das Verhältnis im konkreten Fall gestaltet werden soll, um kreditwürdig zu sein, lässt sich nicht ohne weiteres sagen. Dazu sind **Finanzierungsregeln** als »Qualitätsnormen« entwickelt worden:

Vertikale Finanzierungsregeln	1:1-Regel		$\frac{\text{Fremdkapital}}{\text{Eigenkapital}} \leq 1$
	2:1-Regel		$\frac{\text{Fremdkapital}}{\text{Eigenkapital}} \leq 2$
	3:1-Regel		$\frac{\text{Fremdkapital}}{\text{Eigenkapital}} \leq 3$
Horizontale Finanzierungsregeln	Goldene Bilanzregeln	im engen Sinne:	$\frac{\text{Anlagevermögen}}{\text{Eigenkapital}} \leq 1$
		im weiteren Sinne:	$\frac{\text{Anlagevermögen}}{\text{Eigenkapital + langfristiges Fremdkapital}} \leq 1$
	Goldene Finanzierungsregeln		$\frac{\text{Kurzfristiges Vermögen}}{\text{Kurzfristiges Kapital}} \geq 1$ $\frac{\text{Langfristiges Vermögen}}{\text{Langfristiges Kapital}} \leq 1$

Die Einhaltung von Finanzierungsregeln soll – was sie absolut nicht zu leisten im Stande sind – die Liquidität des Unternehmens sichern. Das ist schon deshalb nicht möglich, weil es für jedes Unternehmen ein anderes strukturelles Optimum ergibt, das beispielsweise daraus resultiert, ob das Unternehmen arbeitsintensiv, anlageintensiv oder materialintensiv ist, und in welcher Lebensphase sich das Unternehmen befindet. Insofern ist es grundsätzlich **wenig nützlich**, sich eng an Finanzierungsregeln zu orientieren.

Da aber Fremdkapitalgeber – und gegebenenfalls andere am Unternehmen Interessierte – zur Beurteilung seiner wirtschaftlichen Lage immer wieder auch Finanzierungsregeln heranziehen, sollten sie andererseits **nicht völlig außer Acht** gelassen werden. Vergleichen Sie hierzu auch Kapitel G.

- Die **Unterliquidität**, die dadurch gekennzeichnet ist, dass das Unternehmen zwar zahlungsfähig ist, aber nur in einem eingeschränkten Rahmen, der eine Ausschöpfung aller den Unternehmenszielen dienlichen Möglichkeiten nicht zulässt.

  Beispiel: Die Maschinenbau GmbH beschafft normalerweise bestimmte Stähle im Turnus von 10 Wochen, da sich dies betriebswirtschaftlich als zweckmäßig erwiesen hat. Aus dem Finanzplan des Unternehmens ist zu ersehen, dass die für diese Rohstoffbeschaffung erforderlichen 50.000 € zum nächsten Termin nicht zur Verfügung stehen werden, außerdem ist die Kreditlinie erschöpft.

  Deshalb muss sich die Maschinenbau GmbH entschließen, eine Beschaffung für den Zeitraum von lediglich 5 Wochen vorzunehmen, was zu einer Verteuerung der Rohstoffe um 7,5 % für das Unternehmen führt, da die günstigen Konditionen für die 10-Wochen-Bestellung wegen des geringeren Auftragsvolumens vom Lieferanten nicht gewährt werden.

  Auf eine Unterliquidität im Unternehmen kann es hindeuten, wenn Lieferantenskonti nicht genutzt werden. Das Unternehmen sollte bestrebt sein, durch geeignete Maßnahmen der **Liquiditätspolitik** zu einer Beseitigung der Unterliquidität zu gelangen. Dies kann grundsätzlich durch die Senkung oder Verzögerung von Auszahlungen bzw. durch die Erhöhung oder Beschleunigung von Einzahlungen bzw. durch die Ausweitung von Kreditlinien erfolgen.

  06 Seite 453

- Die **Überliquidität**, die den Gegensatz zur Unterliquidität darstellt. Das Unternehmen verfügt über mehr finanzielle Mittel als es voraussichtlich benötigen wird.

  So sehr es aus Gründen der Sicherung des Unternehmensbestandes nützlich, ja sogar notwendig ist, über eine bestimmte finanzielle Reserve im Unternehmen zu verfügen, da die Zukunft durch Unwägbarkeiten geprägt ist, müssen doch die Grenzen einer solchen Reserve – vor allem aus Rentabilitätsaspekten – gesehen werden.

  Es lässt sich hier keine Zahl nennen, die Aussagen über die Höhe der zu haltenden Reserve vermittelt, da diese von einer Reihe unternehmens- und situationsbedingter Faktoren abhängt. Auf alle Fälle sollte die Reserve das betriebswirtschaftlich vertretbare Maß nicht übersteigen.

- Die **optimale Liquidität**, bei der zu der finanzwirtschaftlichen Betrachtungsweise – auf der Grundlage ungefährdeter Liquidität – die erfolgswirtschaftliche Betrachtungsweise kommt. Dabei wird angestrebt, eine höchstmögliche Rentabilität zu erzielen. Bei Überliquidität bedeutet das, möglichst viel Kapital zinsbringend einzusetzen, die Reserve also niedrig zu halten.

  Als optimale Liquidität kann die **gewinnmaximale** oder **rentabilitätsmaximale Zahlungsbereitschaft** bezeichnet werden.

  Theoretisch gibt es in jedem Augenblick des Unternehmensbestehens einen Punkt optimaler Liquidität. Da sich dieser Punkt jedoch infolge der Dynamik des Wirtschaftsprozesses ständig verlagert, und er deshalb nur schwer erreichbar ist, empfiehlt es sich, die Betrachtung auf eine Zone optimaler Liquidität auszuweiten.

Die Beziehung zwischen Rentabilität und Liquidität lässt sich – stark vereinfachend – grafisch darstellen:

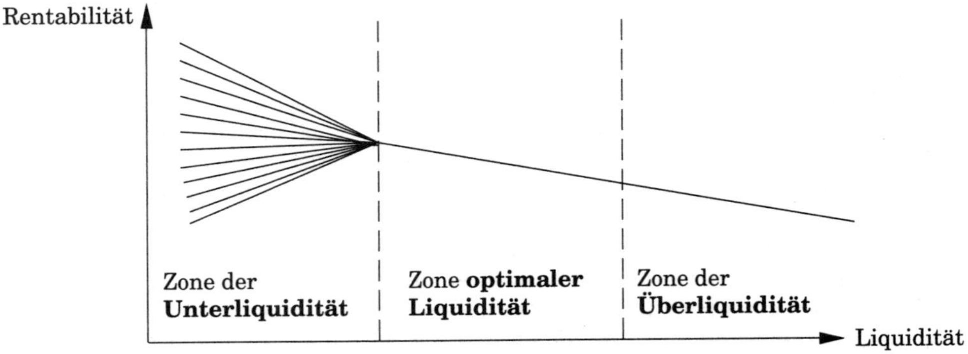

Es ist zu sehen, dass in der Zone optimaler Liquidität und in der Zone der Überliquidität jede Erhöhung der Liquidität eine Verminderung der Rentabilität zur Folge hat. Für die Zone der Unterliquidität können über den Verlauf der Kurve keine Aussagen gemacht werden.

07 Seite 453

3.1.1.2 Rentabilität

Die Rentabilität ist eine Maßzahl, die sich aus dem Verhältnis von Gewinn und Kapital ergibt.

Als **Arten** der Rentabilität lassen sich beispielsweise unterscheiden:

$$\text{Gesamtkapitalrentabilität} = \frac{\text{Gewinn + Fremdkapitalzinsen}}{\text{Gesamtkapital}} \cdot 100$$

$$\text{Eigenkapitalrentabilität} = \frac{\text{Gewinn}}{\text{Eigenkapital}} \cdot 100$$

$$\text{Umsatzrentabilität} = \frac{\text{Gewinn}}{\text{Umsatz}} \cdot 100$$

Die **Eigenkapitalgeber** erwarten für das von ihnen eingesetzte oder einzusetzende Kapital einen angemessenen Gewinn und damit auch eine entsprechende Rentabilität.

Aber auch für die **Fremdkapitalgeber** ist die Rentabilität von Interesse. Obwohl sie daraus grundsätzlich keinen ertragsmäßigen Nutzen ziehen können, gibt die Rentabilität ihnen einen Hinweis auf die Einschätzung des Risikos, das sie mit der Bereitstellung ihres Kapitals eingehen.

Die **Rentabilität** des Unternehmens kann im Finanzierungsbereich des Unternehmens **gefördert** und **gesichert** werden, wenn

- die Maßnahmen der Finanzierung kostenminimal vorgenommen werden,

- die Liquiditätsreserven geringstmöglich gehalten werden, da sie keine oder nur sehr geringe Verzinsung bewirken,

- liquide Überschüsse stets zinsbringend angelegt werden, beispielsweise als Tagesgeld oder Festgeld, oder aufgenommene Kredite zurückgeführt werden.

Wie gezeigt wurde, begrenzt ein hoher Bestand an liquiden Mitteln die Rentabilität, ein niedriger Bestand kann die Rentabilität verbessern, aber auch den Bestand des Unternehmens gefährden.

Ausführlichere Darstellungen rentabilitätsbezogener Kennzahlen erfolgen im Rahmen der finanzwirtschaftlichen Analyse im Kapitel G.

08 Seite 454

3.1.1.3 Unabhängigkeit

Durch die finanzielle Führung sind nicht nur die Liquidität und Rentabilität zu sichern, sondern es ist auch zu gewährleisten, dass das Unternehmen in seiner Unabhängigkeit nicht bzw. so wenig wie möglich eingeschränkt wird.

So könnte beispielsweise ein hoher Anteil an Fremdkapital im Unternehmen oder Zugeständnisse des Fremdkapitalgebers bei Zinsen oder Fristigkeiten den **Fremdkapitalgeber** dazu bewegen,

- Information
- Mitsprache
- Kontrolle
- Setzen von Richtlinien
- Mitwirkung an der Geschäftsführung

zu fordern. Dies kann aus Gründen geschehen, die in dem Willen nach Begrenzung des Risikos liegen. Es sind aber auch machtbezogene Gründe denkbar.

3.1.1.4 Sicherheit

Die Sicherheit ist eine – ebenso wie die Liquidität – mit der Rentabilität konkurrierende Zielsetzung. Sie fordert für alle Finanzierungsentscheidungen den Ausschluss möglicher Verluste sowie das Erreichen vorgegebener Gewinne, wobei Entscheidungen die Kapitalaufbringung und die Kapitalanlage bzw. Investitionen betreffen können.

Die Sicherheit ist an zukünftigen Ereignissen ausgerichtet und kann unterschiedliche **Zustände** einnehmen als:

- **Entscheidung unter Sicherheit**, wobei nur eine Alternative besteht. Diese Entscheidungssituation zu unterstellen ist für marktwirtschaftliche Systeme unrealistisch, da vollkommene Informationen und Voraussicht vorliegen müssten.

- **Entscheidung unter Wahrscheinlichkeit**, bei der Eintrittswahrscheinlichkeiten unterschiedlicher Alternativen abgeschätzt werden können. Vergangenheitsdaten, Erfahrungen und genügend große Informationsmengen lassen die Festlegung objektiver Wahrscheinlichkeiten zu.

- **Entscheidung unter Unsicherheit**, die sich im Vorhandensein unterschiedlicher Alternativen äußert, deren Eintrittswahrscheinlichkeiten aber nicht bekannt sind oder nicht objektiv ermittelt werden können.

Generell kann festgestellt werden, dass mit ansteigender Rentabilität auch das Verlustrisiko wächst. Zu unterscheiden sind auch die Sicherheitsbestrebungen des Kapitalnehmers und des Kapitalgebers:

- Das **Verlustrisiko des Kapitalnehmers** bezieht sich auf den Kapitaleinsatz in Form des Investitionsrisikos und auf den Kapitalerhalt in Form der Optimierung der Kapitalstruktur, deren Risikoausprägung in der Aufzehrung des Eigenkapitals liegt, das als Haftungsgrundlage dient. Beispielhaft sei hier der Verschuldungsgrad genannt.

- Das **Verlustrisiko des Kapitalgebers** soll minimiert werden durch den Ausschluss der Haftung bei der Kapitalvergabe und durch hohe Sicherheitsanforderungen. Bei dieser Kapitalvergabe stehen den sicheren Rückflüssen mit geringerer Verzinsung das Risiko gegenüber höhere, aber dafür vielleicht ausbleibende oder schwankende Rückflüsse aus einer Kapitalanlage zu erhalten.

Typische finanzwirtschaftliche **Risiken** sind:

- Die oben genannten Risiken aus der **Kapitalhergabe** (Eigenkapitalrisiko / Kreditausfallrisiko)

- Das Risiko der **Geldwertschwankungen** (Inflation / Deflation)

- Das **Zinsrisiko**, das durch schwankende Marktzinsen während der Kapitalhergabe sowohl den Kapitalnehmer wie auch den Kapitalgeber treffen kann.

- Das **Kursrisiko** von börsennotierten Wertpapieren oder im Devisenhandel.

09 Seite 454

3.1.2 Instrumente

Die Instrumente, die der finanziellen Führung zur Verfügung stehen, um die finanziellen Ziele erreichen zu können, sind insbesondere:

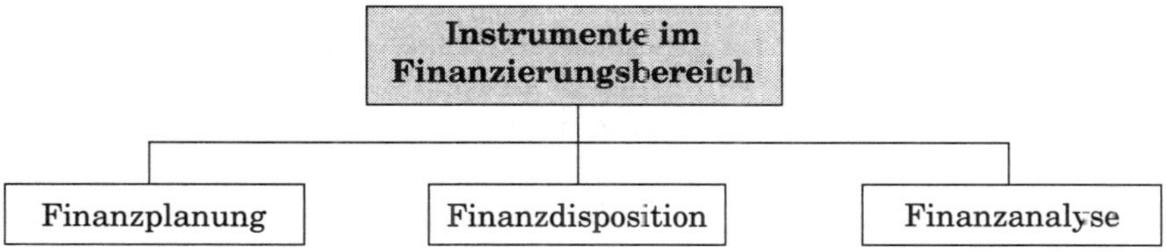

3.1.2.1 Finanzplanung

Die Finanzplanung dient der zielgerichteten Gestaltung des finanziellen Bereiches. Mit ihrer Hilfe soll nicht nur die Liquidität und damit der Bestand des Unternehmens gesichert werden. Sie ist auch geeignet, die weiteren Ziele der finanziellen Führung in ihrer Erreichung zu unterstützen:

- Rentabilität
- Unabhängigkeit
- Sicherheit.

Die Finanzplanung kann sein:

- Eine **strategische Planung**, die in der obersten Führungsebene erfolgt und langfristig ausgerichtet ist. Sie dient der Erschließung neuer Märkte und umfasst meist **mehr als fünf Jahre**.

- Eine **taktische*** **Planung**, die mittelfristig ausgerichtet ist und sich aus der strategischen Planung ergibt, die sie umzusetzen hat. Sie umfasst meist **ein bis fünf Jahre**.

- Eine **operative*** **Planung**, die kurzfristigen Charakter hat und aus der taktischen Planung abgeleitet wird. Sie ist eine Ausführungsplanung und umfasst meist **bis zu einem Jahr**.

Im Rahmen der Finanzplanung wird der **Finanzplan** erstellt, der vier Elemente aufweist, die auf Seite 105 ff. beschrieben sind, und nicht nur die Planwerte enthält,

---

* Taktische und operative Planung werden mitunter auch umgekehrt definiert, also operativ als mittelfristig und taktisch als kurzfristig.

sondern auch die tatsächlich eingetretenen Istwerte, um im Rahmen der Kontrolle sich ergebende Abweichungen feststellen und analysieren zu können:

	Januar		Februar		März		
	Plan	Ist	Plan	Ist	Plan	Ist	
Anfangsbestand an Zahlungsmitteln + Einzahlungen – Auszahlungen = Endbestand an Zahlungsmitteln							

Wichtig ist, sämtliche Einzahlungen und Auszahlungen des Unternehmens aufzunehmen. Ein **Problem** bei der Erstellung des Finanzplanes stellen die unterschiedlichen Fristigkeiten bezüglich der Kapitalverfügung und der Kapitalbindung dar.

Ein Unternehmen ist nach dem Finanzplan **liquide**, wenn

$$\frac{\text{Anfangsbestand an Zahlungsmitteln + Einzahlungen}}{\text{Auszahlungen}} \geq 1$$

oder

$$\text{Anfangsbestand an Zahlungsmitteln + Einzahlungen} \geq \text{Zahlungsverpflichtungen}$$

Im Rahmen der Sicherung der Liquidität müssen die betrieblichen Zahlungsströme aufeinander abgestimmt werden. Von besonderer Bedeutung für die Liquiditätssicherung ist der auf einen einzelnen Tag bezogene Finanzplan, der als **Finanzstatus** bezeichnet wird.

3.1.2.2 Finanzdisposition

Die Finanzdisposition dient der Überwachung und Steuerung des Dispositionsbestandes an **liquiden Mitteln**, die umfassen:

- Bargeld und Sichtguthaben
- Nicht ausgenutzte Kreditmöglichkeiten
- Kurzfristige monetisierbare Finanzanlagen.

Die Finanzdisposition wird heute vielfach als **Cash Management** bezeichnet. Sie erfordert den Einsatz der EDV, da die finanzwirtschaftlichen Daten ständig aktuell verfügbar und auswertbar sein müssen.

Während in der Finanzplanung die Höhe des Dispositionsbestandes festgelegt wird, erfolgt mithilfe der Finanzdisposition die **Feinabstimmung** im Hinblick auf die Möglichkeiten

- der Kapitalbeschaffung, um die Finanzierungskosten zu minimieren,
- der Anlage liquider Mittel, um die Opportunitätskosten – als Kosten für entgangene Gewinne – zu minimieren.

Viele Kreditinstitute bieten EDV-Dienstleistungen als Electronic Banking* an, das auch die Finanzdisposition bzw. das Cash Management beinhaltet. Damit ist es möglich, den richtigen Betrag in der richtigen Währung zum richtigen Zeitpunkt auf das richtige Konto zur Erzielung optimaler Erträge zu steuern. Es gibt:

- **Einfache Cash Management-Systeme**, die folgende Daten bereitstellen können:

o Umsatz- und Saldenübersichten	o Informationen über Kontobewegungen
o Bankübergreifende Berichte	o Valutarische Informationen
o Kontoauszüge	o Historische Übersichten (90 Tage)

- **Anspruchsvollere Cash Management-Systeme**, die nicht nur Informationen empfangen können, sondern auch standardisierte Transaktionen ermöglichen. Der Kunde kann über sein Terminal bzw. seinen Personal Computer beispielsweise selbstständig abwickeln:

o Inlands- und Auslandszahlungen	o Übertragung der Datensätze mit Auftragserfüllung
o Lokale Erstellung und Speicherung von Zahlungsaufträgen	o Vorformatierte Zahlungsauftragstypen
o Prüfung der Aufträge auf Plausibilität	o (Vor-)datierbare Zahlungsaufträge und Daueraufträge

  Außerdem können mit anspruchsvollen Cash Management-Systemen auch vorgenommen werden:

o Liquiditätsprognosen	o Kurzfristige Finanzplanungen
o Risikoanalysen	

Die Cash Management-Systeme **gehen** damit **über** die **dispositive Funktion** – wie oben dargestellt – **hinaus** und greifen in den Zahlungsverkehr und in die Finanzplanung ein.

---

* Für Firmenkunden werden u. a. als EDV-Dienstleistungen angeboten:

o Zahlungsverkehr
- Cash-Management-Systeme
- Automatische Kontozusammenführung
- Datenträgeraustausch

o Informationsdienste
- Datenbankrecherchen
- Öffentliche Förderprogramme/Subventionen
- Allgemeine Finanzinformationen
- Brancheninformationen

o Unterstützung bei der Unternehmensplanung
- Bilanzanalyse
- Finanzplanung
- Liquiditätsplanung/-disposition

3.1.2.3 Finanzwirtschaftliche Analyse

Die finanzwirtschaftliche Analyse hat die Aufgabe, das finanzwirtschaftliche Gebaren des Unternehmens zu untersuchen. Dabei kommt der Bilanz die zentrale Bedeutung zu. Die auf ihr beruhende finanzwirtschaftliche Analyse, die im Kapitel G ausführlich dargestellt wird, kann erfolgen als:

Substanzanalyse	Die einzelnen Positionen der Bilanz werden überprüft auf: ❍ ihr Zustandekommen ❍ ihre Zusammensetzung ❍ ihre Entwicklung
Kennzahlenanalyse	Kennzahlen sind Zahlen, die sich auf wirtschaftlich wichtige Tatbestände beziehen und diese in konzentrierter Form darstellen. Analysen können sein: ❍ **Investitions**analyse als - Analyse der Investitionsstruktur - Analyse der Investitionspolitik ❍ **Finanzierungs**analyse als - Analyse der Finanzierungsstruktur - Analyse der Finanzierungsdauer ❍ **Liquiditäts**analyse als - statische Liquiditätsanalyse - dynamische Liquiditätsanalyse • Cash Flow • Kapitalflussrechnung ❍ **Sonstige** Analysen als - Ergebnisanalyse - Rentabilitätsanalyse

3.2 Investition

Im Investitionsbereich hat sich die Führung – gleichermaßen wie im Finanzierungsbereich – an den Zielen des Unternehmens zu orientieren.

Allgemeine Ziele im Investitionsbereich sind insbesondere:

- Die **Liquidität**, deren Vorliegen durch Investitionen nicht gefährdet werden darf.
- Die **Rentabilität**, die einen Ausdruck des Unternehmenserfolges darstellt.

Instrumente der Führung im Investitionsbereich sind – siehe ausführlich *Olfert*, *Olfert / Reichel*:

- Die **Investitionsplanung**, die sich mit sämtlichen für eine Planungsperiode vorgesehenen Investitionen befasst.

- Die **Investitionsrechnungen** und **Nutzwertrechnungen**, mit deren Hilfe die Vorteilhaftigkeit von Investitionen anhand quantitativer bzw. qualitativer Beurteilungskriterien festgestellt werden kann.

- Die **Investitionsanalyse**, die Aufschluss über die Entwicklung im Investitionsbereich des Unternehmens gibt.

Da sich Investitionen vielfach durch umfangreiche und langfristige Kapitalbindung auszeichnen, die finanzwirtschaftlich erheblichen Liquiditätsrisiken und Erfolgsrisiken unterliegen, kann der Bestand des Unternehmens gefährdet werden, wenn die Investitionen nicht sorgsam bewirkt werden.

3.3 Zahlungsverkehr

Die Führung im Bereich des Zahlungsverkehrs hat die Abwicklung der finanziellen Transaktionen des Unternehmens zielgerichtet zu steuern.

Allgemeine Ziele sind dabei vor allem:

- Liquidität
- Sicherheit
- Rentabilität.

Eine bedeutsame Führungsaufgabe ist es, geeignete **Regelungen** zu treffen, mit denen *(Eilenberger)*

- die technischen Voraussetzungen durch Bereitstellung der Medien und Instrumente zur Zahlungsmittelübertragung geschaffen werden,

- und damit die Zahlungswege vorgegeben werden,

- der organisatorische Rahmen der Abwicklung geschaffen wird,

- und damit die einzuschaltenden Mittler des Zahlungsverkehrs festgelegt werden.

Dazu gehört auch die Steuerung des Abrechnungsverkehrs unter Großunternehmen - das Industrieclearing – und innerhalb eines Konzerns – das Konzernclearing:

- Das **Industrieclearing** ist die gegenseitige Kreditierung bzw. das Anlagegeschäft zwischen Unternehmen mit zweifelsfreier Bonität, um Kreditinstitute als Kosten erhöhende Zwischenhändler auszuschalten.

- Das **Konzernclearing** dient dem Ausgleich von Liquiditätsschwankungen zwischen Unternehmen eines Konzerns, aber auch der gegenseitigen Verrechnung von Forderungen bzw. Verbindlichkeiten.

Die Schnittstellen zwischen der Abwicklung und der Führung der Kapitalverwaltung verwischen mit dem Einsatz von EDV-gesteuerten Cash Management-Systemen teilweise.

	Kontrollfragen	bearbeitet	Lösungshinweis	Lösung +	-
01	Beschreiben Sie den güter- und finanzwirtschaftlichen Prozess!		19		
02	Warum sind Zahlungs- und Leistungsströme nicht deckungsgleich?		19		
03	Wie läuft ein finanzwirtschaftlicher Prozess typischerweise ab?		20		
04	Beschreiben Sie die Funktionen der Finanzwirtschaft!		20		
05	Was geschieht im Rahmen der finanziellen Führung?		21		
06	Wie kann die Finanzwirtschaft organisatorisch eingegliedert sein?		21		
07	Worin bestehen die Aufgaben des Controllers und Treasurers?		22 ff.		
08	Was versteht man unter Kapital?		24		
09	Was ist abstraktes Kapital und wozu dient es?		24		
10	Welche Posten der Bilanz zählen zum Eigenkapital?		25		
11	Welche stillen Reserven lassen sich unterscheiden?		25		
12	Welche Funktionen hat das bilanziell ausgewiesene Eigenkapital?		26		
13	Erläutern Sie die Eigenschaften des Eigenkapitals!		26		
14	Welche Posten zählen zum Fremdkapital?		27		
15	Erläutern Sie die Eigenschaften des Fremdkapitals!		28 f.		
16	Was ist konkretes Kapital?		28		
17	Welche Gegenstände zählen zum Anlagevermögen?		29 f.		
18	Erläutern Sie, welche Gegenstände zum Umlaufvermögen zu rechnen sind!		29		
19	Was versteht man unter Finanzierung?		30		
20	Welche Fragen stellen sich der Finanzierung?		31		
21	Nach welchen Kriterien lassen sich Finanzierungen unterteilen?		31		
22	Welche zweckbezogenen Finanzierungen sind zu unterscheiden?		31		
23	Welche Finanzierungen erfolgen mit Eigenkapital bzw. Fremdkapital?		32		
24	Worin unterscheiden sich Außen- und Innenfinanzierung?		33		
25	Welche Finanzierungen lassen sich fristbezogen nennen?		33		
26	Welche besonderen Finanzierungen lassen sich unterscheiden?		34		
27	Was versteht man unter Investition?		35		
28	Welche Fragen stellen sich bei der Investition?		36		
29	Erläutern Sie, was unter Desinvestition zu verstehen ist!		36		

	Kontrollfragen	bearbeitet	Lösungshinweis	Lösung +	-
30	Welche objektbezogenen Investitionen lassen sich unterscheiden?		36		
31	Erläutern Sie, welche wirkungsbezogenen Investitionen es gibt!		37		
32	Welche Arten von Zahlungsmitteln gibt es?		38		
33	Auf welche Arten kann Zahlungsverkehr abgewickelt werden?		38		
34	Wie kann der Barzahlungsverkehr erfolgen?		39		
35	Beschreiben Sie, wie halbbarer Zahlungsverkehr erfolgen kann!		39		
36	Welche Möglichkeiten gibt es, bargeldlos zu zahlen?		40		
37	Was versteht man unter finanzwirtschaftlicher Führung?		42		
38	Welche Phasen umfasst die finanzwirtschaftliche Führung?		43		
39	Wie sind Ziele vorzugeben?		42		
40	Welche Arten von Zielen lassen sich unterscheiden?		42		
41	Was ist Planung und welche Phasen umfasst sie?		43		
42	Was versteht man unter Durchführung?		43		
43	In welchen Phasen läuft die Kontrolle ab?		44		
44	Welche Aufgabe obliegt der finanziellen Führung?		44		
45	Welche Ziele sind für den Finanzierungsbereich bedeutsam?		45		
46	Erläutern Sie, was unter absoluter Liquidität zu verstehen ist!		46		
47	Was ist die statische Liquidität und wie ist sie zu beurteilen?		47 f.		
48	Beschreiben Sie die dynamische Liquidität!		48 f.		
49	Welche Instrumente dienen der Sicherung der Liquidität?		49		
50	Was kann unter struktureller Liquidität verstanden werden?		50		
51	Stellen Sie die Finanzierungsregeln dar!		50		
52	Was versteht man unter Illiquidität?		50		
53	Wann spricht man von Unter- bzw. Überliquidität?		51		
54	Beschreiben Sie die optimale Liquidität!		51		
55	Erläutern Sie, was unter Rentabilität zu verstehen ist!		52		
56	Wie kann Rentabilität gefördert bzw. gesichert werden?		53		
57	Wodurch kann die Unabhängigkeit eingeschränkt werden?		53		
58	Worin ist das Verlustrisiko des Kapitalgebers und des Kapitalnehmers zu sehen?		54		
59	Welche Instrumente stehen der finanziellen Führung zur Verfügung?		55		

	Kontrollfragen	bearbeitet	Lösungshinweis	Lösung +	Lösung -
60	Wozu dient die Finanzplanung und welche Arten der Finanzplanung lassen sich unterscheiden?		55		
61	Welche Aufgabe hat die Finanzdisposition?		56		
62	Worin unterscheiden sich Finanzplanung und Finanzdisposition?		57		
63	Welche Daten stellen einfache Cash Management-Systeme bereit?		57		
64	Welche Möglichkeiten bieten anspruchsvollere Cash Management-Systeme?		57		
65	Welche Aufgabe hat die finanzwirtschaftliche Analyse?		58		
66	Wie kann die finanzwirtschaftliche Analyse erfolgen?		58		
67	Auf welchen Zielen beruht die Führung im Investitionsbereich?		58		
68	Welcher Instrumente kann sich die Führung im Investitionsbereich bedienen?		58 f.		
69	Welchen Zielen hat der Zahlungsverkehr gerecht zu werden?		59		
70	Beschreiben Sie die zentrale Führungsaufgabe im Bereich des Zahlungsverkehrs!		59		

B. Finanzplanung

Finanzplanung ist die planerische Tätigkeit im finanzwirtschaftlichen Bereich des Unternehmens. Wie jeder planerische Prozess weist sie drei **Merkmale** auf:

- Sie ist ein gedanklicher Prozess.
- Sie liegt vor dem Handeln.
- Sie ist auf zukünftiges Handeln gerichtet.

Die Finanzplanung nimmt die im Unternehmen zu treffenden dispositiven Maßnahmen vorweg, indem sie die im Planungszeitraum anfallenden Ausgaben und Einnahmen sowie Auszahlungen und Einzahlungen schätzt und berechnet, den sich daraus ergebenden Kapitalbedarf ermittelt und Maßnahmen plant, welche die Beschaffung fehlenden Kapitals bzw. die Anlage überschüssigen Kapitals umfassen.

Unter Einbeziehung der Durchführung und der Kontrolle in den planerischen Prozess kann sich typischerweise folgender **Ablauf** der Planung ergeben:

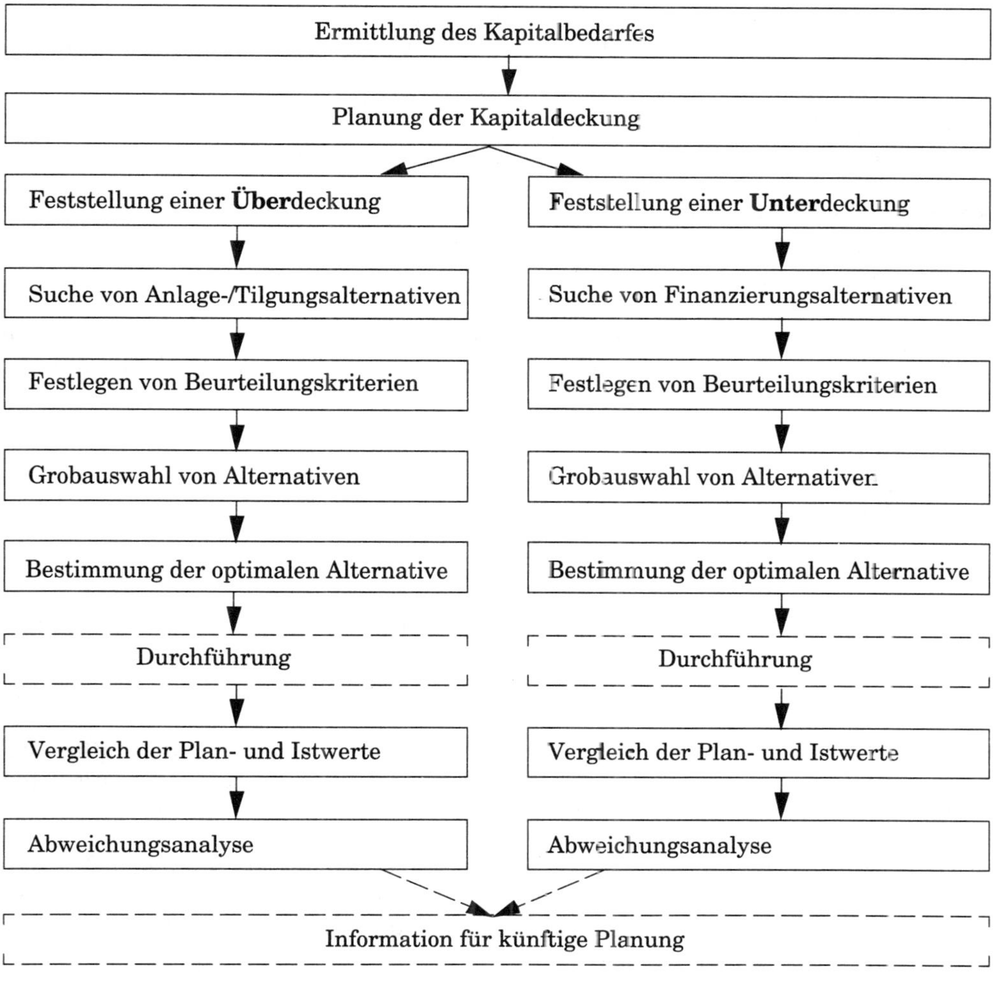

Während die Durchführung – auch bei weiter Auslegung des Planungsbegriffes – kein Bestandteil der Planung ist, kann die Kontrolle als abschließende Phase der Planung angesehen werden. Die planerischen Aktivitäten können umso wirkungsvoller gestaltet werden, je umfassender die Rückkopplung über die Kontrolle erfolgt.

Die **Kontrolle** darf sich nicht darauf beschränken, die Abweichungen zwischen den Plan- und Istwerten lediglich festzustellen bzw. zu dokumentieren. Sie muss die Abweichungen auch im Einzelnen analysieren. Planungs- oder Ausführungsfehler können auf diese Weise aufgedeckt und wesentliche Erkenntnisse zur Vermeidung solcher Fehler in künftigen Planungsprozessen gewonnen werden.

Die Finanzplanung ist in die Unternehmensplanung eingebunden und stellt eine **Teilplanung** dar. Die zu planenden Einzahlungen und Auszahlungen werden im Wesentlichen durch die übrigen Teilbereiche des Unternehmens verursacht.

Zur ordnungsgemäßen Durchführung der Finanzplanung werden verschiedene **Informationen** benötigt:

- Aus den Teilbereichen des Unternehmens
  (Auszahlungen und Einzahlungen aus dem Prozess der Leistungserstellung und Leistungsverwertung)

- Von den Geld- und Kapitalmärkten
  (Möglichkeiten der Kapitalbeschaffung bzw. der Kapitalanlage)

- Sonstige Informationen
  (Informationen über zukünftige Umweltsituationen - beispielsweise die wirtschaftliche Entwicklung)

Die Finanzplanung dient der **zielgerichteten Gestaltung** des Finanzbereiches. Sie ist damit – neben anderen unternehmensindividuellen Zielen – ausgerichtet auf

- Rentabilität
- Liquidität
- Unabhängigkeit
- Sicherheit

wie im Kapitel A beschrieben.

Die Finanzplanung befasst sich vornehmlich mit der Liquiditätssituation des Unternehmens. Im Mittelpunkt der Betrachtung stehen somit Zahlungsströme, die in Form von Einzahlungen und Auszahlungen die Bestände der liquiden Mittel beeinflussen.

Es sind jedoch auch Einzahlungen und Auszahlungen zu beachten, die Einfluss bei bestimmten Finanzierungsformen (z. B. Factoring, Forfaitierung) oder bestimmten Kreditbeziehungen bedeutsam sein können.

- **Einzahlungen** und **Auszahlungen** verändern den Bestand an liquiden Mitteln, der als Zahlungsmittelbestand bezeichnet wird. Er setzt sich aus Kassenbeständen und jederzeit verfügbaren Bankguthaben oder Kreditlinien zusammen.

• **Einnahmen** und **Ausgaben** verändern das Geldvermögen, das zuzüglich zum Zahlungsmittelbestand die Forderungen berücksichtigt und die Verbindlichkeiten hiervon abzieht.

Einzahlungen und Einnahmen bzw. Auszahlungen und Ausgaben sind dann identisch, wenn auf Kredit weder gekauft noch verkauft wird. *Eilenberger* sieht Einnahmen und Ausgaben als Oberbegriff an und empfiehlt deren Verwendung.

Den folgenden Ausführungen sollen jedoch **Einzahlungen** und **Auszahlungen** zu Grunde gelegt werden, da die Finanzplanung die Zahlungsfähigkeit und damit das finanzielle Gleichgewicht eines Unternehmens sichern soll.

Die Liquidität ergibt sich somit aus den Zahlungsströmen der Auszahlungen und Einzahlungen. Die Rentabilität bezieht sich auf Erfolgsgrößen, das sind Aufwendungen und Erträge bzw. Kosten und Erlöse. Damit kann die Rentabilität mithilfe der Finanzplanung zwar gefördert, nicht aber gesteuert und ermittelt werden.

Die unmittelbare Betrachtung der Rentabilität bzw. der Aufwendungen und Erträge, Kosten und Erlöse zusammen mit der Liquidität bzw. Auszahlungen und Einzahlungen ist mithilfe einer **integrierten Finanzplanung** möglich, die besteht aus:

Finanzplanung		**Bilanzplanung**		**Erfolgsplanung**	
Einzahlungen	Auszahlungen	Vermögen	Schulden	Kosten/ Aufwendungen	Erlöse/ Erträge

Die Finanzplanung kann ihrer **Fristigkeit** entsprechend sein:

• Eine **strategische Planung**, die in der obersten Führungsebene erfolgt und langfristig – auf mehr als fünf Jahre – ausgerichtet ist.

• Eine **taktische Planung**, die mittelfristig – auf ein bis fünf Jahre – ausgerichtet ist, sich aus der strategischen Planung ergibt und diese umzusetzen hat.

• Eine **operative Planung**, die kurzfristigen Charakter – bis ein Jahr – hat, aus der taktischen Planung abgeleitet wird und eine Ausführungsplanung ist.

Um die Finanzplanung als wirkungsvolles Instrument der finanziellen Führung nutzen zu können, muss sie mehreren **Grundsätzen** gerecht werden:

Regelmäßigkeit	Die Finanzplanung ist regelmäßig und dauernd vorzunehmen, nicht nur fallweise, z. B. in finanzwirtschaftlich problematischen Situationen.
Vollständigkeit	Alle Zahlungsströme des Unternehmens, die innerhalb des Planungszeitraumes liegen, sind in der Finanzplanung zu berücksichtigen. Nur so kann es möglich sein, die Entwicklung der Liquidität abzuschätzen.
Zeitpunktgenauigkeit	Der Zeitpunkt des Eintrittes der einzelnen Zahlungsströme ist so genau wie möglich anzusetzen, um Aussagen über die Entwicklung der Liquidität vornehmen zu können. Die Zeitpunktgenauigkeit wird umso höher sein können, je kleiner die Planungsperiode und je weniger der Zeitpunkt der Planerstellung von der Planungsperiode entfernt ist.
Betragsgenauigkeit	Im Interesse der Sicherung der Liquidität sollen möglichst realistische Beträge für die Auszahlungen und Einzahlungen angesetzt werden.
Bruttoausweis	Saldierungen von Zahlungsströmen dürfen nicht erfolgen, weil so die Transparenz der Finanzplanung eingeschränkt wird.
Elastizität	Die Finanzplanung bezieht sich auf eine bestimmte, erwartete Unternehmens- und Umweltsituation, die sich ändern kann, d. h. die Plansätze sind unsicher und müssen einer veränderten Situation angepasst werden können.
Kontrollierbarkeit	Der Vergleich der Soll- und Istwerte muss in der Finanzplanung möglich sein und Abweichungen müssen analysiert werden können.
Wirtschaftlichkeit	Der mit der Planung verbundene Aufwand muss in einem wirtschaftlich vernünftigen Verhältnis zum Ergebnis – insbesondere zu der sich verbessernden Genauigkeit – stehen.

Die Finanzplanung umfasst im Folgenden:

- **Kapitalbedarf**
- **Kapitaldeckung**
- **Finanzplan.**

1. Kapitalbedarf

Der Kapitalbedarf entsteht dadurch, dass vom Unternehmen Auszahlungen – beispielsweise für Maschinen, Rohstoffe, Personal – zu leisten sind, denen unmittelbar keine zumindest gleich hohen Einzahlungen – beispielsweise aus dem Verkauf der erstellten Produkte – gegenüberstehen.

In einem typischen finanzwirtschaftlichen Prozess ergibt sich der Kapitalbedarf:

Feststellung der erforderlichen Investitionen	durch Sammlung der Investitionsaufträge
↓	
Ermittlung des Investitionsbedarfes	im Rahmen der Investitionsplanung
↓	
Ermittlung des **Kapitalbedarfes**	im Rahmen der Finanzplanung
↓ ⋮	

Würden den Auszahlungen unmittelbar gleich hohe – oder gar höhere – Einzahlungen gegenüberstehen, gäbe es keinen Kapitalbedarf und damit nicht das Erfordernis, Finanzierungsmaßnahmen einzuleiten. Diese Situation ist in der betrieblichen Praxis aber selten anzutreffen.

Die **Größe des Kapitalbedarfes** hängt ab:

- Von der Höhe der Auszahlungen und Einzahlungen.
- Vom zeitlichen Abstand zwischen den Auszahlungen und Einzahlungen.

Damit ist der Kapitalbedarf – bei unveränderten Auszahlungen und Einzahlungen – umso höher, je weiter die Zahlungsströme zeitlich auseinander fallen.

Der Kapitalbedarf ergibt sich allgemein durch Subtraktion der kumulierten Einzahlungen von den kumulierten Auszahlungen in einem bestimmten Zeitpunkt:

$$\text{Kapitalbedarf} = \text{Kumulierte Auszahlungen} - \text{Kumulierte Einzahlungen}$$

Ein Kapitalbedarf ist nur gegeben, wenn das Ergebnis positiv ist.

Liegt ein negatives Ergebnis vor, dann besteht kein Bedarf an Kapital, d. h. es ist mehr Kapital vorhanden als erforderlich.

Beispiel:

Monat	Auszahlungen	Einzahlungen
Januar	1.000 €	0 €
Februar	2.000 €	0 €
März	3.000 €	1.000 €
April	1.000 €	2.000 €
Mai	2.000 €	2.000 €
Juni	1.000 €	2.000 €

Die Veränderung des Kapitalbedarfes aufgrund der in der Tabelle aufgeführten Auszahlungen und Einzahlungen kann grafisch dargestellt werden:

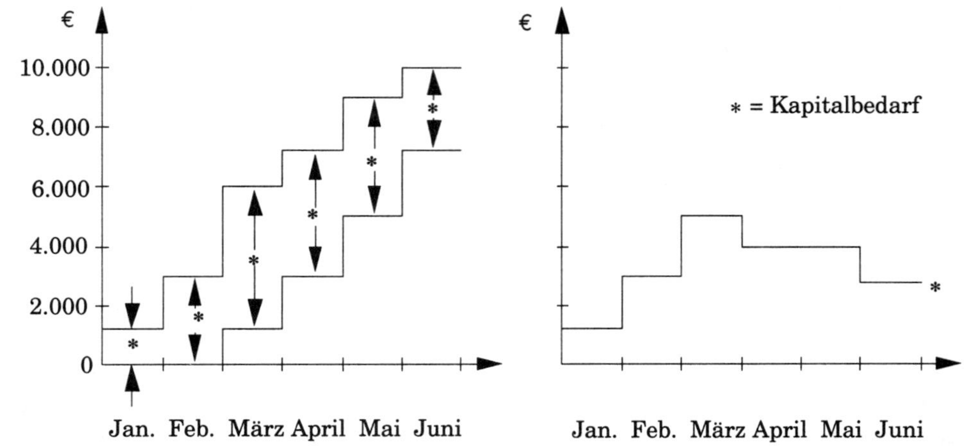

Beispiel:

Monat	Auszahlungen	Einzahlungen
Januar	1.000 €	0 €
Februar	2.000 €	0 €
März	3.000 €	3.000 €
April	0 €	4.000 €
Mai	1.000 €	2.000 €
Juni	2.000 €	1.000 €

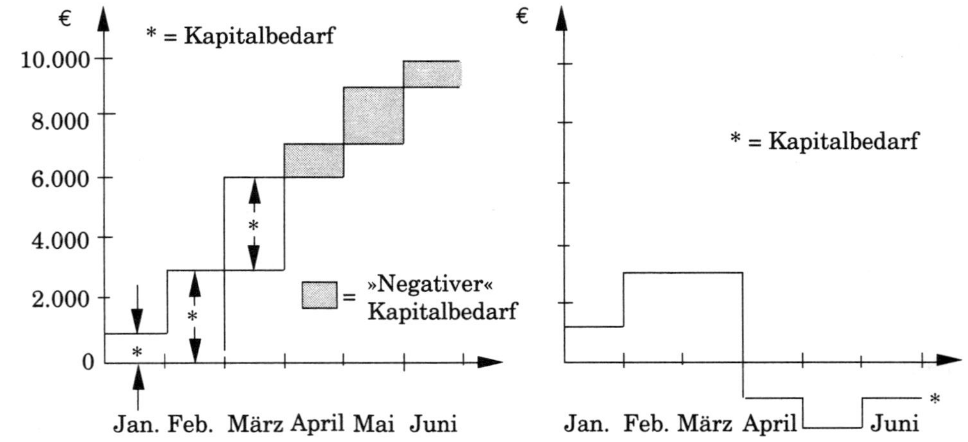

Wie zu sehen ist, gibt es beim zweiten Beispiel in den Monaten April, Mai, Juni keinen Kapitalbedarf, der durch Finanzierungsmaßnahmen zu decken wäre. Stattdessen steht Kapital zu Anlagezwecken bzw. zur Tilgung von kurzfristigen Krediten zur Verfügung.

Mithilfe dieser Darstellung des Kapitalbedarfes können nützliche **Informationen** gewonnen werden über:

- Den ständig benötigten **Mindest-Kapitalbedarf**, der zweckmäßigerweise vor allem mit Eigenkapital finanziert werden sollte.

- Den zeitweise benötigten **Höchst-Kapitalbedarf**, der insbesondere mit Fremdkapital gedeckt werden kann.

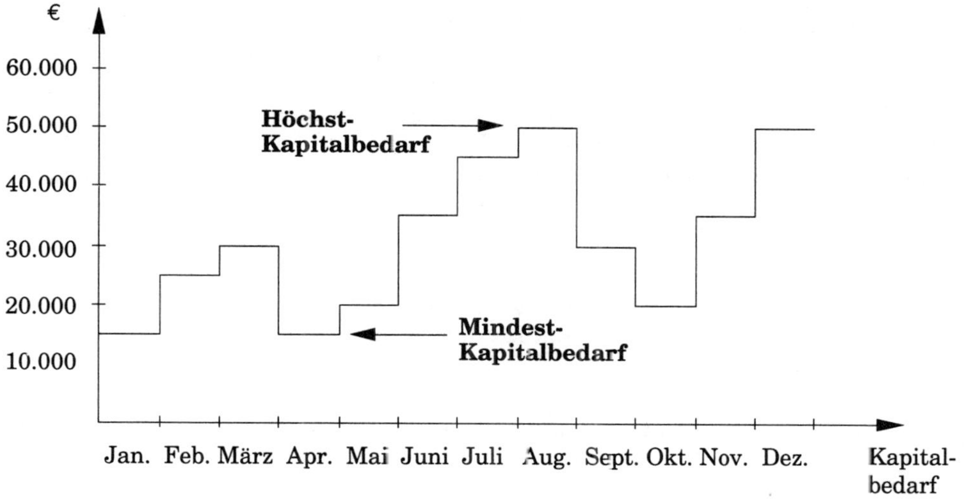

10 Seite 455

11 Seite 455

Der Kapitalbedarf soll betrachtet werden im Hinblick auf:

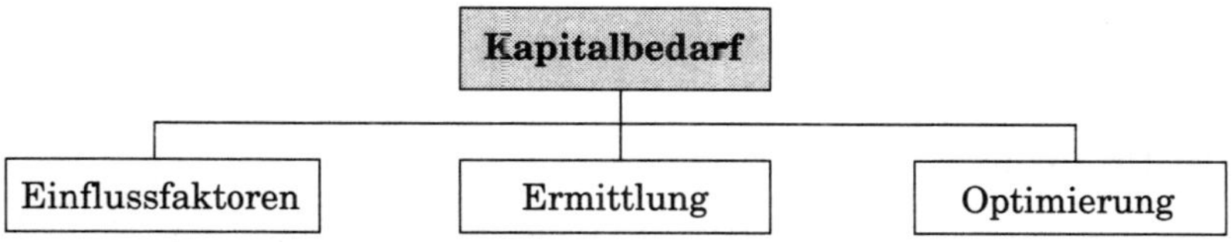

1.1 Einflussfaktoren

Es lassen sich mehrere Faktoren aufführen, die auf die Höhe des Kapitalbedarfes Einfluss ausüben können. *Gutenberg, Hahn* nennt:

Mengenbezogene Einflussfaktoren				**Zeit**bezogener Einflussfaktor	**Wert**bezogener Einflussfaktor
Prozess-anordnung	Unternehmens-größe	Leistungs-programm	Beschäfti-gung	Prozess-geschwindigkeit	Preis

1.1.1 Mengenbezogene Einflussfaktoren

Bei den mengenbezogenen Einflussfaktoren wird angenommen, dass die Erstellung der betrieblichen Leistungen eines **Grundprozesses** bedarf. Der hieraus resultierende Kapitalbedarf ergibt sich aus drei Arten von **Kapitalbindungen**:

- Kapitalbindung durch den Einsatz des Anlagevermögens
- Kapitalbindung durch das Halten von Werkstoff- und Fertigerzeugnis-Lägern
- Kapitalbindung durch das Gewähren von Anzahlungen und Zahlungszielen.

Die mengenbezogenen Einflussfaktoren sind:

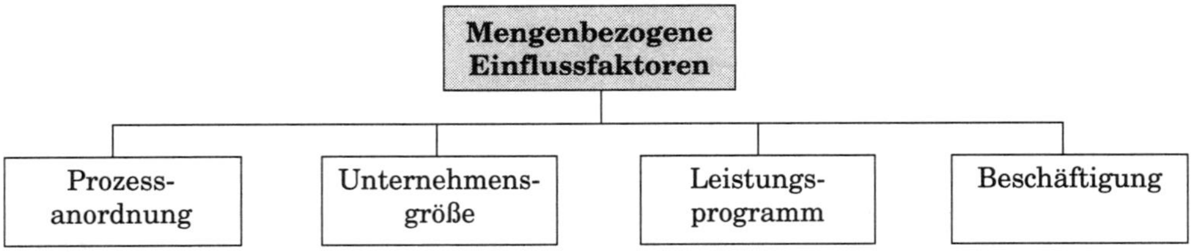

1.1.1.1 Prozessanordnung

Als betrieblicher **Prozess** wird die zeitlich fixierte Abfolge güter- und finanzwirtschaftlicher Vorgänge verstanden, die von der Beschaffung der Einsatzgüter bis zum Absatz der Erzeugnisse reicht. Er umfasst beispielsweise:

- Beschaffung der Materialien
- Lagerung der Materialien
- Durchführung der Fertigung
- Lagerung der Erzeugnisse
- Absatz der Erzeugnisse.

Mit der Beschaffung der Materialien sind Auszahlungen verbunden. Ebenso fallen Auszahlungen bei der Lagerung der Materialien, der Fertigung und bei der Lagerung der Erzeugnisse an. Auch der Absatz verursacht Auszahlungen. Erst nach dem erfolgtem Absatz fließen dem Unternehmen in den meisten Fällen schließlich Einzahlungen zu.

Aus dieser Betrachtung wird ersichtlich, dass das Unternehmen sich zwecks Minimierung des Kapitalbedarfes bemühen sollte, die betrieblichen Prozesse optimal anzuordnen.

Es gibt drei grundsätzliche **Gestaltungsmöglichkeiten**, derer sich das Unternehmen bedienen kann:

- Die betrieblichen Prozesse werden **zeitlich nebeneinander** angeordnet, d. h. mehrere Prozesse beginnen und enden jeweils zur gleichen Zeit.

—Prozess 1→

—Prozess 2→

—Prozess 3→

Bei dieser Vorgehensweise steigt der Kapitalbedarf zu Beginn der gleichzeitig nebeneinander anlaufenden Prozesse (1, 2, 3) beträchtlich an, da Auszahlungen anfallen, ohne dass zunächst Einzahlungen zu verzeichnen sind. Diese kommen erst mit dem Verkauf der gefertigten Güter in das Unternehmen, wobei sie den Kapitalbedarf unmittelbar absinken lassen.

Beispiel: Die Metallbau GmbH erstellt gleichartige Maschinen, wobei stets drei Maschinen zeitlich nebeneinander gefertigt werden. Pro Maschine fallen als Auszahlungen an:

Woche 1: 5.000 €	Woche 2: 7.500 €	Woche 3: 1.500 €

Der betriebliche Prozess dauert jeweils 5 Wochen, in der Woche 6 erfolgen die Einzahlungen in Höhe von 14.000 € pro Maschine.

Woche / Prozess	1	2	3	4	5	6	7	8	9	10	11	12	13	14	15
1 - 3	15.000	22.500	4.500	—	—	42.000									
4 - 6						15.000	22.500	4.500	—	—	42.000				
7 - 9											15.000	22.500	4.500	—	—
Kumulierte Auszahlungen	15.000	37.500	42.000	42.000	42.000	57.000	79.500	84.000	84.000	84.000	99.000	121.500	126.000	126.000	126.000
Kumulierte Einzahlungen	0	0	0	0	0	42.000	42.000	42.000	42.000	42.000	84.000	84.000	84.000	84.000	84.000
Kapitalbedarf	**15.000**	**37.500**	**42.000**	**42.000**	**42.000**	**15.000**	**37.500**	**42.000**	**42.000**	**42.000**	**15.000**	**37.500**	**42.000**	**42.000**	**42.000**

- Die betrieblichen Prozesse werden **zeitlich gestaffelt** angeordnet, d. h. wenn ein Prozess bis zu einem gewissen Punkt fortgeschritten ist, beginnt der nächste Prozess.

—Prozess 1→

—Prozess 2→

—Prozess 3→

Die Höhe des Kapitalbedarfes wird sich bei dieser überlappenden Anordnung im Vergleich zu der zeitlich nebeneinanderliegenden Anordnung vermindern. Die Extremwerte des Kapitalbedarfes werden abgebaut, da Einzahlungen aus abgeschlossenen Prozessen erfolgen, wenn Auszahlungen für folgende Prozesse anfallen. Es erfolgt eine Nivellierung des Kapitalbedarfes.

Beispiel: Die Metallbau GmbH erstellt gleichartige Maschinen, wobei stets dann eine neue Maschine gebaut wird, wenn sich die derzeit gefertigte Maschine in der Woche 3 befindet. Auszahlungen, Einzahlungen und Prozessdauer entsprechen dem vorangegangenen Beispiel.

Woche / Prozess	1	2	3	4	5	6	7	8	9	10	11	12	13	14	15
1	5.000	7.500	1.500	—	—	14.000									
2			5.000	7.500	1.500	—	—	14.000							
3					5.000	7.500	1.500	—	—	14.000					
4							5.000	7.500	1.500	—	—	14.000			
5									5.000	7.500	1.500	—	—	14.000	
6											5.000	7.500	1.500	—	—
7													5.000	7.500	1.500
Kumulierte Auszahlungen	5.000	12.500	19.000	26.500	33.000	40.500	47.000	54.500	61.000	68.500	75.000	82.500	89.000	96.500	98.000
Kumulierte Einzahlungen	0	0	0	0	0	14.000	14.000	28.000	28.000	42.000	42.000	56.000	56.000	70.000	70.000
Kapitalbedarf	**5.000**	**12.500**	**19.000**	**26.500**	**33.000**	**26.500**	**33.000**	**26.500**	**33.000**	**26.500**	**33.000**	**26.500**	**33.000**	**26.500**	**28.000**

- Die betrieblichen Prozesse werden **zeitlich nacheinander** angeordnet, d. h. der Beginn eines neuen Prozesses setzt voraus, dass der bisherige Prozess abgeschlossen ist.

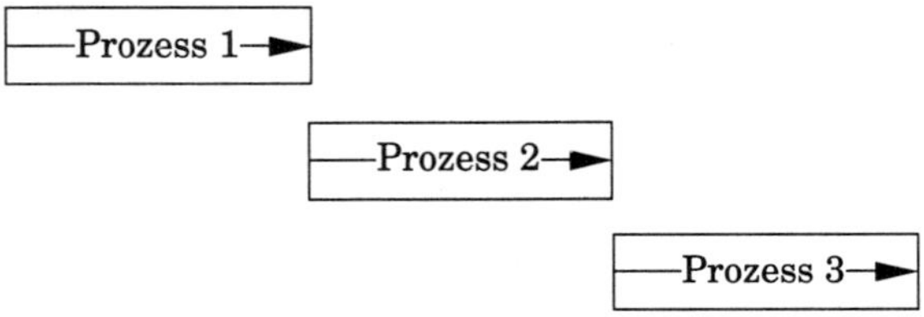

Für die Höhe des Kapitalbedarfes bedeutet dies, dass er sich auf niedrigem Niveau bewegen wird, da den Auszahlungen für den jeweils neu zu beginnenden Prozess entsprechende Einzahlungen aus dem beendeten Prozess gegenüberstehen.

Beispiel: Die Metallbau GmbH erstellt gleichartige Maschinen, wobei immer nur eine Maschine Gegenstand des betrieblichen Prozesses ist. Auszahlungen, Einzahlungen und Prozessdauer entsprechen den beiden vorangegangenen Beispielen.

Woche / Prozess	1	2	3	4	5	6	7	8	9	10	11	12	13	14	15
1	5.000	7.500	1.500	—	—	14.000									
2						5.000	7.500	1.500	—	—	14.000				
3											5.000	7.500	1.500	—	—
Kumulierte Auszahlungen	5.000	12.500	14.000	14.000	14.000	19.000	26.500	28.000	28.000	28.000	33.000	40.500	42.000	42.000	42.000
Kumulierte Einzahlungen	0	0	0	0	0	14.000	14.000	14.000	14.000	14.000	28.000	28.000	28.000	28.000	28.000
Kapitalbedarf	**5.000**	**12.500**	**14.000**	**14.000**	**14.000**	**5.000**	**12.500**	**14.000**	**14.000**	**14.000**	**5.000**	**12.500**	**14.000**	**14.000**	**14.000**

12 Seite 455

1.1.1.2 Unternehmensgröße

Die Veränderung der Unternehmensgröße führt grundsätzlich zu einer Veränderung des Kapitalbedarfes. Indessen können über das Ausmaß dieser Veränderung nicht ohne weiteres gesicherte Aussagen erfolgen.

Möglich sind folgende **Veränderungen**:

	Zunehmende Unternehmensgröße	**Abnehmende Unternehmensgröße**
Anlagevermögen	Unterproportionaler Anstieg möglich, wenn Kapazitätsreserven vorhanden.	Unterproportionale Abnahme möglich.
	Häufiger überproportionaler Anstieg möglich wegen Verfahrensänderungen und verstärkten Absatzbemühungen.	Häufig unterproportionale Abnahme möglich.
Umlaufvermögen	Proportionaler Anstieg möglich, unterproportional bei Rationalisierung und mengenbedingt geringeren Preisen.	Proportionale oder unterproportionale Abnahme möglich.

1.1.1.3 Leistungsprogramm

Die Auswirkungen von Veränderungen im Leistungsprogramm des Unternehmens lassen sich ebenfalls nicht ohne weiteres vorhersagen. Grundsätzlich ist anzunehmen, dass ein Unternehmen mit großer Typenvielfalt einen höheren Kapitalbedarf aufweisen wird als ein Unternehmen mit geringer Typenvielfalt bzw. mit nur einem Erzeugnis.

Bei Veränderungen im Leistungsprogramm gibt es drei **Ausgangssituationen**:

- Die für die Veränderung des Leistungsprogrammes erforderliche **Kapazität** ist **vorhanden**, d. h. sie reicht quantitativ und qualitativ aus. In diesem Fall wird nicht mit einem merklichen Ansteigen oder Absinken des Kapitalbedarfes zu rechnen sein.

- Die für die Veränderung des Leistungsprogrammes erforderliche **Kapazität** ist **nicht vorhanden**. Bei Aufnahme neuer Erzeugnisse ergibt sich eine Erhöhung des Kapitalbedarfes, die erheblich sein kann.

  Dagegen ist nicht unbedingt eine merkliche Verminderung des Kapitalbedarfes zu erwarten, wenn Erzeugnisse aus dem Leistungsprogramm eliminiert werden, die freiwerdenden Kapazitäten aber weiter bestehen bleiben. Möglicherweise sinken lediglich die Auszahlungen für Güter des Umlaufvermögens.

- Bei der Veränderung des Leistungsprogrammes besteht ein **Substitutionsverhältnis** zwischen einem bisher gefertigten Erzeugnis und einem künftig zu erstellenden Produkt. Denkbar wäre, dass aus dem Verkauf des auslaufenden Erzeugnisses dem Unternehmen noch Einzahlungen zufließen, die für Auszahlungen verwendet werden, welche das neue Produkt betreffen.

1.1.1.4 Beschäftigung

Unter Beschäftigung wird die **tatsächliche Nutzung des Leistungsvermögens** eines Unternehmens verstanden. Ihre Veränderung kann Auswirkungen auf die Höhe des Kapitalbedarfes haben. Die Beschäftigung kann auf drei **Arten** variiert werden:

- Bei der **quantitativen Anpassung** verändert das Unternehmen die Zahl seiner Arbeitsplätze. Der Kapitalbedarf nimmt folgenden Verlauf:

Kapitalbedarf-Erhöhung	Sie geschieht etwa proportional bei einer zahlenmäßigen **Erhöhung der Arbeitsplätze**.
Kapitalbedarf-Verminderung	Sie erfolgt etwa proportional bei einer zahlenmäßigen **Verminderung der Arbeitsplätze**, wenn entsprechend weniger Werkstoffe verbraucht sowie die nicht mehr benötigten Mitarbeiter und Maschinen freigesetzt werden. Ist das nicht so anzunehmen, vermindert sich der Kapitalbedarf unterproportional.

- Bei der **zeitlichen Anpassung** wird die Arbeitszeit verändert, wobei die Zahl der Arbeitsplätze und die Prozessgeschwindigkeit unverändert bleiben. Der Kapitalbedarf verhält sich beim Umlaufvermögen und bei den Löhnen im Wesentlichen proportional, bei Überstundenzuschlägen leicht überproportional. Beim Anlagevermögen bleibt er unverändert.

- Bei der **intensitätsmäßigen Anpassung** wird die Beschäftigung durch eine Variation der Prozessgeschwindigkeit verändert, ohne dass die Zahl der Arbeitsplätze oder der Umfang der Arbeitszeit verändert werden. Die Veränderung des Kapitalbedarfes durch intensitätsmäßige Anpassung wird bei der nachfolgenden Darstellung der **Prozessgeschwindigkeit** erörtert.

1.1.2 Prozessgeschwindigkeit

Die Prozessgeschwindigkeit ist – im Gegensatz zu den oben dargestellten **mengen**bezogenen Einflussfaktoren des Kapitalbedarfes – ein **zeit**bezogener Einflussfaktor.

Unter Prozessgeschwindigkeit wird der zeitliche Bedarf verstanden, den der einzelne betriebliche Prozess benötigt. Die Höhe der Prozessgeschwindigkeit und die Höhe des Kapitalbedarfes stehen in engem Verhältnis zueinander. Je größer die Prozessgeschwindigkeit ist, umso näher liegen die Auszahlungen und Einzahlungen zeitlich beieinander, was eine Minderung des Kapitalbedarfes zur Folge haben kann.

Der **Kapitalbedarf** kann sich bei Veränderung der Prozessgeschwindigkeit grundsätzlich unterschiedlich entwickeln:

- Bei **zeitlich nebeneinander angeordneten Prozessen** nimmt die Dauer der Kapitalbindung ab, wenn die Prozessgeschwindigkeit erhöht wird. Der Kapitalbedarf vermindert sich aber nur dann, wenn freiwerdende Kapazitäten anderweitig Verwendung finden oder liquidiert werden.

- Bei **zeitlich gestaffelt angeordneten Prozessen** kann eine Verminderung des Kapitalbedarfes erreicht werden, wenn die erhöhte Prozessgeschwindigkeit die Einzahlungen vorverlagert.

Eine **Steigerung der Prozessgeschwindigkeit** ist sowohl im güterwirtschaftlichen Bereich als auch im finanzwirtschaftlichen Bereich möglich:

- Im **güterwirtschaftlichen Bereich** ist eine Beschleunigung der Prozessgeschwindigkeit – insbesondere durch eine Verkürzung der Verweilzeiten bei der Fertigung und Lagerung – erreichbar, sofern diese Möglichkeiten technisch nicht schon ausgeschöpft sind.

  Beispiel: Die Erstellung eines Erzeugnisses verursacht folgende Auszahlungen:

Tag 1: 2.000 €	Tag 2: 1.500 €	Tag 3: 1.000 €

  Am Tag 7 erfolgen Einzahlungen von 4.500 €.

  Der einzelne betriebliche Prozess dauert 6 Tage. Jeweils ab dem 4. Tag wird mit der Erstellung eines neuen Erzeugnisses begonnen.

  Durch Rationalisierungsmaßnahmen im Bereich des Lagers sollen die Güter dem Verkauf zwei Tage früher zur Verfügung stehen, wodurch die Einzahlungen bereits am Tag 5 erfolgen.

Kapitalbedarf ***vor*** der Rationalisierungsmaßnahme:

Prozess \ Woche	1	2	3	4	5	6	7	8	9	10	11	12	13	14
1	2.000	1.500	1.000	—	—	—	4.500							
2				2.000	1.500	1.000	—	—	—	4.500				
3							2.000	1.500	1.000	—	—	—	4.500	
4										2.000	1.500	1.000	—	—
Kumulierte Auszahlungen	2.000	3.500	4.500	6.500	8.000	9.000	11.000	12.500	13.500	15.500	17.000	18.000	18.000	18.000
Kumulierte Einzahlungen	0	0	0	0	0	0	4.500	4.500	4.500	9.000	9.000	9.000	13.500	13.500
Kapitalbedarf	**2.000**	**3.500**	**4.500**	**6.500**	**8.000**	**9.000**	**6.500**	**8.000**	**9.000**	**6.500**	**8.000**	**9.000**	**4.500**	**4.500**

Kapitalbedarf ***nach*** der Rationalisierungsmaßnahme:

Prozess \ Woche	1	2	3	4	5	6	7	8	9	10	11	12	13	14
1	2.000	1.500	1.000	—	4.500									
2				2.000	1.500	1.000	—	4.500						
3							2.000	1.500	1.000	—	4.500			
4										2.000	1.500	1.000	—	4.500
5													2.000	1.500
Kumulierte Auszahlungen	2.000	3.500	4.500	6.500	8.000	9.000	11.000	12.500	13.500	15.500	17.000	18.000	20.000	21.500
Kumulierte Einzahlungen	0	0	0	0	4.500	4.500	4.500	9.000	9.000	9.000	13.500	13.500	13.500	18.000
Kapitalbedarf	**2.000**	**3.500**	**4.500**	**6.500**	**3.500**	**4.500**	**6.500**	**3.500**	**4.500**	**6.500**	**3.500**	**4.500**	**6.500**	**3.500**
Verringerung des Kapitalbedarfes	0	0	0	0	4.500	4.500	0	4.500	4.500	0	4.500	4.500	- 2.000	1.000

- Im **finanzwirtschaftlichen Bereich** kann die Prozessgeschwindigkeit vor allem eine Veränderung erfahren, indem sich die Zahlungsgewohnheiten der Kunden und/ oder die Zahlungsbedingungen der Lieferanten wandeln.

Eine Steigerung der Prozessgeschwindigkeit ist allerdings nur dann wirklich realisierbar, wenn der Markt dies erlaubt. Ist es beispielsweise branchenüblich, dass Kundenzahlungen innerhalb einer Frist von vier Wochen geleistet werden, erscheint es für das Unternehmen nicht ohne weiteres möglich, eine vierzehntägige Zahlungsfrist zu verlangen, wenn es nicht Gefahr laufen will, Kunden zu verlieren.

13 Seite 456

1.1.3 Preis

Der Preis ist ein **wert**bezogener Einflussfaktor des Kapitalbedarfes. Er beeinflusst den Kapitalbedarf in seiner Höhe.

Sinken die Preise der zu beschaffenden Güter, dann mindert sich auch der Kapitalbedarf, da die Auszahlungen für eine bestimmte Bezugsmenge sinken. Bei Preissteigerungen treten entgegengesetzte Wirkungen ein.

1.2 Ermittlung

Der Kapitalbedarf des Unternehmens muss hinreichend genau ermittelt werden, um frühzeitige Maßnahmen der Kapitaldeckung – also der Finanzierung – einleiten zu können, damit der Bestand des Unternehmens nicht gefährdet wird.

Grundsätzlich kann die Ermittlung des Kapitalbedarfs im Finanzplan oder in der Kapitalbedarfsrechnung geschehen:

Finanzplan	Er enthält alle prognostizierten Auszahlungen und Einzahlungen des Unternehmens. Durch ihre Gegenüberstellung kann der Kapitalbedarf festgestellt werden. Für die kontinuierliche Finanzplanung ist er das einzig geeignete Instrument, nicht aber ohne weiteres bei Gründungen und Unternehmenserweiterungen, da Prognosen mangels Vergangenheitsdaten schwerlich erstellbar sind.
Kapitalbedarfsrechnung	Sie ist für die kontinuierliche Finanzplanung keinesfalls geeignet, kann jedoch bei Gründungen und Unternehmenserweiterungen den Kapitalbedarf auf relativ einfache Weise als Näherungswert ermitteln. Dies ist umso besser möglich, je mehr sie unternehmensspezifisch oder zumindest branchenspezifisch aufgebaut ist.

Zunächst soll auf die Kapitalbedarfsrechnung, später auf den Finanzplan eingegangen werden (siehe S. 105 ff.).

Die Kapitalbedarfsrechnung wird in drei **Schritten** durchgeführt:

1 Ermittlung des Anlagekapitalbedarfes

↓

2 Ermittlung des Umlaufkapitalbedarfes

↓

3 Feststellung des Gesamtkapitalbedarfes

Mit der getrennten Ermittlung des Anlage- und Umlaufkapitalbedarfes wird den unterschiedlichen Eigenschaften des Anlagevermögens und des Umlaufvermögens – besonders unter zeitlichem Bezug – Rechnung getragen.

1.2.1 Anlagekapitalbedarf

Der Anlagekapitalbedarf ist der Kapitalbedarf, der durch das Anlagevermögen des Unternehmens verursacht wird und dazu dient, die Betriebsbereitschaft des Unternehmens sicherzustellen.

Um den Anlagekapitalbedarf zu ermitteln, sind die **Anschaffungskosten** für die Anlagegüter festzustellen, die sich zusammensetzen können aus:

	Anschaffungspreis
+	Transportkosten
+	Montagekosten
+	Versicherungen
+	Provisionen
=	**Anschaffungskosten**

Die Anschaffungskosten lassen sich aus dem Investitionsplan entnehmen.

Die für die Anlagegüter zu leistenden Auszahlungen werden addiert und ergeben den Anlagekapitalbedarf.

Beispiel:	Grundstück	280.000 €
	Gebäude	420.000 €
	Maschinen	80.000 €
	Betriebs- und Geschäftsausstattung	30.000 €
	Anlagekapitalbedarf	**810.000 €**

Wird die Kapitalbedarfsrechnung aus Anlass der **Gründung** des Unternehmens erstellt, sind erforderlichenfalls noch anzusetzen:

- Auszahlungen für die **Gründung**

○ Gerichtskosten	○ Provisionen
○ Notariatskosten	○ Sonstige Vergütungen
○ Maklergebühren	

- Auszahlungen der **Ingangsetzung des Geschäftsbetriebes**

○ Personalbeschaffungskosten	○ Auszahlungen für Einführungswerbung
○ Auszahlungen für Marktstudien	○ Auszahlungen für Organisationsgutachten

1.2.2 Umlaufkapitalbedarf

Der Umlaufkapitalbedarf ist der Kapitalbedarf, der durch das Umlaufvermögen des Unternehmens verursacht wird und dazu dient, die Durchführung des Leistungsprozesses sicherzustellen.

Die Ermittlung des Umlaufkapitalbedarfes gestaltet sich schwieriger als beim Anlagekapitalbedarf. Das ist insbesondere darin begründet, dass die täglichen Auszahlungen und die Dauer ihrer Bindung nicht ohne weiteres ermittelbar sind.

Der Umlaufkapitalbedarf wird in drei **Schritten** ermittelt:

- Zunächst wird die **Kapitalbindungsdauer** des Umlaufvermögens festgestellt. Sie ergibt sich aus:

❍ Rohstofflagerdauer	❍ Fertigerzeugnis-Lagerdauer
❍ Produktionsdauer	❍ Kundenziel

Das Lieferantenziel ist bei der Kapitalbindung für Werkstoffe abzusetzen.

- Sodann werden die durchschnittlichen **täglichen Auszahlungen** ermittelt:

❍ Täglicher Werkstoffeinsatz	❍ Täglicher Gemeinkosteneinsatz (soweit die Gemeinkosten zu Auszahlungen führen)
❍ Täglicher (Fertigungs-) Lohneinsatz	

- Schließlich wird der **Umlaufkapitalbedarf errechnet**, wobei zwei **Methoden** eingesetzt werden können:

  - Die **kumulative Methode**, bei der die gesamte Kapitalbindungsdauer ermittelt und mit den durchschnittlichen täglichen Auszahlungen multipliziert wird:

Umlauf-kapitalbedarf	=	Kapitalbindungs-dauer abzüglich Lieferantenziel	·	Durchschnitt-liche tägliche Auszahlungen

Beispiel:

Rohstoff-Lagerdauer	25 Tage
Lieferantenziel	10 Tage
Produktionsdauer	20 Tage
Fertigerzeugnis-Lagerdauer	5 Tage
Kundenziel	15 Tage

Durchschnittlicher täglicher Werkstoffeinsatz	5.000 €
Durchschnittlicher täglicher Lohneinsatz	15.000 €
Durchschnittlicher täglicher Gemeinkosteneinsatz	8.000 €

Umlaufkapitalbedarf = (15 + 5 + 20 + 25 – 10) · (5.000 + 15.000 + 8.000)

= 55 · 28.000 = **1.540.000 €**

Der ermittelte Umlaufkapitalbedarf kann nur so genau sein, wie die angewendete Methode es ermöglicht. Die Tatsache, dass Auszahlungen zu unterschiedlichen Zeitpunkten und in verschiedenen Abständen zu leisten sind, findet hier keine hinreichende Berücksichtigung. Deshalb ergibt sich ein **überhöhter Kapitalbedarf**.

- Die **elektive Methode** ist genauer als die kumulative Methode. Sie berücksichtigt die unterschiedlichen Bindungsdauern des Lohneinsatzes, Werkstoffeinsatzes und Gemeinkosteneinsatzes:

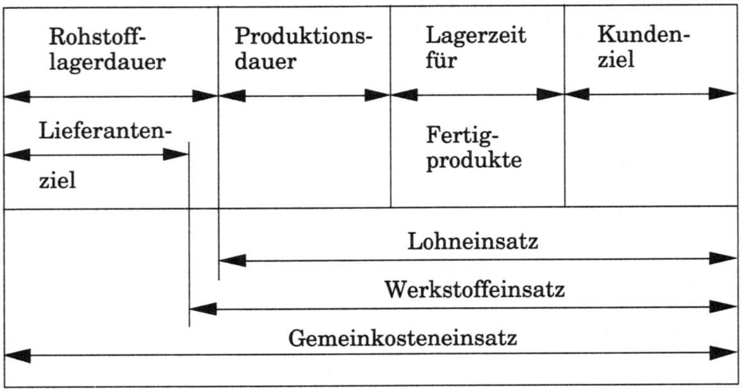

Beispiel: Es gelten die Werte aus dem vorangegangenen Beispiel.

$(15 + 5 + 20) \cdot 15.000 + (15 + 5 + 20 + 25 - 10) \cdot 5.000 + (15 + 5 + 20 + 25) \cdot 8.000 =$

$= 40 \cdot 15.000 + 55 \cdot 5.000 + 65 \cdot 8.000 =$ **1.395.000 €**

Unter Verwendung der elektiven Methode ist der Umlaufkapitalbedarf damit um 145.000 € geringer als bei der kumulativen Methode.

Trotz ihrer größeren Genauigkeit ist es auch mit der elektiven Methode nicht möglich, präzise Aussagen über den Umlaufkapitalbedarf zu machen.

1.2.3 Gesamtkapitalbedarf

Der gesamte Kapitalbedarf setzt sich aus dem Anlagekapitalbedarf und Umlaufkapitalbedarf zusammen:

	Anlagekapitalbedarf
+	Umlaufkapitalbedarf
=	**Gesamtkapitalbedarf**

Beispiel:

	Kumulative Methode	**Elektive Methode**
Anlagekapitalbedarf Umlaufkapitalbedarf	810.000 € 1.540.000 €	810.000 € 1.395.000 €
Kapitalbedarf	**2.350.000 €**	**2.205.000 €**

14 Seite 456

15 Seite 457

1.3 Optimierung

Der Kapitalbedarf ergibt sich aus Auszahlungen und Einzahlungen, wie gezeigt wurde. Die Auszahlungen stellen weithin **Investitionen** dar. Sie sind im Rahmen der Investitionsplanung zu optimieren, die in engem Zusammenhang mit der Finanzplanung steht.

Die zur Optimierung des Kapitalbedarfes erforderliche **Optimierung des Investitionsbedarfes** soll im Überblick dargestellt werden. Sie erfolgt quantitativ mithilfe von Investitionsrechnungen. Das sind Rechenverfahren, deren Zweck es ist festzustellen, ob ein Investitionsobjekt der Zielsetzung des Investors entspricht und welches von mehreren Investitionsobjekten die Zielsetzung am besten erfüllt.

Quantitative Investitionsrechnungen können sein*:

- **Statische Investitionsrechnungen**
- **Dynamische Investitionsrechnungen**.

Außerdem gibt es noch qualitative Investitionsrechnungen in Form der **Nutzwertrechnungen**, auf die hier nicht einzugehen ist – siehe *Olfert*.

1.3.1 Statische Investitionsrechnungen

Die statischen Investitionsrechnungen können als Hilfsverfahren der Praxis bezeichnet werden. Sie berücksichtigen nicht den Zeitfaktor, d. h. es wird praktisch nur mit einer Periode gerechnet. Damit sind Aussagen nur über relativ kurze Zeiträume sinnvoll möglich.

---

* Die Investitionsplanung und Investitionsrechnungen werden ausführlich von *Olfert*, *Olfert / Reichel* dargestellt.

Sie legen Kosten und Erlöse sowie das eingesetze Kapital zu Grunde und können sein:

Statische Investitionsrechnungen

- Kosten-vergleichsrechnung
- Gewinn-vergleichsrechnung
- Rentabilitäts-vergleichsrechnung
- Amortisations-vergleichsrechnung

Die statischen Investitionsrechnungen sollen nachfolgend im Überblick dargestellt werden.

1.3.1.1 Kostenvergleichsrechnung

Die Kostenvergleichsrechnung dient der Gegenüberstellung von zwei oder mehr Investitionsalternativen mit dem Ziel, die kostengünstigste Alternative zu ermitteln. Dabei sind nach Möglichkeit alle anfallenden Kosten in den Vergleich einzubeziehen.

Soll eine **Erweiterungsinvestition** vorgenommen werden und stehen mehrere Alternativen zur Auswahl, dann sind folgende Berechnungen möglich:

- Ein **Vergleich pro Periode**, der ausreicht, wenn die Leistungsmengen der Alternativen gleich groß sind.

Beispiel:

	Maschine I		**Maschine II**	
Anschaffungskosten (€)	200.000		100.000	
Nutzungsdauer (Jahre)	10		10	
Leistungsmenge (LE/Jahr)	20.000		20.000	
Fixe Kosten				
Kalkulatorische Abschreibungen (€/Jahr)*	20.000		10.000	
Kalkulatorische Zinsen (5 %) (€/Jahr)**	5.000		2.500	
Gehälter und Gemeinkostenlöhne	10.000		10.000	
Sonstige fixe Kosten (€/Jahr)	6.925	41.925	5.100	27.600
Variable Kosten				
Löhne und Lohnnebenkosten (€/Jahr)	90.000		110.000	
Material (€/Jahr)	190.000		200.000	
Sonstige variable Kosten (€/Jahr)	15.000	295.000	16.000	326.000
Gesamte Kosten (€/Jahr)		**336.925**		**353.600**
Kostendifferenz (I – II)	– 16.675			

* $$\text{Kalkulatorische Abschreibung} = \frac{\text{Anschaffungskosten} - \text{Restwert}}{\text{Nutzungsdauer}}$$

** $$\text{Kalkulatorische Zinsen} = \frac{\text{Anschaffungskosten} + \text{Restwert}}{2} \cdot \text{Zinssatz}$$

- Ein **Vergleich pro Leistungseinheit**, der erforderlich wird, wenn die zu vergleichenden Investitionsgüter unterschiedliche Leistungen erbringen.

Beispiel: Maschine I leistet nur 19.500 Einheiten, Maschine II dagegen 20.000 Einheiten. Die übrigen Daten entsprechen dem vorangegangenen Beispiel.

	Maschine I		**Maschine II**	
Anschaffungskosten (€)	200.000		100.000	
Nutzungsdauer (Jahre)	10		10	
Leistungsmenge (LE/Jahr)	19.500		20.000	
Fixe Kosten (€/Stück)				
41.925 : 19.500	2,15			
27.600 : 20.000			1,38	
Variable Kosten (€/Stück)				
Löhne und Lohnnebenkosten				
90.000 : 19.500	4,62			
110.000 : 20.000			5,50	
Materialkosten				
190.000 : 19.500	9,74			
200.000 : 20.000			10,00	
Sonstige variable Kosten				
15.000 : 19.500	0,77			
16.000 : 20.000		15,13	0,80	16,30
Gesamte Kosten (€/Stück)	**17,28**		**17,68**	
Kostendifferenz pro Stück (I - II)	- 0,40			

Diese Aussage bezieht sich jedoch nur auf den Fall, dass die maximale Leistungsmenge auch genutzt wird. Bei geringerer Kapazitätsauslastung ist es notwendig, eine **Analyse der kritischen Auslastung** vorzunehmen. Dazu werden für beide Maschinen die Kostenfunktionen gebildet, die dann zwecks Ermittlung der kritischen Menge gleichgesetzt werden – siehe ausführlich *Olfert*, *Olfert / Reichel*.

Das Unternehmen kann auch vor der Frage stehen, ob es zweckmäßig ist, eine Maschine weiter zu nutzen oder durch eine neu zu beschaffende Maschine zu ersetzen. Die Vorteilhaftigkeit einer **Ersatzinvestition** ist auf ähnliche Weise zu ermitteln, wie dies für die Erweiterungsinvestition beschrieben wurde. Es muss nur zusätzlich beachtet werden, dass die Herausnahme eines alten Anlagegutes zu einem Liquiditätsverlust und Zinsbelastung führen kann, was bei der Berechnung zu berücksichtigen ist – siehe ausführlich *Olfert*, *Olfert / Reichel*.

Die Kostenvergleichsrechnung weist mehrere **Nachteile** auf:

- Nur kurzfristige Kostenvergleiche sind möglich.
- Aussagen über die Rentabilität erfolgen nicht.
- Kostenveränderungen finden keine Berücksichtigung.

- Gleich hohe Erträge aus alternativen Investitionen werden unterstellt.
- Eine Kostenauflösung ist nicht immer problemlos möglich.

Dennoch ist die Kostenvergleichsrechnung eine Investitionsrechnung, die in der betrieblichen Praxis gerne eingesetzt wird, da sie schnell für einen ersten Überblick sorgt und vor allem bei Rationalisierungsinvestitionen geeignet ist.

1.3.1.2 Gewinnvergleichsrechnung

Die Gewinnvergleichsrechnung stellt eine Erweiterung der Kostenvergleichsrechnung durch Einbeziehung der Erlöse dar, die – im Gegensatz zu der Annahme bei der Kostenvergleichsrechnung – für die einzelnen Investitionsobjekte unterschiedlich hoch sein können. Damit können Unterschiede der qualitativen Leistungsfähigkeit berücksichtigt werden.

Soll eine **Erweiterungsinvestition** vorgenommen werden, gilt es, die Erlöse zu ermitteln, die mit den alternativen Investitionsobjekten voraussichtlich zu erzielen sind.

Beispiel: Die Erlöse der auf einer Maschine I gefertigten Erzeugnisse betragen 24,70 €/Stück, der auf einer Maschine II gefertigten Erzeugnisse 24,20 €/Stück. Die übrigen Daten entsprechen dem Beispiel der Kostenvergleichsrechnung (Vergleich pro Leistungseinheit).

	Maschine I	**Maschine II**
Anschaffungskosten (€)	200.000	100.000
Nutzungsdauer (Jahre)	10	10
Leistungsmenge (LE/Jahr)	19.500	20.000
Fixe Kosten (€/Stück)	2,15	1,38
Variable Kosten (€/Stück)	15,13	16,30
Kosten (€/Stück)	17,28	17,68
Erlöse (€/Stück)	24,70	24,20
Kosten (€/Jahr)		
15,13 · 19.500 + 41.925	336.960	
16,30 · 20.000 + 27.600		353.600
Erlöse (€/Jahr)		
19.500 · 24,70	481.650	
20.000 · 24,20		484.000
Gewinn (€/Jahr)	**144.690**	**130.400**
Gewinndifferenz (I - II)	14.290	

Bei einer **Ersatzinvestition** bietet sich ein entsprechendes Vorgehen an. Dabei sind die bei der Kostenvergleichsrechnung gegebenen Hinweise zu beachten.

Die Gewinnvergleichsrechnung weist ebenfalls **Nachteile** auf:

- Nur kurzfristige Vergleiche sind möglich.

- Der Kapitaleinsatz wird außer Acht gelassen.
- Somit erfolgen keine Aussagen über die Rentabilität.
- Eine Kostenauflösung ist nicht immer problemlos möglich.
- Eine Erlöszurechnung ist nicht ohne weiteres möglich.

In der betrieblichen Praxis wird die Gewinnvergleichsrechnung weniger häufig als die Kostenvergleichsrechnung eingesetzt, obwohl sie positiver zu beurteilen ist als diese.

16 Seite 457

1.3.1.3 Rentabilitätsvergleichsrechnung

Mithilfe der Rentabilitätsvergleichsrechnung soll die durchschnittliche jährliche Verzinsung eines Investitionsobjektes ermittelt werden. Dies geschieht durch die Einbeziehung des erforderlichen Kapitaleinsatzes:

$$\text{Rentabilität} = \frac{\text{Erlöse} - \text{Kosten}}{\text{Durchschnittlicher Kapitaleinsatz}} \cdot 100$$

Als **durchschnittlicher Kapitaleinsatz** werden bei abnutzbaren Anlagegütern die halben Anschaffungskosten, bei nicht abnutzbaren Anlagegütern und Gütern des Umlaufvermögens die Anschaffungskosten in Ansatz gebracht.

Bei einer **Erweiterungsinvestition** empfiehlt sich die folgende Vorgehensweise zur Ermittlung der Rentabilitäten alternativer Investitionsobjekte.

Beispiel:

	Maschine I	**Maschine II**
Anschaffungskosten (€)	90.000	88.020
Nutzungsdauer (Jahre)	6	6
Leistungsmenge (LE/Jahr)	20.000	23.000
Fixe Kosten		
Kalkulatorische Abschreibungen (€/Jahr)	15.000	14.670
Kalkulatorische Zinsen (€/Jahr)*	—	—
Sonstige fixe Kosten (€/Jahr)	5.000	4.000
Summe der fixen Kosten (€/Jahr)	20.000	18.670
Summe der variablen Kosten(€/Jahr)	72.000	70.000
Gesamte Kosten (€/Jahr)	92.000	88.670
Erlöse (€/Jahr)	112.300	114.230
Gewinn (€/Jahr)	**20.300**	**25.560**

* Kalkulatorische Zinsen werden nicht angesetzt, weil sie als Bestandteil des Gewinnes angesehen werden.

$$R_I = \frac{112.300 - 92.000}{45.000} \cdot 100 = \mathbf{45{,}11\ \%}$$

$$R_{II} = \frac{114.230 - 88.670}{44.010} \cdot 100 = \mathbf{58{,}08\ \%}$$

Weichen Anschaffungskosten und/oder Nutzungsdauer der alternativen Investitionsgüter (wesentlich) voneinander ab, wird der Ansatz ergänzender **Differenzinvestitionen** notwendig – siehe ausführlich *Olfert*, *Olfert / Reichel*.

Bei einer **Ersatzinvestition** werden die durchschnittliche jährliche Kostenersparnis und der durchschnittliche zusätzliche Kapitaleinsatz gegenübergestellt.

Die Rentabilitätsvergleichsrechnung weist mehrere **Nachteile** auf:

- Nur kurzfristige Vergleiche sind möglich.
- Eine Erlöszurechnung ist nicht ohne weiteres möglich.
- Abweichende Anschaffungskosten und/oder Nutzungsdauern erfordern den Ansatz von Differenzinvestitionen.

Dennoch wird die Rentabilitätsvergleichsrechnung in der betrieblichen Praxis relativ häufig angewandt.

17 Seite 458

1.3.1.4 Amortisationsvergleichsrechnung

Mithilfe der Amortisationsvergleichsrechnung, die auch als **Pay-off-Rechnung** oder **Pay-back-Rechnung** bekannt ist, wird der Zeitraum ermittelt, der notwendig ist, um die Auszahlungen für die Anschaffung eines Anlagegutes durch seine jährlich erzielten Überschüsse auszugleichen, die sich aus Gewinn- und Abschreibungsgrößen ergeben.

Die statische Berechnung der Amortisationszeit erfolgt grundsätzlich auf folgende Weise:

$$\text{Amortisationszeit} = \frac{\text{Anschaffungskosten}}{\text{Jährlicher Gewinn} + \text{jährliche Abschreibungen}}$$

Bei einer **Erweiterungsinvestition** werden die jährlichen Rückflüsse aus der Investition interpretiert als:

- Jährlich zusätzlich entstehender Gewinn
- Jährlich zusätzlich entstehende Abschreibungen.

Beispiel:

	Maschine I	**Maschine II**
Anschaffungskosten (€)	100.000	150.000
Nutzungsdauer (Jahre)	5	5
Durchschnittlicher Gewinn (€/Jahr)	28.000	36.000

$$W_I = \frac{100.000}{28.000 + (100.000 : 5)} = \mathbf{2{,}08\ Jahre}$$

$$W_{II} = \frac{150.000}{36.000 + (150.000 : 5)} = \mathbf{2{,}27\ Jahre}$$

Ist eine **Rationalisierungsinvestition** geplant, werden die jährlichen Rückflüsse als jährlich entstehende Kostenersparnis und jährlich zusätzlich entstehende Abschreibungen angesehen, die sich durch das zu beschaffende Investitionsobjekt ergeben – siehe *Olfert, Olfert/Reichel*.

Die Amortisationsvergleichsrechnung weist mehrere **Nachteile** auf:

- Nur kurzfristige Vergleiche sind möglich.
- Eine Erlöszurechnung ist nicht ohne weiteres möglich.
- Abweichende Nutzungsdauern erschweren einen Vergleich.
- Aussagen über die Rentabilität erfolgen nicht.
- Erträge nach der Amortisationszeit bleiben unberücksichtigt.
- Strategische Ausrichtungen und entsprechend langfristige Investitionen werden benachteiligt.

Trotz der genannten Nachteile stellt die Amortisationsvergleichsrechnung ein in der betrieblichen Praxis sehr weit verbreitetes Verfahren dar, da es Aussagen über die Sicherheit und die Liquidität liefert. Zudem kann sie auch dynamisiert werden – siehe ausführlich *Olfert, Olfert/Reichel*.

18 Seite 458

1.3.2 Dynamische Investitionsrechnungen

Im Gegensatz zu den statischen Verfahren der Investitionsrechnung zeichnen sich die dynamischen Investitionsrechnungen dadurch aus, dass sie mehrere oder alle Perioden einer Investition berücksichtigen. Damit finden die einzelnen sich im Betrachtungszeitraum ergebenden Zahlungsströme entsprechende Beachtung.

Bevor auf die Verfahren der dynamischen Investitionsrechnung einzugehen ist, sind einige Begriffe zu erläutern, die auch für die Finanzierung bedeutsam sind:

- Der **Zeitwert** einer Einzahlung oder Auszahlung ist der Wert, den diese zum Zeitpunkt ihres Anfallens hat.

- Der **Barwert** – auch **Gegenwartswert** genannt – von Einzahlungen oder Auszahlungen ist der Wert, der sich durch Abzinsung ergibt.

  Mit seiner Hilfe kann festgestellt werden, welchen Wert eine oder mehrere während einer Betrachtungsperiode geleistete Zahlungen zu Beginn der Betrachtungsperiode haben.

  - Bei **einmaliger Zahlung** zu Ende der Betrachtungsperiode

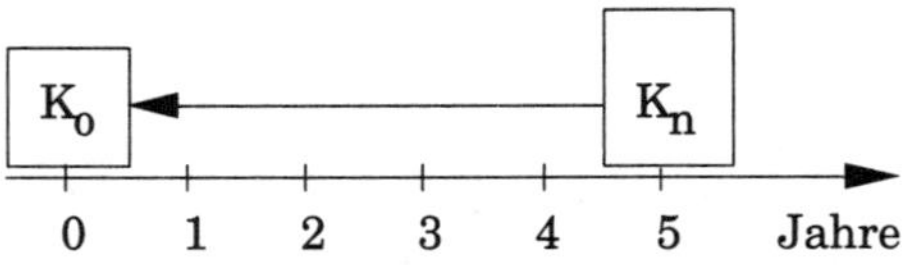

ergibt sich der Barwert durch Multiplikation des Zeitwertes der Zahlung mit dem **Abzinsungsfaktor**, dessen Wert einer finanzmathematischen Tabelle – siehe Anhang – entnommen werden kann:

$$K_0 = K_n \cdot \frac{1}{q^n} = K_n \cdot \frac{1}{(1+i)^n}$$

K_0 = Barwert

K_n = Kapital am Ende des n-ten Jahres

$\frac{1}{q^n}$ = Abzinsungsfaktor

i = Kalkulationszinssatz

Beispiel: Ein Betrag von 10.000 €, der am Ende des fünften Jahres zur Verfügung steht, hat bei einem Zinssatz von 5 % zu Beginn der Vergleichsperiode folgenden Wert:

K_0 = 10.000 · 0,783526 = **7.835 €**

  - Bei **mehrmaliger Zahlung** gleich hoher Zahlungsbeträge am Ende jeder Periode (= 1 Jahr) des Betrachtungszeitraumes

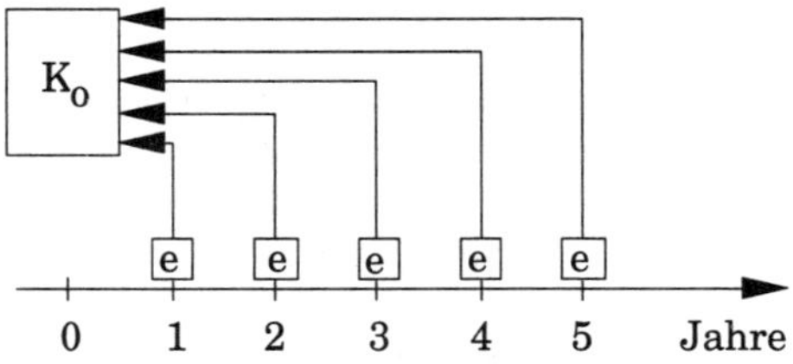

ergibt sich der Barwert durch Multiplikation des Zeitwertes der einzelnen Zahlung mit dem **Barwertfaktor**, dessen Wert einer finanzmathematischen Tabelle – siehe Anhang – entnommen werden kann:

$$K_0 = e \cdot \frac{q^n - 1}{q^n(q - 1)} = e \cdot \frac{(1 + i)^n - 1}{i\,(1 + i)^n}$$

K_0 = Barwert

e = Jährliche Einzahlungen

$\frac{q^n - 1}{q^n\,(q - 1)}$ = Barwertfaktor

i = Kalkulationszinssatz

Beispiel: Aufgrund eines Pachtvertrages werden 10 Jahre lang jeweils am Jahresende 1.200 € pro Jahr für ein Grundstück gezahlt. Würde die gesamte Pacht zu Beginn der Pachtdauer auf einmal entrichtet, wäre bei einem Zinssatz von 8 % folgender Betrag zu zahlen:

K_0 = 1.200 · 6,710081 = **8.052 €**

19 Seite 455

- Der **Endwert** von Einzahlungen oder Auszahlungen ist der Wert, der sich durch Aufzinsung ergibt.

  Mit seiner Hilfe kann festgestellt werden, welchen Wert eine oder mehrere während einer Betrachtungsperiode geleistete Zahlungen am Ende der Betrachtungsperiode haben.

  - Bei einer **einmaligen Zahlung** zu Beginn der Betrachtungsperiode

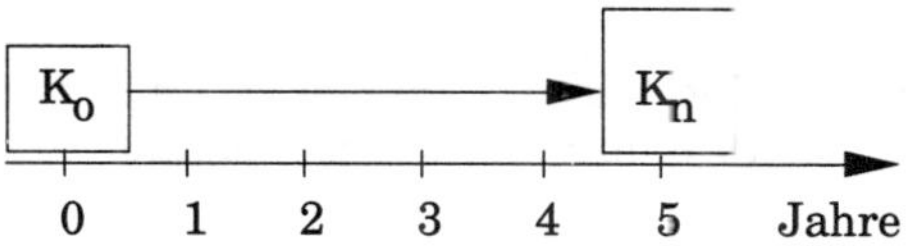

ergibt sich der Endwert durch Multiplikation des Zeitwertes der Zahlung mit dem **Aufzinsungsfaktor**, dessen Wert einer finanzmathematischen Tabelle – siehe Anhang – entnommen werden kann:

$$K_n = K_0 \cdot q^n = K_0 \cdot (1 + i)^n$$

K_n = Endwert

K_0 = Wert im Zeitpunkt t_0

q^n = Aufzinsungsfaktor

i = Kalkulationszinssatz

Beispiel: Der Gesellschafter einer GmbH stellt dem Unternehmen einen Kredit von 20.000 € zu einem Zinssatz von 8 % zur Verfügung. Kreditbetrag und Zinsen werden dem Gesellschafter zum Ende des 5. Jahres ausgezahlt.

K_5 = 20.000 · 1,469328 = **29.387 €**

- Bei **mehrmaliger Zahlung** gleich hoher Zahlungsbeträge am Ende jeder Periode (= 1 Jahr) des Betrachtungszeitraumes

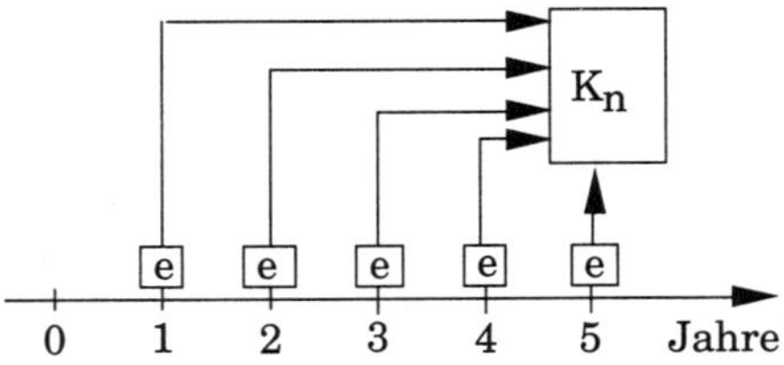

ergibt sich der Endwert durch Multiplikation des Zeitwertes der einzelnen Zahlung mit dem **Endwertfaktor**, dessen Wert einer finanzmathematischen Tabelle – siehe Anhang – entnommen werden kann:

$$K_n = e \cdot \frac{q^n - 1}{q - 1} = e \cdot \frac{(1 + i)^n - 1}{i}$$

K_n = Endwert

e = Jährliche Einzahlungen

$\frac{q^n - 1}{q - 1}$ = Endwertfaktor

i = Kalkulationszinssatz

Beispiel: Es werden zum Ende eines jeden Jahres 1.000 € bereitgestellt. Der Zinssatz beträgt 5 %. Am Ende des 10. Jahres beträgt das Kapital:

K_{10} = 1.000 · 12,577893 = **12.578 €**

20 Seite 459

- Der **Jahreswert** ist der jährlich jeweils in gleicher Höhe anfallende Wert, der sich aus einem bestimmten auf den Beginn oder das Ende der Vergleichsperiode bezogenen Wert ergibt.

  Es lassen sich unterscheiden:

  - Bei Zahlung eines **jetzt fälligen Betrages** in mehreren Teilbeträgen, die jeweils gleich hoch sind und am Ende jeder Periode (= 1 Jahr) geleistet werden,

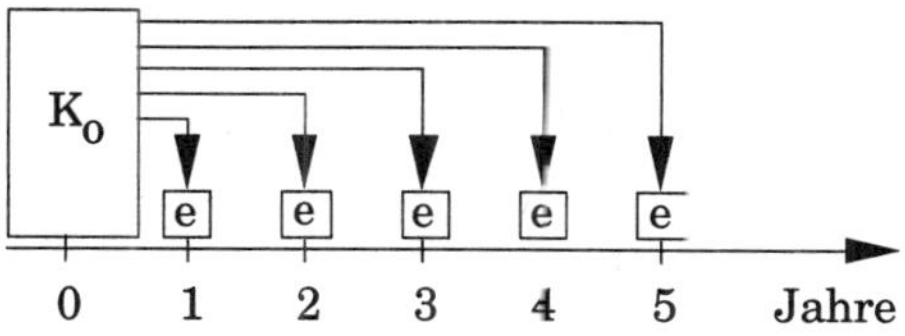

ergibt sich die Höhe der Teilbeträge durch Multiplikation des jetzt fälligen Betrages mit dem **Kapitalwiedergewinnungsfaktor**, dessen Wert einer finanzmathematischen Tabelle – siehe Anhang – entnommen werden kann:

$$e = K_0 \cdot \frac{q^n(q-1)}{q^n - 1} = K_0 \cdot \frac{i\,(1+i)^n}{(1+i)^n - 1}$$

K_0	=	Wert im Zeitpunkt t_0
e	=	Jährliche Einzahlungen
$\frac{q^n(q-1)}{q^n-1}$	=	Kapitalwiedergewinnungsfaktor
i	=	Kalkulationszinssatz

Beispiel: Ein Versicherungsnehmer will sich die fällige Versicherungssumme von 80.000 € in 10 jährlichen Raten auszahlen lassen. Als Zinssatz sind 8 % anzusetzen. Danach erhält er jährlich:

e = 80.000 · 0,149029 = **11.922 €**

- Bei Zahlung eines zu einem **späteren Zeitpunkt fälligen Betrages** in mehreren davor liegenden Teilbeträgen, die jeweils gleich hoch sind und am Ende jeder Periode (= 1 Jahr) geleistet werden,

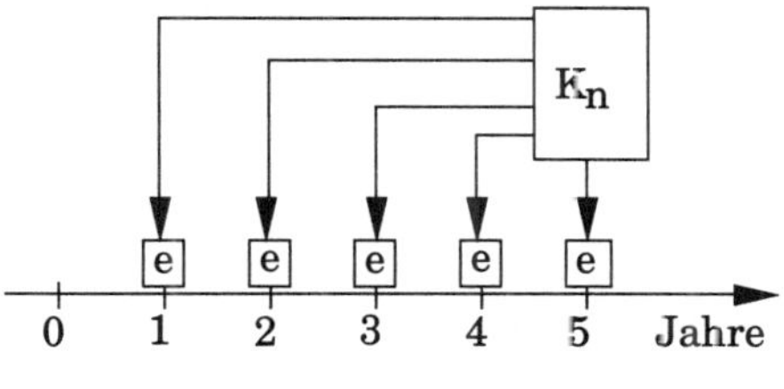

ergibt sich die Höhe der Teilbeträge durch Multiplikation des zu dem späteren Zeitpunkt fälligen Betrages mit dem **Restwertverteilungsfaktor**, dessen Wert einer finanzmathematischen Tabelle – siehe Anhang – entnommen werden kann:

$$e = K_n \cdot \frac{q - 1}{q^n - 1} = K_n \cdot \frac{i}{(1 + i)^n - 1}$$

e = Jährliche Einzahlungen

K_n = Wert im Zeitpunkt t_n

$\frac{q - 1}{q^n - 1}$ = Restwertverteilungsfaktor

i = Kalkulationszinssatz

Beispiel: Ein am Ende des 5. Jahres von einem Unternehmen bereitzustellender Geldbetrag von 20.000 € wird auf Wunsch des Berechtigten zuvor in 5 gleichen Raten zum Jahresende ausgezahlt. Als jährliche Rate erhält der Berechtigte bei einem Zinssatz von 8 %:

$e = 20.000 \cdot 0{,}170457 =$ **3.409 €**

21 Seite 459

Drei **Verfahren** der dynamischen Investitionsrechnung werden dargestellt:

Dynamische Investitionsrechnungen

- Kapitalwertmethode
- Interne Zinsfuß-Methode
- Annuitätenmethode

1.3.2.1 Kapitalwertmethode

Bei der Kapitalwertmethode werden alle einer Investition anzurechnenden Einzahlungen und Auszahlungen mit einem gegebenen Kalkulationszinsfuß abgezinst:

$$C_o = C_E - C_A$$

oder

$$C_o = \frac{E_1 - A_1}{q} + \frac{E_2 - A_2}{q^2} + \ldots + \frac{E_n - A_n}{q^n} - A_o$$

C_o = Kapitalwert
C_E = Abgezinste Einzahlungen (einschließlich Restwert)
C_A = Abgezinste Auszahlungen (einschließlich Anschaffungswert)
E = Einzahlungen in den Nutzungsjahren 1...n
A = Auszahlungen in den Nutzungsjahren 1...n
q = Kalkulationszinsfuß
A_o = Anschaffungswert in der Periode 0

Eine Investition ist vorteilhaft, wenn der Kapitalwert mindestens Null beträgt. Beim Vergleich mehrerer Alternativen ist das Anlagegut vorzuziehen, das den höchsten Kapitalwert hat:

- Ein **positiver Kapitalwert** zeigt an, dass der angesetzte Kalkulationszinsfuß von der Rentabilität der Investition übertroffen wird.

- Ein **Kapitalwert von Null** lässt erkennen, dass sich die Investition genau in Höhe des verwendeten Kalkulationszinses verzinst hat.

- Ein **negativer Kapitalwert** legt offen, dass die angenommene Verzinsung durch die Investition nicht erreicht wird.

Soll eine **Erweiterungsinvestition** erfolgen, wird der Kapitalwert in nachstehender Weise ermittelt.

Beispiel: Die Anschaffungskosten eines Investitionsobjektes werden mit 100.000 €, die Nutzungsdauer mit 5 Jahren und der Kalkulationszinsfuß mit 8 % angenommen. Die geschätzten Einzahlungen und Auszahlungen sind der Tabelle zu entnehmen.

Jahr	Einzahlungen	Auszahlungen	Rückfluss	Abzinsungsfaktor	Barwert
1	110.000	85.000	25.000	0,925926	23.148,15
2	95.000	70.000	25.000	0,857339	21.433,48
3	105.000	70.000	35.000	0,793832	27.784,12
4	100.000	65.000	35.000	0,735030	25.726,05
5	90.000	80.000	10.000	0,680583	6.805,83
Summe (€)					104.897,63
– Anschaffungswert (€)					100.000,00
Kapitalwert (€)					**4.897,63**

Die Investition ist vorteilhaft, da sich ein positiver Kapitalwert ergibt, d. h. die Investition wird mindestens mit dem Kalkulationszinssatz von 8 % verzinst.

Nachteile der Kapitalwertmethode sind:

- Die Zahlungsströme lassen sich in ihrer Höhe nicht ohne weiteres zurechnen.

- Die Zahlungsströme lassen sich in ihrer zeitlichen Verteilung nicht ohne weiteres zurechnen.

Die Beurteilung der Vorteilhaftigkeit von **Ersatzinvestitionen** mithilfe der Kapitalwertmethode ist nicht ohne Probleme – siehe ausführlich *Olfert*, *Olfert / Reichel*.

Die Kapitalwertmethode wird in der Praxis sehr häufig angewandt.

22 Seite 460

1.3.2.2 Interne Zinsfuß-Methode

Mithilfe der Internen Zinsfuß-Methode soll der Zinsfuß ermittelt werden, der für ein Investitionsgut zu einem Kapitalwert 0 führt. Die so ermittelte effektive Rendite ist mit dem mindestens geforderten Kalkulationszinsfuß im Unternehmen zu vergleichen.

Die Investition ist dann vorteilhaft, wenn der interne Zinsfuß nicht kleiner ist als der Kalkulationszinsfuß des Unternehmens. Werden mehrere Investitionen miteinander verglichen, gilt die Alternative mit dem höchsten internen Zinsfuß als die geeignetste.

Um die Vorteilhaftigkeit einer **Erweiterungsinvestition** beurteilen zu können, sind die jeweiligen Rückflüsse aus dem Investitionsobjekt auf den Bezugszeitpunkt abzuzinsen. Dies geschieht zweckmäßigerweise mit zwei Versuchszinssätzen.

Beispiel: Bei einer Maschine mit einem Anschaffungswert von 100.000 € und einer Nutzungsdauer von 5 Jahren ergeben sich bei Versuchszinssätzen von 8 % und 10 % folgende Kapitalwerte:

(Volle €)		**Versuchszinssatz 8 %**		**Versuchszinssatz 10 %**	
Jahr	**Rückfluss**	**Abzinsungsfaktor**	**Barwert**	**Abzinsungsfaktor**	**Barwert**
1	10.000	0,925926	9.259	0,909091	9.090
2	35.000	0,857339	30.006	0,826446	28.925
3	25.000	0,793832	19.845	0,751315	18.782
4	35.000	0,735030	25.726	0,683013	23.905
5	30.000	0,680583	20.417	0,620921	18.627
Summe (€)			105.253		99.329
– Anschaffungswert (€)			100.000		100.000
Kapitalwert (€)			**5.253**		**- 671**

Zur Ermittlung des internen Zinsfußes gilt die folgende Formel:

$$r = p_1 - C_{o1} \frac{p_2 - p_1}{C_{o2} - C_{o1}}$$

p = Versuchszinssatz (1 bzw. 2)
r = Interner Zinsfuß
C_o = Kapitalwert (bei p_1 bzw. p_2)

Beispiel: In Fortführung des vorangegangenen Beispiels ergibt sich:

$$r = 8 - 5.253 \frac{10 - 8}{-671 - 5.253} = \mathbf{9{,}77\ \%}$$

Die Investition ist vorteilhaft, wenn der Kalkulationszinsfuß im Unternehmen 9,77 % oder weniger beträgt. Die Genauigkeit des gefundenen Ergebnisses ist abhängig von der Wahl der Versuchszinssätze. Je weiter diese auseinanderliegen, desto ungenauer erfolgt die Berechnung des Internen Zinsfußes.

Die **Nachteile** der Internen Zinsfuß-Methode entsprechen denjenigen, die bereits bei der Kapitalwertmethode genannt wurden.

Die Beurteilung der Vorteilhaftigkeit von **Ersatzinvestitionen** mithilfe der Internen Zinsfuß-Methode ist wie bei der Kapitalwertmethode nicht ohne Probleme – siehe ausführlich *Olfert*, *Olfert / Reichel*.

Die Interne Zinsfuß-Methode wird ebenso häufig wie die Kapitalwertmethode in der Praxis angewendet.

23 **Seite 460**

1.3.2.3 Annuitätenmethode

Im Gegensatz zu der Kapitalwertmethode, die den Totalerfolg einer Investition misst, zeigt die Annuitätenmethode den periodischen Erfolg einer Investition.

Zu diesem Zweck wird zunächst der Kapitalwert der Investition ermittelt, der dann mit dem Kapitalwiedergewinnungsfaktor multipliziert wird.

Daraus ergibt sich die **Annuität**:

$$a = C_0 \cdot \frac{q^n (q - 1)}{q^n - 1} = C_0 \cdot \frac{i (1 + i)^n}{(1 + i)^n - 1}$$

a = Annuität

C_0 = Kapitalwert

$\frac{q^n \cdot (q - 1)}{q^n - 1}$ = Kapitalwiedergewinnungsfaktor

Der Kapitalwiedergewinnungsfaktor ist einer finanzmathematischen Tabelle zu entnehmen – siehe Anhang.

Mithilfe der Annuitätenmethode lässt sich bei einer **Erweiterungsinvestition** feststellen:

- Die Investition ist vorteilhaft, wenn die Annuität nicht negativ ist.
- Werden mehrere Investitionsalternativen betrachtet, gilt das Investitionsobjekt als das vorteilhafteste, das die höchste Annuität aufweist.

Bei einer **Erweiterungsinvestition** gilt folgende Vorgehensweise.

Beispiel: Maschine I hat einen Anschaffungswert von 60.000 €, Maschine II von 70.000 €. Beide Maschinen sind 4 Jahre nutzbar. Der Kalkulationszinsfuß beträgt 10 %.

(Volle €)		Maschine I		Maschine II	
Jahr	**Abzinsungs-faktor**	**Rückfluss**	**Barwert**	**Rückfluss**	**Barwert**
1	0,909091	18.000	16.363	18.000	16.363
2	0,826446	25.000	20.661	30.000	24.793
3	0,751315	25.000	18.782	30.000	22.539
4	0,683013	20.000	13.660	25.000	17.075
Summe (€)			69.466		80.770
– Anschaffungswert (€)			60.000		70.000
Kapitalwert			**9.466**		**10.770**

$$a_I = 9.466 \cdot 0{,}315471 = \mathbf{2.986\ €}$$

$$a_{II} = 10.770 \cdot 0{,}315471 = \mathbf{3.397\ €}$$

Die Maschine II ist die vorteilhaftere, da sie eine um 411 € höhere Annuität erzielt.

Die Beurteilung der Vorteilhaftigkeit von **Ersatzinvestitionen** mithilfe der Annuitätenmethode ist – wie bei den zuvor gezeigten Verfahren – nicht ohne Probleme – siehe ausführlich *Olfert*, *Olfert / Reichel*.

Das Problem von Differenzinvestitionen stellt sich bei der Annuitätenmethode nicht. Dagegen weist sie auch die übrigen beiden **Nachteile** auf, die bereits bei den zuvor behandelten dynamischen Investitionsrechnungen genannt wurden:

- Die Zahlungsströme lassen sich in ihrer Höhe nicht ohne weiteres zurechnen.
- Die Zahlungsströme lassen sich in ihrer zeitlichen Verteilung nicht ohne weiteres zurechnen.

Die Annuitätenmethode ist die in der Praxis am wenigsten verwendete dynamische Investitionsrechnung.

24 Seite 460

2. Kapitaldeckung

Die optimale, den betrieblichen Zielen entsprechende Deckung des Kapitalbedarfes ist für das Unternehmen von zentraler Bedeutung. Ist sie nicht gewährleistet, kann die Wirtschaftlichkeit des Unternehmens beeinträchtigt oder gar der Bestand des Unternehmens gefährdet werden.

Mit der Deckung des Kapitalbedarfes geht die Gestaltung der Kapitalstruktur des Unternehmens unmittelbar einher. Es sollen betrachtet werden:

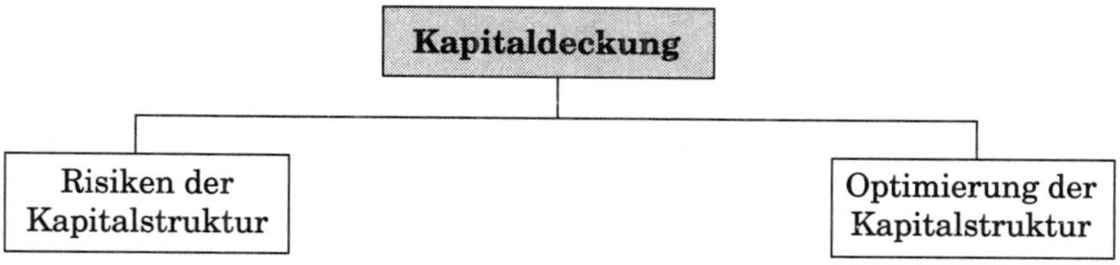

2.1 Risiken der Kapitalstruktur

Wenn gesagt wird, die Kapitalstruktur müsse optimal gestaltet werden, dann ist das in dieser allgemeinen Form im Unternehmen nicht umsetzbar, weil

- Eigenkapitalgeber, Fremdkapitalgeber und Unternehmen ihren Überlegungen **unterschiedliche Kriterien** zu Grunde legen. Eine Optimierung der Kapitalstruktur kann aber nur im Hinblick auf ein Kriterium versucht werden.

- Eigenkapitalgeber, Fremdkapitalgeber und Unternehmen darüber hinaus – auch bei Zugrundelegung gleicher Kriterien – **unterschiedliche Interessen** und, hieraus resultierend, verschiedene Verhaltensweisen haben, die auf das Aussehen optimaler Kapitalstrukturen von Einfluss sind.

Gründe für die unterschiedlichen Betrachtungsweisen sind die **Risiken** der Beteiligten, die Unsicherheiten zu tragen haben. Das sind:

Risiko-Träger	Kapitalstruktur-Risiken	
Eigenkapitalgeber	Das Risiko liegt – durch entstehende Gewinne oder Verluste – in der Veränderung des eingesetzten Kapitals bzw. des gesamten Vermögens.	Kapitalrisiko
		Gewinnrisiko
Fremdkapitalgeber	Das Risiko besteht in der Möglichkeit, dass das kreditnehmende Unternehmen seinen Verpflichtungen der Rückzahlung des Kapitals bzw. der Zahlung des Nutzungsentgeltes nicht nachkommt.	Kapitalrisiko
		Zinsrisiko
Unternehmen	Das Risiko liegt in der Gefährdung des Unternehmensbestandes, indem sich Zahlungsströme verändern, die vertragliche Verzinsung und Tilgung aber unverändert bleiben, bzw. Kredite abgezogen oder nicht verlängert werden.	Liquiditätsrisiko
		Abzugsrisiko

Für die **Fremdkapitalgeber** ergibt sich aus den von ihnen zu tragenden Risiken die Notwendigkeit, für die Kreditentscheidung mehrere Kriterien heranzuziehen, um die Sicherheit ihrer Gläubigerrechte zu beurteilen. Dabei ist nicht allein die Eigenkapitalausstattung als Element der Kapitalstruktur ausschlaggebend, sondern auch die im

- Existenzrisiko
- Finanzierungsrisiko

repräsentierte Beziehung zwischen Verlustmöglichkeiten und deren Deckung durch Eigenkapital.

Das Risikoverhalten der Fremdkapitalgeber kann seinen Ausdruck finden in:

- Der Höhe des Fremdkapitalzinses
- Der Rationierung des Fremdkapitals
- Der Forderung nach Sicherheiten.

2.2 Optimierung der Kapitalstruktur

Die Optimierung der Kapitalstruktur soll an dieser Stelle nicht unter dem Blickwinkel der Modelle gesehen werden, die in der Finanztheorie mit dem Ziel entwickelt wurden, den **optimalen Verschuldungsgrad** von Unternehmen zu ermitteln *(Gutenberg, Modigliani / Miller)*.

Diesen Modellen kommt in der betrieblichen Praxis kaum eine Bedeutung zu.

Überlegungen zur Optimierung der Kapitalstruktur erfolgten bereits in Kapitel A. Dabei wurde auf die **Finanzierungsregeln** als »Qualitätsnormen« hingewiesen, deren Einhaltung den Bestand des Unternehmens langfristig sichern soll, beispielsweise:

Vertikale Finanzierungsregeln	1:1-Regel		$\frac{\text{Fremdkapital}}{\text{Eigenkapital}} \leq 1$
	2:1-Regel		$\frac{\text{Fremdkapital}}{\text{Eigenkapital}} \leq 2$
	3:1-Regel		$\frac{\text{Fremdkapital}}{\text{Eigenkapital}} \leq 3$
Horizontale Finanzierungsregeln	Goldene Bilanzregeln	im engen Sinne:	$\frac{\text{Anlagevermögen}}{\text{Eigenkapital}} \leq 1$
		im weiteren Sinne:	$\frac{\text{Anlagevermögen}}{\text{Eigenkapital} + \text{langfristiges Fremdkapital}} \leq 1$
	Goldene Finanzierungsregeln		$\frac{\text{Kurzfristiges Vermögen}}{\text{Kurzfristiges Kapital}} \geq 1$ $\frac{\text{Langfristiges Vermögen}}{\text{Langfristiges Kapital}} \leq 1$

Es wurde gezeigt, dass diese Regeln – finanz- und erfolgswirtschaftlich gesehen – **nicht geeignet** sind, den Bestand des Unternehmens langfristig zu sichern. Dennoch können sie **Bedeutung** haben, wenn Fremdkapitalgeber das Unternehmen anhand dieser »Qualitätsnormen« hinsichtlich seiner Kreditwürdigkeit beurteilen.

Bei Kreditinstituten gilt die 1:1-Regel als »erstrebenswerte«, die 2:1-Regel als »gesunde« und die 3:1-Regel als »noch zulässige« Relation von Fremd- zu Eigenkapital.

Die wichtigsten Optimierungskriterien für die Entscheidung im Unternehmen, welche Finanzierungsalternative(n) gewählt werden sollen, sind:

- **Kapitalhöhe**
- **Kapitalkosten**
- **Kapitalfristigkeit**
- **Kapitalflexibilität**
- **Kapitalsicherheiten**
- **Kapitaleinfluss**
- **Kapitalrentabilität.**

2.2.1 Kapitalhöhe

Die Höhe des im einzelnen Falle benötigten Kapitals kann bestimmte Finanzierungsalternativen von vornherein ausschließen oder unzweckmäßig erscheinen lassen.

Beispiel: Es bietet sich nicht an, dass eine AG mit einem gezeichneten Kapital von 50.000.000 € einen zusätzlichen Bedarf an Finanzierungsmitteln in Höhe von 100.000 € durch eine Beteiligungsfinanzierung in Form einer Eigenkapital-Erhöhung deckt.

Die **Kapitalhöhe** kann **begrenzt** sein:

- Durch die **einzelne Finanzierungsalternative**

  Beispiel: Es soll eine Automatenstraße beschafft werden, die 12.000.000 € kostet. Die Bank ist lediglich bereit, ein langfristiges Darlehen in Höhe von 8.000.000 € zu gewähren.

  Damit kann es notwendig werden, eine oder mehrere Finanzierungsalternativen zusätzlich in die Finanzierung einzubinden, d. h. eine **Mischfinanzierung** vorzunehmen. Probleme können sich (später) ergeben, wenn die Fristigkeiten der einzelnen Finanzierungsmaßnahmen unterschiedlich sind.

  Beispiel: Das Unternehmen erhöht sein gezeichnetes Kapital um 4.000.000 €, sodass – zusammen mit den 8.000.000 € der Bank – die Finanzierung gesichert ist.

- Durch die **Unternehmensleitung**

  Beispiel: Die Unternehmensleitung begrenzt die kurzfristigen Kredite auf 200.000 €, die langfristigen Darlehen auf 600.000 €.

Damit kann der Finanzplan zum **Engpassfaktor** im Unternehmen werden, der Qualitätsüberlegungen der Finanzierung betriebsindividuell – nicht aber aufgrund von Finanzierungsregeln – berücksichtigt.

2.2.2 Kapitalkosten

Die Inanspruchnahme von Eigenkapital und Fremdkapital ist normalerweise mit Kosten verbunden, die als Kapitalkosten oder **Finanzierungskosten** bezeichnet werden. Es lassen sich bei den verschiedenen Finanzierungsalternativen unterschiedliche Finanzierungskosten nach Art und Höhe feststellen.

Insofern ist es im Rahmen der Finanzplanung wichtig, unter Beachtung der übrigen Zielsetzungen des Unternehmens, eine **kostenminimale Finanzierung** sicherzustellen. Dabei ist nicht nur zu prüfen, welche Finanzierungskosten in welcher Höhe einmalig mit der unmittelbaren Beschaffung des Kapitals anfallen. In den Kostenvergleich müssen auch jene Kosten einbezogen werden, die mit der Nutzung des Kapitals verbunden sind und erst im Zeitablauf anfallen.

Die Kapitalkosten können in ihrer **Höhe sehr unterschiedlich** sein. Die folgende Übersicht soll lediglich die grundsätzlichen Kostenrelationen zwischen einzelnen Finanzierungsalternativen darstellen, nicht genaue Zinssätze, die ohnehin Schwankungen unterworfen sind:

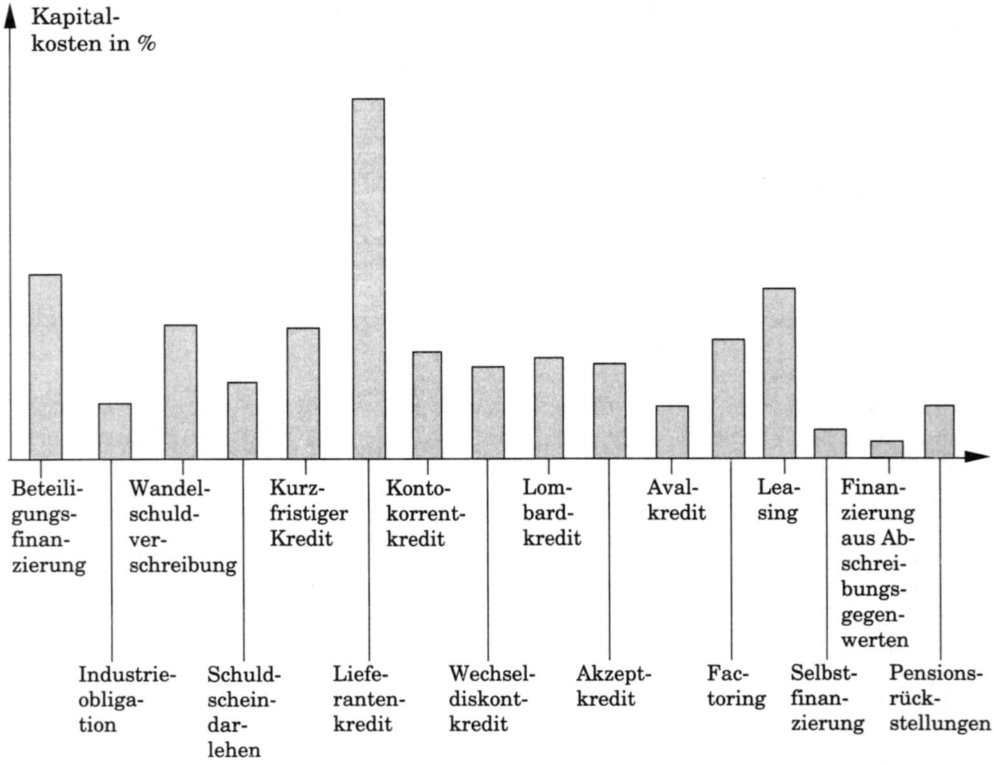

Die Kapitalkosten können umfassen:

Kapitalkosten	Beschreibung	Arten	Beispiele
Einmalige Kapitalkosten	Sie fallen mit Beginn oder Ende der Finanzierung an.	Beschaffungskosten	○ Provisionen ○ Bearbeitungsgebühren ○ Disagio ○ Emissionskosten ○ Kosten zur Stellung von Sicherheiten
		Tilgungskosten	○ Rückzahlungsagio ○ Kurssicherungskosten ○ Kosten der Rückerstattung von Sicherheiten
Laufende Kapitalkosten	Sie können für die Inanspruchnahme des Kapitals, den Kapitaldienst und die Marktpflege, die der Schaffung und Erhaltung des Finanzierungsspielraumes dient, anfallen.	Nutzungskosten	○ Zinsen ○ Überziehungsprovision ○ Gewinnausschüttung ○ Bereitstellungsprovision ○ Einkommensteuer ○ Körperschaftsteuer ○ Gewerbeertragsteuer
		Kapitaldienstkosten	○ Kosten für Kuponeinlösung ○ Kosten für Stückeeinlösung
		Marktpflegekosten	○ Kosten der Börsenpublizität ○ Kosten der Kurspflege

Der Schwerpunkt der Kapitalkosten liegt auf den Nutzungskosten. Hier geht es besonders auch um die Frage, ob eine Zinszahlung oder eine Gewinnbeteiligung für die Unternehmen zweckmäßiger ist.

Beim Vergleich alternativer Fremdfinanzierungen sollte – neben der Höhe des Zinssatzes – beachtet werden, ob der zu Grunde liegende **Zinssatz fest oder variabel** – beispielsweise in Anpassung an den Marktzinssatz – ist.

2.2.3 Kapitalfristigkeit

Die Fristigkeit des zu deckenden Kapitals sollte sich zunächst am Verwendungszweck orientieren. So erscheint es wenig sinnvoll, eine kurzfristige Spitze im Kapitalbedarf durch langfristig gebundenes Kapital decken zu wollen. Ebenso kann es nicht angehen, dass ein langfristig abzusehender Kapitalbedarf, der beispielsweise durch die Anschaffung einer Automatenstraße für die Fertigung entsteht, durch kurzfristiges Kapital gedeckt wird.

Es würde neben dem Risiko sich möglicherweise verändernder Zinsen auch die Gefahr bestehen, dass der Kapitalanschluss nicht sichergestellt wird, wodurch der Bestand des Unternehmens in Gefahr geraten kann.

Die Ausführungen machen deutlich, dass die **Fristen** der Kapitalbindung und der Kapitaldeckung nicht völlig isoliert voneinander gesehen werden dürfen. Andererseits können keine allgemein gültigen Relationen empfohlen werden, in welchem Verhältnis diese Fristen zueinander stehen sollten. Sie sind nur jeweils für das einzelne Unternehmen entwickelbar.

Es lässt sich faktisch nicht immer davon ausgehen, dass Eigenkapital dem Unternehmen unbefristet, Fremdkapital befristet zur Verfügung steht. Letztlich ist entscheidend, welche Zielsetzungen die Kapitalgeber verfolgen.

Steht dem Unternehmen das Kapital befristet zur Verfügung, kann der Kapitalgeber mit Ablauf der Frist dem Unternehmen dieses Kapital entziehen. Es ist aber auch möglich, dass das Kapital zunächst unbefristet zur Verfügung steht und dem Unternehmen erst aufgrund einer **Kündigung** entzogen wird.

2.2.4 Kapitalflexibilität

Das Kapital sollte flexibel einsetzbar sein, d. h. es sollte die Möglichkeit bestehen, bisher genutzte Finanzierungsalternativen zu Gunsten (kosten)günstigerer Finanzierungsalternativen aufgeben zu können. In diesem Zusammenhang wird von **Umfinanzierung** gesprochen.

Die Kapitalflexibilität steht in engem Zusammenhang mit der Kapitalfristigkeit:

- **Kürzere Laufzeiten** des Kapitals ermöglichen Umfinanzierungen leichter.
- **Kündigungsmöglichkeiten** des Kapitals erleichtern Umfinanzierungen. Kündigungen können erfolgen als:

Kündigung jederzeit *ohne* Frist	Das bietet dem Unternehmen die Chance, bei Veränderungen am Kapitalmarkt teures Kapital schnell abstoßen zu können und sich günstigeren Kapitals zu bedienen. Zudem kann eine Anpassung an einen sich vermindernden Kapitalbedarf unmittelbar vorgenommen werden. Andererseits ist die Möglichkeit einer fristlosen Kündigung für das Unternehmen unter dem Aspekt der Liquiditätssicherung problematisch, da nicht sichergestellt sein kann, dass rasch neues Kapital überhaupt oder zu annehmbaren Konditionen zur Verfügung steht.
Kündigung jederzeit *mit* Frist	Auf mögliche Veränderungen am Kapitalmarkt oder beim Kapitalbedarf kann das Unternehmen zwar nicht unmittelbar, möglicherweise aber relativ zeitnah reagieren. Andererseits ist es dem Unternehmen möglich, bei Kündigung durch den Kapitalgeber nach Finanzierungsalternativen suchen zu können, ohne dass es zu einem Liquiditätseinbruch kommen muss.
Kündigung zu festgesetzten Terminen	Dabei ist in aller Regel eine Kündigungsfrist vereinbart, sodass das Unternehmen das Kapital noch eine bestimmte Zeit nutzen kann bzw. muss. Wird das Kapital zu einem Termin nicht gekündigt, bleibt es bis zum nächsten Termin verfügbar.

2.2.5 Kapitalsicherung

Fristigkeit und Flexibilität sind aus der Sicht des Unternehmens so zu gestalten, dass eine Kontinuität in der Kapitaldeckung sichergestellt ist. Das bedeutet, das Unternehmen muss für einen erheblichen Teil des Kapitalbedarfes zu Vereinbarungen kommen, die gewährleisten, dass ein Abzug des Kapitals nicht »von heute auf morgen« erfolgen kann.

Dadurch wird aber die Verfügbarkeit der Kapitalgeber über ihr Kapital eingeschränkt. Sie gehen ein **Verlustrisiko** ein, das sie zu minimieren versuchen. Das geschieht bei Fremdkapitalgebern vielfach in folgender Weise:

- Zunächst erfolgt die Überprüfung der **Kreditwürdigkeit** des Unternehmens unter Beachtung der rechtlichen, wirtschaftlichen und persönlichen Verhältnisse.

- Sodann wird die Stellung angemessener **Sicherheiten** gefordert, die sich in der Mehrzahl der Fälle auf Sachwerte bezieht.

  Beispiele: Eigentumsvorbehalt, Pfandrecht, Sicherungsübereignung, Sicherungsabtretung, Hypothek, Grundschuld.

  Es ist aber auch möglich, dass dritte Personen für das bereitzustellende Kapital haften, beispielsweise in Form einer Bürgschaft.

- Schließlich wird der **Preis** für die Überlassung des Kapitals höher sein.

Im Gegensatz zu der Fremdfinanzierung tritt bei der Innenfinanzierung das Problem der Sicherheiten nicht auf.

2.2.6 Kapitaleinfluss

Das Kapital, das dem Unternehmen zur Verfügung gestellt wird, erfährt seine Abgeltung durch Beteiligung am Gewinn oder durch Zinszahlungen. Außerdem kann sein Bestand durch die Stellung von Sicherheiten weitgehend gewährleistet sein.

Es ist aber durchaus möglich, teilweise üblich oder gar gesetzlich vorgeschrieben, dass Kapitalgebern weitere Rechte zugestanden werden, beispielsweise

- haben **Eigenkapitalgeber** grundsätzlich ein Recht auf Mitbestimmung bzw. Kontrolle, das von Gesetz wegen vorgeschrieben ist.

- können **Fremdkapitalgeber** die Hingabe des Kapitals davon abhängig machen, dass ihnen Einflussrechte auf das Unternehmen zugestanden werden. Mögliche Rechte sind:

❍ Information	❍ Setzen von Richtlinien
❍ Mitsprache	❍ Mitwirkung an der Geschäftsführung
❍ Kontrolle	

Gründe für die Forderung von Einflussrechten können in dem Interesse nach Begrenzung des Risikos der Kapitalhingabe liegen, aber auch einfach machtbezogen sein.

25 Seite 461

2.2.7 Kapitalrentabilität

Bei einer bestimmten Eigenkapitalrentabilität kann durch die Aufnahme von Fremdkapital die Verzinsung des Eigenkapitals erhöht werden, wenn die Kosten für zusätzliches Fremdkapital niedriger sind als die erzielte Gesamtkapitalrentabilität.

Die Eigenkapitalrentabilität lässt sich auf folgende Weise ermitteln:

$$r_e = \frac{R}{EK}$$

$$r_e = \frac{r \cdot (EK + FK) - r_f \cdot FK}{EK}$$

$$r_e = \frac{r \cdot EK + r \cdot FK - r_f \cdot FK}{EK}$$

$$r_e = \frac{r \cdot EK + (r - r_f) \cdot FK}{EK}$$

$$r_e = r + (r - r_f)\frac{FK}{EK}$$

r_e = Eigenkapitalrentabilität
r_f = Fremdkapitalrentabilität
r = Gesamtkapitalrentabilität

R = Reingewinn
EK = Eigenkapital
FK = Fremdkapital

Beispiel: Gesamtkapitalrentabilität 15 %
Zinssatz für Fremdkapital 10 %

Eigenkapital (€)	10.000	7.000	4.000	1.000
+ Fremdkapital (€)	0	3.000	6.000	9.000
= Gesamtkapital (€)	10.000	10.000	10.000	10.000

Gewinn vor Fremdkapitalzinsen (€)	1.500	1.500	1.500	1.500
– Zinsen für Fremdkapital (€)	0	300	600	900
= Reingewinn (€)	1.500	1.200	900	600
Eigenkapitalrentabilität	**15,00 %**	**17,14 %**	**22,50 %**	**60,00 %**

Den dargestellten Tatbestand nennt man **Leverage Effekt**. Sein Optimum liegt bei dem Fremdkapitalvolumen, bei dem die Grenzkosten der Finanzierung den Grenzerträgen der Investition entsprechen. Er ist an das Vorliegen folgender **Voraussetzungen** geknüpft (*Däumler, S. 68*):

- Die Rendite der aus einem zusätzlichen Kapitaleinsatz durchzuführenden Investition ist konstant.

- Der Sollzinssatz für das zusätzlich aufgenommene Fremdkapital wird als konstant angesehen.

- Der Sollzinssatz liegt unter der Investitionsrendite bzw. der Gesamtkapitalrentabilität.

Trotz einer Steigerung der Eigenkapitalrentabilität durch die Zuführung von Fremdkapital muss darauf hingewiesen werden, dass es nicht ohne weiteres empfehlenswert ist, den Anteil des Fremdkapitals im Unternehmen zu maximieren. Denn mit einem zunehmenden Anteil an Fremdkapital entstehen generelle Risiken für die Unternehmensexistenz.

Im Übrigen stellt sich – wie oben erörtert – die Frage einer vernünftigen Eigenkapital-Fremdkapital-Relation, die nicht nur aus der Sicht der Rentabilität gesehen werden darf, sondern Überlegungen der strukturellen Liquidität und Unabhängigkeit des Unternehmens einschließen muss.

Bei einer sich verschlechternden Gesamtkapitalrentabilität bzw. bei ansteigenden Fremdkapitalzinsen wird die Eigenkapitalrentabilität eine Verschlechterung erfahren, das Investitionsrisiko und Kapitalstrukturrisiko werden ansteigen. Dieser Aspekt wird, bezogen auf das Risiko einer Niedrig- oder Negativverzinsung des Eigenkapitals, als **Leverage Risk** bezeichnet.

26 Seite 461

3. Finanzplan

Die zunächst dargestellte Kapitalbedarfsrechnung wird bei Gründungs- und Erweiterungsphasen des Unternehmens als Näherungsrechnung eingesetzt.

Ebenfalls eine **Kapitalbedarfsrechnung** ist der Finanzplan, der jedoch zur Ermittlung des Kapitalbedarfes bei Gründungs- und Erweiterungsphasen des Unternehmens nicht ohne weiteres geeignet ist. Dafür ist er für die **kontinuierliche Finanzplanung** die einzig vertretbare Kapitalbedarfsrechnung.

Der Finanzplan soll im Einzelnen behandelt werden, wobei schwerpunktmäßig einzugehen ist auf:

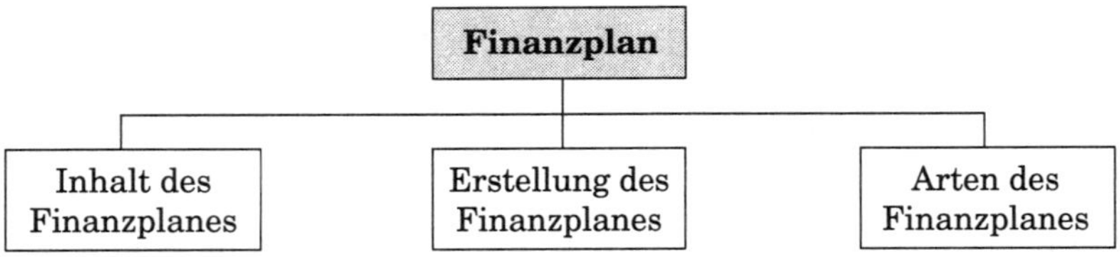

3.1 Inhalt

Der Inhalt des Finanzplanes ist grundsätzlich durch die vier **Elemente**

- Anfangsbestand an Zahlungsmitteln
- Einzahlungen
- Auszahlungen
- Endbestand an Zahlungsmitteln

gekennzeichnet, die – aus Gründen der Kontrolle – als

- Planwerte
- Istwerte

erfasst werden. Damit hat der Finanzplan üblicherweise folgende **Grundstruktur**:

	Januar		**Februar**		**März**	
	Plan	Ist	Plan	Ist	Plan	Ist
Anfangsbestand an Zahlungsmitteln + Einzahlungen – Auszahlungen = Endbestand an Zahlungsmitteln						

Die genannten Elemente stellen einen Rahmen dar, der sich für die Finanzplanung in der betrieblichen Praxis als geeignet erwiesen hat. Die Ausgestaltung dieses Rahmens kann unternehmens- oder branchenspezifisch auf unterschiedliche Weise vorgenommen werden.

Unbeschadet dieser gemeinsamen spezifischen Ausprägungen können Finanzpläne innerhalb des dargelegten Rahmens abweichend gestaltet sein:

- Sie können **sachlich unterschiedlich gegliedert** sein, beispielsweise indem sie sich am Jahresabschluss orientieren oder nach betrieblichen Funktionen aufgebaut sind.

- Sie können **unterschiedlich tief gegliedert** sein. Dabei wird man die Gliederung umso tiefer gestalten können, je näher und kleiner der Planungszeitraum ist. Es ist aber auch möglich, dass die Gliederungstiefe sich an speziellen Zielsetzungen der Finanzpläne orientiert.

Ein **Jahres-Finanzplan** kann folgendes Aussehen haben, wobei eine weitere Untergliederung der genannten Positionen gegebenenfalls zweckmäßig sein mag:

Finanzplan vom 01.01.2006 bis 31.12.2006

Beträge in Tsd. €	Januar		Februar		März		...
	Plan	Ist	Plan	Ist	Plan	Ist	
A. Anfangsbestand an Zahlungsmitteln							
Einzahlungen Umsätze Sachanlagen Immaterielle Anlagen Finanzanlagen Eigenkapital Fremdkapital Zinsen/Provisionen/Gewinne							
B. Gesamte Einzahlungen							
Auszahlungen Sachanlagen Immaterielle Anlagen Finanzanlagen Material Personal Steuern/Abgaben Eigenkapital Fremdkapital Zinsen/Provisionen/Gewinne Sonstige							
C. Gesamte Auszahlungen							
D. Endbestand an Zahlungsmitteln (A + B - C)							

Einzahlungen und Auszahlungen stellen die zentralen Werte des Finanzplanes dar. Sie sollen näher behandelt werden:

- **Einzahlungen**
- **Auszahlungen**.

3.1.1 Einzahlungen

Einzahlungen sind im dargestellten Finanzplan die folgenden Vorgänge:

Einzahlungen	**Beispiele**	
Umsätze	Verkauf von ...	
	Erzeugnissen	Handelswaren
Sachanlagen	Verkauf von ...	
	Grundstücken Gebäuden Maschinen	maschinellen Anlagen Betriebs- und Geschäftsausstattungen
Immaterielle Anlagen	Abgabe von ...	
	Konzessionen Patenten Lizenzen Markenrechten Urheberrechten Werksrechten Gebrauchsmustern	Warenzeichen Zuteilungsquoten Syndikatsrechten Nutzungsrechten Erfindungen Rezepten Geheimverfahren
Finanzanlagen	Verkauf von ...	Tilgung von ...
	Beteiligungen Wertpapieren	gewährten Ausleihungen
Eigenkapital	Aufnahme von Eigenkapital	
Fremdkapital	Aufnahme von Fremdkapital	
Zinsen/ Provisionen/ Gewinne	Einzahlungen aus ...	
	Finanzierungsvorgängen Beteiligungen	Wertpapieren gewährten Ausleihungen
Sonstige Einzahlungen	Einzahlungen aus ...	
	Vermietung Verkauf von Abfallstoffen	Steuererstattungen usw.

3.1.2 Auszahlungen

Als Auszahlungen werden im dargestellten Finanzplan berücksichtigt:

Auszahlungen	Beispiele	
Sachanlagen	Erwerb von ...	
	Grundstücken Gebäuden Maschinen maschinellen Anlagen	Betriebs- und Geschäftsausstattung Anlagen im Bau Anzahlungen von Anlagen
Immaterielle Anlagen	Beschaffung von ...	
	Konzessionen Patenten Lizenzen Markenrechten Urheberrechten Werksrechten Gebrauchsmustern	Warenzeichen Zuteilungsquoten Syndikatsrechten Nutzungsrechten Erfindungen Rezepten Geheimverfahren
Finanzanlagen	Erwerb von ...	Gewährung von ...
	Beteiligungen Wertpapieren	Ausleihungen
Material	Erwerb von ...	
	Rohstoffen Hilfsstoffen Betriebsstoffen	Zulieferteilen Waren
Personal	Auszahlungen für ...	
	Löhne Gehälter sonstige Personalkosten Rentenversicherung (AG-Anteil)	Kranken-/Pflegeversicherung (AG-Anteil) Arbeitslosenversicherung (AG-Anteil) gesetzliche Unfallversicherung
Steuern/ Abgaben	Auszahlungen für ...	
	Steuern vom Einkommen Steuern vom Ertrag Steuern vom Vermögen	sonstige Steuern steuerliche Abgaben
Eigenkapital	Tilgung von Eigenkapital	
Fremdkapital	Tilgung von Fremdkapital	
Zinsen/ Provisionen/ Gewinne	Auszahlungen für ...	
	Finanzierungsvorgänge laufende Zinsen Beteiligungszinsen	zinsähnliche Kosten Bereitstellungsprovisionen Gewinnausschüttungen
Sonstige Auszahlungen	Auszahlungen für ...	
	Energie Instandhaltung Reparaturen Versicherungen	Entwicklung Werbung Vertrieb Miete usw.

3.2 Erstellung

Der Finanzplan ist ein **Teilplan** im Unternehmen, der sich auf den finanzwirtschaftlichen Bereich bezieht. Er ist von den Teilplänen im leistungswirtschaftlichen Bereich abhängig:

- Absatzplan
- Produktionsplan
- Lagerplan
- Beschaffungsplan
- Personalplan
- Investitionsplan.

Die Planungen im finanzwirtschaftlichen Bereich, leistungswirtschaftlichen Bereich und im erfolgswirtschaftlichen Bereich bilden ein geschlossenes Planungssystem im Unternehmen:

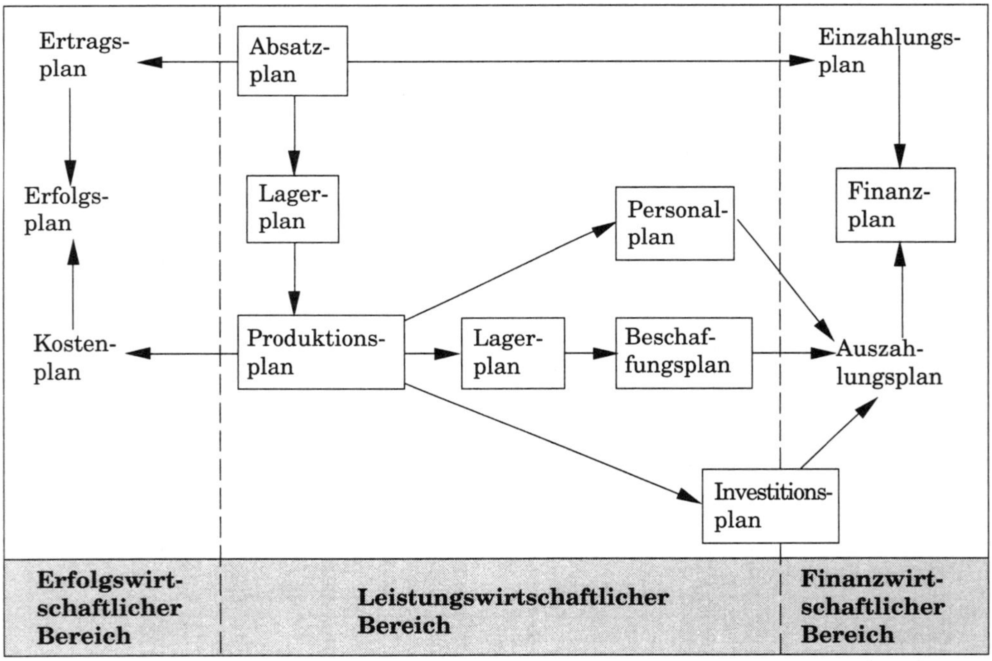

Die Geschlossenheit und Funktionsfähigkeit des Planungssystems hängt wesentlich davon ab, dass alle Teilbereiche des Unternehmens planerisch erfasst werden. Dies ist schon deshalb zwingend notwendig, weil die einzelnen Teilpläne wechselseitig voneinander abhängig sind. Veränderungen, die sich in einem Teilplan ergeben, schlagen sich zumeist auch in anderen Teilplänen nieder.

Die genannten Abhängigkeiten erschweren die **Erstellung des Finanzplanes**, die grundsätzlich auf zwei Wegen erfolgen kann:

- Bei **simultaner Planerstellung** erfolgt die gleichzeitige Planung der Einzahlungen und Auszahlungen aller Teilbereiche des Unternehmens. Dabei wird der gesamte betriebliche Prozess in ein Gleichungssystem gebracht und unter Beachtung von Nebenbedingungen, beispielsweise der Liquidität, ein Optimum ermittelt.

  Mit Modellen simultaner Planerstellung haben sich u.a. *Gutenberg* und *Schneider* befasst. Bisher konnte aber noch kein umfassendes Modell entwickelt werden, das den Anforderungen der betrieblichen Praxis hinreichend gerecht wird.

- Bei **sukzessiver Planerstellung** wird die Planung mit dem Teilplan begonnen, dem man die größte Bedeutung zumisst. Aus diesem Teilplan werden dann die übrigen Teilpläne abgeleitet. Dem Unternehmen bleibt kaum eine andere Möglichkeit als eine sukzessive Erstellung des Finanzplanes vorzunehmen.

  In den meisten Fällen dient der **Absatzplan** als Ausgangspunkt der betrieblichen Planung. Aus ihm lässt sich entnehmen, welche Erzeugnisse und Waren nach Art, Menge und Zeit abgesetzt werden sollen und zu welchen Einzahlungen der Absatz führen soll. Darauf können die Folgepläne erstellt werden, wie im Bild auf Seite 110 skizziert.

  Wenn in einem Teilbereich des Unternehmens ein **Engpass** besteht, beispielsweise kapazitativer Art, der nicht (ohne weiteres) behoben werden kann oder soll, muss der Ausgangspunkt der Planung der Engpassbereich sein.

Die Erstellung des Finanzplanes kann zwei unterschiedlichen **Zwecken** dienen:

- Der Finanzplan kann als **Finanzprognose** erstellt werden, welche die in der Zukunft liegenden Einzahlungen und Auszahlungen vorwegnehmen will. Sie wird nachfolgend beschrieben.

- Der Finanzplan kann auch als **Finanzbudget** erstellt werden, das Vorgabecharakter besitzt. Dabei sollte die Finanzprognose als Grundlage dienen, denn die Budgetierung ist nur unter Einbeziehung realistischer Erwartungen sinnvoll möglich.

  Die Vorgabe von Budgets an die verantwortlichen hierarchischen Stellen erfordert eine veränderte Gliederung des Finanzplanes. Es ist eine **bereichsbezogene Gliederung** erforderlich, damit den verantwortlichen Entscheidungsträgern die beeinflussbaren Auszahlungen und Einzahlungen sichtbar gemacht werden können.

  Die Festlegung der einzelnen Budgets in Form von periodenbezogenen Untergrenzen der Einzahlungen und Obergrenzen der Auszahlungen sollte in einem **Abstimmungsprozess** zwischen den einzelnen Unternehmensbereichen sowie den hierarchischen Ebenen innerhalb der Bereiche erfolgen.

  Die Budgetierung hat den **Zweck**, aus der Vorgabe von Soll-Größen und der Gegenüberstellung mit dem Ist-Zustand *(Schierenbeck)*:

- ❍ Planabweichungen frühzeitig zu erkennen und zu analysieren
- ❍ Maßnahmen zur Gegensteuerung rechtzeitig einleiten zu können
- ❍ das Verhalten der Mitarbeiter »vor« zusteuern
- ❍ den Mitarbeitern einen organisatorisch einheitlich verankerten und akzeptierten Maßstab für ihren Erfolg zu geben

3.2.1 Prognose

Der Finanzplan weist Prognosecharakter auf, wenn er die in der Zukunft liegende Entwicklung der Einzahlungen und Auszahlungen vorwegnehmen will.

Die vorangegangenen Ausführungen über die Abhängigkeiten der einzelnen Teilpläne voneinander lassen erkennen, dass es eine echte unternehmerische Aufgabe darstellt, eine qualifizierte Planung zu gewährleisten. Hinzu kommen die Probleme, die daraus erwachsen, die Zukunft richtig vorwegzunehmen.

Der Finanzplan kann nur bei Kurzfristigkeit des Planungshorizontes hinreichend genaue Informationen vermitteln. Insbesondere Finanzpläne, die über ein Jahr hinausgehen, müssen naturgemäß zunehmend ungenauer werden. Es ist zu empfehlen, sie periodisch zu revidieren.

Die Erstellung des Finanzplanes im Sinne einer Prognose macht es notwendig, sich mit der Prognose näher zu befassen:

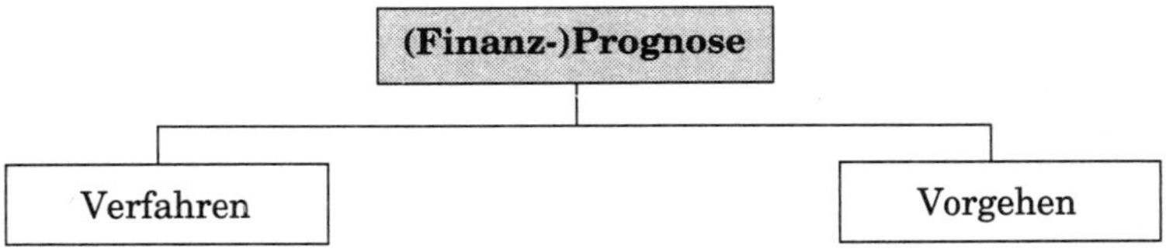

3.2.1.1 Verfahren

Als Verfahren, die sich für die Prognose der Zahlungsströme im Unternehmen eignen können, sind zu unterscheiden *(Witte / Klein)*:

- **Pragmatische Prognosen** als Verfahren der Vorhersage, bei denen die Erfahrung, Erwartung, Intuition, Meinung und Bildung des Planenden im Vordergrund stehen und entscheidend für den Ansatz der Plangrößen sind.

  Methoden der pragmatische Prognose sind:

  - ❍ Analogieschlüsse, die auf **Schätzungen** basieren. Als einfachste Methoden der Prognose schließen sie subjektive Empfindungen und Gefühle mit ein.

  - ❍ **Befragungen** unterschiedlicher Wirtschaftssubjekte (Verbraucher, Händler, Wirtschaftsführer). Sind dies Expertenbefragungen, die schriftlich und in mehreren

Runden erhoben werden, werden sie auch Befragungen nach der **Delphi-Methode** genannt.

- Langfristige Prognosen wie zum Beispiel die **Szenario-Technik**, wobei die zukünftige Entwicklung unter alternativen Rahmenbedingungen eingeschätzt werden. Unterschieden werden hier die schlechteste, beste und wahrscheinlichste Zukunftsalternative.

- **Kausale Prognosen** als Verfahren der Vorhersage, mittels derer die künftige Entwicklung einer Plangröße aus dem Verlauf einer anderen Plangröße abgeleitet wird, wobei unterstellt wird, dass beide Zeitreihen in einem Ursache-Wirkungs-Verhältnis stehen.

  Ist ein eindeutiger Ursachen-Wirkungs-Zusammenhang gegeben, können mit **deterministischen Methoden** Einzelwerte mit hoher Genauigkeit prognostiziert werden. Anwendung finden diese **Prognosemethoden** bei der Netzplantechnik, Stücklisten und Mengenstrukturen.

  Sind diese Ursachen-Wirkungs-Beziehungen mit Unsicherheiten behaftet, ermittelt eine **stochastische Prognose** die in Prozentwerten ausgedrückte Eintrittswahrscheinlichkeit eines Zustandes. Ein solches stochastisches Verfahren ist die Prognose von Verweilzeiten.

- **Extrapolierende Prognosen** als Verfahren der Vorhersage, bei denen von der Entwicklung einer Plangröße in der Vergangenheit auf die Entwicklung dieser Plangröße für die Zukunft geschlossen wird. Dies bedingt, dass eine gewisse Kontinuität der Plangröße über einen längeren Zeitraum hinweg gegeben war.

  Eine stark schwankende oder sporadische Entwicklung in der Vergangenheit kann keine geeignete Grundlage dafür sein, künftige Entwicklungen extrapolierend abzuschätzen. Dagegen bieten konstante, trendbeeinflusste oder saisonabhängige Verläufe in der Vergangenheit eine gute Basis, sich extrapolierender Prognosen zu bedienen.

Im Folgenden sollen die extrapolierenden Prognosen dargestellt werden, die auch zusammen mit den subjektiven, pragmatischen Verfahren am häufigsten in der Praxis angewandt werden. Sie sind auch in den Programmen der EDV-Hersteller enthalten und müssen deswegen nicht manuell – wie hier beispielhaft erläutert – abgewickelt werden:

- **Mittelwert-Verfahren**
- **Exponentielle Glättung**
- **Trendrechnung**.

3.2.1.1.1 Mittelwert-Verfahren

Das Mittelwert-Verfahren ist das einfachste Verfahren der extrapolierenden Prognosen. Zwei **Formen** sind zu unterscheiden:

- Das **gleitende Mittelwert-Verfahren**, bei dem die Zahlen der Vergangenheit die Grundlage für die Berechnung des künftigen Wertes sind. Dabei werden die Werte mehrerer, in der Zahl festgelegter Perioden der Vergangenheit zusammengetragen, beispielsweise stets der letzten sechs Perioden, und durch die Zahl der betrachteten Perioden dividiert:

$$V = \frac{T_1 + T_2 + \ldots + T_n}{n}$$

V = Vorhersagewert für die nächste Periode
T_i = Wert des Zahlungsstromes der Periode i
n = Anzahl der betrachteten Perioden

Beispiel: Ein Zahlungsstrom entwickelte sich in den letzten sechs Perioden:

Periode 1	4.750 €	Periode 4	5.250 €
Periode 2	5.000 €	Periode 5	5.500 €
Periode 3	5.250 €	Periode 6	5.750 €

Das ergibt einen zu prognostizierenden Zahlungsstrom für Periode 7:

$$V = \frac{4.750 + 5.000 + 5.250 + 5.250 + 5.500 + 5.750}{6} = \mathbf{5.250\ €}$$

Ist der tatsächliche Zahlungsstrom in der 7. Periode 5.500 €, gilt für Periode 8:

$$V = \frac{5.000 + 5.250 + 5.250 + 5.500 + 5.750 + 5.500}{6} = \mathbf{5.375\ €}$$

Der gleitende Mittelwert reagiert auf einen Trend mit zeitlicher Verzögerung, da alle Daten gleich gewichtet sind.

- Das **gewogene gleitende Mittelwert-Verfahren**, mit dessen Hilfe sich trendmäßige Entwicklungen früher erkennen lassen als beim nicht gewichteten Mittelwert, wenn jüngeren Perioden ein größeres Gewicht zugemessen wird als älteren Perioden. Es gilt:

$$V = \frac{T_1G_1 + T_2G_2 + \ldots + T_nG_n}{G_1 + G_2 + \ldots + G_n}$$

G_n = Gewichtung der Periode n

Beispiel: Die Zahlungsströme aus dem vorangegangenen Beispiel sollen die folgenden Gewichtungen erhalten:

T_1 = 5 % T_2 = 10 % T_3 = 15 % T_4 = 20 % T_5 = 25 % T_6 = 25 %

Damit ergibt sich:

$$V = \frac{4.750 \cdot 5 + 5.000 \cdot 10 + 5.250 \cdot 15 + 5.250 \cdot 20 + 5.500 \cdot 25 + 5.750 \cdot 25}{5 + 10 + 15 + 20 + 25 + 25} = \mathbf{5.387{,}50\ €}$$

Wie zu sehen ist, liegt der jetzt errechnete Mittelwert um 137,50 € höher als im vorangegangenen Beispiel.

27 Seite 462

3.2.1.1.2 Exponentielle Glättung

Die exponentielle Glättung ist das wichtigste Verfahren der extrapolierenden Prognose. Sie beansprucht einen relativ geringen Rechenaufwand und ist in der Lage, die Daten zu gewichten.

Die **Gewichtung** erfolgt durch den Glättungsfaktor α, der zwischen den Werten 0 und 1 angesetzt wird. Je kleiner α ist, umso stärker werden die Perioden der Vergangenheit gewichtet und Zufallsschwankungen geglättet.

Bei einem höheren α-Wert – beispielsweise 0,5 – erfahren die jüngeren Perioden eine stärkere Gewichtung, Zufallsschwankungen werden nur wenig geglättet.

In der betrieblichen Praxis haben sich besonders α-Werte durchgesetzt, die zwischen 0,1 und 0,3 liegen.

Die exponentielle Glättung kann sich auf einen konstanten und trendmäßigen Verlauf der Zahlungsströme beziehen. Dementsprechend unterscheidet man:

- Die **exponentielle Glättung erster Ordnung**, die für Aussagen bei konstantem Bedarf geeignet ist, wobei folgende Formel gilt:

$$V_n = V_a + \alpha (T_i - V_a)$$

V_n = Vorhersage neu
V_a = Vorhersage alt
T_i = Tatsächlicher Bedarf in der abgelaufenen Periode
α = Glättungsfaktor

Beispiel: Der Vorhersagewert für die alte Periode betrug 200.000 €, tatsächlich ergab sich ein Zahlungsstrom in Höhe von 250.000 €. Bei einem Glättungsfaktor von 0,2 ergibt dies einen Vorhersagewert für die neue Periode:

V_n = 200.000 + 0,2 (250.000 – 200.000) = **210.000 €**

- Die **exponentielle Glättung höherer Ordnung**, mit deren Hilfe sich Trends berücksichtigen lassen – siehe ausführlich *Oeldorf/Olfert*.

28 Seite 463

3.2.1.1.3 Trendrechnung

Die Trendrechnung ist eine vereinfachte Form der **linearen Regressionsanalyse**, die geeignet ist, eine trendmäßige Entwicklung offenzulegen. Die Ermittlung der Vorhersagewerte kann dabei in folgender Weise erfolgen:

$$y = a + bt$$

y = Regressionswert in Abhängigkeit von der Zeit
a = Von der Regressionskurve auf der y-Achse abgeschnittene Größe
b = Regressionskoeffizient
t = Steigungsmaß der Regressionskurve

$$a = \frac{1}{n}(y_1 + y_2 + \ldots + y_n)$$

$$b = \frac{12}{n(n^2 - 1)} [y_1 (1 - \frac{n+1}{2}) + y_2 (2 - \frac{n+1}{2}) + \ldots + y_n (n - \frac{n+1}{2})]$$

$$t = i - \frac{n+1}{2}$$

Beispiel: Ein Zahlungsstrom hat im Verlaufe der letzten Perioden (n = 5) die nachstehende Entwicklung genommen:

Periode 1 ($= i_1$): 192.000 € ($= y_1$)
Periode 2 ($= i_2$): 201.000 € ($= y_2$)
Periode 3 ($= i_3$): 198.000 € ($= y_3$)
Periode 4 ($= i_4$): 203.000 € ($= y_4$)
Periode 5 ($= i_5$): 206.000 € ($= y_5$)

Für Periode 6 gilt als Vorhersagewert:

$$a = \frac{1}{5} \cdot (192.000 + 201.000 + 198.000 + 203.000 + 206.000) = \mathbf{200.000}$$

$$b = \frac{12}{5\,(25 - 1)} [y_1 (1 - \frac{6}{2}) + y_2 (2 - \frac{6}{2}) + y_3 (3 - \frac{6}{2}) + y_4 (4 - \frac{6}{2}) + y_5 (5 - \frac{6}{2})]$$

$$= \frac{12}{120} [-2y_1 - y_2 + y_4 + 2y_5]$$

$$= \frac{1}{10} [-384.000 - 201.000 + 203.000 + 412.000] = \mathbf{3.000}$$

$$t = i - \frac{5+1}{2} = \mathbf{i - 3}$$

In die ermittelte Zeitreihenfunktion y = 200.000 + 3.000 (i – 3) wird die Zahl der zu prognostizierenden Periode 6 eingesetzt, woraus sich der Prognosewert ergibt.

y_6 = 200.000 + 3.000 (6 - 3) = **209.000 €**

29 Seite 463

3.2.1.2 Vorgehen

Mit den Verfahren der Prognose liegt ein Instrumentarium vor, das grundsätzlich eingesetzt werden kann, um künftige Einzahlungen und Auszahlungen im Finanzplan abzuschätzen. Inwieweit sich das für die einzelnen Positionen des Finanzplanes als zweckmäßig erweist, soll näher betrachtet werden. Darüber hinaus soll gezeigt werden, welche Möglichkeiten es gibt, Sicherungen in die Finanzplanung einzubauen:

- **Ansätze** der Einzahlungen und Auszahlungen
- **Sicherungen** im Finanzplan.

3.2.1.2.1 Ansätze

Die Ansätze der einzelnen Positionen der Einzahlungen und Auszahlungen können erfolgen:

Einzahlungen	Planung
Umsätze	Planung aufgrund der Ergebnisse der Marktforschung
Sachanlagen	Planung aufgrund der Fertigungszahlen
Immaterielle Anlagen	Planung aufgrund der Vergangenheitswerte
Finanzanlagen	Planung aufgrund der unternehmenspolitischen Zielsetzungen
Eigenkapital	Planung aufgrund rechtlicher Vereinbarungen
Fremdkapital	Planung aufgrund rechtlicher Vereinbarungen
Zinsen/Provisionen/ Gewinne	Planung aufgrund der Vergangenheitswerte, soweit keine Änderungen abzusehen sind
Sonstige	Planung überwiegend aufgrund der Vergangenheitswerte.

Auszahlungen	Planung
Sachanlagen	Planung aufgrund des Umsatzplanes
Immaterielle Anlagen	Planung aufgrund der Vergangenheitswerte
Finanzanlagen	Planung aufgrund der unternehmenspolitischen Zielsetzungen
Material	Rohstoffe und Waren unter Orientierung an den prognostizierten Umsatzzahlen Hilfs- und Betriebsstoffe aufgrund der Vergangenheitswerte
Personal	Planung aufgrund der Vergangenheitswerte, sofern keine Änderungen abzusehen sind, unter Beachtung der erwarteten prozentualen Steigerungen oder Minderungen
Steuern/Abgaben	Planung aufgrund der Vergangenheitswerte
Eigenkapital	Planung aufgrund rechtlicher Vereinbarungen
Fremdkapital	Planung aufgrund rechtlicher Vereinbarungen
Zinsen/Provisionen/ Gewinne	Planung aufgrund der Vergangenheitswerte, soweit keine Änderungen abzusehen sind
Sonstige	Planung überwiegend aufgrund der Vergangenheitswerte.

3.2.1.2.2 Sicherungen

Die Prognose kann nur ein Hilfsmittel sein, die künftigen Entwicklungen der Zahlungsströme vorwegzunehmen. Das bedeutet, dass trotz größten Bemühens nicht sichergestellt ist, dass die Zahlungsströme sich planmäßig entwickeln.

Aus dieser Erkenntnis heraus haben sich in der betrieblichen Praxis einige Verfahrensweisen entwickelt, die insbesondere sein können:

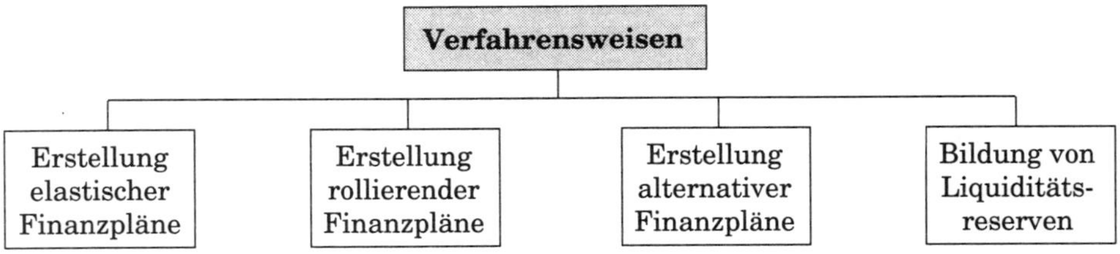

Sie stellen Sicherungen dar, um der Ungewissheit in der Entwicklung der Zahlungsströme angemessen zu begegnen.

3.2.1.2.2.1 Erstellung elastischer Finanzpläne

Starre Planung zeigt nur einen einzigen Weg, berücksichtigt also nicht mögliche Abweichungen zwischen der erwarteten und der eingetretenen Situation. Das Unternehmen muss sich aber an wechselnde Umweltsituationen anpassen können.

Deshalb ist eine elastische Planung erforderlich. Sie umfasst:

- Die Forderung, dass **Entscheidungen** über wichtige Planungszusammenhänge erst **spätestmöglich** zu treffen sind, d .h. wenn sie zeitlich unausweichlich sind. Dadurch soll ein höchstmöglicher Informationsgrad sichergestellt werden.
- Die Erstellung von **Finanzplänen mit verschiedenen Fristigkeiten,** also langfristiger, mittelfristiger und kurzfristiger Finanzpläne:
  - Beim **langfristigen Finanzplan** kann dabei noch die günstigste, die ungünstigste und eine dazwischen liegende Entwicklung – entsprechend einer Szenario-Technik – berücksichtigt werden. Auf diese Weise kann das Unternehmen sich relativ leicht Situationsveränderungen anpassen.
  - Der **mittelfristige Finanzplan** sollte so erstellt sein, dass er einer günstigen und einer ungünstigen Entwicklung Rechnung trägt.
  - Beim **kurzfristigen Finanzplan** erscheint es wegen der geringen Planungstoleranz vertretbar, auf eine elastische Gestaltung zu verzichten und lediglich die wahrscheinlichste Entwicklung zu berücksichtigen.

<table>
<tr><th>Finanzplan</th><th colspan="6">Berücksichtigung</th></tr>
<tr><td>Langfristiger Finanzplan</td><td colspan="2">Ungünstige Entwicklung</td><td colspan="2">»Mittlere« Entwicklung</td><td colspan="2">Günstigste Entwicklung</td></tr>
<tr><td>Mittelfristiger Finanzplan</td><td colspan="3">Ungünstige Entwicklung</td><td colspan="3">Günstige Entwicklung</td></tr>
<tr><td>Kurzfristiger Finanzplan</td><td colspan="6">Wahrscheinlichste Entwicklung</td></tr>
</table>

Die Erstellung elastischer Finanzpläne ist recht kostenintensiv.

3.2.1.2.2.2 Erstellung rollierender Finanzpläne

Der Gedanke, Finanzpläne verschiedener Fristigkeiten zu erstellen, wird auch bei den rollierenden Finanzplänen aufgegriffen. Allerdings werden hier nicht »nebeneinander« Finanzpläne erstellt, die sich auf unterschiedlich vorteilhafte Entwicklungen des Unternehmens beziehen.

Die Finanzpläne werden bei der rollierenden Finanzplanung vielmehr an unabwendbar veränderte Entwicklungen angepasst.

Dabei werden die Finanzpläne in zwei **Kategorien** eingeteilt:

- »**Kürzer«fristige Pläne**, die einen relativ zuverlässig abschätzbaren Zeitraum umfassen, werden als **Detailpläne** erstellt. Üblicherweise sind das kurzfristige Finanzpläne mit einem Planungshorizont von bis zu einem Jahr.

- »**Länger«fristige Pläne**, die einen wenig(er) zuverlässig abschätzbaren Zeitraum umfassen, werden als **Grob**- oder **Rahmenpläne** gestaltet. Üblicherweise sind das mittelfristige Finanzpläne.

Werden außerdem langfristige Finanzpläne als Grob- oder Rahmenpläne in die rollierende Finanzplanung einbezogen, gelten die mittelfristigen Finanzpläne als Steuerungsgrößen für die langfristigen Finanzierungspläne.

Bei der rollierenden Finanzplanung sind die Ist- und Sollwerte des kurzfristigen Finanzplanes in relativ kurzen Intervallen zu vergleichen. Ergeben sich Abweichungen, ist zu prüfen, ob diese auch für die Zukunft bedeutsam sind.

Beispiel: Der Absatz der Produkte ist kurzfristig um 20 % unter den Sollwert gesunken. Das kann Ursachen haben, die mittel- oder langfristig nicht bedeutsam sind. Die Abweichung kann aber auch darauf beruhen, dass es einem Mitbewerber gelungen ist, unseren Marktanteil durch eine geschickte Absatzpolitik um 4 % zu vermindern, und eine Verbesserung dieser Situation auf absehbare Zeit nicht erkennbar ist.

Bei Abweichungen, die auch für die Zukunft bedeutsam bzw. unveränderlich sind - oder gar neue Abweichungen initiieren würden – beispielsweise deutlich gesteigerte Ausgaben für Werbung, um den Marktanteil zu verbessern bzw. nicht weiter abrutschen zu lassen – müssen die »**länger«fristigen Finanzpläne** unmittelbar angepasst bzw. überarbeitet werden.

Dabei wird der Planungshorizont stets fortgeschrieben, d. h. ein fünfjähriger mittelfristiger Finanzplan bleibt stets fünfjährig, sein Ende wird lediglich immer weiter in die Zukunft verlegt.

Beispiel: Bei quartalsweiser Überprüfung des kurzfristigen Finanzplanes ergibt sich für den mittelfristigen Finanzplan:

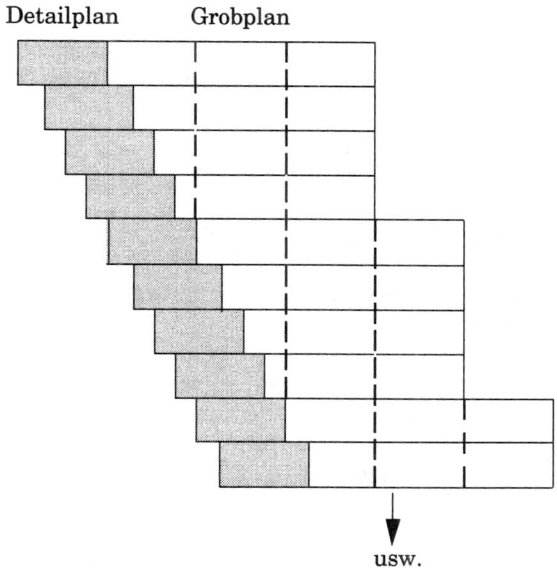

3.2.1.2.2.3 Erstellung alternativer Finanzpläne

Eine andere Möglichkeit, der Ungewissheit zu begegnen, sind alternative Finanzpläne. Während die elastische Plangestaltung erlaubt, auch beim Nichteintritt der erwarteten Situation die Maßnahmen zu einem wesentlichen Teil zu ergreifen, legen Alternativpläne die Strategien für **einzelne mögliche Umweltsituationen** fest.

Beispielsweise werden – außer für die erwartete Umweltsituation – Alternativpläne für eine optimistische und für eine pessimistische Beurteilung der Entwicklung erstellt, gegebenenfalls kann auch eine stärkere Differenzierung möglicher Umweltsituationen erfolgen.

Finanzplan	**Berücksichtigung**
Umweltsituation I	Pessimistische Erwartung
Umweltsituation II	Realistische Erwartung
Umweltsituation III	Optimistische Erwartung

Allerdings können Alternativpläne nicht für alle denkbaren Möglichkeiten der Unternehmensentwicklung erstellt werden, sondern es muss eine Beschränkung auf diejenigen Situationen erfolgen, deren Eintreffen am wahrscheinlichsten ist.

Erst beim Eintritt der Umweltsituation, die in einem Alternativplan zu Grunde gelegt ist, wird dieser Plan als verbindlich zu realisierend herangezogen. Bis dahin sind die alternativen Finanzpläne als **Schubladenpläne** anzusehen.

Die Erstellung alternativer Finanzpläne erfordert einen erheblichen Zeit- und Kostenaufwand. Außerdem hängt die Zweckmäßigkeit solcher Pläne davon ab, wie leicht sich das Unternehmen auf neue Plansituationen umsteuern lässt.

3.2.1.2.2.4 Bildung von Liquiditätsreserven

Die Bildung von Liquiditätsreserven kann in zweifacher Weise erfolgen:

- **Indirekt** durch den vorsichtigen Ansatz der Planwerte, d. h. durch die Bildung von **Sicherheitsspannen**.

  Bei der elastischen Erstellung des Finanzplanes und der Erstellung von Alternativplänen werden mehrere mögliche Entwicklungen berücksichtigt. Ein einfacherer und weniger kostspieliger Weg ist es, nur die wahrscheinlichste Entwicklung zu Grunde zu legen und sich gegen Risiken durch einen vorsichtigen Ansatz der Planwerte zu sichern.

  Dabei wird bewusst von dem wahrscheinlichsten Wert abgewichen. Die Einzahlungen und Auszahlungen werden mit Werten angesetzt, deren Eintreten an sich weniger wahrscheinlich ist. Höhere Gewissheit herrscht lediglich im Hinblick darauf, dass nach Berücksichtigung dieser Sicherheitsspannen die Auszahlungen kaum höher und die Einzahlungen kaum kleiner als der geplante Betrag sein werden.

  Anhaltspunkte für die **Höhe der Sicherheitsspannen** lassen sich zwar aus den in der Vergangenheit gemachten Erfahrungen ableiten, der Grad der Ungewissheit der Plangrößen und die Risikofreudigkeit des Entscheidungsträgers sind jedoch entscheidend für die Höhe der Sicherheitsspannen.

Finanzplan	Erwartete Werte	Sicherheits-spanne	Angesetzte Werte
Anfangsbestand an Zahlungsmitteln	....	....	....
+ Einzahlungen	450.000	– 3 %	436.500
– Auszahlungen	400.000	+ 3 %	412.000
= Endbestand an Zahlungsmitteln	....	....	....

  Der **Nachteil** der indirekten Bildung von Liquiditätsreserven liegt in der sich – durch die Schaffung von Sicherheitspolstern – ergebenden Einschränkung der Aussagefähigkeit des Finanzplanes.

- **Direkt** erfolgt die Bildung von Liquiditätsreserven durch das **Vorhalten von Zahlungskraft** zur Abwehr möglicher Zahlungsengpässe.

  Eine (direkte) Liquiditätsreserve ist die gegenwärtige und zukünftige Zahlungskraft, die ausschließlich dazu bestimmt ist, den Bedarf an finanziellen Mitteln zu decken, der aus möglichen finanzwirtschaftlichen Gefahren erwächst.

Sie ist **nicht nur** der **Kassenbestand**, sondern umfasst insgesamt:

Liquiditäts-reserve	Beispiele:
Zahlungskraft-reserve	❍ Kassenbestände ❍ Bankguthaben ❍ Bestände an Wechseln und Schecks ❍ Zugesagte, nicht in Anspruch genommene Kreditlinien
Vermögens-reserve	❍ Diskontierbare Wechsel ❍ Lombardfähige Wertpapiere ❍ Für das Factoring geeignete Forderungen ❍ Kündigungsfähige Termineinlagen ❍ Liquidierbare Beteiligungen des Finanzanlagevermögens ❍ Reale, vor allem nicht betriebsnotwendige Vermögensgegenstände
Finanzierungs-reserve	❍ Bereits zugesagte, noch nicht bereitgestellte Kredite ❍ Erwartete Kredite ❍ Kurzfristig mögliche Eigenkapitalzuführung

Anhaltspunkte für die Festsetzung der **Höhe der Liquiditätsreserve** erhält man aus Erfahrungswerten der Vergangenheit. Einerseits erscheint es aus Sicherheitsgründen im finanzwirtschaftlichen Bereich vorteilhaft, eine möglichst hohe Liquiditätsreserve zu halten. Andererseits vermindert eine große Liquiditätsreserve die Rentabilität des im Unternehmen gebundenen Kapitals. Deshalb sollte sie nicht höher als unbedingt erforderlich sein.

Die Höhe der Liquiditätsreserve richtet sich vor allem nach der Unsicherheit, mit der die Einzahlungen und Auszahlungen behaftet sind. Je größer das Risiko ist, dass unvorhergesehene Liquiditätsbeanspruchungen in der zu planenden Periode auftreten werden, und je größer der mögliche Fehlbetrag für diese Periode geschätzt wird, umso höher muss die Liquiditätsreserve sein.

3.2.2 Ausgleich

Die Erstellung des Finanzplanes als Gegenüberstellung künftiger Einzahlungen und Auszahlungen führt in aller Regel zu dem Ausweis eines Differenzbetrages, der sich als Überdeckung oder Unterdeckung ergeben kann. In beiden Fällen gilt es, im Rahmen der **Finanzdisposition** geeignete Maßnahmen zu ergreifen, die zu einem Ausgleich des Finanzplanes führen.

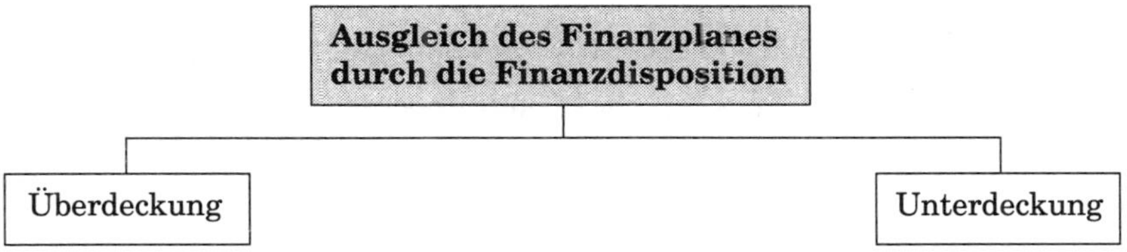

3.2.2.1 Überdeckung

Bei einer Überdeckung im Finanzplan, die eine **ungefährdete Liquidität** offenlegt, ist zunächst zu prüfen, in welchem Umfang und für welchen Zeitraum die finanziellen Mittel voraussichtlich zur Verfügung stehen werden.

Sodann sind **Verwendungsalternativen** für diese Mittel zu suchen, die grundsätzlich sein können:

- Eine **Anlage innerhalb des Unternehmens,** um zunächst nicht geplante Maßnahmen, die aber im Interesse des Unternehmens liegen und möglicherweise für einen späteren Zeitpunkt vorgesehen waren, zu realisieren, beispielsweise die Beseitigung einer Engpasskapazität.

- Eine **Anlage außerhalb des Unternehmens**, wobei sich der Erwerb von Beteiligungen oder von Wertpapieren oder die Vergabe von Krediten als geeignet erweisen können.

- Alternativ zu Anlagemöglichkeiten ist aber auch die **Rückführung** von variabel tilgbaren **Krediten** möglich, was insbesondere Rentabilitätsauswirkungen hat.

Wichtig ist, dass die zur Verfügung stehenden finanziellen Mittel rentabilitätsmaximal verwendet werden und damit das Unternehmen auf ein optimales Liquiditätsmaß bringen.

3.2.2.2 Unterdeckung

Eine Unterdeckung im Finanzplan deutet auf eine **gefährdete Liquidität** hin.

Maßnahmen zur Sicherung der Liquidität sind zu ergreifen. Dabei gibt es grundsätzlich zwei Möglichkeiten des Vorgehens, die sich nicht gegenseitig ausschließen müssen, sondern auch kombiniert Anwendung finden können:

- Die Deckung des Fehlbetrages kann durch **Kapitalaufnahme** vorgenommen werden. Das setzt voraus, dass sich Eigenkapitalgeber oder Fremdkapitalgeber finden, die bereit sind, die finanziellen Mittel zu Bedingungen bereitzustellen, welche für das Unternehmen akzeptabel sind.

- Es ist aber auch möglich, dass die Kapitalaufnahme nicht (mehr) realisierbar ist, oder dass nur ein Teil des benötigten Kapitals beschaffbar ist. Hier gilt es, einen Ausgleich des Finanzplanes herbeizuführen, d. h. den **Kapitalbedarf** in seiner Höhe zu **vermindern**.

  Möglichkeiten zur Verminderung des Kapitalbedarfes können sein:

Maßnahme	Beispiele
Senken oder Verzögern der **Auszahlungen**	Verzicht auf ... Ersatzinvestitionen im Anlagevermögen Ersatzinvestitionen im Vorratsvermögen Rationalisierungsinvestitionen im Anlagevermögen Erweiterungsinvestitionen Verlängerung der Lieferantenziele
Erhöhen oder Beschleunigen der **Einzahlungen**	Verminderung der ... Bestände an Waren Bestände an Fertigerzeugnissen Bestände an unfertigen Erzeugnissen Bestände an Sachanlagen Bestände an Finanzanlagen Verkürzung der Kundenziele

30 Seite 463

3.2.3 Kontrolle

Die Kontrolle stellt die letzte Phase des Prozesses der Finanzplanung dar. Ihre Bedeutung liegt besonders darin, dass überprüft wird, inwieweit sich die Vorhersagen über die Entwicklung der Zahlungsströme als zutreffend erwiesen haben und weshalb Fehlprognosen erfolgten.

Die Kontrolle des Finanzplanes besteht entsprechend aus den beiden **Schritten**:

1	Ermittlung der Abweichungen
2	Analyse der Abweichungen

Mit dieser Vorgehensweise ist es möglich, laufenden und künftigen Planungen wertvolle Impulse geben zu können. Das Ergebnis der Kontrolle des Finanzplanes sollte in einem **Finanzbericht** dokumentiert werden, in dem die Ergebnisse der Kontrolle, aber auch Vorschläge für künftige Verbesserungen und Änderungen darzulegen wären.

3.2.3.1 Ermittlung der Abweichungen

Die Abweichungen zwischen den erwarteten und den tatsächlich eingetretenen Zahlungsströmen sind auf relativ einfache Weise zu ermitteln:

(Absolute) Abweichung	=	Ist-wert	−	Sollwert bzw. Planwert

Für die Ermittlung der Abweichungen im Finanzplan sind folgende **Grundsätze** zu beachten:

- Die Istwerte sollen zeitnah erfasst werden, weil dadurch Fehlplanungen früher korrigiert werden können.
- Die erfassten Istwerte sollen sachlich in gleicher Weise gegliedert sein, wie dies bei den Planwerten des Finanzplanes gegeben ist.

Ist eine sachliche und zeitliche Übereinstimmung beim Vergleich der Plan- und Kontrollwerte nicht sichergestellt, ergeben sich leicht Abweichungen, die nicht auf falsch ermittelten Schätzwerten beruhen, sondern in der **Mangelhaftigkeit des Verfahrens** liegen.

3.2.3.2 Analyse der Abweichungen

Die Analyse der Abweichungen, die mithilfe des Plan-Ist-Vergleiches ermittelt wurden, ist nicht immer leicht. Dafür gibt es mehrere Gründe:

- Die möglichen Abweichungsursachen können vielfältiger Natur sein.
- Einzelne Abweichungen können mehrere Ursachen haben.
- Der Zusammenhang zwischen einzelnen Einflussgrößen und Veränderungen in den Zahlungsströmen kann häufig nicht ohne weiteres erkannt werden.

Abweichungen können verschiedene **Ursachen** haben *(Eilenberger)*:

Ursachen	Beispiele
Planungsbezogene Ursachen	❍ Fehleinschätzung der Umweltentwicklung ❍ Falsche Prognose der Wirkungsbeziehungen zwischen betrieblichen Aktionen bzw. Aktivitäten und der darauf erfolgenden Umweltreaktionen ❍ Mängel der Informationsverarbeitung oder der Bewertung von Informationen, die zu unrealistischen bzw. falschen Plandaten führen
Entscheidungsbezogene Ursachen	❍ Festlegung auf eine objektiv falsche Planalternative aufgrund eines ungeeigneten Planvorschlages ❍ Festlegung auf eine andere Planalternative als sie aufgrund des Planvorschlages zu realisieren gewesen wäre
Durchführungsbezogene Ursachen	❍ Abweichungen aufgrund eines unzureichenden qualitativen Niveaus der Sachmittel-, Finanzmittel- und/oder Personal-Ausstattung des Unternehmens, das einen plangemäßen Vollzug vereitelt

	○ Mängel der Leistungserstellung, trotz ausreichender Sachmittel- und/oder Personalausstattung ○ Schwachstellen der betrieblichen Aufbau- bzw. Ablauforganisation ○ Fehlende Motivation zum plangemäßen Vollzug der Entscheidungen, da die Leistungsvorgaben offensichtlich zu hoch angesetzt und daher ihre Realisierung von den Betroffenen als unmöglich angesehen wird

Ob es sich nun um wirkliche Abweichungen handelt, oder ob die Abweichungen nur scheinbar - und zwar kurzfristig aus Gründen der Periodenabgrenzung - entstehen, ist vielfach erkennbar, indem die **Entwicklung des arithmetischen Mittels** der Abweichungen verfolgt wird:

- Liegt das arithmetische Mittel der Abweichungen über eine längere Zeit hinweg nicht bei Null, ist zu unterstellen, dass Planwerte und Istwerte tatsächlich einen unterschiedlichen Verlauf nehmen.
- Weicht dagegen das arithmetische Mittel der Abweichungen über längere Zeit nicht von Null ab, ist zu vermuten, dass lediglich Phasenverschiebungen der Grund für die Abweichungen sind.

3.3 Arten

Bisher wurde von einem »allgemeinen« Finanzplan ausgegangen, vielfach wurde der kurzfristige Finanzplan als der typische Finanzplan angesprochen. In der betrieblichen Praxis dagegen unterscheidet man mehrere Arten von Finanzplänen:

- **Finanzpläne unterschiedlicher Erstellhäufigkeit**
- **Finanzpläne unterschiedlicher Zielgruppen**
- **Finanzpläne unterschiedlicher Fristigkeit.**

Sie sollen im Folgenden beschrieben werden.

3.3.1 Finanzpläne unterschiedlicher Erstellhäufigkeit

Finanzpläne mit unterschiedlicher Häufigkeit ihrer Erstellung können sein:

- **Laufende Finanzpläne** als die üblicherweise verwendeten Finanzpläne. Sie bilden die güterwirtschaftlichen und finanzwirtschaftlichen Prozesse im Unternehmen kontinuierlich ab und lassen sich gegebenenfalls unterteilen in:

Ordentliche Finanzpläne	Sie erfassen die Zahlungsströme des laufenden Umsatzprozesses im Unternehmen.
Außerordentliche Finanzpläne	Sie enthalten vom Unternehmen vorzunehmende laufende Sachinvestitionen und ihre Finanzierung.

- **Einmalige Finanzpläne** als Finanzpläne, die bei besonderen Ereignissen im Unternehmensleben erstellt werden. Sie dokumentieren in besonderer Weise Einschnitte im Leben des Unternehmens, beispielsweise bei:

❍ Gründung	❍ Sanierung
❍ Umwandlung	❍ Fusion

Mit diesen Ereignissen wird die Kontinuität in der Entwicklung des Unternehmens unterbrochen.

3.3.2 Finanzpläne unterschiedlicher Zielgruppen

Zielgruppenorientiert unterschiedliche Finanzpläne können sein:

- **Offizielle Finanzpläne** als Finanzpläne, die den Entscheidungsträgern im Unternehmen zur Kenntnis gebracht werden.

- **Interne Finanzpläne** als Finanzpläne, die von der Finanzleitung des Unternehmens aufgestellt werden, um die verschiedenen Entwicklungsmöglichkeiten des Unternehmens zu berücksichtigen.

  Beispiele: Elastische Finanzpläne, alternative Finanzpläne.

  Sie werden den Entscheidungsträgern nach ihrer Erstellung nicht zugänglich gemacht. Das geschieht erst, wenn sie zu offiziellen Finanzplänen werden, beispielsweise weil das Unternehmen sich erheblich von der ursprünglich geplanten Entwicklung entfernt, sodass der bisher gültige offizielle Finanzplan nicht mehr haltbar ist und durch einen, der aktuellen Situation gerecht(er) werdenden Finanzplan zu ersetzen ist.

3.3.3 Finanzpläne unterschiedlicher Fristigkeit

Finanzpläne werden mit unterschiedlicher Fristigkeit erstellt, um die Planung kontinuierlich in die Zukunft gleiten zu lassen. Diese Finanzpläne sind:

Arten	Planungshorizonte	Merkmale
Langfristige Finanzpläne	über 5 Jahre	❍ **Strategische Pläne**, die von der obersten Führungsebene vorgegeben werden. ❍ **Kapitalbindungspläne**
Mittelfristige Finanzpläne	1 bis 5 Jahre	❍ **Taktische Pläne**, die sich aus den strategischen Plänen ergeben und diese umzusetzen haben.
Kurzfristige Finanzpläne	bis 1 Jahr	❍ **Operative Pläne**, die aus den taktischen Plänen abgeleitet werden und Ausführungspläne darstellen. ❍ **Liquiditätspläne**

Bei einer zweckmäßigen Finanzplanung kann es nicht um die Alternative gehen, entweder einen Finanzplan über kurze Frist zu erstellen *oder* einen langfristigen Finanzplan zu verwenden. Vielmehr ist eine sinnvolle Kombination von Finanzplänen unterschiedlicher Fristigkeit anzustreben.

3.3.3.1 Langfristige Finanzpläne

Langfristige Finanzpläne sind **strategische Pläne**. Sie werden von der obersten Führungsebene vorgegeben und legen die Ziele des Unternehmens auf lange Sicht fest.

Sie werden für einen Zeitrahmen erstellt, der mindestens fünf Jahre beträgt. Teilweise gibt es langfristige Finanzpläne, die auf zehn Jahre ausgerichtet sind.

Langfristige Finanzpläne dienen der Abwendung der strukturellen Illiquidität. Ihre **Aufgaben** sind im Einzelnen:

- Die **Optimierung** des Eigenkapital-Fremdkapital-Verhältnisses sowie der Fristigkeiten des Fremdkapitals entsprechend der **Ziele des Unternehmens**.
- Die **Optimierung** des Eigenkapital-Fremdkapital-Verhältnisses sowie der Fristigkeiten des Fremdkapitals entsprechend der **Erwartungen der Kapitalgeber**.

Es ist **schwierig**, eine langfristige Prognose der Einzahlungen und Auszahlungen – gar noch in differenzierter Untergliederung – zu stellen, zumal die künftigen Ereignisse bei den sich schnell wandelnden Umweltbedingungen und Technologien nicht ohne weiteres, auch nicht als rahmenmäßige Aussage, vorweggenommen werden können.

Langfristige Finanzpläne sind vornehmlich **Kapitalbindungspläne**, die im Vergleich zu den mittelfristigen und kurzfristigen Finanzplänen die Elemente

- Anfangsbestand an Zahlungsmitteln
- Endbestand an Zahlungsmitteln

nicht aufweisen, sondern in wenig detaillierter Gliederung lediglich enthalten:

- Einzahlungen als Kapitalherkunft
- Auszahlungen als Kapitalverwendung.

Die Gegenüberstellung derZahlungsströme erfolgt hier üblicherweise, nicht wie bisher in Staffelform, sondern in Kontenform.

Beispiel: Es wird angenommen, dass der Kapitalbedarfsplan eine Deckungslücke aufweist, die durch Zuführung von weiterem Kapital geschlossen wird.

Kapitalverwendung Mio. €	**Ausgangsplanwerte**	**Anpassungsmaßnahmen**	**Revidierte Planwerte**	**Kapitalherkunft Mio. €**	**Ausgangsplanwerte**	**Anpassungsmaßnahmen**	**Revidierte Planwerte**
Erhöhung des Anlagevermögens	300	0	300	Erhöhung des Eigenkapitals	160	0	160
Erhöhung des Umlaufvermögens	80	0	80	Erhöhung des Fremdkapitals	150	+ 40	190
Rückzahlung von Fremdkapital	70	0	70	Erhöhung der Rückstellungen	40	0	40
Rückzahlung von Eigenkapital	40	0	40	Abschreibungserlöse	80	0	80
Gewinnausschüttung	20	0	20	Verkauf von AV-Gegenständen	50	0	50
Gewinnsteuern	50	0	50	Verkauf von UV-Gegenständen	40	0	40
	560	0	560		520	+ 40	560

Anstelle der Zuführung von Kapital besteht auch die Möglichkeit, die Deckungslücke zu schließen, indem Einschränkungen bei der Kapitalverwendung vorgenommen werden.

3.3.3.2 Mittelfristige Finanzpläne

Mittelfristige Finanzpläne sind **taktische Pläne** mit einem Planungshorizont von einem bis fünf Jahren. Sie ergeben sich aus den strategischen Finanzplänen – also den langfristigen Finanzplänen – und haben die Aufgabe, diese umzusetzen.

Ihre Wertansätze können genauer und differenzierter als bei den langfristigen Finanzplänen vorgenommen werden, aber keinesfalls so genau und differenziert wie bei den kurzfristigen Finanzplänen.

Sie stellen damit das **Bindeglied** zwischen den sehr unterschiedlichen langfristigen und kurzfristigen Finanzplänen dar:

Langfristiger Finanzplan	Wertansätze relativ ungenau Gliederung relativ undifferenziert
Mittelfristiger Finanzplan	**als Bindeglied**
Kurzfristiger Finanzplan	Wertansätze relativ genau Gliederung sehr differenziert

3.3.3.3 Kurzfristige Finanzpläne

Kurzfristige Finanzpläne sind **operative Pläne** mit einem Planungshorizont, der bis zu ein Jahr umfasst. Sie werden aus den taktischen Plänen – also den mittelfristigen Finanzplänen – abgeleitet und sind **Ausführungspläne**.

Ihre **Aufgaben** sind:

- Sicherstellung der Liquidität des Unternehmens
- Sicherstellung einer optimalen finanzwirtschaftlichen Rentabilität.

Beide Aufgaben sind durch geeignete Steuerungsmaßnahmen bei den Auszahlungen und Einzahlungen zu lösen.

Der **Inhalt** kurzfristiger Finanzpläne wurde bereits beim oben beispielhaft erstellten Jahres-Finanzplan aufgezeigt – siehe Seite 107. Er ist durch vier grundlegende **Elemente** gekennzeichnet:

- Anfangsbestand an Zahlungsmitteln
- Einzahlungen
- Auszahlungen
- Endbestand an Zahlungsmitteln.

Die Einzelpositionen der Einzahlungen und Auszahlungen können auch von dem dargestellten Finanzplan abweichen, indem die Gliederung nach anderen Kriterien erfolgt oder tiefer ist. Entscheidend ist, dass der Finanzplan unternehmensgerecht gestaltet ist.

Eine besondere Form des kurzfristigen Finanzplanes ist der **Liquiditätsplan** oder **Liquiditätsstatus** bzw. **Cash Flow-Statement**, dessen zentrale Aufgabe ist, die aktuelle, tagesgenaue Liquidität zu ermitteln und zu steuern.

Beispiel: Hoch zu verzinsende Unterdeckungen bei einzelnen Bankkonten können vermieden werden, wenn andere Bankkonten entsprechende Überdeckungen – die im Übrigen nicht oder gering verzinst werden – aufweisen.

Auch der Liquiditätsstatus ist inhaltlich durch die vier **Elemente** geprägt, wie der kurzfristige Finanzplan. Ihre Ausgestaltung kann sich aber vom kurzfristigen Finanzplan unterscheiden:

- Der **Anfangsbestand an Zahlungsmitteln,** der dem Endbestand an Zahlungsmitteln des Vortages entsprechen muss, wird zweckmäßigerweise nicht in einem Betrag ausgewiesen, sondern getrennt nach:

  - Kassenbestand
  - Guthaben bei den einzelnen Kreditinstituten
  - Bestand an Schecks und Besitzwechseln
  - Höhe zugesagter, nicht in Anspruch genommener Kredite

- Bei den geplanten **Einzahlungen** bietet es sich an, deutlich zu machen, mit welcher Sicherheit die Einzahlungen zu erwarten sind.

- Die geplanten **Auszahlungen** sollten dahingehend gekennzeichnet werden, welche Auszahlungen aus rechtlichen oder wirtschaftlichen Gründen, beispielsweise wegen der Ausnutzbarkeit eines Lieferantenskontos, unaufschiebbar sind und bei welchen Auszahlungen dies nicht der Fall ist.

- Der **Endbestand an Zahlungsmitteln** weist im Vergleich zum kurzfristigen Finanzplan keine Besonderheiten auf.

	Kontrollfragen	bearbeitet	Lösungshinweis	Lösung +	Lösung -
01	Welche Merkmale weist die Finanzplanung auf?		63		
02	Wie ist typischerweise der Ablauf der Finanzplanung?		63		
03	Wozu dient die Finanzplanung?		64		
04	Welche fristbezogenen Finanzplanungen gibt es?		65		
05	Beschreiben Sie die Grundsätze der Finanzplanung!		66		
06	Wovon hängt die Größe des Kapitalbedarfes ab?		67		
07	Welche Faktoren können den Kapitalbedarf beeinflussen?		69		
08	Wie beeinflusst die Prozessordnung den Kapitalbedarf?		70 f.		
09	Welchen Einfluss haben Unternehmensgröße und Leistungsprogramm?		73		
10	Wie beeinflusst die Beschäftigung den Kapitalbedarf?		74		
11	Welche Wirkung hat eine veränderte Prozessgeschwindigkeit?		75		
12	Auf welche Weise kann der Kapitalbedarf ermittelt werden?		77		
13	Wie wird bei der Kapitalbedarfsrechnung vorgegangen?		77		
14	Wie ermittelt man den Anlagenkapitalbedarf?		78		
15	Wie kann der Umlaufkapitalbedarf errechnet werden?		79		
16	Wie kann der Investitionsbedarf optimiert werden?		81		
17	Was sind statische Investitionsrechnungen?		81 f.		
18	Beschreiben Sie die Kostenvergleichsrechnung!		82 f.		
19	Wie erfolgt die Gewinnvergleichsrechnung?		84 f.		
20	Beschreiben Sie die Rentabilitätsvergleichsrechnung!		85 f.		
21	Wie wird bei der Amortisationsvergleichsrechnung vorgegangen?		86 f.		
22	Was sind dynamische Investitionsrechnungen?		87		
23	Was versteht man unter dem Zeitwert und Barwert?		87 f.		
24	Was wird unter dem Endwert und Jahreswert verstanden?		89 f.		
25	Beschreiben Sie die Kapitalwertmethode!		92 f.		
26	Wie ist die Kapitalwertmethode zu beurteilen?		93		
27	Wie geht man bei der Internen Zinsfuß-Methode vor?		94		
28	Beschreiben Sie die Annuitätenmethode!		95 f.		
29	Erläutern Sie die Kapitalstruktur-Risiken!		97		
30	Inwieweit ist eine Kapitalstruktur optimierbar?		98		
31	Stellen Sie die Finanzierungsregeln dar!		98		

	Kontrollfragen	bearbeitet	Lösungshinweis	Lösung +	Lösung -
32	Nennen Sie die Optimierungskriterien für die Finanzierung!		98 f.		
33	Welche Bedeutung hat die Kapitalhöhe?		99		
34	Welche Kapitalkosten lassen sich unterscheiden?		100		
35	Welche Bedeutung hat die Kapitalfristigkeit?		100 f.		
36	Welche Kündigungsmöglichkeiten lassen sich unterscheiden?		102		
37	Wie kann eine Kapitalsicherung erfolgen?		103		
38	Welche Einflüsse können Kapitalgeber haben?		103		
39	Was ist der Leverage Effekt bzw. das Leverage Risk?		105		
40	Welche Elemente weist der Finanzplan auf?		106		
41	Stellen Sie einen Jahres-Finanzplan auf!		107		
42	Geben Sie Beispiele für Einzahlungen!		108		
43	Welche Auszahlungen lassen sich unterscheiden?		109		
44	Wie ist der Finanzplan in die Gesamtplanung eingebettet?		110		
45	Auf welche Weisen kann er erstellt werden?		111		
46	Von welchem Teilplan ist auszugehen?		111		
47	Worin unterscheiden sich Finanzprognose und Finanzbudget?		111		
48	Erläutern Sie die Verfahren der Prognose!		112 f.		
49	Beschreiben Sie das Mittelwert-Verfahren!		113 f.		
50	Wie wird bei der exponentiellen Glättung vorgegangen?		115		
51	Auf welchen Grundlagen werden Einzahlungen geplant?		117		
52	Wie werden Auszahlungen geplant?		118		
53	Wie kann man planerischen Unsicherheiten begegnen?		119		
54	Beschreiben Sie wie eine elastische Finanzplanung erfolgt!		119		
55	Wie erfolgt eine rollierende Finanzplanung?		120 f.		
56	Beschreiben Sie die alternative Finanzplanung!		121		
57	Wie können Liquiditätsreserven indirekt gebildet werden?		122		
58	Was versteht man unter direkten Liquiditätsreserven?		122 f.		
59	Wie kann ein Ausgleich des Finanzplans erfolgen?		123 f.		
60	In welchen Schritten erfolgt die Kontrolle des Finanzplans?		125		
61	Welche Ursachen können Abweichungen im Finanzplan haben?		125 f.		
62	Worin unterscheiden sich laufende und einmalige Finanzpläne?		127 f.		
63	Welche zielgruppenorientierten Finanzpläne gibt es?		128		

	Kontrollfragen	bearbeitet	Lösungshinweis	Lösung +	Lösung -
64	Welche Fristigkeiten können Finanzpläne haben?		128		
65	Was sind strategische Finanzpläne?		129		
66	Welche Aufgaben haben langfristige Finanzpläne?		129		
67	Was sind taktische Finanzpläne?		130		
68	Wozu dienen kurzfristige Finanzpläne?		131		
69	Was sind Liquiditätspläne?		131		
70	Worin unterscheiden sie sich von kurzfristigen Finanzplänen?		131		

C. Zahlungsverkehr

Kapitalbeschaffung und Kapitalverwendung müssen im Unternehmen abgewickelt werden, d. h. es sind finanzielle Transaktionen als Einzahlungen und Auszahlungen erforderlich.

Dies geschieht im Rahmen der Kapitalverwaltung, die sich vor allem mit der **Abwicklung des Zahlungsverkehrs** befasst.

Im Folgenden sollen beschrieben werden:

Zahlungsverkehr	Zahlungsmittel
	Zahlungsverkehr

1. Zahlungsmittel

Grundsätzlich kann der Zahlungsverkehr auf drei **Arten** von Zahlungsmitteln beruhen:

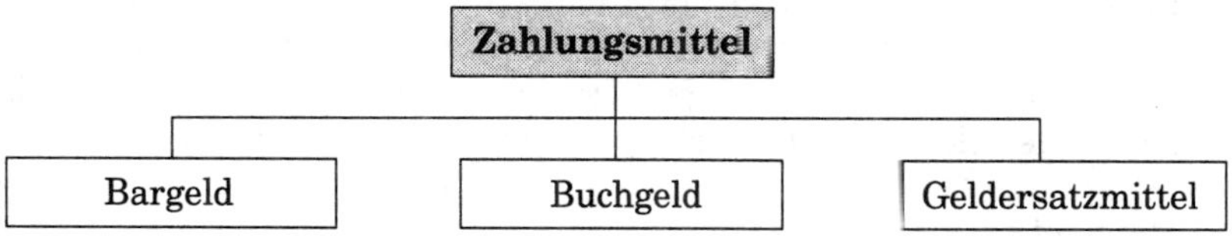

1.1 Bargeld

Bargeld ist das gesetzliche Zahlungsmittel. Es umfasst

- Banknoten
- Münzen.

Die Hingabe von Bargeld erfolgt **als Erfüllung**, d. h. mit der Zahlung erlischt die Verpflichtung des Schuldners gegenüber dem Gläubiger.

Bargeld muss von Jedermann angenommen werden, wobei für Banknoten ein unbeschränkter Annahmezwang, für Münzen ein beschränkter Annahmezwang gilt.

Nach **EG-Verordnung** muss niemand mehr als 50 Münzen in einer Zahlung annehmen mit Ausnahme der ausgebenden Behörden. Mit dieser Regelung ist keine Wertangabe verbunden.

Das **Münzgesetz** (MünzG) ergänzt diese Vorschrift um Euro-Gedenkmünzen und nennt als **Annahmepflicht** eine Summe von **100 €**, wobei die Anzahl von **50 Münzen** aus Umlauf- und Gedenkmünzen für eine Zahlung nicht überschritten werden darf.

Nach MünzG haben Bundesbank und Bundeskassen Euro-Münzen in unbeschränkter Zahl und Höhe als Zahlungsmittel anzunehmen.

Nachteile des Bargeldes sind:

- Es birgt das Risiko des Verlustes.
- Es verursacht relativ hohe Kosten für die sichere Aufbewahrung.
- Es wird nicht verzinst.

Der EURO ist seit 1.1.2002 das alleinige gesetzliche Zahlungsmittel in den Teilnehmerstaaten der europäischen Währungsunion. Als **Banknote** hat er eine einheitliche Vorderseite und national jeweils unterschiedlich gestaltete Rückseiten. **Wertgrößen** sind:

- Banknoten zu 5, 10, 20, 50, 100, 200 und 500 €
- Münzen zu 1 und 2 € sowie 1, 2, 5, 10, 20 und 50 Cent.

1.2 Buchgeld

Das Buchgeld, das auch **Giralgeld** genannt wird, ist zwar kein gesetzliches Zahlungsmittel, hat aber in der betrieblichen Praxis die wesentlich größere Bedeutung. Zahlungen mit Bargeld werden zwar immer noch sehr häufig vorgenommen, allerdings immer stärker durch Zahlungen mit Buchgeld ersetzt, wie beispielsweise beim Electronic Cash. Etwa 88 % des Geldumlaufes erfolgt in der Form des Buchgeldes.

Arten des Buchgeldes sind:

- Sichteinlagen bei Kreditinstituten
- Durch Kreditgewährung bereitgestellte Mittel.

Buchgeld wird durch Umbuchung übertragen – beispielsweise aufgrund einer Überweisung, eines Schecks, einer Lastschrift – und kann **jederzeit** durch **Abhebung in Bargeld** umgewandelt werden. Hierzu sind die Kreditinstitute nach § 1 Nr. 1 und 3 Nr. 3 KWG verpflichtet. Damit wird das Buchgeld dem Bargeld gleichwertig.

Beim Buchgeld erfolgt die Hingabe, sofern sie durch Überweisung geschieht, **an Erfüllungs Statt**, d. h. die Verpflichtung erlischt, wenn der Gläubiger die Gutschrift als Erfüllung annimmt.

Vorteile des Buchgeldes sind:

- Kein Risiko des Verlustes und der Fälschung.
- Geringe Kosten für die Aufbewahrung.
- Verzinsung ist möglich.

Seit dem 01.01.1999 hat die Europäische Zentralbank (EZB) – mit Sitz in Frankfurt am Main – die Zuständigkeit der Geldpolitik für alle Teilnehmerländer der Europäischen

Währungsunion übernommen und als einheitliche Währung den EURO eingeführt. Diese Teilnehmer sind im Folgenden ebenso festgelegt wie die unverrückbaren Umrechnungskurse zum EURO, die für die »Doppelwährungsphase« bis 31.12.2001 galten:

Teilnehmerländer	Umrechnungskurse: 1 € =		
○ Belgien	40,3399	BEF	(Belgische Franc)
○ Deutschland	1,95583	DEM	(Deutsche Mark)
○ Finnland	5,94573	FIM	(Finn Mark)
○ Frankreich	6,55957	FRF	(Französicher Franc)
○ Irland	0,787564	IEP	(Irisches Pfund)
○ Italien	1.936,27	ITL	(Italienische Lira)
○ Luxemburg	40,3399	LUF	(Luxemburgische Franc)
○ Niederlande	2,20371	NLG	(Niederländische Gulden)
○ Österreich	13,7603	ATS	(Österreichische Schilling)
○ Portugal	200,482	PTE	(Portugiesische Escudos)
○ Spanien	166,386	ESP	(Spanische Peseta)

Seit dem 01.01.1999 konnte **Buchgeld** auf den Girokonten sowohl **in DM** oder auch auf Wunsch **in EURO** geführt werden, wobei bereits DM-geführte Konten auch EURO-Gegenwerte auswiesen.

Ab dem 01.01.2002 erfolgte eine automatische Umstellung aller DM-Konten auf den EURO. Inländische Zahlungsaufträge können seitdem nur noch in EURO erfolgen.

1.3 Geldersatzmittel

Geldersatzmittel sind ebenfalls keine gesetzlichen Zahlungsmittel. Sie sind **Hilfszahlungsmittel**, die nach verbreiteter Meinung umfassen:

- **Schecks**, die Verfügungsinstrumente über Buchgeld darstellen,
- **Wechsel**, die mit ihrer Weitergabe Bargeld oder Buchgeld ersetzen.

Zahlungen mit Geldersatzmitteln wirken nur **erfüllungshalber**, d. h. die Verpflichtung eines Schuldners gegenüber einem Gläubiger ist erst erfüllt, wenn der Scheck oder Wechsel eingelöst wurde. Andernfalls kann der Gläubiger auf seine Barzahlungsforderung zurückgreifen.

31 **Seite 464**

2. Zahlungsverkehr

Der Zahlungsverkehr des Unternehmens kann damit – unter Verwendung der genannten Arten von Zahlungsmitteln – abgewickelt werden als:

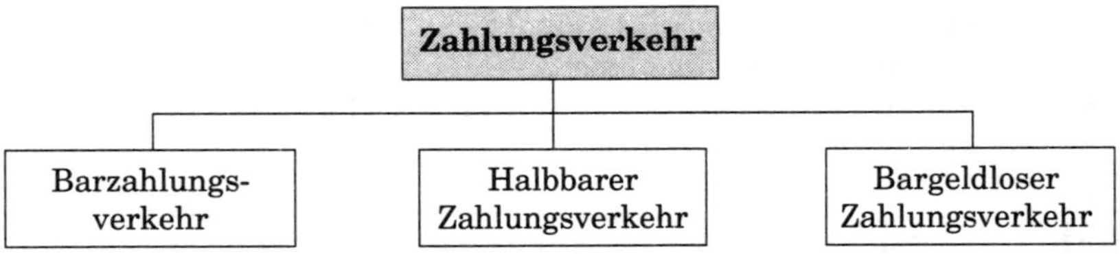

2.1 Barzahlungsverkehr

Beim Barzahlungsverkehr wird **Bargeld** übertragen. Dies kann geschehen:

- Als **unmittelbare Barzahlung**, bei der Bargeld »von Hand zu Hand« gezahlt, d. h. übereignet und dafür üblicherweise ein Empfangsbeleg ausgestellt wird.

  Beispiele: Ein Schuldner übergibt einem Gläubiger Bargeld und erhält eine Quittung. Ein Kunde bezahlt in einem Handelsgeschäft bar und erhält einen Kassenbeleg. Ein Unternehmen zahlt Bargeld bei seinem Kreditinstitut ein und erhält eine Quittung, die nur mit Kassendruck und Unterschrift gültig ist.

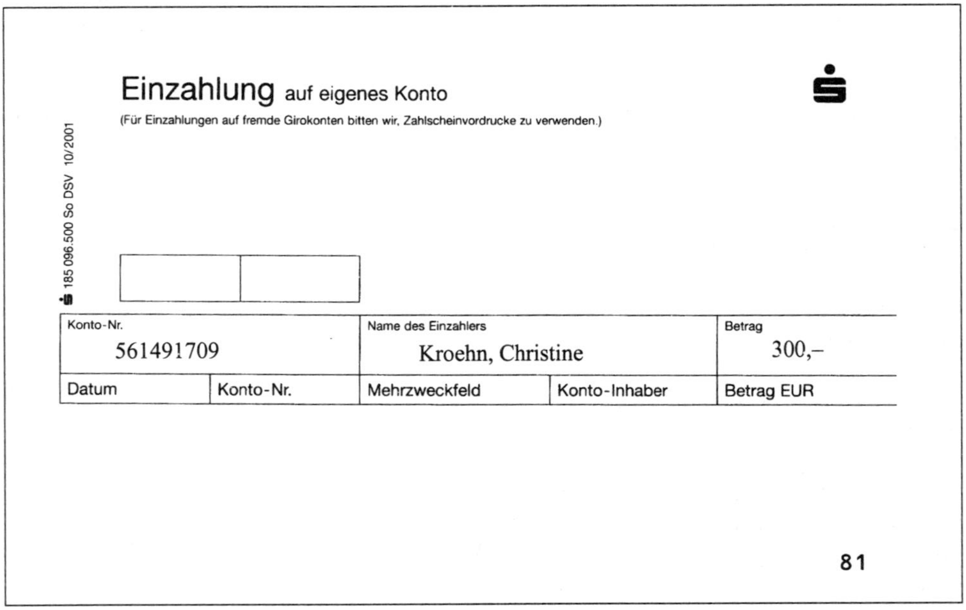

Einzahlung auf eigenes Konto

(Für Einzahlungen auf fremde Girokonten bitten wir, Zahlscheinvordrucke zu verwenden.)

185 096.500 So DSV 10/2001

Konto-Nr.	Name des Einzahlers	Betrag
561491709	Kroehn, Christine	300,–

Datum	Konto-Nr.	Mehrzweckfeld	Konto-Inhaber	Betrag EUR

81

- Als **mittelbare Barzahlung**, bei der zwar Bargeld gezahlt und Bargeld empfangen wird, dies aber nicht »von Hand zu Hand« geschieht. Beispielsweise kann dies eine Bareinzahlung auf ein fremdes Girokonto sein, dessen Inhaber diesen Betrag wiederum bar abhebt.

Im Geschäftsverkehr hat der Barzahlungsverkehr im Wesentlichen nur bei Handelsbetrieben und Dienstleistungsbetrieben größere Bedeutung, die private Kunden haben. Diese Unternehmen zahlen ihre Bargeldbestände üblicherweise bei ihrem Kreditinstitut ein, bei denen sie Konten unterhalten. Dabei besteht bei Kreditinstituten die

Möglichkeit, insbesondere außerhalb der Geschäftszeit, den **Tag- und Nachttresor** zu benutzen, wofür diese nicht geringe Gebühren erheben.

Die Tageseinnahmen einschließlich Schecks können in den Tag- und Nachttresor eingeworfen werden. Hierfür müssen die Unternehmen die »Bedingungen für die Benutzung von Tag- und Nachttresoren« in einem Nachttresor-Benutzungsvertrag schriftlich anerkennen.

Außerdem sind zusätzlich die Bestimmungen des **Geldwäschegesetzes** zu beachten, nach dem sich der Einzahler bei Einzahlungen ab 15.000 € gegenüber dem Kreditinstitut auszuweisen hat.

Bargeld auf Konten bei fremden Kreditinstituten einzuzahlen ist möglich, erfolgt aber selten, zumal die Zahlungen mit erheblichen Gebühren verbunden sind.

Der Barzahlungsverkehr im Handel wird allmählich immer mehr ersetzt durch andere Möglichkeiten des bargeldlosen Zahlungsverkehrs. Dazu zählen:

- Scheck- bzw. Debit-Karten
- Kreditkarten
- Electronic Cash-Systeme.

2.2 Halbbarer Zahlungsverkehr

Bei halbbarem Zahlungsverkehr wird Bargeld in Buchgeld umgewandelt oder umgekehrt. Damit muss einer der beiden am Zahlungsverkehr Beteiligten über ein Konto verfügen. Zu unterscheiden sind:

- Die **bare Leistung**, die mithilfe eines **Zahlscheines** erfolgen kann. Der Zahlungsempfänger muss über ein Konto verfügen. Das Bargeld wird bei einem Kreditinstitut eingezahlt und der Betrag auf einem Bankkonto gutgeschrieben. Hierzu wird ein Überweisungsformular genutzt, das auch als Zahlschein verwendet werden kann (siehe S. 143).

- Die **unbare Leistung**, die mithilfe eines **Barschecks** oder einer **Zahlungsanweisung** vorgenommen werden kann. Hier muss der Zahlungspflichtige über ein Konto verfügen. Die Auszahlung des Betrages erfolgt im Falle des Barschecks bei einem Kreditinstitut, bei der Zahlungsanweisung auch durch ein Postamt.

Die **Bedeutung** des halbbaren Zahlungsverkehrs ist in der betrieblichen Praxis im Wesentlichen auf den Zahlschein begrenzt, der von den Unternehmen zuweilen den Rechnungen beigelegt wird.

2.3 Bargeldloser Zahlungsverkehr

Beim bargeldlosen Zahlungsverkehr kommen weder der Zahlungspflichtige noch der Zahlungsempfänger mit Bargeld in Berührung. Beide verfügen über ein Konto.

Die Konten müssen nicht beim gleichen Kreditinstitut geführt werden, Buchgeld kann auch von Konten eines Kreditinstitutes auf Konten bei anderen Kreditinstituten übertragen werden. Dies setzt die **Vernetzung der Kreditinstitute untereinander** voraus.

Der Zahlungsverkehr zwischen Unternehmen ist fast ausschließlich bargeldloser Zahlungsverkehr. Er kann erfolgen als:

- **Beleggesteuerter Zahlungsverkehr,** bei dem die Auszahlungen oder Einzahlungen auf der Grundlage von Belegen – beispielsweise Quittungen oder Überweisungsträgern – erfolgen.
- **Belegloser Zahlungsverkehr**, wenn Zahlungen im beleglosen Datenträgeraustausch (DTA) bzw. durch Datenfernübertragung abgewickelt werden, was das Vorhandensein kompatibler EDV-Anlagen bei den Unternehmen und den beteiligten Kreditinstituten voraussetzt. Auch das Online-Banking ermöglicht einen beleglosen Zahlungsverkehr über das Internet.

Für das Unternehmen bietet der bargeldlose Zahlungsverkehr mehrere **Vorteile**. Er ist insbesondere:

- Rationell
- Sicher
- Schnell
- Kostengünstig.

Der bargeldlose Zahlungsverkehr ist in mehreren **Arten** möglich:

- **Überweisungsverkehr**
- **Lastschriftverkehr**
- **Scheckverkehr**
- **Wechselverkehr**
- **Elektronischer Zahlungsverkehr**
- **Auslandszahlungsverkehr**.

2.3.1 Überweisungsverkehr

Überweisungen dienen dazu, Buchgeld vom Konto eines Zahlungspflichtigen auf das Konto eines Zahlungsempfängers zu übertragen. Sie stellen einen **Auftrag** an ein Kreditinstitut dar.

Es lassen sich unterscheiden:

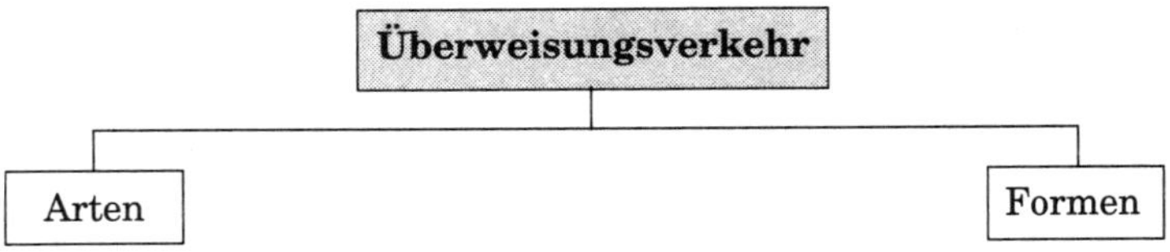

2.3.1.1 Arten

Der Überweisungsverkehr erfolgt üblicherweise – nicht aber zwangsweise – mithilfe von Überweisungsformularen. Diese können wie folgt aussehen:

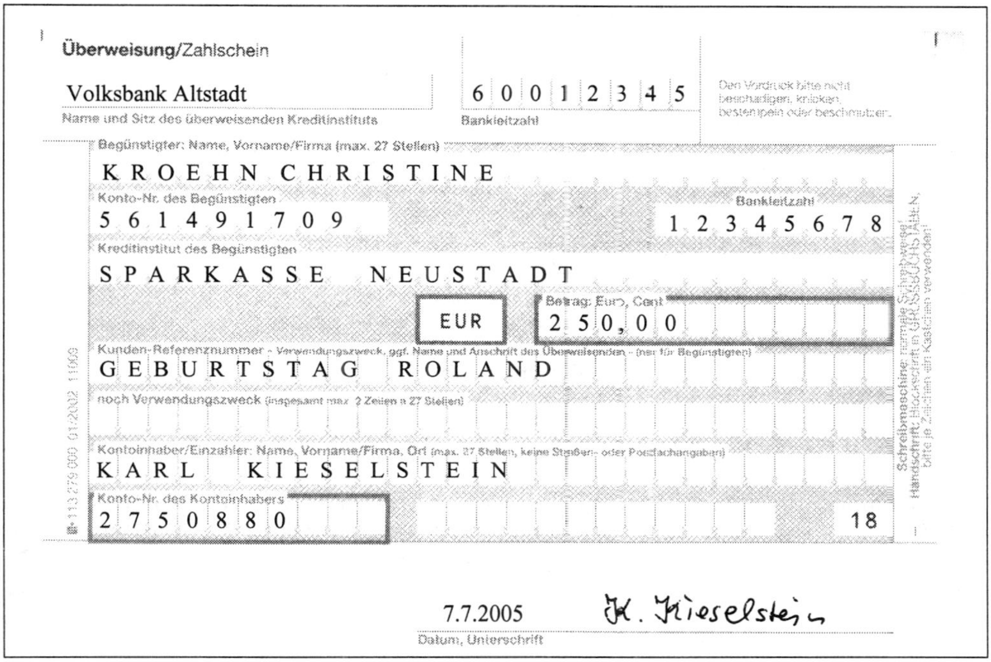
Überweisung/Zahlschein

Volksbank Altstadt
Name und Sitz des überweisenden Kreditinstituts

6 0 0 1 2 3 4 5
Bankleitzahl

Den Vordruck bitte nicht beschädigen, knicken, bestempeln oder beschmutzen.

Begünstigter: Name, Vorname/Firma (max. 27 Stellen)
KROEHN CHRISTINE

Konto-Nr. des Begünstigten
5 6 1 4 9 1 7 0 9

Bankleitzahl
1 2 3 4 5 6 7 8

Kreditinstitut des Begünstigten
SPARKASSE NEUSTADT

EUR

Betrag: Euro, Cent
2 5 0, 0 0

Kunden-Referenznummer - Verwendungszweck, ggf. Name und Anschrift des Überweisenden - (nur für Begünstigten)
GEBURTSTAG ROLAND

noch Verwendungszweck (insgesamt max. 2 Zeilen à 27 Stellen)

Kontoinhaber/Einzahler: Name, Vorname/Firma, Ort (max. 27 Stellen, keine Straßen- oder Postfachangaben)
KARL KIESELSTEIN

Konto-Nr. des Kontoinhabers
2 7 5 0 8 8 0

18

7.7.2005 K. Kieselstein
Datum, Unterschrift

Der Formularsatz umfasst zwei **Teile**:

- Den **Überweisungsauftrag**, der zu unterschreiben ist und als Original beim beauftragten Kreditinstitut verbleibt. Dieses wird für die elektronische Weiterverarbeitung und Übertragung eingelesen und damit in den elektronischen Zahlungsverkehr überführt.

  Das einlesende Kreditinstitut belastet das Konto des Auftraggebers und veranlasst die Erkennung des Kontos des Empfängers.

  Der Überweisungsbetrag lautet seit 01.01.2002 ausschließlich auf Euro.

- Die **Durchschrift** verbleibt beim Zahlungspflichtigen als Beleg.

Der Überweisungsvorgang läuft wie folgt ab:

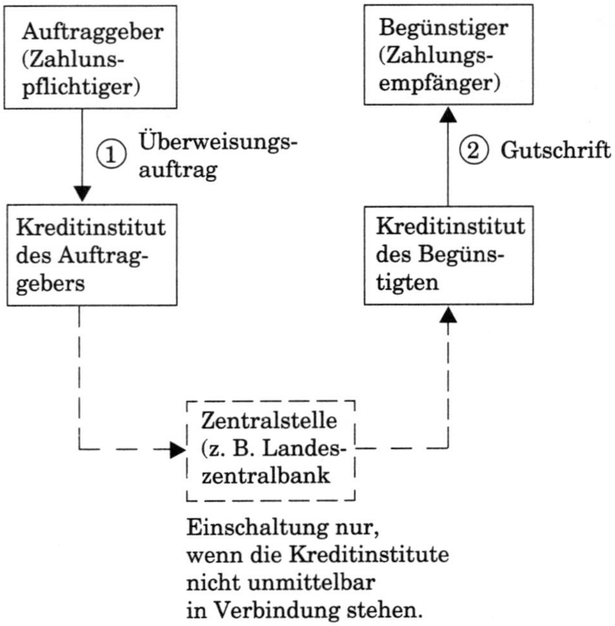

Im Zusammenhang mit der entgeltlichen Geschäftsbesorgung (§ 675 BGB) ist seit dem Juli 1999 mit dem **Überweisungsgesetz** ein gesetzlicher europäischer Rahmen für die Kreditwirtschaft gegeben. Das Überweisungsgesetz gilt seit dem 01.01.2002 für inländische Überweisungen sowie für Zahlungen an Drittstaaten. Dies betrifft insbesondere:

- **Informationspflichten** der Kreditinstitute zu Ausführungsfristen und Wertstellungszeitpunkten im Überweisungsverkehr (§ 675 a BGB).

- **Ausführungsfristen** von Überweisungen, die grundsätzlich baldmöglichst bzw. wie folgt zu bewirken sind (§ 676 a BGB):

  - Im grenzüberschreitenden Überweisungsverkehr innerhalb der Europäischen Union und des europäischen Wirtschaftsraumes sind Überweisungen innerhalb von **fünf Bankgeschäftstagen** zu bewirken.

  - Bei institutsübergreifenden Inlandszahlungen soll eine Ausführung von Überweisungen binnen **drei Bankgeschäftstagen** erfolgt sein.

  - Überweisungen, die innerhalb eines Kreditinstitutes erfolgen, dürfen längstens **einen Bankgeschäftstag** dauern.

  Diese Fristen beginnen mit dem Ablauf des Tages, an dem die vollständig ausgefüllte und mit entsprechender Kontodeckung versehene Überweisung dem Kreditinstitut vorgelegt wird und gelten, soweit keine hiervon abweichenden Fristen vereinbart werden. Als Bankgeschäftstage zählen alle Werktage, außer Samstag und den Feier- bzw. Schließungstage (z. B. Heiligabend).

- **Regelungen** der Ansprüche bei **verzögerten** oder **nichtausgeführten** Überweisungen (§ 676 b und c BGB).

2.3.1.2 Formen

Besondere Formen der Überweisungen sind:

- Die **Dauerüberweisung**, die aufgrund eines einmaligen Dauerauftrages erfolgt und folgende Merkmale hat:

❍ Stets gleicher Empfänger	❍ Stets gleicher Betrag
❍ Stets gleiches Konto	❍ Regelmäßig wiederkehrende Termine

Beispiele: Mietzahlungen, Zahlungen von Kredittilgungs-Raten, Zahlungen von Steuern, Abgaben, Beiträgen, Versicherungsprämien.

Die Dauerüberweisung dient dem Auftraggeber zur Arbeitsersparnis und schützt ihn vor dem Versäumen von Zahlungsterminen. Sie ist grundsätzlich **gebührenpflichtig**.

Der zu Grunde liegende Dauerauftrag, sieht wie auf Seite 146 gezeigt, aus.

- Die **Eilüberweisung**, mit der die Laufzeit verkürzt werden kann, wenn die Überweisung ansonsten über zwischen die Kreditinstitute zu schaltende Zentralstellen – beispielsweise die Landeszentralbank – gehen würde. Sie ist von den Kreditinstituten weitgehend durch die EZÜ (Elektronischer Zahlungsverkehr für Individualüberweisungen) ersetzt worden.

Die Laufzeit der Belege von Kreditinstitut zu Kreditinstitut kann durch Direktversand verkürzt werden, wobei die Verrechnung nachträglich durch Einzug mittels Lastschrift erfolgt.

Mit der Eilüberweisung kann ein Zeitgewinn erzielt werden, der gegebenenfalls auch zu einem Zinsgewinn führt, Verbindlichkeiten können trotz später Veranlassung noch rechtzeitig erfüllt werden.

- Der **elektronische Zahlungsverkehr für Individualüberweisungen (EZÜ)** transferiert durch das Einlesen der Gutschriftsträger das Giralgeld in Form von Datensätzen per Datenträgeraustausch oder vor allem per Datenfernübertragung. Der EZÜ kommt in verschiedenen Gironetzen seit 1997 ausschließlich zur Anwendung und wird in zunehmendem Maße auch die Eilüberweisung ersetzen.

- Besonders eilige Überweisungen können binnen Minuten durch **Blitzgiro** ausgeführt werden. Der Auftrag zur Überweisung erfolgt durch:

❍ Telefon	❍ Telefax

Die Verrechnung geschieht zwischen den Kreditinstituten nachträglich.

An die (Sparkasse/Landesbank)

01.2002

Sparkasse Neustadt

Dauerauftrag

[x] **Einrichtung** [ ] **Änderung** [ ] **Löschung**

Kontoinhaber mit Name und Anschrift

[ ] Frau / [x] Herr / [ ] Firma

Karl Kieselstein
Eisenbahnstraße 13

zu Lasten Konto-Nummer	Dauerauftrags-Nr.
98756432	001

Ausführungstermin: mtl. [x] ¼jährl. [ ] ½jährl. [ ] jährl. [ ]
jeweils am: 1. [x] 15. [ ]

erstmals am	befristet bis einschl.	Mindestbetrag
06.11.05		

Empfänger: Name, Vorname/Firma (max. 27 Stellen) Zuname voranstellen
Kroehn, Christine

Konto-Nr. des Empfängers
561491709

Bankleitzahl
12354678

Bankverbindung des Empfängers (max. 27 Stellen)
Sparkasse Neustadt

Betrag EUR:
150,00

Verwendungszweck (Zeile 1) – z. B. Kundenreferenz-Nr. (nur für Empfänger bestimmte Angaben) max. 2 Zeilen à 27 Stellen
Sparrate

Verwendungszweck (Zeile 2)

Auftraggeber: Name, Vorname/Firma, Ort (max. 27 Stellen) Zuname voranstellen
Kieselstein, Karl

Bitte die Daten von ***links beginnend*** *in die Felder eintragen (Überweisungsbetrag ausgenommen).*

Beim Ausfüllen mittels Büromaschinen, müssen die roten Feldbegrenzungen nicht beachtet werden.

Sofern die jeweils vorhandene Stellenzahl nicht ausreicht, sind die Auftragsdaten sinnvoll zu kürzen.

Bedingungen für die Ausführung von Daueraufträgen

1. Die Sparkasse/Landesbank nimmt von ihren Kunden Aufträge zur regelmäßigen Überweisung gleichbleibender Geldbeträge (Daueraufträge) entgegen. Daueraufträge sind grundsätzlich schriftlich zu erteilen.
2. Daueraufträge können zu den o.g. angebotenen Terminen ausgeführt werden.
3. Die Sparkasse/Landesbank ist berechtigt, jedoch nicht verpflichtet, Daueraufträge auch bei mangelndem Guthaben oder nicht ausreichendem Kredit auszuführen.
4. Die Sparkasse/Landesbank prüft nicht, ob die von dem Auftraggeber angegebene Kontoverbindung, Bankleitzahl, Kontonummer und Anschrift des Empfängers richtig sind. Weder die Sparkasse/Landesbank, noch die in den Überweisungsweg eingeschalteten anderen Geldinstitute beachten den Inhalt der im Feld „Verwendungszweck" eingetragenen Angaben.
5. Aufträge, bei denen für den Empfänger kein Konto angegeben wird sowie Aufträge unterhalb des o.g. **Mindestbetrags** können nicht erteilt werden.
6. Die Erteilung, Änderung oder Löschung von Aufträgen kann nur berücksichtigt werden, wenn sie der Sparkasse/Landesbank so rechtzeitig zugehen, dass ihre Berücksichtigung im Rahmen des ordnungsgemäßen Geschäftsablaufs – im Regelfall 12 Geschäftstage vor dem Ausführungstermin – möglich ist. Später eingehende Aufträge werden zum nächsten entsprechenden Termin berücksichtigt.
7. Die Ausführung des Dauerauftrages ist aus dem Girokontoauszug ersichtlich.

Ort, Datum
Neustadt, 06.11.2005

Unterschrift(en) Verfügungsberechtigter
K. Kieselstein

Für die Richtigkeit der Unterschrift(en): **Datum,** *Unterschrift des Sachbearbeiters* ***(mit Pers.-Nr.)***
6.11.05 Berater 1556

¹Bitte Konto-Nr., Dauerauftrags-Nr. und die zu ändernden Daten angeben.

Den obengenannten Dauerauftrag bitte ich zu löschen. Er soll **letztmalig** am ____________ ausgeführt werden.

Datum Unterschrift(en)

- Die **Sammelüberweisung**, mit der aufgrund eines Sammelauftrages unterschiedliche Beträge an verschiedene Zahlungsempfänger gleichzeitig überwiesen werden können. Sie besteht bei den Kreditinstituten aus:

  - Dem **Überweisungsauftrag** als Sammelvordruck, auf dem die Nummern und Beträge – gegebenenfalls auch in Form eines Additionsstreifens – aufgeführt sind.

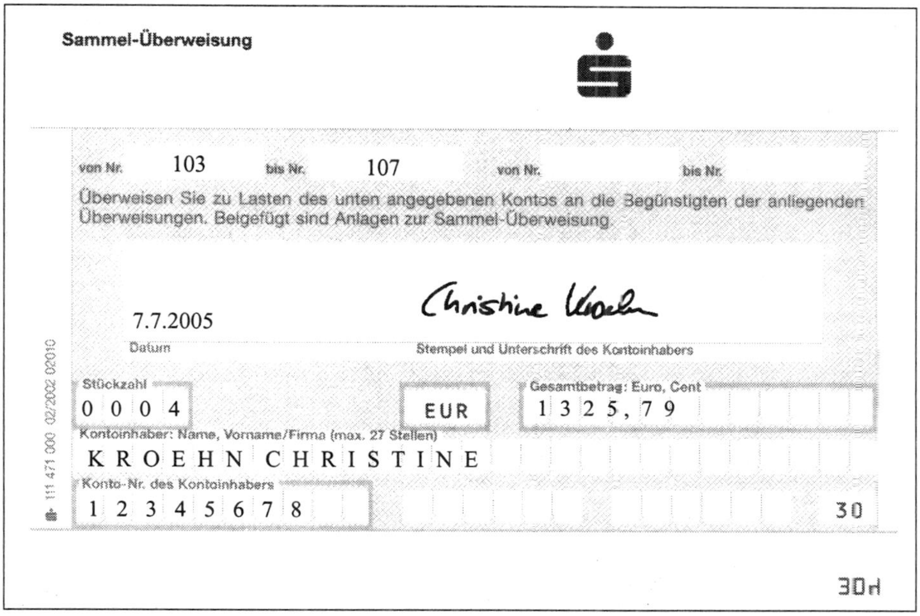
Sammel-Überweisung

von Nr. 103 bis Nr. 107 von Nr. bis Nr.

Überweisen Sie zu Lasten des unten angegebenen Kontos an die Begünstigten der anliegenden Überweisungen. Beigefügt sind Anlagen zur Sammel-Überweisung.

7.7.2005
Datum

Christine Kroehn
Stempel und Unterschrift des Kontoinhabers

Stückzahl: 0 0 0 4
EUR
Gesamtbetrag: Euro, Cent: 1 3 2 5 , 7 9

Kontoinhaber: Name, Vorname/Firma (max. 27 Stellen): KROEHN CHRISTINE

Konto-Nr. des Kontoinhabers: 1 2 3 4 5 6 7 8 30

111 471 000 02/2002 02010

30H

  - Den **Überweisungsträgern** für jeden Empfänger.

  Die Sammelüberweisung dient der Arbeitserleichterung und spart Buchungen, gegebenenfalls auch Buchungsgebühren, ein.

32 Seite 464

2.3.2 Lastschriftverkehr

Mithilfe des Lastschriftverkehrs kann ein Zahlungsempfänger durch sein Kreditinstitut fällige Forderungen beim Kreditinstitut eines Zahlungspflichtigen einziehen lassen.

Das Lastschriftverfahren kann für alle **einmaligen und wiederkehrenden Zahlungen**

- von einem bestimmten Zahlungspflichtigen
- die regelmäßig oder unregelmäßig anfallen
- in jeweils gleicher oder unterschiedlicher Höhe

eingesetzt werden.

Voraussetzungen für die Teilnahme am Lastschriftverkehr ist ein Vertrag zwischen dem Zahlungsempfänger und seinem Kreditinstitut, in dem sich der Zahlungsempfänger verpflichtet, dem Kreditinstitut nur dann Lastschriften vorzulegen, wenn

- eine Forderung besteht
- die Forderung fällig ist
- der Zahlungspflichtige dem Lastschriftverkehr schriftlich zugestimmt hat.

Die Zustimmung des Zahlungspflichtigen zum Lastschriftverkehr ist auf unterschiedliche Weise möglich. Dementsprechend gibt es:

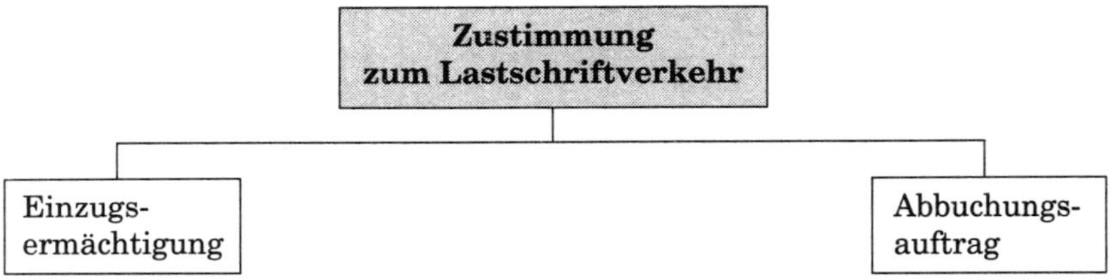

Der Lastschriftverkehr kann für den Zahlungspflichtigen und Zahlungsempfänger wie folgt beurteilt werden:

Zahlungsempfänger	**Zahlungspflichtiger**
Vorteile	**Vorteile**
❍ Bestimmung des Zahlungszeitpunktes	❍ Keine Arbeit mit Scheck/Überweisung
❍ Erleichterung der Gelddisposition	❍ Keine Terminüberwachung erforderlich
❍ Verbesserung der Liquidität	❍ Kein Versäumen von Zahlungsterminen
❍ Vereinfachung der Buchhaltung	❍ Ausnutzung von Skonti usw. gesichert
❍ Vereinfachung des Mahnwesens	**Nachteile**
❍ Einsparung von Zinskosten	❍ Einschränkung der Dispositionsfreiheit
	❍ Keine Zahlungsverzögerung möglich
	❍ Kein Zurückhalten der Zahlung möglich
	❍ Außeneinfluss auf die Liquidität

Wie Überweisungen werden auch Lastschriften inzwischen ausschließlich auf EDV-Medien erfasst oder eingelesen und beleglos in den Gironetzen im **EZL-Verfahren** (**E**lektronischer **Z**ahlungsverkehr mit **L**astschriften) weitergeleitet.

2.3.2.1 Einzugsermächtigung

Bei der Einzugsermächtigung erteilt der Zahlungspflichtige dem Zahlungsempfänger unmittelbar seine Zustimmung zum Lastschriftverkehr. Der Zahlungsempfänger legt daraufhin seinem Kreditinstitut das Lastschriftformular zusammen mit dem **Einzugsauftrag** vor, das auch ein Sammeleinzugsauftrag sein und wie folgt aussehen kann:

03/2002

Ermächtigung zum Einzug von Forderungen durch Lastschriften

An (Zahlungsempfänger)

Mein schöner Garten
- Vertrieb -
Gänseblümchenweg 7

53798 Hausen

Name, Vorname und genaue Anschrift des Kontoinhabers

Christine Kroehn
Erlenweg 13

67890 Neustadt

Hiermit ermächtige(n) ich/wir Sie widerruflich, die von mir/uns zu entrichtenden Zahlungen wegen
(Verpflichtungsgrund, ggf. Betragsbegrenzung)

Zeitschriftenabonnement 369705

bei Fälligkeit zu Lasten meines/unseres Girokontos Nr. 561491709

bei Sparkasse Neustadt

Bankleitzahl 12345678 durch Lastschrift einzuziehen.

Wenn mein/unser Konto die erforderliche Deckung nicht aufweist, besteht seitens des kontoführenden Kreditinstituts (siehe oben) keine Verpflichtung zur Einlösung.
Teileinlösungen werden im Lastschriftverfahren nicht vorgenommen.

Ort, Datum

Neustadt, 7.7.2005

Unterschrift(en) des/der Zahlungspflichtigen

Christine Kroehn

Sein Kreditinstitut schreibt ihm den Forderungsbetrag gut und belastet das Kreditinstitut des Zahlungspflichtigen auf dem Inkassoweg:

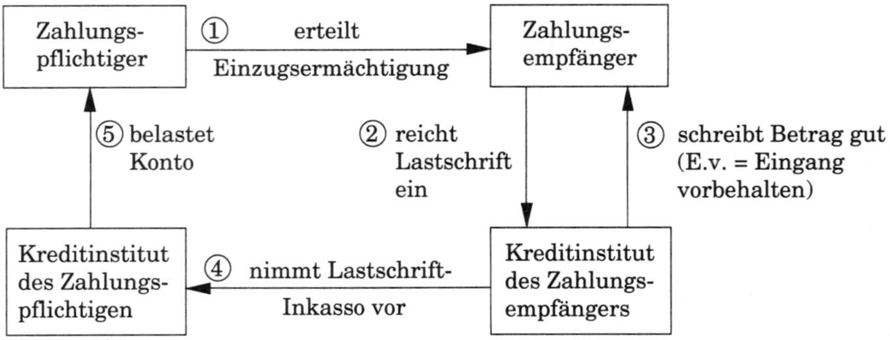

Der Lastschrift aufgrund einer Einzugsermächtigung kann der Zahlungspflichtige ohne Einhaltung einer bestimmten Frist widersprechen. Dies gilt bis zur Genehmigung der Belastung durch den zahlungspflichtigen Kontoinhaber. Dem Zahlungspflichtigen muss der belastete Betrag daraufhin wieder gutgeschrieben werden.

Die Einzugsermächtigung ist die in der betrieblichen Praxis üblicherweise verwendete Form des Lastschriftverfahrens.

2.3.2.2 Abbuchungsauftrag

Beim Abbuchungsauftrag erteilt der Zahlungspflichtige seinem Kreditinstitut den Auftrag, Lastschriften eines bestimmten Zahlungsempfängers einzulösen bzw. abzubuchen – Formular siehe Seite 151.

Ein Widerspruch ist beim Abbuchungsauftrag nicht möglich, sondern lediglich ein **Widerruf** des Abbuchungsauftrages für die Zukunft.

Der Abbuchungsauftrag wird im Wesentlichen nur beim Einzug größerer Forderungsbeträge verwendet.

33 Seite 465

2.3.3 Scheckverkehr

Der Scheck ist die unbedingte Anweisung eines Ausstellers an sein Kreditinstitut, einem Dritten bei Vorlage einen bestimmten Betrag zu Lasten seines Kontos auszuzahlen.

Das Kreditinstitut, das die Schecks ausgegeben hat, ist **Bezogener** des Schecks, d. h. es hat den Scheckbetrag zu zahlen, wenn ihm der Scheck vorgelegt wird. Als Voraussetzungen dafür gelten die ordnungsgemäße Ausstellung des Schecks und die Deckung des bezogenen Kontos.

10/2001

Abbuchungsauftrag für Lastschriften

An (Kreditinstitut)

Rheinland-Pfalz Bank AG
Baumstraße 2

67000 Ludwigshafen

Name und genaue Anschrift des Kontoinhabers

Karl Kieselstein GmbH
Eisenbahnstraße 13

76543 Altstadt

Hiermit bitte(n) ich/wir[1] Sie widerruflich, die von (Name des Zahlungsempfängers)

Christine Kroehn

Konto-Nr. des Zahlungsempfängers: 5 6 1 4 9 1 7 0 9

Bankleitzahl: 1 2 3 4 5 6 7 8

für mich/uns[1] bei Ihnen eingehenden Lastschriften zu Lasten meines/unseres[1] Girokontos Nr. 239876 einzulösen.
Wenn mein/unser[1] Konto die erforderliche Deckung nicht aufweist, besteht keine Verpflichtung, die Lastschrift einzulösen.
Teileinlösungen werden im Lastschriftverfahren nicht vorgenommen.

Ort, Datum

Altstadt, 7.7.2005

Unterschrift(en) des/der[1] Zahlungspflichtigen

K. Kieselstein

[1] Nichtzutreffendes bitte streichen

Die **Verwendung** des Schecks kann in dreifacher Weise erfolgen:

- Einlösung des Schecks beim bezogenen Institut
- Übergabe des Schecks an ein anderes Institut zum Einzug
- Weitergabe des Schecks an einen Gläubiger als Zahlungsmittel.

Da der Scheck kein Kreditinstrument ist, sondern als **Zahlungsmittel** verwendet werden soll, sieht das Scheckgesetz (SchG) vor, dass er

- »auf Sicht«, d. h. bei Vorlage, zahlbar ist und

- innerhalb einer **Vorlegungsfrist**, soweit der Scheck in Deutschland zahlbar ist, eingereicht werden soll.

Die Vorlegungsfrist beträgt:

Vorlegungsfrist	**Ausstellungsort**
8 Tage	Inland
20 Tage	Europäisches Ausland/ein an das Mittelmeer angrenzendes Land
70 Tage	Überseeische Länder

Die Vorlegungsfrist kann praktisch verlängert werden, indem der Scheck **vordatiert** wird, was erlaubt ist. Nach Ablauf der Vorlegungsfrist ist der Scheck zwar noch gültig, das bezogene Institut kann, muss ihn aber nicht einlösen.

Der Aussteller hat die Möglichkeit, die mit dem Scheck bewirkte Anweisung zu widerrufen. Für das bezogene Institut ist der **Widerruf**:

- **Bindend**, wenn er nach der Vorlegungsfrist erfolgt.

- Vor Ablauf der Vorlegungsfrist nach SchG **nicht bindend**, nach der Rechtsprechung muss ein rechtzeitig zugegangener Widerruf aber **dennoch beachtet** werden.

Zu unterscheiden sind:

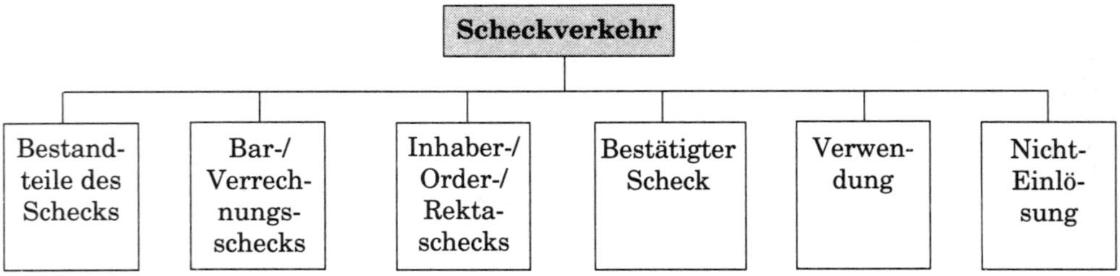

2.3.3.1 Bestandteile

Der Scheck ist ein **streng förmliches Wertpapier**. Er muss den Vorschriften des Scheckgesetzes (SchG) entsprechen, um wirksam zu sein.

Dazu zählen insbesondere die vom SchG geforderten **gesetzlichen Bestandteile** des Schecks, die zwingend vorhanden sein müssen:

Gesetzliche Bestandteile des Schecks	
1	Bezeichnung »*Scheck*« im Text der Urkunde
2	Unbedingte Anweisung, eine bestimmte Geldsumme zu zahlen
3	Name des bezogenen Kreditinstituts, das zahlen soll
4	Angabe des Zahlungsortes
5	Angabe des Tages und Ortes der Ausstellung
6	Unterschrift des Ausstellers als Verfügungsberechtigten des Kontos

Sie werden um die **kaufmännischen Bestandteile** des Schecks ergänzt, die von den Kreditinstituten aus Gründen der sicheren und rationellen Bearbeitung gefordert werden.

Kaufmännische Bestandteile des Schecks	
1	Schecknummer
2	Kontonummer
3	Bankleitzahl
4	Schecksumme in Ziffern
5	Überbringerklausel (zur formlosen Weitergabe des Schecks)
6	Zahlungsempfänger
7	Verwendungszweck

Am unteren Rand des Schecks steht eine Codierzeile, die bereits vorgedruckt die wichtigsten Angaben wie

- Schecknummer
- Kontonummer, Bankleitzahl

für eine automatische Bearbeitung der Scheckbelege enthält.

2.3.3.2 Bar-/Verrechnungsschecks

Nach ihrer **Einlösung** werden Barschecks und Verrechnungsschecks unterschieden:

- Bei **Barschecks** hat der Scheckempfänger die Möglichkeit, den Scheck bei dem bezogenen Institut bar einzulösen, er kann ihn aber auch zur Gutschrift vorlegen bzw. einreichen oder weitergeben.

  Das **Problem** des Barschecks liegt in der Gefahr seiner missbräuchlichen Verwendung, insbesondere bei Verlust oder Diebstahl, da die Legitimation der vorlegenden Person üblicherweise nicht geprüft wird.

- Bei **Verrechnungsschecks** wird die bare Verfügung ausgeschlossen. Wenn ein Scheck auf der Vorderseite den Vermerk »*nur zur Verrechnung*« trägt, darf das bezogene Institut den Scheckbetrag lediglich auf einem Konto gutschreiben.

  Das ist auch bei ähnlichen Vermerken der Fall, ebenso bei Vermerken dieser Art, obwohl sie gestrichen sind.

  Es ist auch möglich, anstelle des Vermerkes »*nur zur Verrechnung*« zwei parallele Schrägstriche in der linken oberen Ecke des Schecks vorzunehmen.

  Die missbräuchliche Verwendung von Verrechnungsschecks ist zwar nicht ausgeschlossen, wird aber erheblich begrenzt, da der Einreicher festgestellt werden kann.

  Der Verrechnungsscheck kann folgendes **Aussehen** haben:

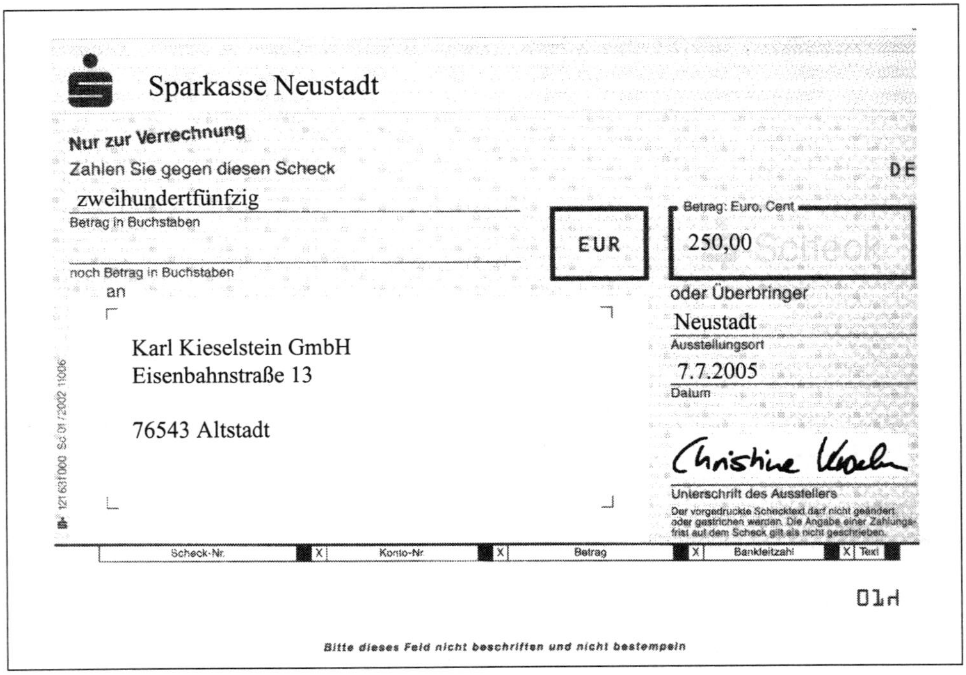
Sparkasse Neustadt
Nur zur Verrechnung
Zahlen Sie gegen diesen Scheck
zweihundertfünfzig
Betrag in Buchstaben
noch Betrag in Buchstaben
DE
EUR
Betrag: Euro, Cent
250,00
an
Karl Kieselstein GmbH
Eisenbahnstraße 13
76543 Altstadt
oder Überbringer
Neustadt
Ausstellungsort
7.7.2005
Datum
Unterschrift des Ausstellers
Der vorgedruckte Schecktext darf nicht geändert oder gestrichen werden. Die Angabe einer Zahlungsfrist auf dem Scheck gilt als nicht geschrieben.
Scheck-Nr. | X | Konto-Nr. | X | Betrag | X | Bankleitzahl | X | Text
01H
Bitte dieses Feld nicht beschriften und nicht bestempeln

Die Einreichung von Verrechnungsschecks erfolgt bei den Kreditinstituten unter Verwendung des **Scheck-Einreichungsformulars**, wobei die Gutschrift den Vermerk »*E. v.*« (Eingang vorbehalten) trägt.

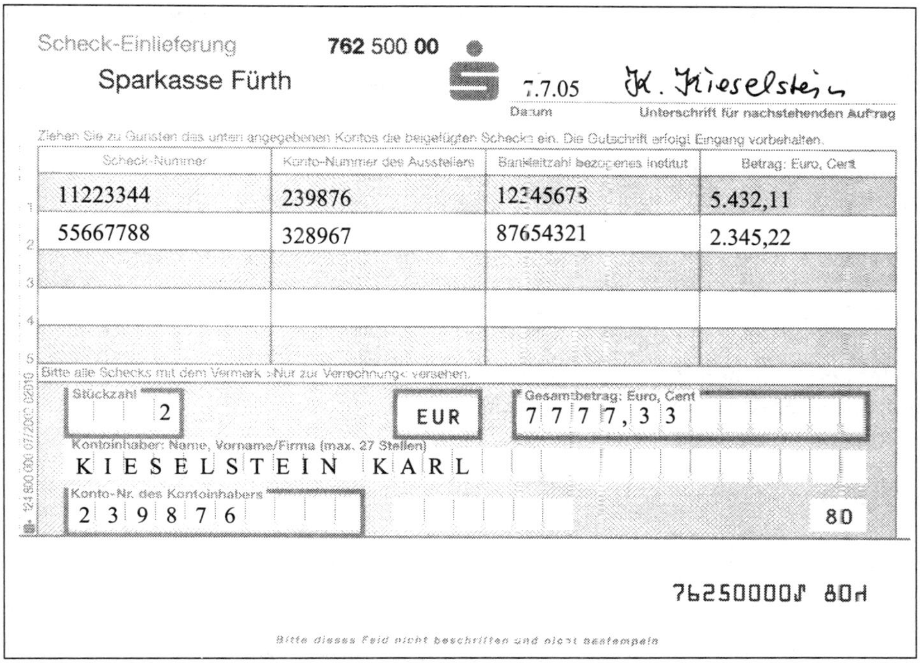

Scheck-Einlieferung **762 500 00**

Sparkasse Fürth

7.7.05 K. Kieselstein

Datum Unterschrift für nachstehenden Auftrag

Ziehen Sie zu Gunsten des unten angegebenen Kontos die beigefügten Schecks ein. Die Gutschrift erfolgt Eingang vorbehalten.

	Scheck-Nummer	Konto-Nummer des Ausstellers	Bankleitzahl bezogenes Institut	Betrag: Euro, Cent
1	11223344	239876	12345673	5.432,11
2	55667788	328967	87654321	2.345,22
3				
4				
5				

Bitte alle Schecks mit dem Vermerk »Nur zur Verrechnung« versehen.

Stückzahl 2 EUR Gesamtbetrag: Euro, Cent 7777,33

Kontoinhaber: Name, Vorname/Firma (max. 27 Stellen)

KIESELSTEIN KARL

Konto-Nr. des Kontoinhabers

239876 80

76250000⑆ 80⑈

Bitte dieses Feld nicht beschriften und nicht bestempeln

2.3.3.3 Inhaber-/Order-/Rektaschecks

Nach der **Eigentumsübertragung** werden Inhaberschecks, Orderschecks und Rektaschecks unterschieden:

- **Inhaberschecks** tragen keine Angabe eines Zahlungsempfängers und sind mit der Überbringerklausel *»oder Überbringer«* versehen.

  Für die Übertragung von Inhaberschecks sind erforderlich:

❍ Einigung	❍ Übergabe

  Der Inhaber eines Inhaberschecks hat keine Berechtigung nachzuweisen.

- **Orderschecks** tragen den Namen eines Zahlungsempfängers, dazu kann – muss aber nicht – der Vermerk *»oder Order«* kommen. Sie stellen sicher, dass nur der Begünstigte ihn einlösen oder weitergeben kann. Die Übertragung erfolgt durch:

❍ Einigung	❍ Indossament*	❍ Übergabe

---

* Das **Indossament** oder **Giro** auf der Rückseite eines Orderpapiers ist die schriftliche Erklärung eines Scheckberechtigten (Indossanten), mit der die Rechte aus dem Scheck übertragen werden. Es kann sein:

- Ein **Voll**indossament, wenn die begünstigte Person (Indossatar) bezeichnet und die Unterschrift der berechtigten Person geleistet werden.
- Ein **Blanko**indossament, wenn die berechtigte Person lediglich ihre Unterschrift leistet.

Orderschecks kommen im Inland selten, im **Auslandszahlungsverkehr** häufig vor. Sie tragen einen roten Randstreifen und sind durch das Wort »*Orderscheck*« kenntlich gemacht.

- **Rektaschecks** tragen den Namen einer begünstigten Person und sind mit der negativen Orderklausel »*nicht an Order*« versehen. Damit wird die Übertragung als Orderpapier – durch Einigung, Indossament und Übergabe – ausgeschlossen.

  Der Scheck wird zu einem Rektapapier, dessen Übertragung erfordert:

❍ Einigung	❍ Zession (Abtretung)	❍ Übergabe

  In der betrieblichen Praxis haben Rektaschecks **keine Bedeutung**. Sie werden von deutschen Kreditinstituten nicht verwendet.

2.3.3.4 Bestätigter Scheck

Diese Form des Schecks weist als Besonderheit eine Zahlungsgarantie auf:

- **Bestätigte Schecks** sollen die Sicherheit von Gläubigern bargeldgleich erhöhen. Kreditinstitute dürfen selbst keine Schecks bestätigen. Das darf nur die **Bundesbank** oder eine **Landeszentralbank**. Kreditinstitute können jedoch gegenüber dem Scheckinhaber eine Einlösungszusage (Garantie) abgeben.

  Die Bundesbank bzw. eine Landeszentralbank versieht einen auf sie gezogenen Scheck auf dessen Rückseite mit einem Bestätigungsvermerk und haftet für die Einlösung, wenn der Scheck innerhalb von 8 Tagen zur Zahlung vorgelegt wird.

  Bestätigte Schecks finden beispielsweise Verwendung bei:

❍ Auktionen ❍ Zwangsversteigerungen	❍ Übernahme von Kraftfahrzeugen beim Herstellerwerk

  Ebenso besteht eine Einlösungsgarantie bei den kaum mehr verwendeten **Tankschecks** sowie bei den im Voraus vom Scheckverwender zu zahlenden **Reiseschecks**.

- Seit dem 01.01.2002 ist die Zahlungsgarantie des **Eurocheques** aufgehoben. Bis dahin konnte europaweit dieser Scheck zusammen mit der Eurocheque-Karte ausgestellt werden, wobei das bezogene Kreditinstitut die Einlösung von bis zu 200 € pro Eurocheque garantierte, ohne dass eine ausreichende Deckung auf dem Konto des Ausstellers vorhanden sein musste.

  Der Wegfall der Zahlungsgarantie wurde damit begründet, dass der Eurocheque kaum mehr Verwendung fand.

Anstatt seiner ist die ehemalige **Eurocheque-Karte**, die jetzt auch **Debitkarte** genannt wird, in ihrer Einsetzbarkeit für die Bargeldbeschaffung und die Nutzung des Electronic Cash europaweit verbreitet.

34 Seite 466

2.3.3.5 Verwendung

Der **Zahlungsverkehr** mithilfe des Schecks erfolgt in mehreren **Schritten**:

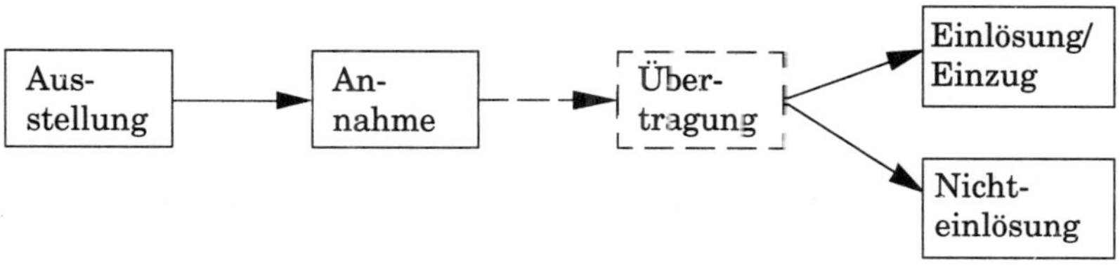

Sie sollen kurz beschrieben werden:

- Der Zahlungspflichtige **stellt** den **Scheck aus** und gibt ihn dem Zahlungsempfänger.
- Der Zahlungsempfänger **nimmt** den **Scheck an**.

- Der Zahlungsempfänger kann den Scheck zahlungshalber **weitergeben**, d. h. übertragen.

- Der Begünstigte – das kann der Zahlungsempfänger sein oder die Person, an die er den Scheck weitergegeben hat, oder eine weitere Person, an welche der Scheck wiederum übertragen wurde – legt den Scheck beim Kreditinstitut des Zahlungspflichtigen zur **Einlösung** oder bei einem anderen Kreditinstitut zum **Einzug** vor und erhält eine Gutschrift.

- Das bezogene Kreditinstitut **muss** die **Einlösung** eines Schecks **verweigern**, wenn ein Widerruf vorliegt, eine nicht berechtigte Vorlage erkennbar ist bzw. die Unterschrift auf dem Scheck nicht der Unterschriftsprobe des Ausstellers bzw. Kontoinhabers entspricht.

- Die **Einlösung kann** vom bezogenen Kreditinstitut **verweigert werden**, wenn die Vorlegungsfrist abgelaufen ist bzw. wenn das Konto des Ausstellers keine ausreichende Deckung aufweist.

2.3.3.6 Nicht-Einlösung

Wenn ein rechtzeitig vorgelegter Scheck **nicht eingelöst** wird, ist die Verweigerung der Einlösung zunächst festzustellen, sodann hat der Scheckinhaber seinen unmittelbaren Vormann und den Aussteller zu benachrichtigen und kann Rückgriff nehmen.

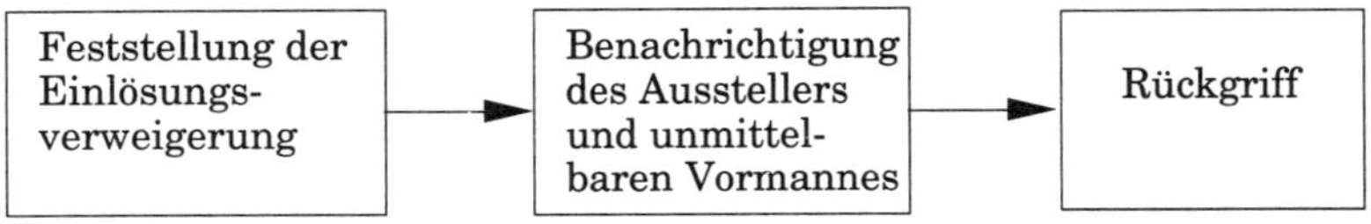

Die **Feststellung der Einlösungsverweigerung** kann erfolgen durch:

- Eine öffentliche Urkunde (Protest)

- Einen Nicht-Bezahlt-Vermerk des bezogenen Kreditinstituts auf dem Scheck mit Angabe des Vorlegungstages, was in der Praxis fast ausschließlich zur Anwendung kommt.

- Eine datierte Erklärung der LZB-Abrechnungsstelle, dass der Scheck rechtzeitig eingeliefert und nicht bezahlt wurde.

Die **Benachrichtigung** des Ausstellers und unmittelbaren Vormannes hat innerhalb von vier Werktagen zu erfolgen. Jeder Indossant hat seinen Vormann innerhalb von zwei Werktagen zu benachrichtigen.

In der Praxis übernimmt das bezogene Kreditinstitut gemäß der »Bedingungen für den Scheckverkehr« die Benachrichtigung.

Für den **Rückgriff** gilt:

- Die **Haftung** erfolgt dem Scheckinhaber gegenüber gesamtschuldnerisch. Rückgriffsschuldner sind bei:

Inhaberschecks	Der Aussteller und diejenigen, die den Scheck durch Indossament weitergegeben haben.
Orderschecks	Der Aussteller und die Indossanten.

- Die **Rückgriffsansprüche** umfassen:

  - ❍ Schecksumme
  - ❍ Zinsen (2 % über dem Basiszins (§ 247 BGB), der seit 01.01.1999 den Diskontsatz als Referenzzinssatz ersetzt und sich am Hauptrefinanzierungsinstrument der EZB orientiert. Mindestens sind aber 6 % vom Vorlegungstag an zu verlangen)
  - ❍ Protestkosten, Benachrichtigungs- und sonstige Kosten, Auslagen
  - ❍ 1/3 % Provision (von der Schecksumme)

- Die Rückgriffsansprüche können bei Zahlungsverweigerung im Rahmen eines normalen Mahnverfahrens mithilfe eines Mahn- und Vollstreckungsbescheides oder im **Scheckprozess** durchgesetzt werden.

- Die Rückgriffsansprüche des Scheckinhabers gegen Aussteller, Indossanten, gegebenenfalls Bürgen **verjähren** sechs Monate nach Ablauf der Vorlegungsfrist.

  Die Rückgriffsansprüche eines Scheckverpflichteten gegenüber seinen Vormännern verjähren sechs Monate nach dem Tag, an dem er selbst den Rückscheck eingelöst hat oder Ansprüche gegen ihn gerichtlich geltend gemacht wurden.

35 Seite 466

2.3.4 Wechselverkehr

Der Wechsel ist ein **streng förmliches Wertpapier** mit folgenden Merkmalen:

- Er ist eine Urkunde, die ein privates Vermögensrecht verbrieft.
- Die Ausübung des Vermögensrechtes erfordert den Besitz der Urkunde.
- Die Form der Urkunde ist im Wechselgesetz im Einzelnen vorgeschrieben.

Die **Wechselforderung** ist **abstrakt**, d. h. sie besteht losgelöst von einem gegebenenfalls dem Wechsel zu Grunde liegenden Rechtsgeschäft. Damit ändert beispielsweise die Nichtigkeit eines Kaufvertrages nichts an der Gültigkeit der Wechselforderung.

Zudem unterliegt der Wechsel der »**Wechselstrenge**«. Darunter werden verstanden:

- Die Festlegung der Formvorschriften des Wechsels und der Haftung der Wechselbeteiligten.

- Die Regelung der Fristen und Rechtshandlungen für die Einlösung bzw. Nichteinlösung.
- Die Besonderheiten des Wechselprozesses.

Der Wechsel hat drei **Funktionen**. Er kann sein:

- **Kreditmittel**, das auf zweifache Weise genutzt werden kann. Zu unterscheiden sind:

Handelswechsel	Bei ihm liegt ein Kaufvertrag zu Grunde und die Kreditfunktion besteht in der Gewährung eines Zahlungszieles.
Finanzwechsel	Hier ist das nicht der Fall, es wird mit dem Wechsel lediglich ein Darlehen gewährt, ohne dass ein Handels- oder Dienstleistungsgeschäft die Grundlage bildet.

- **Sicherungsmittel**, denn durch die Wechselstrenge und Abstraktheit der Wechselforderung erhält der Gläubiger in besonderer Weise eine Sicherheit, die dadurch noch verstärkt sein kann, dass – neben dem Bezogenen und Aussteller – vielfach auch noch andere Personen wechselrechtlich haften.

  Der typische »Sicherungswechsel« ist der **eigene Wechsel**, der auch **Solawechsel** genannt wird.

  Als ein Instrument der Besicherung fungiert der Wechsel, auch wenn er bei einem Lombardkredit an die Kredit gebende Bank verpfändet wird.

- **Zahlungsmittel**, indem der Wechsel als Geldersatzmittel verwendet wird. Die durch seine Hingabe bewirkte Leistung erfolgt aber lediglich erfüllungshalber, das zu Grunde liegende Schuldverhältnis endet erst mit der Einlösung des Wechsels.

Zu unterscheiden sind:

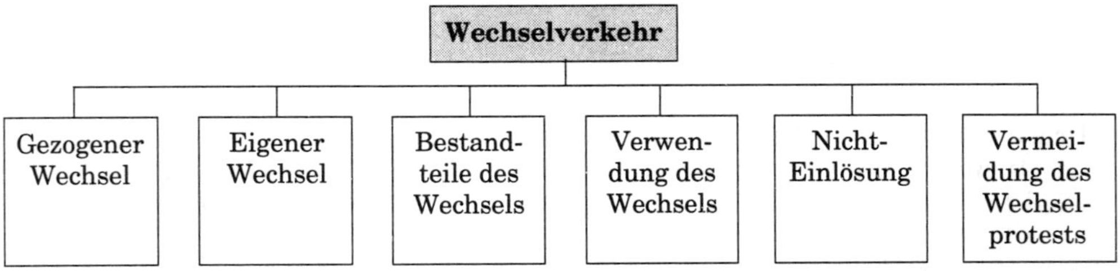

2.3.4.1 Gezogener Wechsel

Der gezogene Wechsel enthält die unbedingte Anweisung eines Ausstellers an den Bezogenen, einen bestimmten Geldbetrag bei Fälligkeit an die Person zu zahlen, die im Wechsel als berechtigt ausgewiesen ist. Solange der gezogene Wechsel noch nicht vom Bezogenen akzeptiert ist, bezeichnet man ihn auch als **Tratte**. Es gibt:

Vorderseite

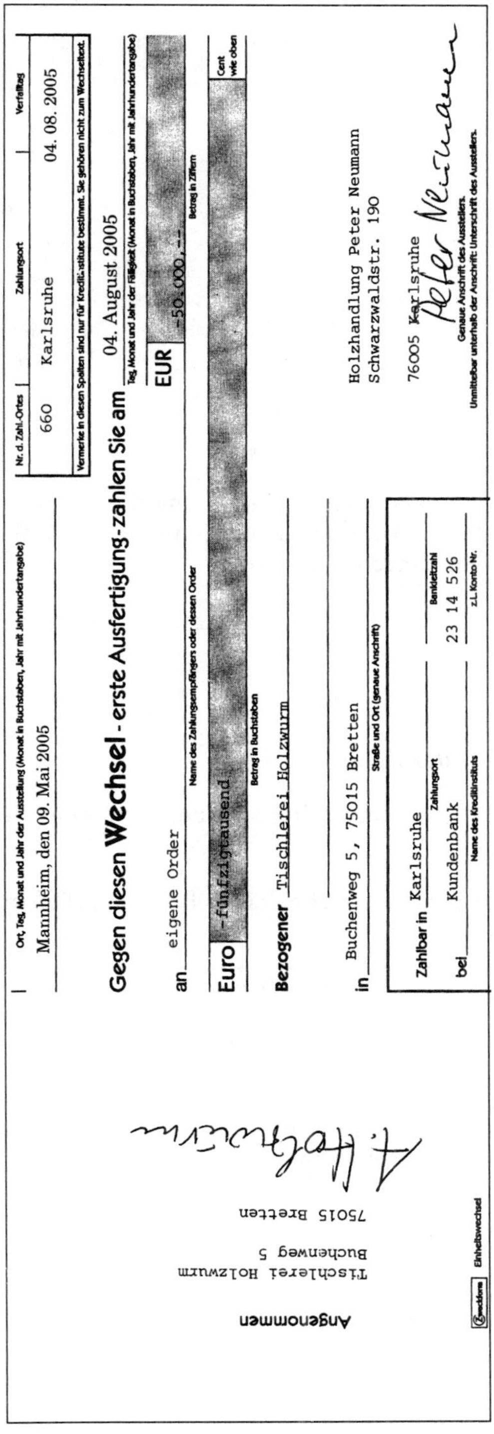

Rückseite

Für mich an die Order der
Holzimport Eiche KG
Frankfurt am Main

Holzhandlung Peter Neumann
Karlsruhe

Für uns an die Order der
Ex- und Importbank
Frankfurt

Holzimport Eiche KG
Frankfurt am Main

ppa.

- Den **Wechsel an eigene Order**, bei dem Aussteller und Begünstigter identisch sind. Das ist der üblicherweise verwendete gezogene Wechsel.

- Den **Wechsel an fremde Order**, bei dem Aussteller und Begünstigter unterschiedliche Personen sind.

Der gezogene Wechsel hat **drei Beteiligte**:

- Aussteller = Trassant
- Bezogener = Trassat, nach Akzept = Akzeptant
- Begünstigter = Remittent = Wechselnehmer.

Dabei können **zwei Beteiligte** identisch sein:

- Aussteller = Begünstigter

2.3.4.2 Eigener Wechsel

Der eigene Wechsel enthält das unbedingte Versprechen eines Ausstellers, einen bestimmten Geldbetrag bei Fälligkeit an die Person zu zahlen, die im Wechsel als berechtigt ausgewiesen ist. Er wird auch **Solawechsel** genannt.

Der eigene Wechsel hat **zwei Beteiligte**:

- Aussteller
- Begünstigter,

wobei der **Aussteller mit dem Bezogenen identisch ist**.

In der betrieblichen Praxis wird der eigene Wechsel wesentlich seltener verwendet als der gezogene Wechsel.

Der gezogene Wechsel und der eigene Wechsel unterscheiden sich in mehrfacher Hinsicht:

Unterscheidungskriterien	**Gezogener Wechsel** (mit Akzept)	**Eigener Wechsel**
Wesen	Zahlungsaufforderung und Zahlungsversprechen	Nur Zahlungsversprechen
Text	Gegen diesen Wechsel zahlen *Sie* ...	Gegen diesen Wechsel zahle *ich* ...
Zweck	Zahlungsmittel Kreditmittel	Sicherungsmittel (Schuldschein mit Wechselstrenge)
Sicherheit	Aussteller und Bezogener	Nur Aussteller

36 Seite 467

2.3.4.3 Bestandteile

Der Inhalt der Wechselurkunde ist im Wechselgesetz (WG) festgelegt. Man spricht von den **gesetzlichen Bestandteilen** des Wechsels. Das sind:

	Gesetzliche Bestandteile des Wechsels (gezogener Wechsel)
1	Bezeichnung als Wechsel im Text der Urkunde
2	Unbedingte Anweisung, eine bestimmte Geldsumme zu bezahlen*
3	Name des Bezogenen**
4	Verfallzeit ❍ Kalendermäßig bestimmter Tag (**Tagwechsel**) ❍ Bestimmte Zeit nach Ausstellung (**Datowechsel**) ❍ Bei Vorlage (**Sichtwechsel**) ❍ Bestimmte Zeit nach Annahme (**Nachsichtwechsel**) ❍ Ohne Angabe (**Sichtwechsel**)
5	Angabe des Zahlungsortes ❍ Fehlt er, gilt der beim Namen des Bezogenen angegebene Ort ❍ Fehlt auch diese Angabe, ist der Wechsel nichtig
6	Name des Wechselnehmers ❍ An eigene Order ❍ An fremde Order
7	Ort und Tag der Ausstellung ❍ Fehlt er, gilt der beim Namen des Ausstellers angegebene Ort ❍ Fehlt auch diese Angabe, ist der Wechsel nichtig
8	Unterschrift des Ausstellers

Zur Erleichterung des Wechselverkehrs kommen zu den gesetzlichen Bestandteilen noch **kaufmännische Bestandteile**:

	Kaufmännische Bestandteile des Wechsels
1	Ortsnummer des Zahlungsortes
2	Wiederholung des Zahlungsortes (rechts am oberen Rand des Wechsels)
3	Wiederholung des Verfalltages (rechts am oberen Rand des Wechsels)
4	Wiederholung der Wechselsumme (in Ziffern)
5	Zusatz *»erste Ausfertigung«*, *»zweite Ausfertigung«* usw. (wenn mehrere Ausfertigungen erfolgen)
6	Domizil- oder Zahlstellenvermerk (wenn der Wechsel bei einem Kreditinstitut zahlbar ist)
7	Anschrift des Ausstellers

* Beim **eigenen Wechsel** stattdessen: Unbedingtes Zahlungsversprechen des Ausstellers, eine bestimmte Geldsumme zu bezahlen.

** Beim **eigenen Wechsel**: Der Aussteller setzt sich selbst als Bezogener ein. Fehlt der Name des Bezogenen, ist der Wechsel nichtig.

2.3.4.4 Verwendung

Der Zahlungsverkehr mithilfe des Wechsels erfolgt in mehreren **Schritten**:

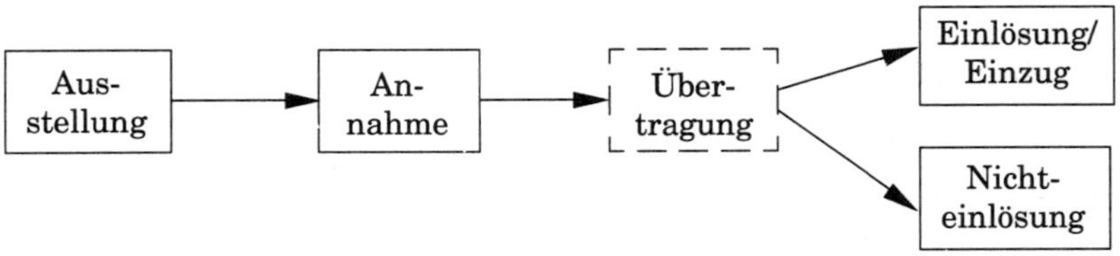

Sie sollen kurz beschrieben werden:

- Die **Ausstellung** eines Wechsels setzt Wechselfähigkeit voraus. Sie umfasst:

❍ Rechtsfähigkeit	❍ Volle Geschäftsfähigkeit

Der ausgestellte, aber noch nicht akzeptierte Wechsel ist eine **Tratte**.

Der Aussteller hat den Wechsel dem Bezogenen an dessen Wohnort vorzulegen. Er kann dem Bezogenen Vorschriften* zur Vorlage des Wechsels machen.

- Die **Annahme** des Wechsels heißt Akzept. Der Bezogene muss den Wechsel nicht bei der ersten Vorlage akzeptieren. Er kann verlangen, dass der Wechsel am nächsten Werktag nochmals vorgelegt wird.

Der Bezogene akzeptiert den Wechsel mit seiner Unterschrift quer auf der Urkunde. Dieses **Akzept** kann sein:

Kurzakzept	Es besteht nur aus der Unterschrift des Bezogenen.
Vollakzept	Es besteht aus Ort, Datum, Unterschrift. Der Wechselbetrag kann wiederholt werden.
Teilakzept	Es erfolgt nur die Annahme für einen Teil der Wechselsumme.
Aval-Bürgschaftsakzept	Die wechselrechtliche Verpflichtung übernimmt zusätzlich ein Bürge mit seiner Unterschrift.
Blankoakzept	Es ist ein Kurzakzept auf einem nicht ausgefüllten Wechsel.

* D. h., dass der Wechsel nach Art. 22 WG

- zur Annahme vorgelegt werden muss, wobei er eine Frist bestimmen kann – **Vorlagegebot**.

  »zur Annahme«, »vorzulegen bis zum..«

- nicht zur Annahme vorgelegt werden darf, was bei Domizil-, Zahlstellen-, Nachsichtwechseln nicht zulässig ist – **Vorlageverbot**.

  »nicht zur Annahme«

- nicht vor einem bestimmten Tag zur Annahme vorgelegt werden darf – **zeitlich bedingtes Vorlageverbot**.

Nichtbeachtung führt zum Verlust des Rückgriffsrechtes.

- Die **Übertragung** des Wechsels ist möglich durch:

❍ Einigung	❍ Indossament	❍ Übergabe

Der Wechselgläubiger kann den Wechsel aber auch behalten und dem Bezogenen am Verfalltag zur Zahlung vorlegen – siehe Einlösung.

Das **Indossament** – unter anderem als Unterschrift des Inhabers auf der Rückseite des Wechsels – ist die Weitergabeerklärung. Es kann sein:

Vollindossament	Es enthält die Namen des Ausschreibenden (Indossanten) und des neuen Wechselgläubigers (Indossatars) sowie die Orderklausel und die Unterschrift des Indossanten. Ort und Datum sind nicht zwingend notwendig. *»Für mich an die Order der Firma Metallbau GmbH, Heidelberg.* *Mannheim, den 01.September 2005* .... *(Peter Müller)«*
Kurz-/Blanko-indossament	Es besteht nur aus der Unterschrift des Indossanten.

Es gibt auch **Sonderformen** des Indossaments:

Inkasso-indossament	Es wird auch Vollmachts-, Einzugs- oder Prokuraindossament genannt. Der Indossatar, zumeist ein Kreditinstitut, erhält lediglich das Recht zum Einzug des Wechsels. Er wird nicht Eigentümer und kann den Wechsel nur durch weiteres Inkassoindossament übertragen.
Pfand-indossament	Der Indossatar erhält nur ein Pfandverwertungsrecht. Er wird nicht Eigentümer des Wechsels, der als Zusatzvermerk *»Wert zum Pfand«* bzw. *»Wert zur Sicherheit«* trägt. Ein weiteres Indossament wirkt lediglich als Vollmachtsindossament.
Angst-indossament	Der Indossant schließt mit den Worten *»ohne Obligo«* seine Haftung für die Annahme und Zahlung den Nachmännern gegenüber aus.
Rekta-indossament	Der Indossant beschränkt seine Haftung auf seinen unmittelbaren Nachmann. Eine Weitergabe des Wechsels ist dennoch durch Abtretung (Zession) möglich.

Angst- und Rektaindossament sind ausschließlich im Auslandsgeschäft zu finden.

- Die **Einlösung** des Wechsels erfolgt am Zahlungstag. Das ist der Verfalltag, sofern er auf einen Werktag fällt, ansonsten der Werktag nach dem auf einen Samstag, Sonntag oder Feiertag fallenden Verfalltag. Der Wechsel ist an einem der zwei auf den Zahlungstag folgenden Werktage am Zahlungsort beim Bezogenen bzw. der von ihm beauftragten Zahl- oder Domizilstelle innerhalb der Geschäftsstunden vorzulegen.

Verfalltag	Zahlungstag	Letzter Vorlegungstag
Mittwoch	Mittwoch	Freitag
Donnerstag	Donnerstag	Montag
Freitag	Freitag	Dienstag*
Samstag	Montag	Mittwoch
Sonntag	Montag	Mittwoch

Der Bezogene zahlt gegen Aushändigung des quittierten Wechsels. Eine **Teilzahlung** ist auch möglich. Sie darf nicht zurückgewiesen werden.

2.3.4.5 Nicht-Einlösung

Die **Nicht-Einlösung** des Wechsels ist ebenfalls möglich. Der Wechsel kann **notleidend** werden:

- **Mangels Annahme**, wenn die Annahme des Wechsels ganz oder teilweise verweigert wurde.

  Es kann **Protest mangels Annahme** erhoben werden.

- **Mangels Sicherheit**, wenn über das Vermögen des Bezogenen das Insolvenzverfahren eröffnet wurde bzw. der Bezogene seine Zahlungen eingestellt hat bzw. die Zwangsvollstreckung in sein Vermögen fruchtlos verlief.

  Hier ist **Protest mangels Zahlung vor Verfall** möglich.

- **Mangels Zahlung**, wenn der Wechsel rechtzeitig und am richtigen Ort vorgelegt und nicht oder nur teilweise bezahlt wurde.

  Es kann **Protest mangels Zahlung bei Verfall** erhoben werden.

Der **Wechselprotest** ist eine Urkunde, die beweist, dass der Wechsel ordnungsgemäß zur Annahme oder Zahlung vorgelegt und nicht akzeptiert oder bezahlt wurde. Er ist die gesetzliche Voraussetzung für den Rückgriff. Beim Wechselprotest ergibt sich folgender Ablauf:

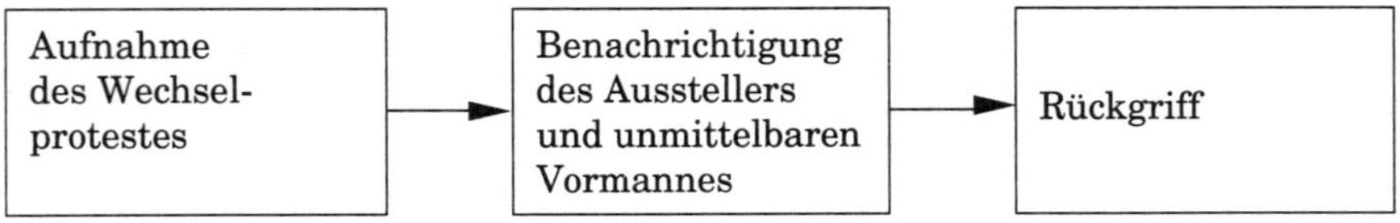

Die **Aufnahme des Wechselprotestes** kann nur durch einen Notar oder einen Gerichtsbeamten erfolgen. Der – am häufigsten vorkommende – Protest mangels Zahlung ist innerhalb der beiden auf den Zahlungstag folgenden Werktage zu erheben, andernfalls verliert der Wechselinhaber sein Rückgriffsrecht gegen den Aussteller und die Indossanten, nicht aber gegenüber dem Akzeptanten.

* In der Praxis wird regelmäßig bereits am Montag Protest erhoben.

Der Wechselinhaber hat innerhalb von vier Werktagen die **Benachrichtigung** (Notifikation) des Ausstellers und des unmittelbaren Vormannes vorzunehmen, jeder Indossant muss seinen unmittelbaren Vormann innerhalb von zwei Werktagen benachrichtigen. Wird nicht ordnungsgemäß benachrichtigt, ist für den entstandenen Schaden zu haften.

Für den Rückgriff gilt:

- Beim **Rückgriff** (Regress) haften alle Personen dem Wechselgläubiger als Gesamtschuldner, die einen Wechsel ausgestellt, angenommen, indossiert oder mit einer Bürgschaftserklärung versehen haben. Damit kann der jeweilige Wechselnehmer Rückgriff nehmen:

❍ Auf seinen unmittelbaren Vormann (**Reihenregress**)	❍ Auf einen beliebigen Vormann (**Sprungregress**)

- Die **Rückgriffsansprüche**, die durch Rückrechnung geltend gemacht werden, umfassen:

❍ **Wechselsumme** oder Betrag, den ein Rückgriffsverpflichteter selbst zahlen musste
❍ **Zinsen** in Höhe von 2 % über dem Basiszins, mindestens jedoch 6 %
❍ **Protestkosten**, Benachrichtigungs- und sonstige Kosten, Auslagen
❍ **Provision** in Höhe von 1/3 % der Wechselsumme

- Ist der Wechselprotest nicht abwendbar, kann der Wechselinhaber seine **Ansprüche** gegenüber dem Verpflichteten mithilfe eines Wechselmahnbescheides oder im Wechselprozess durchsetzen.

  Der **Wechselmahnbescheid** wird aus Kostengründen in der betrieblichen Praxis häufig genutzt. Er entspricht grundsätzlich dem gerichtlichen Mahnverfahren.

  Der **Wechselprozess** ist eine besondere Form des Urkundenprozesses. Zuständig ist das Amtsgericht bis 5.000 € Streitwert nach § 23 GVG, ansonsten das Landgericht, das für den Zahlungsort zuständig ist. Er ist gekennzeichnet durch:

Kurze Einlassungsfristen	24 Stunden, wenn der Beklagte am Ort des zuständigen Gerichtes seinenWohn- oder Geschäftssitz hat. Drei Tage, wenn der Beklagte seinen Wohn- oder Geschäftssitz an einem anderen Ort innerhalb des Bezirkes des Prozessgerichtes hat. Sieben Tage, wenn der Beklagte an einem anderen inländischen Ort wohnt.
Begrenzte Beweismittel	Als Beweismittel sind nur Urkunden, z. B. Wechsel- und Protesturkunden, und auf Antrag die Vernehmung der Parteien zulässig.
Beschränkte Einreden des Beklagten	Es sind nur Einwendungen zulässig, die auf den Wechsel selbst gerichtet sind, beispielsweise Formmangel, Fälschung, Verjährung.
Sofortige Vollstreckbarkeit des Urteils	Das Urteil ist »vorläufig vollstreckbar», der Schuldner kann sofort gepfändet werden.

- Rechte aus einem Wechsel können nach Ablauf bestimmter Fristen nicht mehr eingeklagt werden. **Verjährungsfristen** sind:

Frist	ab	Gläubiger	Schuldner
3 Jahre	Verfalltag	Letzter Inhaber Aussteller	Akzeptant
1 Jahr	Protesterhebung	Letzter Inhaber	Aussteller Indossanten
6 Monate	Einlösungstag	Indossanten	Vormänner Aussteller

2.3.4.6 Vermeidung des Wechselprotests

Mit dem Wechselprotest verschlechtert sich die Kreditwürdigkeit des Bezogenen, aber auch für den Aussteller ist der Wechselprotest wenig vorteilhaft und aufwändig. Dazu kommt, dass dadurch gegebenenfalls eine vorhandene Geschäftsbeziehung in ihrem weiteren Bestand gefährdet werden kann. Aus diesen Gründen sollte geprüft werden, ob der **Wechselprotest vermieden** werden kann.

Möglichkeiten der Vermeidung eines Wechselprotestes sind:

- Die **Prolongation** des Wechsels, bei der zwecks Verlängerung der Wechsellaufzeit ein neuer Wechsel ausgestellt und damit ein Zahlungsaufschub erreicht wird.

- Die **Wechselbürgschaft**, bei der ein Bürge die wechselrechtliche Haftung für die Bezahlung des Wechsels übernimmt, insbesondere im Außenhandel.

- Der **Ehreneintritt**, worunter die Angabe einer Person durch den Aussteller oder eines jeden Indossanten zu verstehen ist, die im Notfall den Wechsel annehmen oder bezahlen soll.

37 Seite 467

2.3.5 Elektronischer/kartengestützter Zahlungsverkehr

Der bargeldlose Zahlungsverkehr hat in den letzten Jahren sehr stark an Bedeutung gewonnen. So haben sich die Barzahlungen beispielsweise im Einzelhandel von rund 78 % auf 71 % Anteil am Umsatz reduziert.

Zum einen wird der Zahlungsverkehr weitgehend beleglos durchgeführt, zum anderen haben sich neuere Verfahren entwickelt, die elektronische Verbindungen als Zahlungsmöglichkeit aufbauen oder den elektronischen Übertrag von Buchgeld durch Kartenzahlungen ermöglichen.

Es sollen näher dargestellt werden:

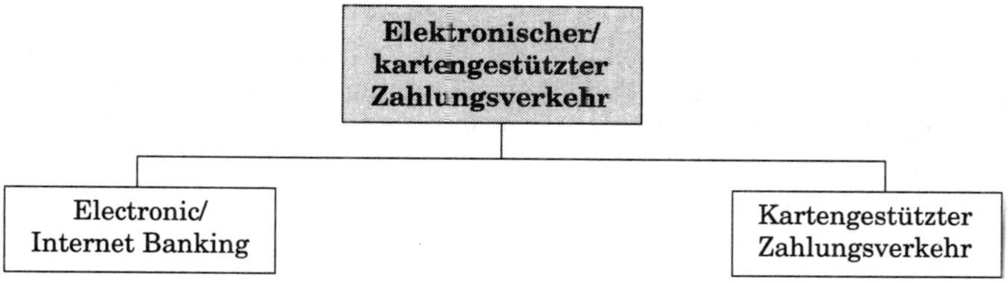

2.3.5.1 Electronic/Internet Banking

Beim Electronic Banking und Internet Banking sind die Kreditinstitute mit ihren Kunden auf elektronischem Wege direkt verbunden.

- Das **Electronic Banking** in Form des **Computer Banking** bedient sich zur direkten Verbindung des Kunden mit seinem Kreditinstitut eines Computers, eines Modems und eines Telefonanschlusses. Angebotene **Leistungen** sind:

  - ❍ Allgemeine/speziellere Information über Bankleistungen
  - ❍ Gewährung von Krediten
  - ❍ Wertpapiertransaktionen
  - ❍ Zahlungstransaktionen

  Die Kontaktaufnahme erfolgt direkt über einen Online-Dienst oder das Internet.

  Zur Abwicklung der Zahlungsaufträge werden einmal die übermittelten Daten mittels einer **persönlichen Geheimzahl** (PIN) und Einmalpasswörtern in Form von **Transaktionsnummern** (TAN) für jeden Zahlungsvorgang hinsichtlich der Authentifizierung abgesichert.

  Ein anderes Verfahren stellt das **Home Banking Computer Interface** (HBCI) dar, das Provider-unabhängig Transaktionen mittels einer Chipkarte und eines Chipkartenlesers am Computer zulassen.

  Weitere **Sicherheitsvorkehrungen** der Kreditinstitute sind:

  - ❍ Verschlüsselungssoftware (Kryptographie) zur Sicherung der Datenintegrität (z. B. Schutz vor Fälschungen) und der Datenvertraulichkeit
  - ❍ Der Schutz des Systems vor unzulässigen Zutritten mittels spezieller Hard- und Software-Systeme (Firewalls).

- Das **Internet Banking** lässt neben einer Vielzahl von Zahlungsmöglichkeiten wie Kartenzahlung, Scheckversand, Nachnahme auch zu:

  - ❍ Zahlungen mit virtuellem Geld als E-Cash
  - ❍ Zahlungen mit virtuellem Geld als Cyber-Cash

  Als elektronisches Zahlungsmittel in Form des **E-Cash** wird das virtuelle Geld zwischen den Computern des Käufers und des Verkäufers ausgetauscht. Hierfür unterhält jeder Teilnehmer zwei Konten, wobei Geldtransfers von einem bankgetragenen Girokonto auf ein virtuelles E-Cashkonto und umgekehrt erfolgen.

Cyber-Cash nutzt Kreditkarten als Zahlungs- bzw. Ausweismittel. Ein auf einer Internet-Seite auszufüllendes Kreditkartenformular wird hinsichtlich der Kreditkartenangaben einer On-line-Überprüfung unterzogen. Die Verwaltung der Zahlungstransaktionen geschieht zentral im Netz. Die Abrechnung erfolgt über die üblichen Kreditkartenbelastungen.

2.3.5.2 Kartengestützter Zahlungsverkehr

Mithilfe des kartengestützten Zahlungsverkehrs können Kunden bei Handels- oder Dienstleistungsunternehmen ihre Zahlungen leisten. Als **Karten** können zum Einsatz kommen:

- Debitkarte
- edc-Karten
- Kundenkarten von Kreditinstituten
- Kundenkarten von sonstigen Unternehmen
- Geldkarten
- Kreditkarte

Dabei kann der **Zeitpunkt**, zu dem die **Liquidität** beim Zahlenden **abfließt** verschieden sein. Dementsprechend lassen sich als Zahlungssysteme unterteilen:

- **Pay later-Zahlungssysteme**, bei denen Waren oder Dienstleistungen zuerst erworben werden. Die Bezahlung erfolgt zeitlich verzögert. Hierdurch geschieht eine Kreditierung des Kartennutzers. Für diese Zahlungsart werden zumeist **Kreditkarten** verwandt, die nach der Verrechnungsart sein können:

Charge cards	Sie verrechnen die getätigten Zahlungen einmal monatlich und belasten in Form einer Sammelbuchung das Girokonto des Karteninhabers.
Revolving credit cards	Dabei handelt es sich um Karten, die auf einem speziellen Kartenkonto mit einem Kreditrahmen belastet werden und Teilzahlungen zur Tilgung der Schulden durch den Karteninhaber ermöglichen.

- **Pay now-Zahlungssysteme**, bei denen der Zeitpunkt des Erwerbs einer Leistung und die einzelne Zahlungstransaktion zusammenfallen. Durch eine On-line-Autorisierung erfolgt die sofortige Abbuchung des Betrages vom Girokonto des Kartenbenutzers.

  Diese Karten werden auch **Debitkarten** genannt. Ihre bekannteste Form ist die ehemalige **Eurocheque-Karte**, die mit dem **edc-Symbol** (european **d**ebit **c**ard) eine grenzüberschreitende Electronic cash-Möglichkeit für Debitkarten im europäischen Ausland bietet. Karten mit einem **Maestro-Symbol** werden weltweit akzeptiert.

- **Pay before-Zahlungssysteme**, die **Prepaidkarten** nutzen. Sie werden vor dem Zahlungsvorgang mit elektronischen Geldwerten aufgeladen und können innerhalb geschlossener, zweck- bzw. anbietergebundener oder auch offener Systeme verwendet werden.

  Ein Instrument dieser Zahlungssysteme ist beispielsweise die **GeldKarte**.

Im Folgenden werden behandelt:

- **Electronic Cash**
- **Kreditkarten**.

2.3.5.2.1 Electronic Cash

Durch den Einsatz von Karten erfolgen in immer stärkerem Maße bargeldlose Zahlungsvorgänge zum Erwerb von Waren oder Dienstleistungen am **Point of Sale** über elektronische Medien oder Datenfernübertragung. Bei dieser Form der elektronischen Zahlung am Point of Sale sind folgende Karten zu unterscheiden:

- Die **Karte mit Magnetstreifen**, welche eine Debitkarte, Kundenkarte von Kreditinstituten oder anderer Unternehmen sowie Kreditkarte sein kann. Bargeldlose Zahlungen erfolgen durch das Einlesen des Magnetstreifens, der sich auf der Rückseite der Karte befindet.

  Nach der Zugriffsmöglichkeit auf das Girokonto des Karteninhabers sind folgende **POS-Systeme** möglich:

POS-Systeme *mit* Zahlungsgarantie	Vor allem in Form der Verwendung der **Debitkarte** mit der **E**ingabe einer **p**ersönlichen **I**dentifikations**n**ummer (PIN) können Zahlungen vorgenommen werden, die in ihrer Höhe von den Kreditinstituten garantiert werden. Es erfolgt eine Online-Überprüfung der Ordnungsmäßigkeit des Zahlungsvorganges, wobei die Echtheit der Karte und die Richtigkeit der PIN nachgeprüft werden sowie Kontrollen des Verfügungsrahmens und eventueller Sperren erfolgen. Gebühren fallen an in Höhe von 0,3 % des Umsatzes, mindestens jedoch 0,08 € pro Transaktion. Im internationalen Einsatz im Rahmen des Maestro-Systems werden Gebühren von 1 % des Umsatzes, mindestens 0,80 €, maximal 3,85 €, fällig.
POS-Systeme *ohne* Zahlungsgarantie	Diese Form wird auch **POZ-System** (**P**oint of Sale **O**hne **Z**ahlungsgarantie) genannt und in Form eines **Lastschrifteinzugsverfahrens** durchgeführt. Die Eingabe der PIN-Nummer entfällt. Nach dem Einlesen des Magnetstreifens der Karte, die zumeist eine Debitkarte ist, wird eine einmalige Einzugsermächtigung über den Kaufbetrag ausgedruckt. Der Karteninhaber unterschreibt diese und legitimiert sich durch seine Unterschrift. Das System prüft on-line bei Kaufbeträgen ab 30,68 € Sperrdateien der deutschen Kreditwirtschaft ab, wobei diese Autorisierungsabfrage auf Wunsch des Händlers auch schon bei niedrigeren Beträgen eingesetzt werden kann. Die eigentliche Zahlung – Belastung der Lastschrift – erfolgt off-line, wodurch dieses System für den Händler kostengünstiger (0,05 € pro Abfrage), aber nicht durch eine Garantie der Kreditinstitute gedeckt ist.

- Die **Karte mit einem Mikroprozessorchip**, von der als Wertkarte Rechnungsbeträge abgebucht werden konnten, bis sie »leer« war, beispielsweise als Telefonkarte. Das Kassenterminal muss hier nicht direkt mit dem Rechenzentrum des Konto führenden Kreditinstitutes verbunden sein, was erhebliche Kosten spart.

In diesem Bereich des Electronic Cash ist als neuere Entwicklung die **Elektronische Geldbörse** zu nennen, die unter dem Namen **GeldKarte** als ein gemeinsames Zahlungsinstrument der deutschen Kreditwirtschaft eingeführt wurde. Sie trägt einen an speziellen Terminals **wiederaufladbaren Chip**, auf dem elektronisch Geldwerte bis zu 200 € gespeichert werden.

Die GeldKarte soll sich als **Zahlungsinstrument für Kleinbeträge** in einem bundesweiten, offenen System als Alternative zum Bargeld entwickeln.

Des Weiteren kann der Chip über Zusatzfunktionen verfügen, beispielsweise als elektronisches Fahrscheinticket oder Speicherungen von Bonusprogrammen in Form von gewährten Boni oder Rabatten oder anderen Vergünstigungen für den Karteninhaber.

Zu unterscheiden sind:

Konto-*gebundene* GeldKarte	Der Chip ist hier auf Debitkarten oder Bankkundenkarten integriert und stellt damit eine Verbindung zum Karteninhaber und dessen Girokonto her. Das Aufladen der Karte mit Geldbeträgen erfolgt an den Terminals der Kreditinstitute über die Identifikation mittels der PIN und bucht den gewünschten Betrag vom **Girokonto** auf den Chip.
Konto-*ungebundene* GeldKarte	Diese Karten werden auch **white cards** genannt, da ein Bezug zu einem Kontoinhaber fehlt, wodurch freie Übertragbarkeit der Karte zwischen Personen gegeben ist. Lediglich das Verrechnungskonto der ausgebenden Bank ist auf dem Chip enthalten. Das Laden der Karte ist an Sonderfunktionsterminals für GeldKarten in Banken mit Bargeld oder anderen Karten, wie z. B. Kreditkarten, möglich.

Beim Bezahlen mit der Elektronischen Geldbörse wird der Rechnungsbetrag vom chipgespeicherten Kartenguthaben des Kunden abgezogen, d. h. der Betrag wird **von** der »**Kundenkarte**« **auf** die «**Händlerkarte**« gebucht. Dem Händler steht es dann frei, die Zeit und die Häufigkeit der Datenübertragung an sein Kreditinstitut zu wählen.

Die teuere Online-Datenübertragung der Buchungen und Kontrollabfragen entfällt. Auch sind die einmaligen Kosten der Anschaffung eines Händlerterminals (ca. 350 €) wie die laufenden Kosten der Buchung (pro Transaktion 0,3 % vom Umsatz, mind. 0,01 €) und des Datenübertrages niedriger als bei den angeführten Kartensystemen mit Magnetstreifen.

Mit dem Einsatz der Elektronischen Geldbörse erfolgt die Zahlungsabwicklung schneller. Der Kunde muss an der Kasse keine Geheimzahl eingeben oder nicht mehr auf einem Lastschriftbeleg quittieren. Dadurch verkürzen sich Wartezeiten, es entstehen keine Kommunikationskosten bei den einzelnen On-line-Autorisierungen, auch die Wechselgeldrückgabe entfällt.

2.3.5.2.2 Kreditkarten

Der Inhaber einer Kreditkarte kann Waren oder Dienstleistungen erwerben, deren **Bezahlung** erst **zeitlich verzögert** erfolgt. An ausgewiesenen Akzeptanzstellen (Handel, Hotels, Tankstellen, Gaststätten) erfolgt die Zahlung bargeldlos durch die Vorlage der Karte.

Die **Akzeptanzstellen** sind Vertragsunternehmen des Kreditkartengebers.

Kreditkartengeber sind beispielsweise:

❍ Eurocard/MasterCard	❍ Diners Club
❍ American Express	❍ Visa

Oftmals bestehen Kooperationen zwischen dem Kreditkartengeber und der Kreditwirtschaft, wie dies bei Eurocard/MasterCard, die zu MasterCard umbenannt wurde, der Fall ist.

Erfolgt der Einsatz der Kreditkarte, kann zur beleglosen Abwicklung über ein elektronisches Terminal zur Überprüfung des Verfügungslimits oder eventueller Sperren Kontakt mit den Rechenzentren der Kreditkartengesellschaften oder deren Autorisierungsstellen aufgebaut werden, wodurch auch **Zahlungsgarantien** gegeben werden.

Vertragsunternehmen mit geringen Kreditkartenumsätzen und ohne elektronische Verbindung können dies telefonisch tun oder auf eine Prüfung verzichten, wobei aber dann noch Belege zur Abwicklung an die Kreditkartengesellschaften zu versenden sind.

Benutzt der Kreditkarteninhaber seine Karte zu einer Zahlung, ergeben sich folgende **Vorgänge**:

- Der **Kreditkartengeber** schreibt dem Vertragsunternehmen die durch die Zahlung entstandene Forderung an den Karteninhaber gut. Dies geschieht unter Abzug eines Disagios, das zwischen 2,5 und 5 % betragen und vom Kartenumsatz abhängig sein kann.

- Der **Karteninhaber** wird mit dieser an den Kreditkartengeber verkauften oder abgetretenen Forderung zumeist monatlich einmal in Form eines Sammelbetrages belastet.

Die Kreditkarte nimmt daher bei der bargeldlosen Bezahlung von Waren und Dienstleistungen sowohl eine **Zahlungsfunktion** als auch durch die Einräumung eines Zahlungszieles an den Karteninhaber eine **Kreditfunktion** ein.

Zu weiteren Leistungen und Funktionen von Kreditkarten zählen:

- Geldkartenfunktion zur Bargeldbeschaffung an Geldautomaten der Kreditinstitute
- Telefonkartenfunktion
- Electronic Cash-Funktionen
- Unterschiedliche Versicherungsleistungen.

38 Seite 467

2.3.6 Auslandszahlungsverkehr

Zahlungen zwischen Gebietsansässigen und Gebietsfremden charakterisieren den Auslandszahlungsverkehr. Durch die Europäische Währungsunion und den EURO wurde ab 2002 zwar ein elf Teilnehmerstaaten umfassender, einheitlicher Währungsraum geschaffen, der das Risiko von schwankenden Devisenkursen beseitigte und die Kosten der Zahlungstransfers erniedrigen soll, dennoch erhöht die **Globalisierung der Wirtschaft** ständig das Volumen des grenzüberschreitenden Waren-, Dienstleistungs- und Kapitalverkehrs auch mit nicht EU-Staaten.

Die Kreditwirtschaft verfügt zur Bewältigung des Zahlungsverkehrsaufkommens über ein Netz von Korrespondenzbanken, das Möglichkeiten der Verrechnung von Zahlungsvorgängen durch gegenseitige Kontokorrentverbindungen bietet.

Dabei können als Konten geführt werden:

- Das **Nostrokonto**, bei dem ein inländisches Kreditinstitut ein Konto, beispielsweise in fremder, nicht EU-Währung, bei einem ausländischen Kreditinstitut unterhält.

- Das **Lorokonto**, bei dem ein inländisches Kreditinstitut für ein ausländisches ein Konto in inländischer Währung führt.

Diesem Netz aus Korrespondenzbanken stehen **europäische Systeme** zur Seite, die insbesondere nach der EURO-Einführung im Giralgeldverkehr 1999 zu einer Beschleunigung und einer deutlichen Verbilligung des grenzüberschreitenden Zahlungsverkehrs führen sollen.

Folgende Systeme sind zu nennen:

- **Zentralbankgetragene Zahlungsverkehrssysteme**

  Bedeutsam ist das **TARGET-SYSTEM** (**T**rans-European **A**utomated **R**eal-time **G**ross Settlement **E**xpress **S**ystem) als ein transeuropäisches, automatisiertes Echtzeit-Brutto-Express-Überweisungssystem, das taggleiche Abwicklungen grenzüberschreitender Überweisungen im gesamten EURO-Währungsgebiet zulässt sowie durch besondere Öffnungszeiten auch gleichtägige Verrechnungen mit der USA und Asien ermöglicht.

Es verfügt über keine betragsmäßigen Obergrenzen bzw. Untergrenzen. Dies gilt sowohl für Interbanken als auch für Kundenüberweisungen. Es arbeitet europaweit in Echtzeit, d. h. Buchungen erfolgen zwischen Auftraggeber und Empfänger im einstelligen Minutenbereich.

Dieses System verbindet die **nationalen Brutto-Abwicklungssysteme in Echtzeit** (RTGS = Real-Time Gross Settlement Systems) der EU-Mitgliedstaaten durch ein Interlinking System international mit anderen Nationalbanken.

- **Privatbankgetragene Zahlungsverkehrssysteme**

  Auch privatbankgetragene Zahlungs- und Verrechnungssysteme, wie z. B. das **EBA-System** (**E**uro **B**anking **A**ssociation), bieten auch nach der Umstellung von der ECU auf den EURO ein Clearingsystem zwischen europäischen Kreditinstituten an, das in Zukunft aufgrund der Konkurrenz zum TARGET-SYSTEM kostengünstiger und liquiditätssparender werden muss.

Trotz der vorhandenen Auslandszahlungsverkehrssysteme der Kreditwirtschaft bestehen bei Auslandszahlungen insbesondere aufgrund der größeren Entfernungen zwischen den Geschäftspartnern und unterschiedlicher Rechtsordnungen besondere **Risiken**.

So werden neben reinen, ungesicherten Zahlungen im Auslandszahlungsverkehr auch **mit Dokumenten unterlegte Zahlungen** eingesetzt, wobei diese Dokumente Urkunden bzw. Wertpapiere darstellen, die Rechte an der gehandelten Ware verkörpern.

Mit ihnen können der Versand der Ware, die Verpflichtung zur Beförderung und die Aushändigung der Ware an einen legitimierten Empfänger dokumentiert werden.

Als Instrumente des Auslandszahlungsverkehrs sollen dargestellt werden:

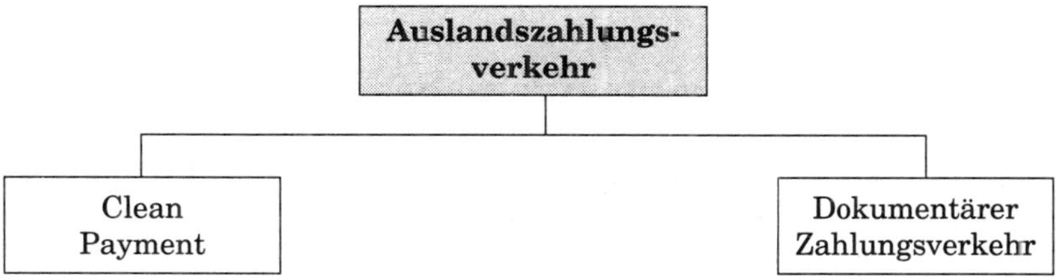

2.3.6.1 Clean Payment

Das Clean Payment ist eine ungesicherte, reine Zahlungsform, die auf die Verwendung von Dokumenten verzichtet. Es kann per Überweisung oder Scheck vorgenommen werden:

- **Überweisungen**, die Gebietsfremde als Empfänger erhalten, sind möglich als:

Europaüberweisungsauftrag	Dieses Formular ist für Zahlungen unter 12.500 € konzipiert, die an Gebietsfremde gehen. Es enthält als ein Auslands-Überweisungsauftrag keinen Meldeteil des Transfers an die Bundesbank.
Zahlungsauftrag im Außenwirtschaftsverkehr	Als spezielles Formular für einen solchen Zahlungsauftrag wird der Vordruck „Z1" verwendet. Er ist Überweisungsauftrag und Meldeformular zugleich. Er findet bei Zahlungen ab 12.500 € Verwendung und enthält zusätzliche Informationen über den Transfer.

Die Ausführung der Überweisungsaufträge erfolgt unterschiedlich. Sie kann brieflich bzw. telefonisch oder über das **S.W.I.F.T-System** der **S**ociety for **W**orldwide **I**nterbank **F**inancial **T**elecommunication weitergeleitet werden, wobei letztere Möglichkeit beleglos und vollautomatisiert ein sehr leistungsstarkes Datenfernübertragungsnetz der internationalen Kreditwirtschaft darstellt.

Zur Automatisierung des grenzüberschreitenden Zahlungsverkehrs wurden vom European Committee for Banking Standards internationale Bankkonto-Nummern (**IBAN** = International Bank Account Number) und Bankleitzahlen (**BIC** = Bank Identifier Code) geschaffen.

- **Schecks**, die es im Auslandszahlungsverkehr in folgenden Formen gibt:

Banken-Orderscheck	Hier wird ein Scheck von einem Kreditinstitut auf ein anderes Kreditinstitut gezogen. Das inländische, den Scheck ausstellende Kreditinstitut des Zahlungspflichtigen versendet diesen Scheck, der auf ein Korrespondenzinstitut gezogen ist, an den Zahlungsempfänger im Ausland direkt. Der Zahlungsempfänger reicht diesen zur Gutschrift beim Korrespondenzinstitut ein.
Kundenscheck	Im Gegensatz zum Banken-Orderscheck zieht der Zahlungspflichtige beim Kundenscheck einen Scheck auf sein Kreditinstitut und wird somit zum Scheckaussteller.

2.3.6.2 Dokumentärer Zahlungsverkehr

Dokumente sind Urkunden bzw. Wertpapiere und verkörpern Rechte an der gehandelten Ware, wodurch der Warenversand, die Beförderungsverpflichtung und die Warenaushändigung an einen vorgegebenen Empfänger festgelegt werden. Ihre Anwendung im Auslandszahlungsverkehr soll die einseitige Leistungserbringung zwischen zwei Geschäftspartnern im Ex- und Import verhindern.

Zur weiteren Absicherung werden Kreditinstitute einbezogen, welche die Dokumente als am Austausch der Zahlung Beteiligte mit »angemessener Sorgfalt« prüfen. Dies geschieht beispielsweise hinsichtlich:

- Rechtzeitiger Ausstellung, Anzahl und Vollständigkeit
- Richtigkeit der Angaben und Aufmachung nach den Akkreditivbedingungen
- Einhaltung einheitlicher Richtlinien und Gebräuche.

Solche Richtlinien werden als Verhaltensregeln beispielsweise vorgegeben von der Internationalen Handelskammer (International Chamber of Commerce) oder in Form von Regeln und Definitionen der gebräuchlichsten internationalen Lieferbedingungen und Handelsusancen, die als INCOTERMS (International Rules for the Interpretation of Trade Terms) zusammengefasst sind.

Arten von Dokumenten beim dokumentären Zahlungsverkehr sind:

- **Versand-** oder auch **Transportpapiere**, die sein können:

Konnossement	Als Orderpapier, dessen Weitergabe die Einigung, ein Indossament und die Übergabe erfordert, kommt es im **Seefrachtverkehr** zur Anwendung und verkörpert als Wertpapier die auf einem Schiff befindlichen Waren. Das Konnossement dokumentiert die Verpflichtung des Verfrachters zur Verladung und Beförderung der im Dokument angegebenen Ware auf einem namentlich genannten Schiff ebenso wie die Aushändigung an den berechtigten Empfänger.
Ladeschein	Er entspricht weitgehend oben genanntem Konnossement. Allerdings wird der Ladeschein in der **Binnenschifffahrt** verwendet.
Frachtbrief	Dieses Dokument lässt die Steuerung der Ware im **Eisenbahngüter-, Straßengüter-** und **Luftfrachtverkehr** zu. Es dient zur Disponierung der Auslieferung der Ware an den Empfänger und lässt ein Anhalten oder auch die Rückgabe der Ware zu.

- **Versicherungspapiere**, deren Beschaffenheit im **Akkreditiv** vorgeschrieben werden. Sie dienen in Form der Transportversicherungspapiere als Nachweise des Abschlusses eines Versicherungsvertrages über den Transport. Zu unterscheiden sind:

Einzelpolice	Sie dient einem **einmaligen Transport**.
Generalpolice	Sie stellt einen Rahmenvertrag für mehrmalige Transporte mit gleichartigem Risiko dar. Auf ihrer Grundlage werden Versicherungszertifikate für einzelne Transportabläufe ausgestellt.

- **Handels- und Zollpapiere**, die vor allem Gewichts-, Mengen- und Preisangaben sowie Größen- und Qualitätsvorgaben tragen und unterschieden werden können in:

Handelsfaktura	Als **Handelsrechnung** ist sie auf den Namen des Auftraggebers ausgestellt und enthält alle oben angeführten Angaben zur ausführlichen Beschreibung der Handelsware. Der Betrag der Handelsrechnung darf die im Akkreditiv genannte Summe nicht übersteigen, da die Kreditinstitute sonst die Annahme dieser Handelsrechnung verweigern.
Zollfaktura	Auf Basis des Warenwertes bestimmt die Zollfaktura die Höhe der zu zahlenden Zollabgaben.
Ursprungszeugnis	Es bescheinigt die Herkunft der betreffenden Ware.

Warenver-kehrsbe-scheinigung	Zur Abwicklung des Warenverkehrs innerhalb der EU-Staaten wird diese Bescheinigung ausgestellt. Hierdurch wird die Zollfreiheit angezeigt.

- **Lagerhaltungspapiere**, welche die Einlagerung der Ware nachweisen und vom Lagerhalter auszustellen sind.

Diese angeführten Dokumente sollen das Risiko der einseitigen Leistungserfüllung senken und werden in so genannten **Zug-um-Zug-Geschäften** eingesetzt, die zwischen zwei Geschäftspartnern im Export- und Importgeschäft vereinbart werden.

Formen des dokumentären Zahlungsverkehrs sind:

- Das **Dokumenteninkasso**, das eine Abwicklungs- und Absicherungsfunktion für den internationalen Zahlungsverkehr aufweist. Unter dem **Einbezug von Kreditinstituten** werden dem Zahlungspflichtigen die Dokumente übergeben, soweit die Zahlung des Gegenwertes oder die Akzeptierung eines Wechsels erfolgt. Dem entsprechend sind zu unterscheiden:

Zahlungs-inkasso	Der Vorgang trägt auch die Bezeichnung »**Kasse gegen Dokumente**« bzw. wird **D/P-Inkasso** (Documents against Payment-Inkasso) genannt. Dies meint die Zahlung des dokumentierten Gegenwertes durch den Importeur einer Leistung. Hierzu beauftragt der Exporteur seine Bank, bei Aushändigung der Dokumente den Einzug des Gegenwertes vom Importeur oder dessen Kreditinstitut zu veranlassen.
Wechsel-inkasso	Als »**Dokumente gegen Akzept**« bzw. **D/A-Inkasso** (Documents against Acceptance-Inkasso) wird in die Abwicklung einer dokumentären Zahlung die vom Exporteur mitgeschickte Tratte eingebunden. Der Importeur muss diese akzeptieren, bevor ihm die Dokumente übergeben werden.

Problematisch bei der Verwendung des Dokumenten-Inkassos ist, dass der Importeur bezahlt, ohne vorher die Ware besichtigen oder prüfen zu können. Zur besseren Absicherung kommt deshalb oftmals das Dokumentenakkreditiv zur Anwendung.

- Das **Dokumentenakkreditiv** bindet die beteiligten **Kreditinstitute** durch die Abgabe von Bankgarantien stärker in das Auslandszahlungsgeschäft ein. So besteht eine vertragliche Verpflichtung des Kreditinstituts im Auftrag und für Rechnung des Kunden dem im Akkreditiv genannten Geschäftspartner eine bestimmte Leistung zu erbringen. Diese erfolgt zumeist in Form einer Geldzahlung und erst nach der Übergabe der im Akkreditiv angegebenen Dokumente.

  Die Zahlung der angegebenen Summe bzw. die Akzeptierung einer Tratte kann durch die das Akkreditiv eröffnende Importbank oder durch die das Akkreditiv bestätigende Exportbank erfolgen.

Die Verpflichtung der beteiligten Kreditinstitute kann bei **unwiderruflichen Akkreditiven** verstärkt werden, da hier die Vorlage ordnungsgemäßer Dokumente die Akkreditivbank zur sofortigen, unwiderrufbaren Zahlung verpflichtet.

Zudem kann in Form des **unwiderruflichen, bestätigten Akkreditiv** (Confirmed Credit) ein zusätzliches Kreditinstitut mit in die Verpflichtung eingebunden werden. So tritt zur stärkeren Besicherung des Lieferanten zusätzlich die Korrespondenzbank in die Zahlungsverpflichtung mit ein.

39 Seite 468

	Kontrollfragen	bearbeitet	Lösungshinweis	Lösung +	Lösung -
01	Welche Zahlungsmittel lassen sich unterscheiden?		137		
02	Welche rechtliche Wirkung hat die Hingabe von Bargeld?		137		
03	Inwieweit müssen Geschäftspartner Bargeld annehmen?		137 f.		
04	Welche Bedeutung hat Buchgeld im Wirtschaftsleben?		138		
05	Welche rechtliche Wirkung hat die Hingabe von Buchgeld?		138		
06	Nennen Sie Geldersatzmittel!		139		
07	Welche rechtliche Wirkung hat die Hingabe von Geldersatzmitteln?		139		
08	Welche Arten des Zahlungsverkehrs lassen sich unterscheiden?		140		
09	In welchen Formen kann die Barzahlung erfolgen?		140		
10	Erläutern Sie die Möglichkeit des halbbaren Zahlungsverkehrs!		141		
11	Nennen Sie die Arten des bargeldlosen Zahlungsverkehrs!		142		
12	Wie läuft ein Überweisungsvorgang ab?		144		
13	Was ist eine Dauerüberweisung und durch welche Merkmale ist sie gekennzeichnet?		145		
14	Erläutern Sie die Vorgehensweise bei der Sammelüberweisung!		147		
15	Wozu dienen Lastschriften?		147 f.		
16	Unter welchen Voraussetzungen ist der Lastschriftverkehr zulässig?		148		
17	In welchen Fällen kann das Lastschriftverfahren genutzt werden?		148		
18	Wie ist die Eignung des Lastschriftverfahrens zu beurteilen?		148		
19	Wie können Schecks verwendet werden?		151		
20	Wie sind die Vorlegungsfristen für Schecks?		152		
21	Welche Möglichkeit gibt es, auf die Vorlegungsfristen Einfluss zu nehmen?		152		
22	Inwieweit kann ein Scheck wirksam widerrufen werden?		152		
23	Wie können Bar- und Verrechnungsschecks eingelöst werden?		153 f.		
24	Was sind Inhaberschecks und wie erfolgt deren Übertragung?		155		
25	Wie erfolgt die Übertragung von Orderschecks?		155 f.		
26	Erläutern Sie das Wesen und die Arten des Indossaments!		155		
27	Erläutern Sie, wie Debitkarten genutzt werden können!		156 f.		
28	Wozu dienen bestätigte Schecks und wer darf sie bestätigen?		156		

	Kontrollfragen	bearbeitet	Lösungshinweis	Lösung +	Lösung -
29	Beschreiben Sie die Schritte, in denen der Zahlungsverkehr mithilfe von Schecks erfolgt!		157 f.		
30	Beschreiben Sie, was zu tun ist, wenn ein Scheck nicht eingelöst wird!		158		
31	Welche Merkmale weisen Wechsel auf?		159		
32	Was heißt es, die Wechselforderung sei abstrakt?		160		
33	Welche Funktionen hat der Wechsel?		160		
34	Was ist ein gezogener Wechsel?		160 f.		
35	Welche Beteiligte kann ein gezogener Wechsel haben?		162		
36	Was ist ein eigener Wechsel?		162		
37	Nennen Sie die gesetzlichen Bestandteile des gezogenen Wechsels!		163		
38	Was ist ein Tagwechsel?		163		
39	Was ist ein Datowechsel?		163		
40	Was ist ein Sichtwechsel?		163		
41	Was ist ein Nachsichtwechsel?		163		
42	In welchen Schritten erfolgt der Zahlungs- bzw. Kreditverkehr mithilfe des Wechsels?		164		
43	Worin unterscheiden sich Kurz- und Vollakzept?		164		
44	Was versteht man unter einem Teilakzept?		164		
45	Was ist ein Blankoakzept?		164		
46	Worin unterscheiden sich Voll- und Kurzindossament?		165		
47	Erläutern Sie weitere Formen des Indossaments!		165		
48	Wie ist bei Nicht-Einlösung des Wechsels vorzugehen?		166 f.		
49	Welche Möglichkeiten gibt es, den Wechselprotest zu vermeiden?		168		
50	Beschreiben Sie, wie das Electronic Banking als Computer Banking abgewickelt wird!		169		
51	Was versteht man unter E-Cash und Cyber-Cash?		169 f.		
52	Worin unterscheiden sich Pay later-, Pay now- und Pay before-Zahlungssysteme im kartengestützten Zahlungsverkehr?		170		
53	Erläutern Sie, welche POS-Systeme es gibt!		171		
54	Beschreiben Sie, wie die GeldKarte funktioniert!		172		
55	Ein Kunde zahlt mit seiner Kreditkarte. Welche Vorgänge werden damit ausgelöst?		173		

	Kontrollfragen	bearbeitet	Lösungshinweis	Lösung +	Lösung -
56	Worin unterscheiden sich das Nostrokonto und das Lorokonto?		174		
57	Wozu dient das TARGET-System?		175		
58	Wie kann das Clean Payment vorgenommen werden?		175 f.		
59	Erläutern Sie, welche Arten von Dokumenten beim dokumentären Zahlungsverkehr verwendet werden können!		177		
60	Welche Möglichkeiten des Dokumenteninkassos lassen sich unterscheiden?		178		

D. Beteiligungsfinanzierung

Als Beteiligungsfinanzierung wird die **Zuführung von Eigenkapital** verstanden, die **von außerhalb des Unternehmens** erfolgt. Das Eigenkapital kann grundsätzlich zugeführt werden als:

- **Geldeinlagen**, die am häufigsten geleistet werden und problemlos sind, da ihr nomineller Wert feststeht und Bewertungen damit nicht notwendig werden.

- **Sacheinlagen**, die beispielsweise in Form von Maschinen, Rohstoffen oder Waren bereitgestellt werden, bei denen aber das Problem besteht, sie mit realistischen Werten anzusetzen. Gesetzliche Regelungen finden sich hierzu in §§ 5 - 9 GmbHG.

  Die Auffassungen, welche Werte als realistisch anzusehen sind, können bei den Sacheinlagen auseinander gehen. Die eine Sacheinlage leistende Person wird ihr eher einen höheren Wert, die übrigen Beteiligten eher einen geringeren Wert zumessen.

- **Rechte**, die beispielsweise in Form von Patenten oder Wertpapieren eingebracht werden. Auch in diesem Falle besteht vielfach das Problem der Bewertung sowie im Falle von Wertpapieren der Wertbeständigkeit dieser Papiere.

Die Beteiligungsfinanzierung ist möglich mithilfe

- bisheriger Gesellschafter

  oder

- neuer Gesellschafter.

Die **Möglichkeiten** für das Unternehmen, Beteiligungsfinanzierung zu betreiben, können unterschiedlich sein. Dementsprechend lassen sich zwei Gruppen unterscheiden:

- Unternehmen **ohne Zugang zur Börse**, die nicht auf einen organisierten »Eigen«-Kapitalmarkt zurückgreifen können und sich mit der Beteiligungsfinanzierung vielfach schwer tun. Solche **nicht-emissionsfähigen Unternehmen** sind:

  - Einzelunternehmen
  - Offene Handelsgesellschaft (OHG)
  - Kommanditgesellschaft (KG)
  - Stille Gesellschaft
  - Gesellschaft des bürgerlichen Rechts (GdbR)
  - Gesellschaft mit beschränkter Haftung (GmbH).

  Die **Probleme** der Beteiligungsfinanzierung ergeben sich aber nicht nur aus dem fehlenden »Eigen-« Kapitalmarkt, sondern auch aus möglichen Beeinträchtigungen bisheriger Gesellschafter.

  Dabei sind zu nennen:

Gesellschafter	Probleme der Beteiligungsfinanzierung
Neue Gesellschafter	❍ Die Geschäftsanteile haben nur geringe Fungibilität, sie lassen sich nicht oder schwer wiederveräußern. ❍ Das Anlagerisiko ist mitunter recht schwer zu beurteilen.
Bisherige Gesellschafter	❍ Ihre Mitspracherechte können beeinträchtigt werden. ❍ Die Aufteilung der stillen Reserven und der zukünftigen Gewinne erschwert und verschlechtert sich gegebenenfalls.

Für beide Gesellschaftergruppen ist ein weiteres Problem anzuführen. Da der Wert des Unternehmens nicht über die Börse in Form der Aktienkurse bestimmbar ist, wird bei der Aufnahme neuer Gesellschafter wie auch beim Ausscheiden alter Gesellschafter eine **Unternehmensbewertung** notwendig. Hierdurch können Wertangaben der Gesellschaftsanteile gewonnen werden.

- Unternehmen **mit Zugang zur Börse** haben es vielfach erheblich einfacher. Sie sind **emissionsfähig** als:

❍ Aktiengesellschaften (AG)
❍ Kommanditgesellschaften auf Aktien (KGaA)

Damit weisen sie den nicht-emissionsfähigen Unternehmen gegenüber mehrere **Vorteile** auf – siehe *Perridon / Steiner*:

❍ Aufteilung des Eigenkapitals in kleine Teilbeträge
❍ Möglichkeit der Beteiligung mit geringem Kapital
❍ Hohe Fungibilität der Aktien
❍ Kapitalmäßige Interessen der Eigentümer
❍ Orientierung des Gesellschaftsvertrages am Aktiengesetz
❍ Bestimmung des Wertes von Unternehmensanteilen durch die Börse

Für die Beurteilung der Vorteilhaftigkeit einer Beteiligungsfinanzierung gibt es eine Vielzahl von Kriterien. Die wichtigsten **Beurteilungskriterien** sind:

Wirtschaftliches Kriterium	Rechte der Gesellschafter	Pflichten der Gesellschafter
❍ Kapitalkosten	❍ Geschäftsführung ❍ Kontrolle ❍ Vertretung ❍ Anteiliger Gewinn ❍ Kapital-Entnahme ❍ Übertragung des Anteiles ❍ Kündigung ❍ Liquidationserlös	❍ Geschäftsführung ❍ Kapitaleinlage ❍ Haftung ❍ Anteiliger Verlust

Die verschiedenen Rechtsformen der Unternehmen werden nachfolgend unter Verwendung dieser Beurteilungskriterien betrachtet, wobei dargestellt werden:

- **Objekte** der Beteiligungsfinanzierung
- **Anlässe** der Beteiligungsfinanzierung.

1. Objekte

Die Objekte der Beteiligungsfinanzierung sind die einzelnen Rechtsformen der Unternehmen, die unterschiedliche Merkmale aufweisen und demzufolge vom Interessenten, der bereit ist, sich zu beteiligen, aber auch vom zu finanzierenden Unternehmen aus eingehend zu analysieren sind.

Im Folgenden sollen die wichtigsten **Rechtsformen der Unternehmen** grundlegend dargestellt werden:

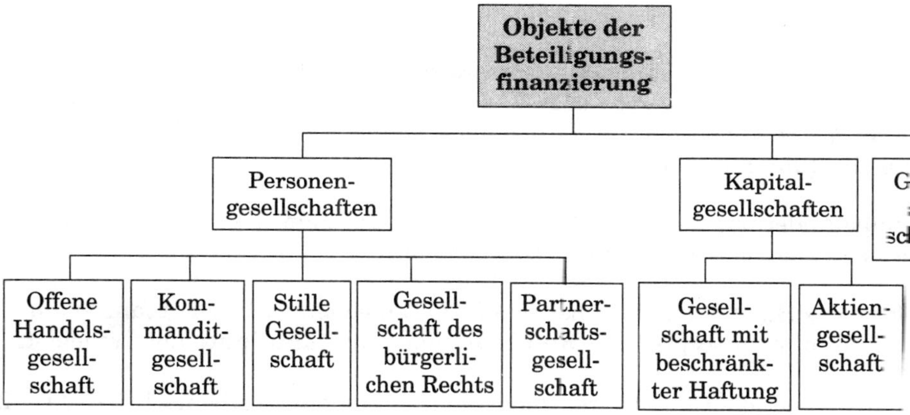

Die **Partnergesellschaft** gibt es seit 1995. Sie ist eine Gesellschaft, in der sich Angehörige Freier Berufe (z. B. Ärzte, Steuerberater, Rechtsanwälte) zur Ausübung ihrer Berufe zusammenschließen. Die Partnergesellschaft übt kein Handelsgewerbe aus. Angehörige einer Partnerschaft können nur natürliche Personen sein (§ 1 Abs. 1 PartGG). Der Firmenname muss als notwendige Rechtsformangabe *»und Partner«* oder *»Partnerschaft«* tragen.

Neben den Gesellschaften ist noch das **Einzelunternehmen** zu nennen, bei dem der Einzelunternehmer **Kaufmann** ist, wenn er, was generell gilt, einen in kaufmännischer Weise eingerichteten Geschäftsbetrieb **(Istkaufmann)** aufweist bzw. seine Firma im Handelsregister eingetragen ist **(Kannkaufmann)**.

Soll die Rechtsform des **Einzelunternehmens** bei der Beteiligungsfinanzierung erhalten bleiben, muss die Zuführung von Eigenkapital grundsätzlich vom Einzelunternehmer selbst erfolgen. Als Alternative gibt es nur noch die Aufnahme eines stillen Gesellschafters. Damit wird deutlich, wie begrenzt der Finanzierungsspielraum des Einzelunternehmens ist.

Beim Einzelunternehmen gibt es keine Interessenkonflikte zwischen dem Kapitalgeber und dem Unternehmen. Dem Einzelunternehmer stehen alle **Rechte** uneingeschränkt zu, insbesondere:

- Recht auf Geschäftsführung
- Recht auf Vertretung
- Recht auf Gewinn
- Recht auf Entnahme
- Recht auf Liquidationserlös.

Der Einzelunternehmer muss aber auch alle **Pflichten** allein tragen:

- Aufbringung des Eigenkapitals
- Tragung von Verlusten
- Haftung, auch mit dem Privatvermögen.

Die **Kapitalkosten** der Beteiligungsfinanzierung sind beim Einzelunternehmen sehr gering. Im Wesentlichen umfassen sie die Gewinnausschüttungen, bei Kaufleuten kommen die Kosten des Registergerichts hinzu.

Die **Firma** von Einzelkaufleuten muss entsprechend bezeichnet werden als *»eingetragener Kaufmann bzw. Kauffrau«* oder eine verständliche Abkürzung aufweisen wie *»e.K.«*, *»e.Kfm.«*, *»e.Kfr.«*, wobei der Firmenname Unterscheidungskraft besitzen muss und keine irreführenden Angaben enthalten darf.

Notwendige Änderungen bei bestehenden Einzelunternehmen waren bis 31.03.2002 entsprechend dem neuen Firmenrecht durchzuführen.

Die Reform des Handelsgesetzbuches schuf 1998 einen einheitlichen, branchenübergreifenden Kaufmannsbegriff, der **Kaufleute** und **Nichtkaufleute** unterscheidet:

- **Kaufleute** sind alle Gewerbetreibende, die ein Handelsgewerbe nach § 15 Abs. 2 EStG betreiben:

❍ In Form einer selbstständigen nachhaltigen Betätigung ❍ Mit Gewinnerzielungsabsicht ❍ Unter Beteiligung am allgemeinen wirtschaftlichen Verkehr

  Als Kaufleute, auf die Vorschriften des Handelsgesetzbuches Anwendung finden, können unterschieden werden:

Istkaufmann (§ 1 HGB)	Ihm liegt das Betreiben eines gewerblichen Unternehmens zu Grunde. Es erfordert einen kaufmännisch organisierten Geschäftsbetrieb. Eine Eintragungspflicht in das Handelsregister ist gegeben.
Kannkaufmann (§ 2 und 3 HGB)	Wahlentscheidung für Nichtkaufleute (Kleingewerbetreibende, Betriebe der Land- und Forstwirtschaft). Die Eintragung in das Handelsregister konstituiert die Kaufmannseigenschaft.
Scheinkaufmann (§ 5 HGB)	Kaufmann kraft Eintragung in das Handelsregister. Die Eintragung kann berechtigt oder unberechtigt erfolgen.
Formkaufmann (§ 6 HGB)	Kaufmann kraft Rechtsform, wie z. B. Unternehmen in der Rechtsform der Aktiengesellschaft oder der Genossenschaft.

- **Nichtkaufleute** sind alle Gewerbetreibende, deren Unternehmen **keinen** kaufmännisch organisierten Geschäftsbetrieb erfordert. Hierzu zählen:

❍ Kleingewerbetreibende ❍ Betriebe der Land- und Forstwirtschaft ❍ Freiberufler, wie z. B. Ärzte, Rechtsanwälte, Notare und Steuerberater

1.1 Personengesellschaften

Personengesellschaften sind Unternehmen, die **keine Rechtsfähigkeit** besitzen und deren Gesellschafter in der Mehrzahl der Fälle natürliche Personen sind.

Zu den Personengesellschaften zählen wie dargestellt:

- **Offene Handelsgesellschaft**
- **Kommanditgesellschaft**
- **Stille Gesellschaft**
- **Gesellschaft des bürgerlichen Rechts.**

Während die Offene Handelsgesellschaft und die Kommanditgesellschaft als **Handelsgesellschaften** bezeichnet werden, stellen die stille Gesellschaft und die Gesellschaft des bürgerlichen Rechts **unvollkommene Gesellschaften** dar.

Bei den Personengesellschaften steht die persönliche Beziehung der Gesellschafter zueinander überwiegend im Vordergrund. Entsprechend sind die Geschäftsanteile der Gesellschafter nicht oder nur schwer mobilisierbar.

Die **rechtlichen Vorschriften** für die Personengesellschaften sind weitgehend dispositiver Art, womit die Möglichkeit gegeben ist, eine umfassende, der persönlichen Situation der Gesellschafter gerecht werdende Gestaltung der Gesellschaftsverträge zu ermöglichen.

1.1.1 Offene Handelsgesellschaft

Die OHG (§§ 105 - 160 HGB, ergänzend §§ 705 - 740 BGB) ist die vertragliche Vereinigung von zwei oder mehr Personen zum Betrieb eines Handelsgewerbes unter gemeinschaftlicher Firma mit unbeschränkter Haftung aller Gesellschafter.

Die **Gesellschafter** einer OHG können natürliche oder juristische Personen sein. Aber auch eine OHG oder KG, nicht dagegen eine GdbR, hat die Möglichkeit, sich an einer OHG zu beteiligen.

Die **Firma** der OHG muss grundsätzlich zur Kennzeichnung des Kaufmanns geignet sein und Unterscheidungskraft besitzen sowie die Gesellschafts- und Haftungsverhältnisse offenlegen. Sie kann aus Personen-, Sach- oder Fantasienamen bestehen, darf allerdings nicht irreführend sein.

Des Weiteren muss sie die Bezeichnung »*Offene Handelsgesellschaft*« oder eine allgemein verständliche Abkürzung »*OHG*«, »*offene HG*«, »*oHg*« enthalten. Haften juristische Personen in der OHG muss die Bezeichnung diese Haftungsbeschränkung offenlegen, z. B. »*GmbH & Co. OHG*« oder »*AG & Co. OHG*«.

Die OHG besitzt zwar **keine eigene Rechtsfähigkeit**, ist dieser jedoch stark angenähert, indem sie aufweist:

- Grundbuchfähigkeit
- Prozessfähigkeit
- Deliktfähigkeit.

Sie kann als Gesellschaft im Grundbuch berechtigte Eintragungen, Löschungen u. Ä. veranlassen, an Prozessen teilnehmen oder sich schadenersatzpflichtig machen.

Die OHG ist als zweckmäßige Gesellschaftsform anzusehen, wenn sich wenige, gleichberechtigte Personen mit einem hohen Maß an gegenseitigem Vertrauen zum Betrieb eines Handelsgewerbes zusammenschließen wollen und bereit sind, im Unternehmen tätig zu sein.

Die Gesellschafter sollten nach Möglichkeit den wesentlichen Teil des auf absehbare Zeit erforderlichen Eigenkapitals bereitstellen können, weil eine Kapitalerhöhung durch Aufnahme neuer Gesellschafter wegen der sehr personenbezogenen Situation der OHG vielfach schwer zu realisieren sein wird.

Im Übrigen kann es sich hinsichtlich des Abstimmungsprozesses als problematisch erweisen, wenn mehr als drei oder vier Gesellschafter in einer OHG tätig sind.

Als **Kapitalkosten** der Beteiligungsfinanzierung können vornehmlich anfallen:

Kapitalkosten der OHG	
Kosten des Registergerichts	Für Eintragungen, Löschungen, Veröffentlichungen.
Gewinnausschüttungen	Sie erfolgen nach HGB oder Gesellschaftsvertrag.
Einkommensteuer	Sie fällt bei den Gesellschaftern an, wenn sie natürliche Personen sind, da die Gesellschafter steuerlich als Mitunternehmer (§ 15 Abs. 1 Nr. 2 EStG) angesehen werden.
Gewerbeertragsteuer	Sie fällt beim Betrieb eines Gewerbes an.

Die OHG als solche ist nicht körperschaftsteuerpflichtig. Körperschaftsteuer ist aber zwingend bei Gesellschaften zu zahlen, die Kapitalgesellschaften sind. Kosten für die

Prüfung und Publizierung des Jahresabschlusses entstehen nur dann, wenn die OHG als publizitätspflichtiges Unternehmen* einzuordnen ist.

1.1.1.1 Rechte der Gesellschafter

Die Gesellschafter sind, sofern der Gesellschaftsvertrag keine andere Regelung enthält, einzeln zur **Geschäftsführung** berechtigt und verpflichtet, d. h. sie dürfen alle Handlungen vornehmen, die der gewöhnliche Betrieb der Gesellschaft mit sich bringt.

Vertraglich kann die Befugnis zur Geschäftsführung beschränkt oder aufgehoben sein, wodurch ein geschäftsführender Gesellschafter der Vornahme von Handlungen widersprechen kann. Handlungen, die über den gewöhnlichen Betrieb der Gesellschaft hinausgehen, wie z. B. Grundstückskäufe bzw. -verkäufe oder Firmengründungen, bedürfen der Zustimmung aller Gesellschafter.

Im Gesellschaftsvertrag kann die Geschäftsführung jedoch beliebig geregelt werden. Gesellschafter, die von der Geschäftsführung vertraglich ausgeschlossen sind, haben ein **Kontrollrecht**.

Zur **Vertretung** der OHG ist nach Handelsrecht jeder Gesellschafter berechtigt. Der Gesellschaftsvertrag kann eine andere Regelung enthalten, beispielsweise eine Gesamtvertretung, bei der mehrere oder alle Gesellschafter die Gesellschaft gemeinschaftlich vertreten, oder eine Einzelvertretung, bei der jeder berechtigte Gesellschafter die Gesellschaft allein vertritt. Es ist auch möglich, dass ein oder mehrere Gesellschafter die Gesellschaft zusammen mit einem oder mehreren Prokuristen zu vertreten berechtigt sind.

Die Gesellschafter haben ein Recht auf anteiligen **Gewinn**. Sofern vertraglich nichts anderes vereinbart ist, erfolgt eine Verzinsung jedes bei Beginn des Geschäftsjahres vorhandenen Kapitalanteils mit 4 %. Der verbleibende Gewinn wird nach Köpfen verteilt.

Der Gewinn eines jedes Gesellschafters wird seinem Kapitalkonto gutgeschrieben.

Beispiel:

A	Bilanz **vor** Gewinnverteilung		P
Anlagevermögen	30.100 €	Geschäftsanteil A	5.000 €
Umlaufvermögen	20.000 €	Geschäftsanteil B	10.000 €
		Geschäftsanteil C	15.000 €
		Verbindlichkeiten	12.000 €
		Gewinn	8.100 €
	50.100 €		50.100 €

* Die öffentliche Rechnungslegungspflicht setzt das Vorliegen von zwei der drei folgenden Größenmerkmale an drei aufeinander folgenden Abschlussstichtagen voraus (§ 1 PublG):

- Bilanzsumme ist größer als 65 Mio €.
- Umsatz der 12 Monate vor dem Abschlussstichtag war größer als 130 Mio €.
- Im Durchschnitt der 12 Monate vor dem Abschlussstichtag waren mehr als 5.000 Arbeitnehmer beschäftigt.

Gewinnverteilung nach HGB:	prozentual	A	5.000 · 0,04	=	200 €
		B	10.000 · 0,04	=	400 €
		C	15.000 · 0,04	=	600 €
	kopfbezogen	8.100 – (200 + 400 + 600)		=	6.900 €
			6.900 : 3	=	2.300 €
	gesamt	A	200 + 2.300	=	2.500 €
		B	400 + 2.300	=	2.700 €
		C	600 + 2.300	=	2.900 €

A — Bilanz **nach** Gewinnverteilung — P

A		P	
Anlagevermögen	30.100 €	Geschäftsanteil A	7.500 €
Umlaufvermögen	20.000 €	Geschäftsanteil B	12.700 €
		Geschäftsanteil C	17.900 €
		Verbindlichkeiten	12.000 €
	50.100 €		50.100 €

Mangels einer vertraglichen Regelung ist jeder Gesellschafter berechtigt, jährlich eine **Entnahme** bis zu 4 % seines für das letzte Geschäftsjahr festgelegten Kapitalanteils vorzunehmen, soweit der Jahresgewinn hierzu ausreicht. Darüber hinausgehende Gewinnanteile dürfen daher nur entnommen werden, sofern dies nicht zum offenbaren Schaden der Gesellschaft führt.

Wenn einzelne Gesellschafter ihre Gewinnanteile entnehmen, andere dagegen nicht oder nicht in gleichem Umfang, kann es zu Verschiebungen der Geschäftsanteile kommen.

Die **Übertragung** einer Beteiligung an einer OHG bedarf der Zustimmung aller Gesellschafter, wenn der Gesellschaftsvertrag keine andere Regelung vorsieht.

Eine **Kündigung** des Geschäftsanteiles kann nur auf den Schluss eines Geschäftsjahres erfolgen. Dabei ist eine Frist von mindestens sechs Monaten einzuhalten.

Die **Auflösung** der Gesellschaft ist möglich:

- Nach Zeitablauf
- Durch gerichtliche Entscheidung
- Durch Gesellschafterbeschluss
- Durch Eröffnung eines Insolvenzverfahrens

Bei ihr sind die Gesellschafter am **Liquidationserlös** im Verhältnis ihrer Kapitalanteile zu beteiligen.

1.1.1.2 Pflichten der Gesellschafter

Die Gesellschafter sind – wie oben dargelegt – nicht nur berechtigt, sondern auch verpflichtet, an der **Geschäftsführung** teilzunehmen.

Die **Kapitaleinlage** ist von den Gesellschaftern in der im Gesellschaftsvertrag festgesetzten Höhe zu leisten. Dies muss rechtzeitig, d. h. bis zum vertraglich vereinbarten Zeitpunkt erfolgen, da andernfalls vom säumigen Gesellschafter Zinsen zu zahlen sind und gegebenenfalls Schadensersatz zu leisten ist. Eine Mindesthöhe für die Kapitaleinlage gibt es nicht.

Die **Haftung** erfolgt gesamtschuldnerisch, was bedeutet, dass jeder Gesellschafter haftet:

- Unmittelbar
- Unbeschränkt
- Solidarisch.

Unmittelbare Haftung ermöglicht es den Gläubigern der OHG, sich mit ihren Forderungen direkt an jeden beliebigen Gesellschafter der OHG zu halten. Die Haftung ist nicht auf die Kapitaleinlage beschränkt, sie ist unbeschränkt und umfasst auch das gesamte Privatvermögen. Solidarisch oder gesamtschuldnerisch ist die Haftung, weil alle Gesellschafter für die gesamten Schulden der Gesellschaft haften.

In die OHG eintretende Gesellschafter haften für die Schulden der Gesellschaft, die bei ihrem Eintritt bereits bestehen. Eine Beschränkung oder ein Ausschluss dieser Haftung ist zwar möglich, aber nur im Innenverhältnis wirksam. Scheiden Gesellschafter aus der OHG aus oder wird sie aufgelöst, dann haften diese Gesellschafter für die zu diesem Zeitpunkt bestehenden Verbindlichkeiten noch fünf Jahre.

Den Gesellschaftern steht nicht nur das Recht zu, am Gewinn der Gesellschaft teilzuhaben. Sie haben auch die Pflicht, **Verluste** mitzutragen. Sofern vertraglich nichts anderes vereinbart ist, werden Verluste nach Köpfen verteilt.

Schließlich unterliegen die Gesellschafter einem **Wettbewerbsverbot**. Ohne Zustimmung der übrigen Gesellschafter dürfen sie im Handelsgewerbe der Gesellschaft keine Geschäfte auf eigene Rechnung betreiben und sich auch nicht bei gleichartigen Gesellschaften vollhaftend beteiligen.

1.1.2 Kommanditgesellschaft

Die KG (§§ 161 - 177 a HGB, ergänzend §§ 105 - 160 HGB und §§ 705 - 740 BGB) ist die vertragliche Vereinigung von zwei oder mehr Personen zum Betrieb eines Handelsgewerbes unter gemeinschaftlicher Firma, wobei mindestens ein Gesellschafter unbeschränkt und mindestens ein Gesellschafter beschränkt haftet.

Vollhafter sind **Komplementäre**, Teilhafter nennt man **Kommanditisten.**

Die **Gesellschafter** einer KG können natürliche oder juristische Personen sein. Auch eine OHG oder KG, nicht dagegen eine GdbR hat die Möglichkeit, sich an einer KG zu beteiligen.

Die **Firma** der KG muss grundsätzlich die Kaufmannseigenschaft kennzeichnen, Unterscheidungskraft besitzen und die Gesellschafts- sowie Haftungsverhältnisse offen legen. Sie kann aus Personen-, Sach- oder Fantasienamen bestehen, darf allerdings nicht irreführend sein.

Des Weiteren muss sie die Bezeichnung »*Kommanditgesellschaft*« oder eine allgemein verständliche Abkürzung »*KG*« oder »*Kges.*« enthalten. Haften juristische Personen in der KG, muss die Bezeichnung diese Haftungsbeschränkung offen legen.

Wie die OHG, so besitzt auch die KG **keine eigene Rechtsfähigkeit**, ist dieser jedoch stark angenähert, da sie ebenfalls grundbuch-, prozess- und deliktfähig ist.

Die KG bietet sich als Gesellschaftsform an, wenn einzelne Gesellschafter sich nur kapitalmäßig beteiligen möchten, aber nicht mitarbeiten wollen oder können und eine volle Haftung ausgeschlossen sein soll.

Die **Kapitalkosten** der Beteiligungsfinanzierung entsprechen im Wesentlichen denen, die bereits bei der OHG genannt wurden:

Kapitalkosten der KG	
Kosten des Registergerichts	Für Eintragungen, Löschungen, Veröffentlichungen.
Gewinnausschüttungen	Sie erfolgen nach HGB oder Gesellschaftsvertrag.
Einkommensteuer	Sie fällt bei den Gesellschaftern an, wenn sie natürliche Personen sind, da die Gesellschafter steuerlich als Mitunternehmer (§ 15 Abs. 1 Nr. 2 EStG) angesehen werden.
Gewerbeertragsteuer	Sie fällt beim Betrieb eines Gewerbes an.

Die KG als solche ist nicht körperschaftsteuerpflichtig. Körperschaftsteuer ist aber bei Gesellschaftern zu zahlen, die Kapitalgesellschaften sind. Kapitalertragsteuer fällt nicht an. Kosten der Prüfung und Publizierung des Jahresabschlusses entstehen nur dann, wenn die KG als publizitätspflichtiges Unternehmen einzuordnen ist.

Ist eine GmbH der Komplementär in einer KG, spricht man von einer **GmbH & Co KG**. Es gelten zunächst die Vorschriften der KG und für die Komplementär-GmbH das GmbHG. Zudem wurden Rechnungslegungsvorschriften, Offenlegungspflichten sowie Schwellenwerte für die Konzernabschlusspflicht und der Umschreibung der Größenklassen durch das Kapitalgesellschaften & Co.-Richtlinie-Gesetz (KapCoRiliG) geschaffen.

Die Rechtsfähigkeit der GmbH & Co KG sowie die Rechte und Pflichten der Gesellschafter der GmbH & Co KG ergeben sich aus den Vorschriften zur KG.

Die GmbH & Co KG ist als zweckmäßige Gesellschaftsform anzusehen, wenn eine Personengesellschaft betrieben werden soll, aber ohne die volle Haftung der natürlichen Personen.

Als **Kapitalkosten** der Beteiligungsfinanzierung fallen bei der GmbH & Co KG an:

Kapitalkosten der GmbH & Co. KG	
Kapitalkosten der KG	Sie umfassen die Kosten des Registergerichts, Gewinnausschüttungen, Einkommensteuer, Gewerbesteuer.
Kapitalkosten der GmbH	Sie fallen nur für die Komplementär-GmbH an.

1.1.2.1 Rechte der Gesellschafter

Bei der **Geschäftsführung** gelten für die Komplementäre die Bestimmungen, die für die Gesellschafter der OHG maßgeblich sind. Die Kommanditisten sind von der Geschäftsführung grundsätzlich ausgeschlossen, sie haben aber ein **Kontrollrecht**. Dies darf nicht laufend – wie bei OHG-Gesellschaftern – ausgeübt werden, sondern beschränkt sich auf die jährlich einmalige Einsicht in die Geschäftsbücher und den Jahresabschluss. Ebenso besteht ein **Widerspruchsrecht** bei Handlungen, die über den gewöhnlichen Geschäftsbetrieb hinausgehen, wie z. B. Grundstückskäufe.

Die **Vertretung** der KG erfolgt ebenfalls grundsätzlich durch die Komplementäre, wobei die Vorschriften für die Gesellschafter der OHG Anwendung finden. Die Kommanditisten sind zur Vertretung der Gesellschaft nicht berechtigt. Es kann ihnen aber Prokura oder Handlungsvollmacht erteilt werden.

Für die Verteilung des von der Gesellschaft erwirtschafteten **Gewinnes** ist der Gesellschaftsvertrag maßgeblich. Sind im Gesellschaftsvertrag keine Vereinbarungen getroffen, werden die Kapitalanteile zunächst mit 4 % verzinst, der Rest des Gewinnes wird in einem den Umständen nach angemessenen Verhältnis aufgeteilt.

Die Komplementäre sind hinsichtlich ihres Rechtes auf **Entnahme** wie die Gesellschafter der OHG gestellt. Die Kommanditisten haben lediglich Anspruch auf Auszahlung ihres Gewinnanteils. Sofern ihr Kapitalanteil durch Verlust gemindert ist, wird der Gewinnanteil zur Auffüllung der bedungenen, d. h. vereinbarten Einlage verwendet. Gewinnanteile, die von den Kommanditisten nicht entnommen werden, stellen Verbindlichkeiten der KG dar, erhöhen also nicht die Einlage.

Die **Übertragung** einer Beteiligung an einer KG bedarf der Zustimmung aller Gesellschafter, sofern der Gesellschaftsvertrag keine andere Regelung vorsieht. Wenn die KG daran interessiert ist, durch die Kommanditisten eine hohe Eigenkapitalbasis zu schaffen, insbesondere viele Kommanditisten in der Gesellschaft aufzunehmen, bietet es sich an, die Übertragbarkeit der Kommanditisten-Anteile im Gesellschaftsvertrag großzügig zu regeln.

Für die **Kündigung** gelten bei den Komplementären die für die Gesellschafter der OHG genannten Vorschriften. Die Kommanditisten können unter Einhaltung einer Frist von mindestens sechs Monaten auf den Schluss eines Geschäftsjahres kündigen, wenn der Gesellschaftsvertrag keine anderen Vereinbarungen enthält.

Bei der **Liquidation** finden die gleichen Vorschriften Anwendung, wie bei der OHG, da es spezielle Regelungen für die KG im Handelsrecht nicht gibt. Die Vorschriften für die OHG gelten dabei nicht nur für Komplementäre, sondern auch für die Kommanditisten.

1.1.2.2 Pflichten der Gesellschafter

Die Komplementäre sind – wie die Gesellschafter der OHG – nicht nur berechtigt, sondern auch verpflichtet, die **Geschäftsführung** wahrzunehmen. Für die Kommanditisten besteht weder ein Recht noch eine Pflicht auf Führung der Geschäfte.

Die rechtlichen Vorschriften zur **Kapitaleinlage** entsprechen bei den Komplementären jenen, die für die Gesellschafter der OHG gelten. Die Kapitaleinlagen der Kommanditisten sind in einem Geldbetrag anzugeben. Das Kapitalkonto der Kommanditisten ist - im Gegensatz zu dem Konto der Komplementäre - ein festes Konto. Eine Mindesthöhe der Kapitaleinlage gilt weder für Komplementäre noch für Kommanditisten.

Die **Haftung** aller Gesellschafter ist vor dem Handelsregister-Eintrag unbeschränkt. Nach dem Handelsregister-Eintrag haften die Komplementäre unmittelbar, unbeschränkt und solidarisch wie die Gesellschafter der OHG. Die Kommanditisten haften dann bis zur Höhe ihrer Einlage, wenn diese geleistet ist.

Für die Verteilung eines **Verlustes** gilt, sofern der Gesellschaftsvertrag keine anderen Regelungen enthält, dass dieser in einem den Umständen nach angemessenen Verhältnis aufzuteilen ist. Auch der Kommanditist kann im entsprechenden Verhältnis bis zum Betrag seines Kapitalanteiles am Verlust beteiligt werden.

Die Komplementäre unterliegen dem **Wettbewerbsverbot** wie die Gesellschafter der OHG. Für die Kommanditisten gilt das nicht.

40 Seite 468

1.1.3 Stille Gesellschaft

Die stille Gesellschaft (§§ 230 - 237 HGB, ergänzend §§ 705 - 740 BGB) ist die vertragliche Vereinigung zwischen einem Geschäftsinhaber (Kaufmann) und einem Kapitalgeber, dessen Einlage in das Vermögen des Geschäftsinhabers übergeht.

Sowohl der Geschäftsinhaber als auch der stille Gesellschafter können natürliche oder juristische Personen sein, auch eine OHG oder KG.

Es besteht **keine gemeinsame Firma**, weshalb der Name des stillen Gesellschafters auch nicht in der Firma des Geschäftsinhabers erscheinen kann. Das Gesellschaftsverhältnis ist aus der Firma nicht ersichtlich.

Die stille Gesellschaft besitzt **keine Rechtsfähigkeit**. Sie ist auch nicht grundbuch-, prozess- oder deliktfähig. In der Praxis kann sie in zwei **Formen** vorkommen:

- Bei der **typischen stillen Gesellschaft** ist der stille Gesellschafter nicht an den stillen Reserven beteiligt, die von der Gesellschaft des Geschäftsinhabers erwirtschaftet werden.

- Bei der **atypischen stillen Gesellschaft** erfolgt eine Beteiligung des stillen Gesellschafters an den stillen Reserven der Gesellschaft des Geschäftsinhabers.

  Deshalb wird der stille Gesellschafter steuerrechtlich als **Mitunternehmer** angesehen.

Die stille Gesellschaft bietet sich als Gesellschaftsform an, wenn ein Beteiligungsverhältnis angestrebt wird, das Dritten gegenüber – mit Ausnahme des Finanzamtes – nicht bekannt und ohne Formalitäten abgewickelt werden soll.

Als **Kapitalkosten** der Beteiligungsfinanzierung können vornehmlich anfallen:

Kapitalkosten der Stillen Gesellschaft	
Gewinnausschüttungen	Sie erfolgen nach HGB oder Gesellschaftsvertrag.
Einkommensteuer	Sie fällt bei den Gesellschaftern an, wenn sie natürliche Personen sind.
Körperschaftsteuer	Sie fällt nur bei körperschaftsteuerpflichtigen Gesellschaften oder Gesellschaften an, die vom Wahlrecht Gebrauch machen, Körperschaftsteuer zu zahlen.
Kapitalertragsteuer	Sie wird vom Gewinnanteil des typischen stillen Gesellschafters einbehalten und beträgt 25 %.

Die Gewerbesteuer betrifft nur die Gesellschaft des Geschäftsinhabers, bei der sich der stille Gesellschafter beteiligt. Kosten für die Prüfung und Publizierung des Jahresabschlusses fallen bei der stillen Gesellschaft nicht an.

1.1.3.1 Rechte der Gesellschafter

Die **Geschäftsführung** der stillen Gesellschaft liegt beim Geschäftsinhaber, nicht dagegen beim stillen Gesellschafter, der auch über kein Widerspruchsrecht verfügt, sondern lediglich ein **beschränktes Kontrollrecht** besitzt, wie der Kommanditist bei der KG. Dementsprechend darf er die Geschäftsbücher und den Jahresabschluss einsehen.

Ebenso erfolgt die **Vertretung** durch den Geschäftsinhaber. Der stille Gesellschafter hat grundsätzlich kein Vertretungsrecht. Es kann ihm aber Prokura oder Handlungsvollmacht übertragen werden.

Sofern keine vertraglichen Vereinbarungen über die Verteilung des **Gewinnes** vorliegen, gilt für den stillen Gesellschafter ein den Umständen nach angemessener Anteil als bedungen, d. h. vereinbart.

Der stille Gesellschafter hat am Schluss eines Geschäftsjahres Anspruch auf **Auszahlung** seines Gewinnanteils. Wenn seine Einlage durch einen Verlust gemindert ist, muss der Gewinnanteil erst zur Deckung des Verlustes verwendet werden.

Die **Übertragung** einer Beteiligung an der Gesellschaft eines Geschäftsinhabers bedarf der Zustimmung des Geschäftsinhabers, sofern der Gesellschaftsvertrag keine andere Regelung vorsieht.

Die **Kündigung** kann nur auf den Schluss eines Geschäftsjahres erfolgen. Dabei ist eine Frist von mindestens sechs Monaten einzuhalten.

1.1.3.2 Pflichten der Gesellschafter

Da der stille Gesellschafter nicht zur **Geschäftsführung** berechtigt ist, kann er auch keine Verpflichtung hierzu haben. Der Geschäftsinhaber hat hingegen die Pflicht der Geschäftsführung, wenn es sich um eine OHG oder KG handelt und er Vollhafter ist.

Die **Einlage** des stillen Gesellschafters muss nominell festgelegt werden. Eine Mindesthöhe ist nicht vorgeschrieben.

Der stille Gesellschafter hat Gläubigern gegenüber keine **Haftung**. Er nimmt die Stellung eines Darlehensgebers ein. Der Geschäftsinhaber haftet entsprechend den Bestimmungen, die für seine Rechtsform gelten.

Sofern keine vertraglichen Vereinbarungen vorliegen, gilt für den stillen Gesellschafter ein den Umständen nach angemessener Anteil am **Verlust** als bedungen. Vertraglich kann die Verlustbeteiligung aber begrenzt oder ausgeschlossen werden.

1.1.4 Gesellschaft des bürgerlichen Rechts

Die GdbR (§§ 705-740 BGB) ist eine vertragliche Vereinigung von Personen zur Erreichung eines gemeinsamen Zieles. Sie wird auch **BGB-Gesellschaft** genannt.

Die GdbR wird von mindestens zwei Gesellschaftern gebildet, die natürliche oder juristische Personen sein können. Sie führt **keine eigene Firma** und ist **nicht rechtsfähig**, auch nicht grundbuch-, prozess- oder deliktfähig.

Wird die Rechtsform einer Gesellschaft gesucht, die nicht auf Dauer ausgerichtet sein und handelsrechtliche Formalitäten vermeiden soll, dann bietet sich die GdbR an. Sie ist für viele Zwecke der Interessenverfolgung, vor allem gleichberechtigter Partner, einsetzbar.

Beispiele: Gelegenheitsgesellschaft, Vermögensverwaltung, Arbeitsgemeinschaft.

Vielfach schließen sich Nichtkaufleute, Handwerker oder Angehörige freier Berufe zu einer GdbR zusammen. Auch Arbeitsgemeinschaften, Kartelle und Interessengemeinschaften bevorzugen häufig die Rechtsform der GdbR.

Kapitalgesellschaften treten vor Abschluss des Gesellschaftsvertrages (Satzung) in der Rechtsform der GdbR auf. Dies geschieht als Vorgründungsgesellschaft.

Für die **steuerliche Behandlung** der GdbR ist entscheidend, ob es sich handelt:

- Um eine **typische GdbR**, bei der die Gesellschafter als Mitunternehmer anzusehen sind.

- Um eine **der stillen Gesellschaft ähnliche GdbR**, bei der die kapitalmäßige Beteiligung im Vordergrund steht. Sie wird hier auch als **Publikums-GdbR** bezeichnet.

Als **Kapitalkosten** der Beteiligungsfinanzierung fallen vor allem an:

Kapitalkosten der GdbR	
Gewinnausschüttungen	Sie erfolgen nach BGB oder Gesellschaftsvertrag.
Einkommensteuer	Sie fällt bei den Gesellschaftern an, wenn sie natürliche Personen sind. Bei der typischen GdbR sind die Gewinnanteile als Einkünfte aus Gewerbebetrieb, bei einer der stillen Gesellschaft ähnlichen GdbR als Einkünfte aus Kapitalvermögen zu versteuern.
Gewerbeertragsteuer	Sie fällt an, wenn mit der GdbR eine gewerbliche Tätigkeit ausgeübt wird.

Die GdbR als solche ist nicht körperschaftsteuerpflichtig, soweit sie nicht vom Wahlrecht Gebrauch macht. Körperschaftsteuer ist auf jeden Fall bei Gesellschaftern zu zahlen, die Kapitalgesellschaften sind. Kapitalertragsteuer ist bei der GdbR nicht einzubehalten.

Kosten für die Prüfung und Publizierung des Jahresabschlusses entstehen nicht, ebenso keine Kosten für einen Handelsregistereintrag. Notariatsgebühren fallen nicht notwendigerweise an.

1.1.4.1 Rechte der Gesellschafter

Die **Geschäftsführung** steht grundsätzlich allen Gesellschaftern gemeinschaftlich zu. Für jedes Geschäft ist die Zustimmung aller Gesellschafter erforderlich. Im Gesellschaftsvertrag kann die Geschäftsführung aber auf einen oder mehrere Gesellschafter beschränkt werden.

Den nicht zur Geschäftsführung zugelassenen Gesellschaftern steht ein **Nachprüfungsrecht** zu. Ist vertraglich eine Einzel-Geschäftsführungsbefugnis vereinbart, hat jeder Gesellschafter ein **Widerspruchsrecht**.

Die **Vertretung** der GdbR erfolgt grundsätzlich durch alle Gesellschafter gemeinsam. Es ist jedoch möglich, Einzelvertretungsbefugnis zu vereinbaren sowie Gesellschafter von der Vertretung auszuschließen.

Am **Gewinn** sind – mangels vertraglicher Bestimmungen – alle Gesellschafter zu gleichen Teilen beteiligt. Sofern keine anderen Vereinbarungen getroffen sind, wird der Gewinn bei Auflösung der Gesellschaft verteilt. Ist die Gesellschaft von längerer Dauer, kann die **Entnahme** nach Abschluss eines jeden Geschäftsjahres erfolgen.

Die **Übertragung** einer Beteiligung an einer GdbR bedarf der Zustimmung aller Gesellschafter, sofern der Gesellschaftsvertrag keine andere Regelung vorsieht.

Wenn die Gesellschaft nicht für eine bestimmte Zeit eingegangen ist, kann jeder Gesellschafter zu jedem Zeitpunkt **kündigen**. Ist die Gesellschaft in ihrem Bestand auf eine bestimmte Zeit begrenzt, ist eine Kündigung vor Zeitablauf nur aus wichtigen Gründen möglich.

1.1.4.2 Pflichten der Gesellschafter

Die **Kapitaleinlage** ist von den Gesellschaftern in der in dem Gesellschaftsvertrag festgesetzten Höhe zu leisten. Eine Mindesthöhe ist nicht vorgeschrieben.

Die **Haftung** ist – wie bei der OHG – grundsätzlich unmittelbar, unbeschränkt und solidarisch. Durch Vereinbarung mit den Gläubigern kann sie jedoch, praktisch als GdbRmbH, jeweils auf den Anteil am Gesellschaftsvermögen beschränkt werden.

Die **Verlustzuweisung** erfolgt zu gleichen Teilen, wenn vertraglich keine andere Regelung getroffen ist.

41 **Seite 469**

1.2 Kapitalgesellschaften

Kapitalgesellschaften sind Unternehmen, die – im Gegensatz zu den Personengesellschaften – **rechtsfähig** sind und über **festes Nominalkapital** verfügen, d. h. nicht entnommene Gewinne können nicht – wie beispielsweise bei der OHG – den Eigenkapitalkonten der betreffenden Gesellschafter zugeschrieben werden, sondern erfordern die Einrichtung eines **Gewinnrücklagen**-Kontos.

Gleiches gilt für die Zahlung eines Agios zusätzlich zu dem gezeichneten Kapital, für das ein **Kapitalrücklagen**-Konto einzuführen ist. Beide Konten weisen Eigenkapital aus, das gezeichnete Kapital bleibt durch diese Maßnahmen aber unverändert.

Ebenfalls im Gegensatz zu den Personengesellschaften steht als Folge der Rechtsfähigkeit, dass die Kapitalgesellschaften **eigenes Vermögen** haben.

Während die Gesellschafter der Kapitalgesellschaften nur bis zur Höhe ihrer Einlagen haften, erstreckt sich die **Haftung** der Kapitalgesellschaften selbst auf ihr gesamtes Vermögen.

Die **Kapitalanteile** der Gesellschafter von Kapitalgesellschaften sind **unkündbar**. Damit soll verhindert werden, dass sich mit dem Ausscheiden eines Gesellschafters der Haftungsumfang der Gesellschaft vermindert.

42 Seite 470

Im Folgenden werden als Kapitalgesellschaften behandelt:

- **Gesellschaft mit beschränkter Haftung**
- **Aktiengesellschaft.**

1.2.1 Gesellschaft mit beschränkter Haftung

Die GmbH ist eine Handelsgesellschaft mit eigener Rechtspersönlichkeit, deren Gesellschafter mit Einlagen auf das in Geschäftsanteile zerlegte Stammkapital von mindestens 25.000 € beteiligt sind.

Beispiel:

Gezeichnetes Kapital = Stammkapital	
Stammeinlage Peter Müller	10.000 €
Stammeinlage Lars Petersen	10.000 €
Stammeinlage Ute Lehmann	5.000 €
Stammkapital	25.000 €

Während der dreijährigen Übergangszeit (1999 - 2001) regelte § 86 GmbHG die Umstellung auf EURO.

Die rechtliche Grundlage für die GmbH ist das GmbH-Gesetz (GmbHG).

Die **Gesellschafter** einer GmbH können natürliche oder juristische Personen sein. Die GmbH kann von einem oder mehreren Gesellschaftern errichtet werden.

Die **Firma** der GmbH muss grundsätzlich zur Kennzeichnung des Kaufmanns geeignet sein sowie Unterscheidungskraft besitzen und die Gesellschafts- sowie Haftungsverhältnisse offen legen. Sie kann aus Personen-, Sach- oder Fantasienamen bestehen, darf allerdings nicht irreführend sein.

Bei der Firma kann es sich auch um eine »gemischte Firma« handeln, die eine Kombination aus Personen-, Sach- oder Fantasiefirma darstellt.

Des Weiteren muss sie die Bezeichnung »*Gesellschaft mit beschränkter Haftung*« oder eine allgemein verständliche Abkürzung »*GmbH*« oder »*Ges.mbH*« enthalten.

Die GmbH ist **rechtsfähig**. Als juristische Person ist sie Träger von Rechten und Pflichten, das bedeutet:

- Sie hat Vermögen.
- Sie kann erben.
- Sie kann im eigenen Namen klagen und verklagt werden.

Im Gegensatz zu einer natürlichen Person ist die GmbH als juristische Person nicht in der Lage selbst zu handeln. Das kann nur durch ihre **Organe** erfolgen, die sind:

- Die **Gesellschafterversammlung**, die aus den Gesellschaftern der GmbH besteht. Hierin haben die Gesellschafter die Möglichkeit, ihre Rechte geltend zu machen.

- Der **Aufsichtsrat**, der in Gesellschaften mit regelmäßig über 500 Arbeitnehmern vorhanden sein muss. Bei Gesellschaften, die regelmäßig **über 500 bis 2.000 Arbeitnehmer** beschäftigen, ist ein Drittel der Aufsichtsratsmitglieder von der Belegschaft zu wählen.

  Bei Gesellschaften mit regelmäßig **mehr als 2.000 Arbeitnehmern** und Gesellschaften der Montanindustrie ist der Aufsichtsrat paritätisch von Anteilseignern und Arbeitnehmern besetzt.

  In der **Montanindustrie** kommt zu den Arbeitgeber- und Arbeitnehmervertretern ein weiteres, neutrales Mitglied, um Mehrheiten zu ermöglichen. In den Gesellschaften außerhalb der Montanindustrie mit regelmäßig mehr als 2.000 Arbeitnehmern entscheidet die Stimme des Aufsichtsratsvorsitzenden bei Stimmengleichheit (BetrVerfG, MontanMitbestG, MitbestG).

- Der oder die **Geschäftsführer**, welche die Gesellschaft nach außen zu vertreten und im Innenverhältnis zu leiten haben. Sie werden von der Gesellschafterversammlung durch Beschluss bestellt oder bereits im Gesellschaftsvertrag benannt. In Gesellschaften mit mehr als 2.000 Arbeitnehmern wird ein **Arbeitsdirektor** bestellt.

  Geschäftsführer können Gesellschafter oder andere Personen sein. Soweit vertraglich nichts anderes vereinbart ist, besteht Gesamtgeschäftsführungsbefugnis.

  Die Bestellung von Geschäftsführern kann zu jeder Zeit widerrufen werden. Im Gesellschaftsvertrag kann die Zulässigkeit des Widerrufes auf den Fall beschränkt werden, dass wichtige Gründe – insbesondere grobe Pflichtverletzung oder Unfähigkeit zur ordnungsmäßigen Geschäftsführung – den Widerruf notwendig machen.

  Im Innenverhältnis können die Gesellschafter sich gegenüber den Geschäftsführern sehr weitgehende Rechte vorbehalten.

Die GmbH erweist sich als **geeignete Rechtsform** eines Unternehmens, wenn sich wenige Gesellschafter zusammenschließen und die Haftung auf ihre Einlage beschränken wollen. Dabei ist die Eignung der GmbH nicht nur auf kleinere oder mittlere Unternehmen begrenzt, auch für größere Unternehmen kann sich diese Rechtsform anbieten.

Als **Kapitalkosten** der Beteiligungsfinanzierung können insbesondere anfallen:

Kapitalkosten der GmbH	
Notariatsgebühren	Sie fallen für notarielle Beurkundungen an.
Kosten des Registergerichtes	Sie fallen für Eintragungen, Löschungen und Veröffentlichungen an.
Kosten der Gesellschafterversammlung	Dazu zählen Raumkosten, Reisekosten u. a.
Gewinnausschüttungen	Sie werden von der Gesellschafterversammlung beschlossen.
Körperschaftsteuer	Sie fällt bei der GmbH an und beträgt unabhängig davon, ob eine Ausschüttung oder Thesaurierung der Gewinne erfolgt, 25 %.
Einkommensteuer	Ihr unterliegen die ausbezahlten Gewinnanteile zur Hälfte (sog. Halbeinkünfteverfahren) bei den einzelnen Gesellschaftern, soweit diese natürliche Personen sind. Eine Anrechnung von Körperschaftsteuer auf die Einkommensteuer erfolgt nicht mehr.
Kapitalertragsteuer	Sie muss von den Gewinnausschüttungen durch die GmbH einbehalten werden, wird aber bei der Einkommen- oder Körperschaftsteuer der einzelnen Gesellschafter berücksichtigt.
Gewerbeertragsteuer	Da die GmbH ein Gewerbebetrieb kraft Rechtsform ist, besteht Gewerbesteuerpflicht.

Kosten für die Prüfung und Publizierung des Jahresabschlusses entstehen dann, wenn die GmbH publizitätspflichtig ist, etwa nach den Vorschriften der §§ 264 ff. HGB.

1.2.1.1 Rechte der Gesellschafter

Die Gesellschafter machen ihre Rechte in der Gesellschafterversammlung geltend. Nach § 46 GmbHG haben sie folgende Möglichkeiten der **Mitbestimmung**, wobei 50 € eines Geschäftsanteils eine Stimme ausmachen und Beschlussfassungen mit der einfachen Mehrheit der abgegebenen Stimmen erfolgen. Zu den Beschlüssen der Gesellschafterversammlung zählen:

- Feststellung der Jahresbilanz und Verteilung des Bilanzgewinns
- Einforderung von Einzahlungen auf die Stammeinlagen
- Rückzahlung von Nachschüssen
- Teilung sowie Einziehung von Geschäftsanteilen
- Bestellung, Abberufung und Entlastung von Geschäftsführern
- Erstellung von Maßregeln zur Prüfung und Überwachung der Geschäftsführung

- Bestellung von Prokuristen und Handlungsbevollmächtigten zum gesamten Geschäftsbetrieb
- Geltendmachung von Ersatzansprüchen, die der Gesellschaft aus der Gründung oder Geschäftsführung gegen Geschäftsführer oder Gesellschafter zustehen, sowie Vertretung der Gesellschaft in Prozessen, die sie gegen die Geschäftsführer zu führen hat.

Die Gesellschafter haben ein **Auskunftsrecht**. Innerhalb und außerhalb der Gesellschafterversammlung haben die Geschäftsführer jedem einzelnen Gesellschafter auf dessen Verlangen unverzüglich Auskunft über alle Angelegenheiten der Gesellschaft zu geben. Jeder Gesellschafter kann grundsätzlich Einsicht in die Bücher und Schriften der Gesellschaft nehmen.

Die Gesellschafter haben Anspruch auf den sich ergebenden **Bilanzgewinn**, der nach dem Verhältnis der Geschäftsanteile zu verteilen ist, sofern im Gesellschaftsvertrag nichts anderes festgelegt ist. Er wird ermittelt:

	Vorläufiger Jahresüberschuss
–	Geschäftsführertantieme
–	Aufsichtsratstantieme
=	Jahresüberschuss
+	Gewinnvortrag aus Vorjahr
–	Verlustvortrag aus Vorjahr
=	Körperschaftsteuerliches Einkommen
–	Einstellung in die Rücklagen
=	**Bilanzgewinn**
–	Gewinnausschüttung
=	Gewinnvortrag

Die **Übertragung** von Geschäftsanteilen ist möglich. Sie bedarf eines in gerichtlicher oder notarieller Form geschlossenen Vertrages. Im Gesellschaftsvertrag können weitere Voraussetzungen genannt sein, beispielsweise, dass die Zustimmung der Gesellschaft für die Übertragung erforderlich ist. Diese Zustimmung ist im Übrigen stets erforderlich, wenn Teile eines Geschäftsanteiles veräußert werden.

Die Gesellschafter haben ein Recht auf Anteil am **Liquidationserlös**, der sich – mangels einer Festlegung im Gesellschaftsvertrag – nach dem Verhältnis ihrer Geschäftsanteile bemisst.

1.2.1.2 Pflichten der Gesellschafter

Die Gesellschafter der GmbH sind verpflichtet, ihre **Stammeinlage** fristgerecht zu leisten. Sie hat mindestens 100 € zu betragen und muss einen Wert aufweisen, der durch 50 teilbar ist.

Im Gesellschaftsvertrag kann vereinbart sein, dass die Stammeinlage zunächst nicht in voller Höhe bereitzustellen, sondern zu einem späteren Zeitpunkt bis zur Höhe des

Geschäftsanteils aufzufüllen ist. Dieser Termin kann im Gesellschaftsvertrag festgelegt oder von der Gesellschaft benannt werden. Bezüglich der Stammeinlage gilt:

- Gründen **mehrere Gesellschafter** die GmbH, müssen vor Eintragung in das Handelsregister mindestens 25 % jeder Stammeinlage eingezahlt werden, wobei insgesamt auf das Stammkapital mindestens so viel eingezahlt werden muss, dass 50 % des Mindeststammkapitals erreicht werden, also 12.500 €.

- Gründet lediglich **ein Gesellschafter** die GmbH als »Ein-Mann-GmbH« oder wird die GmbH innerhalb von drei Jahren seit ihrer Eintragung in das Handelsregister **nachträglich** eine »Ein-Mann-GmbH«, muss der Gesellschafter 50 % des Mindeststammkapitals einzahlen und für die verbleibende Differenz zwischen dem eingezahlten Betrag und der vollen Einlage **Sicherheit** leisten.

Wird die Stammeinlage **nicht fristgerecht** geleistet, hat der säumige Gesellschafter Verzugszinsen zu entrichten. Er kann zur Zahlung binnen einer zu bestimmenden Nachfrist, die jedoch nicht unter einem Monat liegen darf, aufgefordert werden, wobei die Androhung seines Ausschlusses mit dem Geschäftsanteil möglich ist. Nach fruchtlosem Ablauf der Frist ist der säumige Gesellschafter seines Gesellschaftsanteils und der geleisteten Teilzahlungen zu Gunsten der Gesellschaft verlustig zu erklären.

Der **kaduzierte** (= aberkannte) **Geschäftsanteil** kann im Wege der öffentlichen Versteigerung verkauft werden, es sei denn, der ausgeschlossene Gesellschafter hat den Anteil von einem früheren Gesellschafter gekauft, der noch fünf Jahre für die auf die Stammeinlage eingeforderten Beträge haftet. Zahlt der noch haftende Rechtsvorgänger den rückständigen Betrag, erwirbt er den Geschäftsanteil des ausgeschlossenen Gesellschafters.

Wird die Stammeinlage des säumigen Gesellschafters weder eingezogen noch durch den Verkauf des Geschäftsanteils gedeckt, sind die übrigen Gesellschafter verpflichtet, für den Ausfall im Verhältnis ihrer Geschäftsanteile aufzukommen. Eine andere Art des Verkaufes ist nur mit Zustimmung des ausgeschlossenen Gesellschafters zulässig.

Für einen Mindererlös haftet der ausgeschlossene Gesellschafter, im Falle von dessen Zahlungsunfähigkeit die übrigen Gesellschafter im Verhältnis ihrer Geschäftsanteile.

Eine **Erhöhung des Stammkapitals** bedarf eines Beschlusses der Gesellschafterversammlung mit Drei-Viertel-Mehrheit. Da neue Gesellschafter an den offenen Rücklagen und stillen Reserven der GmbH teilhaben, die in der Vergangenheit gebildet wurden, sollten neue Gesellschafter außer ihrer Stammeinlage ein **Agio** zahlen, das den entstandenen Rücklagen bzw. Reserven anteilig entspricht. Dieses Agio kann über eine Unternehmensbewertung errechnet werden.

Die **Haftung** der Gesellschafter beschränkt sich auf ihre Stammeinlage, wenn die Gesellschaft im Handelsregister eingetragen ist. Ist eine Eintragung der Gesellschaft im Handelsregister noch nicht erfolgt (Vor-GmbH), haften die Gesellschafter im Außenverhältnis in Höhe ihrer Einlageverpflichtung, im Innenverhältnis gegenüber der Gesellschaft unbeschränkt und solidarisch (Unterbilanzhaftung). Daneben haften die für die Gesellschaft Handelnden unbeschränkt persönlich.

Im Gesellschaftsvertrag kann bestimmt werden, dass die Gesellschafter über den Betrag der Stammeinlagen hinaus die Einforderung von weiteren Einzahlungen beschließen können. Diese haben nach dem Verhältnis der Geschäftsanteile zu erfolgen. Die **Nachschusspflicht** kann sein:

- Unbeschränkte Nachschusspflicht
- Beschränkte Nachschusspflicht.

Bei **beschränkter** Nachschusspflicht bedient die Gesellschaft sich des oben beschriebenen Kaduzierungsverfahrens, wenn ein Gesellschafter mit seiner Nachzahlung im Verzug ist.

Sieht der Gesellschaftsvertrag eine **unbeschränkte** Nachschusspflicht vor, hat jeder Gesellschafter, der seine Stammeinlage vollständig geleistet hat, das Recht, sich von der Zahlung des auf den Geschäftsanteil eingeforderten Nachschusses dadurch zu befreien, dass er den Geschäftsanteil innerhalb eines Monats nach der Aufforderung zur Einzahlung der Gesellschaft zur Verfügung stellt (Abandonrecht).

Die Gesellschaft kann erklären, dass sie einen Geschäftsanteil als zur Verfügung gestellt betrachte, wenn ein Gesellschafter innerhalb der angesetzten Frist weder von seinem Abandonrecht Gebrauch macht noch die Einzahlung geleistet hat. Es folgt der Verkauf des Geschäftsanteils im Wege der öffentlichen Versteigerung. Ein anderer Weg des Verkaufes ist nur mit Zustimmung des betroffenen Gesellschafters zulässig.

Gesetzlich sind für die Gesellschafter der GmbH keine **Wettbewerbsbeschränkungen** vorgesehen. Indessen kann es – insbesondere bei kleineren Gesellschaften – möglich sein, dass solche Vereinbarungen im Gesellschaftsvertrag enthalten sind.

43 Seite 470

1.2.2 Aktiengesellschaft

Die AG*) ist eine Handelsgesellschaft mit eigener Rechtspersönlichkeit, deren Gesellschafter mit Einlagen auf das in Aktien zerlegte Grundkapital beteiligt sind. Die rechtliche Grundlage für die AG ist das AktG.

Die Gesellschafter der AG können natürliche und juristische Personen sein. Die AG kann von einem oder mehreren Gesellschaftern gegründet werden. Das **Grundkapital** beträgt mindestens 50.000 €.

Die Aktien können einerseits in Form von **Nennbetragsaktien** ausgegeben werden, deren Mindestwert 1 € betragen und deren Teilbarkeit auf volle EURO gegeben sein muss. Höhere Nennwerte der Aktien sind zulässig.

---

*) Die Europäische Aktiengesellschaft (SE) ist eine neue supranationale Gesellschaftsform in den EU-Staaten, die seit 2005 mit einem Mindestkapital von 120.000 € in einem Mitgliedsstaat der Europäischen Gemeinschaft entsprechend der jeweiligen Ausführungsgesetze gegründet werden kann. Wahlmöglichkeiten bestehen insbesondere in der inneren Organisationsform der Organe der SE.

Andererseits besteht die Möglichkeit **nennwertlose Stückaktien** zu begeben, die im gleichen Umfange am Grundkapital der Aktiengesellschaft beteiligt sind und jeweils einen Anteil am Grundkapital verkörpern. Der auf die einzelnen Aktien entfallende Anteil am Grundkapital (»fiktiver Mindestnennwert«) darf 1 € nicht unterschreiten.

Durch die Umstellung von DM auf EURO entstanden bei der Beibehaltung von Nennbetragsaktien »krumme« Werte, die **Nennbetragsglättungen** erforderten. Diese waren möglich:

- In Form von Kapitalerhöhungen bzw. Kapitalberabsetzungen.
- Durch die Neustückelung des Grundkapitals.

Die Praxis zeigte allerdings, dass sich die Mehrzahl der Aktiengesellschaften für eine Umstellung der DM-Nennbetragsaktie auf eine EURO-Stückaktie entschieden haben, da hier diese Glättungsmaßnahmen entfielen.

Aktien dürfen nicht *»unter pari«* ausgegeben werden, d. h. unter ihrem Nennwert oder unter dem auf die einzelne Stückaktie entfallenden Mindestanteil am Grundkapital. Dagegen ist es zulässig, Aktien *»über pari«* auszugeben, also zu einem höheren Betrag. Die Differenz zwischen dem Ausgabewert und dem Nennwert wird als **Agio** bezeichnet und ist in die Kapitalrücklage einzustellen.

Es ist zulässig, einen geringeren Wert als den Ausgabebetrag der Aktien einzuzahlen. Allerdings dürfen in diesem Falle nur Namensaktien ausgegeben werden, wobei der Betrag der Teilleistung in der Aktie anzugeben ist.

Die **Firma** der AG gilt grundsätzlich als Handelsgesellschaft (Formkaufmann). Sie muss Unterscheidungskraft besitzen und die Gesellschafts- sowie Haftungsverhältnisse offen legen. Die Firma der AG kann eine Personen-, Sach-, oder Fantasiefirma sein, deren Benennung allerdings nicht irreführend sein darf. Sie kann auch als »gemischte Firma« eine Kombination aus Personen-, Sach- oder Fantasiefirma darstellen.

Als Bezeichnung hat sie *»Aktiengesellschaft«* oder eine allgemein verständliche Abkürzung *»AG«* oder *»Akt.ges.«* zu führen.

Die AG ist **rechtsfähig**, d. h. sie ist Träger von Rechten und Pflichten, hat Vermögen, kann erben und im eigenen Namen klagen und verklagt werden. Sie handelt durch ihre **Organe**:

- Die **Hauptversammlung** (§§ 118-147 AktG), die aus den Aktionären besteht und das oberste Organ der Gesellschaft ist. Hier können die Aktionäre ihre Rechte geltend machen – siehe S. 207 f.

- Den **Aufsichtsrat** (§§ 95-116 AktG), der den Vorstand zu bestellen, abzuberufen und seine Geschäftsführung zu überwachen hat. Dabei ist er berechtigt, die Bücher und Unterlagen der Gesellschaft einzusehen. Der Aufsichtsrat besteht nach AktG aus drei Mitgliedern. Die Satzung der Gesellschaft kann aber eine höhere Anzahl festlegen:

❍ Bis zu 9 Mitglieder bei einem Grundkapital bis 1,5 Millionen €. ❍ Bis zu 15 Mitglieder bei einem Grundkapital über 1,5 Millionen bis 10 Millionen €. ❍ Bis zu 21 Mitglieder bei einem Grundkapital über 10 Millionen €.

Bei Gesellschaften, die regelmäßig über 500 bis 2.000 Arbeitnehmer beschäftigen, gilt, dass ein Drittel der Aufsichtsratsmitglieder von der Belegschaft zu wählen ist. Bei Gesellschaften mit regelmäßig mehr als 2.000 Arbeitnehmern und Gesellschaften der Montanindustrie ist der Aufsichtsrat paritätisch von Anteilseignern und Arbeitnehmern besetzt.

In der Montanindustrie kommt zu den Arbeitgeber- und Arbeitnehmervertretern ein weiteres, neutrales Mitglied, um Mehrheiten zu ermöglichen. In den Gesellschaften außerhalb der Montanindustrie mit regelmäßig mehr als 2.000 Arbeitnehmern entscheidet die Stimme des Aufsichtsratsvorsitzenden bei Stimmengleichheit (BetrVerfG, MontanMitbestG, MitbestG).

- Den **Vorstand** (§§ 76 - 94 AktG), der unter eigener Verantwortung die Gesellschaft zu leiten hat und aus einer oder mehreren natürlichen, unbeschränkt geschäftsfähigen Personen bestehen kann.

  Beträgt das Grundkapital **mehr als 3 Millionen €**, muss er aus mindestens zwei Personen bestehen, es sei denn, die Satzung sieht nur eine Person vor.

  In der **Montanindustrie** und bei anderen Gesellschaften, die in der Regel **mehr als 2.000 Beschäftigte** haben, ist ein Arbeitsdirektor als gleichberechtigtes Vorstandsmitglied zu bestellen.

  Ist in der Satzung der Gesellschaft nichts anderes festgelegt, nehmen die Vorstandsmitglieder die Geschäftsführung und Vertretung gemeinschaftlich wahr.

Die AG erweist sich für Großunternehmen als geeignete Rechtsform, wobei die Zahl der Gesellschafter häufig sehr groß ist. Im Gegensatz zu anderen Rechtsformen haben die Gesellschafter der AG vielfach weder persönliche Bindungen untereinander noch gegenüber der AG, oft sind sie anonym.

Eine besondere Form der AG ist die **KGaA**, die – wie die AG – eine Kapitalgesellschaft darstellt. Sie ist in den §§ 278-290 AktG geregelt und hat mindestens einen Gesellschafter, der den Gesellschaftsgläubigern als Komplementär unbeschränkt haftet und kraft Gesetzes Vorstand ist. Seine Einlage leistet er auf das Grundkapital oder außerhalb des Grundkapitals oder in Kombination beider Möglichkeiten.

Der oder die Vollhafter führen die KGaA. Die Rechte der Kommanditaktionäre sind gegenüber den Rechten der Aktionäre einer AG stark eingeschränkt. Z. B. bedürfen Beschlüsse zum Jahresabschluss oder zu Angelegenheiten des Komplementärs dessen Zustimmung. Kommanditisten sind selbstständig befugt, Prüfer für den Jahresabschluss zu bestellen.

Die AG weist im Vergleich der Rechtsformen die höchsten **Kapitalkosten** auf.

Zu ihnen zählen insbesondere:

Kapitalkosten der AG	
Notariatsgebühren	Sie fallen für notarielle Beurkundungen an.
Kosten des Registergerichtes	Sie fallen für Eintragungen, Löschungen und Veröffentlichungen an.
Kosten der Hauptversammlung	Dazu zählen Raumkosten, Reisekosten u.a.
Kosten der Aktienemission	○ Druckkosten der Aktien ○ Druckkosten des Börsenprospektes ○ Prosivion für das Bankenkonsortium (etwa 4 %) ○ Börseneinführungsspesen (1 %) Insgesamt betragen die Kosten der Emission zwischen 7 und 10 % des Erhöhungsvolumens.
Kosten des Kapitaldienstes	Sie fallen als Provision für die Coupon-Einlösung an.
Kosten der Kurssicherung	Sie enthalten die Kosten des An- und Verkaufes von Aktien zur Marktpflege.
Gewinnausschüttungen	Sie werden von der Hauptversammlung beschlossen.
Körperschaftsteuer	Sie fällt bei der AG an und beträgt unabhängig davon, ob eine Ausschüttung oder Thesaurierung der Gewinne erfolgt, 25 %.
Einkommensteuer	Ihr unterliegen die ausbezahlten Gewinnanteile zur Hälfte (sog. Halbeinkünfteverfahren) bei den einzelnen Gesellschaftern, soweit diese natürliche Personen sind. Eine Anrechnung von Körperschaftsteuer auf die Einkommensteuer erfolgt nicht mehr.
Kapitalertragsteuer	Sie muss von den Dividenden durch die AG einbehalten werden, ist aber auf die Einkommen- oder Körperschaftsteuer bei den einzelnen Gesellschaftern anrechenbar.
Gewerbeertragsteuer	Sie fällt an, weil die AG ein Gewerbebetrieb kraft Rechtsform ist.
Kosten der Prüfung und Publizierung des Jahresabschlusses	Hierzu zählen beispielsweise die Honorare für Wirtschaftsprüfer und Veröffentlichungen.

1.2.2.1 Rechte der Gesellschafter

Die Aktionäre üben ihre Rechte in den Angelegenheiten der Gesellschaft in der Hauptversammlung aus, soweit das Gesetz nichts anderes bestimmt. Sie haben vor allem folgende **Mitbestimmungsrechte**, wobei sich ihr Stimmrecht grundsätzlich nach den Aktiennennbeträgen oder bei Stückaktien nach deren Zahl bemisst (§ 134 AktG). Folgende Beschlüsse sind nach § 119 AktG zu treffen:

- Bestellung der Mitglieder des Aufsichtsrates, soweit diese nicht in den Aufsichtsrat zu entsenden oder als Aufsichtsratsmitglieder der Arbeitnehmer zu wählen sind.
- Verwendung des Bilanzgewinnes
- Entlastung der Mitglieder des Vorstandes und Aufsichtsrates
- Bestellung der Abschlussprüfer
- Änderungen der Satzung
- Maßnahmen der Kapitalbeschaffung und Kapitalherabsetzung
- Bestellung von Prüfern für Vorgänge bei der Gründung oder Geschäftsführung
- Auflösung der Gesellschaft.

Der Vorstand muss – mit gewissen in § 131 AktG genannten Ausnahmen – jedem Aktionär auf Verlangen in der Hauptversammlung **Auskunft** über Angelegenheiten der Gesellschaft geben, soweit sie zur sachgemäßen Beurteilung des Gegenstandes der Tagesordnung erforderlich ist.

Die Aktionäre haben Anspruch auf den **Bilanzgewinn**, soweit er nicht nach Gesetz oder Satzung, durch Hauptversammlungsbeschluss oder als zusätzlicher Aufwand aufgrund des Gewinnverwendungsbeschlusses von der Verteilung unter die Aktionäre ausgeschlossen ist.

Die Hauptversammlung beschließt über die Verwendung des Bilanzgewinns (§ 174 AktG). In dem Beschluss ist die Verwendung des Bilanzgewinns im Einzelnen darzulegen, namentlich sind anzugeben:

- Der Bilanzgewinn
- Der an die Aktionäre auszuschüttende Betrag
- Die in Gewinnrücklagen einzustellenden Beträge
- Ein Gewinnvortrag
- Der zusätzliche Aufwand aufgrund des Beschlusses.

Die Anteile der Aktionäre am Gewinn bestimmen sich, sofern die Satzung keine andere Regelung enthält, nach ihrem Anteil am Grundkapital.

Die Aktionäre haben ein Recht auf **Bezug** neuer Aktien, wenn Kapitalerhöhungen vorgenommen werden.

Die **Übertragbarkeit** der Aktien ist auf einfache Weise durch Verkauf über die Börse möglich. Die AG wird von dem Verkauf in ihrer Kapitalbasis nicht berührt.

Die Aktionäre haben einen Anspruch auf Anteil am **Liquidationserlös**, der sich nach dem Verhältnis des Aktienanteils am Grundkapital bemisst, wenn nicht Aktien mit verschiedenen Rechten vorhanden sind.

1.2.2.2 Pflichten der Gesellschafter

Die Aktionäre sind verpflichtet, bei Gründung der AG ihre **Einlage** zu leisten. Erfolgt eine Bargründung, sind mindestens 25 % des geringsten Ausgabebetrages zu leisten. Bei Ausgabe der Aktien ist ein mögliches Agio voll zu leisten. Es gilt:

- Das Agio wird bilanziell in die Kapitalrücklage eingestellt.
- Gründungskosten kommen in den Verlustvortrag.
- Sacheinlagen sind voll einzubringen.

Beispiel:		
	Gezeichnetes Kapital	5.000.000 €
	Emissionskurs	125 %
	Gründungskosten	200.000 €
	Einzahlung	25 %

Aktiva	Gründungsbilanz		Passiva
Ausstehende Einlagen	3.750.000	Gezeichnetes Kapital	5.000.000
Vermögen	2.300.000	Kapitalrücklage	1.250.000
		Verlustvortrag	– 200.000
	6.050.000		6.050.000

Werden Einlagen nicht rechtzeitig geleistet, sind 5 % Verzugszinsen zu zahlen, außerdem kann Schadenersatz verlangt werden.

Ist die Übertragung der Aktien an die Zustimmung der Gesellschaft gebunden, kann die Satzung den Aktionären die Verpflichtung auferlegen, nicht in Geld bestehende Leistungen zu erbringen. Dabei hat sie zu bestimmen, ob die Leistungen entgeltlich oder unentgeltlich zu erbringen sind.

Die **Haftung** der Aktionäre erstreckt sich bis in Höhe des Ausgabebetrages der Aktie. Sie umfasst nicht das Privatvermögen, wenn die Gesellschaft im Handelsregister eingetragen ist. Ist die Eintragung im Handelsregister noch nicht erfolgt, dann haften die Aktionäre unbeschränkt und solidarisch.

44 **Seite 471**

1.2.2.3 Aktien

Aktien sind Wertpapiere, die verschiedene **Mitgliedschaftsrechte** verbriefen:

- Stimmrecht (in der Hauptversammlung)
- Recht auf Anteil am Gewinn (Dividende)
- Recht auf Anteil am Liquidationserlös
- Recht auf Bezug neuer Aktien.

Als Wertpapiere bestehen die Aktien aus folgenden **Teilen**, die nur gemeinsam übertragbar sind:

Mantel	**Bogen**	
Eigentliche Wertpapierurkunde	Coupons	Erneuerungsschein

Der **Mantel** ist derjenige Teil der Wertpapierurkunde, in dem die Anteilsrechte verbrieft sind.

Der **Coupon** ist der Dividendenschein, der für die Auszahlung der Dividende und für die Ausübung des Bezugsrechtes erforderlich ist. Er wird am Fälligkeitstag vom Bogen, der aus 10 bis 20 Coupons und einem Erneuerungsschein besteht, abgetrennt und eingelöst.

Der **Erneuerungsschein** – auch Talon genannt – ist der letzte Abschnitt des Dividendenbogens und dient der Beschaffung eines neuen Dividendenbogens, wenn der alte Bogen verbraucht ist. Im Folgenden werden betrachtet:

- **Arten**
- **Kurse**.

1.2.2.3.1 Arten

Aktien lassen sich nach mehreren **Kriterien** unterteilen:

Kriterium	Art der Aktien
Unterschiedliche Wertbezeichnung	❍ Nennwertaktien ❍ Quotenaktien ❍ Stückaktien
Unterschiedliche Übertragungsmöglichkeit	❍ Inhaberaktien ❍ Namensaktien
Unterschiedlicher Rechtsumfang	❍ Stammaktien ❍ Vorzugsaktien
Unterschiedliche Verfügungsmöglichkeit	❍ Eigene Aktien ❍ Vorratsaktien
Unterschiedlicher Ausgabezeitpunkt	❍ Junge (neue) Aktien ❍ Alte Aktien

1.2.2.3.1.1 Nennwert-/Quoten-/Stückaktien

Nennwertaktien, Quotenaktien und Stückaktien sind Aktien **unterschiedlicher Wertbezeichnung**.

Die **Nennwertaktien**, die auch Nominalaktien genannt werden, lauten auf einen bestimmten Nennbetrag, der in Geld ausgedrückt ist und seit 2001 mindestens 1 € betragen muss. Auch hier galt zwischen 1999 und 2001 hinsichtlich der Währung die Wahlfreiheit. Bei höheren Werten müssen die Nennbeträge durch volle EURO-Beträge teilbar sein. Die Summe der Aktiennennbeträge ergibt das Grundkapital als gezeichnetes Kapital (§ 152 Abs. 1 AktG). Die Nennbeträge dienen als Bemessungsgrundlage für das Stimmrecht und die Gewinnverteilung.

Nennwertaktien dürfen nur zum Nennwert oder einem höheren Betrag (»über pari«) ausgegeben werden.

Die **Quotenaktien**, die auch Anteilsaktien genannt werden, enthalten keinen Nennbetrag, sondern verbriefen direkt einen quotalen Anteil am Reinvermögen, beispielsweise lauten sie auf 1/10.000. In Deutschland sind sie verboten.

Die **Stückaktien** lauten auf keinen Nennbetrag und werden daher auch »nennwertlose Stückaktien« genannt. Sie verkörpern wie Nennwertaktien einen Anteil am Grundkapital, der im Umfang gleich hoch ist, aber betragsmäßig nicht ausgewiesen wird. Der Anteil bestimmt sich mittels der Division des Grundkapitals durch die Anzahl der ausgegebenen Aktien.

Bei der Ausgabe von Stückaktien muss sich mindestens ein »fiktiver Nennwert« von 1 € aus dem Verhältnis des Grundkapitals und der Anzahl der ausgegebenen Aktien ergeben.

1.2.2.3.1.2 Inhaber-/Namensaktien

Inhaberaktien und Namensaktien sind Aktien **unterschiedlicher Übertragungsmöglichkeit**.

Inhaberaktien tragen keinen Namen eines Berechtigten. Damit gilt der jeweilige Inhaber als Berechtigter. Es sind Wertpapiere, die durch Einigung und Übergabe übertragen werden.

Voraussetzung für ihre Ausgabe ist, dass der Aktien-Nennbetrag voll eingezahlt wurde. Ist dies nicht der Fall, gibt es zwei Möglichkeiten:

- Inhaberaktien werden erst ausgegeben, wenn die volle Einzahlung des Ausgabebetrages erfolgt ist, bis dahin werden zunächst lediglich Interims- oder Zwischenscheine ausgegeben.

- Es werden Aktien ausgegeben, die aber Namensaktien sein müssen und den Betrag der Teilleistung angeben müssen.

Namensaktien tragen die Namen der Aktionäre, die im Aktienregister der Gesellschaft eingetragen sind. Bei den Namensaktien handelt es sich um Orderpapiere, die auch durch Einigung, Indossament und Übergabe übertragen werden können.

Die Übertragung ist der Gesellschaft anzuzeigen. Daraufhin erfolgt die Umschreibung im Aktienregister. Das ist notwendig, da nur derjenige als Aktionär gilt, der im Aktienregister eingetragen ist. Zur Pflege der Daten des Aktienregisters sind mitwirkende Kreditinstitute verpflichtet.

Große deutsche Unternehmen haben ihre Inhaberaktien in Namensaktien umgewandelt. Gründe für die Umstellung von Inhaberaktien auf Namensaktien sind:

- Problemloser weltweiter Handel und damit weltweite Kapitalbeschaffungsmöglichkeiten. Beispielsweise sind in der USA nur Namensaktien börsenfähig.

- Möglichkeit der gezielten Ansprache und der Information der Aktionäre (Investor relationship).

- Kenntnis der Aktiengesellschaft hinsichtlich der Aktionärszusammensetzung.

Der Börsenhandel mit Namensaktien wird durch Blanko-Indossamente bzw. Blanko-Zessionen ermöglicht oder durch eine Zessionserklärung bei Ordererteilung.

Die Deutsche Börse AG bietet bereits die elektronische Handelbarkeit dieser physisch nicht vorhandenen Namenspapiere an, wobei auch die notwendigen Umschreibungen der Aktionärsdaten im Aktienregister berücksichtigt werden.

Während ein eventuelles Agio voll eingezahlt werden muss, beträgt die Mindesteinzahlung auf den geringsten Ausgabebetrag der Namensaktien lediglich 25 %.

Von **vinkulierten Namensaktien** wird gesprochen, wenn die Übertragung der Namensaktien an die Zustimmung der Gesellschaft geknüpft ist. Damit soll insbesondere eine Verschiebung der Beteiligungsverhältnisse verhindert werden können.

1.2.2.3.1.3 Stamm-/Vorzugsaktien

Stammaktien und Vorzugsaktien sind Aktien **unterschiedlichen Rechtsumfanges**.

Stammaktien sind die in Deutschland hauptsächlich verbreiteten Aktien. Sie basieren auf dem Prinzip der Gleichberechtigung und beinhalten:

- Gleiches Stimmrecht
- Gleiches Recht auf Dividende
- Gleiches Recht am Liquidationserlös
- Gleiches Recht bei Kapitalerhöhungen (Bezugsrecht).

Im Gegensatz zu den Stammaktien räumen **Vorzugsaktien** den betreffenden Aktionären besondere Ansprüche ein, die sich besonders beziehen können auf:

Dividende	Der Vorzugsaktionär hat einen erhöhten Dividendenanspruch. Häufig wird dieser Vorzug an einen Verzicht gekoppelt, beispielsweise den Verzicht auf das Stimmrecht. Die stimmrechtslose Vorzugsaktie ist die in der Praxis verbreitete Form der Vorzugsaktie.
Stimmrecht	Der Vorzugsaktionär erhält ein verstärktes Stimmrecht in der Hauptversammlung, was in Deutschland aber grundsätzlich verboten ist und nur in Ausnahmefällen vom Bundeswirtschaftsministerium erlaubt werden kann. Es würden dann Höchststimmrechts- bzw. Mehrstimmrechtsaktien entstehen.
Liquidationserlös	Der Vorzugsaktionär hat Sonderrechte bei der Auflösung der Gesellschaft, beispielsweise das Recht auf vorrangige Befriedigung aus dem Liquidationserlös.

Vorzugsaktien, deren besondere Ansprüche sich auf die Dividende beziehen, sind:

- **Vorzugsaktien mit prioritätischem Dividendenanspruch,** bei welchen den Vorzugsaktionären vor Ausschüttung der Dividenden an die Stammaktionäre eine Vorzugsdividende in einer bestimmten Höhe gezahlt wird.

  Der **Vorteil** dieser Aktien liegt darin, dass Vorzugsaktionäre auch bei geringem Gewinn ihre Dividende bekommen können, während für die Stammaktionäre eine geringere oder keine Dividende mehr verbleibt.

  Beispiel: Die Vorzugsaktionäre erhalten vorab eine Vorzugsdividende von 5 %, das sind pro 50 €-Aktie ein Betrag von 2,50 €. Ist noch Gewinn vorhanden, erhalten die Stammaktionäre ebenfalls 5 % pro Aktie. Ein verbleibender Restgewinn wird auf die Vorzugs- und Stammaktien gleichmäßig aufgeteilt.

  Bei einem prioritätischen Dividendenanspruch **mit Überdividende** erhalten die Vorzugsaktionäre und Stammaktionäre zunächst je einen festgelegten Prozentsatz, der bei den Vorzugsaktionären höher ist als bei den Stammaktionären. Ein Gewinnrest wird dann gleichmäßig auf alle Aktionäre verteilt.

- **Limitierte Vorzugsaktien**, bei denen die Vorzugsdividende auf einen bestimmten prozentualen Höchstsatz begrenzt ist. Über diesen Prozentsatz hinaus fließt der Gewinn zur Verteilung an die Stammaktionäre.

  Vorteilhaft sind diese Vorzugsaktien für die Vorzugsaktionäre nur bei schlechter Ertragslage, denn höhere Gewinne führen nicht zu einer erhöhten Dividende.

- **Kumulative Vorzugsaktien,** denen gewissermaßen eine garantierte Mindestverzinsung zu Grunde liegt, denn ein Anspruch auf Vorzugsdividende besteht hier auch in Verlustjahren, der in den auf den Verlust folgenden Gewinnjahren ausgeglichen werden muss.

  Nur bei dieser Art der Aktien ist es zulässig, das **Stimmrecht** in der Satzung **auszuschließen**. Stimmrechtslose Aktien dürfen nur bis zur Hälfte des Grundkapitals ausgegeben werden.

  Das Stimmrecht der an sich stimmrechtslosen Aktien lebt dann auf, wenn in einem Jahr der Dividendenvorzug nicht oder nicht ganz gewährt und im kommenden Jahr die Rückstände nicht zugleich mit dem vollen Vorzug nachbezahlt werden. Es endet erst dann, wenn keine Forderungen aus dem Dividendenvorzug mehr bestehen.

1.2.2.3.1.4 Eigene Aktien/Vorratsaktien

Eigene Aktien und Vorratsaktien sind Aktien **unterschiedlicher Verfügungsmöglichkeit**.

Eigene Aktien dürfen von der AG seit 1998 nach dem Gesetz zur Kontrolle und Transparenz im Unternehmensbereich bis zu 10 % des Grundkapitals vom Markt zurückgekauft werden. Zudem regelt § 71 AktG den Erwerb eigener Aktien für den Fall, dass

(1) ein schwerer Schaden von der Gesellschaft abzuwenden ist

(2) die Aktien den Arbeitnehmern der Gesellschaft zum Kauf angeboten werden sollen

(3) die Aktien zur Abfindung von Minderheitsaktionären vorgesehen sind

(4) die Gesellschaft die Aktien unentgeltlich erwirbt oder mit dem Erwerb eine Einkaufskommission ausführt

(5) der Erwerb durch Gesamtrechtsnachfolge eintritt

(6) das Grundkapital zwecks Sanierung herabzusetzen ist

Bei den Positionen 1 bis 3 darf der Gesamtnennbetrag der erworbenen eigenen Aktien einschließlich gegebenenfalls bereits vorhandener eigener Aktien 10 % des Grundkapitals der Gesellschaft nicht überschreiten. Der Gesellschaft stehen aus eigenen Aktien keine Rechte zu.

Der Erwerb dieser eigenen Aktien ist im Übrigen nur dann zulässig, wenn die Gesellschaft die nach § 272 Abs. 4 HGB vorgeschriebene Rücklage für eigene Aktien bilden kann, ohne das Grundkapital oder eine nach Gesetz und Satzung zu bildende Rücklage zu mindern, die nicht zu Zahlungen an die Aktionäre verwendet werden darf.

Bei den Positionen 4 bis 6 ist der Erwerb eigener Aktien ohne Einschränkung möglich.

Vorratsaktien, die auch Verwaltungsaktien oder Verwertungsaktien genannt werden, sind Wertpapiere, die über den gegenwärtigen Kapitalbedarf der AG hinaus geschaffen werden und von einem Dritten oder einem Treuhänder für Rechnung der Gesellschaft übernommen werden.

Dem Übernehmer stehen **keinerlei Rechte** aus den Aktien zu, solange er sie nicht für eigene Rechnung erworben hat. Er haftet auf die volle Einlage.

1.2.2.3.1.5 Alte/Junge Aktien

Alte und junge (neue) Aktien sind Aktien **unterschiedlicher Ausgabezeitpunkte**.

Junge Aktien sind die bei einer Kapitalerhöhung ausgegebenen Aktien, bis sie den alten Aktien in ihren Rechten gleichgestellt sind. Sie erhalten häufig – aufgrund ihres Ausgabezeitpunktes – nur für einen Teil des Geschäftsjahres Dividende. Mit der Auszahlung der Dividende für das Ausgabejahr werden sie alte Aktien.

Alte Aktien sind Aktien, die vor einer Kapitalerhöhung im Umlauf waren.

1.2.2.3.2 Kurse

Der Wert der Aktien ergibt sich aus ihrem Kurs, der sein kann:

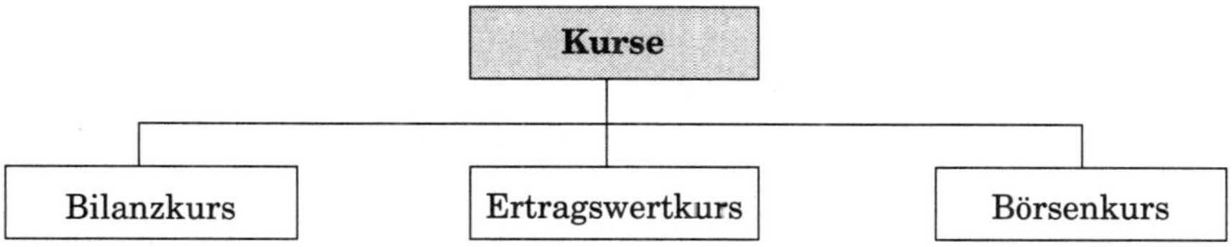

1.2.2.3.2.1 Bilanzkurs

Der Bilanzkurs ist eine betriebswirtschaftliche Kennzahl, die offen legt, wie viel Rücklagen bzw. Reserven eine AG im Verhältnis zum gezeichneten Kapital hat. Er zeigt den »**inneren Wert**« einer Aktie aufgrund der vorhandenen Vermögenssubstanz an.

Der Bilanzkurs wird ermittelt:

$$\text{Bilanzkurs} = \frac{\text{Bilanziertes Eigenkapital}}{\text{Gezeichnetes Kapital}} \cdot 100$$

Das bilanzierte Eigenkapital setzt sich aus den nachstehenden Positionen zusammen:

	Gezeichnetes Kapital
+	Kapitalrücklage
+	Gewinnrücklagen
+	Gewinnvortrag
–	Verlustvortrag
=	Bilanziertes Eigenkapital

Beispiel:

Aktiva	Bilanz		Passiva
Anlagevermögen	400.000	Gezeichnetes Kapital	300.000
Umlaufvermögen	150.000	Kapitalrücklage	40.000
		Gewinnrücklagen	10.000
		Verbindlichkeiten	200.000
	550.000		550.000

$$\text{Bilanzkurs} = \frac{300.000 + 40.000 + 10.000}{300.000} \cdot 100 = \mathbf{116{,}67\ \%}$$

Eine 5 €-Nennbetragsaktie oder eine Stückaktie mit einem gleich großen »fiktiven Nennwert« hat dann einen inneren Wert von 5 · 1,1667 = 5,83 €, der mit dem aktuellen Kurswert an der Börse zu vergleichen wäre.

Unter Berücksichtigung der stillen Reserven, die sich durch bilanzielle Bewertungsmaßnahmen – Unterbewertung von Vermögen, Überbewertung von Schulden – ergeben können, ist der **korrigierte Bilanzkurs**:

$$\text{Korrigierter Bilanzkurs} = \frac{\text{Bilanziertes Eigenkapital} + \text{stille Reserven}}{\text{Gezeichnetes Kapital}} \cdot 100$$

Beispiel: Die Annahme, dass in der obigen Bilanz stille Reserven von 45.000 € enthalten sind, führt zu einem korrigierten Bilanzkurs von:

$$\text{Korrigierter Bilanzkurs} = \frac{300.000 + 40.000 + 10.000 + 45.000}{300.000} \cdot 100 = \mathbf{131,67\ \%}$$

Hier erhöht sich der innere Wert bei einer 5 €-Nennwertaktie auf 6,58 €.

1.2.2.3.2.2 Ertragswertkurs

Der Ertragswertkurs ist eine betriebswirtschaftliche Kennzahl, die den **»inneren Wert«** einer Aktie aufgrund gegebener Ertragserwartungen anzeigt, indem alle in der Zukunft zu erwartenden Gewinne auf die Gegenwart abgezinst werden.

Er wird ermittelt:

$$\text{Ertragswertkurs} = \frac{\text{Ertragswert}}{\text{Gezeichnetes Kapital}} \cdot 100$$

Der **Ertragswert** kann errechnet werden:

- Bei jährlich **gleichbleibenden Gewinnen** und **unbegrenzter Lebensdauer**, was einer »ewigen Rente« gleichkommt.

$$\text{Ertragswert} = \frac{\text{Gewinn}}{q - 1} \cdot 100$$

$q = 1 + i$

Beispiel: Bei einem gezeichneten Kapital von 100.000 € und einem Kapitalisierungszinsfuß von 8 % ist q = 1,08 und es ergeben sich

$$\text{Ertragswert} = \frac{40.000}{0,08} = 500.000\ €$$

$$\text{Ertragswertkurs} = \frac{500.000}{100.000} \cdot 100 = \mathbf{500\ \%}$$

- Bei jährlich **gleichbleibenden Gewinnen** und **begrenzter Lebensdauer**

$$\text{Ertragswert} = G \cdot \frac{q^n - 1}{q^n \cdot (q - 1)} = G \cdot \frac{(1 + i)^n - 1}{i \cdot (1 + i)^n}$$

G = Gewinn (€/Jahr)

$$\frac{q^n - 1}{q^n \cdot (q-1)} = \frac{(1+i)^n - 1}{i\,(1+i)^n}$$ = Barwertfaktor, wobei n = Anzahl der Jahre

- Bei jährlich **veränderlichen Gewinnen** und **begrenzter Lebensdauer**

$$\text{Ertragswert} = \sum G_t \cdot \frac{1}{q^t}$$

G = Gewinn (€/Jahr)
t = Periode (1,2,3, ..., n)

$$\frac{1}{q^t} = \frac{1}{(1+i)^n}$$ = Abzinsungsfaktor, wobei t = 1 bis n

45 Seite 472

1.2.2.3.2.2 Börsenkurs

Der Börsenkurs einer Aktie ist der Wert, mit dem die Aktie an der Börse gehandelt wird. Er wird in seiner Höhe von Angebot *und* Nachfrage bestimmt.

Der Bilanzkurs und der Ertragswertkurs legen den inneren Wert einer Aktie zwar offen, bestimmen aber nicht den »Preis« der Aktie, der im Börsenkurs zum Ausdruck kommt.

Der Börsenkurs ergibt sich aus dem Verhalten der Anbieter und Nachfrager, das folgenden **Einflussfaktoren** unterliegen kann:

- Der **gesamtwirtschaftlichen Lage** und ihrer zukünftig erwarteten Entwicklung – Konjunktur, Aufschwung, Abschwung.

- Der **Liquiditätslage** der Wirtschaft, die von geld-, kredit- und zinspolitischen Maßnahmen der Europäischen Zentralbank beeinflusst werden kann.

- **Politischen Einflüssen** durch wirtschaftspolitische Entscheidungen und die staatliche Finanzpolitik.

- **Außenwirtschaftlichen Einflüssen** durch ausländische Spekulationen, wirtschaftliche Maßnahmen und Veränderungen der Umtauschverhältnisse fremder Währungen.

- **Psychologischen Einflüssen** durch Gerüchte, Stimmungen, »Flucht« in Sachwerte und spekulative Verhaltensweisen.

Der Börsenkurs wird im Rahmen des börslichen Handels an einer Wertpapierbörse* ermittelt.

Es bestehen verschiedene **Segmente**, in denen der Handel mit Aktien stattfindet:

- Der **börsliche Handel** hat zwei mögliche Marktformen:

Kassamarkt	Im Kassamarkt werden die Börsengeschäfte **sofort erfüllt**. Das heißt, dass die Preisfeststellung für eine Wertpapiertransaktion und die Erfüllung derselben zeitlich zusammenfallen. Die Ausführung hat innerhalb von zwei Börsentagen stattzufinden.
Terminmarkt	Hier abgeschlossene Geschäfte verschieben den Tag der **Erfüllung** im Gegensatz zum Kassageschäft **in die Zukunft**, d. h. mindestens für drei Werktage. Ein heute geschlossener Vertrag legt die Konditionen für den Wertpapierkauf/-verkauf in der Zukunft fest. Für **bedingte Termingeschäfte** erhalten nur ausgewählte Aktien die Zulassung, um in Form von standardisierten Optionsgeschäften an der deutsch-schweizerischen Terminbörse Eurex abgewickelt zu werden. Bei diesen mehrmonatigen Optionsgeschäften erwirbt der Käufer bzw. der Verkäufer von Effekten das Recht, zum Optionshandel zugelassene Aktien während einer bestimmten Optionsfrist zu einem vorher festgelegten Preis, der Basispreis genannt wird, zu fordern bzw. zu liefern. Für dieses Recht zahlt er beim Abschluss des Geschäftes eine Prämie (Optionspreis).

- Der **Kassamarkt** zerfällt in folgende Börsensegmente:

Amtlicher Handel	Das ist der Handel von Wertpapieren deren Kursfeststellung als Einheitsnotierung oder variable Notierung durch amtlich bestellte Kursmakler und unter Aufsicht der Börsenbehörde erfolgt. Dieses Marktsegment ist gesetzlich sehr stark reglementiert und stellt sehr hohe Anforderungen an die Unternehmen bei der Zulassung. Solche Anforderung sind beispielsweise: ❍ Das Unternehmen muss bereits drei Jahre bestehen. ❍ Das Emissionsvolumen muss mindestens 1,25 Mio € betragen, die Stückzahl bei Stückaktien mindestens 10.000. ❍ Der Publizitätspflicht muss mit Jahresabschlüssen und Zwischenberichterstattungen entsprochen werden.
Geregelter Markt	Seit 1987 besteht dieses Marktsegment für den Börsenhandel von kleineren und mittleren Aktiengesellschaften. Geringere Zulassungsbedingungen sollten den Zugang zur Börse erleichtern. Seit 2003 bestehen folgende Regelungen: ❍ Zum **Unternehmensalter** bestehen keine Vorschriften. ❍ Das **Emissionsvolumen** muss mindestens 250.000 € betragen oder 10.000 Stückaktien betragen.

* An der Wertpapierbörse werden nicht nur Aktien gehandelt, sondern auch Schuldverschreibungen.

	○ Die notwendigen **Veröffentlichungen** für die Zulassung liegen auf einem niedrigeren Niveau als beim Amtlichen Handel. Die **Folgepflichten** der Publizität sind weitgehend denen des Amtlichen Handels angeglichen. Die **Preisfeststellung** findet in einer amtlich organisierten Form mit Handelsüberwachung statt und gleicht aufgrund des Anlegerschutzes den Regelungen des Amtlichen Marktes.
Freiverkehr	In diesem Segment für **sehr kleine** und **junge Unternehmen** bestehen die geringsten Zulassungsvorschriften. Beispielsweise werden keine Mindestemissionsvolumina verlangt. Auch die Publizitätsvorschriften für die Zulassung sind sehr gering. Folgevorschriften, wie z. B. Ad-hoc-Publizität, bestehen nicht. Die Kursfeststellung ist nicht amtlich organisiert und erfolgt durch freie Makler.

Zu Beginn des Jahres 2003 ordnete die **Deutsche Börse AG** die Börsensegmente an der Frankfurter Wertpapierbörse neu und löste damit die Segmente **Neuer Markt** und **Smax** ab.*

Der **Neue Markt** bestand seit 1997 für innovationsstarke Unternehmen aus den Wachstumsbranchen der „new economy". Er zeichnete sich durch hohe, an internationalen Standards ausgerichteten Zulassungs- und Transparenznormen aus. Zudem führte er das System eines „Betreuers" ein, dessen Hauptaufgabe die Liquiditätsunterstützung im Handel war.

Der **Smax** (»Small cap exchange«) sollte als Gegenstück hierzu ein Qualitätssegment für führende, mittelständische Unternehmen sein, die aus den traditionellen Branchen stammten.

Beide Segmente gehen in den **Prime Standard** über.

Mit der Neustrukturierung strebt die Deutsche Börse AG den höchsten europäischen Transparenzstandard an. Zudem soll das Nebeneinander von Märkten und Segmenten sowie öffentlich-rechtlicher und privatrechtlicher Regelungen der Börsenzulassung und der Börsenorganisation abgeschafft werden.

Zwei neue Segmente bestimmen die Struktur des Marktes, wobei als Zulassungsvoraussetzungen die gesetzlichen Regularien des Amtlichen Handels und des geregelten Marktes gelten. Die neuen Segmente sind:

General Standard	Für ihn gelten Mindestanforderungen, die sich an nationalen gesetzlichen Regeln orientieren und damit allgemein verpflichtend für alle Emittenten an der Frankfurter Wertpapierbörse sind. Der General Standard soll sich als Segment der kleineren und mittleren Unternehmen aufgrund seiner Kostengünstigkeit bewähren. Zudem will er Anziehungspunkt für internationale Investoren sein. Gesetzliche Publizitätsanforderungen sind Jahres- und Halbjahresbericht, wie auch Ad-hoc-Publizität in deutscher Sprache.

* Sie sollen bis Ende 2003 aufgelöst sein.

Prime Standard	Er stellt weitaus höhere Transparenzanforderungen, wie z. B. ❍ standardisierte Quartalsberichte ❍ Abschlüsse nach internationalen Rechnungslegungsstandards ❍ Unternehmenskalender und Berichterstattung ❍ jährliche Analystenkonferenzen ❍ englischsprachige Ad-hoc-Mitteilungen Dies soll der Internationalisierung der im Prime Standard notierten Unternehmen und der hier engagierten Investoren entgegenkommen.

Der Prime Standard weist ein neues **Indexkonzept** auf, das pyramidenähnlich aufgebaut ist und als Spitzensegment den Dax hat. Als Einteilung unterhalb dieses Segments ist eine Größendimension und ein Branchenbezug vorgesehen:

DAX	Er bildet als Deutscher Aktienindex die 30 größten und damit, als so genannte Standardwerte, die wichtigsten deutschen Unternehmen ab.
MDAX	Er umfasst als Midcap-DAX die den Unternehmen im DAX nachfolgenden 50 nächst größten Unternehmen. Sie stammen aus traditionellen Branchenbereichen.
SDAX	Ebenso aus den klassischen Branchen kommen die Unternehmen innerhalb dieses Smallcap-DAX. Er schließt sich an den MDAX an und fasst die dem MDAX folgenden 50 nächst größten Unternehmen zusammen.
TecDax	Er bildet die dem DAX nachfolgenden 30 größten Unternehmen der Technologiebranche ab. Damit ist er ein Parallelsegment zum MDAX und ein Teilsegment des NEMAX 50.
NEMAX 50	Bis Ende 2004 zeigte der NEMAX 50 – ehemals Index des Neuen Marktes – die 50 größten Werte der Technologiebranche für den Prime Standard auf. Seine Notierung wurde zum 31.12.2004 eingestellt.

Neben diesem Konzept bestehen **All-Share-Indizes**, die wie z. B. der Prime-All-Share-Index oder auch der Composite-DAX (CDAX) alle deutschen Börsenwerte erfassen und eine Gesamtentwicklung widerspiegeln wollen oder wie seit 2005 der GEX, der junge, Eigentümer-dominierte Unternehmen als Index erfasst.

Zudem bestehen **18 Branchenindizes**, die branchenspezifische Entwicklungen aufzeigen, und **Benchmark-Indizes**, die Unternehmen unterhalb des DAX-Niveaus erfassen und branchenbezogen sind (z. B. Classic-All-Shares-Index und Technology-All-Share-Index).

- Der **Handel** wird in verschiedenen Formen durchgeführt:

Parketthandel	Diese traditionelle Form des Börsenhandels findet während der Handelszeiten in den acht deutschen Börsensälen zumeist zwischen 09:00 und 20:00 Uhr statt. Hier treten die Makler sowie die zum Börsenhandel zugelassenen Personen, z. B. Vertreter der Kreditinstitute, auf, um Kurse für die notierten Werte festzustellen. Inzwischen ist diese Form des Handels durch den Computerhandel in den Standardwerten fast abgelöst, besteht aber noch in Nebenwerten oder in weniger liquiden Märkten.
Computer-handel	Durch ein elektronisches Wertpapierhandelssystem der Deutschen Börse AG werden zurzeit ca. 8.000 an der Frankfurter Wertpapierbörse notierten Aktien und ca. 28.000 strukturierte Wertpapiere und Optionsscheine gehandelt. **Xetra** (= **Ex**change **E**lectronic **Tra**ding) ermöglicht dies für bis zu 40.000 Wertpapiere gleichzeitig während den Öffnungszeiten von 9:00 bis 17:30 Uhr. Es besteht aus einem zentralen Orderbuch, aus dem on-line aktuelle Kurse abgerufen werden, Aufträge erteilt und noch nicht ausgeführte Aufträge aufgelistet sind. Hier findet inzwischen überwiegend der Handel in den DAX-Titeln und zwei Drittel des Gesamtumsatzes statt. Auch wird zukünftig der Deutsche Aktienindex (DAX) für die 30 wichtigsten, deutschen Industriewerte auf dem Xetra-Handel basieren (Xetra-DAX).

Der Börsenkurs eines Wertpapiers kann entsprechend seines Ausweises sein:

- **Stückkurs**, wenn er in Euro pro Stück – bezogen auf einen Euro-Nennwert oder auf eine Stückaktie – angegeben ist. Der Stückkurs ist der für Aktien gebräuchliche Kurs.

- **Prozentkurs**, wenn er in Prozent des Nennwertes angegeben ist, wie dies bei Obligationen gebräuchlich ist.

Für die Festsetzung des Börsenkurses können unterschieden werden:

- Der **Eröffnungs- bzw. Schlusskurs** ist der erste bzw. der letzt verfügbare Kurs eines Handelstages. Beide Kurse werden im Xetra- wie auch im Parketthandel festgestellt. Ihre Bedeutung hat gegenüber den bisherigen mittäglichen Kassa- oder Einheitskursen zugenommen.

- Der **variable Kurs**, der als fortlaufende Notierung insbesondere durch den Xetra-Handel (beispielsweise alle wichtigen DAX-Werte) immer bedeutender wird. Die Erfassung der in der fortlaufenden Notierung gehandelten Aktien ist an den Börsenplätzen hinsichtlich der Mindestvolumina unterschiedlich geregelt.

- Der **Einheits- oder auch Kassakurs** bestimmt den Marktwert einer Aktie zu einem bestimmten Zeitpunkt des börsentäglichen Handels.

  In der Vergangenheit wurde er als Einheitskurs von amtlichen Maklern nach dem Meistausführungsprinzip festgestellt und war für alle Börsengeschäfte mit Ausnahme der Geschäfte in den fortlaufenden Notierungen verbindlich.

Das **Meistausführungsprinzip** zur Kursfeststellung findet sich heute noch zum einen im Präsenzhandel, zum anderen aber auch im Xetra-Handel. Mehrmals am Tag (zum Beispiel zu Beginn, Mittags, am Ende des Börsenhandels) wird der fortlaufende Handel in Xetra durch so genannte Auktionen unterbrochen.

Während dieser Auktionen können in einer Aufrufphase Aufträge im elektronischen Orderbuch eingestellt oder geändert werden. Zufallsbestimmt endet diese Phase, woraufhin eine Preisermittlungsphase nach dem Meistausführungsprinzip den Kurs festsetzt, bei dem die **größten Umsätze** zu Stande kommen.

Beispiel:

Kaufaufträge	**Verkaufsaufträge**
100 Stück billigst	120 Stück bestens
220 Stück zu 224 €	80 Stück zu 220 €
260 Stück zu 223 €	200 Stück zu 222 €
200 Stück zu 222 €	340 Stück zu 223 €
350 Stück zu 221 €	550 Stück zu 224 €
400 Stück zu 220 €	

Ausführbar zum Kurs	Käufe	Verkäufe	Umsatz
220,-	1.530	200	200
221,-	1.130	200	200
222,-	780	400	400
223,-	*580*	*740*	***580***
224,-	320	1.290	320

Der Einheits- bzw. Kassakurs wird zu dem Kurs festgesetzt, der einen **größtmöglichen Umsatz** – also eine gleichzeitige Ausführungsmöglichkeit von Kauf- und Verkaufsaufträgen – möglich macht. So können im Beispiel 580 Aktien zu einem Kurs von 223 € gehandelt werden. Dies ist der höchst mögliche Umsatz.

Da ein Überangebot von 160 Aktien besteht, die zu diesem Kurs nicht verkaufbar waren, wird der Einheitskurs mit einem Kurszusatz versehen. Der oben ermittelte Kurs würde wegen des Angebotsüberhangs mit 223 bB angegeben.

Diese Kurszeichen weisen auf bestimmte Marktsituationen hin. Sie sind auf Seite 223 dargestellt.

46 Seite 473

Kurszusätze und Hinweise der Frankfurter Wertpapierbörse

Kurszusätze	Zu den festgestellten Kursen müssen bei Ziffer 1 bis 5 außer den unlimitierten Kauf- und Verkaufsaufträgen alle über dem festgestellten Kurs limitierten Kaufaufträge und alle unter dem festgestellten Kurs limitierten Verkaufsaufträge ausgeführt sein. Inwieweit die zum festgestellten Kurs limitierten Kauf- und Verkaufsaufträge ausgeführt werden konnten, ergeben die Kurszusätze.			
	1	b oder Kurs ohne Zusatz	bezahlt	Alle Aufträge sind ausgeführt.
	2	bG	bezahlt Geld	Die zum festgestellten Kurs limitierten Kaufaufträge müssen nicht vollständig ausgeführt sein. Es bestand weitere Nachfrage.
	3	bB	bezahlt Brief	Die zum festgestellten Kurs limitierten Verkaufsaufträge müssen nicht vollständig ausgeführt sein. Es bestand weiteres Angebot.
	4	ebG	etwas bezahlt Geld	Die zum festgestellten Kurs limitierten Kaufaufträge konnten nur zu einem geringen Teil ausgeführt werden.
	5	ebB	etwas bezahlt Brief	Die zum festgestellten Kurs limitierten Verkaufsaufträge konnten nur zu einem geringen Teil ausgeführt werden.
	6	ratG	rationiert Geld	Die zum Kurs und darüber limitierten sowie die unlimitierten Kaufaufträge konnten nur beschränkt ausgeführt werden.
	7	ratB	rationtiert Brief	Die zum Kurs und niedriger limitierten sowie die unlimitierten Verkaufsaufträge konnten nur beschränkt ausgeführt werden.
	8	*	Sternchen	Kleine Beträge konnten nicht gehandelt werden.
Hinweise	1	G	Geld	Zu diesem Preis bestand nur Nachfrage.
	2	B	Brief	Zu diesem Preis bestand nur Angebot.
	3	-	gestrichen	Ein Kurs konnte nicht festgestellt werden.
	4	- G	gestrichen Geld	Ein Kurs konnte nicht festgestellt werden, da überwiegend Nachfrage bestand.
	5	- B	gestrichen Brief	Ein Kurs konnte nicht festgestellt werden, da überwiegend Angebot bestand.
	6	- T	gestrichen Taxe	Ein Kurs konnte nicht festgestellt werden. Der Preis ist geschätzt.
	7	ex D	ohne Dividende	Notierung am Tag des Abschlages der Dividende.
	8	ex BR	ohne Bezugsrecht	Notierung am Tag des Abschlages eines Bezugsrechtes.
	9	ex BA	ohne Berichtigungsaktien	Erste Notiz nach Umstellung des Kurses auf das aus Gesellschaftsmitteln berichtigte Aktienkapital.
	10	- Z	gestrichen Ziehung	Die Notierung ist an den beiden dem Auslosungstag vorangehenden Börsentagen ausgesetzt.
	11	ex Z	ausgenommen Ziehung	Der notierte Kurs versteht sich für die nicht ausgelosten Stücke.

1.2.2.4 Genussscheine

Der Genussschein verbrieft individuell ausgestaltbare Genussrechte. Er ist gesetzlich nicht geregelt und kann von Unternehmen jeder Rechtsform gewährt werden. Auch wenn Genussscheine von Aktiengesellschaften ausgegeben werden und Eigenkapital ähnlichen Charakter haben können, erhalten Genussscheininhaber prinzipiell **kein Stimmrecht** in der Hauptversammlung. Sie haben auch **kein Mitwirkungsrecht** an der Geschäftsführung in anderen Gesellschaftsformen.

Genussrechte können grundsätzlich sein:

- Die Beteiligung am Gewinn oder am Liquidationserlös
- Die Zahlung von variablen oder festen Zinsen
- Die Beteiligung an Nutzungsrechten (Lizenzen) sowie das Bezugsrecht für Sach- oder Dienstleistungen
- Die Wahrnehmung von Bezugsrechten (Optionsgenussschein) und von Umtauschrechten (Wandelgenussschein).

Entsprechend ihrer Ausstattung lassen sich unterscheiden:

- Genussscheine mit **Eigenkapitalcharakter**, bei denen das Genussscheinkapital langfristig oder unbefristet zur Verfügung steht. Der Genussscheininhaber trägt das Unternehmensrisiko mit in Form einer Gewinn- und Verlustbeteiligung und haftet im Insolvenzfall i. d. R. für die Verbindlichkeiten des Unternehmens.
- Genussscheine mit **Fremdkapitalcharakter**, die als Genussrecht z. B. eine variable oder feste Verzinsung haben und eine befristete Laufzeit aufweisen können.

Die meisten der Genussscheine werden in Deutschland an den Börsen notiert. Sehr unterschiedlich weisen sie Merkmale eines Anteilspapier bzw. im Verlauf der unten stehenden Aufzählung eine Zwitterstellung zwischen Aktien- und Rentenpapier bis hin zu Merkmalen einer Anleihe auf:

- Genussschein mit völliger dividendenabhängiger Ausschüttung. Hier liegt eher Eigenkapitalcharakter vor.
- Genussschein mit Optionsrechten zum Aktienkauf bzw. Wandlungsrechten in Aktien des den Genussschein ausgebenden Unternehmens.
- Genussschein mit Mindestausschüttung bzw. Verzinsung und einem zusätzlichen dividendenabhängigen Bonus. Dies ist ein Zwitter zwischen Aktien- und festverzinslichem Wertpapier.
- Festverzinslicher Genussschein mit einer Verlustbeteiligung, wodurch der Schein eher Fremdkapitalcharakter hat.

Ausschüttungen, beispielsweise in Form von Zinszahlungen, sind für den Emittenten der Genussscheine steuerlich absetzbar, da sie steuerlich als Ausschüttungen auf Fremdkapital und damit als Gewinn mindernde Aufwendungen gelten.

Zum Teil bestehen für Genussscheine vorzeitige **Kündigungsmöglichkeiten**.

Anlässe für die Ausgabe von Genussscheinen sind:

- Besondere Leistungen, die honoriert werden sollen.
- Verlustausgleich für Aktionäre aufgrund von Kapitalherabsetzungen.
- Zusätzliche Leistungen für Aktionäre, die bei außergewöhnlich guten Erträgen neben der Dividende gewährt werden.
- Erweiterung der Kapitalbasis eines Unternehmens. Beispielsweise können Banken hereingenommenes Genussscheinkapital zu Teilen ihrem haftenden Eigenkapital hinzurechnen.
- Mitarbeiterbeteiligungen zur Motivationssteigerung.

Die Ausgabe von Genussscheinen ist in den letzten Jahren intensiviert worden.

47 Seite 474

1.3 Genossenschaft

Die Genossenschaft ist eine Gesellschaft von nicht geschlossener Mitgliederzahl, welche die Förderung des Erwerbs oder der Wirtschaft ihrer Mitglieder durch gemeinschaftlichen Geschäftsbetrieb bezweckt. Ihre rechtliche Regelung erfolgt im Genossenschaftsgesetz (GenG).

Mitglieder der Genossenschaft können natürliche und juristische Personen sein, auch Personengesellschaften. Die Zahl der Mitglieder muss mindestens sieben betragen.

Die **Firma** der Genossenschaft kann aus Personen-, Sach-, oder Fantasienamen bestehen oder es kann auch eine »gemischte Firma« sein. Die Firmierung darf allerdings nicht irreführend sein.

Die Bezeichnung *»eingetragene Genossenschaft«* oder die allgemein verständliche Abkürzung *»eG«* sind dem Firmennamen beizufügen. Zusätze, die Auskunft über die Nachschusspflicht der Genossen geben, sind verboten.

Die Genossenschaft ist **rechtsfähig**, d. h. sie ist Träger von Rechten und Pflichten, hat Vermögen, kann erben und im eigenen Namen klagen und verklagt werden. Sie handelt durch ihre **Organe**, die der AG ähnlich sind:

- Die **Generalversammlung**, die aus den Mitgliedern der Genossenschaft besteht und der Hauptversammlung einer AG entspricht. Hier haben die Genossen die Möglichkeit, ihr Recht auf Mitbestimmung und Kontrolle wahrzunehmen, beispielsweise durch die Wahl des Aufsichtsrates oder den Beschluss über die Verwendung des Jahresabschlusses.

  Bei Genossenschaften mit mehr als 1.500 Mitgliedern kann eine **Vertreterversammlung** die Rechte der Generalversammlung ausüben. Liegt die Zahl der Mitglieder über 3.000, dann ist dies Pflicht.

- Den **Aufsichtsrat**, der mindestens drei natürliche Personen umfasst, die Mitglieder der Genossenschaft zu sein haben. Bei Genossenschaften, die regelmäßig über **500 bis 2.000 Arbeitnehmer** beschäftigen, gilt, dass ein Drittel der Aufsichtsratsmitglieder von der Belegschaft zu wählen ist.

  Bei Genossenschaften mit regelmäßig **mehr als 2.000 Arbeitnehmern** ist der Aufsichtsrat paritätisch von Anteilseignern und Arbeitnehmern zu besetzen. Ergibt sich bei Abstimmungen eine Stimmengleichheit, dann gibt die Stimme des Aufsichtsratsvorsitzenden den Ausschlag (MitbestG).

  Der Aufsichtsrat überwacht die Geschäftsführung des Vorstandes, prüft die Bücher, Schriften, Bestände, den Jahresabschluss, die vorgeschlagene Gewinn- oder Verlustverteilung und erstattet darüber der Generalversammlung Bericht. Außerdem kann er Vorstandsmitglieder vorläufig abberufen.

- Den **Vorstand**, der aus mindestens zwei Personen besteht, von denen die Geschäftsführung und Vertretung – soweit das Statut nichts anderes vorsieht – gemeinschaftlich wahrgenommen werden. Sie müssen Mitglieder der Genossenschaft sein.

Die Genossenschaft kann als zweckmäßige Gesellschaftsform angesehen werden, wenn ein Unternehmen nicht auf Gewinnstreben ausgerichtet ist und angestrebt wird, die Wirtschaft der Mitglieder unmittelbar zu fördern.

Als **Arten** der Genossenschaften lassen sich unterscheiden:

❍ Bezugs- bzw. Einkaufsgenossenschaften	❍ Kreditgenossenschaften
❍ Absatzgenossenschaften	❍ Verkehrsgenossenschaften
❍ Produktivgenossenschaften	❍ Bau- bzw. Wohnungsgenossenschaften

An **Kapitalkosten** können bei der Genossenschaft vor allem anfallen:

Kapitalkosten der Genossenschaft	
Notariatsgebühren	Sie fallen für notarielle Beurkundungen an.
Kosten des Registergerichtes	Sie fallen für Eintragungen, Löschungen und Veröffentlichungen an.
Kosten der Generalversammlung	Dazu zählen Raumkosten, Reisekosten u. a.
Gewinnausschüttungen	Sie werden von der Generalversammlung festgelegt.
Körperschaftsteuer	Sie fällt bei der Genossenschaft an und beträgt unabhängig davon, ob eine Ausschüttung oder Thesaurierung der Gewinne erfolgt, 25 %.
Einkommensteuer	Ihr unterliegen die ausbezahlten Gewinnanteile zur Hälfte (sog. Halbeinkünfteverfahren) bei den einzelnen Gesellschaftern, soweit diese natürliche Personen sind. Eine Anrechnung von Körperschaftsteuer auf die Einkommensteuer erfolgt nicht mehr.
Kapitalertragsteuer	Sie muss durch die Genossenschaft von den Dividenden einbehalten werden, ist aber auf die Einkommen- oder Körperschaftsteuer bei den einzelnen Gesellschaftern anrechenbar.
Gewerbeertragsteuer	Sie fällt an, weil die Genossenschaft ein Gewerbebetrieb kraft Rechtsform ist.
Kosten der Prüfung des Jahresabschlusses	Hierzu zählen beispielsweise die Honorare für Prüfungen.

1.3.1 Rechte der Gesellschafter

Die Mitglieder der Genossenschaft nehmen ihre Rechte der **Mitbestimmung** und **Kontrolle** in Angelegenheiten der Genossenschaft im Rahmen der Generalversammlung wahr. Sie umfassen:

- Bestellung und Abberufung der Aufsichtsratsmitglieder
- Bestellung, sofern im Statut nicht auf den Aufsichtsrat übertragen und Abberufung der Vorstandsmitglieder
- Feststellung des Jahresabschlusses
- Beschlussfassung über die Verteilung von Gewinn und Verlust
- Entlastung des Aufsichtsrates
- Entlastung des Vorstandes.

Jedes Mitglied hat – unabhängig von der Zahl der von ihm übernommenen Anteile – eine Stimme, es sei denn, im Statut sind Mehrstimmrechte vorgesehen.

Die Mitglieder haben ein Recht auf Anteil am **Gewinn**, der sich aus dem Verhältnis ihrer auf die Geschäftsanteile geleisteten Einzahlungen bemisst. Sofern im Statut nicht anders geregelt, erfolgt eine Auszahlung des Gewinnes erst, wenn das Geschäftsguthaben des einzelnen Mitgliedes den Geschäftsanteil erreicht hat.

Nach Verlusten ist eine Auszahlung von Gewinnen erst dann wieder möglich, wenn das Geschäftsguthaben wieder aufgefüllt ist.

Die Mitgliedschaft kann durch ein Mitglied schriftlich unter Einhaltung einer Frist von mindestens drei Monaten zum Ende eines Geschäftsjahres **gekündigt** werden. Im Statut kann jedoch eine längere Kündigungsfrist festgelegt sein, die höchstens fünf Jahre betragen darf.

Beim Ausscheiden des Mitgliedes ist ihm sein Geschäftsguthaben auszuzahlen. Ein Anspruch auf Auszahlung stiller Reserven besteht nur dann, wenn er im Statut vorgesehen ist.

1.3.2 Pflichten der Gesellschafter

Die Mitglieder sind zur Leistung der im Statut vorgeschriebenen **Einzahlung** auf den übernommenen Geschäftsanteil, der mindestens 10 % betragen muss, verpflichtet. Ein Mindest- oder Höchstbetrag des Geschäftsanteils ist nicht vorgeschrieben. Der Geschäftsanteil muss lediglich für alle Mitglieder gleich hoch sein und wird durch das Statut bestimmt. Seit 01.01.2002 lautet der Geschäftsanteil auf Euro.

Die **Haftung** der Mitglieder, die aber auch im Statut völlig ausgeschlossen werden kann, ist in der Regel auf die Höhe ihres Geschäftsanteils beschränkt. Für den Fall, dass die Genossenschaft insolvent wird, kann im Statut eine **Nachschusspflicht** festgelegt sein, wonach die Mitglieder Nachschüsse in

- beschränkter Höhe

  oder

- unbeschränkter Höhe

zu leisten verpflichtet sind.

Bei beschränkter Höhe der Nachschüsse darf die Haftsumme nicht kleiner als der Geschäftsanteil sein.

2. Anlässe

Im Folgenden soll ein Überblick über die Anlässe der Beteiligungsfinanzierung gegeben werden:

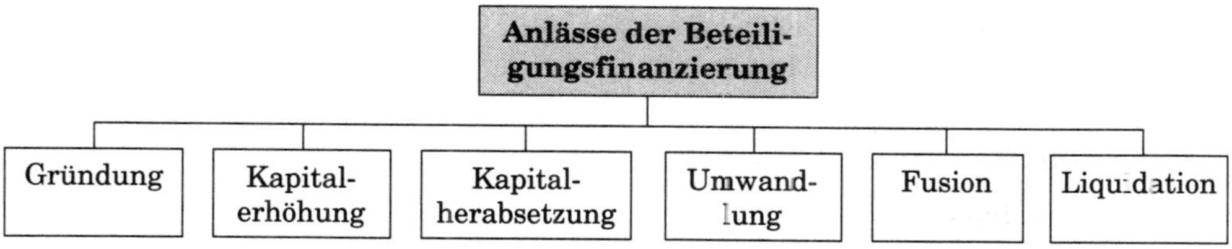

Vielfach werden diese Anlässe auch als **Sonderfälle der Beteiligungsfinanzierung** bezeichnet.

2.1 Gründung

Die Gründung ist ein Ereignis, durch das ein Unternehmen ins Leben gerufen wird. Sie umfasst:

- **Rechtliche Schritte**, die vom Entschluss zur Gründung bis zur Eintragung in das Handelsregister – soweit diese notwendig ist – reichen.
- **Betriebswirtschaftliche Schritte**, die als Errichtung bezeichnet werden und den technisch-organisatorischen Aufbau des Unternehmens darstellen.

Der Gründung sollen einige **Überlegungen** vorangestellt werden:

Zweckmäßigkeit	Es sollte geprüft werden, vor allem ob ein Markt für die Leistungen des künftigen Unternehmens vorhanden und wie die Konkurrenzsituation zu beurteilen ist.
Rechtsform	Nicht jede Rechtsform ist im Einzelfall gleich geeignet. Deshalb ist zu klären, in welcher Rechtsform das Unternehmen betrieben werden soll. Beurteilungskriterien hierfür siehe Seite 185 ff.
Art der Gründung	○ Bei der **Bargründung** wird das Eigenkapital ausschließlich in Form von Geld aufgebracht. ○ Die **Sachgründung** ist dadurch gekennzeichnet, dass die Aufbringung des Eigenkapitals in Form von Vermögenswerten erfolgt, beispielsweise Grundstücken, Maschinen, Wertpapieren. ○ Bei der **Mischgründung** werden sowohl Geld als auch Vermögenswerte als Eigenkapital aufgebracht.

Für das **Einzelunternehmen** gelten bezüglich der Gründung keine zwingenden Rechtsvorschriften. Eine Anmeldung zur Eintragung in das Handelsregister kann vorgenommen werden.

Bei den **Genossenschaften** sind mindestens sieben Genossen notwendig, die das Statut in Schriftform erstellen. Genossenschaften entstehen durch Eintragung in das Genossenschaftsregister. Vor der Erstellung des Statuts bestehen sie als GdbR. Mit Erstellung des Statuts ergibt sich bis zur Eintragung in das Genossenschaftsregister eine nichtrechtsfähige Gründungsgenossenschaft.

Im Einzelnen werden behandelt:

- **Personengesellschaften**
- **Gesellschaft mit beschränkter Haftung**
- **Aktiengesellschaft**.

2.1.1 Personengesellschaften

Die **OHG** entsteht im Innenverhältnis durch den Abschluss des Gesellschaftsvertrages, der zwischen mindestens zwei Gesellschaftern erfolgen muss. Der Gesellschaftsvertrag ist nicht an Formvorschriften gebunden, kann also schriftlich oder mündlich, ja sogar stillschweigend vereinbart werden.

Eine notarielle Beurkundung ist nicht erforderlich, außer es werden Grundstücke in das Vermögen der Firma eingebracht.

Im Außenverhältnis entsteht die Gesellschaft, sobald ein Gesellschafter Geschäfte in ihrem Namen tätigt, spätestens jedoch mit Eintragung der Gesellschaft in das Handelsregister.

Für die **Anmeldung** zum Handelsregister sind folgende Angaben zu machen:

- Namen, Vornamen, Stand und Wohnort jedes Gesellschafters
- Firma der Gesellschaft und Ort, wo sie ihren Sitz hat
- Zeitpunkt, mit dem die Gesellschaft begonnen hat.

Eine Mindesthöhe für die Kapitaleinlagen ist handelsrechtlich nicht vorgeschrieben. Die Höhe der Kapitaleinlagen wird im Handelsregister nicht eingetragen.

Die **KG** entsteht im Innenverhältnis durch den Abschluss eines Gesellschaftsvertrages, für den – wie bei der OHG – keine Formvorschriften gelten. Im Gesellschaftsvertrag muss die beschränkte Haftung des bzw. der Kommanditisten festgelegt sein.

Die Gesellschaft muss unverzüglich nach Beginn ihrer Geschäfte zum Handelsregister angemeldet werden. Es empfiehlt sich aber, die Anmeldung bereits vor Aufnahme der Geschäfte vorzunehmen, da die Gesellschafter – auch die Kommanditisten – im Sinne einer GdbR als Vollhafter haften, solange die Eintragung im Handelsregister nicht erfolgt ist.

Für die **Anmeldung** der Gesellschaft zum Handelsregister sind die folgenden Angaben erforderlich:

- Namen, Vornamen, Stand und Wohnort jedes Gesellschafters
- Firma der Gesellschaft und Ort, wo sie ihren Sitz hat
- Zeitpunkt, mit welchem die Gesellschaft begonnen hat
- Geldbeträge der Einlagen der Kommanditisten.

Während die Kommanditisten namentlich und mit der Höhe ihrer Einlagen beim Handelsregister anzumelden sind, wird bei der Bekanntmachung der Eintragung lediglich die Zahl der Kommanditisten angegeben.

Die **stille Gesellschaft** entsteht durch den Abschluss eines Gesellschaftsvertrages zwischen dem Geschäftsinhaber und dem stillen Gesellschafter, für den keine besonderen Formvorschriften gelten.

Auch die **GdbR** entsteht durch den Abschluss eines Gesellschaftsvertrages zwischen den Gesellschaftern. Für den Gesellschaftsvertrag bestehen keine speziellen Formvorschriften. Die Gesellschaft kann sich auch durch gemeinsames konkludentes Handeln ergeben.

2.1.2 Gesellschaft mit beschränkter Haftung

Die GmbH kann von einem oder mehreren Gesellschaftern gegründet werden. Der Gesellschaftsvertrag, der auch Satzung genannt wird, muss notariell beurkundet werden.

Die Gesellschafter sind verpflichtet, die **Stammeinlagen** zu übernehmen. Dabei ist jedem Gesellschafter die Übernahme lediglich einer Stammeinlage gestattet. Die Stammeinlagen der einzelnen Gesellschafter können unterschiedlich hoch sein. Sie müssen in ihrem Gesamtbetrag mit dem Stammkapital übereinstimmen.

Sacheinlagen sind nach § 5 GmbHG zulässig, wenn der Gesellschaftsvertrag dies vorsieht, machen aber die Vorlage eines vom Registergericht zu prüfenden Sachgründungsberichtes nötig.

Vor der Eintragung in das Handelsregister müssen mindestens 25 % jeder Stammeinlage eingezahlt werden. Insgesamt muss die Mindesteinlage die Hälfte des Mindeststammkapitals von 25.000 € betragen.

Wird eine Ein-Mann-GmbH gegründet, hat der Gesellschafter für die Differenz zwischen dem eingezahlten Betrag – mindestens 12.500 € – und der vollen Einlage Sicherheit zu leisten. Diese Regelung gilt auch, wenn die GmbH innerhalb einer Frist von drei Jahren seit ihrer Eintragung im Handelsregister nachträglich zur Ein-Mann-GmbH wird.

Die Gesellschaft entsteht als juristische Person mit der Eintragung in das Handelsregister. Zwischen dem Abschluss des Gesellschaftsvertrages und der Eintragung besteht eine Vor-GmbH. Zur Haftung siehe S. 203.

Für die **Anmeldung** der Gesellschaft zum Handelsregister sind folgende Angaben erforderlich (§ 8 GmbHG):

- Der Gesellschaftsvertrag mit Angaben über Firma und Sitz der Gesellschaft, Gegenstand des Unternehmens, Betrag des Stammkapitals, Betrag der von jedem Gesellschafter auf das Stammkapital zu leistenden Einlage (Stammeinlage).

- Die Legitimation der Geschäftsführer, sofern dieselben nicht im Gesellschaftsvertrag bestellt sind.

- Die Liste der Gesellschafter, die von den Anmeldenden unterschrieben ist und aus der Name, Vorname, Stand und Wohnort der Gesellschafter sowie der Betrag ersichtlich ist, der von jedem Gesellschafter als Stammeinlage übernommen wurde.

- Bei Sacheinlagen die Verträge, die den Festsetzungen zu Grunde liegen oder zu ihrer Ausführung geschlossen worden sind, und der Sachgründungsbericht.

- Bei Sacheinlagen die Unterlagen darüber, dass der Wert der Sacheinlagen den Betrag der dafür übernommenen Stammeinlagen erreicht.

- Die Genehmigungsurkunde, sofern der Gegenstand des Unternehmens einer staatlichen Genehmigung bedarf.

2.1.3 Aktiengesellschaft

Eine AG kann durch eine oder mehrere Personen gegründet werden. Wie die Gründung (§§ 23 - 53 AktG) durchzuführen ist, regelt das AktG mit sehr detaillierten Vorschriften.

Erfolgt eine Neugründung, haben die Aktiennennbeträge auf volle Euro zu lauten. Bei einer Gründung mit Stückaktien ist ein Mindestanteil am Grundkapital von einem Euro zu beachten.

Die Gründung einer AG umfasst acht **Phasen**:

Feststellung der Satzung	Der bzw. die Gründer der AG stellen die Satzung fest, in der im Einzelnen zu bestimmen sind: ○ Firma und Sitz ○ Gegenstand des Unternehmens ○ Höhe des Grundkapitals ○ Nennbeträge bzw. Stückzahl der Aktien sowie der Ausgabebetrag ○ Gattungen der Aktien und die Art der Gattung, die jeder Gründer übernimmt ○ Form der Bekanntmachung ○ Zahl der Vorstandsmitglieder bzw. Satzungsregeln hierzu ○ Angaben über Aktienart (Inhaber- oder Namensaktien) Bei **Sachgründungen**, die auch als qualifizierte Gründungen bezeichnet werden, hat die Satzung zudem Angaben zu enthalten über ○ den Gegenstand der Sacheinlage ○ die Person, von der die Gesellschaft den Gegenstand erwirbt ○ den Nennbetrag der gewährten Aktien bzw. gewährten Vergütung oder die Anzahl der Stückaktien. Die Satzung ist durch notarielle Beurkundung festzustellen.

Übernahme der Aktien	Nach Feststellung der Satzung müssen die Gründer die Aktien übernehmen, wodurch sie sich zur Einzahlung verpflichten. Mit Übernahme der Aktien ist die **Gesellschaft errichtet**.
Bestellung der Organe	Nach Übernahme der Aktien erfolgt die Bestellung der Organe der AG. Die Gründer bestellen den ersten Aufsichtsrat und die Abschlussprüfer für das erste Geschäftsjahr. Vorschriften des BetrVerfG und MitbestG gelten bei der Wahl des ersten Aufsichtsrates nicht. Der Aufsichtsrat wählt den ersten Vorstand.
Leistungen der Einzahlungen	Nach Bestellung der Organe müssen die Gründer ihre Einzahlungen leisten, die vom Vorstand eingefordert werden, mindestens 25 % des geringsten Ausgabebetrages. Erfolgt die Einzahlung nicht in vollem Umfang, dürfen nur Namensaktien ausgegeben werden.
Abgabe des Gründungsberichtes	Nach Leistung der Einzahlungen haben die Gründer einen schriftlichen Gründungsbericht abzugeben.
Durchführung der Gründungsprüfung	Der Gründungsbericht wird im Rahmen der **Gründungsprüfung** beurteilt, die grundsätzlich vom Vorstand und Aufsichtsrat vorzunehmen ist. Ist ein Gründer als Mitglied des Vorstandes oder des Aufsichtsrates tätig oder wurden Sacheinlagen geleistet, ist es notwendig, die Ordnungsmäßigkeit der Gründung außerdem durch einen oder mehrere gerichtlich bestellte **Gründungsprüfer** feststellen zu lassen, wodurch Manipulationen verhindert werden sollen. Die externe Gründungsprüfung könnte gegebenenfalls vermieden werden, wenn zunächst eine Bargründung erfolgt und die Gesellschaft danach Sachgüter von Aktionären erwirbt, die Gründer gewesen sind. Solche Schein-Bar-Gründungen werden aber im AktG durch die **Bestimmungen über die Nachgründung** erschwert. § 52 AktG bestimmt, dass bei Verträgen, durch die sich die AG zum Erwerb von Vermögensgegenständen verpflichtet, die 10 % des Grundkapitals übersteigen und außerdem binnen zwei Jahren seit Eintragung der Gesellschaft abgeschlossen werden, **Vorschriften** eingehalten werden müssen: ❍ Die Verträge bedürfen grundsätzlich der Schriftform. ❍ Die Verträge müssen den Aktionären zur Einsicht vorgelegt werden. ❍ Die Verträge bedürfen der Eintragung in das Handelsregister. ❍ Der Vorstand hat die Verträge bei der Hauptversammlung zu erläutern. ❍ Vor Beschlussfassung durch die Hauptversammlung hat der Aufsichtsrat die Verträge zu prüfen und einen schriftlichen Nachgründungsbericht anzufertigen. ❍ Die Verträge bedürfen zu ihrer Wirksamkeit der Genehmigung der Hauptversammlung mit Drei-Viertel-Mehrheit.

Anmeldung zum Handelsregister	Die Gesellschaft wird von allen Gründern, Vorstands- und Aufsichtsratsmitgliedern zur Eintragung in das Handelsregister angemeldet. Der Anmeldung sind beizufügen (§ 37 AktG): ❍ Die Satzung und Urkunden, in denen die Satzung festgestellt worden ist und die Aktien von den Gründern übernommen worden sind. ❍ Bei Sondervorteilen für die Gründer und bei Sacheinlagen die Verträge, die den Festsetzungen zu Grunde liegen oder zu ihrer Ausführung geschlossen worden sind, und eine Berechnung des der Gesellschaft zur Last fallenden Gründungsaufwandes. ❍ Die Urkunden über die Bestellung von Vorstand und Aufsichtsrat. ❍ Der Gründungsbericht und Prüfungsberichte der Mitglieder des Vorstandes und des Aufsichtsrates sowie der Gründungsprüfer nebst ihren urkundlichen Unterlagen. ❍ Die Genehmigungsurkunde, wenn der Gegenstand des Unternehmens oder eine andere Satzungsbestimmung der staatlichen Genehmigung bedarf.
Eintragung ins Handelsregister	Die Gesellschaft wird im Handelsregister eingetragen. Die Eintragung bewirkt das **Entstehen der juristischen Person**. Sie ist bekannt zu machen. Vor der Eintragung in das Handelsregister haftet ein Gesellschafter, der im Namen der Gesellschaft handelt, persönlich. Handeln mehrere Gesellschafter, so haften sie als Gesamtschuldner.

48 Seite 474

2.2 Kapitalerhöhung

Als Kapitalerhöhung wird die externe Zuführung von Eigenkapital in ein bestehendes Unternehmen und die Veränderung der Struktur des Eigenkapitals bei Kapitalgesellschaften zu Gunsten des gezeichneten Kapitals verstanden.

Gründe für eine Kapitalerhöhung können vor allem sein:

- Verbesserung der Liquiditätssituation
- Erweiterung der Kapazitäten
- Maßnahmen der Rationalisierung
- Maßnahmen der Umschuldung
- Umwandlung der Rücklagen
- Personalpolitische Erwägungen.

Beim **Einzelunternehmen** ist eine Kapitalerhöhung häufig nur durch die Einbehaltung von Gewinnen möglich, da der Bereitstellung von Eigenkapital aus dem Privatbereich des Unternehmers Grenzen gesetzt sind.

Die Kapitalerhöhung wird näher beschrieben für:

- **Personengesellschaften**
- **Gesellschaften mit beschränkter Haftung**
- **Aktiengesellschaften**.

2.2.1 Personengesellschaften

Eine Kapitalerhöhung kann bei Personengesellschaften dadurch vorgenommen werden, dass die vorhandenen Gesellschafter ihre Geschäftsanteile erhöhen bzw. neue Gesellschafter in die Gesellschaft eintreten.

Solange eine Kapitalerhöhung durch vorhandene Gesellschafter im Verhältnis ihrer bisherigen Anteile erfolgt, sind mit der Kapitalerhöhung keine besonderen Probleme verbunden.

Hingegen können sich **Probleme** ergeben:

- Bei einer **Erhöhung der Geschäftsanteile** der vorhandenen Gesellschafter, die **nicht im Verhältnis** ihrer **bisherigen Anteile** vorgenommen wird, ergeben sich Probleme, wenn im Unternehmen stille Reserven gebildet wurden.

  Beispiel: Sind in einer OHG zwei Gesellschafter mit Geschäftsanteilen von 100.000 € bzw. 150.000 € und stille Reserven in Höhe von 50.000 € vorhanden, dann sind die stillen Reserven auf die beiden Gesellschafter im Verhältnis 2 : 3 – das sind 20.000 € : 30.000 € – aufzuteilen, was bei einer Auseinandersetzung oder Liquidation zum Tragen kommen würde.

  Bei einer Erhöhung der Geschäftsanteile beider Gesellschafter um je 50.000 € würde ihr Anteil an den stillen Reserven das Verhältnis 3 : 4 – das sind 21.429 € : 28.571 € – annehmen, was den Gesellschafter mit dem höheren Geschäftsanteil benachteiligen würde.

- Bei **Erhöhung des Eigenkapitals durch Aufnahme neuer Gesellschafter**.

  Beispiel: Sind in der oben beschriebenen OHG die beiden Gesellschafter zu dem Entschluss gelangt, die benötigten 100.000 € durch Aufnahme eines neuen Gesellschafters zu beschaffen, würde der Anteil an den stillen Reserven nach der Kapitalerhöhung ein Verhältnis von 2 : 3 : 2 – das sind 14.286 € : 21.428 € : 14.286 € – ausmachen. Die bisherigen Gesellschafter würden geringere stille Reserven in Kauf nehmen müssen, der neue Gesellschafter würde an Vermögenswerten beteiligt, die er nicht mitgeschaffen hat.

Die dargelegten Probleme lassen sich durch eine geeignete **Gestaltung des Gesellschaftsvertrags** vermeiden. Beispielsweise kann vereinbart werden, dass Kapitalerhöhungen nur im Verhältnis der seitherigen Geschäftsanteile erfolgen dürfen. Auch eine Konkretisierung der Entnahmeregelung wäre zweckmäßig.

Die Aufnahme eines neuen Gesellschafters erfordert eingehende Überlegungen, insbesondere, wie er am Entscheidungsprozess und am Gewinn zu beteiligen ist, die im Gesellschaftsvertrag ihren Niederschlag finden sollten.

Eine Kapitalerhöhung durch die vorhandenen Gesellschafter kann bei den Personengesellschaften ohne Berücksichtigung besonderer Formalien vorgenommen werden, wenn die Gesellschafter Vollhafter sind. Sie kann von diesen Gesellschaftern nach Handelsrecht allein schon dadurch bewirkt werden, dass Gewinnanteile nicht entnommen werden.

Bei einer Kapitalerhöhung durch teilhaftende Gesellschafter oder durch Aufnahme neuer Gesellschafter ist eine Anmeldung zur Eintragung in das Handelsregister notwendig.

49 Seite 475

2.2.2 Gesellschaft mit beschränkter Haftung

Eine Kapitalerhöhung bei der GmbH kann durch die vorhandenen Gesellschafter vorgenommen oder durch Aufnahme neuer Gesellschafter bewirkt werden. Werden **keine neuen Gesellschafter** aufgenommen, kann die Gesellschafterversammlung beschließen:

- Bei bestehender Nachschusspflicht mit einer Drei-Viertel-Mehrheit die Einforderung zusätzlicher Einzahlungen nach dem Verhältnis der Geschäftsanteile.
- Nachträglich eine Nachschusspflicht, der allerdings alle beteiligten Gesellschafter zustimmen müssten.

Soll eine Kapitalerhöhung durch **Aufnahme neuer Gesellschafter** erfolgen, ist ein Beschluss der Gesellschafterversammlung mit Drei-Viertel-Mehrheit erforderlich.

Die Aufnahme neuer Gesellschafter kann ähnliche Probleme der Verteilung zurückliegender Vermögenszuwächse aufwerfen, wie dies bei den Personengesellschaften beschrieben wurde. Dabei muss es nicht nur um stille Reserven gehen, bei der GmbH können auch Rücklagen vorhanden sein.

Ein **Vermögensausgleich**, dessen Höhe durch eine Unternehmensbewertung ermittelt werden kann, ist möglich, indem die neuen Gesellschafter zusätzlich zu ihren Stammeinlagen ein wertentsprechendes Agio leisten. Dieses Aufgeld muss in die Kapitalrücklage eingestellt werden.

Die Erhöhung des Stammkapitals ist notariell zu beurkunden und zur Eintragung in das Handelsregister anzumelden.

2.2.3 Aktiengesellschaft

Die Kapitalerhöhung bei der AG kann in verschiedenen **Formen** erfolgen:

Kapitalerhöhung

Ordentliche Kapitalerhöhung	**Bedingte Kapitalerhöhung**	**Genehmigte Kapitalerhöhung**	**Kapitalerhöhung aus Gesellschaftsmitteln**
Normalform der Erhöhung des gezeichneten Kapitals.	Zweckgebundene Erhöhung des gezeichneten Kapitals.	Vollmacht der HV zur späteren Erhöhung des gezeichneten Kapitals.	Erhöhung des gezeichneten Kapitals zu Lasten der Gewinnrücklage.
Damit erhöht sich auch das Eigenkapital.	Damit erhöht sich auch das Eigenkapital.	Damit erhöht sich auch das Eigenkapital.	Das Eigenkapital erhöht sich nicht.
§§ 182 - 191 AktG	§§ 192 - 201 AktG	§§ 202 - 206 AktG	§§ 207 - 220 AktG

2.2.3.1 Ordentliche Kapitalerhöhung

Die ordentliche Kapitalerhöhung ist die üblicherweise durchgeführte Erhöhung des gezeichneten Kapitals. Sie erfolgt durch Ausgabe neuer Aktien. **Voraussetzungen** für ihre Rechtswirksamkeit sind:

- Die Zustimmung erfolgt mit Drei-Viertel-Mehrheit des vertretenen Grundkapitals.
- Die verschiedenen Aktiengattungen weisen je eine Drei-Viertel-Mehrheit auf.
- Noch ausstehende Einlagen auf das bisherige Grundkapital sind nicht vorhanden.
- Die Anmeldung des Beschlusses beim Handelsregister ist erfolgt.
- Die Durchführung beim Handelsregister ist erfolgt und eingetragen.
- Bei Stückaktien muss sich die Aktienanzahl im selben Verhältnis wie das Grundkapital erhöhen.

Bei der ordentlichen Kapitalerhöhung geht es um zwei **Problemkreise**:

- **Bezugsrecht**
- **Emission**.

2.2.3.1.1 Bezugsrecht

Die bisherigen Aktionäre, die auch als Altaktionäre bezeichnet werden, haben bei der Ausgabe von neuen Aktien ein gesetzliches Bezugsrecht. **Gründe** für dessen Gewährung sind:

- Mit dem Bezugsrecht soll sichergestellt werden, dass eine Veränderung im Verhältnis der **Stimmrechte** nicht die zwangsläufige Folge einer ordentlichen Kapitalerhöhung ist.

- Außerdem sollen **Vermögensnachteile** ausgeglichen werden, die den bisherigen Aktionären entstehen würden, wenn die neuen Aktien unter dem Börsenkurs ausgegeben werden, was als Anreiz, neue Aktien zu zeichnen, üblicherweise der Fall ist.

Beispiel: Bei einer Kapitalerhöhung sind folgende Daten gegeben:

- Kapitalerhöhung im Verhältnis 2 : 1	
- Bezugskurs der neuen 5-€-Nennwertaktie	12 €
- Börsenkurs der alten Aktie	14 €
- Bisheriges gezeichnetes Kapital	2.000.000 €

Vereinfachte Bilanz **vor** der Kapitalerhöhung (in Tsd. €)

Aktiva		Passiva	
Aktiva	2.500	Gez. Kapital	2.000
		Kapitalrücklagen	500
	2.500		2.500

Umlauf der alten Aktien: 400.000 Stück

Vereinfachte Bilanz **nach** der Kapitalerhöhung ohne Berücksichtigung der Emissionskosten (in Tsd. €)

Aktiva		Passiva	
Aktiva	2.500	Gez. Kapital	3.000
Bank/Kasse	2.400	Kapitalrücklagen	1.900
	4.900		4.900

Aktienumlauf nach Kapitalerhöhung: 600.000 Stück

$$\text{Kurs nach der Kapitalerhöhung} = \frac{\text{Kurswert alte Aktien} + \text{Kurswert neue Aktien}}{\text{Anzahl alte Aktien} + \text{Anzahl neue Aktien}}$$

$$\text{Kurs nach der Kapitalerhöhung} = \frac{400.000 \cdot 14 + 200.000 \cdot 12}{400.000 + 200.000} = \mathbf{13{,}33\ €}$$

Ohne Berücksichtigung eines Bezugsrechtes würde sich ein Wertverlust bei den Altaktionären ergeben von:

13,33 € – 14 € = **– 0,67 €/Aktie**

Die Neuaktionäre hingegen hätten einen Wertzuwachs von:

13,33 € – 12 € = **+ 1,33 €/Aktie**

Das Bezugsrecht dient also dazu, Stimmrechts- und Vermögensnachteile der bisherigen Aktionäre zu verhindern. Sein **Wert** ist unter zwei Gesichtspunkten zu sehen:

• Er kann ein **rechnerischer Wert** sein, der aufgrund folgender Informationen ermittelt werden kann:

Bezugsverhältnis	Das ist die Relation zwischen dem bisherigen Grundkapital und dem zu erhöhenden Kapital.
Börsenkurs	Darunter ist der »Marktpreis« der Aktien zu verstehen, der sich an der Börse gebildet hat.
Bezugskurs	Er wird durch die Gesellschaft festgelegt und hat rechtlich mindestens dem Nennwert - zuzüglich der Emissionskosten - zu entsprechen. Eine Unterpari-Ausgabe ist nicht statthaft. Die obere Grenze des Bezugskurses sollte unterhalb des Börsenkurses liegen, da die Aktie ansonsten nicht attraktiv genug ist.

Das Bezugsrecht kann grundsätzlich ermittelt werden:

$$B = \frac{K_a - K_n}{\frac{a}{n} + 1}$$

B = Bezugsrecht
K_a = Kurs der alten Aktien = **Börsenkurs**
K_n = Kurs der neuen Aktien = **Bezugskurs**
a = Anzahl der alten Aktien
n = Anzahl der neuen Aktien

$\frac{a}{n}$ = Bezugsverhältnis

Beispiel: Das Grundkapital betrug bisher 4.000.000 € und war auf 80.000 Stückaktien aufgeteilt. Das Grundkapital wird um 1.000.000 €, also um 20.000 Stückaktien erhöht. Der Börsenkurs der alten Aktien beträgt 120 €/Stück, der Ausgabekurs der neuen Aktien 90 €/Stück.

$$B = \frac{120 - 90}{\frac{80.000}{20.000} + 1} = \frac{30}{\frac{4}{1} + 1} = \textbf{6 €/Aktie}$$

Es kann sein, dass die neuen Aktien – durch ihren Ausgabetermin bedingt – nicht in vollem Umfang an der Dividende des laufenden Geschäftsjahres teilnehmen.

In diesem Falle ist der **Dividendennachteil der jungen Aktien** – in Form einer Erhöhung des Bezugskurses der neuen Aktien – bei der Ermittlung des Bezugsrechtes zu berücksichtigen:

$$B = \frac{K_a - (K_n + d)}{\frac{a}{n} + 1}$$

Der mit d symbolisierte **Dividendennachteil** ergibt sich:

$$\text{Dividendennachteil} = \text{Voraussichtliche Dividende} \cdot \left[1 - \frac{\text{Dividendenberechtigungs-Zeitraum der neuen Aktien}}{\text{Dividendenberechtigungs-Zeitraum der alten Aktien}}\right]$$

Beispiel: Es wird angenommen, dass die neuen Aktien aus dem obigen Beispiel lediglich für 5 Monate des Geschäftsjahres dividendenberechtigt sind. Damit ergibt sich bei einer voraussichtlichen Dividende von 20 €/Aktie:

$$\text{Dividendennachteil} = 20 \cdot (1 - \frac{5}{12}) = 11{,}67$$

$$\text{Bezugsrecht} = \frac{120 - (90 + 11{,}67)}{\frac{4}{1} + 1} = \mathbf{3{,}67\ €/Aktie}$$

- Der **tatsächliche Wert** des Bezugsrechtes ergibt sich nicht rechnerisch, wie oben gezeigt, sondern an der Börse aus Angebot und Nachfrage. Er weicht normalerweise von dem rechnerisch ermittelten Wert ab.

Bezugsrechte von Aktien werden an der Börse gehandelt und selbstständig notiert. Damit können die Altaktionäre ihre Bezugsrechte nicht nur selbst nutzen, sondern auch verkaufen.

Der **Bezugsrechtshandel** beginnt am ersten Tag der Bezugsfrist und erfolgt während der gesamten Bezugsfrist, die zwei bis drei Wochen umfasst, mit Ausnahme der letzten beiden Börsentage der Bezugsfrist.

Die Folge eines **hohen Bezugskurs** kann – nach *Perridon / Steiner* – sein:

- Der Finanzierungseffekt für das Unternehmen ist hoch.
- Altaktionäre neigen dazu, ihre Bezugsrechte zu verkaufen.
- Zudem kann der Kurs alter Aktien in der Bezugsfrist unter den Kurs neuer Aktien fallen.

2.2.3.1.2 Emission

Unter einer Emission versteht man die **Erstausgabe von Effekten**. Das sind verbriefte Wertpapiere, die vertretbar sind und einen Anspruch auf Ertrag beinhalten.

Zu den Effekten zählen nicht nur Aktien, sondern auch folgende **Wertpapiere**:

- Anleihen
- Pfandbriefe
- Obligationen
- Schuldverschreibungen
- Investment-Zertifikate
- Immobilien-Zertifikate
- Genussscheine
- Optionsscheine

Die **Emission** der Aktien kann bei einer ordentlichen Kapitalerhöhung grundsätzlich auf zwei **Arten** erfolgen:

- Als **Selbstemission**, wenn die Gesellschaft den Verkauf der Aktien selbst übernimmt. Problematisch hierbei ist, dass der Emittent – die Gesellschaft, welche die Aktien ausgibt – das **Emissionsrisiko** trägt und nur sukzessive über das zu beschaffende Eigenkapital verfügen kann, sofern eine Bank bzw. ein Bankenkonsortium keinen Zwischenkredit gewährt.

  Werden die Aktien selbst verkauft, bedarf das eines entsprechenden Vertriebsnetzes. Außerdem muss die Gesellschaft einen guten Zugang zum Kapitalmarkt haben. Obgleich vorteilhaft ist, dass eine Vermittlungsprovision nicht anfällt, kommt der Selbstemission nur eine untergeordnete Bedeutung zu.

- Als **Fremdemission**, die dadurch gekennzeichnet ist, dass der Emittent wahlweise kein Emissionsrisiko trägt. Er kann es auf die Bank bzw. das Bankenkonsortium abwälzen.

  Die Fremdemission als die in Deutschland verbreitete Art der Emission erfolgt in zwei **Schritten**:

Begebung	Zunächst erfolgt die Begebung der Aktien, bei der ein Teil oder alle Aktien an die Bank bzw. das Bankenkonsortium verkauft werden, die das Emissionsverfahren tragen. Die Gesellschaft erhält den Gegenwert für die Aktien, über den sie verfügen kann.
Platzierung	Während für den Emittenten – die Gesellschaft – der Finanzierungsvorgang damit abgeschlossen ist, nimmt die Bank bzw. das Bankenkonsortium die Platzierung der Aktien vor, d. h. sie bringt die Aktien an ihre künftigen Eigentümer.

  Bei der Fremdemission können unterschiedliche Formen der Bankkonsortien auftreten:

Platzierungs-konsortium	Die Banken treten hier als **Kommissionär** auf und handeln zwar im eigenen Namen, aber für Rechnung des Emittenten, bei dem das Emissionsrisiko verbleibt.
Übernahme-konsortium	Hier übernehmen die Banken das Emissionsrisiko und distribuieren die Aktien **im eigenen Namen** und **auf eigene Rechnung**. Hierfür wird eine höhere Gebühr als beim Platzierungskonsortium verlangt.

Sollen die Aktien an der Börse gehandelt werden, ist es notwendig, ihre Zulassung zur Börse zu bewirken. Für die **Börsenzulassung** von Wertpapieren privatrechtlicher Unternehmen ist die Zulassungsstelle der jeweiligen Börse zuständig, bei der ein Mitglied der Börse – die Bank bzw. das Bankenkonsortium des Emittenten – einen Zulassungsantrag stellen muss, der dort formell und materiell geprüft wird.

Das Zulassungsverfahren privatrechtlicher Unternehmen dient dem Schutze der Öffentlichkeit, weshalb eine Reihe von **Voraussetzungen*** für die Zulassung der Akien zum Börsenhandel erfüllt sein müssen.

Als **Unterlagen** sind der Zulassungsstelle vor allem einzureichen:

- Geschäftsberichte der letzten drei Jahre
- Börsenprospekt bzw. Verkaufsprospekt
- Aktuelle Satzung und Handelsregisterauszug sowie das Protokoll der HV-Beschlüsse zur Emission.

Bekanntmachung

Friesische Motoren Werke AG, Emden
– Zulassungsantrag –

Die Friesische Motoren Werke AG, Emden, sowie – im Namen des Bankenkonsortiums – die Dresdner Bank AG, Frankfurt/Main, haben den Antrag gestellt.

nom. € 76.705.000 Inhaber-Stammaktien
aus der Kapitalerhöhung ....
– WKN 612 410 –
und
nom. € 5.254.000 Inhaber-Stammaktien ohne Stimmrecht
aus der Kapitalerhöhung ....
– WKN 612 413 –
der
Friesische Motoren Werke AG, Emden
zum Börsenhandel mit amtlicher Notierung an der Hanseatischen Wertpapierbörse Hamburg zuzulassen.

Hamburg, den 31. Mai 2005

Zulassungsstelle der
Hanseatischen Wertpapierbörse Hamburg

Genehmigt die Zulassungsstelle die Emission der Aktien, dann erfolgt die Veröffentlichung des Börsenprospektes.

Die **Emissionskosten** für die Aktien umfassen im Wesentlichen:

Emissionskosten der Aktien	
Druckkosten der Aktien	Layout-, Druck- und Papierkosten
Druckkosten des Börsenprospektes	Als Grundlage zur Börsenzulassung
Provision für das Bankenkonsortium	Etwa 4 % des Emissionsvolumens
Börseneinführungsspesen	1 % des Emissionsvolumens
Notariatsgebühren	Für notarielle Beurkundungen
Kosten des Registergerichts	Für Eintragung und Veröffentlichung

* z. B.:
- Je nach Börsensegment unterschiedlich hohe Mindestvolumina und Streuungsvorschriften
- Verpflichtung des Emittenten zur regelmäßigen jährlichen Veröffentlichung der Bilanz, teilweise werden Zwischen- bzw. Quartalsberichte sowie Ad-hoc-Publizität verlangt
- Kostenfreie Zahlung von Zinsen bzw. Dividenden
- Einhaltung der Sicherheitsnormen für den Druck der Wertpapiere
- Angaben zum Unternehmensalter

Insgesamt können die Kosten der Aktienemission zwischen 7 und 10 % der emittierten Kapitalsumme betragen.

50 Seite 476

2.2.3.2 Genehmigte Kapitalerhöhung

Bei der genehmigten Kapitalerhöhung (§§ 202-206 AktG) ist die Erhöhung des gezeichneten Kapitals nicht an einen bestimmten, gegenwärtigen Finanzierungsanlass gebunden.

Diese Form der Kapitalerhöhung ermöglicht es der Gesellschaft, einen sich zu einem späteren Zeitpunkt ergebenden Kapitalbedarf durch Ausgabe neuer Aktien rasch decken zu können, ohne dass die Formalien, wie z. B. die Einberufung der Hauptversammlung oder einer ordentlichen Kapitalerhöhung, zuvor erfüllt werden müssen.

So können für die Emission günstige Zeitpunkte abgewartet werden, um bei entsprechendem »Börsenklima« eine erfolgsversprechende Emission durchzuführen.

Die genehmigte Kapitalerhöhung bedarf eines Beschlusses der Hauptversammlung mit Drei-Viertel-Mehrheit, durch den der Vorstand für längstens fünf Jahre ermächtigt wird, das gezeichnete Kapital bis zu einem bestimmten Nennbetrag – das ist das genehmigte Kapital – durch Ausgabe neuer Aktien zu erhöhen.

Der **Nennbetrag** der neu auszugebenden Aktien darf die Hälfte des gezeichneten Kapitals nicht übersteigen. Das genehmigte Kapital ist im Geschäftsbericht auszuweisen.

Für die Ausgabe der neuen Aktien gelten sinngemäß die Vorschriften über die ordentliche Kapitalerhöhung. Jedoch tritt an die Stelle eines Beschlusses der Hauptversammlung über die Erhöhung die Ermächtigung des Vorstandes, die Kapitalerhöhung in dem angegebenen Zeitraum durchzuführen.

Der Vorstand entscheidet über den Zeitpunkt der Aktienausgabe, den Inhalt der Aktienrechte und die Ausgabebedingungen. Der Aufsichtsrat soll zustimmen.

Die neuen Aktien sollen nicht ausgegeben werden, wenn ausstehende Einlagen auf das bisherige gezeichnete Kapital noch nicht eingezahlt sind. Diese Vorschrift gilt allerdings nicht, wenn die neuen Aktien den Arbeitnehmern der Gesellschaft zugute kommen.

2.2.3.3 Bedingte Kapitalerhöhung

Die bedingte Kapitalerhöhung (§§ 192 - 201 AktG) ist zweckgebunden. Sie darf nur in bestimmten **Fällen** durchgeführt werden und zwar bei der Gewährung:

- Von Umtausch- oder Bezugsrechten auf Aktien bei der Ausgabe von Wandelschuldverschreibungen

- Eines Umtausch- oder Bezugsrechtes zur Vorbereitung von Fusionen

- Von Bezugsrechten an Arbeitnehmer – so genannte Belegschaftsaktien – der Gesellschaft im Rahmen der Gewinnbeteiligung. Sie erwerben neue Aktien gegen Einlage von Geldforderungen, die ihnen aus einer von der Gesellschaft eingeräumten Gewinnbeteiligung zustehen.

Der **Beschluss** über die bedingte Kapitalerhöhung muss von der Hauptversammlung mit Drei-Viertel-Mehrheit des anwesenden Grundkapitals gefasst werden. Er ist beim Handelsregister zur Eintragung anzumelden.

Der **Nennbetrag** des bedingten Kapitals darf die Hälfte des gezeichneten Kapitals bei der Ausgabe von Wandelschuldverscheibungen und bei Fusionsvorbereitungen nicht übersteigen. Bei der Ausgabe von Belegschaftsaktien sind dies 10 % des Grundkapitals (§ 192 AktG).

Bei der bedingten Kapitalerhöhung haben die bisherigen Aktionäre **kein Bezugsrecht auf neue Aktien**. Stattdessen räumt die Gesellschaft den Altaktionären Bezugsrechte bei der Ausgabe von Wandelschuldverschreibungen und Optionsanleihen ein.

Mit der Ausgabe der Bezugsaktien wird die bedingte Kapitalerhöhung wirksam. Der Vorstand hat nach Ablauf eines Geschäftsjahres im Handelsregister anzumelden, in welchem Umfang im abgelaufenen Geschäftsjahr Bezugsaktien ausgegeben worden sind.

Das bedingte Kapital ist in der Bilanz beim gezeichneten Kapital mit seinem Nennbetrag zu vermerken. Aktien, die bei der bedingten Kapitalerhöhung im Geschäftsjahr bezogen wurden, sind im Geschäftsbericht anzugeben.

2.2.3.4 Kapitalerhöhung aus Gesellschaftsmitteln

Die Kapitalerhöhung aus Gesellschaftsmitteln (§§ 207 - 220 AktG) unterscheidet sich von den vorangegangenen Formen der Kapitalerhöhung dadurch, dass der Gesellschaft durch die Kapitalerhöhung **kein zusätzliches Kapital** zufließt, sondern lediglich eine Umschichtung beim bilanzierten Eigenkapital erfolgt. Sie verändert demnach die Höhe des bilanzierten Eigenkapitals nicht.

Für die **Umfinanzierung** dürfen grundsätzlich verwendet werden:

- Die **Kapitalrücklage** und die **gesetzliche Rücklage**, soweit sie zusammen größer sind als der zehnte Teil bzw. ein satzungsmäßig bestimmter höherer Teil des bisher gezeichneten Kapitals.

- Die **Gewinnrücklage**, soweit sie die »anderen Gewinnrücklagen« betrifft bzw. die satzungsmäßigen Rücklagen diesem Zweck entsprechen.

Beispiel:

Aktiva	Bilanz **vor** Kapitalerhöhung		Passiva
Anlagevermögen	10.000.000	Gezeichnetes Kapital	7.500.000
Umlaufvermögen	5.000.000	Kapitalrücklage	700.000
		Gewinnrücklagen	1.000.000
		Verbindlichkeiten	5.800.000
	15.000.000		15.000.000

Aktiva	Bilanz **nach** Kapitalerhöhung		Passiva	
Anlagevermögen	10.000.000	Gezeichnetes Kapital	8.200.000	+
Umlaufvermögen	5.000.000	Kapitalrücklage	700.000	700.000
		Gewinnrücklagen	300.000	–
		Verbindlichkeiten	5.800.000	
	15.000.000		15.000.000	

Weist die zu Grunde gelegte Bilanz einen Verlust, Verlustvortrag oder einen anderen Gegenposten zum Eigenkapital aus, dürfen die Rücklagen nicht umgewandelt werden.

Die Kapitalerhöhung aus Gesellschaftsmitteln bedarf des Beschlusses der Hauptversammlung mit einer Drei-Viertel-Mehrheit des anwesenden Grundkapitals, der zur Eintragung in das Handelsregister anzumelden ist und mit der Eintragung wirksam wird.

Den Aktionären stehen – im Verhältnis ihrer Anteile – Berichtigungsaktien zu, die auch **Zusatzaktien** oder **Gratisaktien** genannt werden. Aktiengesellschaften mit Stückaktien können nach entsprechendem Beschluss ihr Kapital ohne die Ausgabe neuer Aktien erhöhen (§ 207 AktG).

Die Aktionäre haben durch den kostenlosen Erhalt dieser Aktien **keinen finanziellen Vorteil**, denn die umzuwandelnden Rücklagen sind letztlich nicht ausgezahlte Gewinne an die Aktionäre.

Der Nominalwert des gezeichneten Kapitals steigt bei dieser Kapitalerhöhung zwar an, der Kurswert der Aktien sinkt jedoch ab. Die Werterhöhung und die Wertminderung gleichen sich dabei aus, sofern keine besonderen Börseneinflüsse gegeben sind.

Die Kapitalerhöhung aus Gesellschaftsmitteln bietet sich besonders dann an, wenn die Aktien breit gestreut werden sollen, weil dadurch ihr **Kurs** relativ **niedrig gehalten** werden kann.

Beispiel: Aus dem obigen Beispiel ergibt sich als

$$\text{Bilanzkurs } \textbf{vor} \text{ Kapitalerhöhung} = \frac{9.200.000}{7.500.000} \cdot 100 = \mathbf{122{,}67}$$

$$\text{Bilanzkurs } \textbf{nach} \text{ Kapitalerhöhung} = \frac{9.200.000}{8.200.000} \cdot 100 = \mathbf{112{,}20}$$

Aktien, die zu einem hohen Kurs notiert sind, werden kaum von Kleinanlegern gekauft, da der Anschaffungspreis zu hoch ist. Außerdem ist die auszuschüttende Dividende sehr hoch anzusetzen, damit eine akzeptable **Realverzinsung** erreicht werden kann. Eine mit 500 % bewertete Nennwertaktie muss beispielsweise 25 % Dividende erbringen, um eine Realverzinsung von 5 % zu erreichen.

51 Seite 476

2.3 Kapitalherabsetzung

Als Kapitalherabsetzung ist die Verminderung des Eigenkapitals eines Unternehmens anzusehen. **Gründe** hierfür können sein:

- Entnahmen von Gesellschaftern
- Ausscheiden von Gesellschaftern
- Verminderung des Kapitalbedarfes
- Sanierung der Gesellschaft.

Beim **Einzelunternehmen** erfolgt die Kapitalherabsetzung durch den Einzelunternehmer in Form von Privatentnahmen. Der Einzelunternehmer kann dabei grundsätzlich autonom handeln, ohne dass Formalien zu beachten wären.

Es sollen betrachtet werden:

- **Personengesellschaften**
- **Gesellschaft mit beschränkter Haftung**
- **Aktiengesellschaft**.

2.3.1 Personengesellschaften

Bei Personengesellschaften ist die **Kapitalherabsetzung durch Entnahme** unterschiedlich geregelt:

- Die Gesellschafter der **OHG** sind – sofern der Gesellschaftsvertrag keine andere Regelung enthält – berechtigt, jährlich eine Entnahme bis zu 4 % auf ihre für das letzte Geschäftsjahr festgestellten Kapitalanteile vorzunehmen. Darüber hinausgehende Gewinnanteile dürfen nur entnommen werden, sofern dies nicht zum offenbaren Schaden der Gesellschaft gereicht.

- Die Komplementäre der **KG** sind hinsichtlich ihres Rechtes auf Entnahme den Gesellschaftern der OHG gleichgestellt. Die Kommanditisten haben lediglich einen Anspruch auf Auszahlung ihres Gewinnanteils, sofern ihr Kapitalanteil nicht durch

Verlust gemindert ist. Eine Herabsetzung ihres Kapitalanteils bedarf des Beschlusses aller Gesellschafter und des Eintrages in das Handelsregister.

Die Kapitalherabsetzung kann sich aber auch durch das **Ausscheiden eines Gesellschafters** ergeben. Dabei wird es notwendig sein, eine Auseinandersetzung zwischen dem ausscheidenden Gesellschafter und den übrigen Gesellschaftern vorzunehmen, da der Anteil des Gesellschafters meist nicht seinem nominellen Geschäftsanteil entspricht, sondern vielfach höher zu bewerten ist. Der Kapitalanteil des ausscheidenden Gesellschafters kann bestehen aus:

- Dem bilanzierten Geschäftsanteil
- Einem Anteil an bilanzierten Rücklagen
- Einem Anteil an stillen Reserven
- Einem Anteil am Firmenwert
- Einem Anteil an noch schwebenden Geschäften.

Für die **Auseinandersetzung** ist es notwendig, eine Auseinandersetzungsbilanz zu erstellen.

Mögliche Konflikte zwischen dem ausscheidenden Gesellschafter und den verbleibenden Gesellschaftern können sich durch geeignete Gestaltung des Gesellschaftsvertrages minimieren lassen.

2.3.2 Gesellschaft mit beschränkter Haftung

Für die Kapitalherabsetzung bei der GmbH gelten gesetzliche Vorschriften, die besonders dem Gläubigerschutz dienen sollen, da eine Herabsetzung des Stammkapitals eine Verminderung des Haftungsumfanges bedeutet.

Die Herabsetzung des Stammkapitals der GmbH erfordert (§ 58 GmbHG):

- Beschlussfassung der Gesellschafterversammlung mit einfacher Mehrheit

- Dreimalige Bekanntmachung in den Blättern der Gesellschaft

- Befriedigung oder Sicherstellung der Gläubiger, die der Kapitalherabsetzung nicht zustimmen

- Anmeldung zur Eintragung in das Handelsregister nicht vor Ablauf eines Jahres seit der dritten Bekanntmachung.

Die Kapitalherabsetzung kann zum buchmäßigen Ausgleich von Verlusten oder zur Rückzahlung von Eigenkapital an die Gesellschafter durchgeführt werden, die jedoch erst nach der Eintragung in das Handelsregister vorgenommen werden darf.

Eine **vereinfachte Form** der Kapitalherabsetzung ist bei eingeforderten Nachschüssen möglich, soweit diese nicht zur Deckung von Verlusten benötigt werden (§§ 30, 58 GmbHG).

2.3.3 Aktiengesellschaft

Die Kapitalherabsetzung bei der AG ist gesetzlich geregelt. Möglichkeiten sind:

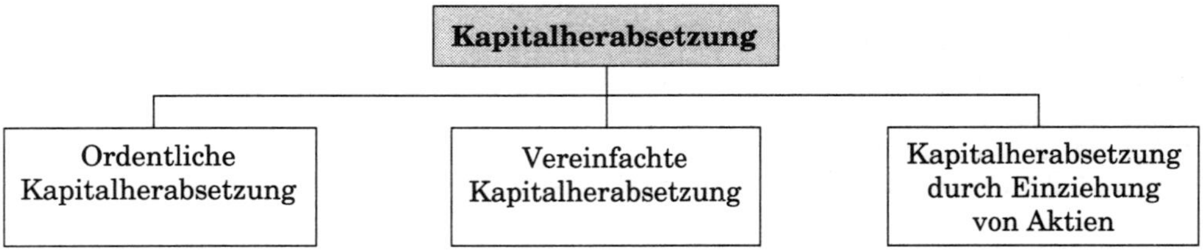

2.3.3.1 Ordentliche Kapitalherabsetzung

Die ordentliche Kapitalherabsetzung (§§ 222 - 228 AktG) erfolgt, indem:

- Der **Nennwert der Aktien vermindert** wird, beispielsweise durch Herunterstempeln von 50 €-Aktien auf 5 €-Aktien, was einer Zehntelung des gezeichneten Kapitals entsprechen würde.

- **Mehrere Aktien** zu einer Aktie **zusammengelegt** werden, beispielsweise durch den Umtausch von zwei alten Aktien in eine neue Aktie gleichen Nennwertes. Eine Zusammenlegung ist aber nur dann zulässig, wenn beim Herunterstempeln der Mindestnennwert von 1 € unterschritten würde.

Der Beschluss zur ordentlichen Kapitalherabsetzung bedarf einer Drei-Viertel-Mehrheit in der Hauptversammlung des anwesenden Grundkapitals. Sind mehrere Aktiengattungen vorhanden, ist diese Mehrheit bei allen Gattungen erforderlich. Der Beschluss ist zur Eintragung in das Handelsregister anzumelden. Mit Eintragung ist das Grundkapital herabgesetzt.

Gläubigern, deren Forderungen begründet worden sind, bevor die Eintragung des Beschlusses bekannt gemacht worden ist, muss **Sicherheit** geleistet werden, soweit sie nicht Befriedigung verlangen können, wenn sie sich binnen sechs Monaten nach der Bekanntmachung zu diesem Zweck melden.

Zahlungen an die Aktionäre dürfen erst geleistet werden, nachdem sechs Monate seit der Bekanntmachung der Eintragung verstrichen sind und nachdem den Gläubigern, die sich rechtzeitig gemeldet haben, Befriedigung oder Sicherheit gewährt worden ist.

2.3.3.2 Vereinfachte Kapitalherabsetzung

Die vereinfachte Kapitalherabsetzung (§§ 229 - 236 AktG) dient der **buchmäßigen Sanierung**, die auch als **reine Sanierung** bezeichnet wird.

Vereinfacht wird die Kapitalherabsetzung deshalb genannt, weil keine besonderen Vorschriften zum Gläubigerschutz zu beachten sind. Stattdessen ist genau festgelegt, zu welchen **Zwecken** die vereinfachte Kapitalherabsetzung zulässig ist:

- Zum Ausgleich von Wertminderungen
- Zum Ausgleich von sonstigen Verlusten
- Zur Einstellung in die Kapitalrücklage.

Beispiel:

Aktiva	Bilanz **vor** der Kapitalherabsetzung		Passiva
Vermögen	750.000	Gezeichnetes Kapital	900.000
		Verlustvortrag	– 150.000
	750.000		750.000

Die Kapitalherabsetzung erfolgt um 200.000 €.
Der Sanierungsgewinn wird in die gesetzliche Rücklage eingestellt.

Aktiva	Bilanz **nach** der Kapitalherabsetzung		Passiva	
Vermögen	750.000	Gezeichnetes Kapital	700.000	– 200.000
		Kapitalrücklage	50.000	+ 50.000
	750.000		750.000	

Die vereinfachte Kapitalherabsetzung ist nur **zulässig**, nachdem der Teil der gesetzlichen Rücklage und der Kapitalrücklage, um den diese zusammen 10 % des nach der Kapitalherabsetzung verbleibenden Grundkapitals hinausgehen, sowie die Gewinnrücklagen vorweg aufgelöst sind.

Sie ist **nicht zulässig**, solange ein Gewinnvortrag vorhanden ist.

Die vereinfachte Kapitalherabsetzung ermöglicht als Sanierungsmaßnahme eine Bereinigung der Bilanz. Vielfach wird das so geminderte Grundkapital aber nicht ausreichen, um den Unternehmenszweck zu erfüllen. Dann muss sich ein weiterer Schritt der Sanierung in Form der Zuführung neuer liquider Mittel anschließen.

Die Zuführung neuer liquider Mittel kann als **Kapitalerhöhung** oder in Form von **Zuzahlungen der Aktionäre** erfolgen.

2.3.3.3 Kapitalherabsetzung durch Einziehung von Aktien

Für die Kapitalherabsetzung durch Einziehung von Aktien (§§ 237-239 AktG), die eine weitere Form der Sanierung darstellt, gibt es zwei **Möglichkeiten**:

- Einziehung eigener Aktien nach Erwerb durch die Gesellschaft.
- Zwangseinziehung der Aktien durch die Gesellschaft, sofern sie in der ursprünglichen Satzung oder durch eine Satzungsänderung vor Übernahme oder Zeichnung der Aktien angeordnet oder gestattet war.

Die Kapitalherabsetzung durch Einziehung von Aktien bedarf der Beachtung der Vorschriften über die ordentliche Kapitalherabsetzung, es sei denn, dass eine der folgenden **Voraussetzungen** als gegeben angesehen werden kann:

Kapitalherabsetzung ohne Beachtung der Vorschriften über die ordentliche Kapitalherabsetzung	❍ Aktien werden der Gesellschaft von den Aktionären unentgeltlich zur Verfügung gestellt. ❍ Aktien werden zu Lasten des Bilanzgewinnes oder einer »anderen Gewinnrücklage«, die nicht zweckgebunden ist, eingezogen.

In beiden Fällen bedarf der Beschluss über die Kapitalherabsetzung durch Einziehung von Aktien lediglich einer einfachen Mehrheit des anwesenden Grundkapitals in der Hauptversammlung. Er ist zur Eintragung in das Handelsregister anzumelden, auch wenn es sich um eine durch die Satzung angeordnete Zwangseinziehung handelt.

Beispiel für den entgeltlichen Erwerb von Aktien:

Bilanz **vor** dem Aktien-**Erwerb**

Aktiva		Passiva	
Anlagevermögen	500.000	Gezeichnetes Kapital	500.000
Umlaufvermögen	300.000	Gewinnrücklage	50.000
		Verlustvortrag	– 40.000
		Verbindlichkeiten	290.000
	800.000		800.000

Aufgrund des Verlustvortrages und einer pessimistischen Einschätzung der künftigen Gewinnentwicklung werden die 50 €-Aktien an der Börse mit 30 € gehandelt. Zur Sanierung soll ein Grundstück zum Preis von 60.000 €, das derzeit nicht benötigt wird, verkauft und hierfür eigene Aktien im Nennwert von 100.000 € erworben werden, die aber zum Anschaffungswert zu bilanzieren sind. Die 60.000 € kommen in die Kapitalrücklage.

Bilanz **nach** dem Aktien-**Erwerb**

Aktiva		Passiva	
Anlagevermögen	440.000	Gezeichnetes Kapital	500.000
Eigene Aktien	60.000	Gewinnrücklage	50.000
Umlaufvermögen	300.000	Verlustvortrag	– 40.000
		Verbindlichkeiten	290.000
	800.000		800.000

Der nächste Schritt ist die Einziehung der Aktien, wodurch das Grundkapital um 100.000 €, dem Nennbetrag der einzuziehenden Aktien, gemindert wird.

Aktiva	Bilanz **nach** der Aktien-**Einziehung**		Passiva
Anlagevermögen	440.000	Gezeichnetes Kapital	400.000
Umlaufvermögen	300.000	Gewinnrücklage	50.000
		Verbindlichkeiten	290.000
	740.000		740.000

52 Seite 480

2.4 Umwandlung

Die handels- und steuerrechtliche Regelung der Umwandlung ist im seit 1995 novellierten **Umwandlungsgesetz** bzw. **Umwandlungssteuergesetz** enthalten.

Entsprechend der Zielsetzung der Novellierung, alle Spielarten der Umstrukturierung von Unternehmen in einem einheitlichen Gesetz zu regeln, wird unter Umwandlung nicht nur wie früher in erster Linie der Wechsel der Rechtsform verstanden, sondern es werden **vier Arten der Umstrukturierung** als Umwandlung verstanden.

Nach § 1 Abs. 1 UmwG 1995 können Rechtsträger mit Sitz im Inland umgewandelt werden durch:

- Verschmelzung – Nr. 1
- Spaltung (Aufspaltung, Abspaltung, Ausgliederung) – Nr. 2
- Vermögensübertragung – Nr. 3
- Formwechsel – Nr. 4.

Die an diesen Vorgängen beteiligten Rechtsträger sind unterschiedlich. Sie sind aufgeführt für:

- Die Verschmelzung in § 3 UmwG
- Die Spaltung in § 124 bzw. § 3 UmwG
- Die Vermögensübertragung in § 175 UmwG
- Den Formwechsel in § 191 UmwG.

Gründe für die Umwandlung eines Unternehmens können sein:

- Wachstum eines Unternehmens
- Schrumpfung eines Unternehmens
- Steuerliche Erwägungen
- Beschränkung der Gesellschafter-Haftung
- Vergrößerung der Kapitalbasis
- Tod eines Gesellschafters.

Bei der Umwandlung ist zu unterscheiden, ob eine Liquidation des umzuwandelnden Unternehmens erforderlich ist, oder ob die Umwandlung ohne Liquidation erfolgen kann:

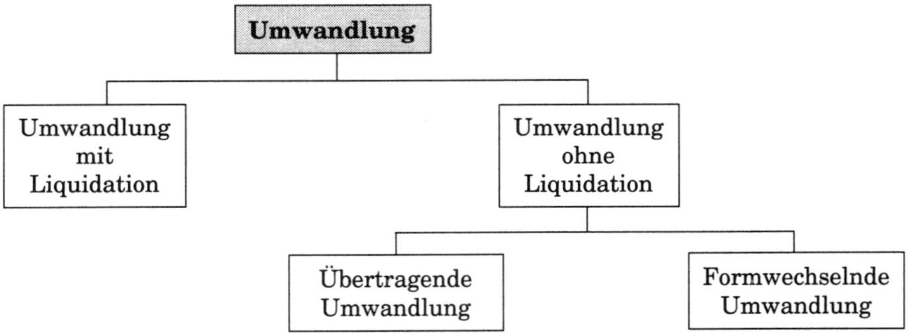

Die Umwandlung mit Liquidation wird auch als **Umgründung** bezeichnet.

2.4.1 Umwandlung mit Liquidation

Eine Umwandlung mit Liquidation ist dort notwendig, wo der Gesetzgeber eine **Einzelrechtsnachfolge** vorgesehen hat.

Bei der Einzelrechtsnachfolge erfolgt zunächst eine formelle Liquidation des bisher bestehenden Unternehmens, der sich eine Neugründung in der vorgesehenen Rechtsform anschließt. Das formell liquidierte Unternehmen hat seine Vermögenswerte einzeln nach den dafür geltenden sachrechtlichen Bestimmungen auf das neue Unternehmen zu übertragen, was sehr umständlich und aufwendig ist.

Die Umwandlung mit Liquidation ist grundsätzlich **erforderlich** bei:

- Umwandlung eines Einzelunternehmens in eine Personengesellschaft

- Umwandlung einer OHG oder KG in ein Einzelunternehmen (Ausnahme: § 142 HGB).

2.4.2 Umwandlung ohne Liquidation

Bei der Umwandlung ohne Liquidation ist es nicht erforderlich, die Vermögenswerte einzeln zu übertragen. Es lassen sich unterscheiden:

- Die **übertragende Umwandlung**, die durch den Übergang des Vermögens des umzuwandelnden Unternehmens auf ein übernehmendes Unternehmen im Wege der **Gesamtrechtsnachfolge** gekennzeichnet ist. Dabei geht das Vermögen als eine Einheit über.

  Die übertragende Umwandlung kann sein:

Verschmelzende Umwandlung	Bei ihr ist das Vermögen des umzuwandelnden Unternehmens auf ein bereits bestehendes Unternehmen zu übertragen. Die verschmelzende Umwandlung kann einer Fusion praktisch sehr nahe kommen. Möglichkeiten der verschmelzenden Umwandlung sind die Umwandlung einer ❍ AG in eine AG ❍ GmbH in eine GmbH ❍ AG in eine GmbH ❍ GmbH in eine AG ❍ AG in eine OHG ❍ GmbH in eine OHG ❍ AG in eine KG ❍ GmbH in eine KG
Errichtende Umwandlung	Hier wird das Vermögen des umzuwandelnden Unternehmens auf ein neu zu errichtendes Unternehmen übertragen. Möglichkeiten der errichtenden Umwandlung sind die Umwandlung einer ❍ AG in eine OHG ❍ OHG in eine AG ❍ AG in eine KG ❍ KG in eine AG ❍ GmbH in eine OHG ❍ OHG in eine GmbH ❍ GmbH in eine KG ❍ KG in eine GmbH

- Die **formwechselnde Umwandlung**, die keine Vermögensübertragung erforderlich macht, da die Rechtspersönlichkeit des Unternehmens erhalten bleibt und lediglich die Rechtsform wechselt.

Möglichkeiten	Die formwechselnde Umwandlung kann die Umwandlung sein einer: ❍ AG in eine KGaA ❍ GmbH in eine AG ❍ AG in eine GmbH ❍ GmbH in eine KGaA ❍ KGaA in eine AG ❍ OHG in eine KG ❍ KGaA in eine GmbH ❍ KG in eine OHG

2.5 Fusion

Als Fusion wird die **Verschmelzung** von zwei oder mehreren rechtlich selbstständigen Unternehmen zu einer neuen wirtschaftlichen und rechtlichen Einheit verstanden.

Gründe für die Durchführung von Fusionen können sein:

- Vereinheitlichung des Fertigungsprogrammes
- Rationalisierung im Beschaffungsbereich
- Rationalisierung im Fertigungsbereich
- Rationalisierung im Absatzbereich
- Konzentration der Marktmacht
- Konzentration der Kapitalkraft.

Entsprechend ihrer Beziehung im Leistungsbereich, die fusionierende Unternehmen zueinander haben, lassen sich unterscheiden:

- **Horizontale Fusionen**, bei denen die beteiligten Unternehmen dem gleichen Wirtschaftszweig und der gleichen Leistungsstufe angehören.

- **Vertikale Fusionen**, bei denen sich im Leistungsprogramm vor- oder nachgelagerte Unternehmen zusammenschließen.

- **Laterale Fusionen**, bei denen die beteiligten Unternehmen verschiedenen Wirtschaftszweigen und verschiedenen Leistungsstufen angehören.

Für die Durchführung von Fusionen gelten unterschiedliche rechtliche Vorschriften, je nach Art der Fusion, die sein kann:

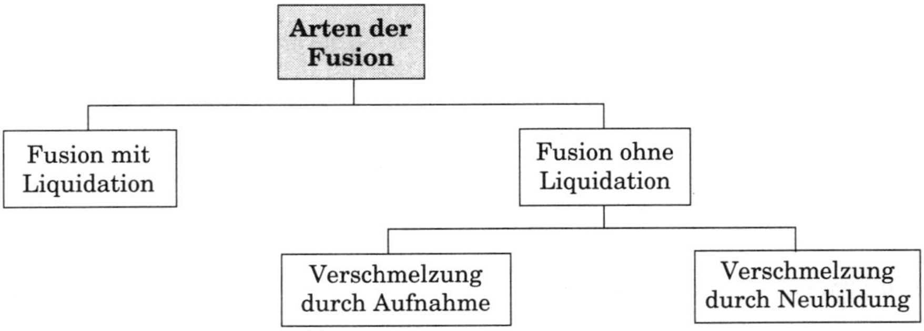

2.5.1 Fusion mit Liquidation

Bei der Fusion mit Liquidation wird das Vermögen der übertragenden Gesellschaft im Wege der **Einzelrechtsnachfolge** übertragen. Das bedeutet, dass alle Vermögensteile der übertragenden Gesellschaft einzeln auf die übernehmende Gesellschaft zu übertragen sind.

Fusionen müssen im Wege der Einzelrechtsnachfolge durchgeführt werden, wenn ein Einzelunternehmen oder eine Personengesellschaft an einer Fusion beteiligt ist. Dieses Verfahren ist sehr umständlich und zeitaufwendig, sodass es in der betrieblichen Praxis keine große Bedeutung erlangt hat.

2.5.2 Fusion ohne Liquidation

Die Fusion ohne Liquidation erfolgt im Wege der **Gesamtrechtsnachfolge**. Sie ist im Aktiengesetz bzw. im Kapitalerhöhungsgesetz geregelt und umfasst vor allem die Fusion einer:

❍ AG mit einer AG	❍ AG mit einer GmbH
❍ KGaA mit einer KGaA	❍ GmbH mit einer AG
❍ KGaA mit einer AG	❍ GmbH mit einer KGaA
❍ AG mit einer KGaA	❍ GmbH mit einer GmbH

Die Fusion im Wege der Gesamtrechtsnachfolge kann in zwei **Formen** durchgeführt werden:

- Als **Verschmelzung durch Aufnahme**, bei der eine Gesellschaft ihr Vermögen als Gesamtheit auf die übernehmende Gesellschaft überträgt, wobei die übernehmende Gesellschaft bestehen bleibt, die übertragende Gesellschaft hingegen aufhört, wirtschaftlich und rechtlich zu existieren.

  Grundlage der Verschmelzung ist der **Verschmelzungsvertrag**, der wirksam wird, wenn die Hauptversammlungen der übertragenden und der übernehmenden Gesellschaft diesem Vertrag mit Drei-Viertel-Mehrheit zustimmen. Der Verschmelzungsvertrag ist notariell zu beglaubigen.

  Zur Durchführung der Fusion muss die übernehmende Gesellschaft eine Kapitalerhöhung vornehmen, sofern sie nicht schon Aktien der zu übernehmenden Gesellschaft oder eigene Aktien besitzt. Der Vorstand jeder der beiden Gesellschaften hat die Verschmelzung zur Eintragung in das Handelsregister anzumelden.

  Ist die Eintragung im Handelsregister der übertragenden Gesellschaft erfolgt, erlischt diese Gesellschaft, das Vermögen der übertragenden Gesellschaft geht – zusammen mit den Verbindlichkeiten – insgesamt auf die übernehmende Gesellschaft über. Die Aktionäre der übertragenden Gesellschaft werden Aktionäre der übernehmenden Gesellschaft.

  Dazu müssen die **Umtauschverhältnisse** der Aktien der übertragenden zur übernehmenden Gesellschaft festgesetzt werden. Es ist auf ein möglichst günstiges Umtauschverhältnis zu achten, damit auch Kleinaktionäre von ihrem Umtauschrecht Gebrauch machen können.

  Beispiel: Bei der aufnehmenden Gesellschaft A beträgt das gezeichnete Kapital 600.000 €, der Kurs 300 %. Das gezeichnete Kapital der zu übernehmenden Gesellschaft B beträgt 100.000 €, der Kurs 150 %.

  Es ergeben sich - gemessen am Kurs - folgende Werte:

  A 600.000 € zu 300 % = 1.800.000 €
  B 100.000 € zu 150 % = 150.000 €

  Zur Übernahme muss die Gesellschaft A, sofern sie nicht schon Aktien im Werte von 150.000 € von der Gesellschaft B besitzt, das gezeichnete Kapital um 150.000 € erhöhen und bei einem Umtauschverhältnis von B : A = 2 : 1, das sich aus der Kursrelation ergibt, für zwei Aktien von B eine Aktie von A gewähren.

- Als **Verschmelzung durch Neubildung**, bei der die Vorschriften für die Verschmelzung durch Aufnahme größtenteils sinngemäß Anwendung finden.

  Die Verschmelzung kann erst erfolgen, wenn die beiden fusionierenden Gesellschaften mindestens zwei Jahre im Handelsregister eingetragen sind.

  Die Gründungsvorschriften gelten sinngemäß.

2.6 Liquidation

Die Liquidation setzt der Tätigkeit des Unternehmens ein Ende. Sie kann freiwillig erfolgen oder zwangsweise gerichtlich vorgenommen werden, indem ein Insolvenzverfahren eröffnet wird.

Nach dem **Zweck** der Liquidation lassen sich unterscheiden:

- Die **materielle Liquidation**, bei der eine Erwerbsgesellschaft in eine Abwicklungsgesellschaft übergeht, wenn die Auflösung der Gesellschaft in das Handelsregister eingetragen wird.

  Die **Abwicklungsgesellschaft** trägt außer dem Namen der Firma den Zusatz *»i. L.«*, der zeigt, dass die Gesellschaft sich in Liquidation befindet. Aufgabe der Abwicklungsgesellschaft ist es, die Vermögensgegenstände zu verwerten, indem sie in Geld umgewandelt werden.

- Die **formelle Liquidation** lässt das Unternehmen zwar ebenfalls in der seitherigen Rechtsform untergehen, es setzt seine Erwerbstätigkeit aber in einer neuen Rechtsform fort, auf welche die Vermögenswerte im Einzelnen übertragen werden. Sie bezieht sich auf Fusionen und Umwandlungen.

Die Liquidation kann nach ihrem **Umfang** sein:

- Eine **Totalliquidation**, die sich auf das gesamte Vermögen des Unternehmens bezieht.
- Eine **Teilliquidation**, die nicht das gesamte Vermögen des Unternehmens betrifft, sondern nur Teile davon.

Die Abwicklung der Liquidation erfolgt durch den oder die **Liquidatoren**, die zu erstellen haben:

- Liquidations-**Eröffnungs**bilanz zu Beginn der Abwicklung.
- Liquidations-**Jahres**bilanz, wenn die Abwicklung sich über mehrere Jahre hinweg erstreckt.
- Liquidations-**Schluss**bilanz mit Abschluss der Liquidation.

Die Bewertungsvorschriften der üblichen Jahresbilanzen gelten für die Liquidationsbilanzen nicht.

Für die Liquidation von **Einzelunternehmen** gibt es keine besonderen Rechtsvorschriften. Bei **Genossenschaften** ist der Vorstand der Liquidator.

Es sollen näher betrachtet werden:

- **Personengesellschaften**
- **Kapitalgesellschaften.**

2.6.1 Personengesellschaften

Bei der **OHG** wirken die Gesellschafter als Liquidatoren. Gründe für die Liquidation können sein:

- Ablauf der im Gesellschaftsvertrag vereinbarten Zeit
- Beschluss der Gesellschafter
- Gerichtsbeschluss
- Eröffnung eines Insolvenzverfahrens über das Gesellschaftsvermögen.

Tod, Insolvenz und Kündigung eines Gesellschafters können, falls der Gesellschaftsvertrag nichts anderes besagt, zum Ausscheiden des Gesellschafters aus der Gesellschaft führen.

Für die **KG** gelten die Bestimmungen der OHG entsprechend.

Bei der **GdbR** werden ebenfalls die Gesellschafter die Liquidatoren. Gründe für die Liquidation können sein:

- Ablauf der vereinbarten Zeit
- Erreichen des Gesellschaftszweckes
- Unmöglichwerden des Gesellschaftszweckes
- Insolvenzverfahren über das Vermögen eines Gesellschafters
- Tod eines Gesellschafters.

Für die **Stille Gesellschaft** gelten weitgehend die Liquidationsgründe, wie sie bei der GdbR genannt wurden, jedoch ist der Tod des stillen Gesellschafters kein Grund zur Liquidation.

Der aus der Liquidation eines Einzelunternehmens oder einer Personengesellschaft gegebenenfalls erzielte Gewinn ist zu versteuern. Er ergibt sich aus:

	Veräußerungspreis
–	Veräußerungskosten
–	Wert des Betriebsvermögens
=	Veräußerungsgewinn bzw. Veräußerungsverlust

Einzelunternehmen und Vollhafter der Personengesellschaften haften noch fünf Jahre nach Liquidationsbeschluss für die Schulden des Unternehmens. Besondere Gläubigerschutzbestimmungen sind nicht zu beachten.

2.6.2 Kapitalgesellschaften

Bei der **GmbH** wirken der oder die Geschäftsführer als Liquidatoren. Auf Beschluss der Gesellschafter können auch außerhalb des Unternehmens stehende Personen mit der Durchführung der Liquidation beauftragt werden.

Gründe für die Liquidation können sein:

- Ablauf der im Gesellschaftsvertrag vereinbarten Zeit
- Beschluss der Gesellschafter mit Drei-Viertel-Mehrheit
- Gerichtsbeschluss
- Eröffnung eines Insolvenzverfahrens.

Der Gesellschaftsvertrag kann weitere Gründe für die Liquidation enthalten.

Die Liquidation der **AG** erfolgt durch den Vorstand. Auf Beschluss der Hauptversammlung können auch außerhalb des Unternehmens stehende Personen mit der Durchführung der Liquidation beauftragt werden.

Gründe für die Liquidation können sein:

- Ablauf der in der Satzung bestimmten Zeit
- Beschluss der Hauptversammlung mit Drei-Viertel-Mehrheit
- Eröffnung eines Insolvenzverfahrens.

Der aus der Liquidation einer GmbH oder AG gegebenenfalls erzielte Gewinn ist zu versteuern, wobei er nicht für die Geschäftsjahre, sondern für den Abwicklungszeitraum – maximal 3 Jahre – zu ermitteln ist. Der Körperschaftsteuersatz beträgt 25 %.

Kapitalgesellschaften dürfen den Liquidationserlös erst dann an die Gesellschafter auszahlen, wenn nach dreimaliger Aufforderung an die Gläubiger, ihre Ansprüche anzumelden, ein Sperrjahr abgelaufen ist (§§ 267 und 272 AktG, § 73 GmbHG). Bei Genossenschaften genügt eine einmalige Aufforderung (§ 90 GenG). Die Aufforderung erfolgt in den Gesellschaftsblättern.

Der Gläubigerschutz hat bei der Liquidation demnach besondere Bedeutung. Zusammengefasst soll nochmals gezeigt werden, auf welche Weise er sichergestellt wird:

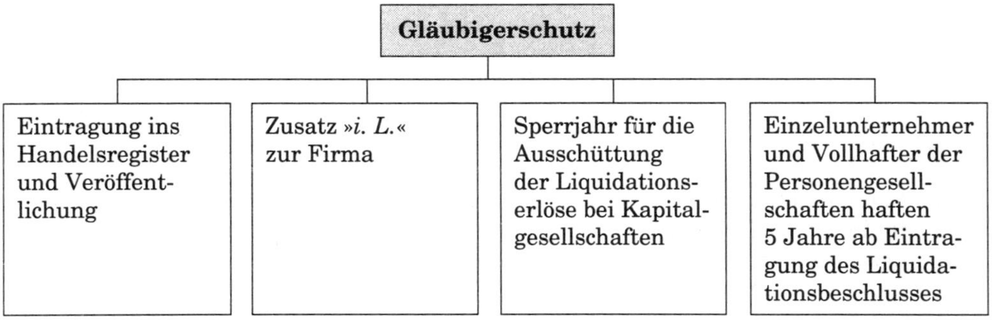

	Kontrollfragen	bearbeitet	Lösungshinweis	Lösung +	Lösung -
01	Was versteht man unter Beteiligungsfinanzierung?		183		
02	In welchen Formen kann das Eigenkapital zugeführt werden?		183		
03	Wie leicht können Unternehmen Eigenkapital beschaffen?		183 f.		
04	Nennen Sie Beurteilungskriterien für die Beteiligungsfinanzierung!		184		
05	Wie erfolgt die Beteiligungsfinanzierung beim Einzelunternehmen?		185		
06	Was ist eine OHG?		187 f.		
07	Inwieweit ist die OHG rechtsfähig?		188		
08	Welche Kapitalkosten entstehen bei der OHG?		188		
09	Wie sind Geschäftsführung und Vertretung bei der OHG geregelt?		189		
10	Wie erfolgt die Gewinnverteilung bei der OHG?		189 f.		
11	Welche weiteren Rechte haben OHG-Gesellschafter?		190		
12	Wie haften OHG-Gesellschafter?		191		
13	Was ist eine KG?		191 f		
14	Welche Kapitalkosten entstehen bei der KG?		192		
15	Erläutern Sie die Konstruktion der GmbH & Co KG!		192		
16	Welche Rechte haben Gesellschafter der KG?		193		
17	Welche Pflichten haben Gesellschafter der KG?		194		
18	Was versteht man unter einer Stillen Gesellschaft?		194 f.		
19	Welche Kapitalkosten entstehen bei der Stillen Gesellschaft?		195		
20	Welche Rechte haben Gesellschafter der Stillen Gesellschaft?		195 f.		
21	Welche Pflichten haben die Gesellschafter?		196		
22	Was ist eine Gesellschaft des bürgerlichen Rechts?		196		
23	Welche Kapitalkosten entstehen bei der GdbR?		197		
24	Worin bestehen die Rechte der GdbR-Gesellschafter?		197 f.		
25	Welche Pflichten obliegen GdbR-Gesellschaftern?		198		
26	Welche Merkmale weisen Kapitalgesellschaften auf?		198 f		
27	Was ist eine GmbH?		199		
28	Welche Organe kann die GmbH aufweisen?		200		
29	Welche Kapitalkosten entstehen bei der GmbH?		201		
30	Worin bestehen die Rechte der GmbH-Gesellschafter?		201 f.		

	Kontrollfragen	bearbeitet	Lösungshinweis	Lösung +	Lösung -
31	Welche Pflichten haben die GmbH-Gesellschafter?		202 f.		
32	Wie ist die Nachschusspflicht bei der GmbH geregelt?		204		
33	Was ist eine AG?		204		
34	Zu welchem Wert dürfen Aktien ausgegeben werden?		204 f.		
35	Über welche Organe verfügt die AG?		205 f.		
36	Welche Kapitalkosten entstehen bei der AG?		207		
37	Welche Rechte haben die Aktionäre?		207 f.		
38	Worin bestehen ihre Pflichten?		208 f.		
39	Was versteht man unter Aktien?		209 f.		
40	Nach welchen Kriterien lassen sich Aktien unterteilen?		210		
41	Worin unterscheiden sich Nennwert-, Stück- und Quotenaktien?		210 f.		
42	Was sind Inhaber- und Namensaktien?		211		
43	Wie werden sie übertragen?		211 f.		
44	Was sind vinkulierte Namensaktien?		212		
45	Unterscheiden Sie Stamm- und Vorzugsaktien!		212		
46	Worauf können sich Vorzüge beziehen?		212 f.		
47	Inwieweit darf eine AG eigene Aktien erwerben?		213 f.		
48	Was sind Vorratsaktien?		214		
49	Worin unterscheiden sich alte und junge Aktien?		214		
50	Was sagt der Bilanzkurs aus?		215 f.		
51	Was versteht man unter dem Ertragswertkurs?		216 f.		
52	Welchen Einflüssen kann der Börsenkurs unterliegen?		217		
53	Worin unterscheiden sich Kassa- und Terminmarkt?		218		
54	In welche Segmente lassen sich die Aktienmärkte aufteilen?		219 f.		
55	Erläutern Sie, wie Aktien gehandelt werden können!		221		
56	Was wird unter dem Einheits- bzw. Kassakurs verstanden?		221		
57	Was versteht man unter Genussscheinen?		224		
58	Erläutern Sie, was eine Genossenschaft ist!		225		
59	Welche Organe kann die Genossenschaft haben?		226		
60	Welche Kapitalkosten fallen bei der Genossenschaft an?		227		
61	Worin bestehen die Rechte der Genossen?		227 f.		
62	Welche Pflichten haben die Genossen?		228		

	Kontrollfragen	bearbeitet	Lösungshinweis	Lösung +	Lösung -
63	Nennen Sie die Anlässe der Beteiligungsfinanzierung!		229		
64	Welche Schritte umfasst eine Gründung?		229		
65	Wie erfolgt die Gründung bei Personengesellschaften?		230 f.		
66	Beschreiben Sie die Gründung einer GmbH!		231 f.		
67	In welchen Phasen wird eine AG gegründet?		232 f.		
68	Nennen Sie Gründe für eine Kapitalerhöhung!		234		
69	Wie erfolgen Kapitalerhöhungen bei Personengesellschaften?		235 f.		
70	Wie ist eine Kapitalerhöhung bei der GmbH möglich?		236		
71	Welche Formen der Kapitalerhöhung gibt es bei der AG?		237		
72	Wie wird eine ordentliche Kapitalerhöhung bewirkt?		237		
73	Wozu dient das Bezugsrecht?		237 f.		
74	Welche Werte des Bezugsrechts sind zu unterscheiden?		238 ff.		
75	Wie kann die Emission von Aktien erfolgen?		241		
76	Nennen Sie Emissionskosten für Aktien!		242		
77	Was ist eine genehmigte Kapitalerhöhung?		243		
78	Wann kann eine bedingte Kapitalerhöhung erfolgen?		243 f.		
79	Wie geschieht die Kapitalerhöhung aus Gesellschaftsmitteln?		244 ff.		
80	Welche Gründe gibt es zur Kapitalherabsetzung?		246		
81	Wie wird sie bei Personengesellschaften durchgeführt?		246 f.		
82	Wie erfolgt eine Kapitalherabsetzung bei der GmbH?		247		
83	Welche Möglichkeiten zur Kapitalherabsetzung hat die AG?		247		
84	Wie geschieht die ordentliche Kapitalherabsetzung?		248 f.		
85	Beschreiben Sie die vereinfachte Kapitalherabsetzung!		249		
86	Wie kann die Kapitalherabsetzung durch Einziehung von Aktien erfolgen?		250		
87	Was versteht man unter einer Umwandlung?		251		
88	Welche Gründe kann es für eine Umwandlung geben?		251		
89	Wie erfolgt die Umwandlung mit Liquidation?		252		
90	Wie kann die übertragende Umwandlung erfolgen?		252 f.		
91	Wie geschieht die formwechselnde Umwandlung?		253		
92	Was versteht man unter einer Fusion?		253		
93	Welche Gründe kann es für Fusionen geben?		253		

	Kontrollfragen	bearbeitet	Lösungshinweis	Lösung +	Lösung -
94	Was sind horizontale bzw. vertikale Fusionen?		254		
95	Wie erfolgt die Fusion mit Liquidation?		254		
96	Welche Formen der Fusion ohne Liquidation sind zu unterscheiden?		255		
97	Was versteht man unter einer Liquidation?		256		
98	Wie erfolgt die Liquidation bei Personengesellschaften?		257		
99	Beschreiben Sie die Liquidation bei der GmbH!		258		
100	Wie wird eine AG liquidiert?		258		

E. Fremdfinanzierung

Die Fremdfinanzierung dient dazu, dem Unternehmen **Fremdkapital** zuzuführen. Das müssen nicht notwendigerweise finanzielle Mittel sein, beispielsweise in Form eines Bankkredites. Möglich ist auch, dem Unternehmen Sachgüter zuzuführen, die jedoch nicht sofort zu bezahlen sind, also nicht unmittelbar einen Abfluss finanzieller Mittel bewirken.

Die Fremdfinanzierung hat neben der Beteiligungsfinanzierung und der Innenfinanzierung als weitere Finanzierungsart eine besonders **bedeutsame Stellung**. Dies wird deutlich, wenn man die Eigenkapital-Fremdkapital-Relation deutscher Unternehmen betrachtet, die einen Anteil des Fremdkapitals von vielfach bis zu 70 - 80 % offen legt.

Die Fremdfinanzierung wird auch **Kreditfinanzierung** genannt. Sie ist – wie die Beteiligungsfinanzierung – eine Außenfinanzierung:

Fremdfinanzierung als externer Zufluss von **Fremd**kapital	+	**Beteiligungsfinanzierung** als externer Zufluss von **Eigen**kapital	=	**Außenfinanzierung**

Das Fremdkapital geht nicht in das Eigentum des Unternehmens über, sondern begründet eine schuldrechtliche Verbindung zwischen dem Unternehmen als Schuldner und dem Kapitalgeber als Gläubiger.

Entsprechend fällt das Fremdkapital bei einer Auseinandersetzung nicht unter das Auseinandersetzungsvermögen, bei einem Insolvenzverfahren hingegen ist es der Insolvenzmasse zuzurechnen.

Das für die Fremdfinanzierung erforderliche Fremdkapital kann – als Geldmittel – grundsätzlich beschafft werden:

- Über die **Geldmärkte**, die durch kurzfristige Kreditlaufzeiten und den vorwiegenden Geldhandel unter Banken gekennzeichnet ist.

- Über die **Kreditmärkte**, die zumeist bankgetragen sind. Sie stellen den Unternehmen auf der Grundlage von Kreditverträgen von ihnen benötigtes Kapital zur Verfügung.

- Über die **Kapitalmärkte** auf der Grundlage von emittierten Gläubigerpapieren. Das sind festverzinsliche oder variabel verzinsliche Wertpapiere mit Rückzahlungsanspruch des Inhabers, beispielsweise in Form von Anleihen und Schuldverschreibungen.

Die **Höhe** des Fremdkapitals im Unternehmen hängt ab von:

- Der **Nachfrage des Unternehmens** nach Fremdkapital, die sich aus finanzwirtschaftlichen Notwendigkeiten, insbesondere dem Kapitalbedarf, aber auch aus Risiko- und Rentabilitätsüberlegungen des Unternehmens ergeben kann.

- Der **Bereitschaft der Kapitalgeber**, Fremdkapital zur Verfügung zu stellen, die umso größer sein wird, je günstiger die Entwicklung des Unternehmens eingeschätzt wird, und je höher seine Sicherheiten sind.

Wichtige **Merkmale** der Finanzierung mit Fremdkapital sind:

Fristigkeit des Fremdkapitals	Es kann kurz-, mittel- und langfristiges Fremdkapital unterschieden werden. Die zeitlichen Begrenzungen werden in der Betriebswirtschaftslehre unterschiedlich gesehen. Entsprechend der neuen Klassifizierung der Bundesbank gilt überwiegend: ❍ Laufzeit **kurzfristigen** Fremdkapitals **bis ein Jahr** ❍ Laufzeit **mittelfristigen** Fremdkapitals **ein bis fünf Jahre** ❍ Laufzeit **langfristigen** Fremdkapitals **über fünf Jahre**
Geber des Fremdkapitals	❍ Kreditinstitute ❍ Lieferanten und Kunden ❍ Kapitalsammelstellen, wie z. B. Versicherungen ❍ Sonstige Unternehmen ❍ Personen ❍ Staat
Verwendung des Fremdkapitals	❍ Als **Investitionskredite** zur Beschaffung von Anlagevermögen. ❍ Als **Betriebsmittelkredite** zur Beschaffung von Umlaufvermögen. ❍ Als **Zwischenfinanzierungskredite** zur Überbrückung mittel- oder langfristiger Finanzierungen.
Formen des Fremdkapitals	❍ **Geldkredite** als direkte Kredite, bei denen der Kreditgeber den Kredit in Form von Geld gewährt. ❍ **Sachkredite**, bei denen der Kreditgeber den Kredit in Form von Sachen – beispielsweise Maschinen, Rohstoffen – gewährt. ❍ **Kreditleihen** als indirekte Kredite, bei denen der Kreditgeber lediglich seine Kreditwürdigkeit zur Verfügung stellt.
Entgelt des Fremdkapitals	Zahlung von **Zinsen**, die als ❍ fester Zinssatz ❍ variabler Zinssatz vereinbart sein können. Sie sind unabhängig von der Ertragslage des Kreditnehmers – also auch in Verlustjahren – zu zahlen. Neben den Zinsen fallen **weitere Kapitalkosten** an – siehe Seite 265.
Rückzahlung des Fremdkapitals	Die Rückzahlung oder **Tilgung** des Fremdkapitals kann erfolgen: ❍ In einem Betrag oder in mehreren Beträgen ❍ Zu festgelegten oder nicht festgelegten Terminen ❍ In gleich hohen oder in der Höhe wechselnden Beträgen ❍ Durch Vereinbarung oder Kündigung. Das Fremdkapital ist in **nominaler Höhe** zurückzuzahlen, d. h. der Fremdkapitalgeber ist nicht am Erfolg des Unternehmens beteiligt.

Für die Bereitstellung, Nutzung und Rückgabe des Fremdkapitals können dem Unternehmen – außer den Zinsen – **weitere Kapitalkosten** entstehen.

Beispiele: Provisionen, Bearbeitungsgebühren, Disagio, Kosten der Stellung bzw. Rückerstattung von Sicherheiten, Bereitstellungsprovisionen, Überziehungsprovisionen.

Die Kapitalkosten sind **Betriebsausgaben** und damit von der Einkommensteuer bzw. Körperschaftsteuer abzugsfähig.

Kredite, die über ein Jahr im Unternehmen bestehen, sind nach der Definition der Finanzverwaltung **Dauerschulden**. Dauerschuldzinsen sind steuerlich erfasst. 50 Prozent der Zinsen des Fremdkapitals sind der Gewerbeertragsteuer zuzurechnen.

Im Folgenden sollen betrachtet werden

Fremdfinanzierung	Ablauf (der Fremdfinanzierung)
	Sicherheiten (der Fremdfinanzierung)
	Kurzfristige Fremdfinanzierung
	Langfristige Fremdfinanzierung
	Kreditsubstitute
	Derivatives Instrumentarium

1. Ablauf

Der Ablauf der Fremdfinanzierung soll für den besonders wichtigen Bereich der **Kreditinstitute** dargestellt werden.

Im Gegensatz zu den Marktpartnern, die dem Unternehmen Kunden- oder Lieferantenkredite gewähren, haben die Kreditinstitute für die Vergabe von Bankkrediten **hohe Informationserwartungen**, um die wirtschaftliche Lage eines kreditnehmenden Unternehmens einschätzen zu können.

Bei Bankkrediten von mehr als 250.000 € sind die Kreditinstitute sogar verpflichtet, sich die wirtschaftlichen Verhältnisse des Kreditsuchenden offen legen zu lassen (§ 18 KWG).

Aus der Sicht des einzelnen Kreditinstitutes stellt sich die **Abwicklung** der Fremdfinanzierung in folgender Weise dar:

Auf die einzelnen Schritte der Abwicklung soll kurz eingegangen werden, da das Kredit suchende Unternehmen sich darauf einzustellen hat.

1.1 Kreditantrag

Das Kredit suchende Unternehmen richtet den Kreditantrag an das Kreditinstitut in mündlicher oder schriftlicher Form. Damit kann das Kreditinstitut:

- Die Kreditwürdigkeit beurteilen
- Die Kreditsicherheiten feststellen
- Den Kreditvertrag ausfertigen.

Üblicherweise verwenden die Kreditinstitute standardisierte Formulare als Kreditanträge, die eine rationelle und systematische Bearbeitung ermöglichen.

1.2 Kreditwürdigkeitsprüfung

Auf der Grundlage des Kreditantrages nimmt das Kreditinstitut die Prüfung der Kreditwürdigkeit des Antragstellers vor, um das Kreditrisiko beurteilen zu können.

Die Kreditwürdigkeitsprüfung umfasst grundsätzlich drei **Prüfungsbereiche**:

- Die **rechtlichen Verhältnisse** des Antragstellers werden geprüft, um festzustellen, ob die **Kreditfähigkeit** des Antragstellers gegeben ist. Sie bezieht sich auf:

Geschäftsfähigkeit	Sie ist bei natürlichen Personen bis zur Vollendung des 7. Lebensjahres nicht, bis zur Vollendung des 18. Lebensjahres beschränkt gegeben. Geschäftsunfähige Personen können Kredite nur durch ihre gesetzlichen Vertreter (Eltern) aufnehmen, bei beschränkt geschäftsfähigen Personen ist dies nur mit Zustimmung ihrer gesetzlichen Vertreter möglich.
Güterstand	Er wird bei verheirateten Personen festgestellt. Für die Kreditvergabe ist es hinsichtlich der Haftung bedeutsam, ob Eheleute • im gesetzlichen Güterstand – der Zugewinngemeinschaft – sind oder • eine Form des vertragsmäßigen Güterrechtes – Gütertrennung oder Gütergemeinschaft – vereinbart haben.
Vertretungsbefugnis	Sie wird geprüft, wenn Kreditanträge von Unternehmen gestellt werden.

- Die **persönlichen Verhältnisse** des Antragstellers werden geprüft, insbesondere, wenn nicht dinglich gesicherte personenbezogene Kredite gewährt werden sollen. Aber auch bei real gesicherten Krediten bietet es sich an, die persönlichen Verhältnisse zu prüfen, vor allem dann, wenn Personen in besonderer Weise die Entwicklung eines Unternehmens beeinflussen.

  Die Prüfung der **persönlichen Kreditwürdigkeit** bezieht sich vornehmlich auf die Überprüfung der Vertrauenswürdigkeit anhand folgender Kriterien:

  - Zahlungsmoral
  - Geschäftsmoral
  - Zuverlässigkeit bei Vertragserfüllungen
  - Geschäftliche Qualifikation
  - Berufliche Qualifikation

- Die **wirtschaftlichen Verhältnisse** des Antragstellers werden geprüft, wofür sich eine Vielzahl von Unterlagen als geeignet erweisen kann. Bei der Prüfung der **wirtschaftlichen Kreditwürdigkeit** steht der Jahresabschluss im Mittelpunkt der Betrachtung. Er wird einer finanzwirtschaftlichen Analyse – wie in Kapitel G im Einzelnen dargestellt – unterzogen, um sicherzustellen, dass die Rückzahlung der Zins- und Tilgungsbeträge gesichert ist. Beurteilungskriterien hierfür sind:

  - Vermögens- und Kapitalstruktur
  - Aufwands- und Ertragsstruktur
  - Liquiditätslage
  - Erfolgslage

53 Seite 477

Nach der Art der für die Kreditwürdigkeitsprüfung herangezogenen Daten sind zu unterscheiden:

Traditionelle Kreditwürdigkeitsprüfung	Hier greifen Kreditinstitute vor allem auf die Bilanzanalyse zurück, wobei vergangenheits- und stichtagsbezogene Werte herangezogen werden. Dabei ergeben sich Probleme bezüglich Aussagekraft der Zahlen, die durch Bewertungsspielräume und vorsätzliche Bilanzfälschungen verstärkt werden können.
Moderne Kreditwürdigkeitsprüfung	Modernere Formen der Kreditwürdigkeitsprüfung stellen auf zukünftige Erfolgsgrößen des Unternehmens ab. Insbesondere die wirtschaftliche Ertragskraft wird untersucht anhand von: ❍ Planbilanzen ❍ Cash Flow-Prognosen Auf diese Weise kann die zukünftige Kraft des Unternehmens zu Zinszahlungen und zur Schuldentilgung abgeschätzt werden.

1.2.1 Informationsquellen

Der Kreditwürdigkeitsprüfung dienen – in Anlehnung an *Lippe / Esemann / Tänzer* – vor allem die folgenden **Informationsquellen**:

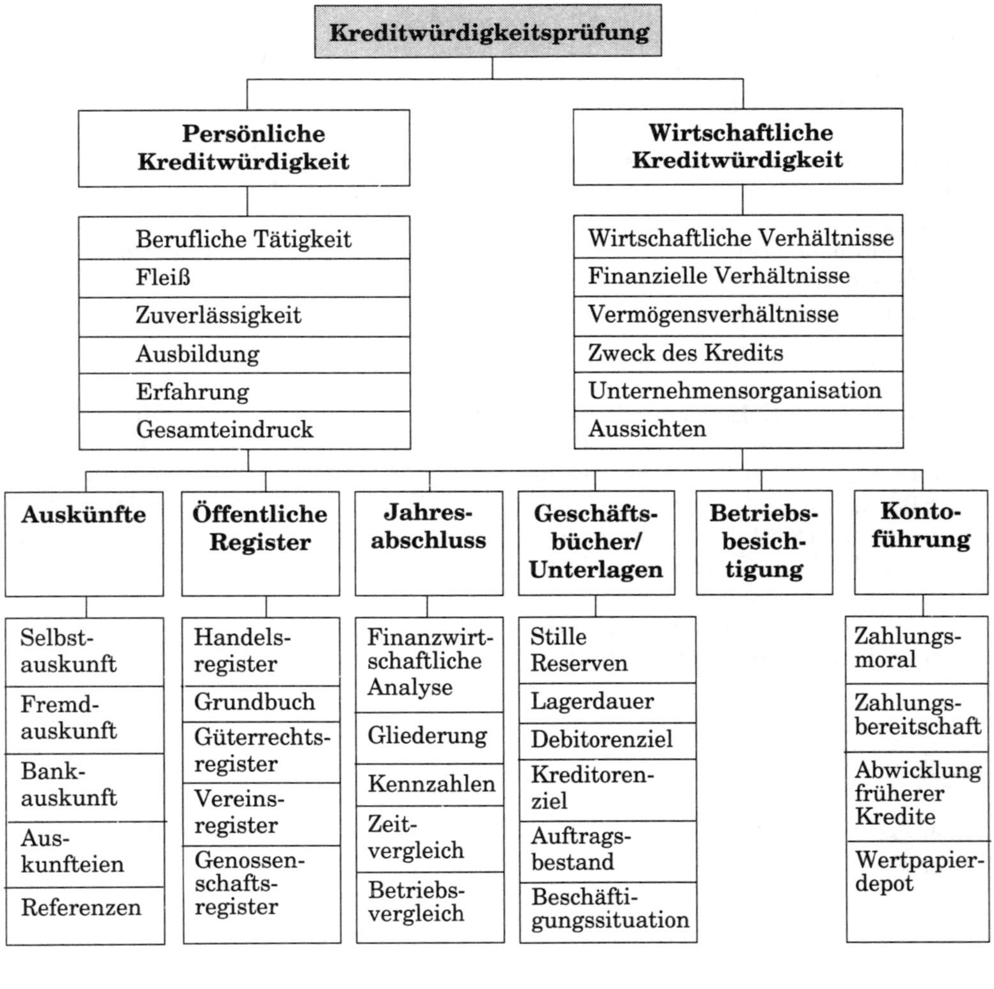

Werden Auskünfte als Informationsquellen genutzt, sind insbesondere näher darzulegen Auskünfte von:

- **Personen**, die über Informationen verfügen, z. B. Geschäftspartner.
- **Banken**, wobei Bankauskünfte über Firmenkunden vor allem an andere Banken gegeben werden. Sie sind vertrauliche, zumeist ohne Obligo, d. h. ohne Haftung, abgegebene Informationen zur Bonitätseinschätzung.
- **Auskunfteien**, die gewerbsmäßig Auskunft über wirtschaftliche Verhältnisse von Unternehmen und Einzelpersonen gegen Gebühr geben.
- Der **Schufa**, welche die Vereinigung der deutschen Schutzgemeinschaft für allgemeinen Kreditschutz ist. Sie gibt allen Kreditgebern schnell und kostengünstig Auskunft über private Kreditnehmer sowie über Einzelunternehmer. Im Gegenzug verpflichten sich die Kreditgeber ihrerseits, positive und negative, Schufa-genormte Kreditfolgedaten zu melden.

1.2.2 Baseler Akkord und Rating

Der Begriff Baseler Akkord steht für internationale Vereinbarungen zur Bankenaufsicht, die ein Ausschuss* der **Bank für Internationalen Zahlungsausgleich** mit Sitz in Basel entwickelt. Reguliert wird die Unterlegung von Bankkrediten mit Bankeigenkapital. Da ausfallende Kredite Bankenkrisen erzeugen können, wird mit der Vergabebeschränkung von Bankkrediten auf den Schutz der Einlagen der Bankkunden sowie auf die Stabilisierung des Bankensystems und der internationaler Finanzmärkte gezielt.

Mit dem 1988 vorgelegten **Baseler Akkord I** wurde ein internationaler Standard erreicht, der Eingang in das Bankgesetz (KWG) fand und vorgibt, dass mit einigen wenigen Ausnahmen (z. B. Kredite an Staaten) für Risikoaktiva zumindest 8 % haftendes Eigenkapital durch die Kredit vergebende Bank vorzuhalten ist. Dies begrenzt die Kreditvergabemöglichkeit eines Kreditinstitutes auf das 12,5-fache des haftenden Eigenkapitals.

Der derzeit in Konsultationspapieren diskutierte **Baseler Akkord II** hat drei Zielrichtungen. Neben der Fortentwicklung des bankaufsichtlichen Überprüfungsprozesses und einer verstärkten Marktdisziplin über erweiterte Publizitätsanforderungen hinsichtlich der Eigenkapital- und Risikolage einer Bank steht die Weiterentwicklung der **Mindestkapitalanforderungen** im Mittelpunkt.

Dabei soll insbesondere bei der Kreditvergabe an private Unternehmen eine stärkere Orientierung der Eigenkapitalunterlegung an tatsächlichen Bonitätsrisiken und damit an eine bonitätsabhängige Gewichtung der Kreditforderungen an Nichtbanken erreicht werden. Für die Ermittlung der unternehmensrelevanten Kreditrisiken stehen eine externe (Standardansatz) und eine bankinterne (IRB-Ansatz) Möglichkeit zur Verfügung:

---

* Den Baseler Ausschuss für Bankenaufsicht *(Basel Committee on Banking Supervision)* bilden Vertreter der Zentralbanken und Bankenaufsichtsbehörden aller wichtigen Industriestaaten.

- Der **Standardansatz** (Standardised Approach) legt die Risikogewichtung aufgrund von Ratingergebnissen externer **Ratingagenturen** (External Credit Assessment Institution = **ECAI**) fest.

  Rating ist eine Form der Kreditwürdigkeitsprüfung, die in den USA um die Jahrhundertwende entstanden ist (*Moody's* um 1900, *Standard & Poor's* 1916). Es überprüft die Ausfallwahrscheinlichkeit eines Kredits, wobei das Ergebnis dieser Überprüfung in einer Note zusammengefasst wird. Als Noten, die zur Modifikation noch mit Plus- und Minuszeichen versehen werden können, gelten z. B.:

AAA	Außergewöhnlich gute Fähigkeit des Schuldners, seine finanziellen Verpflichtungen zu erfüllen.
AA	Sehr gute Fähigkeit des Schuldners, seine finanziellen Verpflichtungen zu erfüllen.
A	Gute Fähigkeit des Schuldners, seine finanziellen Verpflichtungen zu erfüllen.
BBB	Angemessene Schutzparameter, jedoch verminderte Fähigkeit des Schuldners bei Eintritt nachteiliger wirtschaftlicher Umstände, seinen finanziellen Verpflichtungen nachzukommen.
BB	Unsicherheitsfaktoren führen bei nachteiligen wirtschaftlichen Bedingungen zur Verminderung der Zahlungsunfähigkeit.
B	Wahrscheinlichkeit einer Beeinträchtigung der Zahlungsunfähigkeit bei nachteiligen wirtschaftlichen Bedingungen.
CCC	Derzeit Anfälligkeit für Zahlungsverzug.
CC	Derzeit starke Anfälligkeit für Zahlungsverzug.
C	Insolvenzantrag oder dergleichen wurde gestellt, Zahlungen auf die Anleihen werden dennoch gewährleistet.
D	Schuldner ist bereits in Zahlungsverzug.

  Den Risikoklassen (AAA, AA ... usw.) werden Risikogewichte zugeordnet, welche die Höhe der notwendigen Eigenkapitalunterlegung und damit die Kreditkosten nach einem Vorschlag der Deutschen Bundesbank bestimmt:

Noten	**Gewichte in Prozent für Nichtbanken**	**Eigenkapitalunterlegung (100 = 8 %)**
AAA bis AA-	20	1,6 %
A+ bis A-	50	4,0 %
BBB+ bis BBB-	100	8,0 %
BB+ bis BB-	100	8,0 %
B+ bis B-	150	12,0 %
Unter B-	150	12,0 %

- Da externes Rating in Deutschland kaum verbreitet ist, werden die deutschen Kreditinstitute einen **bankinternen Rating-Ansatz** (Internal Rating Based Approach = **IRB-Ansatz**) verfolgen, der seit Jahren diskutiert wird und unterschiedliche Varianten (foundation/advanced approach) aufweist.

Banken werden ihre Kreditforderungen in sechs Klassen (Staaten, Banken, Nichtbanken, Privatkunden, Projektfinanzierung und Beteiligungsbesitz) einteilen und klassenabhängige sowie einzelfallorientierte Risikozuschläge und Risikoabschläge vornehmen.

Als Basis für die Berechnungen dienen bankinterne Datenbestände, die das Kreditausfallrisiko mit der Ausfallhöhe und Restlaufzeit des Kredits bestimmen sollen. Letztlich werden auch hier höhere oder niedrigere Sätze der Eigenkapitalunterlegung die Kreditkosten bestimmen.

1.3 Kreditzusage

Ergibt die Kreditwürdigkeitsprüfung, dass dem Kreditantrag stattgegeben werden kann und wurde über die Einzelheiten, insbesondere auch über die Sicherung des Kredites, mit dem Kreditsuchenden **Einigkeit** erzielt, erteilt die Bank – meist in Form eines standardisierten Schreibens – die Kreditzusage.

Sie enthält vor allem **Angaben** über:

❍ Kreditart	❍ Provisionsberechnung
❍ Kredithöhe	❍ Kreditsicherheiten
❍ Kreditlaufzeit	❍ Kreditbereitstellung
❍ Zinsberechnung	

Die Kreditzusage erfolgt grundsätzlich **befristet**. Sie verliert ihre Gültigkeit, wenn der Kreditbewerber nicht innerhalb einer Erklärungsfrist sein Einverständnis mitteilt. Mit der Übergabe der Einverständniserklärung an die Bank kommt der **Kreditvertrag** zu Stande, die Auszahlung des Kredites erfolgt vertragsgemäß.

1.4 Kreditkontrolle

Die Kreditwürdigkeit des Kreditnehmers wird von der Bank nicht nur vor einer Kreditzusage geprüft. Auch nach der Zusage und Zuteilung eines Kredites prüft die Bank im Rahmen der Kreditkontrolle, die auch **Kreditüberwachung** genannt wird, in bestimmten Zeitabständen die wirtschaftliche Entwicklung des Kreditnehmers.

Mithilfe der Kreditkontrolle sollen insbesondere offen gelegt werden:

- Verschlechterung der wirtschaftlichen Verhältnisse des Kreditnehmers
- Wertminderung von Sicherheiten
- Vereinbarungsgemäße Verwendung der Kreditmittel.

2. Sicherheiten

Der Kapitalgeber geht mit der Hingabe des Fremdkapitals an das Unternehmen Risiken ein. Zu unterscheiden sind hier:

- Das **Kapitalrisiko**, das durch die Möglichkeit des Unterganges des Kapitals entsteht.
- Das **Zinsrisiko**, das durch Änderungen des Marktzinsniveaus nach der Kapitalvergabe gegeben sein kann.

Deshalb sucht der Kapitalgeber nach einer Absicherung, die unterschiedlicher Art sein kann.

Drei Möglichkeiten der **Absicherung** sind denkbar:

- Die **Beschränkung des Risikos** als Bestreben des Fremdkapitalgebers, eine gewisse Ausgewogenheit seines Engagements zu erreichen. Sie ist möglich durch:

Risiko-teilung	Der Kapitalgeber schließt sich mit anderen Kapitalgebern zusammen – beispielsweise in einem Bankenkonsortium – und bringt nur einen Teilbetrag des bereitzustellenden Kapitals auf.
Risiko-streuung	Der Kapitalgeber minimiert sein Risiko durch sachliches, zeitliches, örtliches oder persönliches Verteilen der Kapitalbereitstellung, beispielsweise durch Kapitaleinsatz: ❍ In verschiedenen Branchen (sachlich) ❍ Mit unterschiedlichen Fristen (zeitlich) ❍ In unterschiedlichen Regionen (örtlich) ❍ Auf unterschiedliche Kapitalnehmer (persönlich).
Risiko-kompensation	Der Kapitalgeber strebt für den Fall des Risikoeintritts eine Verlustneutralisierung an, beispielsweise durch die Vereinbarung von Gegengeschäften.
Risikoüber-wälzung	Das Risiko wird auf andere Personen bzw. Unternehmen verlagert, z. B. durch den Abschluss einer Kreditversicherung.

- Die **Honorierung des Risikos** aufgrund der Gefahren bei der Bereitstellung des Kapitals. Dies kann durch die Konditionengestaltung und durch den Grad der Mitbestimmung geschehen:

Höhe der Zinsen	Sie orientieren sich neben dem allgemeinen Zinsniveau auch an der Höhe des Risikos der Kapitalüberlassung. Bei risikoreichen Investitionen des Kapitalnehmers wird der Kapitalgeber einen **Risikozuschlag** im Zinssatz berücksichtigen.
Recht auf Mitbestimmung	Ein besonderes Risiko wird über eine weitergehende Information und Mitsprache honoriert. Dies kann geschehen in Bezug auf: ❍ Recht auf Information ❍ Recht auf Mitsprache ❍ Recht auf Kontrolle ❍ Recht auf Setzen von Richtlinien ❍ Recht auf Mitwirkung in der Geschäftsführung

- Die **Sicherung des Risikos** als Bestreben des Fremdkapitalgebers, sein Risiko so weit wie möglich auszuschalten, indem er **Sicherheiten** für das bereitzustellende Fremdkapital fordert, die sein können:

Personal-sicherheiten	Neben dem Kapitalnehmer haftet eine dritte Person für das Fremdkapital.
Real-sicherheiten	Der Kapitalnehmer stellt bestimmte Sachwerte zur Sicherung des Fremdkapitals zur Verfügung.

Die Sicherheiten können akzessorisch oder fiduziarisch sein, was für den Kapitalgeber von erheblicher Wichtigkeit ist:

Akzessorische Sicherheiten	Sie sind an das Bestehen einer Forderung gebunden, beispielsweise als Bürgschaft, Pfandrecht und Hypothek.
Fiduziarische Sicherheiten	Sie sind nicht an das Bestehen einer Forderung gebunden, beispielsweise als Sicherungsübereignung, Sicherungsabtretung und Grundschuld.

Wird keine Sicherheit gefordert, spricht man von einem **Blankokredit**.

Im Folgenden sollen dargestellt werden:

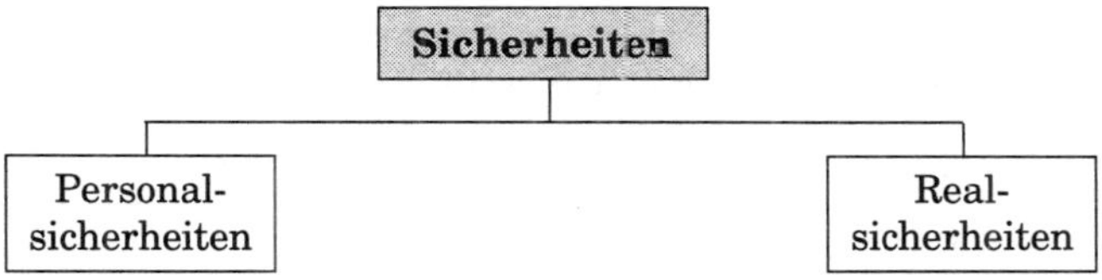

2.1 Personalsicherheiten

Bei den Personalsicherheiten haftet neben dem Kreditnehmer eine **dritte Person** für den Kredit. Als Personalsicherheiten sind zu unterscheiden:

- **Bürgschaft**
- **Sonstige Personalsicherheiten**.

2.1.1 Bürgschaft

Die Bürgschaft (§§ 765 ff. BGB, 349 f. HGB) ist ein Vertrag zwischen dem Bürgen und dem Gläubiger eines Dritten, in dem sich der Bürge dem Gläubiger gegenüber verpflichtet, für die Erfüllung der Verbindlichkeiten des Dritten einzustehen.

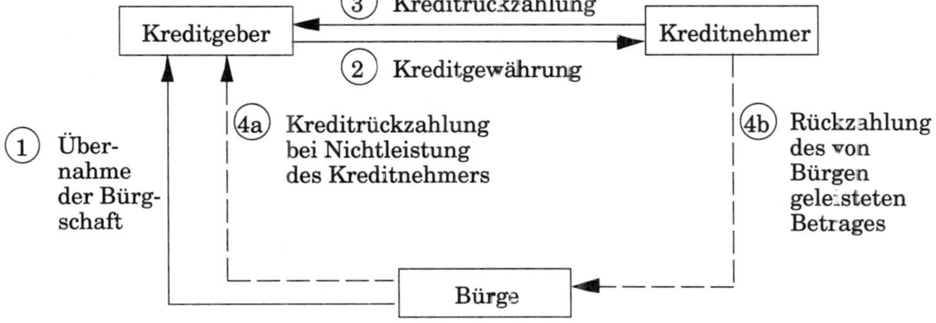

Die Bürgschaft ist akzessorisch und damit in ihrer Höhe vom Bestand der **Hauptschuld** abhängig. Erhöht diese sich durch Zinsen und sonstige Kapitalkosten, haftet der Bürge auch dafür. Verringert sich die Hauptschuld, mindert sich die Bürgschaft in ihrer Höhe entsprechend.

Es ist möglich, die Bürgschaft betragsmäßig und zeitlich zu begrenzen.

Grundsätzlich bedarf die Erklärung der Bürgschaft der **Schriftform**. Eine nicht schriftlich erklärte Bürgschaft erlangt ihre Rechtswirksamkeit durch die Erfüllung der sich aus ihr ergebenden Verpflichtungen.

Für Kaufleute ist eine schriftliche Bürgschaftserklärung nicht zwingend erforderlich, wenn die Übernahme für sie ein Handelsgeschäft ist. In der betrieblichen Praxis wird aber auch hier – schon aus Beweisgründen – die Schriftform zweckmäßig sein.

- Sind **mehrere Bürgen** vorhanden, ist klarzustellen, in welcher Beziehung die Bürgen zueinander stehen. Vereinbart werden können:

Mitbürgschaft	Die Bürgen haften für dieselbe Verbindlichkeit als Gesamtschuldner, auch dann, wenn sie die Bürgschaft nicht gemeinschaftlich übernommen haben.
Nachbürgschaft	Der Nachbürge haftet erst dann, wenn vom Vorbürgen oder Hauptbürgen keine Zahlung zu erlangen ist.
Rückbürgschaft	Der Rückbürge haftet dem Hauptbürgen dafür, das im Falle der Zahlung durch den Hauptbürgen dessen Ersatzanspruch gegen den Hauptschuldner erfüllt wird.
Teilbürgschaft	Gemeinschaftlich bürgen Personen für dieselbe Verbindlichkeit, wobei jeder Bürge nur für den von ihm übernommenen Teilbetrag bürgt.

- Wichtig ist für den Bürgen zudem, welche **Art der Bürgschaft** er eingeht. Es sind zu unterscheiden:

Gewöhnliche Bürgschaft	Sie liegt vor, wenn im Bürgschaftsvertrag keine besonderen Vereinbarungen getroffen wurden. Der Bürge muss erst zahlen, wenn der Gläubiger die Zwangsvollstreckung in das Vermögen des Hauptschuldners ohne Erfolg versucht hat. Bis dahin steht ihm die **Einrede der Vorausklage** (§ 771 BGB) zu. Der Bürge haftet damit ausschließlich für den durch den Gläubiger nachgewiesenen Ausfall. Der gewöhnlichen Bürgschaft entspricht die Ausfallbürgschaft, wobei bei letzterer der Gläubiger auch ohne die Einrede auf Vorausklage die fruchtlose Zwangsvollstreckung nachweisen muss. Zudem greift die Ausfallbürgschaft auch bis in das immobile Vermögen des Hauptschuldners.
Selbstschuldnerische Bürgschaft	Der Bürge muss auf Verlangen des Gläubigers sofort zahlen, wenn der Schuldner seine Verpflichtungen nicht vertragsgemäß erfüllt. Er wird so behandelt, als wenn er selbst Hauptschuldner wäre, da er auf die Einrede der Vorausklage verzichtet.

Bürgschaften, die zur Sicherung von Krediten dienen, werden in den meisten Fällen selbstschuldnerisch vereinbart. Für **Kaufleute**, die Bürgschaften im Rahmen ihres Handelsgeschäftes übernehmen, ist nur die **selbstschuldnerische Bürgschaft** zulässig.

Die **Eignung** einer Bürgschaft als Mittel der Kreditsicherung hängt von der Kreditwürdigkeit des Bürgen ab, wobei sie von der deutschen Kreditwirtschaft aufgrund ihrer gesetzlichen Regelung gegenüber anderen Personalsicherheiten bevorzugt verwandt wird.

2.1.2 Sonstige Personalsicherheiten

Neben der Bürgschaft gibt es als weitere Personalsicherheiten:

- Die **Garantie**, bei der – wie bei der Bürgschaft – ein einseitig verpflichtender Schuldvertrag zu Grunde liegt. Sie ist nicht gesetzlich geregelt.

  Im Schuldvertrag verpflichtet sich der Garantiegeber gegenüber dem Garantienehmer, für den **Eintritt eines bestimmten Erfolges** oder für das **Ausbleiben eines Misserfolges** Gewähr zu leisten. Anders als die Bürgschaft ist die Garantie nicht akzessorisch und damit rechtlich von einem zu Grunde liegenden Schuldverhältnis losgelöst bzw. unabhängig von neuen oder bereits bestehenden Forderung, die mit ihr besichert werden sollen.

  Die Garantie hat im Außenhandel und bei öffentlichen Ausschreibungen besondere Bedeutung erlangt, wobei sie für klar definierte Einzelgeschäfte abgegeben wird.

  Die in der Praxis gebräuchlichsten Garantien sind:

Anzahlungsgarantie	Sie kommt bei Großaufträgen zur Anwendung und sichert die durch den Auftragnehmer verlangte Anzahlung vom Auftraggeber ab. Die Bank des Auftragnehmers stellt eine Garantie für Leistungserbringung durch den Auftragnehmer. Die Garantie erlischt nach Leistung des Auftrages.
Bietungsgarantie	Sie besichert den Auftraggeber bei Ausschreibungen. An der Ausschreibung teilnehmende Unternehmen bürgen für die Aufrechterhaltung ihres Angebotes im Falle eines Zuschlages.
Vertragserfüllungsgarantie	Diese schließt sich an die Bietungsgarantie an und sichert dem Auftraggeber zu, dass der Auftrag vollständig erfüllt wird.
Gewährleistungsgarantie	Dabei handelt es sich um eine Absicherung, dass Waren oder Leistungen in der vereinbarten Qualität geliefert oder erstellt werden.

- Der **Kreditauftrag**, bei dem ein möglicher Kreditgeber von einer Person beauftragt wird, einem Dritten im eigenen Namen und auf eigene Rechnung Kredit zu gewähren (§ 778 BGB).

  Auf diese Weise entstehen zwei **Ansprüche** des Kreditgebers:

- ❍ Anspruch gegenüber dem Kreditnehmer auf Rückzahlung des Kredites
- ❍ Anspruch gegenüber dem Auftraggeber des Kreditauftrages

Damit besteht ein bürgschaftsähnliches Vertragsverhältnis, durch das vor allem Finanzierungen von Konzernmitgliedern besichert werden. So kann der Auftraggeber (z. B. eine inländische Muttergesellschaft) einem zukünftigen Gläubiger (z. B. ein Kreditinstitut) die Anweisung geben, einem Dritten (z. B. der ausländischen Tochtergesellschaft) mit einem Kredit im eigenen Namen und auf eigene Rechnung zur Verfügung zu stehen.

Die Initiierung eines Kreditauftrages lässt bei dem die Erklärung abgebenden Unternehmen eine Eventualverbindlichkeit entstehen, die »unterhalb des Bilanzstrichs« im Jahresabschluss auszuweisen ist.

- Die **Patronatserklärung**, bei der Unternehmen, die z. B. von einer Muttergesellschaft abhängig sind, durch die Abgabe einer solchen Erklärung von Seiten der Muttergesellschaft besichert werden können.

  Sie enthalten Aussagen über eine Verpflichtung der Muttergesellschaft zur Liquiditäts- oder Kapitalausstattung des Tochterunternehmens. Je nach Abfassung der Erklärung entstehen:

  - ❍ Auszuweisende Eventualverbindlichkeiten, wenn es sich um »**harte« Patronatserklärungen** handelt.
  - ❍ Keine Eventualverbindlichkeiten bei weniger verbindlichen Erklärungen als »**weiche« Patronatserklärungen**.

- Der **Schuldbeitritt**, der eine vertragliche Vereinbarung ist, wonach einem Kreditvertrag eine weitere Person beitritt und **gesamtschuldnerisch** die Haftung für einen Kreditbetrag übernimmt.

  Dem Schuldbeitritt muss der Kreditgeber zustimmen.

54 » Seite 477

2.2 Realsicherheiten

Von Realsicherheiten wird gesprochen, wenn der Kreditnehmer bestimmte Sachwerte zur Sicherung eines Kredites zur Verfügung stellt. Es werden unterschieden - siehe ausführlich *Compter:*

- **Eigentumsvorbehalt**
- **Pfandrecht**

- **Sicherungsübereignung**
- **Sicherungsabtretung**
- **Grundpfandrechte**.

Während es sich bei dem Eigentumsvorbehalt, dem Pfandrecht, der Sicherungsübereignung und der Sicherungsabtretung um Rechte an **beweglichem Vermögen** handelt, beziehen sich Grundpfandrechte auf **unbewegliches Vermögen**.

2.2.1 Eigentumsvorbehalt

Von Eigentumsvorbehalt wird gesprochen, wenn ein Käufer durch Übergabe zum Besitzer einer beweglichen Sache wird, der Verkäufer jedoch bis zur vollständigen Zahlung des Kaufpreises Eigentümer bleibt.

Der Eigentumsvorbehalt ist eine vielfach vereinbarte Form der Kreditsicherung, die insbesondere beim Lieferantenkredit zum Einsatz kommt.

Nach dem **Umfang** des Eigentumsvorbehaltes werden unterschieden:

- Der **einfache Eigentumsvorbehalt**, der sich aus § 449 BGB ergibt, wonach ein Verkäufer die Möglichkeit hat, bei Zahlungsverzug des Käufers seinen Rücktritt zu erklären und die Herausgabe der Sache zu fordern.

  Der einfache Eigentumsvorbehalt wird allerdings **unwirksam** und das Eigentum geht vom Verkäufer über auf:

  - Den Käufer, wenn er die Sache verarbeitet (§ 950 BGB) oder mit einer anderen verbindet (§ 947 Abs. 2 BGB)
  - Den Eigentümer eines Grundstücks, dessen wesentlicher Bestandteil die Sache wird (§§ 94, 946 BGB)
  - Den Dritterwerber, wenn er gutgläubig war (§§ 932 ff. BGB, 366 f. HGB).

- Der **verlängerte Eigentumsvorbehalt**, mit dem verhindert werden soll, dass der Sicherungseffekt des Eigentumsvorbehalts mit der Weiterveräußerung und Weiterverarbeitung der Sachen entfällt. Der Käufer wird zur Veräußerung und zur Weiterverarbeitung im normalen Geschäftsgang ermächtigt (§ 185 BGB).

  Dem Verkäufer werden vom Käufer diejenigen **Forderungen** im Voraus zur Sicherung **abgetreten**, die der Käufer durch die Weiterveräußerung der unter Eigentumsvorbehalt stehenden Sachen erwerben wird (§§ 398 ff. BGB).

  Der Verkäufer ermächtigt den Käufer zur **Weiterverarbeitung** der Ware im eigenen Namen, verbunden mit der Vereinbarung, dass das Eigentum an den hergestellten Gütern auf den Verkäufer der Ware übergeht.

Der verlängerte Eigentumsvorbehalt wird sowohl dem Sicherheitsbestreben des Verkäufers als auch den Notwendigkeiten des Käufers gerecht, mit den Sachen Geschäfte zu betreiben.

- Der **erweiterte Eigentumsvorbehalt,** bei dem der Eigentumsübergang an einer verkauften Sache davon abhängig gemacht wird, dass der Käufer auch die Zahlungsverpflichtungen für die anderen vom Verkäufer gekauften Sachen erfüllt hat.

  Es sind zu unterscheiden:

Kontokorrent-vorbehalt	Der Eigentumsübergang auf den Käufer erfolgt erst nach der Tilgung sämtlicher aus einer Geschäftsverbindung stammenden Verbindlichkeiten.
Konzern-vorbehalt	Hier fand in der Vergangenheit eine Erweiterung des Kontokorrentvorbehalts statt, die alle Forderungen von Lieferanten, die einem gemeinsamen Konzern angehören, einbezog. Der Konzernvorbehalt ist rechtlich inzwischen **nicht mehr zulässig**.

55 Seite 478

56 Seite 478

2.2.2 Pfandrecht

Das Pfandrecht ist die Belastung einer beweglichen Sache (§§ 1204 - 1208 BGB) oder eines Rechtes (§§ 1273 - 1274 BGB) zwecks Sicherung einer Forderung. Seine Entstehung ist an mehrere **Voraussetzungen** gebunden:

- Das Vorliegen einer **Forderung**, auf die sich das Pfandrecht bezieht. Damit liegt hier eine akzessorische Sicherheit vor.

- Die **Einigung** der Parteien, dass das Pfandrecht dem Gläubiger zustehen soll.

- Die **Abtretung** des Pfandes, wobei das Pfand zwar im Eigentum des Kreditnehmers bleibt, jedoch in den Besitz des Kreditgebers übergehen muss (**Faustpfandprinzip**).

  Sofern die Sache nicht bereits schon im unmittelbaren Besitz des Kreditgebers ist, gilt als **Übergabe**:

  ❍ Die effektive Übergabe der Sache

  ❍ Die Übergabe des Herausgabeanspruchs gegen einen Dritten, der unmittelbar im Besitz der Sache ist, und die Anzeige der Verpfändung gegenüber dem unmittelbaren Besitzer

  ❍ Die Übergabe eines mit einem Indossament versehenen Orderpapiers, beispielsweise eines Lagerscheines

  ❍ Die Lagerung der Sache unter Mitverschluss des Kreditgebers

Der Ablauf umfasst:

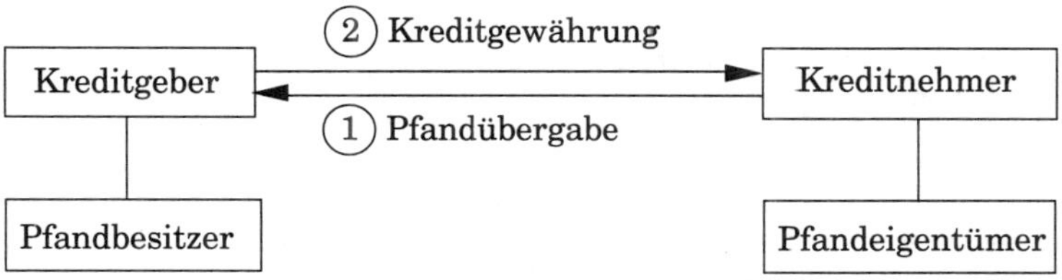

Die **Haftung** des Pfandes erfolgt dem Gesetz nach nur für die Forderung, für die das Pfandrecht bestellt ist. Vertraglich kann die Haftung jedoch auf alle Forderungen des Kreditgebers ausgedehnt werden.

Die **Verwertung** des Pfandes erfolgt durch öffentliche Versteigerung, bei Sachen mit einem Börsen- oder Marktwert ist der freihändige Verkauf durch einen öffentlichen Makler möglich.

Voraussetzungen für die Verwertung des Pfandes sind:

- Die Forderung muss ganz oder teilweise fällig sein (§ 1228 BGB).
- Verkauf oder Versteigerung sind dem Schuldner anzudrohen (§ 1234 BGB).
- Wartefristen müssen eingehalten werden:

  - § 1234 BGB: Ein Monat nach Androhung durch einen Pfandgläubiger oder nach dem Eintritt der Verkaufsberechtigung.
  - § 368 HGB: Eine Woche nach der Androhung, wenn der Pfandgläubiger sowie der Verpfänder Kaufleute sind und die Verpfändung auf beiden Seiten ein Handelsgeschäft ist.

Das Pfandrecht kann nicht als die für alle Sachen geeignete Form der Sicherheitsleistung angesehen werden, da die Sachen dem unmittelbaren Besitz des Kreditnehmers entzogen werden.

Vermögensteile, die für den Geschäftsablauf zwingend notwendig sind, eignen sich nicht für eine Verpfändung.

Beispiele: Rohstoffe, Maschinen, Waren.

2.2.3 Sicherungsübereignung

Bei der Sicherungsübereignung ist es dem Kreditnehmer möglich, die sicherungsübereignete Sache – im Gegensatz zur Verpfändung – weiter zu nutzen. Der Kreditgeber hat nicht die Notwendigkeit der Verwahrung der sicherungsübereigneten Sache.

Die Sache bleibt in unmittelbarem Besitz des Kreditnehmers. Der Kreditgeber erwirbt nur den mittelbaren Besitz, aber das so genannte treuhänderische Eigentum. Dies ist durch die Einigung über den Eigentumsübergang und die Vereinbarung eines **Besitzkonstitutes** möglich (§ 930 BGB), im Rahmen dessen der Kreditgeber dem Kreditnehmer den Besitz an der Sache belässt.

Es ergibt sich folgender Ablauf:

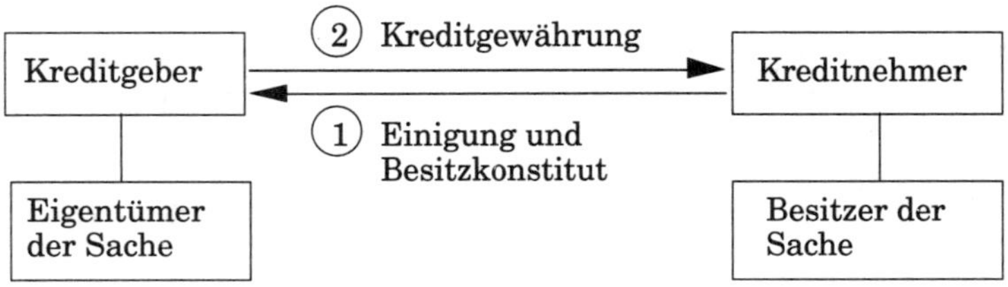

Die Sicherungsübereignung kann sein:

- Eine **Einzelübereignung**, wenn eine bestimmte, konkret bezeichnete Sache (Motornummer, Fabriknummer u. Ä.) übereignet wird.

- Eine **Raumübereignung**, die für Sachen erfolgt, welche sich in einem bestimmten Raum befinden, wobei für Sachen, die unter Eigentumsvorbehalt stehen, das Anwartschaftsrecht auf Eigentum übertragen wird.

- Die **Mantelübereignung**, die in Form eines Rahmenvertrages erfolgt, der durch Listen über die einzelnen zu übereignenden Sachen, die der Kreditnehmer dem Kreditgeber zur Verfügung stellt, konkretisiert wird.

Für den Kapitalgeber wirft die Sicherungsübereignung möglicherweise **Probleme** auf, denn die übereignete Sache kann:

- Unter Eigentumsvorbehalt stehen
- Bereits einem anderen Gläubiger übereignet worden sein
- Dem Pfandrecht eines Vermieters unterliegen
- Nicht bestimmbar sein
- Wertminderungen unterliegen.

Die **Verwertung** der sicherungsübereigneten Sache ist einfacher als beim Pfandrecht.

Der Kapitalgeber ist i. d. R. berechtigt, die Sache freihändig zu verkaufen und muss keine öffentliche Versteigerung durchführen lassen.

2.2.4 Sicherungsabtretung

Der Sicherungsabtretung, die auch Forderungsabtretung oder **Zession** genannt wird, kommt im Rahmen der Kreditsicherung eine erhebliche Bedeutung zu. Der Kreditnehmer tritt als Zedent Forderungen, über die er verfügt, in einem formfreien Abtretungsvertrag (§§ 398 ff. BGB) an den Kreditgeber als Zessionar ab.

Der Ablauf sieht folgendermaßen aus:

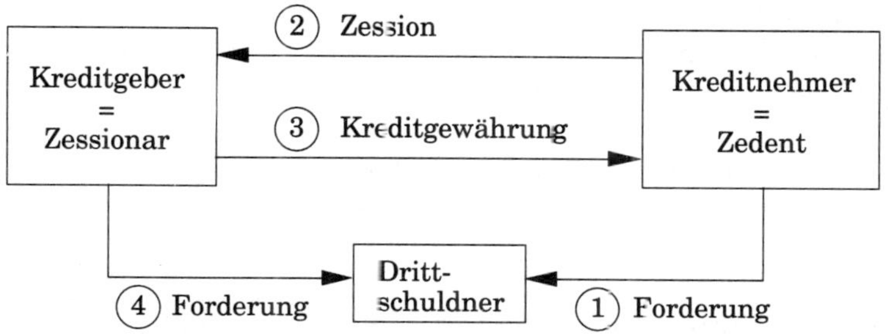

Nicht abtretbar sind Forderungen, deren Abtretung

- vertraglich zwischen Gläubiger und Schuldner ausgeschlossen ist (§ 399 BGB), soweit es sich nicht für beide Parteien um Forderungen aus Handelsgeschäften handelt (§ 354a HGB). Hiermit wurden die bis 1994 teilweise verfügten Abtretungsverbote für Handelsgeschäfte in Deutschland unwirksam.

- gesetzlich verboten ist, beispielsweise nicht pfändbare Forderungen (§ 400 BGB).

In der Praxis sind verschiedene Arten der Sicherungsabtretung gebräuchlich:

- Nach der **Anzeige gegenüber dem Drittschuldner** unterscheidet man:

Offene Zession	Die Abtretung wird dem Drittschuldner angezeigt, der die Zahlung nur an den Kreditgeber leisten darf (§ 407 BGB).
Stille Zession	Bei ihr gibt es **keine Anzeige** an den Drittschuldner, die Zahlung des Drittschuldners erfolgt an den Kreditnehmer, der zum Einzug ermächtigt ist.

Der stillen Zession kommt in der Praxis aufgrund von Imageproblemen eine größere Bedeutung zu als der offenen Zession. Allerdings birgt sie auch **Gefahren**:

- ❍ Die Forderung wurde bereits einem anderen Zessionar abgetreten.
- ❍ Die Forderung wird vom Kreditnehmer nicht abgeführt.

Der Ablauf bei der stillen Zession sieht wie folgt aus:

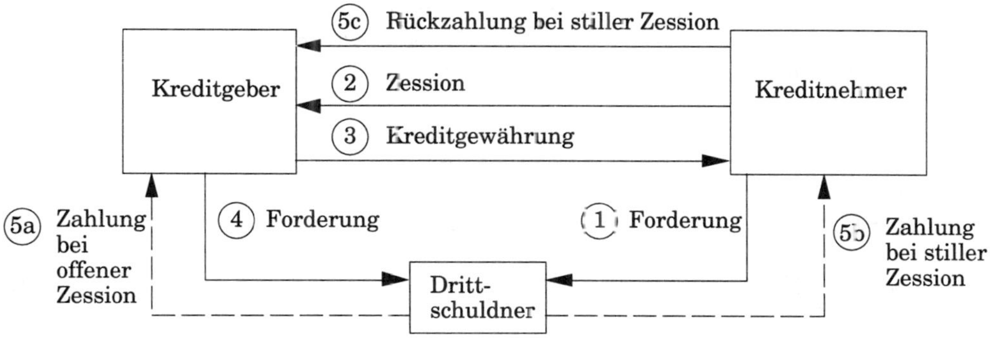

- Nach dem unterschiedlichen Umfang kann die Sicherungsabtretung sich auf einzelne Forderungen beziehen, meist findet sie aber bei einer Forderungsmehrheit Anwendung. Dementsprechend sind zu unterscheiden:

Mantelzession	Der Kreditnehmer verpflichtet sich, laufende Forderungen in einer bestimmten Gesamthöhe abzutreten und dem Kreditgeber in vereinbarten Zeitabständen mittels Rechnungskopien und Debitorenlisten einzureichen.
Globalzession	Es werden alle gegenwärtigen und zukünftigen Forderungen gegenüber einem bestimmten, genau umrissenen **Kundenkreis** abgetreten, beispielsweise Forderungen einzelner Buchstabengruppen oder Regionen. Einer ständigen Einreichung von Unterlagen – wie bei der Mantelzession – bedarf es nicht. Der Zessionar wird im Gegensatz zur Mantelzession bereits mit der Entstehung der Forderung Gläubiger dieser Forderung.

Die **Höhe** der Sicherungsabtretung wird vom Kreditgeber meist mit einem Betrag angesetzt, der um 20 % bis 30 % über dem gewährten Kredit liegt. Es darf jedoch keine (sittenwidrige) Übersicherung des Kreditgebers eintreten.

Probleme ergeben sich, wenn auf der abgetretenen Forderung ein verlängerter Eigentumsvorbehalt lastet. Erhebt neben dem Kreditgeber auch der Lieferant der Ware eine Forderung aus dem Eigentumsvorbehalt, so gilt grundsätzlich eine zeitliche Vorrangigkeit (Prioritätsprinzip).

57 Seite 479

2.2.5 Grundpfandrechte

Grundpfandrechte sind Kreditsicherheiten, die durch Verpfändung von **unbeweglichem Vermögen** entstehen. Sie haben besondere Bedeutung bei der Sicherung langfristiger Kredite, aber auch kurzfristige Kredite können auf diese Weise gesichert werden.

Ein Grundpfandrecht entsteht durch Eintragung im Grundbuch, dem von einem Amtsgericht geführten Verzeichnis aller Grundstücke des betreffenden Amtsgerichtsbezirks. Das Grundbuch genießt »öffentlichen Glauben«.

Der **Inhalt des Grundbuches** besteht für jedes Grundstück aus:

- Der **Grundakte**, die eine Sammlung von Unterlagen darstellt, welche die Eintragungen in das Grundbuch ausgelöst haben, z. B. Kaufverträge.

- Der **Aufschrift**, die den Grundbuchbezirk sowie die Nummer des Bandes und des Grundbuchblattes ausweist.

- Dem **Bestandsverzeichnis**, das die Lage, Art und Größe des Grundstückes sowie die mit dem Eigentum verbundenen Rechte bezeichnet.

- Der **ersten Abteilung**, welche die Namen der Eigentümer sowie den Rechtsgrund und Zeitpunkt des Grundstückserwerbes enthält.

- Der **zweiten Abteilung,** in der Lasten und Beschränkungen des Grundstückseigentumes eingetragen sind.

  Beispiele: Nießbrauchrechte, Vorkaufsrechte, Erbbaurechte, Wohnrechte.

- Der **dritten Abteilung**, welche die Grundpfandrechte sowie deren Veränderungen und Löschungen enthält.

Ist ein Grundstück mit **mehreren Rechten** belastet, dann haben diese Rechte grundsätzlich unterschiedlichen **Rang**:

- Bei Rechten derselben Abteilung bestimmt sich das Rangverhältnis nach der Reihenfolge der Eintragungen.

- Bei Rechten in verschiedenen Abteilungen bestimmt sich das Rangverhältnis nach dem Datum der Eintragung, wobei Rechte, die am gleichen Tag eingetragen sind, den gleichen Rang erhalten.

Sofern kein Rangvorbehalt (§ 881 BGB) oder nachträglicher Rangrücktritt im Grundbuch eingetragen ist, hat das ältere Recht Vorrang vor dem jüngeren Recht.

Beispiel: Ein Grundstück wurde am 01.06.2004 mit 50.000 € als 1. Hypothek, am 30.09.2004 mit 30.000 € als 2. Hypothek und am 11.04.2005 mit 20.000 € als 3. Hypothek belastet. Der Gläubiger der ersten Hypothek betreibt die Zwangsversteigerung, die 80.000 € bringt.

1. Rang	50.000 €	Erlös aus Zwangsversteigerung 80.000 €
2. Rang	30.000 €	
3. Rang	20.000 €	

Wie zu sehen ist, werden die Gläubiger der 1. und 2. Hypothek befriedigt, der Gläubiger der 3. Hypothek geht leer aus.

Die **Arten** der Grundpfandrechte zur Sicherung von Krediten sind:

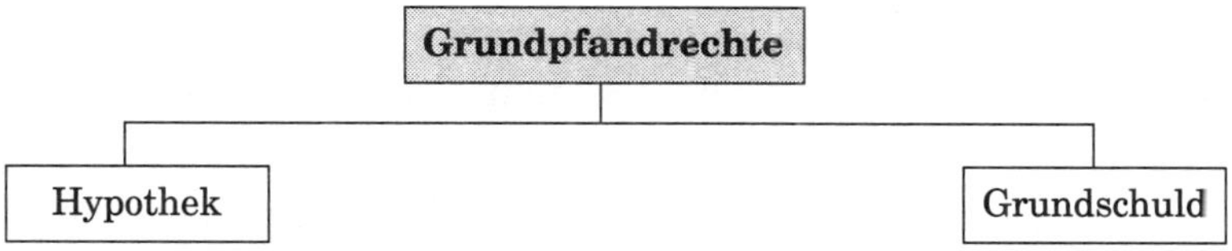

Ein weiteres Grundpfandrecht stellt die **Rentenschuld** dar, bei der aus dem Grundstück in regelmäßigen Zeitabständen eine bestimmte Geldsumme, die Rente, zu zahlen ist (§ 1199 BGB). Die Rentenschuld besitzt für die Zwecke der Kreditsicherung keine nennenswerte Bedeutung.

2.2.5.1 Hypothek

Die Hypothek (§§ 1113 - 1190 BGB) ist ein Pfandrecht an einem Grundstück, das der Sicherung einer Forderung dient. Die Höhe der Hypothek richtet sich stets nach der Höhe der Forderung (Akzessorietät). So besteht für den Gläubiger ein dinglicher Anspruch an ein Grundstück und gleichzeitig ein persönlicher Anspruch an den Schuldner.

Die Hypothek kommt zu Stande durch:

- **Einigung** zwischen dem Kreditgeber und dem Grundstückseigentümer,
- **Eintragung** der Hypothek in das Grundbuch unter Nennung:

❍ Des Gläubigers ❍ Des Geldbetrages der Forderung ❍ Des Zinssatzes	❍ Des Geldbetrages von Nebenleistungen, sofern diese vereinbart sind

- **Briefübergabe** sofern eine Briefhypothek gegeben ist.

Folgende **Arten** von Hypotheken sind zu unterscheiden:

- Die **Verkehrshypothek**, bei welcher ein gutgläubiger Erwerb durch Dritte aufgrund der Eintragung ins Grundbuch möglich ist. Sie kann sein:

Brief-hypothek	Das Grundbuchamt bestätigt den Grundbucheintrag durch eine öffentliche Urkunde, den **Hypothekenbrief**. Er kann schriftlich abgetreten und verpfändet werden, auch ohne dass damit ein Grundbucheintrag notwendig wird.
Buch-hypothek	Es wird nur eine Eintragung in das Grundbuch vorgenommen, ohne dass der Gläubiger eine Urkunde über sein Pfandrecht erhält. Eine Abtretung bedarf einer Umschreibung im Grundbuch, die vom Gläubiger notariell bewilligt werden muss.

  Die Verkehrshypothek hat folgende, weitere Merkmale:

  ❍ Der »**öffentliche Glaube**« des Grundbuchs wird auf die Forderung übertragen. Die Grundbucheintragung bestimmt die Höhe der Forderung, auf die der Gläubiger sich berufen kann und sie nicht nachweisen muss.

  ❍ Die Möglichkeiten zur **Einrede** des Gläubigers, z. B. in Form von Zahlungsstundungsvereinbarungen, sind beschränkt und müssen aus dem Grundbuch ersichtlich sein.

  ❍ Die Hypothek kann nach Erlöschen der Forderung nicht wieder aufleben, sondern wandelt sich in eine **Eigentümergrundschuld**.

- Die **Sicherungshypothek**, bei der sich ein Erwerber nicht auf die Eintragung im Grundbuch berufen kann. Sie ist grundsätzlich eine **Buchhypothek** (§ 1185 BGB) und wird zumeist durch Gerichtsbeschluss eingetragen.

- Die **Höchstbetragshypothek**, bei der das Grundstück bis zur Höhe des im Grundbuch eingetragenen Höchstbetrages haftet. Sie ist geeignet, als Sicherheit bei schwankendem Kreditbedarf zu dienen. Grundsätzlich kommt die Höchstbetragshypothek als eine **Buchhypothek** vor.

Die Hypothek begründet einen dinglichen Anspruch auf Duldung der **Zwangsvollstreckung**, der bei Fälligkeit der gesicherten Forderung geltend gemacht werden kann. Dazu ist ein **vollstreckbarer Titel** erforderlich, der

- im Mahn- und Klageverfahren erworben werden kann,

- durch Ausfertigung einer vollstreckbaren Urkunde durch einen Notar oder ein Gericht entsteht, wenn der Schuldner sich bei der Bestellung der Hypothek der sofortigen Zwangsvollstreckung unterworfen hat (**Zwangsvollstreckungs - oder Unterwerfungsklausel** nach § 794 ZPO).

Formen der Zwangsvollstreckung sind:

- Die **Zwangsversteigerung**, bei welcher der Gläubiger den Versteigerungserlös bis zur Höhe seiner Forderung erhält, der in der öffentlichen Versteigerung erzielt wurde. Den Rest erhalten die nachrangigen Gläubiger, sonst der vorherige Eigentümer.

- Die **Zwangsverwaltung**, bei der vom Gericht ein Verwalter bestellt wird, welcher dem Gläubiger die Erträgnisse des Grundstückes, beispielsweise Miet- und Pachtzinsen, nach Abzug der Kosten zuführt.

Die Hypothek kann – vor allem als Verkehrshypothek – im langfristigen Kreditgeschäft als Sicherheit dienen, wobei sie aber in der Praxis **kaum Anwendung** findet.

2.2.5.2 Grundschuld

Die Grundschuld (§§ 1191 - 1198 BGB) ist – im Gegensatz zu der Hypothek – ein Grundpfandrecht, das nicht das Bestehen einer Forderung voraussetzt, d. h. nicht akzessorisch, sondern fiduziarisch ist. Durch die Eintragung einer Grundschuld entsteht nur ein dinglicher Anspruch an das Grundstück, nicht aber ein persönlicher Anspruch an den Schuldner (Abstraktheit der Grundschuld).

Bei einem Kredit, der durch eine Grundschuld abgesichert wird, wird zwischen dem Darlehen und der Grundschuld der rechtliche Zusammenhang durch den Sicherungsvertrag (Sicherungsabrede) hergestellt (Sicherungsgrundschuld).

Für die Grundschuld gelten – mit Ausnahme der rechtlichen Abhängigkeit zwischen Grundpfandrecht und Forderung – die gleichen Vorschriften wie für die Hypothek. Entsprechend sind zu unterscheiden:

- Briefgrundschuld
- Buchgrundschuld.

Eine Besonderheit ist die **Eigentümergrundschuld** (§ 1196 BGB), die entsteht, indem:

- Die **Rückzahlung einer Hypothek** grundsätzlich mit dem Wert dieser Rückzahlungen zu einer Eigentümergrundschuld wird (§§ 1163, 1177 BGB),
- Ein Grundstückseigentümer die Eigentümergrundschuld **im Grundbuch eintragen** lässt, um damit einen bevorzugten Rangplatz für einen später aufzunehmenden Kredit freizuhalten, die dann an den Kreditgeber abgetreten werden kann.

Die Grundschuld dient insbesondere im kurz- wie auch im langfristigen Kreditgeschäft als Sicherheit und wird ausschließlich aufgrund ihrer größeren Praktikabilität von Kreditgebern gefordert. Gründe hierfür sind:

- Einwendungen aus dem Grundgeschäft können nicht erhoben werden.
- Der Bestand der Grundschuld wird durch Änderungen des Kreditbetrages nicht berührt.
- Bereits eingetragene Eigentümergrundschulden können für sich ändernde Kreditbedürfnisse abgetreten werden.

58 Seite 480

3. Kurzfristige Fremdfinanzierung

Die kurzfristige Fremdfinanzierung ist die Zuführung von Fremdkapital, dessen Verfügbarkeit im Unternehmen ein Jahr grundsätzlich nicht übersteigt. Unabhängig davon werden Warenkredite aller Art der kurzfristigen Fremdfinanzierung zugerechnet.

Formen der kurzfristigen Fremdfinanzierung sind:

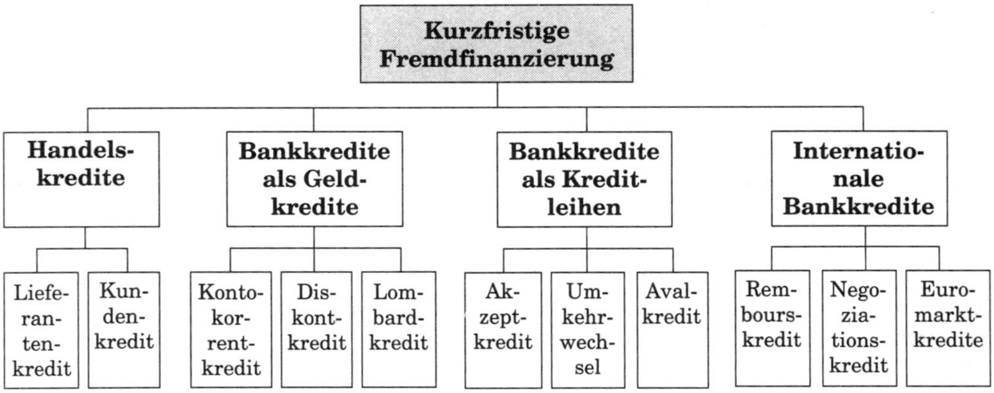

Für ein fremdfinanzierendes Unternehmen wird es nicht *den* optimalen Kredit geben, für den es sich entscheidet, sondern es werden sich – auch unter Einbeziehung des langfristigen Fremdkapitals – für die jeweiligen betrieblichen Situationen geeignete **Kombinationen von Krediten** anbieten.

Zu den Formen der kurzfristigen Fremdfinanzierung können auch gerechnet werden:

- Factoring
- Forfaitierung.

Da sie zwar eher, aber nicht ausschließlich kurzfristigen Charakter haben, sollen sie als Kreditsubstitute mit den eher, aber nicht ausschließlich langfristigen Formen der Fremdfinanzierung

- Asset-Backed Securities
- Leasing

gemeinsam behandelt werden:

Factoring	eher/häufig kurzfristig
Forfaitierung	
Asset-Backed Securities	eher/häufig langfristig
Leasing	

→ **Kreditsubstitute**
⇨ Abschnitt 5
(S. 336 ff.)

3.1 Handelskredite

Handelskredite sind Kredite, die von den **Handelspartnern** des Unternehmens gewährt werden. Danach lassen sich unterscheiden:

- **Lieferantenkredite**
- **Kundenkredite.**

Kreditinstitute kommen als Kreditgeber nur indirekt in Betracht, da sie einen der Kredit gebenden Handelspartner entsprechend refinanzieren können.

3.1.1 Lieferantenkredit

Dem Lieferantenkredit liegt ein Kaufvertrag zwischen einem Lieferanten als Kreditgeber und einem Abnehmer als Kreditnehmer zu Grunde, der Waren oder Dienstleistungen unter Stundung des Kaufpreises – also **auf Ziel** – erhält.

Der Lieferantenkredit kann grundsätzlich gewährt werden als:

- **Buchkredit**, bei dem die Ware oder Dienstleistung geliefert wird, und die Zahlung innerhalb eines bestimmten Zeitraumes – der Skontofrist – unter Abzug des Skontosatzes vom Rechnungsbetrag oder innerhalb der Zahlungsfrist ohne Abzug des Skontosatzes vom Rechnungsbetrag vorgenommen werden kann.

  Beispiel für Zahlungsbedingungen: »Zahlbar innerhalb 30 Tagen netto Kasse oder innerhalb 10 Tagen abzüglich 3 % Skonto.«

  In vielen Fällen betragen die **Skontofristen** bis zu 14 Tagen, die **Skontosätze** zwischen 1 und 3 % sowie die **Zahlungsfristen** zwischen 10 und 40 Tagen. Es ist auch möglich, die Skontosätze in den Zahlungsbedingungen zu staffeln.

  Beispiel für die Staffelung der Skontosätze: »Zahlbar innerhalb von 10 Tagen abzüglich 3 % Skonto, innerhalb von 20 Tagen abzüglich 2 % Skonto.«

- **Wechselkredit**, bei dem der Lieferant einen Wechsel auf den Abnehmer zieht, den dieser akzeptiert. Hierauf wird – als Diskontkredit – näher auf Seite 295 eingegangen.

Der Lieferantenkredit darf nicht mit Krediten von Lieferanten verwechselt werden, die dazu dienen, die Geschäftsausstattung eines potenziellen Abnehmers zu finanzieren. Das sind **Ausstattungskredite**, die langfristig und meist als Barkredite gewährt sowie vom Abnehmer über die gelieferten Waren zurückgezahlt werden.

Beispiele: Kredite bei der Einrichtung von Gaststätten und Tankstellen.

Mit der Gewährung eines Lieferantenkredites verfolgt der Lieferant vor allem **absatzpolitische Ziele**. Er will seinen Umsatz vergrößern und den Abnehmer an sich binden, was dazu führen kann, dass es – bei einer dauerhaften Beziehung zwischen dem Lieferanten und dem Abnehmer – zu einer langfristigen Kreditgewährung kommt, da immer wieder neue Lieferantenkredite entstehen.

Finanzwirtschaftliche Überlegungen sind insbesondere vom belieferten Unternehmen anzustellen. Sie untersuchen die Alternativen der Zielzahlung bzw. des Skontoabzugs unter Rentabilitätsaspekten.

Die Effektivverzinsung entspricht den **Kapitalkosten**, die dem Abnehmer entstehen und mithilfe der folgenden praxisüblichen Faustformel* ermittelt werden können:

$$r = \frac{S}{z - s} \cdot 360$$

r = Jahresprozentsatz (%)
s = Skontofrist (Tage)
S = Skontosatz (%)
z = Zahlungsziel (Tage)

---

* Genauer lässt sich der Zinssatz in Anlehnung an *Däumler*, Betriebliche Finanzwirtschaft, S. 244 f. ermitteln:

Verbesserte Faustformel: $r = \frac{S}{1 - 0{,}01\,S} \cdot \frac{365}{z - s}$

Formel zur Ermittlung des **effektiven Zinssatzes**: $r_{eff} = \left(1 + \frac{r}{\frac{365}{z - s}}\right)^{\frac{365}{z - s}} - 1$

Beispiel: Die Metall-Vertriebsgesellschaft mbH verkauft der Maschinenbau GmbH Rohstoffe, die binnen 10 Tagen abzüglich 3 % Skonto, binnen 30 Tagen netto Kasse zu zahlen sind.

Die Kapitalkosten betragen $\frac{3}{30-10} \cdot 360$ = **54 %** für die Maschinenbau GmbH.

Wie zu sehen ist, sind die Kapitalkosten für einen Lieferantenkredit beträchtlich, die als Opportunitätskosten im Sinne eines entgangenen Skontoabzugs aufgefasst werden können. Sie können vermindert werden, indem die **Skontobezugsspanne** – das ist die Differenz aus Zahlungsziel und Skontofrist – verlängert wird.

Mitunter geschieht das dadurch, dass der Abnehmer den Lieferantenkredit beansprucht, das Zahlungsziel aber überschreitet, ohne dass der Lieferant aus einer schwächeren Marktposition heraus die Möglichkeit sieht, Verzugszinsen in Rechnung zu stellen.

Beispiel: Zahlt der Abnehmer aus dem obigen Beispiel erst nach 45 Tagen, dann vermindern sich seine Kapitalkosten von 54 % auf 30,9 %. Um aber auf einen bankähnlichen Zinssatz zu kommen, müsste das Zahlungsziel – bei gleicher Skontofrist – auf 100 bis 145 Tage ausgedehnt werden, was Kapitalkosten zwischen 8 und 12 % entsprechen würde.

Die **Sicherung** des Lieferantenkredites erfolgt vielfach durch Vereinbarung des Eigentumsvorbehaltes.

Nachteile des Lieferantenkredites sind für den Kreditnehmer:

- Die Höhe der Kapitalkosten
- Die Gefahr der Abhängigkeit zum Lieferanten
- Die Unkenntnis des effektiven Zinssatzes.

Vorteile des Lieferantenkredites für den Kreditnehmer können sein:

- Die Schnelligkeit der Kreditgewährung
- Die Bequemlichkeit der Kreditgewährung
- Die Formlosigkeit der Kreditgewährung
- Das Fehlen einer systematischen Kreditprüfung
- Die Entlastung der Kreditlinie bei Banken
- Die Kreditgewährung trotz ausgeschöpfter Kreditlinien
- Die Kreditsicherung durch Eigentumsvorbehalt.

Der Lieferantenkredit wird – trotz seiner erheblichen Nachteile – besonders von kleineren Unternehmen in Anspruch genommen, die über eine geringe Kapitalausstattung und wenig Sicherheiten verfügen und hierdurch nicht in ausreichendem Maße von Kreditinstituten Kreditlinien zur Verfügung gestellt bekommen.

Die Abnehmer von Waren und Dienstleistungen sollten einen Lieferantenkredit nur dann nutzen, wenn ihnen alternative Finanzierungsmöglichkeiten verschlossen sind. Dies umso mehr, je höher sich die Skontosätze und je kürzer sich die Skontobezugsspannen darstellen. In Unternehmen mit normaler Finanzierungslage wird oftmals zwingend der Skontoabzug vorgeschrieben, da selbst ein hierfür aufzunehmender Kontokorrentkredit geringere Kosten verursacht.

Bei der Inanspruchnahme eines Lieferantenkredites ist es für den Abnehmer vorteilhaft, den spätest möglichen Zeitpunkt für die Zahlung zu wählen.

59 Seite 480

3.1.2 Kundenkredit

Dem Kundenkredit liegt eine vertragliche Vereinbarung zwischen einem Kunden als Kreditgeber und einem Lieferanten als Kreditnehmer zu Grunde, der Leistungen erstellt. Vielfach spricht man auch von:

- Abnehmerkredit
- Vorauszahlungskredit
- Anzahlung
- Kundenanzahlung.

Der Kundenkredit ist dort eine häufig genutzte Finanzierungsalternative, wo zwischen der Planung und Fertigstellung einer Leistung erhebliche Zeit – mitunter mehrere Jahre – liegt und die Leistung auf die speziellen Bedürfnisse des Kunden ausgerichtet ist.

Deshalb kommt dem Kundenkredit besondere Bedeutung zu im:

- Großanlagenbau
- Großmaschinenbau
- Wohnungsbau
- Schiffsbau.

Der Kundenkredit kann dem Lieferanten vor allem zu drei **Zwecken** dienen:

- Mit dem Kundenkredit wird die **Liquidität** des Lieferanten günstig beeinflusst, da sich der Abnehmer an der Deckung seines Kapitalbedarfes beteiligt. Dies ist umso wichtiger, je kosten- und zeitaufwendiger die Erstellung einer Leistung ist.

- Mit einer Beteiligung des Abnehmers an den entstandenen **Kosten** durch die Bereitstellung von Kreditbeträgen hat der Lieferant eine gewisse Sicherheit dafür, dass der Abnehmer zahlungsfähig ist.

- Mit der Bereitstellung von Kreditbeträgen durch den Abnehmer verbindet sich eine gewisse **Sicherheit** für den Lieferanten, dass der Abnehmer weiterhin an der Leistung interessiert ist und sie abgenommen wird, was umso wichtiger ist, je mehr die Leistung auf die spezifischen Erfordernisse des Abnehmers ausgerichtet ist.

Was die **Höhe** des Kundenkredites und den **Zeitpunkt** bzw. die **Zeitpunkte** seiner Zahlung durch den Abnehmer betrifft, kann dies sehr unterschiedlich geregelt sein. Drei wichtige Einflussfaktoren lassen sich indes erkennen:

- Es haben sich **branchenübliche Zahlungsbedingungen** herausgebildet, die als bedeutsame Anhaltspunkte betrachtet werden können.

  Beispiel: Im Wohnungsbau gelten vielfach folgende Zahlungsbedingungen:

  Ein Drittel des Kaufpreises bei Vertragsabschluss.
  Ein Drittel des Kaufpreises bei Rohbaufertigstellung.
  Ein Drittel des Kaufpreises bei Gesamtfertigstellung.

- Die **Marktstellung des Lieferanten,** aber auch des Abnehmers wirkt sich auf die Höhe und den Zeitraum des Kundenkredites aus. Je stärker die Position eines der beiden Vertragspartner ist, umso mehr kann er sich dies zu Nutze machen.

- Die **Auftragslage des Lieferanten**, aber auch der übrigen Unternehmen in der Branche, ist von Bedeutung. Bei guter Auftragslage hat der Lieferant eine stärkere Position, hingegen muss er Zugeständnisse machen, wenn die Auftragslage schlecht ist und er unbedingt Aufträge benötigt.

Obgleich beim Kundenkredit üblicherweise keine Zinsen berechnet werden, muss doch davon ausgegangen werden, dass die **Zinsen** eine **kalkulatorische Berücksichtigung** erfahren. Das bedeutet, dass der Rechnungspreis für eine vom Lieferanten erbrachte Leistung umso höher sein wird, je später eine oder mehrere Zahlungen liegen. Am höchsten wird er sein, wenn die Leistung erst nach Fertigstellung bezahlt wird.

Beispiel: Eine Großanlage wird innerhalb von 4 Jahren erstellt. Die Kalkulation ergibt, dass sie nach Fertigstellung am Ende des 4. Jahres mit 20.000.000 € in Rechnung zu stellen wäre. Es wird aber vereinbart, dass der Kunde vier gleiche Raten, jeweils zum Ende eines Jahres zahlt. Der Kalkulationszinsfuß beträgt 10 %.

Die Raten ergeben sich, indem mit dem Restwertverteilungsfaktor gerechnet wird:

$$20.000.000 \cdot \frac{q - 1}{q^n - 1}$$

$$= 20.000.000 \cdot 0{,}215471 = \mathbf{4.309.420\ €}$$

Der gesamte Rechnungsbetrag vermindert sich damit von 20.000.000 € auf 4 · 4.309.420 €, das sind 17.237.680 €.

Als **Sicherheit** dient beim Kundenkredit häufig eine Bankbürgschaft. Im Übrigen können Konventionalstrafen oder Garantien vereinbart sein.

60 > **Seite 481**

3.2 Bankkredite

Die kurzfristige Fremdfinanzierung wird zu einem erheblichen Teil zwischen dem Kapital suchenden Unternehmen und einem Kreditinstitut abgewickelt.

Die kurzfristigen Bankkredite sollen unterteilt werden in:

- **Bankkredite als Geldkredite**
- **Bankkredite als Kreditleihen**
- **Internationale Bankkredite**.

Die internationalen Bankkredite können auch Geldkredite oder Kreditleihen sein.

3.2.1 Bankkredite als Geldkredite

Bei Bankkrediten, die Geldkredite sind, stellt das Kreditinstitut dem Unternehmen **Geld** zur Verfügung. Im Gegensatz dazu gibt das Kreditinstitut bei Kreditleihen lediglich seine Kreditwürdigkeit.

Bankkredite als Geldkredite sind:

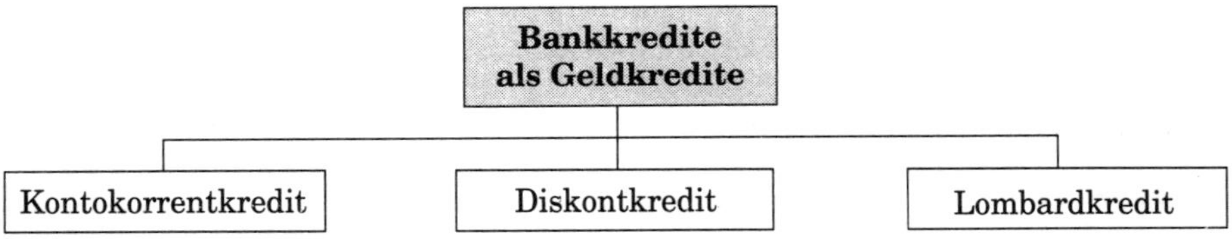

3.2.1.1 Kontokorrentkredit

Beim Kontokorrentkredit (§§ 355 - 357 HGB) räumt ein Kreditinstitut einem Kreditnehmer einen Kredit in einer bestimmten Höhe ein, der vom Kreditnehmer seinem Bedarf entsprechend bis zu einem vereinbarten Maximalbetrag – der **Kreditlinie** – in Anspruch genommen werden kann.

Es ist gegebenenfalls aber auch ein Überschreiten der Kreditlinie – als **Überziehungskredit** – möglich.

Der Kontokorrentkredit ist ein kurzfristiger Kredit. Seine Laufzeit wird meist auf sechs Monate bis zu einem Jahr vereinbart. Sofern der Kreditnehmer keinen Anlass zur Auflösung des Vertragsverhältnisses gibt, wird der Kontokorrentkredit **prolongiert**, sodass er von langfristiger Wirkung sein kann.

Die Einräumung eines Kontokorrentkredites durch ein Kreditinstitut setzt üblicherweise voraus, dass der Kreditnehmer seinen Zahlungsverkehr zu einem erheblichen Teil über das Kreditinstitut abwickelt.

Das Kreditinstitut kann aber auch eine **Ausschließlichkeitserklärung** vom Kreditnehmer fordern, mit der sich dieser verpflichtet, sämtliche Zahlungsvorgänge über das Kreditinstitut abzuwickeln. Damit will es sich einen ständigen Einblick in die wirtschaftliche Lage des Kreditnehmers verschaffen.

Mit der Kenntnis der finanziellen Situation, in der sich der Kreditnehmer befindet, wird den Sicherheitsüberlegungen des Kreditinstitutes meist jedoch noch nicht in ausreichender Weise Rechnung getragen. Für die Einräumung des Kontokorrentkredites kann das Kreditinstitut deshalb die Stellung von **Sicherheiten** fordern, die vor allem sein können:

❍ Bürgschaft	❍ Zession
❍ Pfandrecht	❍ Grundschuld
❍ Sicherungsübereignung	

Der Kontokorrentkredit dient dazu, kurzzeitige Schwankungen beim Kapitalbedarf des Unternehmens abzudecken. Typische **Formen** des Kontokorrentkredites sind:

- **Betriebskredite**, mit deren Hilfe beispielsweise Lohn- und Gehaltszahlungen, Skontoausnutzungen oder Beschaffungen von Roh-, Hilfs- und Betriebsstoffen finanziert werden.

- **Saisonkredite**, mit deren Hilfe Beschäftigungsspitzen finanziert werden.

- **Zwischenkredite**, die der Vorfinanzierung von Bauvorhaben und Emissionen von Wertpapieren dienen.

Der Zahlungsverkehr des Kreditnehmers wird beim Kreditinstitut im Kontokorrent, dem in laufender Rechnung geführten Konto, erfasst und in regelmäßigen Zeitabständen verrechnet. Das HGB sieht eine jährliche Verrechnung, die AGB der Kreditinstitute eine **vierteljährliche Verrechnung** vor, soweit nicht etwas anderes vereinbart ist.

Der sich bei der Verrechnung ergebende Saldo ist für die Rechtsbeziehung zwischen Kreditgeber und Kreditnehmer maßgeblich. Mit seiner Ermittlung verlieren die einzelnen im Kontokorrent erfassten Zahlungsvorgänge ihre Selbstständigkeit.

Der Kontokorrentkredit ist sehr **flexibel** einsetzbar. Der Kreditnehmer kann selbst festlegen, in welcher Höhe er den Kredit in Anspruch nimmt und wofür er ihn einsetzt.

Dafür sind aber auch erhebliche **Kapitalkosten** zu zahlen, die sich zusammensetzen können aus:

Kapitalkosten des Kontokorrentkredites	
Sollzinsen	Sie werden für den in Anspruch genommenen Kredit berechnet und liegen vielfach etwa bei ca. 4 - 8 % über den Geldmarktsätzen bzw. über dem Hauptrefinanzierungszinssatz der Europäischen Zentralbank, sofern keine Kreditprovision berechnet wird. Ihre Höhe ist stark abhängig von der Bonität und der Nachfragemacht des Kreditnehmers. Beträgt der Basiszinssatz beispielsweise 4 %, dann liegen die Sollzinsen für den Kontokorrentkredit zwischen 8 und 12 %.

<table>
<tr><td>Kredit-provision</td><td>Sie kann als Zuschlag zu den Sollzinsen oder als Bereitstellungsprovision berechnet werden:

• Als Zuschlag zu den Sollzinsen gilt im Allgemeinen die Vereinbarung:

Sollzinsen: Basiszinssatz + 1,5 % p.a.
Kreditprovision: 0,25 % je Monat von der jeweiligen höchsten Inanspruchnahme eines Monats im Rahmen des zugesagten Kredites.

• Als Bereitstellungsprovision sind zwei mögliche Vereinbarungen gebräuchlich:

Sollzinsen: Basiszinssatz + 4,5 % p.a. vom in Anspruch genomme-nen Kredit.
Kreditprovision: 3 % p.a. vom zugesagten Kredit, soweit er nicht in Anspruch genommen wird.

oder

Sollzinsen: Basiszinssatz + 1,5 % p.a. vom in Anspruch genommenen Kredit.
Kreditprovision: 3 % p.a. vom zugesagten Kredit.

Beide Berechnungsverfahren führen zum gleichen Ergebnis.</td></tr>
<tr><td>Über-ziehungs-provision</td><td>Sie wird zusätzlich zu den Sollzinsen berechnet, wenn die Kreditlinie ohne ausdrückliche Vereinbarung betragsmäßig oder zeitlich überschritten wird.

Das Kreditinstitut verlangt normalerweise 1,5 % p.a. vom Betrag der Überziehung. Bei verminderten Sollzinsen – 1,5 % anstelle 4,5 % über Basiszinssatz – erhöht sich die Überziehungsprovision um den Differenzbetrag von 3 % auf 4,5 % p.a.</td></tr>
<tr><td>Umsatz-provision</td><td>Sie wird als Entgelt für die Kontoführung und für die Bereitstellung der banktechnischen Einrichtungen auf unterschiedliche Weise berechnet.

Üblich ist es, 1 % p.a. vom in Anspruch genommenen Kreditbetrag oder 0,125 bis 1 % des Umsatzes auf der größeren Kontoseite oder eine Postengebühr (von ca. 0,25 €) zu berechnen.</td></tr>
<tr><td>Barauslagen</td><td>Sie fallen für fremde Spesen, Gebühren, Porti usw. an.</td></tr>
</table>

Einen **Vergleich der effektiven Kapitalkosten** bei verschiedenen Kreditinstituten vorzunehmen ist schwierig:

- Einerseits kann – was notwendig wäre – die künftige Ausschöpfung der Kreditlinie nicht ohne weiteres vorhergesagt werden.
- Andererseits sind die Berechnungsmodalitäten der Kreditinstitute nach Höhe und Art nicht einheitlich.

Damit verhindern oder erschweren die Kreditinstitute eine **Markttransparenz**.

Seit 2003 weist die Bundesbank in ihren Monatsberichten die Kontokorrentkredite nur noch unter dem Oberbegriff **Überziehungskredite** aus. Diese sind aufgeteilt in

- Kredite an private Haushalte, einschließlich der Einzelkaufleute
- Kredite an nichtfinanzielle Kapitalgesellschaften, einschließlich Personengesellschaften, aber ausschließlich von Banken und Versicherungen.

Seit Januar 2003 haben sich die Effektivzinssätze und das Neugeschäftsvolumen verändert.

Zinssätze für Überziehungskredite				
	Überziehungskredite an private Haushalte inkl. Einzelkaufleute		Überziehungskredite an nichtfinanzielle Kapitalgesellschaften, inkl. Personengesellschaften	
Zeitraum	Effektivzinssatz	Neugeschäftsvolumen in Mio. €	Effektivzinssatz	Neugeschäftsvolumen in Mio. €
01/2003	10,57	66.323	6,73	96.563
04/2003	10,71	64.751	6,71	91.535
07/2003	10,44	63.287	6,51	88.185
10/2003	10,41	63.212	6,47	85.930
01/2004	10,40	59.768	6,33	84.562
04/2004	10,36	56.755	6,11	84.844
07/2004	10,35	54.012	6,21	80.484
10/2004	10,26	53.107	6,11	79.457
01/2005	10,32	50.978	5,89	75.886

3.2.1.2 Diskontkredit

Der Diskontkredit ist ein Wechselkredit*, an dem zunächst drei **Partner** unmittelbar beteiligt sind:

- Der **Lieferant** einer Ware, der einen Wechsel in Höhe des Rechnungsbetrages auf den Abnehmer zieht.
- Der **Abnehmer** der Ware, der den Wechsel akzeptiert und an den Lieferanten zurückgibt.
- Das **Kreditinstitut**, das den Wechsel vor dem Zeitpunkt seiner Fälligkeit vom Lieferanten ankauft und ihm die abgezinste Wechselsumme bereitstellt.

Die Höhe des Diskontkredites, der von einem Kreditinstitut gewährt wird, ist für den einzelnen Kunden begrenzt und kommt in der **Diskontlinie** zum Ausdruck, die ihm das Kreditinstitut einräumt. Ob überhaupt Wechsel diskontiert werden und wie hoch die Diskontlinie ist, hängt wesentlich von der Kreditwürdigkeit des Kunden ab.

---

* Der Wechsel ist ausführlich auf Seite 159 ff. beschrieben.

Das Kreditinstitut hatte bis 1998 im Rahmen eines bestimmten Kontingentes die Möglichkeit, den angekauften Wechsel zur **Rediskontierung** an die Landeszentralbank einzureichen, um sich bei der Bundesbank zum Diskontsatz zu refinanzieren.

Mit dem Übergang der Zuständigkeit für die Geld- und Zinspolitik auf die Europäische Zentralbank war diese Möglichkeit der notenbankgetragenen Refinanzierungsgeschäfte für Kreditinstitute seit dem 01.01.1999 entfallen. Inzwischen werden aber wieder Wechseldiskontgeschäfte von der Bundesbank durchgeführt.

Seit diesem Zeitpunkt wird auch der Diskontsatz, der einen Leitzinssatz für Deutschland darstellte, nicht mehr von der Deutschen Bundesbank festgelegt. Kreditinstitute, die Wechsel auch noch heute ankaufen, verwenden für die Zinsbestimmung u. a. laufzeitkongruente **Interbankensätze** des Geldmarktes (z. B. EURIBOR) mit dem Aufschlag einer kundenindividuellen Marge.

Der Diskontsatz, der zum Teil Referenzzinssatz in Kreditverträgen sein konnte, wurde zwischen 1999 und 2001 durch einen **Basiszinssatz**, der sich an den langjährigen Refinanzierungsgeschäften der EZB orientierte, ersetzt.

Jetzt ist der Basiszins dem Zinssatz des bürgerlichen Gesetzbuches (§ 247 BGB) angeglichen und orientiert sich bei seiner halbjährlichen Anpassung (Januar/Juli) am Hauptrefinanzierungsinstrument der EZB.

Für den Diskontkredit gilt grundsätzlich folgender **Ablauf**:

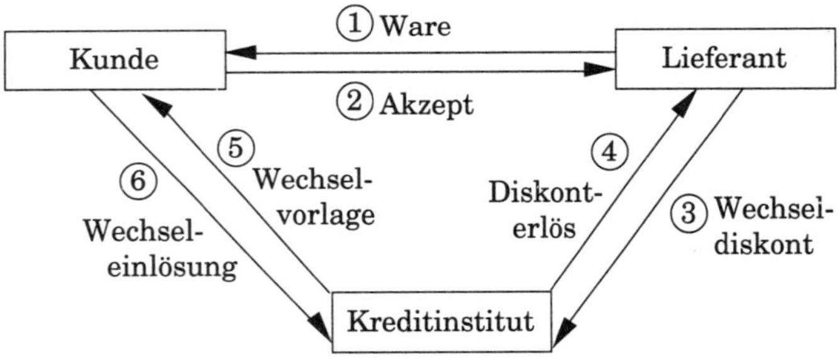

Der Diskontkredit erfährt seine **Sicherung** zum einen durch das strenge Wechselrecht. Außerdem wird zwischen dem Lieferanten und dem Abnehmer meist ein Eigentumsvorbehalt vereinbart.

Mithilfe des Diskontkredites ist es möglich, den Kreditspielraum eines Unternehmens zu erweitern. Das kann zudem noch mit relativ geringen **Kapitalkosten** – insbesondere im Vergleich zum Lieferantenkredit und Kontokorrentkredit – erfolgen:

Kapitalkosten des Diskontkredites	
Diskont(betrag)	Das Kreditinstitut zieht ihn von der Wechselsumme ab und behält ihn ein. Er ist in seiner Höhe z. B. von Geldmarktsätzen abhängig, die mit unterschiedlichen Fristen (z. B. 1, 2, 3 oder 6 Monate) am Interbankenmarkt gehandelt werden. Sie finden entsprechend der taggenauen Restlaufzeit des Wechsels Verwendung. Zugeschlagen wird eine Marge, die sich nach der Kreditwürdigkeit und der Marktmacht des Unternehmens bemisst, das den Wechsel beim diskontierenden Kreditinstitut einreicht. Inzwischen gab auch wieder die Bundesbank Sätze für bundesbankfähige Wechsel bis unter 50.000 € bekannt.
Diskontspesen	Sie sind relativ gering und fallen vor allem für das Wechselinkasso und das Einholen von Auskünften an.

Der effektive Zinssatz für den Diskontkredit lässt sich nach der folgenden praxisüblichen **Faustformel*** berechnen:

$$r = \frac{DB + DS}{KB} \cdot \frac{360}{WL}$$

r = Jahreszins
DB = Diskont(betrag)
DS = Diskontspesen
KB = Effektiv verfügbarer Kreditbetrag (Wechselbetrag - DB - DS)
WL = Wechsellaufzeit

Beispiel: Wechselbetrag 80.000 €
Wechsellaufzeit 90 Tage
Diskontsatz 6 %
Diskontspesen 5 €

$$r = \frac{80.000 \cdot 0{,}06 \cdot \frac{90}{360} + 5}{80.000 - (80.000 \cdot 0{,}06 \cdot \frac{90}{360} + 5)} \cdot \frac{360}{90}$$

$r = 0{,}0612 = \mathbf{6{,}12\ \%}$

Die Anwendung der **verbesserten Effektivzins-Formel** hätte folgendes Ergebnis:

$$r = \frac{1.200 + 5}{78.795} = 0{,}0152928$$

$$r_{eff} = (1 + 0{,}0152928)^{\frac{365}{90}} - 1 = 0{,}06349 = \mathbf{6{,}35\ \%}$$

---

* Bei dieser Berechnung bleibt unberücksichtigt, dass die Verzinsung unterjährig und vorschüssig ist. In Anlehnung an *Däumler* (Betriebliche Finanzwirtschaft, S. 252) kann als genauere, der Vereinfachung halber aber auch nachschüssige Berechnung dienen:

Verbesserung der **Faust**formel: $r = \frac{DB + DS}{KB}$

r ist einzusetzen in die Formel zur Ermittlung des **effektiven Zinssatzes** r_{eff} unter Berücksichtigung der Unterjährigkeit: $r_{eff} = (1 + r)^{\frac{365}{WL}} - 1$

Da diese Abweichung erheblich ist, empfiehlt sich für eine genaue Kostenbetrachtung die Effektivzins-Formel.

Die **Kostengünstigkeit** eines Diskontkredites hängt insbesondere von der Höhe der aufgeschlagenen Marge ab.

Nachteilig wirken sich die strengen wechselrechtlichen Vorschriften und die eingeschränkte Anpassungsfähigkeit aus.

61 Seite 481

3.2.1.3 Lombardkredit

Der Lombardkredit ist ein Kredit, den ein Kreditinstitut einem Kreditnehmer gegen die **Verpfändung** von

- ❍ Wertpapieren
- ❍ Waren
- ❍ Wechseln
- ❍ Forderungen
- ❍ Edelmetallen

gewährt, wobei die verpfändeten Güter nicht in der vollen Höhe ihres Wertes beliehen werden.

Vom Kontokorrentkredit unterscheidet sich der Lombardkredit vor allem dadurch, dass er zu einem festen Termin in voller Höhe bereitgestellt bzw. zurückgezahlt wird.

Er weist damit nicht die Flexibilität des Kontokorrentkredites auf, wird aber kurzfristig dann in Anspruch genommen, wenn die Kreditlinie beim Kontokorrentkredit erschöpft ist.

Das Kreditinstitut knüpft bei der Gewährung des Lombardkredites an die zu verpfändenden Güter besondere **Erwartungen**:

- Wertbeständigkeit
- Schnelle Liquidierbarkeit
- Einfache Bewertbarkeit.

Als verpfändbare Güter kommen in Betracht:

- **Wertpapiere**, die hier im Vordergrund stehen, zumal diese vielfach bereits vom Kreditinstitut verwahrt werden, sodass sich eine Übergabe erübrigt.

  Da sie überwiegend börsenmäßig gehandelt werden, ist ihr Wert leicht feststellbar. Außerdem sind sie für die Leistungserstellung des Unternehmens nicht erforderlich, wodurch die Verpfändung nicht zu einer Störung betrieblicher Prozesse führt.

Die Beleihung von Wertpapieren erfolgt zwischen 50 % und 80 %. Beispielsweise liegt die Beleihungsgrenze von erstklassigen Aktien bei 70 %, von festverzinslichen Wertpapieren bei 80 %.

- **Waren** sind schwieriger zu verpfänden als Wertpapiere. Sie müssen haltbar und marktfähig sein. Die Ermittlung ihres Wertes kann sich schwierig gestalten, gegebenenfalls ist ein Sachverständiger hinzuzuziehen.

  Die Waren werden dem Kreditinstitut normalerweise nicht unmittelbar übergeben, sondern auf den Namen des Kreditinstitutes in einem Lagerhaus eingelagert, wobei der Lagerschein dem Kreditinstitut übergeben wird.

  Die Beleihungsgrenze für Waren liegt um 50 %, kaum jedoch über 65 %.

  Die Verpfändung von Waren kann nur dann vorgenommen werden, wenn ihre Verfügbarkeit im Unternehmen entbehrlich ist, damit die betrieblichen Prozesse nicht gestört werden. So wird es nicht möglich sein, benötigte Rohstoffe zu verpfänden, um eine für die Fertigung erforderliche Maschine zu beschaffen.

Aus dieser Situation heraus bedient man sich in der betrieblichen Praxis vielfach anstelle des Lombardkredites der **Sicherungsübereignung** der Waren, wobei Eigentum an den als Sicherheit dienenden Gütern zwar auf den Kreditgeber übergeht, der Kreditnehmer aber durch Vereinbarung eines Besitzkonstitutes unmittelbarer Besitzer der Güter bleibt und diese Güter weiter nutzen kann.

Die **Verpfändung von Wechseln, Forderungen und Edelmetallen** hat im Geschäftsverkehr zwischen Unternehmen und Kreditinstituten ebenfalls keine große Bedeutung.

Der Lombardsatz wurde bis 1998 neben dem Diskontsatz als zweiter Leitzinssatz von der Deutschen Bundesbank festgelegt. Zum 01.01.1999 löste ihn der Zinssatz für **Spitzenrefinanzierungsfazilitäten** bei den nationalen Notenbanken ab. Diesen Zinssatz legt die Europäische Zentralbank fest. Er stellt im Allgemeinen eine Obergrenze für äußerst kurzfristige Kreditgeschäfte (Tagesgelder) dar.

Die Spitzenrefinanzierungsfazilitäten können auch als kurzfristige Pfandkredite durchgeführt werden und entsprechen daher in ihrem Wesen dem Lombardkredit.

Als Wertpapiere, die zur Besicherung des Kredites hinterlegt werden, sind »**Kategorie-1-Sicherheiten**« bzw. »**Kategorie-2-Sicherheiten**« geeignet, deren Anforderungen von der Europäischen Zentralbank definiert und die von der Europäischen Zentralbank oder den nationalen Zentralbanken auf einer Liste aufgeführt werden.

Die **Kapitalkosten** für den Lombardkredit liegen meist zwischen den Kosten eines Wechseldiskontkredits und den Kosten eines Kontokorrentkredites. Sie umfassen:

Kapitalkosten des Lombardkredites	
Zinsen	Sie orientieren sich am Zinssatz für Spitzenrefinanzierungsfazilitäten der Europäischen Zentralbank. Hinzugeschlagen werden können kundenindividuelle Margen, die sich durch das jeweilige Risiko des Kreditnehmers bestimmen.
Sonstige Kosten	Weitere Kosten können im Rahmen der Bewertung (z. B. Sachverständigenkosten), der Verwahrung und Verwaltung (z. B. Depot- oder Lagerkosten, Versicherungskosten) entstehen.

Der Lombardkredit ermöglicht es, ohne die Veräußerung von Gütern finanzielle Mittel zu beschaffen und kann besonders dann **vorteilhaft** sein, wenn die Mittel nur für kurze Zeit benötigt werden.

62 Seite 482

3.2.2 Bankkredite als Kreditleihen

Im Gegensatz zu den Bankkrediten als Geldkrediten, bei denen das Kreditinstitut dem Unternehmen Geld zur Verfügung stellt, gibt das Kreditinstitut bei Kreditleihen lediglich seine Kreditwürdigkeit.

Bankkredite als Kreditleihen sind:

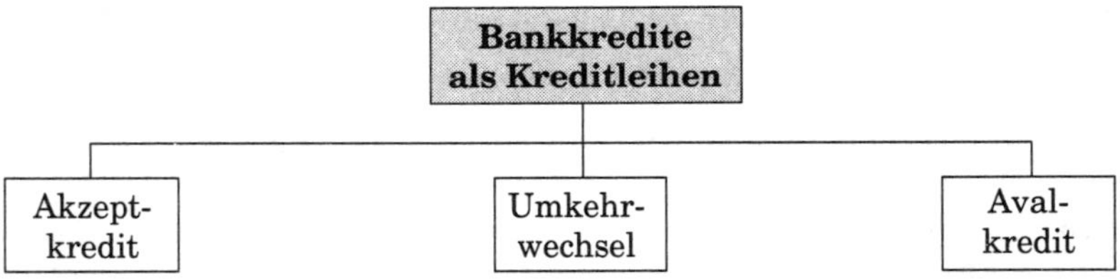

3.2.2.1 Akzeptkredit

Der Akzeptkredit ist ein **Wechselkredit***. Er kommt zu Stande, indem der Kunde eines Kreditinstitutes einen Wechsel auf das Kreditinstitut zieht, das den Wechsel akzeptiert.

Der Kunde hat den Wechselbetrag vor dem Zeitpunkt der Fälligkeit des Wechsels beim Kreditinstitut bereitzustellen, üblicherweise als Guthaben auf seinem Kontokorrentkonto. Das Kreditinstitut löst den vom Wechselinhaber vorgelegten Wechsel bei Fälligkeit zu Lasten des Kunden ein.

Das Kreditinstitut stellt also keine Geldmittel bereit, sondern gibt seinen guten Namen her. Damit wird der Wechsel besonders marktfähig.

* Der Wechsel ist ausführlich auf Seite 159 ff. beschrieben.

Das Kreditinstitut wird jedoch nur bereit sein, Akzeptkredite an Kunden erster Bonität zu gewähren, denn es wird wechselrechtlich durch sein Akzept zum **Hauptschuldner**.

Für die **Verwertung** des akzeptierten Wechsels gibt es drei Möglichkeiten:

- Er kann einem Lieferanten zahlungshalber weitergegeben werden.
- Er kann einem anderen Kreditinstitut zur Diskontierung vorgelegt werden.
- Er kann vom akzeptierenden Kreditinstitut selbst diskontiert werden.

Der Akzeptkredit hat besondere **Bedeutung** im Außenhandel erlangt.

Die **Sicherung** des Akzeptkredites liegt besonders in den wechselrechtlichen Vorschriften.

Die **Kapitalkosten** für den Akzeptkredit liegen relativ günstig:

Kapitalkosten des Akzeptkredites	
Akzeptprovision	Sie liegt zwischen 1,2 und 2,5 % p.a. des Nominalbetrages des Wechsels.
Bearbeitungsgebühren	Sie liegen üblicherweise bei 0,5 % p.a.

Zinsen fallen nicht an, weil Geldmittel nicht zur Verfügung gestellt werden

Im Falle der Diskontierung des akzeptierten Wechsels entstehen zusätzliche Kapitalkosten, wie sie beim Diskontkredit beschrieben wurden.

3.2.2.2 Umkehrwechsel

Die Finanzierung mithilfe von Umkehrwechseln, die vielfach auch **Scheck-Wechsel-Tauschverfahren** genannt wird, ist ein im Handel genutztes Verfahren. Dabei zahlt der Käufer einer Ware unter Ausnutzung eines Skontos mit einem Scheck – er kann aber auch bar zahlen – und lässt gleichzeitig vom Lieferanten einen Wechsel auf sich ziehen, den er akzeptiert.

Den Wechsel reicht nun der Käufer und nicht der Verkäufer – daher umgedrehter Wechsel oder Umkehrwechsel – üblicherweise zur Refinanzierung der Scheckzahlung seinem Kreditinstitut zum Diskont ein.

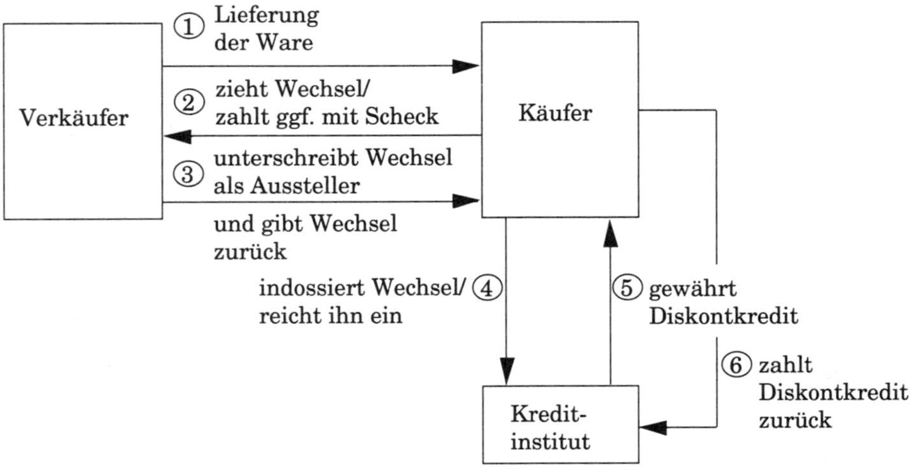

Der **Vorteil** des Umkehrwechsel-Verfahrens ist darin zu sehen, dass der Käufer den Skontoabzug nutzen und zur Finanzierung einen Diskontkredit in Anspruch nehmen kann, soweit dieser günstiger als beispielsweise ein Kontokorrentkredit ist, der den Scheck finanziert.

Für den Lieferanten ist allerdings ein **Risiko** verbunden, da er als Wechselaussteller haftet und damit seine Bonität auf den Wechseleinreicher mit überträgt.

3.2.2.3 Avalkredit

Bei einem Avalkredit (§§ 765 - 778 BGB i. V. mit §§ 349 - 351 HGB) übernimmt ein Kreditinstitut die Haftung für die Verbindlichkeiten eines Kunden gegenüber einem Dritten in der Form einer **Bürgschaft** oder einer **Garantie**.

Wie der Akzeptkredit ist der Avalkredit kein Kredit im herkömmlichen Sinne, da das Kreditinstitut keine Geldmittel bereitstellt, sondern seinen guten Namen hergibt. Damit ist der Kreis möglicher Kreditnehmer auf Kunden erster Bonität beschränkt.

Für das Kreditinstitut entsteht mit der Bereitstellung eines Avalkredites eine **Eventualverbindlichkeit**, die nur dann zu einer Verbindlichkeit wird, wenn der Kreditnehmer seine Leistungen gegenüber dem Dritten nicht erbringt und daher unterhalb des »Bilanzstrichs« ausgewiesen wird.

Der Avalkredit findet dort praktische **Anwendung**, wo eine Sicherheit zu stellen ist, ohne dass der Dritte darauf angewiesen sein will, selbst eingehende Kreditwürdigkeitsprüfungen vorzunehmen.

Es lassen sich vor allem unterscheiden:

Zoll-bürgschaft	Die Stundung von Zöllen setzt nach der Abgabenordnung die Stellung einer Sicherheit voraus.
Fracht-stundungs-bürgschaft	Die Stundung von Frachten wird einem Unternehmen mit hohem Frachtaufkommen von der Bundesbahn eingeräumt, wenn ein Kreditinstitut der Deutschen Verkehrs-Kredit-Bank als Abrechnungsstelle der Deutschen Bahn AG bürgt.
Bietungs-garantie	Bei Ausschreibungen, insbesondere öffentlicher Auftraggeber, wird mitunter eine Bietungsgarantie in Höhe von 1 % bis 5 % des Angebotswertes gefordert, wodurch der Auftraggeber das Unternehmen an sein Angebot binden will, das den Zuschlag erhält.
Anzahlungs-garantie	Damit wird – vor allem im Außenhandel – sichergestellt, dass der Auftraggeber eine geleistete Anzahlung zurückerstattet bekommt, wenn die vereinbarte Leistung nicht erbracht wird. Das die Anzahlung erhaltende Unternehmen stellt über ein Kreditinstitut ein Aval.
Leistungs-garantie	Sie soll im Falle einer nicht ordnungsgemäß erbrachten Leistung die Zahlung einer Konventionalstrafe sicherstellen und beträgt im Allgemeinen 5 % bis 10 % des Auftragswertes.
Gewähr-leistungs-garantie	Die Übernahme einer Gewährleistungsgarantie für die von einem Lieferanten erbrachte Leistung kann durch die Gewährleistungsgarantie eines Kreditinstitutes abgesichert werden. Der Garantiebetrag erstreckt sich üblicherweise auf 5 % bis 10 % des Objektwertes.

Die **Kapitalkosten**, die durch die Inanspruchnahme des Avalkredites entstehen, fallen in Form der Avalprovision an. Sie ist an das Kreditinstitut – meist quartalweise im Voraus – zu entrichten und beträgt zwischen 1 % und 2,5 % p.a.

3.2.3 Internationale Bankkredite

Im internationalen Bankgeschäft und im Außenhandel werden die bereits beschriebenen traditionellen kurzfristigen Bankkredite genutzt, insbesondere:

- Kontokorrentkredit
- Diskontkredit
- Akzeptkredit.

Daneben gibt es spezielle Arten kurzfristiger Außenhandelsfinanzierung – siehe ausführlich *Jahrmann*. Diese sind:

- **Rembourskredite** als Wechselkredite.

- **Negoziationskredite** als Wechselkredite.

- **Zessionskredite**, bei denen ein Lieferant seine Forderung aus einem Exportgeschäft sicherungshalber an ein Kreditinstitut abtritt, das ihm 70 % bis 80 % des Nominalbetrages bzw. Fakturenwertes zu kontokorrentähnlichen Konditionen bevorschusst.

Neben diesen Außenhandelsfinanzierungen ist auch die Nutzung internationaler Finanzmärkte für die Unternehmen von Interesse. Hier sind insbesondere **Euromarktkredite** anzuführen, die Finanztransaktionen auf internationalen Finanzmärkten darstellen. Sie nutzen diese grenzüberschreitend zur Geldaufnahme wie auch zur Geldanlage.

Zu unterscheiden sind vor allem:

- Eurogeldmarkt
- Eurokreditmarkt.

Näher betrachtet werden sollen:

3.2.3.1 Rembourskredit

Der Rembourskredit ist ein kurzfristiger Außenhandelskredit, der eine **Sonderform des Akzeptkredites** darstellt, die inzwischen jedoch kaum noch verwendet und immer stärker durch die im Auslandszahlungsverkehr üblichen Instrumente (siehe Seite 174 ff.) ersetzt wird.

Sein Wesen besteht darin, dass der Exporteur auf seine Bank – die Remboursbank – eine Zieltratte zieht, die den Wechsel im Auftrag und für Rechnung der Importbank gegen Einreichung der Dokumente akzeptiert und diskontiert.

Im Einzelnen kann die **Abwicklung** des Rembourskredites – nach *Compter* – in der folgenden Weise geschehen:

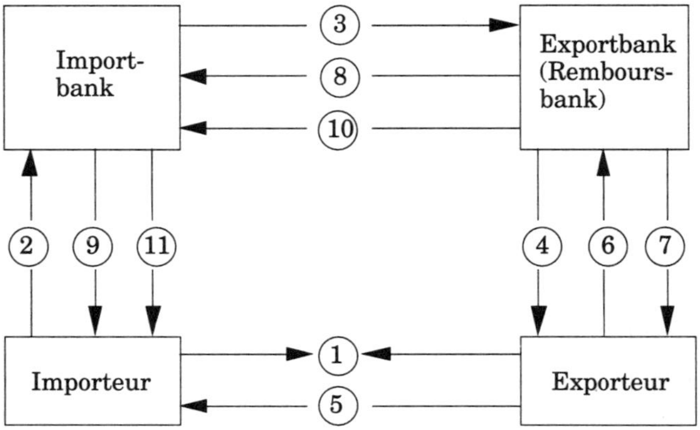

(1) Ein Kaufvertrag wird abgeschlossen.

(2) Der Importeur gibt seiner Bank den Auftrag, einen 90-Tage-Rembourskredit zu Gunsten des Exporteurs zu eröffnen.

(3) Die Bank des Importeurs eröffnet ein Dokumentenakkreditiv über eine deutsche Korrespondenzbank und bittet diese, den auf sie gezogenen Wechsel des Exporteurs zu akzeptieren.

Ein Dokumentenakkreditiv ist die Zusicherung, dass von einer Bank bei Vorlage bestimmter Dokumente eine vereinbarte Summe an den Begünstigten gezahlt wird.

(4) Die Akkreditiv-Eröffnungsanzeige der Bank des Exporteurs geht an den Exporteur.

(5) Die Ware wird versandt.

(6) Der Exporteur zieht auf die Remboursbank eine Drei-Monats-Sichttratte und reicht diese zusammen mit den Dokumenten zur Akzeptierung ein.

(7) Die Remboursbank akzeptiert den Wechsel und diskontiert ihn zu Gunsten des Exporteurs.

(8) Die Remboursbank schickt die Dokumente – Konnossement, Versicherungsschein, Rechnung – an die Bank des Importeurs und teilt ihr mit, dass sie auftragsgemäß unter Akzept getreten ist.

(9) Die Bank des Importeurs gibt die Dokumente an den Importeur weiter, der damit über die Ware verfügen kann.

(10) Bei Fälligkeit des Akzeptes belastet die Remboursbank die Bank des Importeurs für den Gegenwert.

(11) Die Bank des Importeurs belastet den Importeur.

Der **Vorteil** des Rembourskredites ist darin zu sehen, dass die Forderung des Exporteurs unmittelbar nach Verladung der Ware durch die Diskontierung des Bankakzeptes befriedigt wird, während die Verpflichtung des Importeurs zur Bezahlung der gelieferten Ware bis zur Fälligkeit des Bankakzeptes hinausgeschoben wird.

3.2.3.2 Negoziationskredit

Der Negoziationskredit ist ein kurzfristiger Außenhandelskredit, der mit dem Rembourskredit eng verwandt ist und eine **Sonderform des Diskontkredites** darstellt.

Beim Negoziationskredit kauft die Bank des Exporteurs eine auf den Importeur gezogene und von den zugehörigen Dokumenten begleitete Tratte an.

International haben sich besonders zwei **Formen** des Negoziationskredites entwickelt:

- Bei der »**authority to purchase**« erklärt sich die Bank des Importeurs bereit, gegen Übergabe der Dokumente die vom Exporteur auf den Importeur gezogene Tratte anzukaufen bzw. zu bevorschussen.

  Die Importbank gibt diese Zusage an die Bank des Exporteurs mit der Bitte, bei Vorlage entsprechender Dokumente seitens des Exporteurs die Tratte in voller Höhe oder zum Teil zu bevorschussen und die Dokumente an die Importbank zu übersenden.

- Bei der »**order to negotiate**« wird eine Tratte vom Exporteur auf eine von der Importbank bezeichnete Korrespondenzbank im Lande des Exporteurs gezogen. Gegen Vorlage der Dokumente wird die Tratte dann von der Korrespondenzbank entweder sofort diskontiert oder zunächst nur akzeptiert.

Der Negoziationskredit hat gegenüber dem Rembourskredit den **Vorteil**, dass die Zahlung eine Beschleunigung erfährt.

3.2.3.3 Euromarktkredite

Grenzüberschreitende Finanztransaktionen kennzeichnen internationale Finanzmärkte, die zur Unternehmensfinanzierung aus verschiedenen Gründen genutzt werden, beispielsweise wegen:

- Günstigerer Zinskonditionen
- Höherer Kreditvolumen
- Fehlen nationaler Restriktionen
- Geringerer Steuerhemmnisse.

In Europa werden diese Märkte **Euromarkt**, **Euro-Dollar-Markt** oder **Xeno-Markt** genannt. Deren Entstehungsgeschichte gründet auf dem Anwachsen von US-Dollar-Beständen auf Bankkonten außerhalb der Vereinigten Staaten. Ursachen hierfür waren:

- Ostblockstaaten hielten Devisenreserven in US-Dollar bei westeuropäischen und nicht bei amerikanischen Kreditinstituten.

- Ein ansteigendes Zahlungsbilanzdefizit der USA bewirkte anwachsende Dollarbestände in europäischen Staaten.

- Dollaranlagen wurden nicht mehr nur national, sondern oftmals aufgrund des damaligen sehr niedrigen Zinsniveaus in Amerika auch zu europäischen Kreditinstituten transferiert und angelegt.

Am heutigen Euromarkt treten als Teilnehmer auf Banken, Versicherungen, Zentralnotenbanken, Regierungen und Großunternehmen. Ihnen ist gemeinsam, dass sie beste Bonität genießen und in der Lage sind, größere Volumina bei Anlage und Aufnahme von internationalen Geldern zu realisieren.

Für internationale Finanzierungsmittel bestehen **Märkte**, die sich nach ihrer zeitpunktbezogenen Funktion für den Wertpapierhandel unterscheiden in:

- Den **Primärmarkt**, bei dem es sich um einen Emissionsmarkt für die unterschiedlichsten Arten von Wertpapieren handelt. Eine Geldaufnahme oder eine Geldanlage erfolgt direkt über die Emission von Wertpapieren.

- Den **Sekundärmarkt**, auf dem die aus dem Primärmarkt stammenden Wertpapiere zirkulieren. Sie werden je nach Art und Marktlage immer wieder gekauft und verkauft. Der Sekundärmarkt sichert die Liquidierbarkeit der Wertpapiere.

Nach der **Fristigkeit** als Laufzeit der Finanzierungsmittel sind insbesondere der Eurogeldmarkt und der Eurokreditmarkt bedeutsam:

- Auf dem **Eurogeldmarkt** werden **Finanzmittel mit sehr kurzen Laufzeiten** gehandelt. Das können beispielsweise Devisenguthaben sein in Form der oben beschriebenen Eurodollar, die durch Abtretung unter Kreditinstituten gehandelt werden.

  Nehmen nur Kreditinstitute am Handel teil, wird dies als **Eurogeldmarkt** im **engeren Sinne** verstanden.

  Sind auch multinationale Großunternehmen in die Finanztransaktionen involviert, handelt es sich um den **Eurogeldmarkt** im **weiteren Sinne**.

  Instrumente des Geldmarktes sind:

Reiner Geldhandel	Kreditinstitute bieten hier Anlage- bzw. Kreditaufnahmemöglichkeiten für zum Teil sehr kurze Laufzeiten an. Es sind zu unterscheiden: ○ **Termingelder**, wie z. B. das Tagesgeld (Overnight), terminiertes Tagesgeld (bis zu 30 Tagen) oder Termingelder mit einer Laufzeit von einem bis zu 12 Monaten. ○ **Kündigungsgelder**, wie z. B. täglich fälliges Geld, das mit einer Kündigungszeit von einem Tag zurückgefordert werden kann. Dabei wird von Call Money gesprochen.
Handel mit Geldmarktpapieren	Beispiele dafür sind: ○ Das **Certificate of Deposit** (CD), das eine handelbare, marktfähige Quittung einer Termineinlage bei einem Kreditinstitut (Depositenzertifikat) darstellt und kurzfristigen Charakter aufweist. ○ Das **Commercial Paper**, das in Form eines Rahmenvertrages revolvierend aufgelegt wird. Zu Grunde liegen von bedeutenden Unternehmen emittierte Inhaberschuldverschreibungen, die auch Promissory Notes genannt und in Stückelungen von 500.000 USD oder in entsprechenden Gegenwerten auf den Markt gebracht werden.

Für diese Instrumente und vor allem auch für die unter Kreditinstituten am Markt gehandelten Kredite und Anlagen erfolgt eine Zinsstellung zumeist anhand eines **Referenzzinssatzes**, der an unterschiedlichen Bankenplätzen ermittelt wird und verschiedene Ausprägungsformen hat. Als Beispiele sollen genannt werden:

LIBOR	Das ist der Aufnahmesatz am Londoner Bankengeldmarkt (**L**ondon **I**nterbank **O**ffered **R**ate). Es werden Zinssätze nach unterschiedlichen Fristen (1-, 3-, 6- oder 12-Monate) notiert.
LIBID	Als Gegenstück zum LIBOR werden hier Sätze für die Geldanlage bekannt gegeben (**L**ondon **I**nterbank **Bi**d **R**ate).
LIMEAN	Dieser stellt den Mittelkurs zwischen Anlage und Aufnahme von kurzfristigen Geldern dar (**L**ondon **I**nterbank **Mean**).

Innerhalb der Europäischen Währungsunion gilt seit dem 01.01.1999 der **EURIBOR** (**E**uropean **I**nterbank **O**ffered **R**ate) als neuer Referenzzinssatz. Er löste die nationalen, an den jeweiligen Bankenplätze gehandelten Zinssätze (z. B. FIBOR in Frankfurt oder LUXIBOR in Luxemburg) ab und wird durch die Kursstellung von zurzeit 57 europäischen Instituten – darunter 12 deutschen Kreditinstituten ermittelt.

- Der **Eurokreditmarkt** ist ein Markt, auf dem **kurz- bis mittelfristig Gelder** angelegt bzw. aufgenommen werden. Charakteristisch ist, dass Kreditinstitute und andere Finanzmakler die Mittlerfunktion übernehmen.

So werden Eurokredite angeboten, die vor allem von Großunternehmen, nationalen und internationalen Institutionen nachgefragt werden. Diese Kredittranchen haben typischerweise sehr hohe Volumina und können als Kredit von einem einzelnen Kreditinstitut oder von einem Kreditkonsortium als Zusammenschluss mehrerer Institute begeben werden.

Als Kredite sind zu unterscheiden:

Festzinssatz-kredite	Bei ihnen wird über die gesamte Laufzeit des jeweiligen Kredites ein nicht veränderbarer Zinssatz festgelegt.
Roll-over-Kredite	Diese Kredite zeichnen sich durch einen nach einer bestimmten Frist veränderlichen Zinssatz aus. Es werden **variable Zinssätze** anhand eines gewählten Referenzzinssatzes (z. B. 3-Monats-EURIBOR) vereinbart, die sich nach einer bestimmten Zeit (in diesem Falle nach drei Monaten) an das aktuelle Marktzinsniveau anpassen. Als Roll-over-Kredit werden eingesetzt: ○ Das **Roll-over-Eurodarlehen**, das in einem Festbetrag ausgegeben wird und unterschiedlich getilgt werden kann. Tilgungsmöglichkeiten sind die endfällige Zahlung am Laufzeitenende oder die Tilgung in Teilbeträgen nach der Einräumung tilgungsfreier Zeiträume.

	○ Der **Revolvierende Roll-over-Eurokredit**, der einem flexibel in Anspruch zu nehmenden und ebenso flexibel zu tilgenden Kontokorrentkredit entspricht. ○ Der **Stand-by-Roll-over-Eurokredit**, der im Falle von Liquiditätsengpässen angewandt wird. Er dient als Sicherheitspolster, das fallweise in Anspruch genommen wird.

- Ergänzend soll noch der **Eurokapitalmarkt** genannt werden, der den freien und nicht reglementierten Markt für **längerfristige Anlagen und Kreditaufnahmen** darstellt. Hier konzentrieren sich Angebot und Nachfrage hinsichtlich **internationaler Anleihen**, die typischerweise als Euroanleihen auf Währungen ausgestellt sind, die nicht mit der Währung des Emissionslandes übereinstimmen müssen.

  Internationale Anleihen werden durch ein internationales Emissionskonsortium gleichzeitig in mehreren Ländern platziert.

63 Seite 482

4. Langfristige Fremdfinanzierung

Als langfristige Fremdfinanzierung soll die Zuführung von Fremdkapital mit einer Laufzeit von mehr als fünf Jahren verstanden werden.

Für das Unternehmen sind vor allem folgende **Formen** der Fremdfinanzierung von Bedeutung:

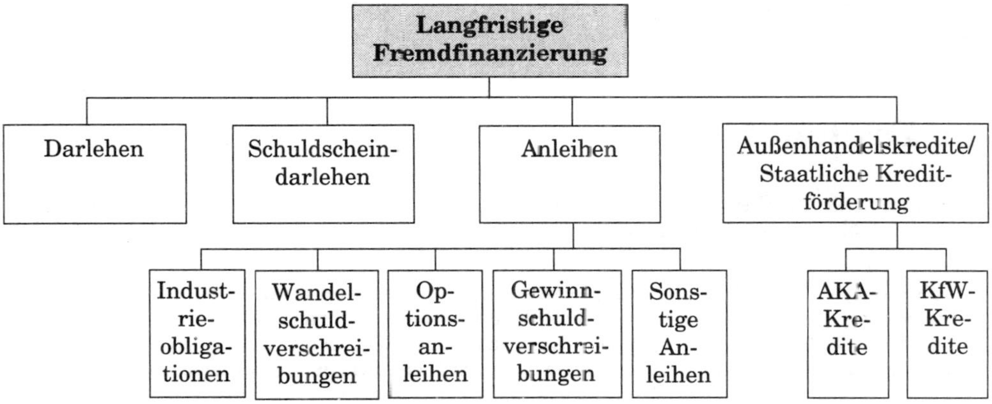

Wie bei der kurzfristigen Fremdfinanzierung bereits dargelegt wurde, kann auch sie langfristige Wirkung haben, indem kurzfristige Krediteinräumungen oder Prolongationen immer wieder erfolgen.

In der betrieblichen Praxis kommt dies häufiger vor, gerade bei kleinen und mittleren Unternehmen, die auf eine Kredit- bzw. Darlehensfinanzierung angewiesen sind, die von deren Kreditinstituten vielfach nicht langfristig gewährt wird.

Zu den Formen der langfristigen Fremdfinanzierung werden vielfach auch gerechnet:

- Asset-Backed Securities
- Leasing.

Da die Asset-Backed Securities zwar eher, aber nicht ausschließlich langfristigen Charakter haben, sollen sie als Kreditsubstitute mit den eher, aber nicht ausschließlich kurzfristigen Formen der Fremdfinanzierung

- Factoring
- Forfaitierung

gemeinsam unter dem Aspekt des Ersatzes von Bankkrediten behandelt werden.

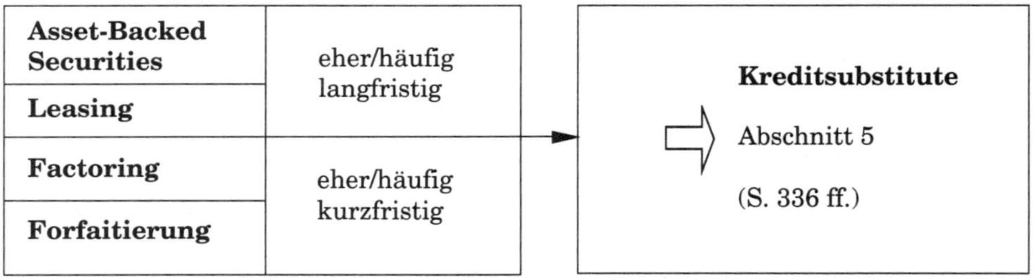

Als ein weiteres Kreditsubstitut wird mitunter das Franchising* angesehen. Es soll jedoch nicht näher als Kreditsubstitut dargestellt werden, da es sich vorrangig um ein **Marketingkonzept** handelt. Letztlich stellt das Franchising weniger ein Finanzierungskonzept dar, wenngleich es auch finanzwirtschaftliche Elemente aufweist.

4.1 Darlehen

Das Darlehen ist Fremdkapital mit einer Laufzeit von mehr als fünf Jahren. Seine rechtliche Regelung findet es in den §§ 607-610 BGB.

---

* Franchising ist eine Form der **Kooperation**, bei welcher der Franchise-Geber aufgrund einer langfristigen vertraglichen Bindung rechtlich selbstständig bleibenden Franchise-Nehmern gegen Entgelt das Recht einräumt, bestimmte Waren oder Dienstleistungen unter Verwendung von Namen, Warenzeichen, Ausstattung oder sonstigen Schutzrechten sowie der technischen und gewerblichen Erfahrungen des Franchise-Gebers und unter Beachtung des von ihm entwickelten Absatz- und Organisationssystems anzubieten.

Das Franchising kann für ein Unternehmen **interessant** sein, wenn seine finanziellen Mittel knapp sind, seine personelle Kapazität begrenzt bleiben soll, seine Expansion rasch ermöglicht werden soll, und sein Risiko abgewälzt werden soll.

Die finanziellen Leistungen des **Franchise-Nehmers** umfassen meist einmalig eine Gebühr sowie laufend zwischen 1 % und 3 % des Umsatzes an den Franchise-Geber. Die Investitionskosten sind ganz oder teilweise zu tragen, der **Franchise-Geber** gewährt eine finanzielle Hilfe an den Franchise-Nehmer, indem er ständig ein Auslieferungslager beim Franchise-Nehmer unterhält.

Als **Kapitalgeber** kommen in Betracht:

- **Kreditinstitute**, wobei unterschieden werden können:

Universal-banken	Sie bieten sämtliche Bankleistungen an, wobei nach unterschiedlichen Geschäftszielen und Trägerschaften zu unterscheiden sind: ○ **Kreditbanken** als Großbanken, Regionalbanken, Privatbanken, die in Form privatwirtschaftlicher Kreditinstitute die Gewinnerzielung vorrangig verfolgen. ○ **Spargirobanken** als Sparkassen, Girozentralen, die in Form gemeinwirtschaftlicher Kreditinstitute von einer öffentlichen Institution (Stadt, Landkreis, Land) mitgetragen werden und als Zielsetzung einen öffentlichen Auftrag haben. ○ **Genossenschaftsbanken** als Volks- und Raiffeisenbank, DG-Bank, die zumeist als eingetragene Genossenschaften firmieren und einen Förderungsauftrag der Mitglieder verfolgen.
Spezialbanken	Sie konzentrieren sich auf einzelne Bankleistungen und können eingeteilt werden in: ○ **Realkreditinstitute** als private oder öffentlich-rechtliche Hypothekenbanken, die langfristige Darlehen, insbesondere in der Baufinanzierung gewähren und sich durch die Ausgabe von Pfandbriefen bzw. Kommunalobligationen refinanzieren. ○ **Kreditinstitute mit Sonderaufgaben**, beispielsweise die Industriekredit AG, Düsseldorf, die an die gewerbliche Wirtschaft mittel- und langfristige Kredite gewährt.

- **Bausparkassen**, die als Zweckspargemeinschaften das Sparkapital ihrer Kunden ansammeln und daraus vor allem Darlehen für den Wohnungsbau gewähren.

- **Versicherungen**, die als Kapitalsammelstellen erhaltene Prämieneinzahlungen aus verschiedenen Versicherungsbereichen nicht nur in Aktien, Anleihen oder Immobilien anlegen, sondern auch Baufinanzierungen oder Darlehen in Form von **Schuldscheindarlehen** vergeben.

- **Private Personen**, die unter anderem **Gesellschafterdarlehen** gewähren, sofern das Kapital durch die Gesellschafter des Unternehmens zur Verfügung gestellt wird und nicht als Eigenkapital dem Unternehmen zufließt.

  Dabei muss die Angemessenheit der Zinszahlungen für die steuerliche Anerkennung als Betriebsausgaben gegeben sein, was über die Einhaltung bestimmter Kapitalrelationen (§ 8a KStG) abgeprüft wird.

  Im Insolvenzfall kann der Gesellschafter das Darlehen dann nur als nachrangiger Insolvenzgläubiger geltend machen, wenn er es in einem Zeitpunkt zugeführt hat, in dem »ordentliche Kaufleute Eigenkapital zugeführt hätten« (§ 32 a GmbHG).

Wegen der langen Laufzeit der Darlehen nehmen die Kreditinstitute eine besonders eingehende **Kreditwürdigkeitsprüfung** vor.

Als **Sicherheiten** dienen Grundpfandrechte, wobei aus den auf Seite 286 angeführten Gründen von den Kreditinstituten die Eintragung von Grundschulden bevorzugt wird.

Die **Beleihungsgrenze** liegt für Realkreditinstitute z. B. bei 60 % des Verkehrswertes, Bausparkassen beleihen bis zu 80 % des Verkehrswertes. Die Belastung der Grundstücke erfolgt üblicherweise erstrangig. Bausparkassen geben sich mit einer zweitrangigen Sicherung zufrieden.

Die Kreditinstitute praktizieren unterschiedliche Verfahren, um den **Verkehrswert** einer Immobilie zu berechnen. Sie ermitteln:

- Den **Sachwert**, der von den Herstellungskosten ausgeht und das Objekt nach seiner Größe und Beschaffenheit bewertet.

- Den **Vergleichswert**, der für ein zu bewertendes Objekt die Wertermittlung an den Preisen direkt vergleichbarer Objekte vornimmt. Als Vergleichskriterium für den Kaufpreis können herangezogen werden:

❍ Kaufzeitpunkt	❍ Technische Qualität
❍ Lage	❍ Funktionelle Qualität
❍ Nutzfläche	❍ Architektonische Qualität
❍ Bauzustand	

- Den **Ertragswert**, der sich durch eine Barwertbetrachtung der zukünftigen Einnahmemöglichkeiten einer Immobilie ergibt, wobei als Kriterien zur Berechnung anzulegen sind:

❍ Höhe der Mieteinnahmen	❍ Quadratmeterpreis für Grund und Boden
❍ Höhe der Bewirtschaftungskosten	
❍ Liegenschaftszins	

Die **Kapitalkosten** für das Darlehen umfassen vor allem:

Kapitalkosten des Darlehens	
Zinsen	Sie werden als Nominalzinssatz angegeben.
Damnum	Es ist jener Teil der Darlehenssumme, der dem Kapitalnehmer nicht ausgezahlt wird und diesem steuerliche Vorteile bringen kann.
Schätz-/ Bewertungskosten	Sie können vom Kapitalgeber oder einem Sachverständigen für die Schätzung des Beleihungswertes berechnet werden.
Beurkundungsgebühren	Sie fallen bei der Bestellung der Sicherheiten für den Notar an.
Eintragungs-/ Löschungsgebühren	Sie werden vom Grundbuchamt erhoben.

Das Darlehen zeichnet sich durch zwei **Merkmale** aus:

- **Tilgung**
- **Zinsen**.

4.1.1 Tilgung

Die Tilgung des Darlehens kann auf verschiedene Weisen erfolgen. Grundsätzlich ist festzustellen, dass die Kosten des Kredits steigen, je variabler die eingeräumten Tilgungsmöglichkeiten sind.

Entsprechend der möglichen Tilgungsvereinbarungen lassen sich drei **Arten** von Darlehen unterscheiden:

- Das **Annuitätendarlehen**, bei dem der Kapitalnehmer regelmäßig Annuitäten in gleicher Höhe zahlt. Das bedeutet, dass die Tilgungsanteile im Zeitablauf zunehmen, die Zinsanteile der Annuitäten im Zeitablauf geringer werden.

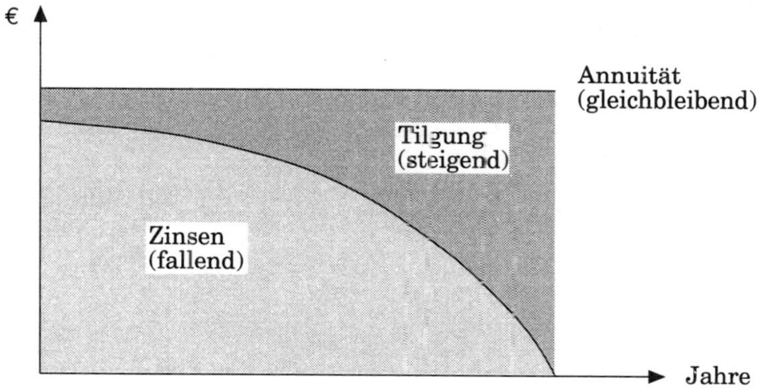

Die Annuitäten werden ermittelt, indem der Barwert des Darlehens, dies ist der Ausgabebetrag des Darlehens, mit dem Kapitalwiedergewinnungsfaktor multipliziert wird:

$$\text{Annuität} = \text{Barwert} \cdot \text{Kapitalwiedergewinnungsfaktor}$$

Beispiel: Es wird ein Darlehen in Höhe von 100.000 € auf 5 Jahre mit einem Zinssatz von 10 % gewährt.

Die Annuität beträgt 100.000 € · 0,263797 = **26.379,70 €**

Tilgungsplan €					
Jahr	Restschuld Jahresanfang	Zinsen	Tilgung	Annuität	Restschuld Jahresende
1	100.000,00	10.000,00	16.379,70	26.379,70	83.620,30
2	83.620,30	8.362,03	18.017,67	26.379,70	65.602,63
3	65.602,63	6.560,26	19.819,44	26.379,70	45.783,19
4	45.783,19	4.578,32	21.801,38	26.379,70	23.981,81
5	23.981,81	2.398,18	23.981,52	26.379,70	0,29
		31.898,79	99.999,71	131.898,50	

Die Restschuld von 0,29 € am Ende des Darlehens ergibt sich aus Rundungsdifferenzen. Mathematisch genauer errechnet, führt die Annuität ein Darlehen zum Ende der Laufzeit bis auf Null zurück.

- Das **Abzahlungsdarlehen**, bei dem die jährlichen Rückzahlungsbeträge im Zeitablauf geringer werden, weil die regelmäßig gezahlten Tilgungsbeträge gleich bleiben, die Zinsanteile aber sinken.

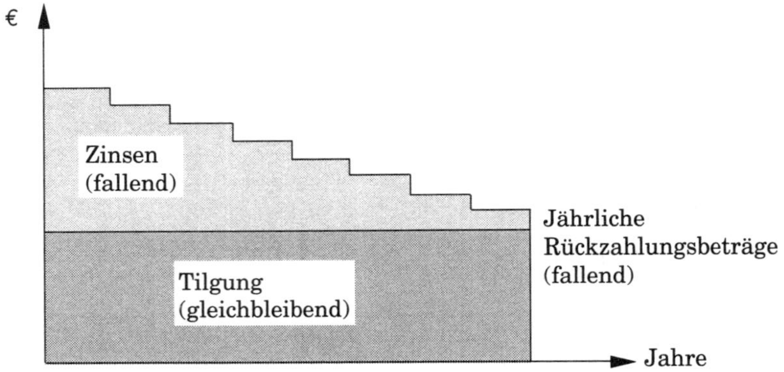

Beispiel: Das Darlehen in Höhe von 100.000 € auf 5 Jahre mit einem Zinssatz von 10 % wird in gleichen Beträgen getilgt.

Als Tilgungsbetrag ergeben sich 100.000 € : 5 = **20.000 €**

Tilgungsplan €					
Jahr	Restschuld Jahresanfang	Zinsen	Tilgung	Jährlicher Rückzahlungs-betrag	Restschuld Jahresende
1	100.000	10.000	20.000	30.000	80.000
2	80.000	8.000	20.000	28.000	60.000
3	60.000	6.000	20.000	26.000	40.000
4	40.000	4.000	20.000	24.000	20.000
5	20.000	2.000	20.000	22.000	0
		30.000	100.000	130.000	

- Das **Festdarlehen**, das sich dadurch auszeichnet, dass während der Laufzeit des Darlehens lediglich Zinsen gezahlt werden, die Tilgung jedoch erst mit Ende der Laufzeit erfolgt.

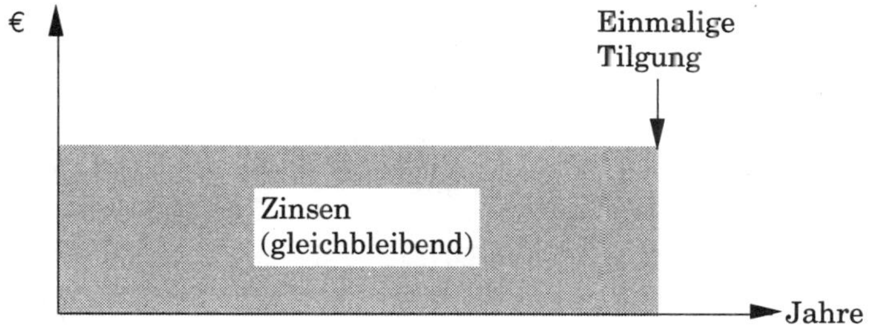

Beispiel: Das Darlehen in Höhe von 100.000 € auf 5 Jahre mit einem Zinssatz von 10 % wird mit Ende der Laufzeit zurückgezahlt.

Die jährlichen Zinsen betragen 100.000 € · 0,10 = **10.000 €**

Tilgungsplan €				
Jahr	Restschuld Jahresanfang	Zinsen	Tilgung	Restschuld Jahresende
1	100.000	10.000	0	100.000
2	100.000	10.000	0	100.000
3	100.000	10.000	0	100.000
4	100.000	10.000	0	100.000
5	100.000	10.000	100.000	0
		50.000	100.000	

4.1.2 Zinsen

Die Zinsen können beim Darlehen sehr unterschiedlich vereinbart sein. So können die Zinskonditionen bestehen in:

- Der **Festschreibung eines bestimmten Zinses**, der oft aber nur für einen Teil der Laufzeit vereinbart wird. So ist es bei Baufinanzierungen üblich, feste Zinssätze über einen begrenzten Zeitraum – beispielsweise 5, 10 oder 15 Jahre – zu vereinbaren, die nach Ablauf dieses Zeitraumes an das Zinsniveau angepasst werden.

  In den letzten Jahren nahmen die Zinsen und Bestandsvolumina für für Wohnungsbaukredite an private Haushalte folgenden Verlauf:

	Laufzeit über 1 bis 5 Jahre		Laufzeit über 5 Jahre	
	Durchschnittlicher Zinssatz	Bestandsvolumina in Mio. €	Durchschnittlicher Zinssatz	Bestandsvolumina in Mio. €
01/2003	5,46	31.290	5,96	864.296
04/2003	5,36	31.074	5,94	872.835
07/2003	5,20	32.621	5,88	876.065
10/2003	5,07	33.146	5,83	882.447
01/2004	4,97	32.907	5,78	885.875
04/2004	4,87	32.148	5,74	881.832
07/2004	4,77	33.072	5,69	888.736
10/2004	4,67	33.775	5,66	895.414
01/2005	4,60	32.925	5,61	896.163

Allerdings werden solche **Festzinskredite** für die gesamte Laufzeit eines Kredites immer seltener vergeben.

- Einer **variablen Verzinsung**, die in der Praxis eher Verwendung findet. Sie sind an einen **Referenzzinssatz** gebunden, der z. B. basieren kann auf dem:

Basiszinssatz	Er löste 1999 bis 2001 den Diskontsatz ab, der als Leitzins Referenzzins in Kreditverträgen war. Jetzt entspricht der Basiszinssatz dem des BGB (§ 247 BGB) und wird jährlich im Januar und im Juli dem Zinsniveau der Hauptrefinanzierungsoperation der EZB angepasst.
Spareckzins	Er stellt die Verzinsung der Spareinlagen mit dreimonatiger, »gesetzlicher« Kündigungsfrist dar.
EURIBOR/ LIBOR	Sie sind Zinssätze für kurzfristige Kredite zwischen Banken an bestimmten Bankplätzen: ○ EURIBOR = **Eur**opean **I**nter**b**ank **O**ffered **R**ate ○ LIBOR = **L**ondon **I**nter**b**ank **O**ffered **R**ate.

Der Übergang zu Krediten, die Zinsschwankungen aufweisen, führt zu der Notwendigkeit, dass sich Kreditnehmer gegen das Risiko solcher Zinsänderungen schützen. Dies kann mithilfe des **derivativen Instrumentariums** geschehen, dass im nachfolgenden Kapitel im Rahmen der Sonderformen der Fremdfinanzierung dargestellt wird.

Durch ein mögliches **Damnum**, das vom Kapitalgeber einbehalten wird, vom Kapitalnehmer aber dennoch zurückzuzahlen ist, kommt es zu einer Abweichung zwischen den nominellen, vertraglich vereinbarten Zinsen und den **effektiven Zinsen**, die dem Kapitalnehmer letztlich entstehen. Das Damnum hat die Bedeutung verloren, da seine steuerliche Absetzbarkeit z. B. in der Finanzierung selbstgenutzten Wohneigentums nicht mehr gegeben ist.

Beispiel: Es wird ein Darlehen von 100.000 € zu einem Zinssatz von 10 % bei einer Auszahlung von 95 % auf 5 Jahre gewährt, das zu Ende des 5. Jahres zurückgezahlt wird.

Nominalwert	100.000 €
– 5 % Damnum	5.000 €
Auszahlungsbetrag	95.000 €

↓

aber

↓

Rückzahlungsbetrag 100.000 €

Die Effektivverzinsung kann mithilfe der folgenden praxisüblichen **Faustformel*** berechnet werden, wenn das Darlehen **zu Ende seiner Laufzeit getilgt** wird:

$$r = \frac{Z + \frac{D}{n}}{K} \cdot 100$$

r = Effektivzinssatz
Z = Nominalzinssatz
D = Damnum
K = Auszahlungskurs
n = Laufzeit

Beispiel: Für die im obigen Beispiel genannten Daten ergibt sich als Effektivzinssatz:

$$r = \frac{10 + \frac{5}{5}}{95} \cdot 100 = \mathbf{11{,}58\ \%}$$

In der betrieblichen Praxis ist nicht davon auszugehen, dass das Darlehen üblicherweise erst mit Ende seiner Laufzeit zurückgezahlt wird. Vielmehr sind folgende die **Tilgung** betreffende Vereinbarungen möglich:

- Die **Tilgung** erfolgt **jährlich in gleichen Raten**.

  Um den effektiven Zinssatz zu errechnen, ist für n in der Grundformel die mittlere Laufzeit t_m anzusetzen:

$$t_m = \frac{t + 1}{2}$$

t_m = mittlere Laufzeit
t = gesamte Laufzeit

Beispiel: Bei einer jährlich in gleichen Raten erfolgenden Tilgung ergibt sich – unter Verwendung der sonstigen Daten aus dem obigen Beispiel – als Effektivverzinsung:

$$r = \frac{10 + \frac{5}{\frac{5+1}{2}}}{95} \cdot 100 = \mathbf{12{,}28\ \%}$$

---

* Eine genauere Ermittlung des Effektivzinssatzes lässt sich - in Anlehnung an *Däumler* (Betriebliche Finanzwirtschaft, S. 168 ff.) - mit nachstehender Formel errechnen, wobei der durch die Faustformel ermittelte Zinssatz auf einen Wert gerundet werden kann, der in der finanzmathematischen Tabelle enthalten ist, um den Restwertverteilungsfaktor festzustellen:

$$r = \frac{Z + D \cdot \frac{q-1}{q^n - 1}}{K} \cdot 100 \qquad \text{wobei: } \frac{q-1}{q^n - 1} = \text{Restwertverteilungsfaktor}$$

- Die **Tilgung** erfolgt **nach einer tilgungsfreien Zeit jährlich in gleichen Raten**.

  Um den effektiven Zinssatz zu errechnen, ist für n in der Grundformel die mittlere Laufzeit t_m unter Berücksichtigung der tilgungsfreien Laufzeit t_f anzusetzen:

$$t_m = t_f + \frac{(t - t_f) + 1}{2}$$

Beispiel: Bei zunächst 2 tilgungsfreien Jahren und einer danach in jährlich gleichen Raten erfolgenden Tilgung ergibt sich – unter Verwendung der sonstigen Daten aus dem obigen Beispiel – als Effektivverzinsung:

$$r = \frac{10 + \dfrac{5}{2 + \dfrac{(5 - 2) + 1}{2}}}{95} \cdot 100 = \mathbf{11{,}84\ \%}$$

64 Seite 482

65 Seite 483

4.2 Schuldscheindarlehen

Das Schuldscheindarlehen ist ein langfristiges, anleiheähnliches Fremdkapital größeren Umfanges, das von Kapitalsammelstellen unter bestimmten Voraussetzungen bereitgestellt wird. **Kapitalsammelstellen** sind Unternehmen, bei denen sich durch freiwilliges oder zwangsweises Sparen große Kapitalsummen ansammeln.

Beispiele für Kapitalsammelstellen sind insbesondere Versicherungsgesellschaften aber auch Sozialversicherungsträger.

Grundlage des Schuldscheindarlehens kann ein **Schuldschein** sein, in dem Einzelheiten der Darlehensgewährung festgelegt sind, vor allem:

- Der für die Dauer der Kapitalbereitstellung feste oder variable Zinssatz.
- Die Höhe der Auszahlung, die nicht zwangsweise zu 100 % erfolgen muss.
- Die meist zwischen 4 und 15 Jahren liegende Laufzeit.
- Die Sicherheiten, die vom Kapitalnehmer zu stellen sind.
- Die planmäßig zu erfolgende Tilgung, wobei dies sehr individuell zu regeln ist und gegebenenfalls zusätzliche außerplanmäßige Rückzahlungen möglich sind.

Der Schuldschein verbrieft **keine Rechte**, mit seiner Übergabe erfolgt kein Übergang der Forderungen. Das kann nur durch eine Forderungsabtretung geschehen. Entsprechend führt der Verlust des Schuldscheines nicht zum Untergang der Forderungen. Der Schuldschein ist **kein Wertpapier**, aber ein **beweiserleichterndes Dokument**. Damit wird die Beweislast der Schuld und insbesondere deren Tilgung vom Gläubiger auf den Schuldner übertragen.

Heute wird das Schuldscheindarlehen vielfach ohne Schuldschein vereinbart. Stattdessen wird ein **Darlehensvertrag** geschlossen, der die gleichen Regelungen enthält, wie sie für den Schuldschein beispielhaft genannt wurden.

Kapitalgeber von Schuldscheindarlehen sind besonders Lebensversicherungsgesellschaften, denn das durch ihre Prämieneinnahmen gesammelte Kapital wird nur zu einem geringen Teil zur Risikoabdeckung in Anspruch genommen, der größere Teil kann der langfristigen Vermögensanlage zugeführt werden, die zu Teilen - als Sondervermögen - in dem Deckungsstock zu halten ist (§ 54a VAG).

Zur **Deckungsstockfähigkeit** des Schuldscheindarlehens werden aus Sicherungsgründen hohe Anforderungen gestellt. So können Besicherungen erstrangige Grundschulden sein, die auch mit Zwangsvollstreckungsklauseln versehen sein können.

Daneben bestehen weitere Sicherheiten in Form von Bürgschaften, Wertpapierverpfändungen und Negativklauseln.

Da die Höhe des Schuldscheindarlehens beträchtlich ist, vielfach zwischen einer halben Million und 50 Millionen €, kann es gegebenenfalls nicht von einer Kapitalsammelstelle allein aufgebracht werden. Man unterscheidet deshalb:

- Das **Konsortialdarlehen**, das von mehreren Kapitalsammelstellen gemeinsam bereitgestellt wird, wie das in der Mehrzahl der Fälle erfolgt.

- Das **Einzeldarlehen**, das von einer einzelnen Kapitalsammelstelle gewährt wird.

Kapitalnehmer eines Schuldscheindarlehens sind vornehmlich große Unternehmen erster Bonität, Kreditinstitute mit Sonderaufgaben und Körperschaften des öffentlichen Rechtes:

- Für **nicht emissionsfähige Unternehmen** kann sich mit dem Schuldscheindarlehen mitunter die einzige Möglichkeit bieten, langfristiges Fremdkapital größeren Umfanges zu beschaffen.

- **Emissionsfähige Unternehmen** haben mit dem Schuldscheindarlehen eine Möglichkeit, Fremdkapital kostengünstig ohne Publizitätspflicht aufzunehmen.

Als **Kapitalkosten** können bei einem Schuldscheindarlehen anfallen:

Kapitalkosten des Schuldscheindarlehens	
Zinsen	Sie liegen etwa 0,25 bis 0,5 % über dem Satz für Industrieobligationen.
Treuhand-gebühr	Sie wird für die treuhänderische Verwaltung der Sicherheiten erhoben und beträgt etwa 1 bis 2 %.
Beurkundungs-gebühren	Sie fallen für die Bestellung der Sicherheiten in Höhe von ca. 0,5 % an und umfassen die Beurkundung sowie die Eintragungen und Löschungen im Grundbuch.
Vermittlungs-provision	Sie fällt für ein vermittelndes Kreditinstitut oder einen Makler an und beträgt etwa 0,5 % bis 1,5 % des Nennbetrages.

Das Schuldscheindarlehen kann an einen schwankenden Kapitalbedarf angepasst werden. Es unterliegt keinen Publizitätspflichten.

Zwei **Arten** des Schuldscheindarlehens lassen sich unterscheiden:

- **Fristkongruentes Schuldscheindarlehen**
- **Revolvierendes Schuldscheindarlehen**.

4.2.1 Fristkongruentes Schuldscheindarlehen

Das fristkongruente Schuldscheindarlehen ist ein Darlehen, bei dem die Dauer der Kapitalbereitstellung durch die Kapitalsammelstelle(n) der Dauer der Kapitalnutzung durch den Kapitalnehmer entspricht.

Der Kapitalgeber geht dabei ein **Fristenrisiko** ein. Das **Zinsrisiko** kann beim Kapitalgeber liegen, wenn die Zinsen mit einem über die Laufzeit festen Satz vereinbart sind. Es ist aber auch auf den Kapitalnehmer abwälzbar, indem ein variabler Zinssatz festgelegt wird.

Arten des fristkongruenten Schuldscheindarlehens sind:

- Das **direkte fristkongruente Schuldscheindarlehen**, das von den Kapitalsammelstellen direkt – ohne Einschaltung eines Kreditinstitutes oder Maklers – gewährt wird.

  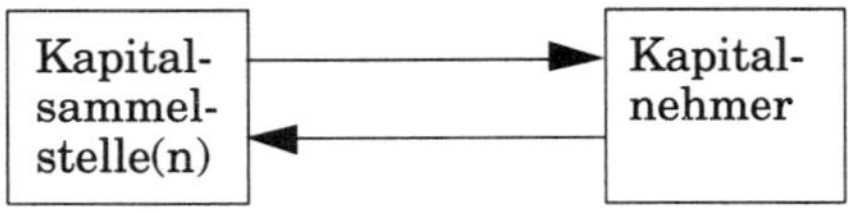

  Bei diesem weniger gebräuchlichen Schuldscheindarlehen mindern sich die **Kapitalkosten** um die Vermittlungsprovision, da eine Vermittlung nicht erfolgt.

- Das **indirekte fristkongruente Schuldscheindarlehen**, das die übliche Form des fristkongruenten Schuldscheindarlehens darstellt. Zwischen dem Kapitalnehmer und der Kapitalsammelstelle(n) ist ein Kreditinstitut oder ein Makler als Vermittler geschaltet.

  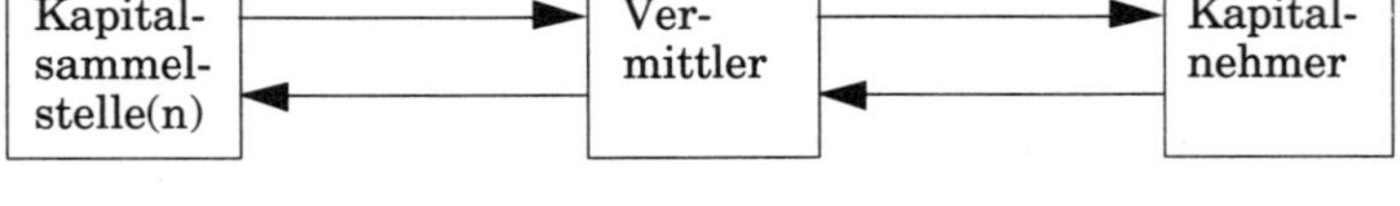

  Eine wichtige Aufgabe des Vermittlers ist unter anderem die Überprüfung der Eignung und Bonität des Kapitalnehmers.

Nach der **Stellung des Vermittlers** können unterschieden werden:

Darlehen *ohne* Festübernahme	Es wird vom Vermittler lediglich vermittelt, ohne dass dieser rechtlich zum Kapitalgeber wird und das Platzierungsrisiko trägt.
Darlehen *mit* Festübernahme	Bei ihm wird der Vermittler rechtlich zunächst selbst zum Kapitalgeber und trägt das Platzierungsrisiko, bis die Kapitalbereitstellung abgewickelt ist. Danach tritt er seine Forderungen an die Kapitalsammelstelle(n) ab.
Refinanzierungsdarlehen	Bei diesem Darlehen ist der Vermittler über die gesamte Laufzeit rechtlich als Kapitalgeber zu betrachten.

4.2.2 Revolvierendes Schuldscheindarlehen

Das revolvierende Schuldscheindarlehen ist ein Darlehen, bei dem die Dauer der Kapitalbereitstellung durch die Kapitalsammelstelle(n) der Dauer der Kapitalnutzung durch den Kapitalnehmer **nicht** entspricht.

Praktisch bedeutet dies, dass es notwendig ist, zur langfristigen Finanzierung bei einem Kapitalnehmer mehrere zeitlich kürzer befristete Darlehen von Kapitalsammelstellen unmittelbar aneinander zu reihen:

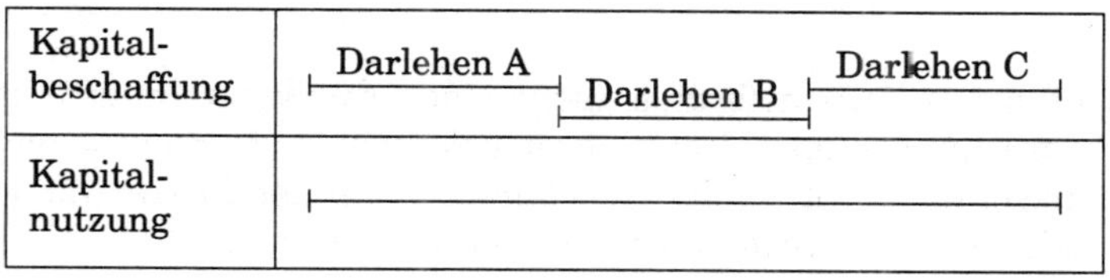

Der **Kapitalnehmer** trägt beim revolvierenden Schuldscheindarlehen grundsätzlich das Zinsrisiko. Nach dem Risiko des rechtzeitigen Kapitalanschlusses sind folgende **Arten** des revolvierenden Schuldscheindarlehens zu unterscheiden:

Arten des revolvierenden Schuldscheindarlehens sind:

- Das **direkte revolvierende Schuldscheindarlehen**, das zu Stande kommt, indem der Kapitalnehmer mit Kapitalsammelstellen über einen Makler mehrere Darlehensverträge abschließt.

  Hier versucht der Makler, zumeist ein Kreditinstitut, mit der Sorgfalt eines »ordentlichen Kaufmanns« eine Anschlussfinanzierung zu gewährleisten. Das Risiko der Erlangung einer solchen weiteren Unterbringung des Schuldscheines verbleibt allerdings beim Kreditnehmer.

- Das **indirekte revolvierende Schuldscheindarlehen**, bei dem vom Makler zusätzlich ein spezielles Kreditinstitut eingeschaltet wird, das dem Kapitalnehmer die finanziellen Mittel zur Verfügung stellt, die es selbst finanziert und juristisch als Kreditgeber fungiert. Gelingt keine Anschlussfinanzierung, muss das Kreditinstitut entsprechende Mittel zur Verfügung stellen.

4.3 Anleihen

Anleihen sind langfristige Darlehen, die Unternehmen durch die Ausgabe von **Teilschuldverschreibungen** an ein breites Publikum gewährt werden. Sie werden auch bezeichnet als:

- Schuldverschreibungen
- Obligationen
- Festverzinsliche Wertpapiere
- Rentenpapiere.

Als Anleihen sollen betrachtet werden:

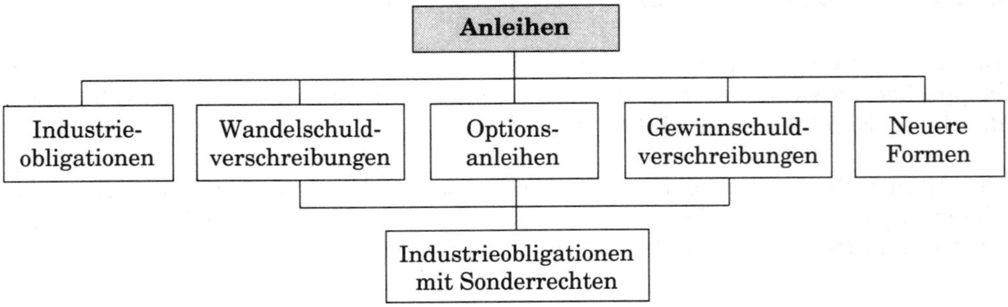

Die oben angeführten Anleiheformen dienen der **direkten** langfristigen Kreditfinanzierung von Unternehmen. Da zu ihrer Emission beste Bonität und ein enorm hohes Emissionsvolumen notwendig ist, können sie in der Praxis nur von wenigen Unternehmen als Finanzierungsinstrument genutzt werden.

Wesentlich häufiger geschieht die langfristige Kreditfinanzierung von Unternehmen **indirekt**. Dies meint die Refinanzierung anderer Emittenten (z. B. der Staat bzw. staatliche oder private Kreditinstitute) durch die Emission von Anleihen. Die so erhaltene Liquidität wird in Form von langfristigen Krediten nicht emissionsfähigen Unternehmen zur Verfügung gestellt.

Institutionen der indirekten Unternehmensfinanzierung mittels Anleihen können sein:

Öffentliche Hand	Das können sein: ○ Staats- bzw. Bundesanleihen oder Länderanleihen ○ Anleihen der Kommunen oder anderer Körperschaften des öffentlichen Rechts. Sie werden zur Finanzierung öffentlicher Haushalte begeben und sind durch das gegenwärtige und zukünftige Vermögen und Steueraufkommen des Ausstellers besichert. Staatsanleihen genießen eine hohe Bonität und sind daher mündelsicher, deckungsstock- und lombardierfähig.

Kreditinstitute	Als Emissionen der Banken sind diese Anleihen für die langfristige Finanzierung von Unternehmen nur indirekt wirksam. Sie können sein: ○ Pfandbriefe und Kommunalobligationen, deren Ausgabe sich auf Hypothekenbanken und öffentlich-rechtliche Kreditinstitute beschränkt. Für die Ausgabe sind besondere Gesetze zu beachten, die bezüglich des Gläubigerschutzes strenge Auflagen machen. ○ Bankobligationen bzw. Bankschuldverschreibungen, die eine Refinanzierungsquelle der Kreditinstitute am Kapitalmarkt darstellen.

4.3.1 Industrieobligationen

Industrieobligationen sind Anleihen, die von der gewerblichen Wirtschaft – nicht nur von der Industrie, sondern auch von Handels- und sonstigen Dienstleistungsunternehmen – ausgegeben werden.

Mit Industrieobligationen ist es möglich, einen **hohen Kapitalbedarf** bei einem Unternehmen langfristig – meist über 10 bis 25 Jahre – zu decken, weil eine Vielzahl von Kapitalgebern die Geldmittel in kleinen Beträgen zur Verfügung stellt.

Diese Bereitschaft der Kapitalgeber ist darin begründet, dass Industrieobligationen an der Börse gehandelt werden, was einen jederzeitigen Kauf, aber auch Verkauf der Teilschuldverschreibungen erlaubt.

Die Kapitalgeber erwerben die **Teilschuldverschreibungen**, in welche die Industrieobligation gestückelt ist, die meist auf Beträge von 100 €, 500 €, 1.000 €, 5.000 € oder 10.000 € lauten.

Die Teilschuldverschreibungen sind Urkunden, die – anders als die Schuldscheine – Forderungsrechte verbriefen, bei denen die Forderung also an das Papier gebunden ist.

Die Teilschuldverschreibungen bestehen aus:

Mantel	Bogen	
Eigentliche Schuldurkunde	Coupons	Erneuerungsschein

Mit der Teilschuldverschreibung verpflichtet sich der Kapitalnehmer insbesondere zur Zahlung der – halbjährlich oder jährlich fälligen – Zinsen und zur Rückzahlung des gewährten Kapitals.

Industrieobligationen können von jedem börsenfähigen Unternehmen ausgegeben werden. Wegen der hohen Kapitalkosten ist das aber grundsätzlich erst ab einem Volumen von etwa 5 Millionen € lohnend. Wesentlich höhere Ausgabevolumina sind allerdings in der Praxis die Regel.

Werden Sicherheiten gestellt, können den Kapitalgebern, die als Obligationäre bezeichnet werden, allgemein zur Besicherung dienen:

- **Grundpfandrechte** ersten Ranges bis zu 40 % des Beleihungswertes.
- **Negativklauseln** als vertragliche Verpflichtung, künftig keine Belastungen von Vermögensteilen zu Gunsten anderer Gläubiger vorzunehmen. Sie werden auch **Negativerklärung** oder **Negativrevers** genannt.
- **Bürgschaften**, die besonders auch von der öffentlichen Hand übernommen werden.

Das emittierende Unternehmen behält sich vielfach ein **Kündigungsrecht** vor, das es nach Ablauf einer bestimmten Anzahl von Jahren wahrnehmen kann. Die Kapitalgeber haben kein Kündigungsrecht.

Die **Kapitalkosten** für die Finanzierung mithilfe der Industrieobligation können sich zusammensetzen aus:

Kapitalkosten der Industrieobligation	
Kosten der Vorbereitung und Auflegung	Dazu zählen Provisionen an das Bankenkonsortium, Veröffentlichungs- und Druckkosten, Kontroll- und Prüfungskosten. Sie betragen 3 bis 4 % des Nennwertes.
Besicherungskosten	Sie fallen etwa in Höhe von 0,4 bis 0,5 % des Nennwertes der Industrieobligation an.
Kosten der Börseneinführung	Sie betragen etwa 0,6 bis 0,7 % des Nennwertes der Industrieobligation.
Zinsen	Sie orientieren sich am Kapitalmarktniveau.
Sonstige laufende Kosten	Sie entstehen vor allem für treuhänderische Tätigkeit, Zahlstellen- und Bogenausgabedienst sowie Kurspflege und betragen etwa 2 % des Nennwertes.

Im Folgenden sollen für die Industrieobligation betrachtet werden:

- **Emission**
- **Tilgung**
- **Zinsen**.

4.3.1.1 Emission

Die Emission der Industrieobligation kann vom Unternehmen selbst vorgenommen werden, indem es unmittelbar an den Kapitalmarkt geht und versucht, die Teilschuldverschreibungen unterzubringen, oder durch ein Bankenkonsortium. Dementsprechend sind zu unterscheiden:

- Die **Selbstemission**, die zwar den Vorteil hat, dass die Kapitalkosten sich um etwa 2,5 % vermindern, da ein Bankenkonsortium nicht in Anspruch genommen wird. Der Nachteil für das Unternehmen ist aber, dass es ein spezielles Vertriebssystem unterhalten oder schaffen und sich ständig und eingehend mit der Entwicklung der Situation am Kapitalmarkt befassen müsste.

- Die **Fremdemission**, die deshalb üblicherweise bei der Ausgabe von Industrieobligationen erfolgt. Dabei bedient das Unternehmen sich eines Bankenkonsortiums, das unter der Leitung einer Bank – der Konsortialführerin – steht, meist der Hausbank des Emittenten. Das Bankenkonsortium kann sein:

Platzierungs-konsortium	Es übernimmt die Teilschuldverschreibungen als Kommissionär im eigenen Namen und für Rechnung des Emittenten, d. h. die Risiken der Unterbringung der Anleihe werden vom Emittenten getragen.
Übernahme-konsortium	Die Teilschuldverschreibungen werden hier - wie verbreitet - im eigenen Namen und auf eigene Rechnung vom Konsortium übernommen. Somit trägt es auch die Risiken.

Der **Nennwert** der Teilschuldverschreibung muss weder mit dem Ausgabebetrag noch mit dem Rückzahlungsbetrag der Teilschuldverschreibung übereinstimmen, wobei jedoch der Rückzahlungsbetrag zumeist 100 beträgt:

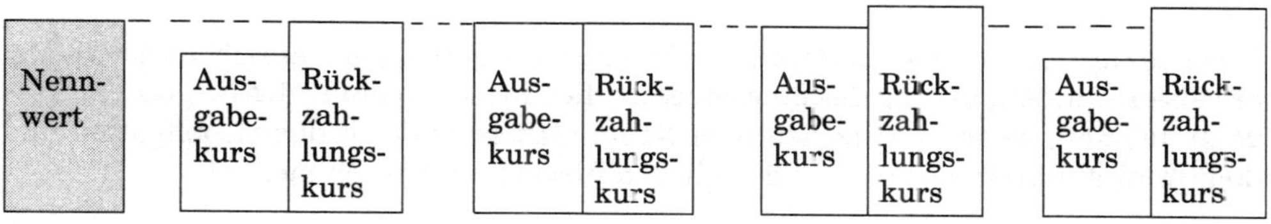

Mit einer Ausgabe unter bzw. Rückzahlung über dem Nennwert soll ein Anreiz zum Kauf der Teilschuldverschreibung gegeben werden, denn dadurch wird die Effektivverzinsung für den Kapitalgeber über den nominellen Zinssatz hinaus erhöht und dem aktuellen Marktzinsniveau angepasst. Dem Unternehmen fließt aufgrund der Kosten und des eventuellen Disagios ein geringerer Kapitalbetrag zu als die Industrieobligation nominell ausweist.

4.3.1.2 Tilgung

Die Tilgungsbedingungen bei der Industrieobligation können verschieden sein. Es ist möglich, die Tilgung zu einem **einheitlichen Termin** vorzunehmen, was allerdings in der Praxis nicht häufig vorkommt. Üblich ist bei Industrieobligationen eine **Tilgung in Raten** nach einer tilgungsfreien Zeit, die beispielsweise fünf Jahre betragen kann.

Die einzelnen Tilgungsraten lassen sich unterschiedlich gestalten:

- Bei **gleichbleibenden Tilgungsraten** fällt die Belastung des Unternehmens im Zeitablauf, weil die jährlichen Zinszahlungen sich vermindern.

- Bei **steigenden Tilgungsraten** ergibt sich eine gleichbleibende Belastung des Unternehmens, wenn die Zinsen jährlich entsprechend geringer werden.

Zur Tilgung der Industrieobligation können zwei **Methoden** angewandt werden:

- Die **Auslosung**, bei der die Industrieobligationen in so viele Serien aufgeteilt werden, wie Tilgungstermine vorgesehen sind. Die zur Tilgung anstehenden Serien werden notariell ausgelost.

- Der **Rückkauf** über die Börse, der besonders dann erfolgt, wenn der Börsenkurs der Industrieobligationen unter den Rückzahlungskurs gesunken ist.

4.3.1.3 Zinsen

Die Industrieobligation ist festverzinslich. Ihr **Nominalzinssatz** ist auf dem Mantel einer jeden Teilschuldverschreibung aufgedruckt.

Die Zinsen werden halbjährlich oder jährlich nachschüssig gezahlt. Wird eine Teilschuldverschreibung zwischen den Zinsterminen veräußert, dann stehen dem Verkäufer die Zinsen zu, die zwischen dem letzten Zinstermin und dem Tag der Veräußerung angefallen sind. Sie sind dem Börsenkurs hinzuzurechnen.

Trotz des festen Nominalzinssatzes der Industrieobligation kann es sich als notwendig erweisen, eine Anpassung des Zinssatzes an die Zinsentwicklung des Kapitalmarktes vorzunehmen, wenn es zwischen dem Nominalzinssatz der Industrieobligation und dem Kapitalmarktzins zu einer merklichen Abweichung gekommen ist.

Die erforderliche Anpassung kann – wenn der Emittent sich ein Kündigungsrecht vorbehalten hat – durch eine **Konversion** bewirkt werden. Das Unternehmen kündigt die Industrieobligation und bietet den Obligationären eine neue Industrieobligation zu aktualisierten Konditionen an. Die Obligationäre können sich entscheiden, ob sie von dem Angebot Gebrauch machen oder ihr Kapital ausgezahlt erhalten wollen.

Die Konversion kann erfolgen als:

- **Herunterkonversion**, die erfolgt, wenn der Kapitalmarktzins stark unter den Nominalzinssatz der Industrieobligation gesunken ist.

- **Heraufkonversion**, die sich anbietet, wenn der Kapitalmarktzins erheblich über dem Nominalzinssatz der Industrieobligation liegt.

Neben dem Nominalzinssatz der Industrieobligation ist der **Effektivzinssatz** des Papiers von Bedeutung. Die Abweichung beider Zinssätze voneinander ergibt sich dann, wenn der Ausgabekurs und/oder Rückzahlungskurs der Industrieobligation nicht 100 % beträgt. Sie ist umso größer, je höher die Kursdifferenz und je kürzer die Laufzeit ist.

Als praxisübliche **Faustformel*** für die Berechnung der Effektivverzinsung beim Kapitalgeber gilt, sofern die Tilgung mit Ende der Laufzeit erfolgt:

$$r = \frac{Z + \frac{R - K}{n}}{K} \cdot 100$$

r = Effektivzinssatz
Z = Zinsen (€/Jahr)
R = Rückzahlungskurs
K = Ausgabekurs
n = Laufzeit

Beispiel: Eine Industrieobligation wird mit 96 % ausgegeben und mit 100 % zurückgenommen. Die Nominalverzinsung beträgt 8 % bei einer Laufzeit von 12 Jahren, mit deren Ablauf die Tilgung erfolgt.

Der Effektivzinssatz beträgt:

$$r = \frac{8 + \frac{100 - 96}{12}}{96} \cdot 100 = \mathbf{8{,}68\ \%}$$

Die Tilgung der Industrieobligation muss aber nicht erst mit Ende der Laufzeit erfolgen. Vielfach gelten folgende Regelungen, die Einfluss auf die Höhe des Effektivzinssatzes haben:

- Die **Tilgung** erfolgt in **jährlich gleichen Raten**.

  Anstelle von n in der Grundformel wird t_m verwendet:

  $$t_m = \frac{t + 1}{2}$$

  t_m = mittlere Laufzeit
  t = gesamte Laufzeit

  Beispiel: Bei einer Tilgung in gleichen Raten wäre der Effektivzinssatz aus dem obigen Beispiel:

  $$r = \frac{8 + \frac{4}{6{,}5}}{96} \cdot 100 = \mathbf{8{,}97\ \%}$$

---

* Eine genauere Ermittlung des Effektivzinssatzes lässt sich - in Anlehnung an *Däumler* (Betriebliche Finanzwirtschaft, S. 167 ff.) – mit nachstehender Formel erreichen, wobei der durch die Faustformel ermittelte Zinssatz auf einen Wert gerundet werden kann, der in der finanzmathematischen Tabelle enthalten ist, um den Restwertverteilungsfaktor festzustellen:

$$r = \frac{Z + (R - K) \cdot \frac{q - 1}{q^n - 1}}{K} \cdot 100 \qquad \text{wobei: } \frac{q - 1}{q^n - 1} = \text{Restwertverteilungsfaktor}$$

Als Ergebnis des obigen Beispiels würden 8,55 % ausgewiesen, was auch eine Errechnung der Effektivverzinsung nach der Methode des Internen Zinsfußes ergibt.

- Die **Tilgung erfolgt nach tilgungsfreien Jahren** in **jährlich gleichen Raten**.

Anstelle von n in der Grundformel wird t_m verwendet:

$$t_m = t_f + \frac{(t - t_f) + 1}{2}$$

t_f = tilgungsfreie Laufzeit

Beispiel: Bei einer Zeit von 4 tilgungsfreien Jahren und anschließender Tilgung in gleichen Raten wäre der Effektivzinssatz aus dem obigen Beispiel:

$$r = \frac{8 + \frac{4}{4 + 4{,}5}}{96} \cdot 100 = \mathbf{8{,}82\ \%}$$

66 **Seite 483**

67 **Seite 485**

4.3.2 Wandelschuldverschreibungen

Die Wandelschuldverschreibung – auch **Wandelanleihe** genannt – ist eine besondere Art der Industrieobligation, in der neben den Rechten aus der Teilschuldverschreibung ein **Umtauschrecht** auf Aktien (§ 221 Abs. 1 Satz 1 AktG) verbrieft wird, das nach einer bestimmten Sperrfrist wahrgenommen werden kann. Aufgrund des Wandels der Kapitalart nennt man solche Formen auch **Mischfinanzierungen**.

Für eine AG, die ihre Kapitalbasis erweitern will, bietet sich die Ausgabe einer Wandelschuldverschreibung gegebenenfalls an, wenn Aktien oder eine Industrieobligation nicht ohne weiteres platziert werden können, weil:

- Das Zinsniveau bei Anleihen hoch ist
- Das Niveau der Aktienkurse niedrig ist
- Die Erfolgsaussichten des Unternehmens gedämpft sind.

Mit der Wandelschuldverschreibung können Kapitalgeber von einer Kurssteigerung der Aktien profitieren, ohne zugleich das volle Risiko des Aktienerwerbes zu tragen. Dafür nehmen sie eine niedrigere Verzinsung als bei der Industrieobligation in Kauf.

Als **Sicherheit** für die Wandelschuldverschreibung dient üblicherweise die Negativklausel.

Es sollen näher betrachtet werden:

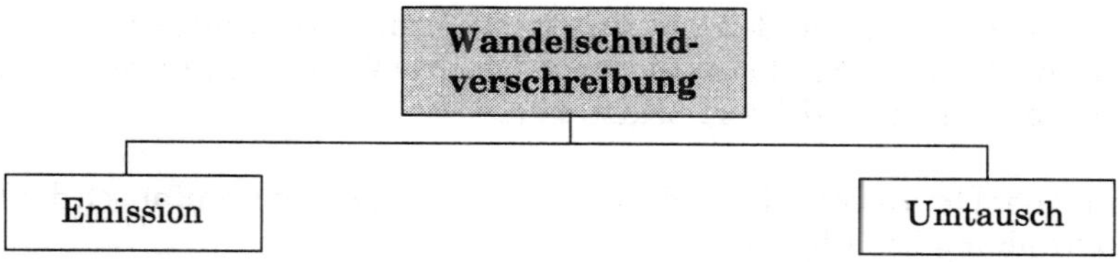

4.3.2.1 Emission

Bei der Emission der Wandelschuldverschreibung gilt es, ihrem Charakter gerecht zu werden als:

- Industrieobligation
- Aktie.

Aktienrechtlich ist eine **bedingte Kapitalerhöhung** (§§ 192-201 AktG) vorzunehmen, die mit einer Drei-Viertel-Mehrheit der Hauptversammlung beschlossen werden muss. Aktionären ist ein Bezugsrecht einzuräumen, die Börsenzulassung ist zu beantragen.

Das Bezugsrecht lässt sich als **Bezugsverhältnis** ermitteln:

$$\text{Bezugsverhältnis} = \frac{\text{Gezeichnetes Kapital}}{\text{Nennwert der Wandelschuldverschreibung}}$$

Beispiel: Das gezeichnete Kapital beträgt 80 Millionen €, der Nennwert der Wandelschuldverschreibung 20 Millionen €.

$$\text{Bezugsverhältnis} = \frac{80 \text{ Mio.}}{20 \text{ Mio.}} = \frac{\mathbf{4}}{\mathbf{1}}$$

Jeder Aktionär kann eine Wandelschuldverschreibung mit 100 € Nennwert erwerben, wenn er über Aktien im Nennwert von 400 € verfügt.

Das Bezugsrecht für Wandelschuldverschreibungen wird an der Börse gehandelt, so dass der Aktionär weitere Wandelschuldverschreibungen erhalten kann, ohne dass er zusätzlich Aktien erwirbt.

Der **Ausgabekurs** der Wandelschuldverschreibung liegt über 100 %. Daraus resultiert auch die niedrigere Effektivverzinsung für den Kapitalgeber.

4.3.2.2 Umtausch

Der Umtausch der Wandelschuldverschreibungen in Aktien kann nach Ablauf der Sperrfrist vorgenommen werden. Dabei muss nicht jede Wandelschuldverschreibung in eine Aktie umgewandelt werden können. Es ist beispielsweise auch möglich, dass ein **Umtauschverhältnis** von 3 : 1 festgelegt ist, d. h. drei Wandelschuldverschreibungen sind erforderlich, um eine Aktie zu bekommen.

Der Zeitpunkt des Umtausches kann durch **Zuzahlungen** beim Umtausch der Wandelschuldverschreibung beeinflusst werden:

- **Steigende Zuzahlungen**, beispielsweise nach Ende der Sperrfrist ab dem 5. Jahr, beginnend mit 50 €, jährlich um 10 € steigend, bis im 15. Jahr 150 € erreicht sind, lassen einen frühzeitigen Umtausch zweckmäßig erscheinen.

- **Fallende Zuzahlungen** fördern dagegen einen späten Umtausch.

Die Zuzahlungen können auch konstant sein.

4.3.3 Optionsanleihen

Optionsanleihen sind – wie Wandelschuldverschreibungen – eine besondere Art der Industrieobligation. Sie haben mit den Wandelschuldverschreibungen gemein, dass sie neben den Rechten aus der Teilschuldverschreibung ein Bezugsrecht auf Aktien verbriefen.

Im Gegensatz zu der Wandelschuldverschreibung erfolgt bei der Optionsanleihe aber **kein Umtausch** des Papiers in Aktien, sondern die Anleihe bleibt bis zu ihrer Tilgung neben den Aktien bestehen, die aufgrund des in ihm enthaltenen Bezugsrechtes ausgegeben wurden.

Mit der Optionsanleihe verbleibt das Fremdkapital bis zum Ende der Laufzeit der Obligation im Unternehmen, daneben wird Eigenkapital durch die Ausgabe neuer Aktien geschaffen.

Für die Ausgabe einer Optionsanleihe gelten die gleichen aktienrechtlichen Vorschriften wie bei der Wandelschuldverschreibung, d. h. der Emissionsbeschluss erfordert eine Drei-Viertel-Mehrheit der Hauptversammlung und die Aktionäre haben ein **Bezugsrecht**.

Die Optionsanleihe hat in Deutschland keine große Bedeutung.

Das während einer bestimmten Optionsfrist geltende Bezugsverhältnis drückt die erforderliche Anzahl von Optionsscheinen für den Bezug einer Aktie aus. Der Geldbetrag, der für den Kauf einer solchen Aktie zu entrichten ist, heißt Options- oder Bezugspreis.

Optionsanleihen werden an der Börse in unterschiedlichen Notierungsformen gehandelt:

- Optionsanleihe mit (»cum«) Optionsschein
- Optionsanleihe ohne (»ex«) Optionsschein
- Nur der Optionsschein.

Nach der Emission der Anleihe werden die Optionsscheine i. d. R. separat an der Börse gehandelt. Sie weisen in ihrer Kursentwicklung den für eine Option typischen Hebeleffekt auf. Dem Anleger bieten sich hierdurch starke Kurschancen. Optionsscheine bergen aber auch das Risiko des Totalverlustes des eingesetzten Kapitals.

Beispiel:

Ein **Bezugsverhältnis** beträgt 2:1, d. h. zwei Optionsscheine berechtigen zum Bezug einer Aktie im Nennwert von 5 €.

Der **Bezugskurs** liegt bei 24 €, d. h. bei Einreichung von 2 Optionsscheinen werden 24 € für den Erwerb einer Aktie zum Nennwert von 5 € fällig.

Die Hebelwirkung des Optionsscheines soll anhand des folgenden Kursszenarios erklärt werden:

Bezugspreis	Börsenkurs	Steigerungsrate des Börsenkurses	Differenz Börsenkurs Bezugspreis	Rechnerischer Wert des Optionsscheines	Steigerungsrate des Optionsscheines
24	20	0 %	– 4	0	0 %
24	24	20 %	0	0	0 %
24	28	16,66 %	4	2	200 %
24	32	14,29 %	8	4	100 %
24	36	12,5 %	12	6	50 %
24	40	11,1 %	16	8	33,33 %

Bei einer Entwicklung des Börsenkurses von 28 auf 32 € kommt es zu einer Steigerungsrate von 14,29 %. Der rechnerische Wert des Optionspreises entwickelt sich von 2 € auf 4 €. Dies entspricht einer Steigerung von 100 %.

68 Seite 485

4.3.4 Gewinnschuldverschreibungen

Die Gewinnschuldverschreibung stellt ebenfalls eine besondere Art der Industrieobligation dar. Ihr Sonderrecht besteht darin, dass der Kapitalgeber am Gewinn des Unternehmens beteiligt wird.

Die **Gewinnbeteiligung** kann grundsätzlich in folgender Weise geregelt sein:

- Wie bei der Teilschuldverschreibung erfolgt zunächst eine **Festverzinsung**, die als Mindestverzinsung zu verstehen ist.

Daneben ist eine **Zusatzverzinsung** vereinbart, bei der es beispielsweise für jedes Prozent der Aktiendividende ein halbes Prozent Zusatzzins gibt.

- Es wird keine Festverzinsung gewährt, sondern nur eine **gewinnabhängige Verzinsung**, die üblicherweise nach oben begrenzt ist.

Aktienrechtlich ist für die Ausgabe einer Gewinnschuldverschreibung eine Drei-Viertel-Mehrheit in der Hauptversammlung erforderlich. Den Aktionären steht ein Bezugsrecht zu. In Deutschland ist die Gewinnschuldverschreibung eine Finanzierungsalternative, die nur in Einzelfällen genutzt wird.

4.3.5 Sonstige Anleihen

In den letzten Jahren haben sich neben den bereits geschilderten traditionellen Formen neuere Anleihearten entwickelt, die im Folgenden kurz dargestellt werden sollen. Sie können nach Art der unterschiedlichen Verzinsung und der unterschiedlichen Tilgung unterschieden werden und stehen beispielhaft für den sich ständig durch Innovationen ändernden Anleihemarkt:

- **Anleiheformen mit spezieller Verzinsungsweise**

Nullkupon-anleihen	Sie werden auch **Zero Bonds** genannt, weil während ihrer Laufzeit keine Zinszahlungen erfolgen. Zero Bonds werden zumeist mit einem hohen Disagio ausgegeben und zum Nennwert getilgt.
Niedrig-verzinsliche Anleihen	So genannte **Discount Bonds** weisen eine weit unter dem Marktniveau liegende Verzinsung auf und ähnlich dem Zero Bond einen hohen Abschlag bei der Emission, um das Marktzinsniveau zu erreichen.
Hochzins-anleihen	Diese **High Yield Bonds** werden von Emittenten begeben, deren mindere Bonität eine deutlich über dem Marktzinsniveau liegende Verzinsung der Anleihe als Risikoausgleich erfordert.
Anleihen mit variablen Zinssätzen	Im Gegensatz zu den traditionellen Anleihen erfolgen bei solchen **Floating Rate Notes** alle 3 oder 6 Monate Zinsanpassungen über einen Referenzzinssatz, dem Zinssätze des Interbanken-Geldmarktes (EURIBOR, LIBOR) zu Grunde liegen.
Stufenzins-anleihen	Sie weisen als **Step-up Bonds** eine vorher vereinbarte Erhöhung des Nominalzinssatzes während der Laufzeit der Anleihe auf. Die Erhöhungen werden gewöhnlicher Weise jährlich durchgeführt.
Index-anleihen	Diese **Indexed Bonds** sind mit ihrer Verzinsung an allgemein gültige Indexgrößen, wie z. B. einem Aktien- oder dem Lebenshaltungskostenindex gekoppelt. Die Koppelung kann sich aber auch auf die Rückzahlungshöhe beziehen und wäre dann eine Sonderform der Tilgung.

- **Anleiheformen mit spezieller Tilgungsweise**

Umtausch-anleihen	Sie ähneln der bereits beschriebenen Wandelanleihe. Diese **Exchangeable Bonds** sehen ebenso neben einer Zinszahlung einen Tausch in Aktien vor. Allerdings werden Aktien eines anderen Unternehmens eingetauscht, die damit nicht Aktien vom Emittenten der Anleihe sind.
Annuitäten-anleihen	Die besondere Form in gleich hohen Annuitäten die Tilgung vorzunehmen, hat dieser Anleihe den Namen **Annuity Bond** gegeben.
Ewige Anleihen	Solche **Perpetual Bonds** sehen ab Laufzeitbeginn keine Tilgung und damit kein festgelegtes Rückzahlungsdatum vor. Ihr Nominalzinssatz wird in größeren Abständen (z. B. 10 Jahre) dem Marktzinssatz angepasst. Sie können vom Schuldner allerdings aufgekündigt und dann zurückgezahlt werden.
Aktien-anleihen	Mit einer weit über den Marktzinssatz liegenden Nominalverzinsung ausgestattet, verbriefen diese **Equity-Linked Bonds** für den Emittenten der Anleihe ein Wahlrecht, zum Laufzeitende der Anleihe eine bestimmte Anzahl von vorher festgelegten Aktien zu liefern oder die Rückzahlung zum Nennwert der Anleihe durchzuführen.
Katastrophen-anleihen	Sie heißen auch **Catastrophe Bonds** und werden von Versicherungsgesellschaften begeben. Ihre Rückzahlung, wie aber auch ihre Zinszahlungen, ist vom zukünftigen Schadensverlauf der emittierenden Gesellschaft abhängig.

4.4 Außenhandelskredite/ Staatliche Kreditförderung

Hauptträger der mittel- und langfristigen Refinanzierung von Exportkrediten sind in Deutschland die Ausfuhrkredit-Gesellschaft mbH (AKA) und auch die Kreditanstalt für Wiederaufbau (KfW).

Während sich die Geschäftstätigkeit der AKA ausschließlich auf die Kreditgewährung bei Exportgeschäften beschränkt, erfüllt die KfW neben der Bereitstellung von langfristigen Außenhandelskrediten und der Mitfinanzierung von Direktinvestitionen im Ausland umfangreiche **inländische Finanzierungsaufgaben**, die insbesondere nach der Wiedervereinigung an Bedeutung zugenommen haben.

Beide Institute unterscheiden bei Exportgeschäften Bestellerkredite und Lieferantenkredite:

- Beim **Bestellerkredit** erfolgt die Kreditabwicklung nach einwandfreier Lieferung zwischen Importeur und Spezialkreditinstitut, wobei der Exporteur lediglich eine gewisse Mithaftung weiterträgt. Sie nehmen heute z. B. bei der AKA eine dominante Stellung im Exportgeschäft ein.

- Beim **Lieferantenkredit** ist der Exporteur Kreditnehmer der Refinanzierungsstelle, sodass der Lieferantenkredit im engeren Sinne zwischen Exporteur und Importeur weiterhin unmittelbar eingeräumt und abgewickelt wird. Die Kreditbedingungen für die Refinanzierung gehen jedoch in der Regel in die Vereinbarungen über die Lieferantenkreditgewährung (im engeren Sinne) ein. Sie haben bei der AKA kaum noch Bedeutung.

Für das bestmögliche Kreditangebot an den Importeur ist besonders bei langen Laufzeiten eine Mischfinanzierung anzustreben. Hierbei werden verschiedene Kreditarten von AKA, KfW und anderen Kapitalquellen miteinander kombiniert. In den letzten Jahren hat sich als weitere Finanzierungsquelle der **Euro-Finanzmarkt** herausgebildet, der bereits für kurzfristige Kredite geschildert wurde.

Als Außenhandelskredite und als Kreditförderung der öffentlichen Hand sollen im Überblick **AKA-Kredite** und **KfW-Kredite** dargestellt werden.

4.4.1 AKA-Kredite

Die Ausfuhrkredit-Gesellschaft mbH als Zusammenschluss von über 50 am Export interessierten Banken unter Führung der Deutschen Bank AG bietet **verschiedene Kreditlinien** zur Finanzierung von Exportgeschäften.

Der Plafond A dient dem Exporteur und damit der Herstellerfinanzierung in Form eines Lieferantenkredites. Die Plafonds C, D und E werden dem Importeur gewährt, dienen also der Bestellerfinanzierung.

In Anlehnung an *Compter* gilt:

	Plafond A: Lieferantenkredit	Plafonds C, D und E: Bestellerkredit
Laufzeiten	Die Kreditlaufzeit beginnt mit der ersten Inanspruchnahme. Sie soll mindestens 12 Monate betragen.	Die Kreditlaufzeit darf den von der Bundesdeckung gezogenen zeitlichen Rahmen nicht überschreiten.
Kredithöhe	Kredite können bis zur Höhe der Ausfuhrförderung eingeräumt werden, die durch eine Ausfuhrbürgschaft oder Ausfuhrgarantie von HERMES, in vertretbaren Fällen durch eine andere Kreditversicherung nach Abzug der Selbstbeteiligung versichert ist.	Der Höchstbetrag eines Bestellerkredites entspricht der abzulösenden Exportforderung. Dies sind so genannte gebundene Finanzkredite an ausländische Besteller.
Selbstfinanzierungsquote	Die Selbstfinanzierungsquote ist in der Regel identisch mit der höchsten Risikoselbstbeteiligung der Ausfuhrdeckung, d. h. im Allgemeinen 10 bis 15 %. Bei Geschäften mit ausländischen Regierungen und Körperschaften des öffentlichen Rechts in der Regel 10 %.	Entspricht dem Plafond A und liegt bei Krediten an private Importeure risikomäßig bei ca. 15 % für den Exporteur. Im Plafond E tritt an die Stelle der Konsortialquote eine reduzierte AKA-Quote.

Kreditzuweisung	Die Kredite werden dem Exporteur im Einvernehmen mit den dem Konsortium angehörenden Banken von der AKA direkt zur Verfügung gestellt.	Kredite werden von der AKA dem ausländischen Käufer eingeräumt (z. B. Plafond C in €; Plafond D in € oder Fremdwährung).
Verzinsung	Variabler Zinssatz. Auf Antrag auch Festzinssatz möglich.	Variabler Zinssatz. Auf Antrag auch Festzinssatz möglich.
Provision	Zusageprovision auf den reservierten Betrag für die Zeit ab Genehmigung durch den Kreditausschuss bis zur Inanspruchnahme der Kreditmittel.	Zusageprovision für die Zeit von der Genehmigung des Kredites durch den Kreditausschuss bis zur Auszahlung der Kreditmittel.

4.4.2 KfW-Kredite

Die Kreditanstalt für Wiederaufbau, die vom Bund und den Ländern getragen wird, hatte ab 1948 zwei Aufgaben:

- Förderung des Wiederaufbaus der deutschen Wirtschaft im Rahmen der Marshallplanhilfe, inzwischen insbesondere auch im Rahmen der deutschen Wiedervereinigung.
- Gewährung von Investitionskrediten als langfristige Finanzierungsmöglichkeit für die deutsche Exportwirtschaft.

Im Jahr 2003 erfolgte eine Neuordnung der Kreditangebote durch die Fusion der Kreditanstalt für Wiederaufbau (KfW) und der Deutschen Ausgleichsbank (DtA).

- Die KfW Bankengruppe bietet **national** an:

Kredite der KfW Mittelstandsbank	Zielgruppe sind Existenzgründer, junge und Wachstumsunternehmen sowie etablierte Unternehmen. Staatliche oder internationale Kredithilfen (European Recovery Programm = ERP) mit mittel- bis langfristigen Laufzeiten werden über Hausbanken durchgereicht.
Kredite der KfW Förderbank	Sie fördern die Infrastruktur (kommunales sowie privates Bauen, Wohnen), Soziales, die Bildung wie auch die Umwelt.

- Im **internationalen Bereich** entstanden 2003 ebenfalls neue Strukturen. Töchter der KfW Bankengruppe sind:

KfW IPEX-Bank	Von ihr werden in der Außenhandelsfinanzierung angeboten: ❍ Exportfinanzierungen ❍ Projektfinanzierung im Ausland
KfW Entwicklungsbank	Sie vergibt im wirtschaftspolitischen Interesse: ❍ Bundeskredite im Ausland ❍ Zuschüsse und Finanzierungen von Projekten und Programmen in Entwicklungsländern.

5. Kreditsubstitute

Die Kreditsubstitute ersetzen bzw. ergänzen die traditionelle, in den beiden vorangegangenen Kapiteln beschriebenen Formen der Fremdfinanzierung, die von den Kreditinstituten getragen werden. Zu unterscheiden sind:

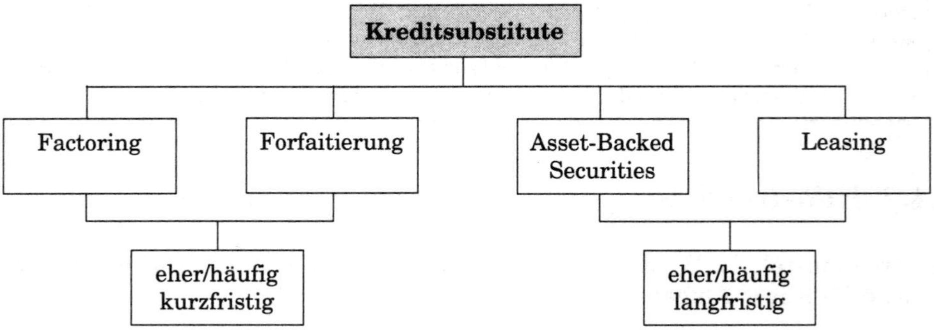

Wie zu erkennen ist, können sie nicht eindeutig in kurz- bzw. langfristige Finanzierungsformen unterteilt werden, wenngleich sie tendenziell jeweils besondere Bedeutung im kurzfristigen bzw. langfristigen Bereich aufweisen.

Als Kreditsubstitut wird mitunter auch das **Franchising** angesehen. Es ist jedoch eher ein Marketingkonzept als eine Finanzierungsmaßnahme – siehe S. 310.

5.1 Factoring

Das Factoring beruht auf einem Vertrag, der zwischen einem Unternehmen als Klient und einem Finanzierungsinstitut als Factor geschlossen wird. Factoring-Institute sind häufig Tochtergesellschaften von Kreditinstituten oder Gesellschaften, die weitere Finanzgeschäfte betreiben. Sie verpflichten sich, für den Klienten verschiedene Funktionen zu übernehmen:

Dienstleistungsfunktion	Sie umfasst die Debitorenbuchhaltung, das Mahnwesen und das Rechnungsinkasso.
Delkrederefunktion	Mit ihr wird das Risiko einer möglichen Zahlungsunfähigkeit des Abnehmers der Waren oder Dienstleistungen übernommen.
Finanzierungsfunktion	Hier erfolgt die Bevorschussung der angekauften Forderungen.

Der Klient erklärt sich bereit, dem Factor Gesamtheiten von Forderungen zum Kauf anzubieten, beispielsweise alle Forderungen oder Forderungen der Kundenbuchstaben A bis M.

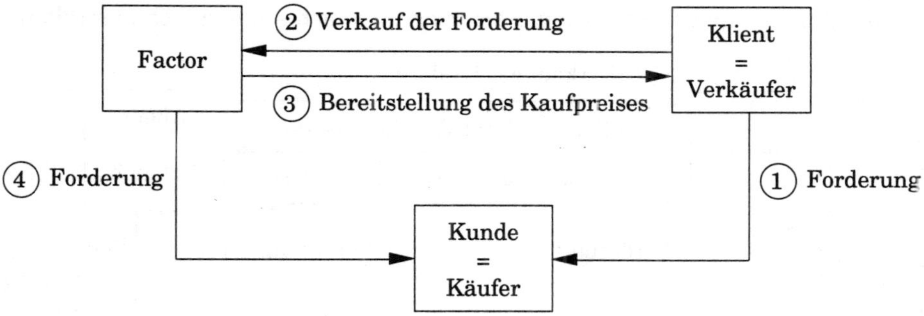

Ein Factoring, bei dem der Factor alle drei oben genannten Funktionen erfüllt, wird **echtes Factoring** genannt und ist die in Deutschland vor allem praktizierte Form. Im Gegensatz hierzu steht das **unechte Factoring**, bei dem die Delkrederefunktion vom Factor nicht wahrgenommen wird:

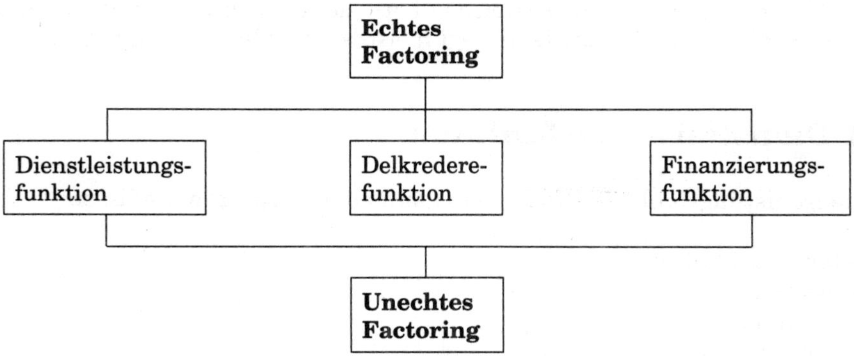

Das Factoring kann in drei **Formen** durchgeführt werden:

- Beim **offenen Factoring**, das auch als notifiziertes Factoring bekannt ist, weist der Klient den Abnehmer der Ware oder Dienstleistung in der Rechnung darauf hin, dass die Forderung an den Factor abgetreten wird, an den auch die Zahlung zu leisten ist.

- Beim **halboffenen Factoring** informiert der Klient den Abnehmer der Ware oder Dienstleistung in der Rechnung über die Zusammenarbeit mit dem Factor, ohne aber eine Abtretung zu erklären, wodurch der Abnehmer die Wahl hat, seine Zahlung an den Factor oder seinen Klienten zu leisten.

- Beim **stillen Factoring**, das man auch als **nichtnotifiziertes Factoring** bezeichnet, wird dem Abnehmer der Ware oder Dienstleistung die Forderungsabtretung an den Factor nicht bekannt gemacht, sodass der Abnehmer die Zahlung an den Klienten des Factors leistet, der sie an diesen weiterzuleiten hat.

Der Ablauf beim offenen und stillen Factoring lässt sich schematisch darstellen:

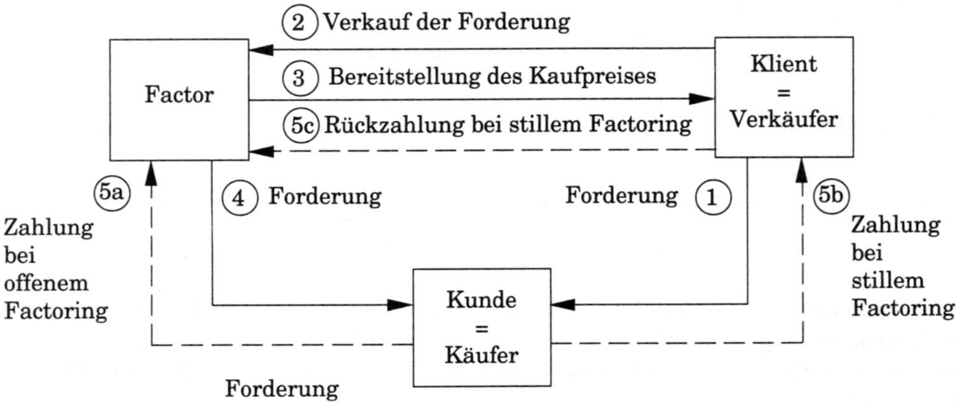

Das echte Factoring wird üblicherweise in Form des offenen Factoring durchgeführt, seine vertragliche **Mindestlaufzeit** liegt meist bei zwei bis vier Jahren.

5.1.1 Dienstleistungsfunktion

Die Dienstleistungsfunktion des Factors kann als **Leistungen** umfassen:

- Debitorenbuchhaltung
- Mahnwesen
- Inkassowesen
- Beratungswesen.

Dem Factor ist es möglich, diese Tätigkeiten kostengünstig auszuführen, da er **EDV-Anlagen** mit speziellen Programmen rationell einzusetzen vermag. Zudem ist es vorteilhaft, dass die Tätigkeiten von **Spezialisten** mit hoher Sachkenntnis ausgeübt werden. Der Klient wird von diesen Tätigkeiten entlastet, wodurch sich die bei ihm anfallenden Kosten vermindern.

Gerade für mittlere Unternehmen kann die Kostenentlastung bedeutsam sein. Aus Kostengründen können Abteilungen teilweise oder ganz ersetzt werden, wie z. B. eine vollständige Auslagerung der Debitorenbuchhaltung (Outsourcing). Diese Fremdvergabe kann sich vorteilhaft in Form der Absenkung des Fixkostenblocks auswirken.

Der Factor stellt dem Klienten alle Informationen zur Verfügung, die er für den Geschäftsbetrieb benötigt.

Beispiele für tägliche Informationen:

- Soll-Journal
- Haben-Journal
- Kontenauszüge der bewegten Debitorenkonten
  (Saldo-Vortrag, Soll- und Habenumsätze, Skonto und sonstige Abzüge, neuer Saldo, Umsatzfortschreibung, Treuhand-Buchungen, Treuhand-Salden)

Beispiele für monatliche Informationen:

- Monats-Kontoauszug
- Umsatzsteuer-Ermittlung
- Vertreterprovisions-Abrechnung
- Offene Posten-Liste, gegliedert nach Debitoren (Rechnungsdatum, Betrag noch offener Soll-Posten, Fälligkeit noch offener Soll-Posten, Haben-Posten – soweit damit nicht Rechnungen ausgeglichen werden, Durchschnittsrechnungslaufzeiten, Anzahl der Buchungsposten, Saldo)

Der Factor hat mit der Übernahme der Dienstleistungsfunktion die Möglichkeit, einen umfassenden **Einblick** in die Marktsituation, insbesondere das Zahlungsverhalten einer Vielzahl von Marktpartnern, gewinnen zu können, was sich bei der Übernahme der Delkrederefunktion als nützlich erweist. Außerdem ist er in der Lage, markt- und branchenspezifische Daten aufzubereiten, deren Kenntnis den ihm angeschlossenen Klienten von Vorteil ist.

Die Übernahme der Dienstleistungsfunktion durch den Factor hat für den Klienten indes nicht nur Vorteile. Er begibt sich auch in eine gewisse **Abhängigkeit** zum Factor, zumal er sich personell und materiell darauf einstellt, die vom Factor bereitgestellten Leistungen selbst nicht mehr zu erbringen.

Die **Gebühren**, die vom Factor für die Dienstleistungsfunktionen berechnet werden, liegen zwischen 0,5 und 2,5 % vom Umsatz. Ihre konkrete Höhe hängt von mehreren Faktoren ab:

- Durchschnittsbetrag der Rechnungen
- Durchschnittliche Laufzeit der Forderungen
- Zahl der Kunden
- Fluktuation der Kunden
- Ausmaß der Rücksendungen, Mängelrügen usw.
- Anzahl der versandten Rechnungen
- Produkteigenschaften
- Zahl der jeweils bewegten Kundenkonten
- Art und Umfang von zusätzlichen Arbeiten.

Für den Klienten ist es wichtig, den Gebühren des Factors die eigenen kostenmäßigen **Entlastungen** gegenüberzustellen, um zu einem Gesamturteil zu gelangen.

5.1.2 Delkrederefunktion

Die Delkrederefunktion des Factors besteht darin, dass er die vom Klienten zum Kauf angebotenen Forderungen übernimmt und damit das **Risiko des Forderungsausfalles** trägt.

Der Übernahme der Forderungen geht eine bonitätsmäßige Überprüfung voraus, deren positive Beurteilung die Voraussetzung für die Wahrnehmung der Delkrederefunktion ist. Bei negativer Einschätzung der Bonität des Abnehmers der Waren oder Dienstleistungen wird der Factor sich nicht bereit erklären, die Delkrederefunktion zu übernehmen.

Der Factor erwartet vom Klienten, dass er alle Forderungen oder zumindest geschlossene Forderungsgesamtheiten zum Kauf anbietet, nicht dagegen einzelne, ausgewählte Forderungen. Damit will der Factor sein Risiko streuen.

Die **Gebühren**, die der Factor für die Delkrederefunktion berechnet, betragen zwischen 0,2 % und 1,2 % vom Umsatz, wobei insbesondere die Risikostruktur der Forderungen die Kostenhöhe beeinflussen kann.

5.1.3 Finanzierungsfunktion

Die Finanzierungsfunktion kann vom Factor in zwei **Formen** betrieben werden:

- Der Ankauf der Forderungen ist **zum durchschnittlichen Fälligkeitstag** möglich (**Maturity Factoring**). Der Factor errechnet für die bündelweise angekauften Forderungen den durchschnittlichen Fälligkeitstag und stellt dem Klienten zu diesem Termin 80 % bis 90 % der Rechnungsbeträge zur Verfügung.

  Die restlichen 10 % bis 20 % der Rechnungsbeträge werden einem Sperrkonto des Klienten gutgeschrieben, womit der Factor sich gegen Mängelrügen und Warenrückgaben absichert.

- Der Ankauf der Forderungen kann **vor dem durchschnittlichen Fälligkeitstag** erfolgen (**Standard Factoring**). Das Verfahren unterscheidet sich vom oben dargestellten dadurch, dass der Factor dem Klienten die Rechnungsbeträge (abzüglich 10 % bis 20 % für Mängelrügen und Warenrückgaben) unmittelbar nach der Erstellung der Rechnungen bereitstellt, also bis zum durchschnittlichen Fälligkeitstag bevorschusst, was die eigentliche Finanzierungsfunktion des Factors ausmacht.

Kapitalkosten des Factoring fallen für die Bevorschussung der Forderungen an. Sie liegen etwa in Höhe der Zinsen für einen Kontokorrentkredit.

Beispiel: Die Werkzeug GmbH hat einen Umsatz von 800.000 € pro Monat. Das durchschnittliche Zahlungsziel beträgt 30 Tage.

Ein Factor unterbreitet folgendes Angebot:

Dienstleistungsgebühr	1,5 % des Umsatzes
Delkrederegebühr	0,8 % des Umsatzes
Zinsen	10,8 % p.a.

Die Kosten des Factoring betragen pro Monat:

Dienstleistungsgebühr	$800.000 \cdot 0{,}015 =$	12.000 €
Delkrederegebühr	$800.000 \cdot 0{,}008 =$	6.400 €
Kapitalkosten	$800.000 \cdot \frac{0{,}108}{12} =$	7.200 €
Kosten des Factoring pro Monat		**25.600 €**

69 Seite 486

5.2 Forfaitierung

Die Forfaitierung ist der Ankauf von Forderungen, die meist aus dem **Export von Investitionsgütern** entstehen, wobei der Forfaitist das Ausfallrisiko übernimmt. Damit weist die Forfaitierung eine Ähnlichkeit zum Factoring auf. Wie der Factor nimmt der Forfaitist ebenfalls die

- Delkrederefunktion
- Finanzierungsfunktion

wahr, die sich allerdings nicht auf sämtliche Forderungen oder eine Gesamtheit von Forderungen des Klienten beziehen, sondern einzeln veräußert werden. Aus diesem Grund kommt der Dienstleistungsfunktion hier keine Bedeutung zu. Ein weiterer Unterschied ist, dass die Forfaitierung mittelfristiger, mitunter sogar langfristiger Natur sein kann.

Spezielle Forfaitierungs-Institute gibt es in Deutschland nicht, deutsche Kreditinstitute nehmen oft nur eine Maklerfunktion wahr.

Der Forfaitist ist bestrebt, sein Risiko so gering wie möglich zu halten, weshalb er **Absicherungen** verlangt, die sein können:

- Die Forderung besteht in Wechselform
- Die Forderung beruht auf einem Akkreditiv
- Die Forderung ist durch Bankgarantie gesichert
- Die Forderung ist durch eine Ausfuhrgarantie oder Ausfuhrbürgschaft des Bundes gedeckt.

Die **Gebühren** für die Forfaitierung sind nach Land und Laufzeit sehr unterschiedlich. Allgemein kann festgestellt werden, dass sie recht hoch sind.

Andererseits ist der Klient dafür in der Lage, die Vorteile eines Barverkaufs zu nutzen.

5.3 Asset-Backed Securities

Mit dem Zusammenwachsen der internationalen Finanzmärkte werden klassische Finanzierungsformen wie der Bankkredit teilweise durch die Verbriefung von Rechten und Zahlungsansprüchen verdrängt.

Diese Finanzierung über neu kreierte Wertpapiere wird **Securitization** genannt. Typisch hierfür sind die bereits angeführten Termineinlagen bei Banken (Certificate of Deposit), die zertifiziert werden und damit handelbar sind.

Eine weitere Form stellt die **Verbriefung von Forderungsansprüchen** dar. Es werden hierdurch Wertpapiere (Securities) geschaffen, deren Besicherung (Backed) über Finanzaktiva in Form von Forderungsansprüchen (Assets) aus Lieferung und Leistung erfolgt.

Im Gegensatz zum Factoring nutzt diese Methode den gesamten Kapitalmarkt zur Refinanzierung der Forderungshergabe. Dies geschieht durch die Weitergabe der Ansprüche durch den Forderungsverkäufer **(Originator)** an einen Forderungspool **(Special Purpose Vehicle)**, der Wertpapiere zur Refinanzierung der die Forderungen einreichenden Unternehmen emittiert **(True Sale)**.

Es wird eine günstigere Finanzierung als beim Factoring für den Forderungsverkäufer möglich, da durch die Streuung der Wertpapiere auf dem Kapitalmarkt das Risiko als geringer geachtet wird als bei einem Ankauf durch ein einziges Factoringinstitut.

Das Risiko der Wertpapiere selbst hängt ab von der Bonität der Forderung, die von höchster Güte sein sollte.

Als Verbriefungsformen der Forderungen bestehen zwei Konzepte:

Konzept der Fonds-zertifikate	Investoren kaufen bei diesem Konzept Anteile am Vermögen des Forderungspools (Fondszertifikate). Zins- und Tilgungszahlungen werden unverändert an den Investor weitergeleitet. Damit ist die Laufzeit des Investments nicht planbar, wodurch dem Investor ein Risiko der vorzeitigen Tilgung (Prepayment Risk) entsteht.
Anleihekonzept	Dieses Problem wird im Anleihekonzept gelöst. Durch die Emission von Schuldverschreibungen werden feste Zins- und Tilgungszahlungen garantiert. Das geschieht durch die Zwischenschaltung von Finanzinstitutionen, die dieses Auszahlungsmanagement übernehmen. Hierdurch erhöhen sich allerdings die Kosten dieser Finanzierungsalternative.

5.4 Leasing

Unter Leasing wird ein für einen bestimmten Zeitraum abgeschlossenes miet- oder pachtähnliches Verhältnis zwischen einem Leasing-Geber und einem Leasing-Nehmer verstanden.

Es lassen sich verschiedene **Arten** des Leasings unterscheiden:

• Nach der Person des **Leasing-Gebers**

Direktes Leasing	Bei dieser Art des Leasings tritt der Hersteller des Leasing-Gutes als Leasing-Geber auf.
Indirektes Leasing	Zwischen dem Hersteller und dem Leasing-Nehmer ist eine Leasing-Gesellschaft als Leasing-Geber geschaltet, die das Leasing-Gut erwirbt, um es dem Leasing-Nehmer zur Verfügung zu stellen. Sie refinanziert sich über ein Kreditinstitut: 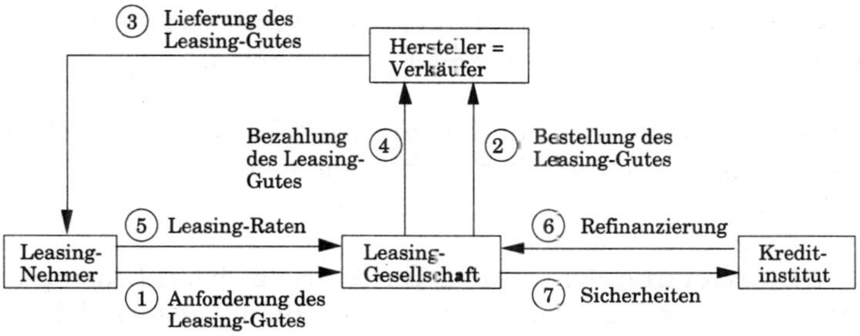

• Nach der **Anzahl der Leasing-Objekte**

Equipment-Leasing	Dem Leasing-Vertrag liegt ein einzelnes bewegliches Wirtschaftsgut zu Grunde.
Plant-Leasing	Der Leasing-Vertrag bezieht sich auf eine Gesamtheit ortsfester Wirtschaftsgüter, die auch bewegliche Wirtschaftsgüter einschließt, wenn sie sachlich zu der Gesamtheit gehören.

• Nach der **Art der Leasing-Objekte**

Konsumgüter-Leasing	Es erfolgt bei Konsumgütern mit verhältnismäßig langer Lebensdauer, beispielsweise Farbfernsehgeräten, wobei häufig Service-Leistungen des Leasing-Gebers – Wartung, Reparatur – eingeschlossen sind.
Investitions-güterleasing	Es bezieht sich auf bewegliche Güter und unbewegliche Güter des Anlagevermögens.

Nach dem **Verpflichtungscharakter des Leasing-Vertrages** lassen sich das Operate-Leasing und das Finance-Leasing unterscheiden, auf die näher einzugehen ist:

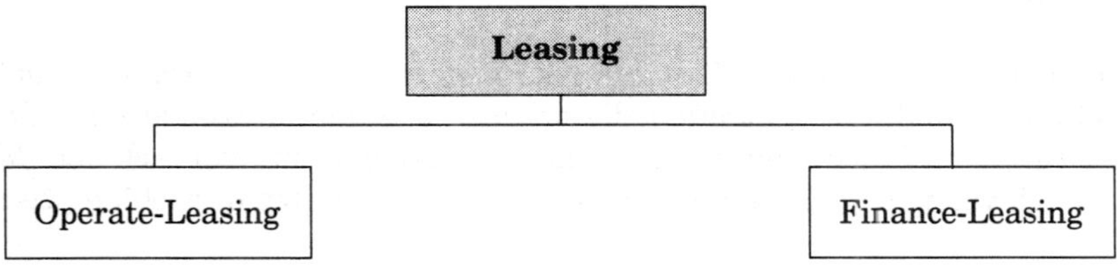

5.4.1 Operate-Leasing

Das Operate-Leasing ist durch die **Kurzfristigkeit** seiner Laufzeit gekennzeichnet. Es entspricht damit einem Mietvertrag.

Für das Unternehmen besteht mit dem Operate-Leasing die Möglichkeit, seine Kapazität an kurzzeitige Schwankungen anzupassen, beispielsweise durch Vergrößerung des Maschinenparks oder der Ausstattung eines Textverarbeitungssekretariates für einige Monate. Das Risiko einer Fehlinvestition ist dabei gering, denn der Leasing-Vertrag lässt sich binnen kurzer Frist kündigen.

Der Leasing-Geber wird nur solche universellen Güter zum Operate-Leasing anbieten, die er problemlos und vielfach nacheinander an verschiedene Leasing-Nehmer vermieten kann.

Die **Bilanzierung** des Leasing-Gutes erfolgt beim Leasing-Geber, der es auch abschreibt und die Eigentumsrisiken trägt. Beim Leasing-Nehmer werden die Leasing-Raten als Aufwand verrechnet. Sie sind als Betriebsausgaben steuerlich abzugsfähig.

5.4.2 Finance-Leasing

Das Finance-Leasing hat überwiegend langfristigen Charakter. Es unterscheidet sich besonders dadurch vom Operate-Leasing, dass der Leasing-Vertrag innerhalb einer Grundmietzeit nicht kündbar ist und typische Eigentümerrisiken auf den Leasingnehmer übergehen.

Die **Grundmietzeit** liegt bei 50 % bis 75 % der betriebsgewöhnlichen Nutzungsdauer des Leasing-Gutes. Mit den Leasing-Raten, die vom Leasing-Nehmer innerhalb der Grundmietzeit zu entrichten sind, deckt der Leasing-Geber:

- Anschaffungs- oder Herstellungskosten
- Nebenkosten
- Kapitalkosten
- Gewinn.

Nach Ablauf der Grundmietzeit kann eine weitere Nutzung des Leasing-Gutes vereinbart sein, die im Rahmen eines Kaufes oder einer weiteren Anmietung des Leasing-Gutes möglich ist. Entsprechend lassen sich drei **Grundtypen von Leasing-Verträgen** unterscheiden:

- Beim Leasing-Vertrag **ohne Optionsrecht** werden keine Vereinbarungen oder Nebenabreden für die Zeit getroffen, die sich an die Grundmietzeit anschließen. Weil sich Leistung und Gegenleistung während der Vertragszeit – ähnlich dem Mietvertrag – gleichwertig gegenüberstehen, ist dieser Vertragstyp unproblematisch.

Die **Bilanzierung** des Leasing-Gutes erfolgt beim:

Leasing-Geber	Leasing-Nehmer
Grundmietzeit beträgt mindestens 40 % und höchstens 90 % der betriebsgewöhnlichen Nutzungsdauer des Leasing-Gutes.	Grundmietzeit beträgt weniger als 40 % oder mehr als 90 % der betriebsgewöhnlichen Nutzungsdauer des Leasing-Gutes.

- Beim Leasing-Vertrag mit **Kaufoptionsrecht** hat der Leasing-Nehmer nach Ablauf der Grundmietzeit die Möglichkeit, das Leasing-Gut vom Leasing-Geber zu erwerben.

Die **Bilanzierung** des Leasing-Gutes erfolgt beim:

Leasing-Geber	Leasing-Nehmer
Grundmietzeit beträgt mindestens 40 % und höchstens 90 % der betriebsgewöhnlichen Nutzungsdauer des Leasing-Gutes und der Kaufpreis bei Ausübung der Option entspricht mindestens dem mittels linearer Abschreibung ermittelten Buchwert oder dem niedrigeren gemeinen Wert des Leasing-Gutes.	Grundmietzeit beträgt weniger als 40 % oder mehr als 90 % der betriebsgewöhnlichen Nutzungsdauer des Leasing-Gutes oder bei einer Grundmietzeit innerhalb dieser Grenzen ist der Kaufpreis bei Optionsausübung niedriger als der mittels linearer Abschreibung ermittelte Buchwert oder der niedrigere gemeine Wert des Leasing-Gutes.

- Beim Leasing-Vertrag **mit Mietverlängerungsoption** hat der Leasing-Nehmer nach Ablauf der Grundmietzeit die Möglichkeit, den Vertrag über die Grundmietzeit zu verlängern, wobei die Folgemiete nur noch 5 % bis 10 % der bisherigen Miete beträgt.

Die **Bilanzierung** des Leasing-Gutes erfolgt beim:

Leasing-Geber	Leasing-Nehmer
Grundmietzeit beträgt mindestens 40 % und höchstens 90 % der betriebsgewöhnlichen Nutzungsdauer des Leasing-Gutes und die Anschlussmiete deckt den Wertverzehr des Leasing-Gutes, der sich auf der Basis des mittels linearer Abschreibung ermittelten Buchwertes oder des niedrigeren gemeinen Wertes ergibt.	Grundmietzeit beträgt weniger als 40 % oder mehr als 90 % der betriebsgewöhnlichen Nutzungsdauer des Leasing-Gutes oder bei einer Grundmietzeit innerhalb dieser Grenzen deckt die Anschlussmiete den Wertverzehr des Leasing-Gegenstandes nicht, der sich auf der Basis des mittels linearer Abschreibung ermittelten Buchwertes oder des niedrigeren gemeinen Wertes und der Restnutzungsdauer des Leasing-Gegenstandes ergibt.

Spezial-Leasing-Verträge werden dem Leasing-Nehmer bilanziell immer zugerechnet, weil davon auszugehen ist, dass die Leasing-Güter ausschließlich auf ihn ausgerichtet sind.

Entscheidend für die **bilanzielle Zurechnung** von Leasing-Gütern ist die Frage,

- ob es sich um wirtschaftliches Eigentum des Leasing-Nehmers
- oder um ein miet- oder pachtähnliches Verhältnis handelt.

Die Finanzverwaltung hat mit dem **Leasing-Erlass** von 1972 versucht, eine Zuordenbarkeit des Leasing-Gutes u. a. durch Festlegung von Prozentsätzen – wie oben dargestellt – zu schaffen. Dabei wurde davon ausgegangen, dass:

- Bei einer Grundmietzeit von über 90 % der betriebsgewöhnlichen Nutzungsdauer des Leasing-Gutes wirtschaftliches Eigentum vorliegt.

- Bei einer Grundmietzeit von weniger als 40 % der betriebsgewöhnlichen Nutzungsdauer des Leasing-Gutes eine Weiternutzung wirtschaftlich angezeigt ist.

Die **Leasing-Raten** sind beim Leasing-Nehmer in voller Höhe als Betriebsausgaben steuerlich abzugsfähig, wenn die Bilanzierung des Leasing-Gutes beim Leasing-Geber erfolgt. Bilanziert der Leasing-Nehmer das Leasing-Gut, beschränkt sich die steuerliche Abzugsfähigkeit auf den Zins- und Kostenanteil der Leasing-Raten, hinzu kommt das Recht auf Abschreibung.

5.4.3 Eignung

Das Finance-Leasing fand im Verlaufe der letzten Jahre zunehmende Beachtung. Indes kann es nicht so uneingeschränkt positiv beurteilt werden, wie man dies aus dem Werbematerial der Leasing-Gesellschaften schließen mag. Die wichtigsten **Gesichtspunkte** für eine Beurteilung sind:

- Leasing bietet kleinen und mittleren Unternehmen zweifellos die Möglichkeit, eine **Finanzierung** von Anlagegütern vorzunehmen, die durch sonstigen Einsatz von Eigenkapital oder Fremdkapital nicht oder nur schwer realisierbar wäre, beispielsweise wegen Erreichen der Verschuldungsgrenze bzw. wegen fehlender Sicherheiten.

  Wenn aber gesagt wird, durch das Leasing würde der Finanzierungsspielraum vergrößert, dann ist dies nicht ohne weiteres zutreffend, weil die Kreditinstitute vor ihrer Kapitalvergabe eingehende Kreditwürdigkeitsprüfungen durchführen, die Verpflichtungen aus Leasing-Verträgen offenlegen und bei der Kapitalgewährung berücksichtigt werden.

- Leasing kann die **Liquidität** beeinflussen, weil die Auszahlungen nicht auf einmal, sondern über den Zeitraum von mehreren Jahren anfallen. Dabei muss beachtet werden, dass die Auszahlungen sich auf 50 % bis 75 % der betriebsgewöhnlichen

Nutzungsdauer verteilen, was zu einer Finanzierungslücke führen kann, wenn die Einzahlungen die Auszahlungen nicht decken.

Eine merkliche Liquiditätsentlastung ist nur dann feststellbar, wenn ein Vergleich zum Barkauf, gegebenenfalls auch zum Zielkauf vorgenommen wird. Erfolgt realistischerweise der Vergleich mit einem durch Raten getilgten Kredit, ist eine günstigere Liquiditätslage beim Leasing nicht festzustellen.

Handelt es sich gar um einen anfangs tilgungsfreien Kredit, unterliegt das Leasing beim Liquiditätsvergleich.

- Leasing eröffnet die Möglichkeit, sich dem **technischen Fortschritt** flexibel anzupassen. Das ist aber nur dann optimal sicherzustellen, wenn die Grundmietzeiten kurz sind. Damit gehen normalerweise hohe Leasing-Raten einher.

- Die Übernahme der **Instandhaltung** durch den Leasing-Geber kann zu organisatorischen und personellen Erleichterungen beim Leasing-Nehmer führen.

- Leasing verursacht hohe **Kosten**, da der Leasing-Geber außer den Zinsen, die normalerweise über den Sätzen der Kreditinstitute liegen, auch

❍ Verwaltungskosten	❍ Kalkulatorische Gewinne
❍ Kalkulatorische Wagnisse	

ansetzt, sodass allgemein davon ausgegangen werden kann, dass andere Formen der Fremdfinanzierung kostengünstiger sind.

Die Konditionen der Leasing-Gesellschaften weichen – Untersuchungen zufolge – nicht wesentlich voneinander ab. Sie bewegen sich in folgendem Rahmen:

Abschlussgebühr	0 % – 10,0 % des Anschaffungswertes
Monatliche Leasing-Rate bei 3-jähriger Grundmietzeit	3,2 % – 3,7 % des Anschaffungswertes
Monatliche Leasing-Rate bei 4-jähriger Grundmietzeit	2,6 % – 3,0 % des Anschaffungswertes
Monatliche Leasing-Rate bei 5-jähriger Grundmietzeit	2,2 % – 2,6 % des Anschaffungswertes
Verlängerungsmiete	5,0 % – 10,0 % der Grundmiete

Wird eine Abschlussgebühr nicht erhoben, erhöhen sich die monatlichen Leasing-Raten entsprechend.

Auch nach Entrichtung der hohen Kosten während der Grundmietzeit – man geht von 125 % bis 155 % der Anschaffungskosten des Leasing-Gutes aus – ist der Leasing-Nehmer rechtlich kein Eigentümer des Leasing-Gutes, muss also für die Weiternutzung oder den Erwerb zusätzliche Kosten in Ansatz bringen.

- Leasing verursacht eine Reihe von **Nebenkosten**, die durch vertragliche Bestimmungen bedingt werden, beispielsweise hat der Leasing-Nehmer:

○ Die Kosten für Fracht, Überführung, Montage sowie das Risiko der Überführung zu tragen.

○ Die Gefahr bei zufälligem Untergang, Verlust, Diebstahl, Beschädigung, Vernichtung, vorzeitigem Verschleiß zu tragen.

○ Das Leasing-Gut gegen alle versicherbaren Risiken zu versichern, was er selbst oder über den Leasing-Geber vornimmt.

○ Alle Wartungs- und Unterhaltungskosten voll zu tragen, wobei die Ersatz- und Zubehörteile sofort in das Eigentum des Leasing-Gebers übergehen.

○ Alle die Demontage und Rückführung des Leasing-Gutes betreffenden Kosten sowie die dabei möglicherweise aufkommenden Gefahren zu übernehmen.

Beispiel: Ein Vergleich zwischen Kreditkauf, Barkauf und Leasing soll nachfolgend gezeigt werden, wobei steuerliche Aspekte unberücksichtigt bleiben:

Anschaffungskosten einer Maschine	600.000 €
Nutzungsdauer der Maschine	6 Jahre
Kreditsumme	600.000 €
Kreditlaufzeit	6 Jahre
Kreditzinsen	8 %
Kredittilgung	6 gleiche Raten
Grundmietzeit	4 Jahre
Abschlussgebühr	10 %
Leasing-Raten pro Monat	3 %
Anschlussmiete pro Jahr	15.000 €
Einzahlungen aus Maschinen-Nutzung pro Jahr	180.000 €

Jahr	Auszahlungen			Einzahlungen	Liquiditätsbelastung (kumuliert)		
	Kreditkauf	Barkauf	Leasing		Kreditkauf	Barkauf	Leasing
1	148.000	600.000	276.000	180.000	– 32.000	420.000	96.000
2	140.000		216.000	180.000	– 72.000	240.000	132.000
3	132.000		216.000	180.000	– 120.000	60.000	168.000
4	124.000		216.000	180.000	– 176.000	– 120.000	204.000
5	116.000		15.000	180.000	– 240.000	– 300.000	39.000
6	108.000		15.000	180.000	– 312.000	– 480.000	– 126.000
	768.000	600.000	954.000				

70 Seite 486

6. Derivatives Instrumentarium

Die zunehmende Globalisierung von Handel und Wirtschaft hat für die Unternehmen den Zugang zu internationalen Geld- und Kapitalmärkten sehr erleichtert. Bisher bestehende, abgeschottete Märkte mit konstanten Zinsgefügen wurden aufgehoben.

Diese Internationalisierung des Finanzmarktes führte zu zunehmenden Zinsschwankungen im kurzfristigen wie auch im langfristigen Bereich der Kreditvergabe.

Gemessen werden solche Schwankungen anhand der **Volatilität**. Sie gilt als Messzahl der Schwankungsbreite der Zinsen. Je größer die Volatilität der Zinsen ist, desto stärker streuen sie um ihren Mittelwert und damit sind die zu erwartenden Zinsschwankungen in der Zeit umso höher ausgeprägt.

Für die Unternehmen ergeben sich durch Geldaufnahmen und Geldanlagen mit unterschiedlichen Zinsbindungsfristen und unterschiedlichen Laufzeiten ständige Zinsänderungsrisiken.

Dies kann sowohl die Passiv-Seite wie auch die Aktiv-Seite der Bilanz betreffen und Risiken bei Geschäftsabschlüssen mit sich bringen, die in der Vergangenheit abgeschlossen wurden und/oder heute abgeschlossen werden sowie in der Zukunft getätigt werden sollen.

Zudem ersetzen variabel verzinste Kredite immer stärker die Festzinssatzkredite.

Zwei grundsätzliche Entscheidungen zur **Begrenzung des Zinsrisikos** können getroffen werden:

- **Zins-Sicherungsentscheidungen** als **Hedging**, mit dem das Ziel verfolgt wird, eine Risikoposition durch ein Gegengeschäft zu neutralisieren.

- **Zins-Risikoentscheidungen** als **Positionierung**, bei der zuerst sorgfältige Analysen der Risikosituation erfolgen, wobei die Erwartungshaltung zur Zinsentwicklung bestimmt werden soll und damit eine Positionierung geschieht.

  Diese ist auch dann gegeben, wenn ein Unternehmen sich gegenüber Zinsänderungen **passiv** verhält.

Es bestehen unterschiedliche Marktformen für derivative Instrumente, die einer Risikobegrenzung dienen sollen:

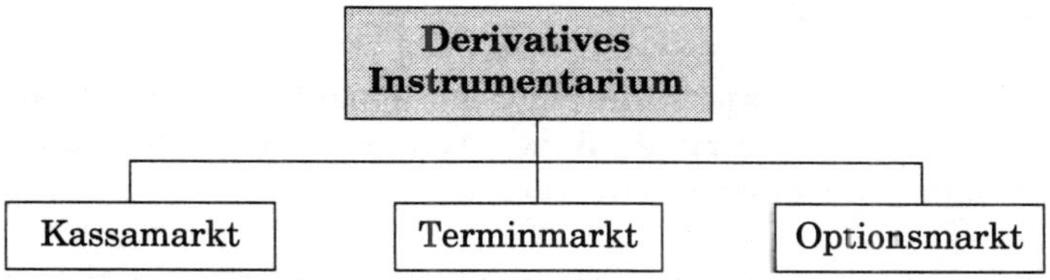

6.1 Kassamarkt

Im Kassamarkt fallen Geschäftsabschluss und Geschäftserfüllung in einer Transaktion zusammen. Dementsprechend besteht eine sofortige Erfüllungspflicht der Transaktion, die per Kasse getätigt wird.

Im Kassageschäft werden vor allem **nicht börsengehandelte, derivative Zinsinstrumente** gehandelt, die beispielsweise sind:

- **Zinsswaps**
- **Zins-/Währungsswaps**.

6.1.1 Zinsswaps

Bei den Zinsswaps vereinbaren zwei Partner einen Austausch (Swap = Tausch) von **unterschiedlich gestalteten Zinszahlungen**. Es werden feste gegen variable oder variable gegen feste Zinssätze sowie variable Zinssätze mit unterschiedlichen Laufzeiten getauscht:

- **Feste Zinssätze** stellen die jeweiligen Marktzinssätze dar und werden über die gesamte Laufzeit eines Kredites fest vereinbart.

- **Variable Zinssätze** sind an einen Referenzzinssatz mit entsprechender Laufzeit – Zinsbindungsdauer z. B. 1-, 3- oder 6-Monate – gekoppelt, der für alle Beteiligten nachvollziehbar ist (LIBOR, EURIBOR).

Weitere Merkmale der Zinsswaps sind:

- Die **Laufzeit**, die einen bestimmten Zeitraum erfasst, der von einem Jahr bis zu zehn Jahren reichen kann.

- Die **Berechnung des Zinssatzes**, die zum Teil beim Festzinssatz 30/360 Tage beträgt und beim variablen Zinssatz taggenau abgerechnet wird.

- Die **Zahlungstermine**, die beim Festzinssatz halbjährig oder jährlich nachschüssig erfolgen. Beim variablen Zinssatz fallen sie je nach Zinsbindungsdauer, z. B. viertel- oder halbjährig, an.

- Die **Zinsanpassung**, die dementsprechend beim variablen Zinssatz z. B. alle drei oder sechs Monate erfolgt.

- Die zu Grunde liegenden **Kapitalbeträge** werden unter den Handelspartnern nicht ausgetauscht, da sie sich **betragsmäßig entsprechen**. Die Kapitalgröße wird nur für die Berechnung der Zinsen herangezogen.

Zinsswaps sind faktisch und rechtlich unabhängig von den zu sichernden Grundgeschäften. Zur Absicherung von Änderungsrisiken werden sie jedoch mit den Grundgeschäften, welche die eigentlichen Anlagen oder Kreditaufnahmen darstellen, kombiniert. Dementsprechend lassen sich unterscheiden:

- **Anlageswaps** in Verbindung mit Anlagegeschäften
- **Finanzierungsswaps** in Verbindung mit Finanzierungsgeschäften.

6.1.2 Zins-/Währungsswaps

Zins-/Währungsswaps stellen eine Kombination aus einem Währungsswap und einem Zinsswap dar.

Während bei Währungsswaps die Handelspartner tatsächliche Kapitalbeträge in verschiedenen Währungen tauschen, erfolgen aus Zinsswaps nur Zahlungen, die sich aus den Währungsbeträgen entstehenden Zinszahlungen ergeben.

Ziel der Zins-/Währungsswaps ist die gleichzeitige Sicherung von Währungsrisiken und Zinsrisiken.

6.2 Terminmarkt

Im Terminmarkt fallen Geschäftsabschluss und Geschäftserfüllung einer Transaktion zeitlich auseinander und sind für beide Handelsparteien verbindlich. Es lassen sich unterscheiden:

- **Börsengehandelte Instrumente**
- **Maßgeschneiderte Instrumente**.

6.2.1 Börsengehandelte Instrumente

Börsengehandelte Instrumente sind im Gegensatz zu den nicht börsengehandelten Instrumenten standardisiert. An der Börse wird in einem »**Fixing**« ein täglicher Abrechnungspreis festgestellt.

Für die Erfüllung der Geschäfte garantiert eine **Clearing-Stelle** und befreit damit beide Kontraktparteien vom Bonitätsrisiko des jeweils anderen Geschäftspartners.

Die **Standardisierung** erbringt Vorteile hinsichtlich der stärkeren Liquidisierung des Marktes, wodurch der Handel an Flexibilität und Schnelligkeit gewinnt.

Börsengehandelte Instrumente im Terminmarkt sind:

- Futures auf Bundesanleihen und auf Bundesobligationen
- Futures auf den 3-Monats-Euro-Zinssatz.

Beispiel: Der **Bund-Future** spiegelt die Kursentwicklung langfristiger Bundesanleihen wider. Er stellt einen Kontrakt dar über die Lieferung oder Abnahme von Bundesanleihen im Nominalbetrag von 100.000,- € oder einem Mehrfachen davon. Die Restlaufzeit dieser Anleihen beträgt 8,5 bis 10 Jahren. Die Lieferung oder die Abnahme erfolgen zu einem vereinbarten Preis (= Kurs des Futures) und zu einem vereinbarten Datum (= Fälligkeitsdatum des Futures).

Der Bund-Future basiert auf einer synthetischen Bundesanleihe mit einer Normalverzinsung von 6 %, wobei folgende Handelsusancen gelten:

Liefermonate	März, Juni, September, Dezember
Laufzeit	maximal 9 Monate
Liefertag	10. Kalendertag des Liefermonats
Letzter Handelstag	2 Börsentage vor dem Liefertag
Handelsort	EUREX (Zusammenschluss der deutschen und schweizerischen Terminbörsen) und London International Financial Futures Exchange (LIFFE)

Mit diesen Zins-Futures werden bestehende und zukünftige Risikopositionen der Aktiv- und Passiv-Seite abgesichert. Die Funktionsweise der Futures besteht darin, dass ein bestehender oder noch zu erwartender Wertpapierbestand durch eine entgegengesetzte Future-Position neutralisiert wird. Hierdurch immunisiert sich der Wertpapierbestand gegen Zinsschwankungen.

Tritt die erwartete Zinsschwankung ein, gleichen sich die Kassa-Position des Wertpapiers und die Future-Position aus. So steigt der Wert des Futures in dem Maße, in dem die Kassa-Position an Wert verliert. Entwickeln sich die Zinsen nicht gemäß der Erwartung, verliert der Future an Wert und die Kassa-Position steigt dann in gleichem Maße.

Auf diese Weise kompensieren die Gewinne der einen Seite die Verluste der anderen Seite. Letztlich hat man durch die Absicherung das jeweils geltende Zinsniveau für die Zukunft festgeschrieben.

6.2.2 Maßgeschneiderte Instrumente

Maßgeschneiderte Instrumente werden nicht an der Börse gehandelt. Die Geschäftspartner schließen untereinander direkt einen Vertrag ab, wobei zum größten Teil Kreditinstitute als Mittler dieser Geschäfte auftreten.

Diese **OTC-Produkte** (»over the counter«) sind in der Praxis sehr beliebt, da sie die vielfältigen, unterschiedlich auftretenden Probleme sehr individuell lösen.

Nicht börsengehandelte Zinsinstrumente beinhalten eine Vereinbarung zwischen zwei Vertragspartnern über die Festlegung eines für beide Parteien verbindlichen Zinssatzes für die Zukunft.

Auf dem Terminmarkt werden gehandelt:

- Der **Forward Swap**, der einem **Zinsswap** entspricht, dessen Beginn durch festzulegende Vorlaufzeiten (1 bis 24 Monate) in die Zukunft verschoben wird.

- Das **Forward rate agreement**, das zwischen zwei Vertragspartnern, dem Käufer und dem Verkäufer eines Forward rate agreement, den Festzinssatz (FRA-Satz) für eine bestimmte Periode unter Zugrundelegung eines Referenzzinssatzes festlegt.

  Steigt nun der Referenzzinssatz über den Festzinssatz, erhält der Käufer vom Verkäufer des Forward rate agreements eine **Ausgleichszahlung**. Basis für ihre Berechnung ist ein vereinbarter nomineller Kapitalbetrag, der zwischen den beiden Vertragspartnern **nicht ausgetauscht** wird, sondern nur die rechnerische Grundlage für die Zinszahlungen darstellt.

  Hierdurch erfolgt z. B. eine Absicherung eines bestehenden Kreditengagements bei zu erwartenden Zinssteigerungen. Entsprechend seiner individuellen Zinseinschätzung fängt der Kreditnehmer das Risiko steigender Zinsen eines variabel verzinslichen Kreditengagements durch den Kauf eines Forward rate agreements ab.

6.3 Optionsmarkt

Geschäftsabschluss und Geschäftserfüllung einer Transaktion fallen im Optionsmarkt zeitlich auseinander. Außerdem besteht für den Käufer einer Option ein Wahlrecht der Ausübung. Für die Option hat der Käufer eine Optionsprämie zu zahlen.

Auch auf dem Optionsmarkt gibt es:

- **Börsengehandelte Instrumente**
- **Maßgeschneiderte Instrumente**.

6.3.1 Börsengehandelte Instrumente

Börsengehandelte sind **standardisierte Instrumente**. Dazu zählen:

- 3-Monats-Euro-Futures als Optionsgeschäft
- Futures auf Bundesobligationen als Optionsgeschäft
- Futures auf Bundesanleihen als Optionsgeschäft.

Hier erwirbt der Käufer einer Option das Recht, zukünftig eine der oben genannten Future-Positionen einzugehen. Diese Future-Positionen werden, wie bereits gezeigt, in Bezug auf Kontraktgröße, Basiswert und Basispreis sowie nach ihrer Terminierung standardisiert an der Börse gehandelt.

6.3.2 Maßgeschneiderte Instrumente

Maßgeschneiderte Instrumente als OTC-Produkte sind weiter verbreitet als die zuvor angeführten standardisierten Instrumente. Sie werden nicht an der Börse gehandelt.

Als maßgeschneiderte Instrumente sollen beschrieben werden:

- **Caps**, die eine vertragliche Vereinbarung zwischen einem Cap-Käufer und einem Cap-Verkäufer enthalten. Der Cap-Käufer hat eine Cap-Prämie zu zahlen und bekommt dadurch eine Garantie für eine Zinsobergrenze innerhalb eines bestimmten Zeitraumes auf einen bestimmten Nominalbetrag. Er ist der Optionskäufer.

  Für bereits bestehende oder zukünftige Verbindlichkeiten, die variabel verzinst werden, folgt hieraus, dass der Käufer eines Caps eine »Zinsversicherung« gegen steigende Zinsen abgeschlossen hat.

  Belastungen, die sich aus einem variabel verzinslichen Kredit ergeben, werden vom Cap-Verkäufer erstattet, soweit sich der Referenzzinssatz über den im Cap-Vertrag als Obergrenze festgelegten Maximalzins bewegt.

  Der Cap-Verkäufer hat dann die Differenz zwischen dem Referenzzinssatz und der vereinbarten Obergrenze zu zahlen. Er ist sozusagen ein Versicherungsgeber, der die Mehrbelastungen des Versicherungsnehmers ausgleicht und nimmt die Stillhalter-Position in diesem Optionsgeschäft ein.

- **Floors**, bei denen im Gegensatz zu Caps eine Zinsuntergrenze bestimmt wird. Der Floor versichert damit variable Finanzanlagen gegen ein Absinken des Zinsniveaus.

  Der Käufer des Floor erwirbt das Recht, bei Unterschreiten des Referenzzinssatzes während der Laufzeit vom Verkäufer des Floors eine Ausgleichszahlung, die sich wiederum auf einen zu Grunde liegenden Nominalbetrag bezieht, zu verlangen.

  Auch hierfür zahlt der Käufer des Floors an den Verkäufer eine Prämie.

- **Collars** stellen eine Koppelung eines Cap-Kaufes und eines Floor-Verkaufes bzw. eines Floor-Kaufes und eines Cap-Verkaufes dar. Sie dienen zur Reduzierung der zu zahlenden Prämie und legen damit einen Zinsbereich fest, in dem der Referenzzinssatz schwanken kann.

- **Swaptionen** sind eine Kombination aus einem Swap und einem Optionsgeschäft. Der Käufer einer Swaption hat das Recht, nicht aber die Pflicht in einen vorher ausgehandelten Swap einzutreten.

71 > **Seite 487**

	Kontrollfragen	bearbeitet	Lösungshinweis	Lösung +	Lösung -
01	Was versteht man unter Fremdfinanzierung?		263		
02	Welche Bedeutung kommt der Fremdfinanzierung zu?		263		
03	Auf welchen Märkten kann Fremdkapital beschafft werden?		263		
04	Wodurch wird die Höhe des Fremdkapitals beeinflusst?		264		
05	Nennen Sie Merkmale der Fremdfinanzierung!		264		
06	Was sind die Kapitalkosten steuerrechtlich?		265		
07	Wie läuft die Fremdfinanzierung mit Kreditinstituten ab?		265 f.		
08	Wozu dient der Kreditantrag?		266		
09	Worauf erstreckt sich die Kreditwürdigkeitsprüfung?		266 f.		
10	Welche Quellen sind ihr nützlich?		268		
11	Was versteht man unter dem Begriff „Baseler Akkord"?		269 f.		
12	Wie funktioniert Rating?		269 f.		
13	Wie erfolgt die Kreditzusage?		271		
14	Weshalb wird eine Kreditkontrolle durchgeführt?		272		
15	Wie können Fremdkapital-Geber sich absichern?		272		
16	Wie kann das Risiko beschränkt werden?		272		
17	Wie kann das Risiko honoriert werden?		272		
18	Wie kann das Risiko gesichert werden?		272 f.		
19	Welche Personalsicherheiten lassen sich unterscheiden?		273		
20	Beschreiben Sie die Bürgschaft!		273 f.		
21	Welche Arten der Bürgschaft gibt es?		274		
22	Was versteht man unter Garantie?		275		
23	Welche Garantien sind in der Praxis gebräuchlich?		275		
24	Was ist ein Kreditauftrag?		275 f.		
25	Erläutern Sie, was ein Schuldbeitritt ist!		276		
26	Was versteht man unter einer Patronatserklärung?		276		
27	Welche Realsicherheiten lassen sich unterscheiden?		276 f.		
28	Was versteht man unter Eigentumsvorbehalt?		277		
29	Erläutern Sie die Arten des Eigentumsvorbehaltes!		277 f.		
30	An welche Voraussetzungen ist das Pfandrecht gebunden?		278		
31	In welchen Fällen ist die Verpfändung zweckmäßig?		279		
32	Wann darf ein Pfand verwertet werden?		279		

	Kontrollfragen	bearbeitet	Lösungshinweis	Lösung +	Lösung -
33	Was versteht man unter einer Sicherungsübereignung?		279 f.		
34	Welche Probleme können sich dabei ergeben?		280		
35	Erläutern Sie die Arten der Sicherungsübereignung!		280		
36	Was ist eine Sicherungsabtretung?		280 f.		
37	Welche Forderungen sind nicht abtretbar?		281		
38	Worin liegen Gefahren der stillen Zession?		281		
39	Was versteht man unter Mantel- und Globalzession?		282		
40	Was versteht man unter einem Grundpfandrecht?		282		
41	Wie entsteht ein Grundpfandrecht?		282		
42	Welche Grundpfandrechte lassen sich unterscheiden?		283		
43	Was ist eine Hypothek?		284		
44	Wie kommt sie zu Stande?		284		
45	Welche Arten der Hypothek gibt es?		284		
46	Was versteht man unter einer Verkehrshypothek?		284		
47	Wozu ist die Höchstbetragshypothek geeignet?		285		
48	Welche Arten der Zwangsvollstreckung gibt es?		285		
49	Was ist eine Eigentümergrundschuld?		285 f.		
50	Was versteht man unter einer Grundschuld?		286		
51	Weshalb wird die Grundschuld der Hypothek vorgezogen?		286		
52	Nennen Sie die Formen kurzfristiger Fremdfinanzierung!		286		
53	Was sind Handelskredite?		287		
54	Erläutern Sie, was ein Lieferantenkredit ist!		287 f.		
55	Wie wird der Lieferantenkredit gesichert?		288		
56	Wie ist der Lieferantenkredit zu beurteilen?		289		
57	Was versteht man unter einem Kundenkredit?		290		
58	Welchen Zwecken dient der Kundenkredit?		290		
59	Wovon können seine Modalitäten abhängen?		291		
60	Inwieweit werden Zinsen verrechnet?		291		
61	Was sind Bankkredite als Geldkredite?		292		
62	Was versteht man unter einem Kontokorrentkredit?		292		
63	Wie kann er gesichert werden?		292 f.		
64	In welchen Formen wird er gewährt?		293		

	Kontrollfragen	bear-beitet	Lösungs-hinweis	Lösung +	Lösung -
65	Welche Kapitalkosten fallen an?		293 f.		
66	Was ist ein Diskontkredit?		295		
67	Wer ist an einem Diskontkredit beteiligt?		295		
68	Wie ist der Diskontkredit gesichert?		296		
69	Welche Kapitalkosten verursacht der Diskontkredit?		296 f.		
70	Wovon hängt die Höhe des Diskont(betrag)es ab?		296 f.		
71	Was versteht man unter einem Lombardkredit?		298		
72	Welche Güter bieten sich dafür an, welche weniger?		298 f.		
73	Wie sind die Beleihungsgrenzen?		299		
74	Welche Kapitalkosten verursacht der Lombardkredit?		300		
75	Nennen Sie Bankkredite, die Kreditleihen sind!		300		
76	Was ist ein Akzeptkredit?		300 f.		
77	Wie ist der Akzeptkredit gesichert?		301		
78	Wie kann ein akzeptierter Wechsel verwertet werden?		301		
79	Welche Kapitalkosten verursacht er?		301		
80	Was ist das Scheck-Wechsel-Verfahren?		301		
81	Worin ist sein Vorteil zu sehen?		302		
82	Was versteht man unter einem Avalkredit?		302		
83	Für welche Fälle ist er nutzbar?		302 f.		
84	Nennen Sie kurzfristige internationale Kredite!		303		
85	Wie wird ein Rembourskredit abgewickelt?		304 f.		
86	Erläutern Sie die Formen des Negoziationskredits!		306		
87	Wie unterscheiden sich Primär- und Sekundärmarkt?		307		
88	Was sind die Instrumente des Eurogeldmarktes?		307		
89	Was sind Termin- und Kündigungsgelder?		307		
90	Was ist ein Certificate of Deposit?		307		
91	Erläutern Sie, was unter einem Commercial Paper zu verstehen ist!		307		
92	Geben Sie Beispiele für Referenzzinssätze!		308		
93	Welche Kredite lassen sich auf dem Eurokreditmarkt unterscheiden?		308 f.		
94	Nennen Sie die Arten der Roll-over-Kredite!		308 f.		
95	Wozu dient der Eurokapitalmarkt?		309		

	Kontrollfragen	bearbeitet	Lösungshinweis	Lösung +	Lösung -
96	Wann spricht man von langfristiger Fremdfinanzierung?		309		
97	In welchen Formen ist sie möglich?		309 f.		
98	Was versteht man unter Franchising?		310		
99	Nennen Sie Kapitalgeber für Darlehen!		311		
100	Wie hoch liegt die Beleihungsgrenze bei Darlehen?		312		
101	Welche Verfahren gibt es um den Wert einer Immobilie zu berechnen?		312		
102	Wie werden Darlehen gesichert?		312		
103	Welche Kapitalkosten fallen bei Darlehen an?		312		
104	Was ist ein Annuitätendarlehen?		313		
105	Was versteht man unter einem Abzahlungsdarlehen?		314		
106	Wann spricht man von einem Festdarlehen?		315		
107	Welche Zinskonditionen können beim Darlehen vereinbart werden?		315 f.		
108	Weshalb unterscheiden sich nominelle und effektive Zinsen?		316 f.		
109	Was ist ein Schuldscheindarlehen?		318		
110	Was sind Kapitalsammelstellen?		318		
111	Welche Festlegungen sollte der Schuldschein enthalten?		318		
112	Welche Bedeutung hat der Schuldschein heute?		319		
113	Welche Kapitalkosten verursacht das Schuldscheindarlehen?		319		
114	Beschreiben Sie das fristkongruente Schuldscheindarlehen!		320		
115	Wann spricht man von einem revolvierenden Schuldscheindarlehen?		321		
116	Was sind Anleihen?		322		
117	Welche Anleihen lassen sich unterscheiden?		322		
118	Welche Unternehmen geben Industrieobligationen aus?		323		
119	Was versteht man unter Teilschuldverschreibungen?		323		
120	Woraus bestehen Teilschuldverschreibungen?		323		
121	Wie können Industrieobligationen gesichert werden?		324		
122	Welche Kapitalkosten entstehen bei Industrieobligationen?		324		
123	Wie kann ihre Emission erfolgen?		324 f.		
124	Zu welchem Kurs können sie ausgegeben bzw. zurückgezahlt werden?		325		
125	Wie kann ihre Tilgung erfolgen?		325 f.		

	Kontrollfragen	bearbeitet	Lösungshinweis	Lösung +	-
126	Welche Methoden können zur Tilgung angewandt werden?		326		
127	Was versteht man unter Konversion?		326		
128	Wie kann sie erfolgen?		326		
129	Warum entsprechen nominaler und effektiver Zinssatz sich nicht?		326		
130	Was sind Wandelschuldverschreibungen?		328		
131	Wann bietet sich ihre Ausgabe an?		328		
132	Wie erfolgt ihre Emission?		329		
133	Wie hoch ist ihr Ausgabekurs?		329		
134	Wie kann der Zeitpunkt des Umtausches beeinflusst werden?		330		
135	Was sind Optionsanleihen?		330		
136	Wie können Optionsanleihen an der Börse notiert werden?		330 f.		
137	Erläutern Sie, was man unter Gewinnschuldverschreibungen versteht!		331 f.		
138	Wie kann die Gewinnbeteiligung bei Gewinnschuldverschreibungen erfolgen?		332		
139	Welche sonstigen Anleihen lassen sich unterscheiden?		332		
140	Was sind Nullkupon-Anleihen?		332		
141	Was versteht man unter Indexanleihen?		332		
142	Erläutern Sie, was unter den Anleihen mit variablen Zinssätzen zu verstehen ist!		332		
143	Was sind Aktienanleihen?		333		
144	Welche Institute befassen sich insbesondere mit Außenhandelskrediten?		333		
145	Was sind Besteller- bzw. Lieferantenkredite im Außenhandel?		333 f.		
146	Wie werden AKA-Kredite gewährt?		334		
147	Was versteht man unter den Plafonds A, C, D und E?		334 f.		
148	Welche Ziele verfolgt die KfW-Bankengruppe?		335		
149	Welche Leistungen bietet die KfW-Bankengruppe national und international an?		335		
150	Welche Kreditsubstitute lassen sich unterscheiden?		336		
151	Was versteht man unter Factoring?		336		
152	Was ist ein echtes bzw. unechtes Factoring?		337		
153	Welche Formen des Factorings sind zu unterscheiden?		337		

	Kontrollfragen	bearbeitet	Lösungshinweis	Lösung +	Lösung -
154	Beschreiben Sie die Dienstleistungsfunktion des Factors!		338 f.		
155	Was beinhaltet die Delkrederefunktion?		339 f.		
156	Wie kann die Finanzierungsfunktion betrieben werden?		340		
157	Was versteht man unter der Forfaitierung?		341		
158	Welche Absicherungen können bei der Forfaitierung verlangt werden?		341		
159	Was sind Asset-Backed Securities?		341 f.		
160	Geben Sie Beispiele für Asset-Backed Securities!		342		
161	Worin unterscheiden sich das Konzept der Fondszertifikate und das Anleihekonzept?		342		
162	Was versteht man unter Leasing?		342		
163	Worin unterscheiden sich das direkte und das indirekte Leasing?		343		
164	Welche Leasing-Arten lassen sich nach der Anzahl der Leasing-Objekte unterscheiden?		343		
165	Was ist Operate-Leasing?		344		
166	Wie erfolgt die Bilanzierung beim Operate-Leasing?		344		
167	Was wird unter Finance-Leasing verstanden?		344		
168	Welche Bedeutung hat die Grundmietzeit?		344		
169	Welche Typen von Leasing-Verträgen gibt es?		344 f.		
170	Erläutern Sie, was unter einem Leasing-Vertrag ohne Optionsrecht zu verstehen ist!		344		
171	Worauf können sich beim Leasing-Vertrag die Optionsrechte beziehen?		345		
172	Wo erfolgt bei den verschiedenen Leasing-Verträgen die Bilanzierung des Leasing-Gutes?		345		
173	Inwieweit sind Leasing-Raten als Betriebsausgaben steuerlich abzugsfähig?		346		
174	Wie ist die Eignung des Leasing als Finanzierungsinstrument zu beurteilen?		346 f.		
175	Wie beeinflusst Leasing die Liquidität des Leasing-Nehmers?		347 f.		
176	Wie sind die Kosten, die beim Leasing anfallen, zu beurteilen?		347 f.		
177	Welche Nebenkosten können sich beim Leasing ergeben?		348		
178	Wozu dient das derivative Instrumentarium?		349		
179	In welchen Marktformen kann das derivative Instrumentarium eingesetzt werden?		349		

	Kontrollfragen	bearbeitet	Lösungshinweis	Lösung +	Lösung -
180	Beschreiben Sie, was unter Zinsswaps und Zins-/Währungsswaps zu verstehen ist!		349 f.		
181	Welche derivativen Instrumente gibt es auf dem Terminmarkt?		351		
182	Erläutern Sie, was unter Caps und Floors verstanden werden kann!		354		

F. Innenfinanzierung

Die Innenfinanzierung ist eine Finanzierung, die das Unternehmen aus eigener Kraft vornimmt. Sie erfolgt durch betriebliche Desinvestitionen.

Im Gegensatz zu der Außenfinanzierung, bei der das Unternehmen Eigenkapital oder Fremdkapital zum Zwecke der Finanzierung ausschließlich von außen beschafft, fließt ihm bei der Innenfinanzierung Kapital zu, das Umsatzerlöse oder sonstige Erlöse darstellt und für Finanzierungsmaßnahmen verwendet werden kann, soweit den Erlösen kein auszahlungswirksamer Aufwand gegenübersteht.

Formen der Innenfinanzierung sind:

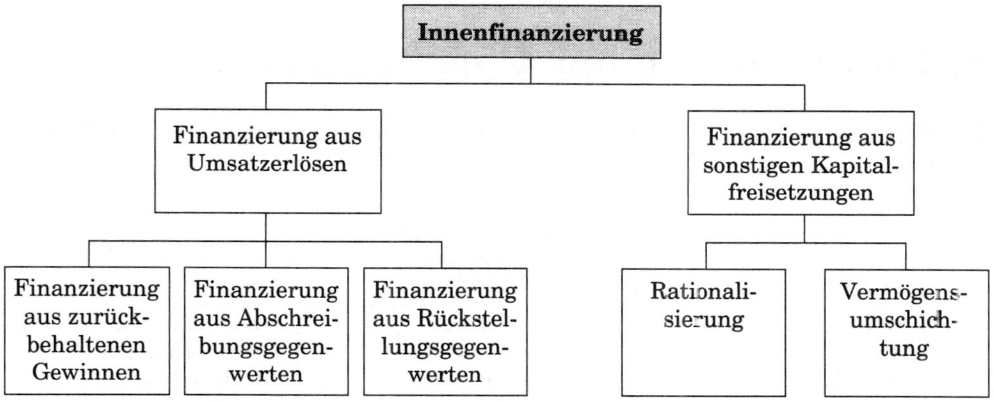

Die **Finanzierung aus Umsatzerlösen** wird auch bezeichnet als:

- Überschussfinanzierung
- Cash Flow-Finanzierung.

Vielfach werden die

- Finanzierung aus zurückbehaltenen Gewinnen
- Finanzierung aus Abschreibungsgegenwerten
- Finanzierung durch Rationalisierung
- Finanzierung durch Vermögensumschichtung

unter dem Begriff der **Eigenfinanzierung** zusammengefasst. Das ist aber **nicht immer richtig** bzw. **möglich.**

Wöhe / Bilstein weisen in diesem Zusammenhang auf folgenden Sachverhalt hin:

- Die Finanzierung aus Abschreibungsgegenwerten ist nur insoweit eine Eigenfinanzierung, als sie über den tatsächlichen Wertminderungsverlauf hinausgeht und damit letztlich eine Selbstfinanzierung darstellt.

Die den tatsächlichen Wertminderungen entsprechende Finanzierung aus Abschreibungsgegenwerten kann eindeutig weder der Eigenfinanzierung noch der Fremdfinanzierung zugerechnet werden.

- Auch die Finanzierung aus Vermögensumschichtung lässt sich nicht ohne weiteres der Eigen- oder Fremdfinanzierung zurechnen.

Im Folgenden werden dargestellt:

Innenfinanzierung	Finanzierung aus Umsatzerlösen
	Finanzierung aus sonstigen Kapitalfreisetzungen

1. Finanzierung aus Umsatzerlösen

Die Finanzierung aus Umsatzerlösen kann - wie bereits gezeigt - in drei Formen erfolgen:

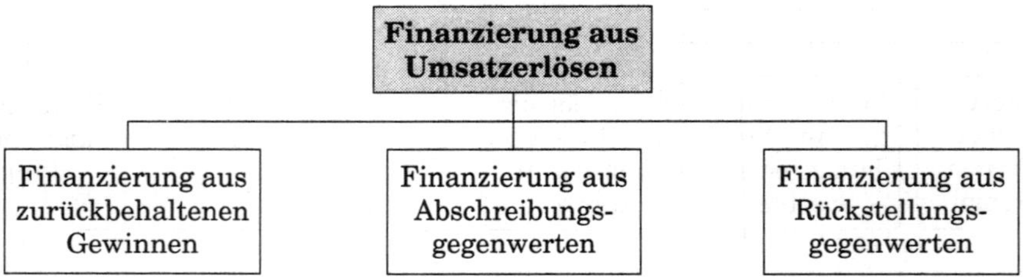

Finanzierung aus Umsatzerlösen bedeutet, dass die zurückbehaltbaren Gewinne bzw. die Abschreibungen und Rückstellungen:

- In den Verkaufspreisen enthalten, d. h. kalkuliert sein müssen.

Materialkosten	
+ Lohnkosten	
+ **Abschreibungen**	als Gegenwerte zur Finanzierung verwendbar
+ **Rückstellungen**	als Gegenwerte zur Finanzierung verwendbar
+ Sonstige Kosten	
+ **Gewinn**	als Gegenwerte zur Finanzierung verwendbar
= **Angebotspreis**	

- Die Verkaufspreise realisiert werden müssen, d. h. die Produkte zu diesen Preisen verkauft werden.

- Der Verkauf der Produkte zu entsprechenden Einzahlungen führen muss.

1.1 Finanzierung aus zurückbehaltenen Gewinnen

Die Finanzierung aus zurückbehaltenen Gewinnen wird meistens als **Selbstfinanzierung** bezeichnet, wobei zu unterscheiden sind:

- **Offene Selbstfinanzierung**
- **Stille Selbstfinanzierung**.

Das Zurückbehalten von Gewinnen – die **Gewinnthesaurierung** – bedingt, dass zunächst Gewinne erzielt wurden, die dann zur Bildung von Rücklagen Verwendung finden und auf diese Weise die Höhe des Eigenkapitals vergrößern. Die Rücklagen können offen ausgewiesen werden oder stille Reserven darstellen, die für den Außenstehenden nicht ohne weiteres erkennbar sind.

1.1.1 Offene Selbstfinanzierung

Bei der offenen Selbstfinanzierung wird der vom Unternehmen erwirtschaftete Gewinn in der Bilanz ausgewiesen und versteuert, jedoch teilweise oder insgesamt **nicht** an die Gesellschafter **ausgeschüttet**.

Der **Gegenwert** des nicht ausgeschütteten Gewinnes befindet sich in Positionen der Aktiv-Seite der Bilanz, beispielsweise:

- Als Guthaben, wenn die finanziellen Mittel noch keine Verwendung gefunden haben,

- Als Anlagevermögen oder Vorräte, wenn mit den finanziellen Mitteln bereits Investitionen vorgenommen worden sind.

Die Entscheidung über die Gewinnverwendung und die damit verbundenen Probleme, die sich auch aus den unterschiedlichen Interessenlagen der Gesellschafter ergeben, sind bei den einzelnen Rechtsformen der Unternehmen anders gelagert. Hierauf wurde bei der Beteiligungsfinanzierung bereits eingegangen.

Im Folgenden sollen betrachtet werden:

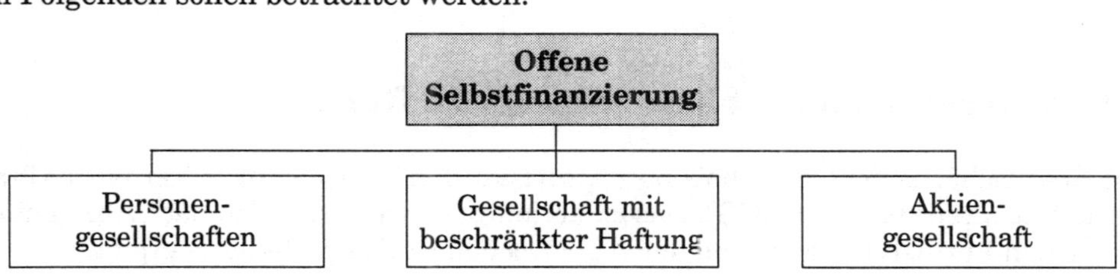

1.1.1.1 Personengesellschaften

Die Gewinnverteilung bei den Personengesellschaften beruht auf der Grundlage des HGB oder BGB bzw. des jeweiligen Gesellschaftsvertrages:

- Bei der **OHG** erfolgt die Verzinsung der Kapitalanteile, sofern im Gesellschaftsvertrag nichts anderes vereinbart ist, zunächst in Höhe von 4 % der bei Beginn des Geschäftsjahres vorhandenen Kapitalanteile. Der Rest des Gewinnes wird – mangels einer anderen Vereinbarung im Gesellschaftsvertrag – nach Köpfen verteilt. Privatentnahmen und Einlagen der Gesellschafter während des Geschäftsjahres sind mit entsprechenden Zinsrechnungen auf die Gewinngrößen zu berücksichtigen.

  Die Gewinnanteile werden den Kapitalkonten der einzelnen Gesellschafter gutgeschrieben. Eine Auszahlung erfolgt nur auf Verlangen der Gesellschafter. Damit haben die Gesellschafter die Möglichkeit, die Höhe ihres Teiles der Selbstfinanzierung zu bestimmen.

- Bei der **KG** gelten für die Komplementäre die gleichen Regelungen wie für die Gesellschafter der OHG. Die Kommanditisten erhalten eine 4 %ige Verzinsung ihrer Kapitalanteile als Gewinnausschüttung. Der Gewinnrest wird in angemessenem Verhältnis verteilt.

  Während die Komplementäre die Möglichkeit haben, Selbstfinanzierung zu betreiben, d. h. ihre Gewinne im Unternehmen zu belassen, ist dies den Kommanditisten nicht möglich. Ihre Gewinnanteile werden, sofern ihre Kapitaleinlagen nicht aufzufüllen sind, als Verbindlichkeiten der Gesellschaft, nicht aber als gewinnberechtigtes Kommanditkapital ausgewiesen, wenn sie nicht entnommen werden.

- Bei der **Stillen Gesellschaft** hat der stille Gesellschafter üblicherweise keine Möglichkeit, über eine Selbstfinanzierung zu entscheiden, da ihm sein Gewinnanteil auszuzahlen ist. Der Geschäftsinhaber, der den stillen Gesellschafter aufnimmt, hat die Möglichkeit, über den Umfang der Selbstfinanzierung zu entscheiden. Eine abweichende Regelung kann im Gesellschaftsvertrag vereinbart werden.

- Bei der **GdbR** wird der Gewinn bei Auflösung der Gesellschaft verteilt, sofern vertraglich nichts anderes vereinbart ist. Eine Entnahme des Gewinnes nach Abschluss eines jeden Geschäftsjahres ist möglich, wenn die Gesellschaft von längerer Dauer ist.

72 Seite 487

1.1.1.2 Gesellschaft mit beschränkter Haftung

Die Gesellschafter der GmbH haben Anspruch auf den Reingewinn im Verhältnis ihrer Geschäftsanteile (§ 29 GmbHG). Das ist derjenige Gewinn, der sich nach Abzug eines möglichen Verlustvortrages und der zugelassenen Rücklagenbildung ergibt.

Den Gesellschaftern steht demnach kein Anspruch auf den gesamten erzielten Gewinn des Unternehmens zu, sondern nur auf einen Teil. Wie hoch dieser Teil ist, hängt von der Feststellung der Bilanz ab, die vorgenommen werden kann:

- Durch die Gesellschafterversammlung nach dem Mehrheitsprinzip
- Durch den/die Geschäftsführer, wenn dies durch die Satzung bestimmt ist
- Durch den Aufsichtsrat, wenn dieser vorhanden ist.

Die Zweckmäßigkeit der offenen Selbstfinanzierung beruht bei der GmbH insbesondere auf steuerlichen Überlegungen, da der Körperschaftsteuersatz für nicht ausgeschüttete Gewinne 40 % beträgt, für ausgeschüttete Gewinne 30 %. Hierauf wird bei der AG näher eingegangen.

1.1.1.3 Aktiengesellschaft

Bei der AG kann die offene Selbstfinanzierung durch die **Bildung von Rücklagen** erfolgen.

Die Bildung von Rücklagen ist die unmittelbare Form der offenen Selbstfinanzierung. Bis 2000 wurde darüber hinaus das **Schütt-aus-hol-zurück-Verfahren** zur Selbstfinanzierung genutzt. Dabei handelte es sich mittelbar um eine offene Selbstfinanzierung, die aus steuerlichen Erwägungen zum Zwecke der Minimierung der Kapitalkosten betrieben wurde. Möglich wurde dies, weil auf einbehaltene Gewinne ein 40 %-iger (bis 1999 45 %-iger)Körperschaftsteuersatz erhoben wurde, während für ausgeschüttete Gewinne ein ermäßigter Körperschaftsteuersatz von 30 % galt.

- Der von der AG erzielte Gewinn wurde hierbei an die Aktionäre **ausgeschüttet**, weshalb der verminderte Körperschaftsteuersatz von 30 % zum Ansatz kommen konnte.

- Nach der Ausschüttung wurde der den Aktionären verbleibende Netto-Gewinn in Form einer Kapitalerhöhung **wieder** in die AG **eingebracht**.

Seit 2001 ist diese einfache Form der Schütt-aus-hol-zurück-Politik nicht mehr möglich, da der Körperschaftsteuersatz – unabhängig von der Einbehaltung oder Ausschüttung der Gewinne – einheitliche 25 % (bzw. 26,5 % in 2003) beträgt (StSenkG 2000).

Die ursprünglichen Übergangsregelungen zur Auflösung früher gebildeter Rücklagen sind durch das Steuervergünstigungsabbaugesetz (StVergAbG) in 2003 verschärft und bis 31.12.2005 komplett ausgesetzt worden. Die Übergangsfristen gelten bis 2019.

Daneben wird mitunter die **Kapitalerhöhung aus Gesellschaftsmitteln** ebenfalls als offene Selbstfinanzierung angesehen. Sie wurde bereits bei der Beteiligungsfinanzierung dargestellt – siehe Seite 244 ff.

Die Aktiengesellschaft versteuert ihren Gewinn einheitlich mit 25 %, also unabhängig davon, ob er ausgeschüttet oder einbehalten wird.

Die Bemessungsgrundlage für die Körperschaftsteuer ist der um die Gewerbeertragsteuer verminderte Gewinn. Die **Gewerbeertragsteuer** lässt sich – unter bestimmten Annahmen – ermitteln:

$$G_E = \frac{m \cdot h}{1 + m \cdot h} \cdot E$$

G_E = Gewerbeertragsteuer
E = Gewerbeertrag vor Abzug der Gewerbesteuer
m = Steuermesszahl
h = Hebesatz

Beispiel: Bei einer Steuermesszahl von 5 % und einem Hebesatz von 300 % ergibt sich als Gewerbeertragsteuer:

$$G_E = \frac{0{,}05 \cdot 3{,}00}{1 + 0{,}05 \cdot 3{,}00} \cdot E$$

$$G_E = \mathbf{0{,}1304\ E}$$

Der **Nettobetrag**, der bei einem Gewinn vor Steuern in Höhe von 100 € **zur Selbstfinanzierung** zur Verfügung steht, beträgt:

	Gewinn vor Steuern	100,00 €
–	Gewerbeertragsteuer (13,04 %)	13,04 €
=	Körperschaftsteuerpflichtiger Gewinn	86,96 €
–	Körperschaftsteuer (25 %)	21,74 €
=	Nettobetrag der Selbstfinanzierung	**65,22 €**

Die **Rücklagen** der AG lassen sich unterteilen in:

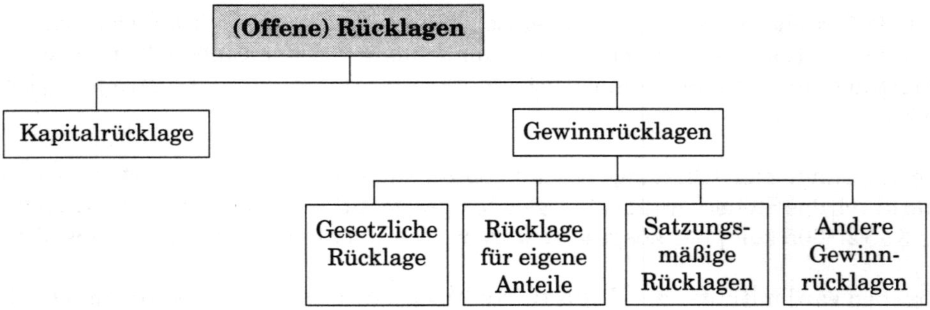

1.1.1.3.1 Kapitalrücklage

In die Kapitalrücklage sind nach § 272 Abs. 2 HGB folgende Beträge einzustellen – siehe ausführlich *Ditges / Arendt*:

- Beträge, die bei der Ausgabe von Anteilen einschließlich von Bezugsanteilen – als **Aufgeld** oder **Agio** – über den Nennbetrag oder den rechnerischen Wert, falls kein Nennbetrag besteht, hinaus erzielt werden.

- Beträge, die bei der Ausgabe von Schuldverschreibungen für **Wandlungsrechte** und **Optionsrechte** zum Erwerb von Anteilen erzielt werden.

  Das betrifft vor allem die Wandelschuldverschreibung. Sie gewährt ihren Inhabern neben den Gläubigeransprüchen auf Zinsen und Rückzahlung des Nennbetrages ein zusätzliches Umtausch- oder Bezugsrecht auf Anteile.

- Beträge von **Zuzahlungen**, die Gesellschafter gegen Gewährung eines Vorzugs für ihre Anteile leisten. Bei der AG ist insbesondere die Ausgabe von Vorzugsaktien nach § 11 AktG zu erfassen.

- Beträge von **anderen Zuzahlungen**, die Gesellschafter in das Eigenkapital leisten.

Bei der Kapitalrücklage handelt es sich im Wesentlichen um **Mehrbeträge**, die dem Unternehmen bei Ausgabe von Anteilen, Wandelschuldverschreibungen und Vorzugsaktien **von außen zugeführt** werden.

1.1.1.3.2 Gewinnrücklagen

Im Gegensatz zu der Kapitalrücklage werden die Gewinnrücklagen nicht von außen zufließenden Beträgen, sondern **aus dem Jahresüberschuss** gebildet. § 266 Abs. 3 HGB sieht folgende Gewinnrücklagen vor – siehe ausführlich *Ditges / Arendt:*

- Die **gesetzliche Rücklage**, die nur bei der AG oder KGaA auftreten kann, da lediglich das AktG gem. § 150 Abs. 1 die Bildung einer solchen Rücklage vorsieht.

  In diese Rücklage sind 5 % des um einen Verlustvortrag aus dem Vorjahr geminderten Jahresüberschusses einzustellen, bis die gesetzliche Rücklage und die Kapitalrücklage zusammen 10 % oder den in der Satzung bestimmten höheren Teil des Grundkapitals erreichen.

  Die gesetzliche Rücklage darf, wenn sie nicht den zehnten oder den in der Satzung vorgeschriebenen höheren Teil des Grundkapitals übersteigt, nur **Verwendung** finden (§ 150 Abs. 3 AktG):

- ❍ Zum Ausgleich eines Jahresfehlbetrages, soweit er nicht durch einen Gewinnvortrag aus dem Vorjahr gedeckt ist und nicht durch Auflösung anderer Gewinnrücklagen ausgeglichen werden kann
- ❍ Zum Ausgleich eines Verlustvortrages aus dem Vorjahr, soweit er nicht durch einen Jahresüberschuss gedeckt und nicht durch Auflösung anderer Gewinnrücklagen ausgeglichen werden kann

Der über 10 % oder über dem in der Satzung festgelegten höheren Teil des Grundkapitals liegende Betrag darf verwendet werden (§ 150 Abs. 4 AktG):

- ❍ Zum Ausgleich eines Jahresfehlbetrages, soweit er nicht durch einen Gewinnvortrag aus dem Vorjahr gedeckt ist
- ❍ Zum Ausgleich eines Verlustvortrages aus dem Vorjahr, soweit er nicht durch einen Jahresüberschuss gedeckt ist
- ❍ Zur Kapitalerhöhung aus Gesellschaftsmitteln

- Die **Rücklage für eigene Anteile**, die für die AG – aber auch für die GmbH – in § 272 Abs. 4 HGB geregelt ist. Ihr Zweck ist eine **Ausschüttungssperre**.

  Mit der Rücklage soll sichergestellt werden, dass der Erwerb eigener Anteile nicht zur Rückzahlung von Grund- oder Stammkapital oder solcher offener Rücklagen führt, für die satzungsmäßige Bindungen gelten. Aus diesem Grunde darf die Rücklage nur aufgelöst werden, soweit die eigenen Anteile ausgegeben, veräußert oder eingezogen werden.

  Die Rücklage, die bereits bei der Aufstellung der Bilanz vorzunehmen ist, darf **aus vorhandenen Gewinnrücklagen** gebildet werden, soweit diese frei verfügbar sind. Die Bildung ist – als Wahlrecht – ferner zu Lasten des Jahresüberschusses und des Gewinnvortrages möglich.

  Die **Höhe** der Rücklage bestimmt sich ausschließlich nach der Bewertung der eigenen Anteile auf der Aktiv-Seite der Bilanz, beispielsweise den Anschaffungskosten. Erfolgte der Zugang der eigenen Anteile unentgeltlich, entfällt die Rücklagenbildung.

  Nach § 272 Abs. 4 Satz 4 HGB ist die Rücklage **auch für Anteile eines herrschenden** oder eines mit Mehrheit beteiligten **Unternehmens** zu bilden, und zwar bei der AG oder GmbH als Tochtergesellschaft.

- **Satzungsmäßige Rücklagen**, die jene Gewinnrücklagen umfassen, zu deren Bildung eine Gesellschaft aufgrund ihres Gesellschaftsvertrages, ihrer Satzung oder ihres Statuts verpflichtet ist.

  Sofern sich die Satzungsbestimmungen jedoch auf die gesetzliche Rücklage nach § 150 AktG beziehen, sind auch die Beträge, die 10 % des gezeichneten Kapitals übersteigen, Bestandteil der gesetzlichen Rücklage und zählen damit nicht zu den satzungsmäßigen Rücklagen.

Satzungsmäßige Rücklagen können **zweckgebunden** sein, wenn die Dotierung der Rücklagen aufgrund einer Zweckbestimmung vorgenommen wird. Ihre Bildung kann aber auch zweckfrei erfolgen, wenn ein bestimmter Betrag ohne Auflagen den satzungsmäßigen Rücklagen zugeführt wird.

Beispiel für zweckgebundene Rücklagen: Rücklagen »für die Erhaltung, Erneuerung von Anlagen, Rationalisierung oder Werbefeldzüge«.

• Die **anderen Gewinnrücklagen**, die als **Restgröße** all jene Gewinnrücklagen beinhalten, die nicht gesondert in anderen Rücklagekomponenten zu erfassen sind. Sie resultieren aus dem Recht der entsprechenden Gewinnverwendungsorgane, zumindest Teile des Jahresüberschusses nach freiem Ermessen den Rücklagen zuzuführen. So können eingestellt werden:

  ○ Der Eigenkapitalanteil einer nur bei der steuerlichen Gewinnermittlung gebildeten Rücklage, die sich handelsbilanzmäßig nicht als Sonderposten mit Rücklageanteil darstellt

  ○ Der Eigenkapitalanteil von **Wertaufholungen** bei Vermögensgegenständen des Anlage- und Umlaufvermögens

1.1.2 Stille Selbstfinanzierung

Die stille Selbstfinanzierung wird durch die Bildung stiller, nicht aus der Bilanz ersehbarer Reserven erreicht, sofern diese durch Gewinne gedeckt sind.

Unter **stillen Reserven** sollen die Kapitalreserven verstanden werden, die ihre Entstehung einer positiven Wertdifferenz zwischen dem Tagesbeschaffungswert und dem Buchwert verdanken, wobei für nicht aktivierte Güter der Buchwert mit Null angenommen wird.

Stille Selbstfinanzierung erfolgt durch:

• Bewusste Bilanzierungsakte
• Bewusste Bewertungsakte.

Dabei werden liquide Mittel im Unternehmen gebunden, ohne zuvor als Gewinn zu erscheinen.

Für das Unternehmen ist es wichtig zu wissen, wie lange die durch die stille Selbstfinanzierung im Unternehmen gebundenen Mittel für Finanzierungszwecke eingesetzt werden können.

Nach ihrer **Fristigkeit** lassen sich unterscheiden:

Dauerhafte stille Reserven	Sie können bei Anlagegütern gegeben sein, die keiner Abnutzung unterliegen, beispielsweise Grundstücken, Beteiligungen.
Langfristige stille Reserven	Sie entstehen beispielsweise bei langlebigen Anlagegütern bzw. langfristigen Rückstellungen.
Mittelfristige stille Reserven	Sie sind beispielsweise bei mittelfristigen Rückstellungen möglich.
Kurzfristige stille Reserven	Sie können bei kurzfristigen Rückstellungen und Verbrauchsgütern gegeben sein.

Das Unternehmen muss bei der Bildung stiller Reserven die **gegenwärtigen Vorteile** mit den **zukünftigen Nachteilen** abwägen. Denn durch die erhöhte Verrechnung des Aufwandes werden liquide Mittel, die während des letzten Wirtschaftsjahres zur Finanzierung von Vermögensteilen verwendet wurden, zunächst rechentechnisch im Unternehmen gebunden, wodurch der Gewinn des Unternehmens sich verringert.

Da sich die stillen Reserven aber nach einer gewissen Zeit wieder auflösen, wird der Gewinn einer späteren Wirtschaftsperiode über den betrieblichen Umsatzprozess erhöht. **Gewinnauszahlungen** werden also nicht vermieden, sondern nur auf spätere Perioden **verschoben**.

Durch die Auflösung stiller Reserven kann das Unternehmen seine Ertragslage günstiger darstellen, als es der Realität entspricht. So kann auch ein möglicher Bilanzverlust verschleiert werden.

Die stille Selbstfinanzierung wird ermöglicht durch:

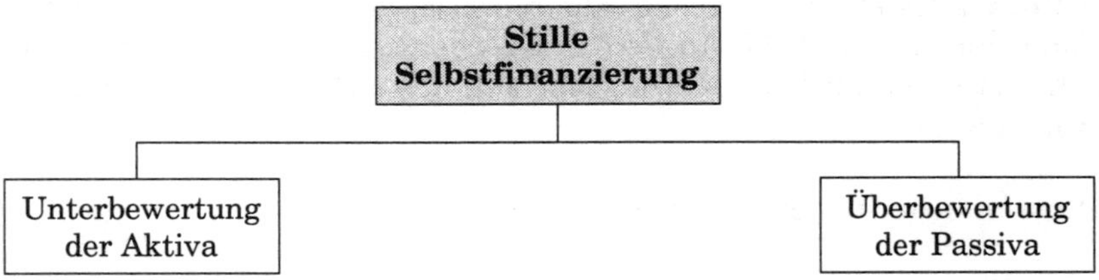

1.1.2.1 Unterbewertung der Aktiva

Der Gesetzgeber versucht eine möglichst realistische und den Interessen der Gläubiger sowie der Öffentlichkeit dienende Bewertung der im Unternehmen befindlichen Wirtschaftsgüter zu erreichen, indem er für das Anlagevermögen das gemilderte Niederstwertprinzip und für das Umlaufvermögen das strenge Niederstwertprinzip vorschreibt - siehe ausführlich *Ditges / Arendt, Grefe*.

Die Unterbewertung von Aktivposten der Bilanz kann erfolgen durch:

- Überhöhte direkte Abschreibungen
- Nichtaktivierung von aktivierungsfähigen Aufwendungen
- Zu niedrige Wertansätze des Umlaufvermögens.

Stille Reserven können auch durch Wertsteigerungen im Anlagevermögen entstehen, wenn der Wert der Anlagegüter aufgrund von Preissteigerungen den Anschaffungspreis übersteigt. Diese stillen Reserven sind für die Selbstfinanzierung jedoch nicht von Bedeutung, da es sich um nicht realisierte Gewinne handelt.

Für die Selbstfinanzierung dienlich sind nur stille Reserven, die realisierte Gewinne im Unternehmen binden.

Stille Reserven aufgrund überhöhter Abschreibungen im Anlagevermögen sind meist von mittelfristiger oder langfristiger Dauer. Kurzfristigen Charakter haben dagegen die Unterbewertungen im Umlaufvermögen sowie Nichtaktivierungen von Vermögensgegenständen.

1.1.2.2 Überbewertung der Passiva

Die Überbewertung von Passivposten der Bilanz erfolgt durch Bildung von:

- Zu hohen Rückstellungen
- Zu hohen Rechnungsabgrenzungsposten.

Überhöhte Rückstellungen dienen – je nach dem Rückstellungsgrund – als kurzfristige bis langfristige Finanzierungsquellen. Rechnungsabgrenzungsposten enthalten meist kurzfristige stille Reserven.

Das Problem der automatischen Auflösung nach einer bestimmten Zeit haben die stillen Reserven der Passiv-Seite der Bilanz mit denen der Aktiv-Seite gemeinsam. Sollen sie weiterhin als Finanzierungsquellen dienen, müssen sie immer wieder von neuem gebildet werden.

1.1.3 Beurteilung

Einzelunternehmen und Personengesellschaften haben keinen Zugang zum organisierten Kapitalmarkt. Aus diesem Grunde sind sie in erheblichem Maße auf die Selbstfinanzierung angewiesen.

Steuerliche Gesichtspunkte lassen die Selbstfinanzierung für alle Rechtsformen der Unternehmen interessant erscheinen. **Voraussetzung** für ihre Durchführung ist allerdings die Erzielung eines Gewinnes, d. h. die Erträge müssen größer sein als die Aufwendungen.

Da der Gewinn über die gesamte Rechnungsperiode hinweg entsteht und nicht erst am Ende der Periode bei Rechnungslegung, kann die Selbstfinanzierung ständig erfolgen.

Für die Beurteilung der Vorteilhaftigkeit der Selbstfinanzierung gilt:

Vorteile	Nachteile
○ Beschaffung der finanziellen Mittel ist kostengünstig. ○ Verwendung der finanziellen Mittel ist kostengünstig. ○ Rückzahlungsverpflichtungen müssen nicht erfüllt werden. ○ Sicherheiten müssen nicht gestellt werden. ○ Vorschriften für den Einsatz der finanziellen Mittel sind nicht zu beachten. ○ Kreditfähigkeit des Unternehmens wird erhöht. ○ Eigenkapitalbildung des Unternehmens kann progressiv erfolgen. ○ Zinsgewinne sind durch Steuerverschiebungen möglich. ○ Herrschaftsverhältnisse verändern sich nicht notwendigerweise.	○ Fehlinvestitionen als Folge der Unabhängigkeiten, wie sie als Vorteile beschrieben wurden, sind möglich, da Entscheidungen subjektiv oder zu wenig fundiert getroffen werden können. ○ Gewinnmanipulationen können im Rahmen der stillen Selbstfinanzierung vorgenommen werden, wodurch eine Täuschung von Kapitalgebern und Öffentlichkeit erfolgen kann. ○ Rentabilitätsverschleierung, da das ausgewiesene Eigenkapital Berechnungsgrundlage ist, tatsächlich aber zu einem bestimmten Erfolg wesentlich mehr Eigenmittel benötigt wurden. ○ Kursveränderungen können sich als Folge von Selbstfinanzierungsmaßnahmen ergeben, wodurch die Lage des Unternehmens falsch beurteilt werden kann.

73 Seite 487

1.2 Finanzierung aus Abschreibungsgegenwerten

Das Unternehmen kalkuliert Abschreibungen in den Angebotspreis der Absatzgüter ein – siehe Seite 364. Sofern diese Abschreibungen als Gegenwerte über den Verkauf der Absatzgüter wieder in das Unternehmen zurückfließen, können sie für Finanzierungszwecke verwendet werden.

Die Finanzierung aus Abschreibungsgegenwerten soll unter drei Gesichtspunkten betrachtet werden:

- **Abschreibungen**
- **Kapitalfreisetzungseffekt**
- **Kapazitätserweiterungseffekt**.

1.2.1 Abschreibungen

Abschreibungen sind Aufwand, der einer Abrechnungsperiode für die Wertminderungen materieller und immaterieller Gegenstände des Anlagevermögens zugerechnet wird.

Ursachen der Abschreibungen können sein:

- Technischer Verschleiß
- Natürlicher Verschleiß
- Ruhender Verschleiß
- Katastrophenverschleiß
- Entwertung durch technischen Fortschritt
- Entwertung durch Bedarfsverschiebungen
- Entwertung durch Fristablauf
- Entwertung durch Preisänderungen.

Als Abschreibungen sollen betrachtet werden:

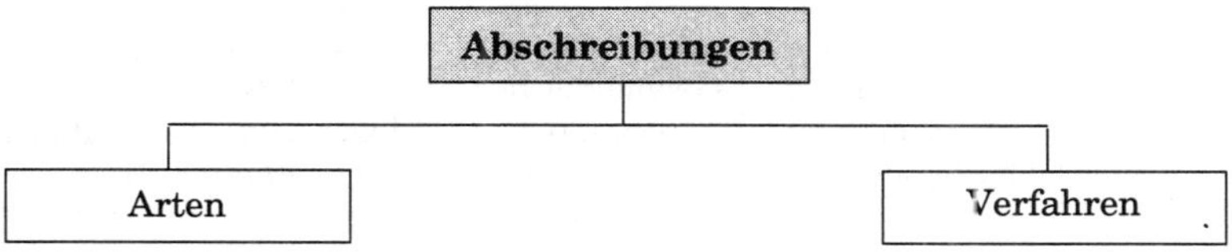

1.2.1.1 Arten

Im Hinblick auf die Art ihrer **Verrechnung** lassen sich unterscheiden:

- **Direkte Abschreibungen**, bei denen die Abschreibungsbeträge unmittelbar auf die entsprechenden Anlagekonten verbucht werden.

- **Indirekte Abschreibungen**, die unter Verwendung eines Wertberichtigungskontos vorgenommen werden, auf das die Abschreibungsbeträge gebucht werden.

Nach ihrer unterschiedlichen **Zielsetzung** können genannt werden:

- **Bilanzielle Abschreibungen**, die auf der Basis der gesetzlichen Vorschriften, insbesondere des HGB und EStG, vorzunehmen sind. Sie dürfen nur von den Anschaffungs- und Herstellkosten als Basisgröße ausgehen.

- **Kalkulatorische Abschreibungen**, die keine externen Zwecke verfolgen, sondern der Kostenrechnung dienen, um den verursachungsgerechten Wertverzehr zu ermitteln. Dementsprechend können sie in beliebiger Höhe angesetzt werden, müssen also nicht Anschaffungs- oder Herstellkosten als Basisgröße haben.

1.2.1.2 Verfahren

Der Wertanteil, der einer Periode oder Leistungseinheit zugerechnet werden soll, ergibt sich durch das Abschreibungsverfahren – siehe ausführlich *Olfert*:

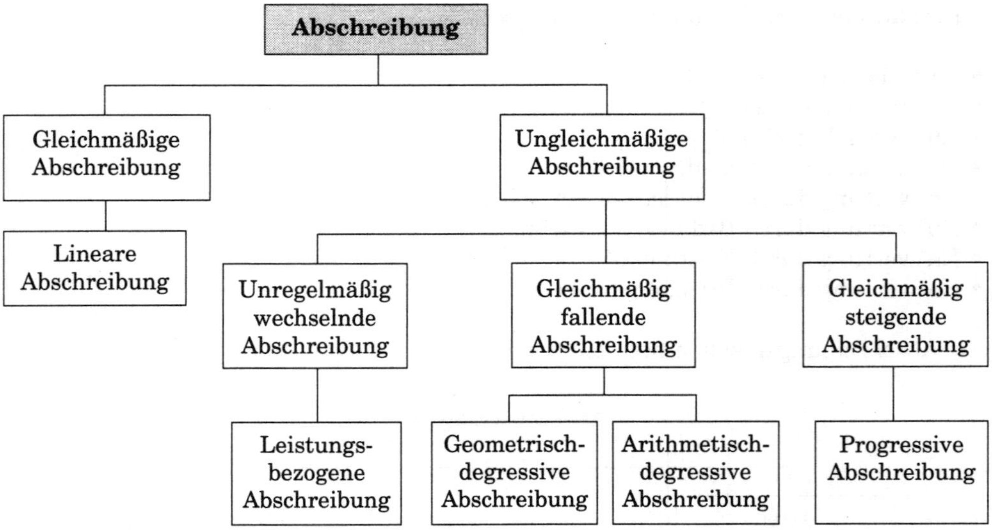

1.2.1.2.1 Lineare Abschreibung

Bei der linearen Abschreibung wird der Basiswert eines Anlagegutes gleichmäßig auf die einzelnen Perioden verteilt, in denen es voraussichtlich genutzt wird:

$$a = \frac{B}{n}$$

a = Jährlicher Abschreibungsbetrag (€/Jahr)
B = Basiswert (€)
n = Geschätzte Nutzungsdauer in Jahren (Jahre)

Wird erwartet, dass für das Anlagegut nach Ablauf der Nutzungsdauer noch ein Verkaufserlös erzielt wird, beispielsweise in Höhe des Schrottwertes, gilt:

$$a = \frac{B - V}{n}$$

V = Verkaufserlös (€)

Beispiel: Eine Maschine wird für 12.000 € erworben. Ihre Nutzungsdauer wird auf 5 Jahre geschätzt. Die Abschreibung erfolgt

unter Annahme, dass nach 5 Jahren kein Verkaufserlös für die Maschine erzielt werden kann:

$$a = \frac{B}{n} = \frac{12.000}{5} = \mathbf{2.400\ €}$$

unter Annahme, dass nach 5 Jahren ein Verkaufserlös von 2.000 € für die Maschine erzielt wird:

$$a = \frac{B - V}{n} = \frac{12.000 - 2.000}{5} = \mathbf{2.000\ €}$$

Das Verfahren der linearen Abschreibung soll zu einer gleichmäßigen Aufwandsverteilung führen, was aber nur erreicht werden kann, wenn keine oder gleichmäßig hohe jährliche Reparaturen anfallen.

Handelsrechtlich ist die lineare Abschreibung nach § 253 HGB erlaubt, da sie den Grundsätzen ordnungsmäßiger Buchführung entspricht. Ebenso darf sie **steuerrechtlich** verwendet werden (§ 7 Abs. 1 EStG).

1.2.1.2.2 Degressive Abschreibung

Bei der degressiven Abschreibung wird der Basiswert eines Anlagegutes ungleichmäßig über die einzelnen Wirtschaftsperioden verteilt. Die ersten Jahre der voraussichtlichen Nutzungsdauer werden stärker mit Abschreibungen belastet als die letzten Jahre.

Es lassen sich zwei **Formen** degressiver Abschreibung unterscheiden:

- Bei der **geometrisch-degressiven Abschreibung** wird das Anlagegut – wie bei der linearen Abschreibung – jährlich mit dem gleichen Prozentsatz abgeschrieben, allerdings nicht – wie bei der linearen Abschreibung – vom Basiswert, sondern vom jeweiligen Restwert.

  Deshalb muss der Prozentsatz bei der geometrisch-degressiven Abschreibung höher sein als bei der linearen Abschreibung, wenn in beiden Fällen eine gleich lange Nutzungsdauer angenommen wird.

  Der prozentuale Abschreibungssatz wird ermittelt:

$$p = 100 \cdot \left(1 - \sqrt[n]{\frac{R_n}{B}}\right)$$

p = Abschreibungssatz (%)
n = Geschätzte Nutzungsdauer (Jahre)
B = Basiswert (€)
R = Restwert zu Ende der Nutzungsdauer (€)

Beispiel: Eine Maschine wird für 22.000 € erworben. Sie wird schätzungsweise 5 Jahre nutzbar sein und einen Restwert von 2.000 € haben.

Der Abschreibungssatz für die Maschine beträgt:

$$p = 100 \cdot \left(1 - \sqrt[5]{\frac{2.000}{22.000}}\right)$$

$$p = \mathbf{38{,}1\ \%}$$

Die Abschreibungsbeträge nehmen folgenden Verlauf:

$a_1 = R_0 \cdot p = 22.000 \cdot 38{,}1\ \% = 8.382{,}00$	$R_1 = 22.000{,}00 - 8.382{,}00 = 13.618{,}00$
$a_2 = R_1 \cdot p = 13.618 \cdot 38{,}1\ \% = 5.188{,}46$	$R_2 = 13.618{,}00 - 5.188{,}46 = 8.429{,}54$
$a_3 = R_2 \cdot p = 8.429{,}54 \cdot 38{,}1\ \% = 3.211{,}66$	$R_3 = 8.429{,}54 - 3.211{,}66 = 5.217{,}88$
$a_4 = R_3 \cdot p = 5.217{,}88 \cdot 38{,}1\ \% = 1.988{,}01$	$R_4 = 5.217{,}88 - 1.988{,}01 = 3.229{,}87$
$a_5 = R_4 \cdot p = 3.229{,}87 \cdot 38{,}1\ \% = 1.230{,}57$	$R_5 = 3.229{,}87 - 1.230{,}57 = 1.999{,}30$*

a_n = Abschreibungsbeträge im Jahre n
R_n = Restwert im Jahre n
p = Abschreibungssatz %

* Entspricht ungefähr dem geplanten Restwert von 2.000 €

Handelsrechtlich ist die geometrisch-degressive Abschreibung nach § 253 HGB erlaubt, da sie den Grundsätzen ordnungsmäßiger Buchführung entspricht. **Steuerrechtlich** ist die geometrisch-degressive Abschreibung nach § 7 Abs. 2 EStG nur erlaubt:

- Bei beweglichen Wirtschaftsgütern des Anlagevermögens.
- Maximal mit dem zweifachen Satz der linearen Abschreibung, höchstens jedoch 20 %.

- Bei der **arithmetisch-degressiven Abschreibung** fallen die jährlichen Abschreibungsbeträge stets um den gleichen Betrag.

  Zunächst wird dazu der Degressionsbetrag ermittelt:

$$D = \frac{B}{N}$$

D = Degressionsbetrag (€)
N = Summe der arithmetischen Reihe von 1 + 2 ... + n Nutzungsjahren
B = Basiswert (€)

Die jährlichen Abschreibungsbeträge ergeben sich dann aus:

$$a_t = D \cdot R$$

R = Restnutzungsdauer zum Jahresbeginn
a_t = Abschreibungsbetrag zum Jahresende (€/Jahre)

Beispiel: Ein Personalcomputer wird für 12.000 € erworben. Es wird mit einer Nutzung von 4 Jahren gerechnet.

$$\text{Degressionsbetrag} = \frac{B}{N} = \frac{12.000}{1+2+3+4} = \mathbf{1.200\ €}$$

Die Abschreibungsbeträge sehen wie folgt aus:

a_1	$= D \cdot n$	$= 1.200 \cdot 4 =$	4.800 €	(1. Jahr)
a_2	$= D \cdot (n-1)$	$= 1.200 \cdot 3 =$	3.600 €	(2. Jahr)
a_3	$= D \cdot (n-2)$	$= 1.200 \cdot 2 =$	2.400 €	(3. Jahr)
a_4	$= D \cdot (n-3)$	$= 1.200 \cdot 1 =$	1.200 €	(4. Jahr)
			12.000 €	

Handelsrechtlich ist die arithmetisch-degressive Abschreibung nach § 253 HGB erlaubt, da sie den Grundsätzen ordnungsmäßiger Buchführung entspricht. **Steuerrechtlich** ist die arithmetisch-degressive Abschreibung nicht zugelassen.

1.2.1.2.3 Leistungsbezogene Abschreibung

Bei der leistungsbezogenen Abschreibung gibt es keinen einheitlichen Trend der jährlichen Abschreibungsbeträge. Sie ergeben sich aus dem Umfang der Beanspruchung, der das Anlagegut ausgesetzt ist.

Rechnerisch wird der jährliche Abschreibungsbetrag ermittelt:

$$a_t = \frac{B}{L} \cdot L_{Pt}$$

a_t = Abschreibungsbetrag für Periode t (€/Periode)
B = Basiswert (€)
L = Voraussichtliche Gesamtleistung des Anlagegutes
L_{Pt} = Periodenleistung des Anlagegutes

Beispiel: Ein PKW wird mit einer Gesamtleistung von 100.000 km veranschlagt. Der Anschaffungspreis beträgt 20.000 €. In der Abrechnungsperiode beträgt die Kilometerleistung 25.000 km.

$$a_t = \frac{B}{L} \cdot L_{Pt} = \frac{20.000}{100.000} \cdot 25.000 = \mathbf{5.000\ €}$$

Handelsrechtlich ist die leistungsbezogene Abschreibung nach § 253 HGB erlaubt, da sie den Grundsätzen ordnungsmäßiger Buchführung entspricht. **Steuerrechtlich** ist sie bei beweglichen Anlagegegenständen zulässig (§ 7 Abs. 1 Satz 4 EStG), wenn sie wirtschaftlich begründet ist.

74 Seite 488

1.2.2 Kapitalfreisetzungseffekt

Der Ansatz bilanzieller Abschreibungen als Aufwand hat eine Verringerung des ausweisbaren Periodengewinnes zur Folge, wodurch diese Gewinnanteile weder ausgeschüttet noch besteuert werden.

Unterstellt man, dass dem Unternehmen die aufwandgleichen bilanziellen Abschreibungen durch die Verkaufserlöse wieder voll zufließen und dass die aufwandgleichen Selbstkosten der abgesetzten Leistungen im Preis voll ersetzt werden, kommt es zu einem Zufluss liquider Mittel in Höhe des Abschreibungsaufwandes, welche zu Finanzierungszwecken verwendet werden können.

Hieraus ergibt sich der finanzwirtschaftliche Effekt der Abschreibungen. Er sollte durch das Erstellen eines **Abschreibungsplanes** vorbereitet werden, dem folgende Überlegungen zu Grunde liegen müssen:

- Schätzung der Nutzungsdauer des Anlagegutes
- Wahl des Abschreibungsverfahrens
  (und damit der Höhe des Abschreibungsprozentsatzes).

Die **Höhe** der zu Finanzierungszwecken verwendbaren **Abschreibungsgegenwerte** ist von zwei Faktoren abhängig:

- Von der **Wahl des Abschreibungsverfahrens**, das ausschlaggebend für die unterschiedliche wertmäßige Verteilung des Abschreibungsaufwandes auf die einzelnen Perioden ist.

- Von dem **Wert der Anlagegüter,** die vorhanden und abschreibungsfähig sind, denn ein abgeschriebenes Gut verringert den Wert der Gesamtanlagen und somit auch die Höhe der Abschreibungen. In diesem Falle müsste das Unternehmen reinvestieren, um seine Abschreibungen auf gleichem Niveau zu halten.

  Hierfür kann es die durch die Verrechnung der Abschreibungen zufließenden finanziellen Mittel verwenden und damit die Substanz erhalten, die Abschreibungen hätten einen Kapitalfreisetzungseffekt.

1.2.3 Kapazitätserweiterungseffekt

Unter dem Kapazitätserweiterungseffekt, der auch als **Lohmann-Ruchti-Effekt** und **Marx-Engels-Effekt** bekannt ist, versteht man die Wirkung, die sich daraus ergibt, dass die freigesetzten Abschreibungsgegenwerte sofort zu Neuinvestitionen für gleichwertige Anlagen verwendet werden, wobei sich abhängig von der Nutzungszeit theoretisch eine Kapazitätserweiterung ergeben kann.

Nach *Kosiol* lässt sich ein Kapazitätsmultiplikator bestimmen, der abhängig ist von der Nutzungszeit des Investitionsobjektes:

$$\text{Kapazitätsmultiplikator} = \frac{2}{1 + \frac{1}{t}}$$

t = Nutzungszeit des Investitionsobjektes

Beispiel: Es werden 10 Maschinen gekauft, die eine Nutzungszeit von 5 Jahren haben. Hieraus ergibt sich:

$$\text{Kapazitätsmultiplikator} = \frac{2}{1 + \frac{1}{5}} = \mathbf{1{,}6667}$$

Der Kapazitätsmultiplikator ist mit der Grundausstattung von 10 Maschinen zu multiplizieren.

Somit ist eine Kapazitätserweiterung von 10 auf 16 Maschinen zu erwarten, sofern freigesetzte Abschreibungsgegenwerte sofortige Neuinvestitionen bewirken.

Die Kapazität, die als Leistungsvermögen pro Zeiteinheit verstanden wird, kann sein:

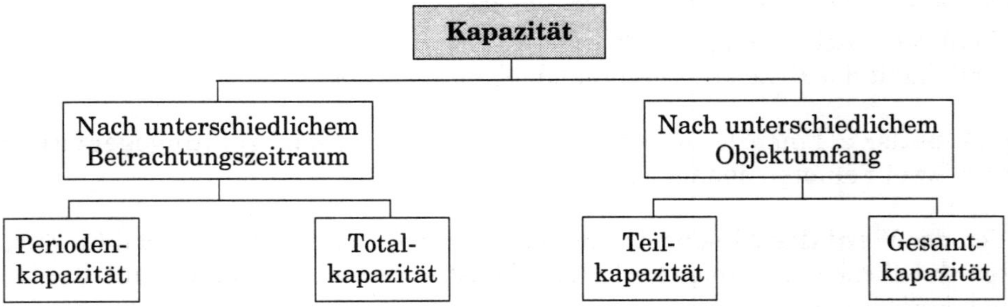

Die **Periodenkapazität** ist die Summe aller Nutzungsleistungen

- einer einzelnen Maschine oder Teilanlage **(Teil-Perioden-Kapazität)**

  oder

- der gesamten Anlagen des Unternehmens **(Gesamt-Perioden-Kapazität)**

in einer Periode. Sie kann konstanter, sinkender oder schwankender Natur sein. Die **Totalkapazität** ist die Summe aller Nutzleistungen

- einer einzelnen Maschine oder Teilanlage **(Teil-Total-Kapazität)**

  oder

- der gesamten Anlagen des Unternehmens **(Gesamt-Total-Kapazität)**

im Verlaufe der gesamten Nutzungsdauer.

Die Totalkapazität einer Anlage vermindert sich im Laufe der Zeit bis zum Wert Null, wohingegen die Totalkapazität aller Anlagen bei ständiger Reinvestition der Abschreibungsgegenwerte konstant bleibt, wenn der Anlagenbestand auf gleicher Höhe gehalten wird.

1.2.3.1 Darstellung

Der Kapazitätserweiterungseffekt wurde bereits mithilfe des Kapazitätsmultiplikators beschrieben, er soll nun auch anhand eines **Beispiels** dargestellt werden.

Es wird davon ausgegangen, das Unternehmen erhalte eine Erstausstattung von 100 Maschinen zum Preis von je 1.000 €, deren Lebensdauer 10 Jahre beträgt und die linear abgeschrieben werden.

1	2	3	4	5	6	7	8
Jahr	**Zahl der Maschinen (jeweils am Jahresanfang)**	**Anschaffungswert**	**Buchwert**	**Abschreibung**	**Zusätzliche Maschinen**	**Maschinenabgang**	**Stufe**
1	100	100.000	100.000	10.000	10	–	1
2	110	110.000	100.000	11.000	11	–	
3	121	121.000	100.000	12.100	12	–	
4	133	133.000	100.000	13.300	13	–	
5	146	146.000	100.000	14.600	15	–	2
6	161	161.000	100.000	16.100	16	–	
7	177	177.000	100.000	17.700	17	–	
8	194	194.000	100.000	19.400	20	–	
9	214	214.000	100.000	21.400	21	–	
10	235	235.000	100.000	23.500	24	100	
11	159	159.000	100.000	15.900	16	10	
12	165	165.000	100.000	16.500	16	11	
13	170	170.000	100.000	17.000	17	12	
14	175	175.000	100.000	17.500	18	13	
15	180	180.000	100.000	18.000	18	15	
16	183	183.000	100.000	18.300	18	16	3
17	185	185.000	100.000	18.500	18	17	
18	186	186.000	100.000	18.600	19	20	
19	185	185.000	100.000	18.500	18	21	
20	182	182.000	100.000	18.200	19	24	
21	177	177.000	100.000	17.700	17	16	
22	178	178.000	100.000	17.800	18	16	
23	180	180.000	100.000	18.000	18	17	
24	181	181.000	100.000	18.100	18	18	
25	181	181.000	100.000	18.100	18	18	
26	181	181.000	100.000	18.100	18	18	
27	181	181.000	100.000	18.100	19	18	4
28	182	182.000	100.000	18.200	18	19	
29	181	181.000	100.000	18.100	18	18	

Als Kapazitätsmultiplikator ergibt sich hier:

$$\text{Kapazitätsmultiplikator} = \frac{2}{1 + \frac{1}{10}} = \mathbf{1{,}8181}$$

Die Kapazität erweitert sich auf 181 Maschinen, wie auch aus der Tabelle ersichtlich ist.

Aus der vorliegenden Tabelle ist ein vierstufiger **Prozess** zu erkennen:

1	**Einleitung** des Prozesses durch Beschaffung und produktiven Einsatz der Erstausstattung.
2	**Periode des Wachstums**, die mit dem produktiven Einsatz der Erstausstattung beginnt und mit dem Ausscheiden der Erstausstattung nach Beendigung ihrer Nutzungsdauer abgeschlossen ist.
3	**Periode des Einspielens**, in der die Periodenkapazität mehrfach sinkt und wieder ansteigt und sich schließlich einem Gleichgewichtszustand nähert.
4	**Periode des Gleichgewichts**, die dadurch gekennzeichnet ist, dass sich der Bestand altersmäßig gleichmäßig auf alle möglichen Altersstufen verteilt und sich Zugang und Abgang ausgleichen.

Die Kapazität nimmt dabei folgende Entwicklung:

- Die **Gesamt-Total-Kapazität** weist Konstanz auf, was sich in der gleichbleibenden Höhe des Buchwertes der Anlagegüter zeigt und daraus erklären lässt, dass der jährliche Leistungsverzehr sofort wieder durch Reinvestition der Abschreibungsgegenwerte ausgeglichen wird.

- Die **Gesamt-Perioden-Kapazität** hingegen wird im Zeitablauf erheblich vergrößert, was auf eine erhöhte Anzahl von Maschinen zurückzuführen ist. Das Maximum liegt am Ende der zweiten Stufe, da dort noch keine Maschinen der Erstausstattung ausgeschieden sind.

  Mit dem Ausscheiden der Erstausstattung zu Beginn der dritten Stufe erfolgt eine wesentliche Verminderung der Gesamt-Perioden-Kapazität.

  Danach folgt eine altersmäßige Umschichtung des Anlagenbestandes, bis dieser sich auf alle Altersstufen gleichmäßig verteilt hat. Die Folge ist eine Stabilisierung im Anlagenbestand und damit in der Gesamt-Perioden-Kapazität, die das Ende des Kapazitätserweiterungs-Prozesses darstellt.

Theoretisch müsste sich die Anzahl der Maschinen verdoppelt haben. Wenn sie im vorliegenden Falle nur um 81 % gestiegen ist, liegt es daran, dass die Wiederbeschaffungen jeweils erst zu Periodenende und nicht kontinuierlich im Verlaufe der Perioden erfolgt sind.

Der Kapazitätserweiterungseffekt ist nicht nur bei linearer Abschreibung erzielbar, sondern auch bei Zugrundelegung anderer Abschreibungsverfahren.

1.2.3.2 Beurteilung

Der Kapazitätserweiterungseffekt ist idealtypisch dargestellt worden. In der betrieblichen Praxis wird er nicht in dieser »reinen« Form vorkommen können, wofür es mehrere Gründe gibt, die sich beziehen auf:

Erstausstattung	Sie kann mit Eigenkapital oder Fremdkapital erfolgen. Umfang und Fristigkeit des Kapitals können den Kapazitätserweiterungseffekt mindern.
Umlaufvermögen	Mit einer Erweiterung der Kapazität wächst der Kapitalbedarf für das Umlaufvermögen an. Kann er durch sonstige Mittel gedeckt werden, erfährt der Kapazitätserweiterungseffekt keine Beeinträchtigung. Ist dies nicht der Fall, wird der Kapazitätserweiterungseffekt gemindert.
Abnutzung	Es wird angenommen, dass die Abschreibung der tatsächlichen Abnutzung der Anlagegüter entspricht, was unrealistisch ist. Das kann durch das einzelne Anlagegut bedingt sein, das trotz Gleichartigkeit zu den anderen Anlagegütern einen abweichenden Abnutzungsverlauf aufweisen kann. Außerdem führt das lineare Abschreibungsverfahren nicht zu abnutzungskonformer Abschreibung.
Homogenität	Es wird Homogenität der Anlagegüter im Unternehmen angenommen. Praktisch aber ist eine Gleichartigkeit kaum gegeben, da das Unternehmen vielfach eine Fertigung in mehreren Stufen vornimmt.
Teilbarkeit	Es wird eine weitgehende Teilbarkeit der Gesamtheit der Anlagegüter angenommen, was insbesondere bei einem mehrstufigen, kapazitiv vernetzten Fertigungsprozess nicht gegeben sein kann, weil eine Kapazitätserweiterung die gleichzeitige Investition in allen Fertigungsstufen erfordert.
Technischer Fortschritt	Es wird angenommen, ein technischer Fortschritt sei nicht gegeben. Das entspricht nicht der Realität. Wahrscheinlich ist es, dass Fertigungsanlagen weiterentwickelt werden, wobei häufig eine größere Leistung pro Preiseinheit geboten wird, oder dass neue Erzeugnisse entwickelt werden, welche die vom Unternehmen derzeit gefertigten Erzeugnisse verdrängen.
Beschaffungsmarkt	Es werden konstante Preise für die Beschaffung der Anlagegüter angenommen, wovon realistischerweise nicht ausgegangen werden kann. Auch sich verändernde Preise der Umlaufgüter können Auswirkungen auf die Höhe des Kapazitätserweiterungseffektes haben.
Absatzmarkt	Es wird angenommen, dass die Abschreibungen verdient werden, was bedeutet, das Unternehmen muss zumindest kostendeckend arbeiten. Hierfür ist eine bestimmte Marktsituation erforderlich. Vermindert sich die Nachfrage, sind die Abschreibungen nicht mehr durch den Preis gedeckt. Ebenfalls von der Lage am Absatzmarkt hängt es ab, ob überhaupt ein Bedürfnis nach Ausweitung der Kapazität besteht.

Die Annahmen zum Kapazitätserweiterungseffekt sind in der betrieblichen Praxis im Wesentlichen nicht oder nicht voll gegeben. Vielmehr gibt es eine Fülle hemmender wie auch fördernder Faktoren, die den Erweiterungseffekt beeinflussen.

Dennoch kann nicht bestritten werden, dass eine Kapazitätserweiterung möglich ist, wenn kontinuierlich mithilfe von Abschreibungsgegenwerten finanziert wird.

Vor allem bei Großunternehmen ist ein Kapazitätserweiterungseffekt nicht auszuschließen, da man dort den Voraussetzungen mitunter eher gerecht werden kann als in anderen Unternehmen.

Wichtig erscheint es jedoch darauf hinzuweisen, dass die Unternehmen dennoch Kapazitätserweiterungen nicht lediglich unter dem dargelegten Finanzierungsaspekt, sondern auch auf der Basis der Absatzplanung angehen, welche sich an den Marktverhältnissen auszurichten hat.

75 Seite 488

1.3 Finanzierung aus Rückstellungsgegenwerten

Rückstellungen sind Fremdkapital, das dem Grunde und/oder der Höhe und der Fälligkeit nach ungewiss ist und dessen wirtschaftliche Verursachung in der abgelaufenen Rechnungsperiode liegt.

Die **Bildung** von Rückstellungen ist in § 249 HGB festgelegt:

Rückstellungen sind für ungewisse Verbindlichkeiten zu bilden. Ferner sind Rückstellungen zu bilden für:

- im Geschäftsjahr unterlassene Aufwendungen für Instandhaltung, die im folgenden Geschäftsjahr innerhalb von drei Monaten, oder für Abraumbeseitigung, die im folgenden Geschäftsjahr nachgeholt werden,
- Gewährleistungen, die ohne rechtliche Verpflichtung erbracht werden.

Rückstellungen für drohende Verluste aus schwebenden Geschäften sind seit 1997 steuerrechtlich nicht mehr möglich (§ 5 Abs. 4a EStG).

Die gebildeten Rückstellungen sind **unter näherer Bezeichnung ihres Zweckes** gesondert auszuweisen. Für andere als die genannten Zwecke dürfen keine Rückstellungen gebildet werden. Unter dem Posten »Pensionsrückstellungen« sind die laufenden Rückstellungen für laufende Pensionen und die für Anwartschaften auf Pensionen auszuweisen.

Rückstellungen dürfen nur mit dem Betrag angesetzt werden, der nach vernünftiger kaufmännischer Beurteilung erforderlich ist. Liegt für sie keine Rechtfertigung mehr vor, müssen sie aufgelöst werden, was eine Erhöhung des Ertrages zur Folge hat. Die Ertragserhöhung kann allerdings durch Bildung neuer Rückstellungen aufgefangen werden.

Möglich ist die Finanzierung durch Rückstellungsgegenwerte dadurch, dass der Aufwand für die Rückstellungen sofort verrechnet wird, die Auszahlungen aber erst in späteren Perioden erfolgen.

Während des dazwischen liegenden Zeitraumes steht dem Unternehmen das Kapital, das für die Rückstellungen veranschlagt ist, zur Verfügung, sofern die Gegenwerte der Rückstellungen dem Unternehmen über den Umsatzprozess zugeflossen sind. Zudem entsteht durch die Bildung von Rückstellungen ein Steuerstundungseffekt.

Hieraus ergibt sich, dass die Rückstellungen unter Finanzierungsaspekten umso wertvoller sind, je länger sie dem Unternehmen zur Verfügung stehen.

Rückstellungen können sein:

- **Kurzfristige Rückstellungen**
- **Mittelfristige Rückstellungen**
- **Langfristige Rückstellungen**.

1.3.1 Kurzfristige Rückstellungen

Zu den kurzfristigen Rückstellungen können gezählt werden:

- **Rückstellungen für Steuern**, die steuerlich gebildet werden dürfen, wenn die Höhe der Steuerschuld nur schätzbar ist und sie Betriebsausgaben darstellen.

- **Rückstellungen für Kosten der Jahresabschlussprüfung (einschl. Anhang und Lagebericht) der Hauptversammlung, des Geschäftsberichtes und für sonstige Kosten, soweit sie Dritten gegenüber Verbindlichkeiten begründen**, die steuerlich zulässig sind, wenn diese Kosten als Betriebsausgaben abzugsfähig sind. Ihre Höhe basiert auf Vergleichs- oder Schätzwerten.

- **Rückstellungen für Bürgschaftsverluste**, die nur gebildet werden dürfen, wenn mit großer Wahrscheinlichkeit eine Inanspruchnahme zu erwarten ist. Ist die Bürgschaftsübernahme notwendig betrieblich veranlasst, so ist die Geltendmachung der Bürgschaftsverluste im Rahmen der Rückstellungen steuerlich nicht zu beanstanden.

- **Rückstellungen für unterlassene Instandhaltung und Abraumbeseitigung,** die handelsrechtlich zulässig sind, wenn:

  - ❍ unterlassener Aufwand vorliegt
  - ❍ Aufwand im letzten Geschäftsjahr unterlassen wurde
  - ❍ Arbeiten im folgenden Geschäftsjahr nachgeholt werden müssen

- **Rückstellungen für Provisionen, Gratifikationen und Gewinnbeteiligung,** die sowohl für rechtlich bereits zugesagte Verpflichtungen dieser Art als auch für solche zu bilden sind, die nach dem Ergebnis des letzten Geschäftsjahres bemessen, aber erst im folgenden Geschäftsjahr zugesagt und ausbezahlt werden. Sowohl handels- als auch steuerrechtlich sind sie zulässig.

- **Rückstellungen für Boni und Rabatte,** die handels- und steuerrechtlich nur für solche Boni und Rabatte zulässig sind, deren Höhe sich nach dem Umsatz des abgelaufenen Geschäftsjahres richtet.

- **Rückstellungen für nicht genommenen Urlaub und Urlaubsgelder,** die für eine Barabgeltung von Urlaubsgeldern oder für eine Nachgewährung von Urlaub gebildet werden.

Die kurzfristigen Rückstellungen erweisen sich nur als sehr **bedingt geeignet,** der Innenfinanzierung zu dienen, da sie sich sehr schnell wieder auflösen. Durch die jährlich wiederkehrende Einstellung von Rückstellungen kann sich allerdings ein Bodensatz bilden, der dann einen dauerhaften Finanzierungseffekt aufweist.

1.3.2 Mittelfristige Rückstellungen

Zu den mittelfristigen Rückstellungen zählen folgende Rückstellungen:

- **Rückstellungen für Prozessrisiken,** die für drohende oder bereits schwebende Prozesse gebildet werden. Steuerlich sind sie nur zulässig, soweit es sich um abzugsfähige Betriebsausgaben handelt.

- **Rückstellungen für Bergschäden,** die steuerlich erlaubt werden, soweit sich die Schäden auf fremde Grundstücke beziehen.

- **Rückstellungen für Garantieverpflichtungen,** die steuerrechtlich zulässig sind, insbesondere wenn eine Inanspruchnahme zu erwarten ist. Bei kontinuierlichen Umsätzen des Unternehmens können sie die Wirkung langfristiger Rückstellungen haben, weil sie ständig wieder neu gebildet werden.

Die mittelfristigen Rückstellungen sind im Hinblick auf die Verwendbarkeit für Maßnahmen der Innenfinanzierung zwar günstiger zu beurteilen als die kurzfristigen Rückstellungen. Aufgrund ihrer Fristigkeit kommt ihnen aber ebenfalls **keine große Bedeutung** bei der Finanzierung zu.

1.3.3 Langfristige Rückstellungen

Einige der bisher erwähnten Arten von Rückstellungen können, obwohl sie grundsätzlich kurz- oder mittelfristiger Natur sind, auch die **Wirkung langfristiger Rückstellungen** haben:

- **Rückstellungen für Steuern**, wenn die ausgewiesene Schuld Gegenstand eines langandauernden Rechtsbehelfsverfahrens ist.

- **Rückstellungen für Prozessrisiken,** wenn die Klärung von Rechtsfragen sich über mehrere Jahre hinweg erstreckt.

- **Rückstellungen für Garantieverpflichtungen**, wenn Auflösungen und Zuführungen sich im Wesentlichen auf die Dauer ausgleichen.

Pensionsrückstellungen sind die einzigen eigentlich langfristigen Rückstellungen.

Sie stellen Fremdkapital dar, das aufgrund freiwillig oder vertraglich übernommener betrieblicher Ruhegeldverpflichtungen gegenüber Betriebsangehörigen aus Gewinnanteilen gebildet und einem Pensionsfonds zugeführt wird, um diese Verpflichtungen bei Fälligkeit erfüllen zu können.

Die Bildung von Pensionsrückstellungen ist eine von mehreren Möglichkeiten zur betrieblichen Altersversorgung:

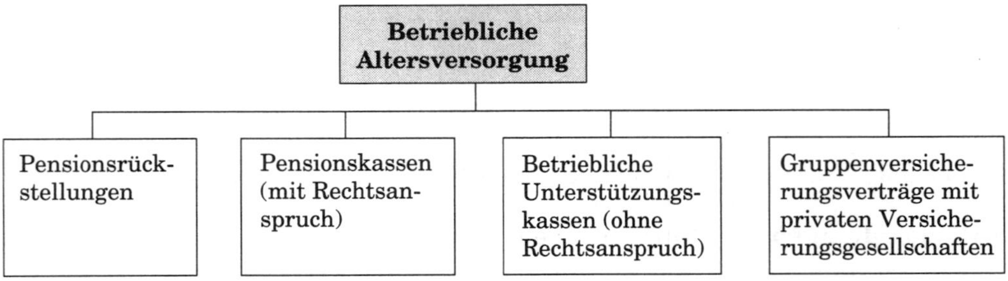

Pensionen werden als Anspruch betrachtet, den sich Arbeitnehmer durch ihre Tätigkeit im Unternehmen neben dem gezahlten Arbeitsentgelt erwerben.

Sie sind wirtschaftlich als Lohn- und Gehaltsaufwendungen zu betrachten, die – solange die Arbeitnehmer im Unternehmen tätig sind – in einer bestimmten Höhe einbehalten und angesammelt werden, um ihnen nach ihrem Ausscheiden aus dem Unternehmen als Rente oder einmalige Kapitalleistung ausbezahlt zu werden.

Im Verhältnis zu den übrigen Rückstellungen nehmen die Pensionsrückstellungen immer mehr an Bedeutung zu. Bei größeren Unternehmen bilden sie heute regelmäßig den größten Rückstellungsposten. § 266 Abs. 3 HGB trägt dem Rechnung.

Lange Zeit war die Frage umstritten, ob und inwieweit Rückstellungen für Pensionszahlungen und Pensionsanwartschaften bilanziert werden müssen. Nach der Definition der Rückstellungen in § 249 Abs. 1 Satz 1 HGB ist davon auszugehen, dass auch die Pensionsrückstellungen für Anwartschaften und laufende Leistungen umfasst werden und dementsprechend Passivierungspflicht besteht.

Die handelsrechtliche Passivierungspflicht für **Pensionszusagen**, die **nach dem 31.12.1986** erfolgten, zieht trotz der Formulierung »darf« in § 6 a EStG eine steuerliche Passivierungspflicht nach sich. Der Ausweis ungewisser Verbindlichkeiten entspricht dem Grundsatz der Wahrheit, der gem. § 5 Abs. 1 EStG auch für die Steuerbilanz gilt.

Abweichend von der Handelsbilanz können Pensionsrückstellungen in der Steuerbilanz nur unter folgenden **Voraussetzungen** gebildet werden (§ 6 a Abs. 1 EStG):

- Es muss eine **rechtsverbindliche Pensionsverpflichtung** vorliegen, die beispielsweise gegeben ist, wenn sie auf einem Einzelvertrag, einer Gesamtzusage (Pensionsordnung), einer Betriebsvereinbarung, einem Tarifvertrag oder einer Besoldungsordnung beruht.

- Die Pensionszusage darf **keine steuerschädlichen Vorbehalte** enthalten. Vorbehalte, die den Widerruf der Pensionszusage bei geänderten Verhältnissen nur nach billigem Ermessen (§ 315 BGB), d. h. unter verständiger Abwägung der berechtigten Interessen des Pensionsberechtigten einerseits und des Unternehmens andererseits gestatten, schließen die Rückstellungsbildung nicht aus.

- Für die Pensionszusage ist **Schriftform** vorgeschrieben. Hierfür kommt jede schriftliche Festlegung in Betracht, aus der sich der Pensionsanspruch nach Art und Höhe ergibt, beispielsweise als Einzelvertrag, Gesamtzusage (Pensionsordnung), Betriebsvereinbarung, Tarifvertrag, Gerichtsurteil.

Näheres siehe R 41 Einkommensteuerrichtlinien.

Zu den im HGB neben den Pensionen genannten »ähnlichen Verpflichtungen« rechnen unmittelbaren und mittelbaren Zusagen vergleichbare Versorgungsverpflichtungen, die an einen Versorgungsfall anknüpfen, jedoch qualitativ und quantitativ anders als diese gestaltet sind.

Pensionsrückstellungen dürfen **erstmals gebildet** werden:

- Vor Eintritt des Versorgungsfalles für das Wirtschaftsjahr, in dem die Pensionszusage erteilt wird, frühestens jedoch für das Wirtschaftsjahr, bis zu dessen Mitte der Pensionsberechtigte das 30. Lebensjahr vollendet,

- Nach Eintritt des Versorgungsfalles für das Wirtschaftsjahr, in dem der Versorgungsfall eintritt.

Der **Finanzierungseffekt** der Pensionrückstellungen hängt davon ab, ob:

- Der **Gewinn** vom Unternehmen **in vollem Umfang einbehalten** wird.

  Werden Pensionsrückstellungen zugeführt, die im Unternehmen verbleiben, dann steht dem Unternehmen zusätzliches Kapital in Höhe der ersparten Ertragsteuern zur Verfügung.

  Beispiel:

	Gewinn vor Körperschaftsteuer	2.000.000 €
–	Pensionsrückstellung	0 €
=	Körperschaftsteuerpflichtiger Gewinn	2.000.000 €
	Körperschaftsteuer (25 %)	500.000 €
	Gewinn vor Körperschaftsteuer	2.000.000 €
–	Pensionsrückstellung	1.000.000 €
=	Körperschaftsteuerpflichtiger Gewinn	1.000.000 €
	Körperschaftsteuer (25 %)	250.000 €
	Körperschaftsteuer ohne Pensionsrückstellung	500.000 €
–	Körperschaftsteuer mit Pensionsrückstellung	250.000 €
=	**Finanzierungseffekt**	**250.000 €**

Werden Pensionsrückstellungen zugeführt, die aber nicht im Unternehmen verbleiben, sondern als Pensionszahlungen geleistet werden, ergibt sich eine Verminderung des Kapitals in Höhe der Pensionszahlungen abzüglich der ersparten Ertragssteuern.

Beispiel:

	Körperschaftsteuer vor Pensionsrückstellung	1.000.000 €
–	Körperschaftsteuer nach Pensionsrückstellung	500.000 €
=	Finanzierungseffekt ohne Pensionszahlung	500.000 €
–	Pensionszahlung	1.000.000 €
=	**Finanzierungseffekt nach Pensionszahlung**	**– 500.000 €**

- Der **Gewinn** von Unternehmen in **vollem Umfang ausgeschüttet** wird.

Werden Pensionsrückstellungen zugeführt, die im Unternehmen verbleiben, kann dies nur mit zusätzlichem Kapital erfolgen, das in vollem Umfang zur Finanzierung verwendet werden kann.

Bei Zuführung von Pensionsrückstellungen, die aber **nicht** im Unternehmen verbleiben, sondern als Pensionszahlungen geleistet werden, steht dem Unternehmen kein zusätzliches Kapital zum Zwecke der Finanzierung zur Verfügung.

76 Seite 488

2. Finanzierung aus sonstigen Kapitalfreisetzungen

Die Finanzierung aus sonstigen Kapitalfreisetzungen kann auf zweifache Weise erfolgen. Zu unterscheiden sind:

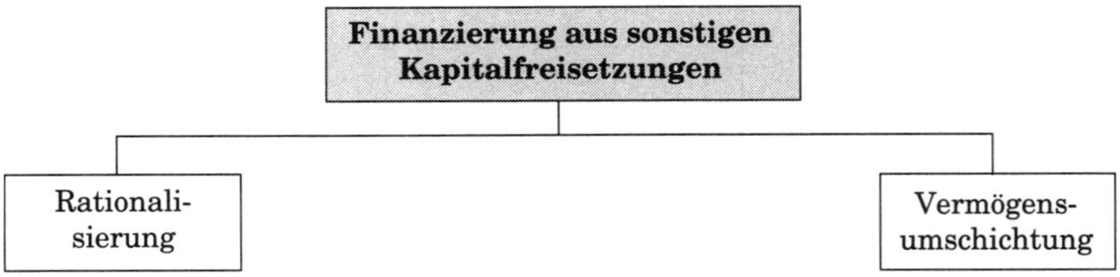

2.1 Rationalisierung

Durch eine Verringerung des Kapitaleinsatzes bei gleichem Produktions- und Umsatzvolumen wird eine Freisetzung finanzieller Mittel erreicht.

So kann beispielsweise durch verbesserte Materialdisposition versucht werden, mit geringeren Lagerbeständen auszukommen. Aufgrund von Erfahrungen und einer geeigneten Lagerstatistik, unter Berücksichtigung des Bedarfs für einen bestimmten Zeitraum sowie der Beschaffungsfristen lässt sich ein Optimalbestand in erforderlicher Sortierung festlegen und dadurch möglicherweise Kapital einsparen, das für andere Zwecke verwendet werden kann.

Auch die Liquidierung von Materialien, die aufgrund von Umstellungen in der Fertigung nicht mehr verarbeitet werden und dadurch unproduktives Kapital darstellen, ist gegebenenfalls möglich.

Ebenso kann durch die Beschleunigung des Umsatzprozesses von Forderungen Kapital eingespart werden. Dazu ist eine Verkürzung bzw. bessere Überwachung der Zahlungsziele notwendig. Auf diese Arten kann der bisherige Umsatz in der gleichen Höhe, aber mit geringerem Kapitaleinsatz sichergestellt werden.

2.2 Vermögensumschichtung

Umschichtungen im Vermögensbereich finden statt, wenn materielle und/oder immaterielle Vermögenswerte in liquide Form überführt werden. Man spricht in diesem Zusammenhang auch von **Substitutionsfinanzierung**. Diese Umschichtung erfolgt hauptsächlich durch den Umsatzprozess.

Als interne Liquiditätsreserven sind Wertpapiere des Umlaufvermögens am besten geeignet. Die Höhe der Liquiditätsreserven sollte sich nach den sonstigen Möglichkeiten der Liquiditätssicherung richten. Die Auswahl der Wertpapiere sollte primär nach der Liquidierbarkeit, sekundär nach der Verzinsung erfolgen.

Beteiligungen können Liquiditätsreserven darstellen, je nachdem, ob die Möglichkeit des Abstoßens bzw. der Beleihung gegeben ist, wie schnell und unter welchen möglichen Verlusten dies geschehen kann.

Die Veräußerung anderer Gegenstände des Anlage- und Umlaufvermögens erweist sich häufig als problematisch. So sollte das Abstoßen von Vorräten zu Zwecken der Innenfinanzierung nur als Notmaßnahme gelten.

Anlageverkäufe können gegebenenfalls zu Verlusten und zur Gefährdung der Betriebsbereitschaft führen.

	Kontrollfragen	bearbeitet	Lösungshinweis	Lösung +	Lösung -
01	Worin unterscheidet sich die Innenfinanzierung von der Außenfinanzierung?		363		
02	Inwieweit können Erlöse des Unternehmens für Maßnahmen der Innenfinanzierung Verwendung finden?		363		
03	Geben Sie einen Überblick über die Formen der Innenfinanzierung!		363		
04	Wie kann die Finanzierung aus Umsatzerlösen auch noch genannt werden?		363		
05	Inwiefern ist es problematisch, die Finanzierung aus zurückbehaltenen Gewinnen, Abschreibungsgegenwerten, Rationalisierung und Vermögensumschichtung der Eigenfinanzierung zuzurechnen?		363 f.		
06	Wie nennt man die Finanzierung aus zurückbehaltenen Gewinnen üblicherweise?		365		
07	Welche Formen lassen sich unterscheiden?		365		
08	Was versteht man unter Gewinnthesaurierung?		365		
09	Welche Möglichkeiten bestehen handelsrechtlich für die Gesellschafter der OHG, offene Selbstfinanzierung zu betreiben?		366		
10	Wie sind die Gesellschafter der KG handelsrechtlich gestellt, offene Selbstfinanzierung vorzunehmen?		366		
11	Inwieweit sind Gesellschafter der Stillen Gesellschaft üblicherweise in der Lage, Gewinne zu thesaurieren?		366		
12	Wie sind die Möglichkeiten der offenen Selbstfinanzierung für die Gesellschafter der GmbH gesetzlich geregelt?		366 f.		
13	Worauf beruht die Zweckmäßigkeit der offenen Selbstfinanzierung, insbesondere bei Kapitalgesellschaften, und weshalb?		367		
14	Beschreiben Sie, wie der Nettobetrag der Selbstfinanzierung bei Kapitalgesellschaften ermittelt werden kann!		367		
15	Welche Arten offener Rücklagen sind bei der AG zu unterscheiden?		368		
16	Welche Beträge müssen in die Kapitalrücklage eingestellt werden?		369		
17	Nennen Sie die möglichen Gewinnrücklagen!		369 f.		
18	Welche Vorschriften enthält das AktG im Hinblick auf die Einstellung in die gesetzliche Rücklage?		369		
19	Wofür darf die gesetzliche Rücklage von der AG verwendet werden?		369		
20	Wozu dient die Rücklage für eigene Anteile?		370		
21	Beschreiben Sie die satzungsmäßigen Rücklagen!		370 f.		

	Kontrollfragen	bearbeitet	Lösungshinweis	Lösung +	Lösung -
22	Was sind andere Gewinnrücklagen?		371		
23	Was versteht man unter der stillen Selbstfinanzierung und wie wird sie vorgenommen?		371		
24	Welche Bedeutung hat die Fristigkeit der Reserven für die stille Selbstfinanzierung?		371		
25	Nennen Sie die Möglichkeiten stiller Selbstfinanzierung durch Unterbewertung der Aktiva!		372 f.		
26	Inwieweit können Wertsteigerungen bei Anlagegütern der stillen Selbstfinanzierung zugerechnet werden?		373		
27	Welche Möglichkeiten gibt es, stille Selbstfinanzierung durch Überbewertung der Passiva zu betreiben?		373		
28	Wie ist die Selbstfinanzierung eines Unternehmens zu beurteilen?		373 f.		
29	Was versteht man unter Abschreibungen?		374		
30	Welche Ursachen gibt es, die Abschreibungen rechtfertigen?		375		
31	Nennen und erläutern Sie, welche Arten der Abschreibung nach ihrer Verrechnung unterschieden werden können!		376 f.		
32	Welche Abschreibungen können entsprechend ihrer unterschiedlichen Zielsetzung unterschieden werden?		376 f.		
33	Welchen Grund gibt es, den Abschreibungen einen Basiswert zu Grunde zu legen?		377		
34	Welche Verfahren der Abschreibung können unterschieden werden?		376 f.		
35	Beschreiben Sie, wie die lineare Abschreibung vorgenommen wird!		376		
36	Beurteilen Sie ihre Zweckmäßigkeit!		377		
37	Was versteht man unter der degressiven Abschreibung?		377		
38	In welchen Formen findet sie Anwendung?		377 f.		
39	Wie ist die Vorgehensweise bei der geometrisch-degressiven Abschreibung?		377		
40	Weshalb muss der Abschreibungssatz bei der geometrisch-degressiven Abschreibung höher sein als bei der linearen Abschreibung, wenn die Nutzungsdauer des Anlagegutes gleich ist?		377		
41	Beschreiben Sie, wie die arithmetisch-degressive Abschreibung vorgenommen wird!		378		
42	Worin sind die typischen Merkmale der leistungsbezogenen Abschreibung zu sehen?		378		
43	Was versteht man unter dem Kapitalfreisetzungseffekt?		379		

	Kontrollfragen	bearbeitet	Lösungshinweis	Lösung +	Lösung -
44	Von welchen Faktoren hängt die Höhe der zu Finanzierungszwecken verwendbaren Abschreibungswerte ab?		379		
45	Was ist unter der Kapazität zu verstehen?		380		
46	Wie lässt sie sich systematisch differenzieren?		380		
47	Was ist unter der Teil-Perioden-Kapazität zu verstehen?		381		
48	Was ist die Gesamt-Total-Kapazität?		381		
49	Erläutern Sie, was der Kapazitätserweiterungseffekt ist!		381		
50	In welchen Phasen verläuft der Kapazitätserweiterungseffekt?		383		
51	Welche Entwicklung nimmt die Gesamt-Total-Kapazität beim Kapazitätserweiterungseffekt?		383		
52	Wie entwickelt sich die Gesamt-Perioden-Kapazität beim Kapazitätserweiterungseffekt?		383		
53	Aus welchen Gründen ermöglicht der Kapazitätserweiterungseffekt keine Verdoppelung der Kapazität?		383		
54	Welche Annahmen liegen dem Modell des Kapazitätserweiterungseffektes zu Grunde?		383		
55	Setzen Sie sich kritisch mit der Praxiskonformität dieser Annahmen auseinander!		384		
56	Was versteht man unter Rückstellungen?		385		
57	Wie ist die Bildung von Rückstellungen aktienrechtlich geregelt?		385		
58	In welcher Höhe dürfen Rückstellungen nach dem AktG in der Bilanz angesetzt werden?		385		
59	Was hat mit Rückstellungen zu geschehen, für die keine Rechtfertigung mehr vorliegt, und welche Folgen hat dies für das Unternehmen?		385		
60	Auf welche Weise können diese Folgen vom Unternehmen gegebenenfalls aufgefangen werden?		385		
61	Erläutern Sie kurzfristige Rückstellungen!		386		
62	Stellen Sie dar, welche mittelfristigen Rückstellungen unterschieden werden können!		387		
63	Welche langfristigen Rückstellungen lassen sich unterscheiden?		387		
64	Was versteht man unter Pensionsrückstellungen und wozu dienen sie?		388		
65	Welche Möglichkeiten gibt es neben den Pensionsrückstellungen, Maßnahmen zur betrieblichen Altersversorgung zu ergreifen?		388		

	Kontrollfragen	bearbeitet	Lösungshinweis	Lösung +	Lösung -
66	Wie hat das Handelsrecht den bilanziellen Ausweis von Pensionsrückstellungen geregelt?		389		
67	Welche Vorschriften gibt es steuerrechtlich?		389		
68	An welche Voraussetzungen ist die Bildung von Pensionsrückstellungen steuerrechtlich gebunden?		389		
69	Wann darf eine Pensionsrückstellung erstmals gebildet werden?		389		
70	Erläutern Sie, welche Finanzierungseffekte sich für das Unternehmen ergeben können, wenn eine Gewinnausschüttung nicht erfolgt und eine Zuführung einbehaltener Gewinnteile zu den Pensionsrückstellungen vorgenommen wird!		389 f.		
71	Inwieweit können Finanzierungseffekte gegeben sein, wenn das Unternehmen den gesamten Gewinn ausschüttet, andererseits aber eine Zuführung zu den Pensionsrückstellungen vornimmt?		390		
72	Wie können die Finanzierungseffekte bei den Rückstellungen beurteilt werden?		390		
73	In welchen Formen kann die Finanzierung aus sonstigen Kapitalfreisetzungen betrieben werden?		390		
74	Wie lässt sich eine Verringerung des Kapitaleinsatzes bei gleichem Leistungsvolumen bewerkstelligen?		391		
75	Welche Möglichkeiten gibt es, durch eine Umschichtung des Vermögens Kapital freizusetzen?		391		

G. Finanzwirtschaftliche Analyse

Die finanzwirtschaftliche Analyse hat vorrangig die Aufgabe, das finanzwirtschaftliche Gebaren eines Unternehmens zu untersuchen. Vielfach kann der externe Analytiker mehrere **Möglichkeiten** nutzen, um sich Informationen über ein zu analysierendes Unternehmen zu beschaffen. Das können sein:

- Bilanzen
- Geschäftsberichte
- Firmenmitteilungen
- Firmenzeitschriften
- Wirtschaftspresse
- Statistiken.

Den **Bilanzen** einschließlich der eine Jahresabschlussbilanz ergänzenden Teile – GuV-Rechnung, Anhang und gegebenenfalls Lagebericht – kommt bei der finanzwirtschaftlichen Analyse die zentrale Bedeutung zu.

Die finanzwirtschaftliche Analyse kann beruhen auf:

- Einem **Objekt- bzw. Branchenvergleich**, indem das untersuchte Unternehmen mit einem ähnlich strukturierten Unternehmen verglichen wird.

- Einem **Zeitvergleich**, indem das einzelne Unternehmen über mehrere Perioden hinweg analysiert wird.

Mithilfe der finanzwirtschaftlichen Analyse können mehrere **Ziele** verfolgt werden:

Informations-verdichtung	Tatsachen und Zusammenhänge, die der Jahresabschluss nicht unmittelbar aufzeigt, sollen sichtbar gemacht werden. Hierzu dienen hauptsächlich die **Kennzahlen**.
Wahrheits-findung	Der Jahresabschluss wird entsprechend der handels- und steuerrechtlichen Vorschriften erstellt. Er ist richtig, wenn er diesen Vorschriften entspricht. Damit ist er im Sinne der betrieblichen Wirklichkeit aber keineswegs wahr. Im Rahmen der finanzwirtschaftlichen Analyse kann versucht werden, realitätsbezogene Daten zu ermitteln, beispielsweise: ○ Das wahre Periodenergebnis, indem Scheingewinne vom ausgewiesenen Periodenergebnis abgezogen werden. ○ Die tatsächlich vorhandenen Vermögenswerte, indem zu den ausgewiesenen Vermögenswerten stille Reserven hinzugerechnet werden.
Urteils-bildung	Der Jahresabschluss als monetäres Ergebnis der während eines Abrechnungszeitraumes getroffenen unternehmerischen Entscheidungen kann dazu dienen, diese **Entscheidungen wertend zu beurteilen**. Dabei ist es möglich, die Qualität

	○ der Entscheidungsträger ○ einzelner Entscheidungen ○ einzelner Entscheidungsfelder ○ des ganzen Unternehmens einer Analyse zu unterziehen. Im Vordergrund stehen die Beurteilungen finanzwirtschaftlicher und rentabilitätsbezogener Art, beispielsweise im Rahmen einer Kreditwürdigkeitsprüfung.
Entscheidungsfindung	Die Erkenntnisse aus der finanzwirtschaftlichen Analyse können dazu verwendet werden, **künftige Entscheidungsprozesse zu lenken bzw. zu beeinflussen**. Dies ist durch den Einsatz der EDV gut möglich, mittels derer Bilanzen und ihre zielgerichteten Auswertungen sowie Prognoserechnungen kurzfristig verfügbar sind. Die Entscheidungsfindung betrifft: ○ Die **Entscheidungsträger**, denen die Ergebnisse aus der finanzwirtschaftlichen Analyse hinsichtlich des Anspruchsniveaus, der Alternativenbildung und Alternativenbewertung sowie Entscheidungsdurchsetzung nützlich sind. ○ Den **Entscheidungsprozess**, der durch die Ergebnisse aus der finanzwirtschaftlichen Analyse positiv unterstützt werden kann. ○ Die **Entscheidungsfelder**, deren Gestaltung aufgrund der Ergebnisse der finanzwirtschaftlichen Analyse möglich ist, sich aber auch daran orientieren kann, wie die Entscheidungen sich auf den Jahresabschluss auswirken werden. Diese Überlegung ist besonders dann anzustellen, wenn die Bilanzadressaten bestimmte Vorstellungen bzw. Erwartungen haben.

1. Arten

Die finanzwirtschaftliche Analyse kann sein:

- Eine **interne Analyse**, wenn sie innerhalb des Unternehmens erfolgt und damit auf das gesamte im Unternehmen verfügbare Zahlenmaterial zurückgreifen kann.

- Eine **externe Analyse**, wenn sie außerhalb des Unternehmens durchgeführt wird und im Wesentlichen veröffentlichte Jahresabschlüsse zur Grundlage hat.

- Eine **formelle Analyse**, die dazu dienen soll, die formelle Übereinstimmung des Jahresabschlusses mit den gesetzlichen Vorschriften festzustellen.

- Eine **materielle Analyse**, die den Jahresabschluss inhaltlich analysiert. Sie kann vorgenommen werden als:

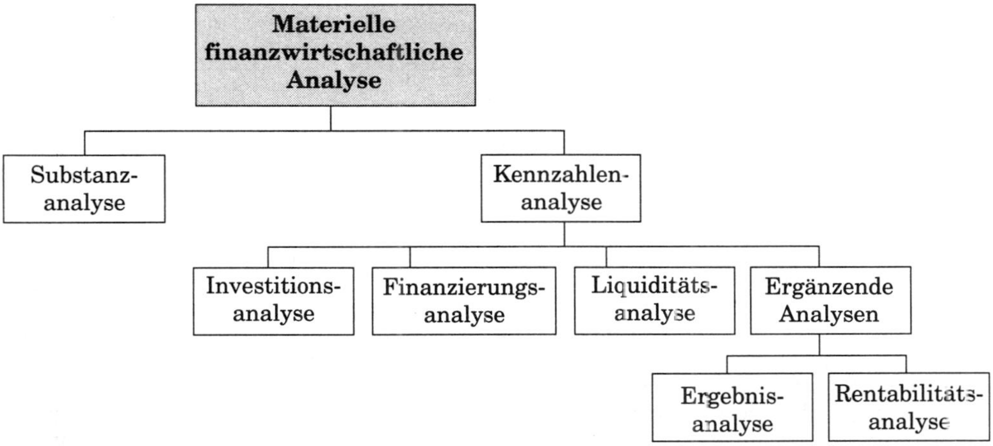

1.1 Substanzanalyse

Substanzanalysen dienen dazu, die **Posten des Jahresabschlusses** auf

- ihr Zustandekommen
- ihre Zusammensetzung
- ihre Entwicklung

hin zu überprüfen. Daraus lassen sich wertvolle Hinweise auf die wirtschaftliche Entwicklung eines Unternehmens ziehen.

Siehe ausführlich *Ditges / Arendt*.

1.2 Kennzahlenanalyse

Kennzahlen sind Zahlen, die sich auf wichtige Tatbestände beziehen und diese in konzentrierter Form darstellen. Die Investitionsanalyse ist im Wesentlichen eine **Kennzahlenrechnung**, die durch andere zusätzliche Informationen ergänzt und abgerundet wird. Zu unterscheiden sind:

- **Absolute Kennzahlen** oder **Grundzahlen,** die eine begrenzte Aussagekraft besitzen, weil sie nur absolute Veränderungen berücksichtigen, also Einzelzahlen, Summen, Differenzen.

  Beispiele: Anzahl der Mitarbeiter am 01.01.2005, Betrag des Umlaufvermögens am 31.12.2005, Umsatz am 31.12.2005 in Mio. €.

- **Relative Kennzahlen** oder **Verhältniszahlen**, deren Aussagefähigkeit höher als die Aussagefähigkeit der absoluten Kennzahlen ist, weil eine Größe zu einer anderen in Beziehung gesetzt wird.

Sie können sein:

Gliede-rungs-zahlen	Sie zeigen das Verhältnis eines Teils zum Ganzen und sind häufig Prozentzahlen, die strukturelle Verhältnisse offen legen.	**Beispiele:** ❍ Umlaufvermögen in Prozent zur Bilanzsumme ❍ Anteil der Angestellten an der Gesamtbelegschaft ❍ Anteil des Produktes A am Gesamtumsatz ❍ Anteil der Materialkosten an den Herstellungskosten
Bezie-hungs-zahlen	Sie sind wesensverschiedene, zueinander in Beziehung gesetzte Größen, die jedoch in einem logisch sinnvollen Zusammenhang stehen.	**Beispiele:** ❍ Umsatz je qm Verkaufsfläche ❍ Umsatz je 1.000 € Gesamtkapital ❍ Lohnkosten je Produkteinheit ❍ Umsatz je Mitarbeiter
Index-zahlen	Sie werden als Verhältnis zweier gleichartiger Größen gebildet, die aber zu verschiedenen Zeitpunkten oder an verschiedenen Orten entstanden sind. Eine Größe erhält den Wert 100 und die andere wird an diesem Index gemessen. Indexzahlen verdeutlichen die Entwicklung bestimmter Merkmale.	**Beispiele:** ❍ Preisentwicklung bei Anlagen, Rohstoffen usw. ❍ Entwicklung der Löhne und Gehälter ❍ Entwicklung des Unternehmensgewinnes ❍ Lohnkosten anderer Länder im Vergleich zur Bundesrepublik

Die Bildung relativer Kennzahlen ist beim Jahresabschluss grundsätzlich möglich:

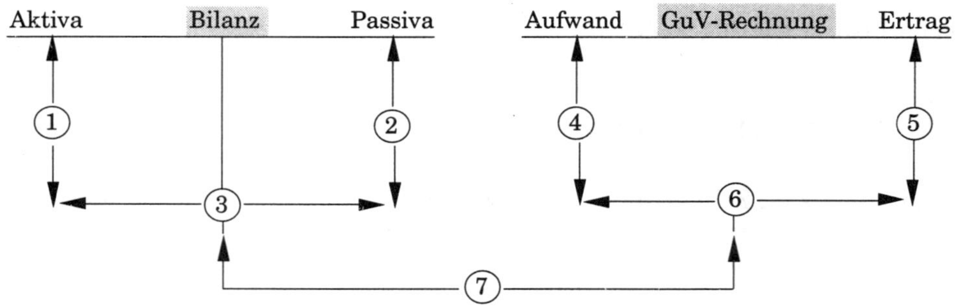

Es lassen sich auch **Kennzahlensysteme** bilden, die nicht nur einzelne, isoliert nebeneinander stehende Kennzahlen betrachten, sondern betriebswirtschaftliche Zusammenhänge in ihren Wechselwirkungen offen legen.

Kennzahlensysteme gehen von einer bestimmten Ausgangskennzahl aus und entwickeln sich baumförmig weiter. Die Ausgangskennzahl bestimmt das Untersuchungsziel.

Gebräuchliche Kennzahlensysteme sind beispielsweise:

- Das **DuPont-System**, das von der Kennzahl »Return on Investment/RoI« ausgeht – siehe S. 422. Es will offen legen, wie die geplanten Einsatz-, Ertrags- und Erfolgsgrößen in einen sinnvollen Zusammenhang gebracht werden können:

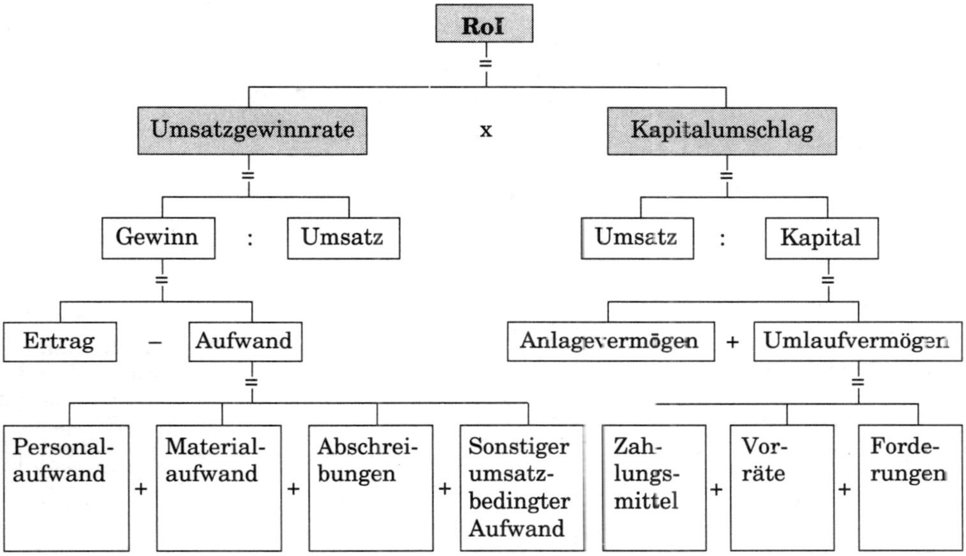

- Das **ZVEI-Kennzahlensystem**, das vom Zentralverband der Elektrotechnischen Industrie e.V. entwickelt wurde. Es sieht grundsätzlich den Kennzahlen-Vergleich und die Kennzahlen-Zerlegung vor und umfasst **zwei analytische Bereiche**:

  - Die **Wachstumsanalyse**, die Auskunft über ausgewählte Wachstumsindikatoren gibt.

  - Die **Strukturanalyse**, welche die Unternehmenseffizienz in den Sektoren Rentabilität, Ergebnisbildung, Kapitalstruktur, Kapitalbindung untersucht.

Das ZVEI-Kennzahlensystem sieht wie folgt aus:

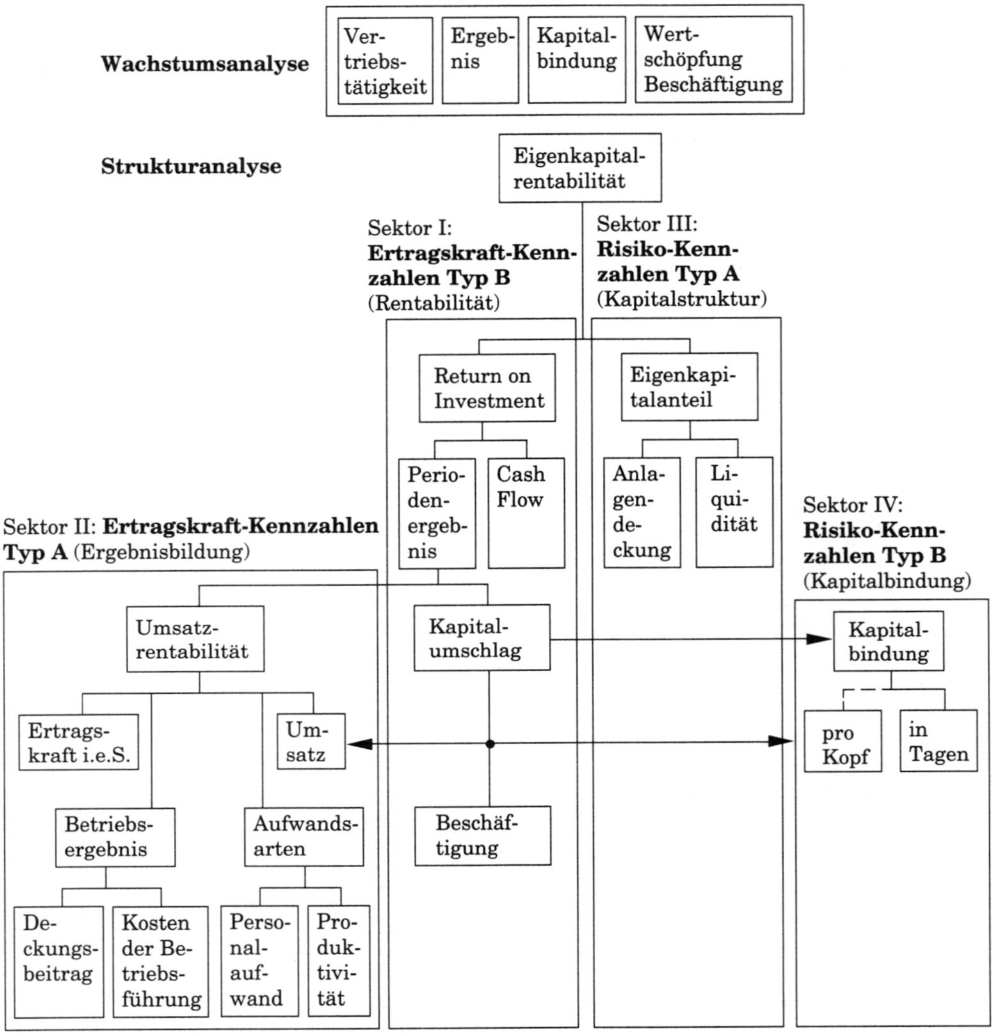

Für die **Kennzahlenanalyse** können die Jahresabschlüsse in der üblicherweise vorgelegten Form aber nicht verwendet werden, auch wenn sie nach den Vorschriften des HGB erstellt sind. Wichtig ist deshalb, die

- Bilanzen *und* GuV-Rechnungen

einheitlich und nach betriebswirtschaftlichen Gesichtspunkten **umzugestalten**.

Auf diese Weise wird die Vergleichbarkeit verschiedener Jahresabschlüsse gewährleistet und die Auswertung ermöglicht.

Zwei **Schritte** müssen den Kennzahlenanalysen dabei vorangehen:

- Die **Bilanzbereinigung**, die folgende Umgestaltungen umfasst:

  - **Wertberichtigungen** (bei Einzelunternehmen und Personengesellschaften) sind mit den entsprechenden Posten zu saldieren.
  - **Aktive Rechnungsabgrenzungsposten** werden den kurzfristigen Forderungen zugerechnet.
  - **Passive Rechnungsabgrenzungsposten** erhöhen die kurzfristigen Verbindlichkeiten.
  - **Sonderposten mit Rücklagenanteil** sind grundsätzlich zu 50 % dem Eigenkapital zuzurechnen.
  - **Rückstellungen** und **Verbindlichkeiten** müssen nach ihrer Restlaufzeit dem kurz-, mittel- oder langfristigen Fremdkapital zugeordnet werden.
  - **Pensionsrückstellungen** können bei einigen Analysen wie Eigenkapital eingestuft werden.
  - Der zur Ausschüttung vorgesehene **Gewinn** zählt zum kurzfristigen Fremdkapital, der Rest gehört zum Eigenkapital.
  - Ein **Bilanzverlust** ist vom Eigenkapital abzusetzen.

- Die **Bilanzaufbereitung**, mit der die Bilanzpositionen in zweckmäßiger Weise zusammengefasst und gruppiert werden.

  - Die **Vermögensseite** wird nach Liquiditätsgesichtspunkten geordnet.
  - Die **Kapitalseite** wird nach Herkunft und Fristigkeit des Kapitals gruppiert.

Beispiel:

Aktiva	**Bilanz** Passiva
Anlagevermögen	Eigenkapital
Umlaufvermögen	Fremdkapital
Mittel 1. Grades	kurzfristig
Mittel 2. Grades	mittelfristig
Mittel 3. Grades	langfristig

77 Seite 488

Als **Beispiel** soll die Aufbereitung eines Jahresabschlusses gezeigt werden, wie sie von einem Kreditinstitut vorgenommen wird:

		Bilanz					
Niederlassung/Filiale:							
Firma/Branche:							
1	Kasse, Bank, Wechsel						
2	börsengängige Wertpapiere						
3	Warenforderungen						
4							
5	flüssige Mittel						
6	Vorräte: Roh-, Hilfs- u. Betriebsstoffe						
7	unfertige Erzeugnisse						
8	fertige Erzeugnisse						
9							
10	liquides Umlaufvermögen						
11	sonstige Forderungen						
12							
13							
14	Beteiligungen						
15	Grundstücke/Gebäude						
17	im Bau befindliche Anlagen/Anzahlungen						
18							
19	Ford. an Inh./Eigene Anteile/ausst. Einlagen						
20	Verlust einschl. Vortrag						
21	Bilanzsumme						
22	Warenschulden						
23	Akzepte						
24	Bankschulden bei uns						
25	Bankschulden bei anderen Instituten						
26	Anzahlungen						
27	sonstige Verbindlichkeiten						
28							
29							
30	kurzfristige Rückstellungen						
31	Wertber. z. liq. Umlaufvermögen						
32	kurzfristige Verbindlichkeiten						
33	mittel- und langfristige Darlehen, Hypotheken						
34							
35							
36							
37	Unterstützungs./Pensionsrückst.						
38	langfristige Verbindlichkeiten						
39	(davon innerhalb von 5 Jahren fällig)						
40	unversteuerte Rücklagen						
41	gezeichnetes Kapital						
42							
43							
44	Rücklagen						
45	Jahresüberschuss einschl. Vortrag						
46	Summe der eigenen Mittel (40 bis 45) – (19 + 20)						
47	Liquidität I. Ordnung						
48	Liquidität II. Ordnung						
49	Nettoverschuldung (32 + 38) – (1 + 2 + 31 + 37)						
50	Avale						
51	Giroverbindlichkeiten						
52							
53	Steuerschulden (soweit nicht passiviert)						
54	Leasingverpflichtungen p.a.						
55	haftendes Vermögen außerhalb der Bilanz						
56	Entnahmen/Ausschüttungen						
57	Sonstige Kapitalveränderungen (sep. erläutern)						
58	Zugang im Sachanlagevermögen						
59							

Niederlassung/Filiale:		**Erfolgsrechnung**					
Firma/Branche:							
1	Geschäftsumsatz (ohne MwSt) *						
2	Erlösschmälerungen						
3	Bestandsveränd. der Erzeugnisse +/–						
4	aktivierte Eigenleistungen						
5	Gesamtleistung						
6	Materialaufwand, Fremdleistungen						
7	Materialaufwand in % der Gesamtleistung						
8	Handelswareneinsatz						
9	(darin berücksichtigt Lieferantenskonti)						
10	Rohertrag						
11	Rohertrag in % der Gesamtleistung						
12	Erträge/Verluste aus Beteiligungen +/–						
13	Erträge aus Zinsen						
14	sonstige ordentliche Erträge						
15							
16							
17	Summe der ordentlichen Erträge						
18	Personalaufwendungen						
19	Personalaufwendungen in % der Gesamtleistung						
20	Steuern (ohne St. v. Einkommen und Ertrag)						
21	sonstige ordentliche Aufwendungen						
22							
23							
24	Summe der ordentlichen Aufwendungen						
25	Betriebsergebnis						
26	Zinsaufwendungen						
27	Geschäftserg. vor Anlagenabschr. +/–						
28	Geschäftserg. in % des Geschäftsumsatzes						
29	planmäßige Abschreibung auf Anlagen						
30	außerplanmäßige Abschreibung auf Anlagen						
31							
32	a.o. Aufwand						
33	Zuführung zur Pensionsrückstellung						
34							
35							
36	a.o. Ertrag						
37							
38							
39	unversteuertes Ergebnis +/–						
40	Steuern v. Einkommen und Ertrag						
41	Jahresüberschuss/Fehlbetrag						
42							
43	Auflösung/Zuweisung zu Rückl. +/–						
44	Jahresgewinn/-verlust (Auch ausfüllen, falls auf Organmutter übertragen)						
45	Cash Flow (27 - 40)						
46	Nettoverschuldung: Cash Flow						
47	Nettoverschuldung: Cash Flow (ohne Anzahlung)						
48	Geschäftsumsatz: Vorräte						
49	Geschäftsumsatz: Warenforderungen						
50							
51	Beschäftigtenzahl						
52	Auftragsbestand						
53							
54							
55							
56	* davon Exportanteil (in %)						
57							

Kennzahlenanalysen können ausgeweitet werden zu Managementmethoden, wie dies zum Beispiel mit der **Balanced Scorecard** *(Kaplan / Norton)* versucht wird.

Sie überträgt Strategieausrichtungen eines Unternehmens in Kennzahlen und Zielsetzungen und fungiert als Bindeglied, um aus Strategiesetzungen messbare Steuerungs- und Zielgrößen für das operative Geschäft abzuleiten.

Die Balanced Scorecard schafft einen unternehmensübergreifenden Rahmen, der Strategiesetzungen mittels Kennzahlen den Mitarbeitern vermitteln soll.

Dies geschieht beispielsweise durch die Information der Mitarbeiter über gegenwärtige und zukünftige Erfolgsfaktoren, die als messbare Steuerungsgrößen mögliche Perspektiven abwägen, die strategisch erwünscht sind.

Dabei soll eine **Balance** hergestellt werden zwischen:

- **Tätigkeitsergebnissen** aus der Vergangenheit und Kennzahlen, die zukünftige Entwicklungen vorgeben.
- **Externen Anforderungen**, die sich in Messzahlen der Eigentümer (Shareholder Value z. B.) oder der Kunden (z. B. Kundenzufriedenheit) niederschlagen, und Messgrößen interner Prozessentwicklungen.

Diese Balance soll innerhalb von vier **Perspektiven** stattfinden:

Finanzwirtschaftliche Perspektiven	Auf der Basis traditioneller Kennzahlen des Rechnungswesens, wie z. B. RoI oder Kapitalrenditen, sind strategierelevante Kennzahlen zu ermitteln und zusammenzufassen.
Kunden perspektiven	Hier stehen Kennzahlen im Mittelpunkt, welche die Sicht der Kunden widerspiegeln. Solche Kennzahlen können sein z. B. Marktanteil, Kundenzufriedenheit, Kundentreue, Kundenrentabilität.
Interne Prozessperspektive	Erfolgsbestimmende Prozesse innerhalb eines Unternehmens sind festzustellen und hinsichtlich ihres Einflusses auf die Zielerreichung zu werten. Kennzahlen für diese Perspektive können z. B. aus der Prozesskostenrechnung stammen und Durchlaufzeiten bzw. Produktivitätszahlen zum Inhalt haben.
Lern- und Entwicklungsperspektive	Hier sind Kernkompetenzen auszumachen und deren Verstärkung sowie Weiterentwicklung zu verfolgen. Kennzahlen für diese Innovations- und Lernperspektive können beispielsweise Zahlen zur Motivation der Mitarbeiter oder zu deren Qualifikation sein.

Die Ausgewogenheit dieser angeführten Perspektiven, die Einbeziehung materieller wie auch immaterieller Größen sowie unternehmensinterner wie auch unternehmensexterner Kennzahlen soll ein **ganzheitliches Managementsystem** schaffen, das die obigen Perspektiven miteinander verknüpft.

2. Investitionsanalyse

Die Investitionsanalyse ist die **Analyse der Vermögensseite** der Bilanz. Sie umfasst vor allem folgende Aufgabenstellungen:

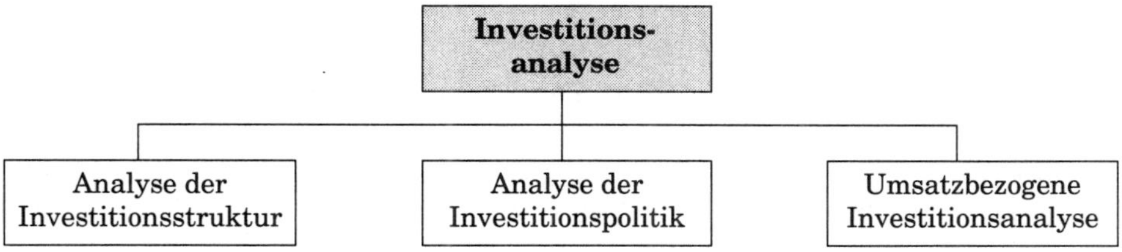

Eine Aussagekraft wird insbesondere dann erreicht, wenn Entwicklungen über Jahresvergleiche aufgezeigt bzw. Vergleiche mit Konkurrenz- oder Branchendurchschnittswerten angestellt werden.

2.1 Analyse der Investitionsstruktur

Die Kennzahlen der Investitionsstruktur sollen die **Flexibilität** und damit die Stabilität eines Unternehmens sowie den **Umfang der Kapazitätsnutzung** anzeigen. Beide Gesichtspunkte sind grundsätzlich umso positiver zu beurteilen, je geringer der Anteil des Anlagevermögens ist. Kennzahlen sind:

- Die **Vermögenskonstitution**, welche die Art der Beziehung zwischen dem Anlagevermögen und Umlaufvermögen ausdrückt.

$$\text{Vermögenskonstitution} = \frac{\text{Anlagevermögen}}{\text{Umlaufvermögen}} \cdot 100$$

  Die Verwendung dieser Kennzahl hat beim **Vergleich der Entwicklung über mehrere Perioden** in einem bestimmten Unternehmen einen Sinn. Zwischenbetriebliche Vergleiche sind wegen unterschiedlicher Größe und Strukturierung der Unternehmen von geringer Aussagekraft.

- Die **Anlageintensität**, die über den Grad der Beweglichkeit des Unternehmens Auskunft gibt.

$$\text{Anlageintensität} = \frac{\text{Anlagevermögen}}{\text{Gesamtvermögen}} \cdot 100$$

  Ein **umfangreiches Anlagevermögen** birgt eine gewisse Starrheit in sich, da bei rückläufigen Unternehmensentwicklungen die erforderliche Verringerung des Anlagevermögens nur schwer vorgenommen werden kann.

Außerdem können hohe Fixkosten bei nicht voll ausgenutzten Kapazitäten finanzielle Belastungen mit sich bringen.

Eine **große Anlageintensität** kann:

- Branchenbedingt sein, beispielsweise beim Schiffsbau und bei Transportunternehmen
- Durch Rationalisierungsmaßnahmen hervorgerufen worden sein, beispielsweise beim Einsatz von Automatenstraßen
- Durch einen überalterten Maschinenpark verursacht worden sein, der möglicherweise in mangelhaftem Management begründet ist

- Die **Umlaufintensität**, welche die Beziehung zwischen dem Umlaufvermögen und Gesamtvermögen angibt.

$$\text{Umlaufintensität} = \frac{\text{Umlaufvermögen}}{\text{Gesamtvermögen}} \cdot 100$$

Ein überdurchschnittlich hoher Grad der Umlaufintensität lässt bei materialintensiven Unternehmen auf einen hohen Lagerbestand von Material und Umsatzgütern schließen und damit auf erhebliche Lagerhaltungskosten. Er kann aber auch auf einem hohen Forderungsbestand beruhen.

2.2 Analyse der Investitionspolitik

Von großer Wichtigkeit im Rahmen der Investitionsanalyse ist auch, das **Verhalten** eines Unternehmens **als Investor** zu beurteilen. Kennzahlen sind:

- Die **Investitionsquote**, die Aufschluss darüber geben soll, welche **Investitionsneigung** in einem Unternehmen besteht.

$$\text{Investitionsquote} = \frac{\text{Nettoinvestition bei Sachanlagen}}{\text{Anfangsbestand der Sachanlagen}} \cdot 100$$

Der Vergleich der Investitionsquote eines Unternehmens im Zeitablauf gibt Hinweise darauf, inwieweit sich seine Investitionstätigkeit verändert hat.

- Die **Investitionsdeckung**, mit der offen gelegt wird, inwieweit ein wirkliches Wachstum eines Unternehmens gegeben ist. Sie zeigt, ob und in welchem Umfang Anlagenzugänge aus Abschreibungen finanziert werden.

$$\text{Investitionsdeckung} = \frac{\text{Abschreibungen auf Sachanlagen}}{\text{Zugänge an Sachanlagen}} \cdot 100$$

Liegt die Investitionsdeckung über 100 %, wurden die Abschreibungen nicht voll reinvestiert. Bei einem Wert von unter 100 % liegt die Quote der Reinvestition über den Abschreibungen.

- Die **Abschreibungsquote**, die bei Betrachtung mehrerer aufeinander folgender Perioden transparent macht, ob – bei steigender Quote – stille Reserven zu Lasten des Gewinnes gebildet oder – bei sinkender Quote – zu Gunsten des Gewinnes aufgelöst werden.

$$\text{Abschreibungsquote} = \frac{\text{Abschreibung auf Sachanlagen}}{\text{Endbestand an Sachanlagen}} \cdot 100$$

2.3 Umsatzbezogene Investitionsanalyse

Bei der umsatzbezogenen Investitionsanalyse wird untersucht, welche Beziehung zwischen den Vermögensteilen eines Unternehmens und den Umsatzerlösen besteht. Damit lassen sich Informationen über die geschäftliche Entwicklung gewinnen.

Kennzahlen sind:

- Die **Anlagennutzung**, mit der offen gelegt werden soll, inwieweit eine Ausnutzung der Sachanlagen gegeben ist.

$$\text{Anlagennutzung} = \frac{\text{Umsatz}}{\text{Sachanlagen}} \cdot 100$$

Ein Ansteigen der Kennzahl lässt den Schluss zu, dass die Sachanlagen eine verbesserte Ausnutzung erfahren, d. h. die Beschäftigung sich erhöhte.

- Die **Vorratshaltung**, die anzeigt, in welchem Verhältnis die Vorräte zum Umsatz eines Unternehmens stehen.

$$\text{Vorratshaltung} = \frac{\text{Vorräte}}{\text{Umsatz}} \cdot 100$$

Ein Sinken der Vorratshaltung deutet auf wirtschaftliche Vorratshaltung hin. Sie wird erreicht, indem die Vorräte bei steigenden Umsätzen nicht (ebenso stark) erhöht werden, bei gleichbleibenden Umsätzen vermindert werden oder bei sinkenden Umsätzen stärker abnehmen als die Umsätze.

- Die **Umschlagshäufigkeit**, die angibt, wie oft ein Vermögensposten in einer Periode umgeschlagen wurde. Sie kann ermittelt werden als:

$$\text{Umschlagshäufigkeit des Anlagevermögens} = \frac{\text{Abschreibungen des Anlagevermögens} + \text{Abgänge}}{\text{Ø Bestand des Anlagevermögens}} \cdot 100$$

$$\text{Umschlagshäufigkeit des Umlaufvermögens} = \frac{\text{Umsatz}}{\text{Ø Bestand des Umlaufvermögens}} \cdot 100$$

$$\text{Umschlagshäufigkeit des Gesamtvermögens} = \frac{\text{Umsatz}}{\text{Ø Bestand des Gesamtvermögens}} \cdot 100$$

Der durchschnittliche Bestand ergibt sich dabei aus:

$$\text{Durchschnittlicher Bestand} = \frac{\text{Anfangsbestand} + \text{Endbestand}}{2}$$

Die Umschlagshäufigkeit zeigt die Bindungsdauer des Vermögens bzw. von Vermögensteilen und gibt Hinweise auf die Höhe des Kapitalbedarfes. Sie ist umso positiver zu beurteilen, je höher sie ist.

- Die **Laufzeit der Forderungen**, mit der sich Rückschlüsse auf das Zahlungsverhalten der Kunden ziehen lassen. Es lässt sich feststellen, wie lange es dauert, bis die Umsatzerlöse liquiditätswirksam werden.

$$\text{Laufzeit der Forderungen} = \frac{\text{Ø Bestand an Warenforderung}}{\text{Umsatz}} \cdot 360$$

Eine lange Laufzeit lässt meist auf schlechte Zahlungsmoral der Kunden schließen. Andererseits bedeutet dies, dass sich ein Unternehmen bei einem Liquiditätsengpass durch entsprechende Gestaltung der Zahlungsbedingungen finanzielle Mittel beschaffen kann.

3. Finanzierungsanalyse

Die Finanzierungsanalyse ist die **Analyse der Kapitalseite** mit dem Ziel, Informationen über die Quellen sowie die Zusammensetzung des Kapitals nach Art, Sicherheit und Fristigkeit zu gewinnen. Sie bezieht sich auf:

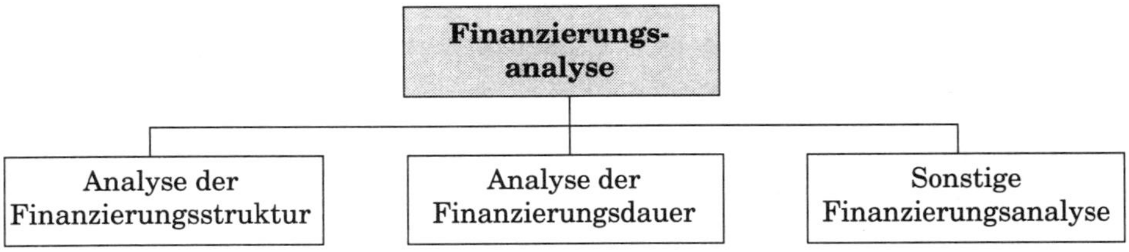

3.1 Analyse der Finanzierungsstruktur

Die Finanzierungsstruktur eines Unternehmens kann mithilfe der folgenden Kennzahlen analysiert werden:

- Dem **Eigenkapitalanteil**, der die Beziehung zwischen Eigenkapital und Gesamtkapital ausdrückt und auch **Eigenkapitalquote** genannt wird.

$$\text{Eigenkapitalanteil} = \frac{\text{Eigenkapital}}{\text{Gesamtkapital}} \cdot 100$$

Die Kennzahl kann keine präzise Aussage liefern, da das Eigenkapital sich beispielsweise aus dem gezeichneten Kapital und den Rücklagen sowie den stillen Reserven zusammensetzt.

Inwieweit Bewertungsschwankungen auf der Vermögensseite die Größe des Eigenkapitals beeinflusst haben, ist ungewiss.

- Dem **Anpassungskoeffizienten**, der auch **Kapitalanspannung** genannt wird und den relativen Anteil des Fremdkapitals am gesamten Kapital angibt.

$$\text{Anspannungskoeffizient} = \frac{\text{Fremdkapital}}{\text{Gesamtkapital}} \cdot 100$$

Wie hoch der Anteil der Schulden am Gesamtkapital sein darf, ist nicht generell festlegbar, sondern von Branche, Unternehmen und Situation her unterschiedlich zu beurteilen.

- Dem **Verschuldungskoeffizienten**, der aus der Beziehung zwischen Fremdkapital und Eigenkapital ermittelt wird.

$$\text{Verschuldungskoeffizient} = \frac{\text{Fremdkapital}}{\text{Eigenkapital}} \cdot 100$$

Der Verschuldungskoeffizient ist eine besonders wichtige Kennzahl. Er gibt an, inwieweit das Unternehmen von außenstehenden Dritten finanziert wurde im Verhältnis zu dem Anteil der Unternehmenseigentümer.

Wie hoch der Verschuldungskoeffizient sein darf, wird in vertikalen **Finanzierungsregeln** als »Qualitätsnormen« dargestellt:

			Sie gelten bei Kreditinstituten als ...
Vertikale Finanzierungsregeln	1 : 1-Regel	$\frac{\text{Fremdkapital}}{\text{Eigenkapital}} \leq 1$	»erstrebenswert«
	2 : 1-Regel	$\frac{\text{Fremdkapital}}{\text{Eigenkapital}} \leq 2$	»gesund«
	3 : 1-Regel	$\frac{\text{Fremdkapital}}{\text{Eigenkapital}} \leq 3$	»noch zulässig«

Sie sind sowohl finanz- als auch erfolgswirtschaftlich gesehen nicht geeignet, bei Einhaltung den Bestand des Unternehmens zu sichern. Dennoch können sie eine gewisse Bedeutung erlangen, wenn Fremdkapitalgeber das Unternehmen hinsichtlich seiner Kreditwürdigkeit anhand dieser Finanzierungsregeln beurteilen.

Ebenso kommt die so genannte **Cash Flow-Ziffer** zur Bewertung der Verschuldung eines Unternehmens durch Kreditinstitute zur Anwendung:

$$\text{Cash Flow-Ziffer} = \frac{\text{Fremdkapital}}{\text{Cash Flow}}$$

Sie trifft als dynamischer Verschuldungsgrad eine Aussage, wie viele jährliche finanzwirtschaftliche Überschüsse notwendig sind, um das Fremdkapital zu tilgen. Zurzeit bewerten Kreditinstitute Unternehmen mit einer Cash Flow-Ziffer von 3 bis 5 als noch im Rahmen liegend verschuldet.

Eine ausreichende Beurteilung des Verhältnisses der verschiedenen Kapitalarten zueinander ist erst gegeben, wenn bekannt ist, wie lange die fremden Mittel in dem Unternehmen verbleiben, ob sie kurz-, mittel- oder langfristig fällig sind.

Um die Aussagefähigkeit der Kapitalkennzahlen zu erhöhen, sind weitere Relationen zu bilden:

$$\frac{\text{Langfristiges Fremdkapital}}{\text{Gesamtkapital}}$$

$$\frac{\text{Mittel- und kurzfristiges Fremdkapital}}{\text{Gesamtkapital}}$$

Für die Gestaltung des Fremdkapital-Eigenkapital-Verhältnisses sind besonders die **Rentabilitätswirkungen** des Fremdkapitals von Bedeutung – siehe Seite 104 f.

3.2 Analyse der Finanzierungsdauer

Die Analyse der Laufzeit kurzfristiger Finanzierungsmittel, die von einem Unternehmen in Anspruch genommen wurden, ermöglicht es, Informationen über die Finanzlage dieses Unternehmens zu erlangen. Kennzahlen sind:

- Die **Lieferantenkreditdauer**, bei welcher der durchschnittliche Bestand an Kreditoren und der Wareneingang gegenübergestellt werden:

$$\text{Lieferantenkreditdauer} = \frac{\text{Ø Kreditorenbestand}}{\text{Wareneingang}} \cdot 360$$

  Eine hohe Lieferantenkreditdauer lässt vermuten, dass Skonti nicht ausgenutzt wurden, was sich rentabilitätsmindernd auswirkt. Ein Grund dafür könnten Liquiditätsengpässe beim betrachteten Unternehmen sein.

- Die **Wechselkreditdauer**, die ermittelt wird:

$$\text{Wechselkreditdauer} = \frac{\text{Ø Schuldwechselbestand}}{\text{Wareneingang}} \cdot 360$$

  Eine hohe Wechselkreditdauer kann auf kurzfristige Überbrückungen zwischen Beschaffung und Absatz hindeuten. Es ist aber auch möglich, dass die Wechselfinanzierung nur noch die einzige Finanzierungsmöglichkeit für das Unternehmen darstellt.

- Die **Bankkreditdauer**, die errechnet werden kann:

$$\text{Bankkreditdauer} = \frac{\text{Ø Geschäftskontenbestand}}{\text{Wareneingang}} \cdot 360$$

  Eine genaue Wertung einer bestimmten Bankkreditdauer ist nur dann möglich, wenn die Einflussgrößen auf die Kontenbestände im Einzelnen bekannt sind.

3.3 Sonstige Finanzierungsanalyse

Die Finanzierungsanalyse ist schließlich noch mithilfe von zwei aufschlussreichen Kennzahlen möglich:

- Dem **Bilanzkurs**, der die einer Aktie innewohnende Substanz aufzeigt – siehe Seite 215 f.:

$$\text{Bilanzkurs} = \frac{\text{Eigenkapital}}{\text{Gezeichnetes Kapital}} \cdot 100$$

Im Vergleich mit dem Börsenkurs der Aktie kann offen gelegt werden, inwieweit Faktoren den Wert eines Unternehmens verändern, die nicht aus der Bilanz ersichtlich sind, beispielsweise die stillen Reserven und der Goodwill.

- Der **Kreditanspannung**, mit deren Hilfe die Möglichkeiten der Finanzierung durch Lieferantenkredite angedeutet werden können:

$$\text{Kreditanspannung} = \frac{\text{Kurzfristige (Wechsel-)Verbindlichkeiten}}{\text{Warenschulden}} \cdot 100$$

Steigende Kreditanspannung lässt vermuten, dass Lieferantenkredite weitgehend ausgeschöpft sein könnten, was – bedingt durch die Nichtausnutzung von Skonti – zu einer Verminderung der Rentabilität führen würde.

4. Liquiditätsanalyse

Bei der Liquiditätsanalyse werden sowohl Positionen der **Vermögensseite** als auch der **Kapitalseite** der Bilanz untersucht. Zu unterscheiden sind:

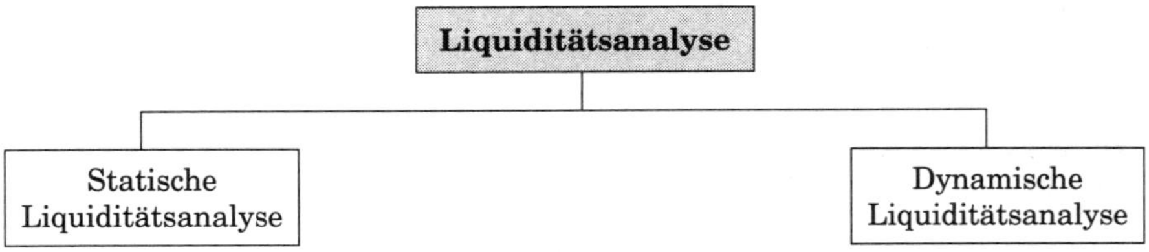

4.1 Statische Liquiditätsanalyse

Die statische Liquiditätsanalyse bezieht sich auf einen **bestimmten Zeitpunkt** im Unternehmensleben. Sie kann sein:

- Eine **langfristige Liquiditätsanalyse**, bei der unterschieden werden:
  - Der **Deckungsgrad A**, der besagt, in welchem Umfang die langfristig investierten Vermögensteile durch Eigenkapital gedeckt sind.

$$\text{Deckungsgrad A} = \frac{\text{Eigenkapital}}{\text{Anlagevermögen}} \cdot 100$$

- Der **Deckungsgrad B**, der berücksichtigt, dass für langfristige Investitionen neben dem Eigenkapital auch langfristiges Fremdkapital Einsatz finden kann.

$$\text{Deckungsgrad B} = \frac{\text{Eigenkapital + langfristiges Fremdkapital}}{\text{Anlagevermögen}} \cdot 100$$

- Der **Deckungsgrad C** berücksichtigt, dass mit Eigenkapital und langfristigem Fremdkapital nicht nur Anlagevermögen, sondern auch langfristig gebundenes Umlaufvermögen finanziert werden kann.

$$\text{Deckungsgrad C} = \frac{\text{Eigenkapital + langfristiges Fremdkapital}}{\text{Anlagevermögen + langfristig gebundenes Umlaufvermögen}} \cdot 100$$

Wie bei der Finanzierungsanalyse gibt es auch bei den Deckungsgraden Überlegungen, welches Verhältnis zwischen den einzelnen Werten als günstig anzusehen wäre. Sie finden in den **horizontalen Finanzierungsregeln** als »Qualitätsnormen« ihren Niederschlag, die sein können:

Horizontale Finanzierungs-regeln	Goldene Bilanzregeln	im engeren Sinne:	$\frac{\text{Anlagevermögen}}{\text{Eigenkapital}} \leq 1$
		im weiteren Sinne:	$\frac{\text{Anlagevermögen}}{\text{Eigenkapital + langfristiges Fremdkapital}} \leq 1$
	Goldene Finanzierungs-regeln		$\frac{\text{Kurzfristiges Vermögen}}{\text{Kurzfristiges Kapital}} \geq 1$ $\frac{\text{Langfristiges Vermögen}}{\text{Langfristiges Kapital}} \leq 1$

Auch die horizontalen Finanzierungsregeln ermöglichen es nicht, den Bestand des Unternehmens zu sichern.

- Eine **kurzfristige Liquiditätsanalyse**, bei der zu unterscheiden sind:

Bar-liquidität	$\text{Liquidität 1. Grades} = \frac{\text{Zahlungsmittel*}}{\text{Kurzfristige Verbindlichkeiten**}}$

* Zahlungsmittel sind Kasse, Bundesbank, Bankguthaben, Guthaben bei Kreditinstituten, Wechsel, Schecks.

** Kurzfristige Verbindlichkeiten sind Verbindlichkeiten aus Warenlieferungen und Leistungen, Schuldwechsel, Schulden bei Kreditinstituten, erhaltene Anzahlungen, Dividenden, wenn diese Positionen innerhalb von 3 Monaten fällig werden.

Liquidität auf kurze Sicht	$\text{Liquidität 2. Grades} = \dfrac{\text{Zahlungsmittel} + \text{kurzfristige Forderungen}^{***}}{\text{Kurzfristige Verbindlichkeiten}}$

Liquidität auf mittlere Sicht	$\text{Liquidität 3. Grades} = \dfrac{\text{Zahlungsmittel} + \text{kurzfristige Forderungen} + \text{Vorräte}}{\text{Kurzfristige Verbindlichkeiten}}$

Die genannten Liquiditätsgrade sind zu eng mit der Bilanz verknüpft. Ob ein Unternehmen liquide ist, wird aus einzelnen aktiven und passiven Bilanzpositionen nicht ohne weiteres zu entnehmen sein – siehe Seite 48. Dennoch legen Kreditinstitute in der Praxis Prozentwerte fest. So sollte der zweite Grad um 100 Prozent liegen und der dritte Grad 100 Prozent übertreffen bzw. nach der „Bankers rule“ 200 % erreichen.

Der dritte Grad wird auch Working Capital-Ratio genannt und kann auch als absolute Zahl in Form des **Working Capital** dargestellt werden:

	Umlaufvermögen (kurzfristige, innerhalb eines Jahres liquidierbare Vermögensteile)
–	Kurzfristige Verbindlichkeiten
=	**Working Capital**

Als Überschuss des kurzfristigen Umlaufvermögens über die kurzfristigen Verbindlichkeiten trifft es Aussagen in Bezug auf Liquiditätsveränderungen und künftige interne Finanzierungspotenziale. Es wird auch **Reinumlaufvermögen** genannt.

78 **Seite 490**

4.2 Dynamische Liquiditätsanalyse

Die dynamische Liquiditätsanalyse ist zeitraumbezogen. Es lassen sich unterscheiden:

- Der **Cash Flow im engeren Sinne**, der das Ausmaß der Unternehmensfinanzierung aus den Umsatzerlösen als »Kassenüberschuss« zeigt, der über die reine Aufwandsdeckung hinausreicht und dem Unternehmen zur Verfügung steht:

○ Zur (Innen)-Finanzierung von Investitionen
○ Zur Rückzahlung von Verbindlichkeiten
○ Zur Ausschüttung von Gewinn

*** Sofern die Forderungen innerhalb von 3 Monaten fällig werden.

Neben der Ertragslage dokumentiert der Cash Flow den **Selbstfinanzierungsspielraum** eines Unternehmens.

	Nichtentnommener Gewinn
+	Neu gebildete Rücklagen
+	Abschreibungen
+	Pauschalwertberichtigungen
=	**Cash Flow im engeren Sinne**

- Der **Cash Flow im weiteren Sinne**, der nicht nur die aus der Selbstfinanzierung stammenden Mittel erfasst, sondern auch fremdfinanzierte Mittel, die bis zum Zeitpunkt ihrer Inanspruchnahme im Unternehmen verbleiben. Leitgedanke ist, sämtliche Liquiditätszuflüsse einzubeziehen.

	Jahresgewinn bzw. -verlust
–	Gewinnvortrag
+	Verlustvortrag
+	Erhöhung der Rücklagen zu Lasten des Ergebnisses
–	Auflösung der Rücklagen zu Gunsten des Ergebnisses
+	Erhöhung der langfristigen Rückstellungen
–	Auflösung langfristiger Rückstellungen zu Gunsten des Ergebnisses
+	Abschreibungen und Wertberichtigungen auf Sachanlagen und Beteiligungen
+	außerordentliche, betriebs- und periodenfremde Aufwendungen
–	außerordentliche, betriebs- und periodenfremde Erträge
=	**Cash Flow im weiteren Sinne**

Der Cash Flow ist ein **Indikator für die Finanzkraft** des Unternehmens insofern, als der Spielraum zur Innenfinanzierung, Schuldentilgung und Dividendenzahlung zum Ausdruck gebracht wird.

Aus dem Cash Flow wird geschlossen, inwieweit das Unternehmen dauernd fähig ist, die erforderlichen Finanzmittel aus eigener Kraft für Ersatz- und Erweiterungsinvestitionen zur Verfügung zu stellen.

Zudem geben die im Cash Flow enthaltenen Posten an, in welchem Maße das Unternehmen fähig ist, Schulden zu tilgen und Zinsverbindlichkeiten zu erfüllen, sodass im Rahmen der Analyse nicht nur die **Kreditfähigkeit** aus unternehmensinterner Sicht, sondern darüber hinaus auch die **Kreditwürdigkeit** extern beurteilt werden kann, z. B. anhand der bereits gezeigten Cash Flow-Ziffer, siehe Seite 412.

- Die **Bewegungsbilanz**, in der Mittelverwendung und Mittelherkunft gegenübergestellt werden.

Im Gegensatz zur Beständebilanz stellt die Bewegungsbilanz keine Zeitpunktrechnung, sondern eine Zeitraumrechnung dar, in der die Veränderungen der Bilanzpositionen während einer Rechnungsperiode aufgezeigt werden.

Die Bewegungsbilanz weist aus den Bestandsveränderungen der Aktiv-Seite und der Passiv-Seite die Mittelverwendung und die Mittelherkunft aus:

Mittelverwendung **Bewegungsbilanz**	Mittelherkunft
Aktivmehrungen Passivminderungen	Aktivminderungen Passivmehrungen

Da die Bewegungsbilanz die Bestandsveränderungen erfasst, ist sie primär als Mittel zu sehen, finanzwirtschaftliche Vorgänge aufzuzeigen und zudem als Nebenprodukt den Erfolg der Unternehmenstätigkeit zu offenbaren.

- Die **Kapitalflussrechnung**, die dadurch ermöglicht wird, dass die Bilanzen und die GuV-Rechnungen zu Beginn und Ende einer Rechnungsperiode gegenübergestellt werden.

  Sie kann nach folgendem **Schema** erfolgen:

Mittelherkunft

	Einstellung in die Rücklage
	❍ gesetzliche Rücklage
	❍ Rücklage für eigene Anteile
	❍ satzungsmäßige Rücklagen
	❍ andere Gewinnrücklagen
–	Entnahmen aus der Rücklage
+	Abschreibungen auf Sachanlagen (einschließlich Abgänge)
+	Abschreibungen auf Beteiligungen
+	Erhöhung des Grundkapitals
+	Zunahme der langfristigen Verbindlichkeiten
+	Zunahme der mittelfristigen Verbindlichkeiten
+	Erhöhung der Rückstellungen
+	Verringerte Vorratshaltung
=	Gesamtbetrag der verfügbaren Mittel (1)

Mittelverwendung

	Investitionen in
	❍ Sachanlagen
	❍ Beteiligungen
+	Erhöhung der Vorräte
+	Zunahme der Forderungen aus langfristigen Geschäften
+	Zunahme der Forderungen aus mittelfristigen Geschäften
+	Verminderung der kurzfristigen Verbindlichkeiten
=	Gesamtbetrag der eingesetzten Mittel (2)

Die Differenz zwischen (1) und (2) ergibt die Zu- oder Abnahme der flüssigen Mittel.

Die Kapitalflussrechnung verdeutlicht die durch die Bilanz und die GuV-Rechnung nicht zum Ausdruck gebrachten Vorgänge im Bereich der Finanzierung und der

Investition. Sie ist damit eine **ergänzende Informationsquelle** zum Jahresabschluss und enthält insbesondere Aussagen über:

- Die Höhe der Betriebseinnahmen aus Umsatzerlösen
- Die betrieblichen Ausgaben für Material, Personal, Fremdleistungen, Abgaben
- Den Überschuss der betrieblichen Einzahlungen über die betrieblichen Auszahlungen
- Die Auszahlungen für Investitionen, Entwicklung, Markterschließung
- Den Finanzbedarf, wenn die Ausgaben für Investitionen den Überschuss der Betriebseinnahmen über die Betriebsausgaben übersteigen
- Die Außenfinanzierung aus Eigen- und Fremdkapital
- Die Veränderung der liquiden Mittel

79 Seite 491

5. Ergebnisanalyse

Die Ergebnisanalyse kann durchgeführt werden, indem Relationen von Positionen der Aufwandseite und Ertragseite* gebildet werden. Sie beziehen sich dabei auf:

- Die **Struktur des Aufwandes**, bei der mehrere Kennzahlen zu unterscheiden sind:

  - Die **Personalintensität**, die ein Maßstab für die Wirtschaftlichkeit der Arbeit ist.

$$\text{Personalintensität} = \frac{\text{Personalaufwand}}{\text{Gesamtaufwand}} \cdot 100$$

Der Personalaufwand umfasst die Löhne und Gehälter, die sozialen Abgaben und die Aufwendungen für Altersversorgung und Unterstützung.

Mithilfe der Personalintensität kann die Entwicklung der **Wirtschaftlichkeit des Personaleinsatzes** im Zeitablauf überprüft werden. Eine Verschlechterung muss nicht vom Management zu vertreten sein, sondern kann darauf beruhen, dass Lohn- und Gehaltserhöhungen stärker gestiegen sind als der Gesamtaufwand.

Im zwischenbetrieblichen Vergleich ist diese Kennzahl für die Beurteilung des Mechanisierungs- und Automationsniveaus der Unternehmen nützlich.

  - Die **Materialintensität,** die den Anteil des Materialaufwandes am Gesamtaufwand offen legt.

---

* Damit erfolgt eine **Strukturanalyse**. Die Ergebnisanalyse kann sich aber auch auf die **Analyse der Erfolgsquellen** beziehen – siehe ausführlich *Ditges/Arendt*.

$$\text{Materialintensität} = \frac{\text{Materialaufwand}}{\text{Gesamtaufwand}} \cdot 100$$

Als Materialaufwand dient der Aufwand für Roh-, Hilfs- und Betriebsstoffe sowie bezogene Waren.

Grundsätzlich ist mit der Materialintensität die **Wirtschaftlichkeit des Materialeinsatzes** festzustellen. Auch hier ist aber zu beachten, dass Veränderungen in den Beschaffungspreisen diese Wirtschaftlichkeit ebenfalls beeinflussen.

- Die **Abschreibungsintensität**, die ein Maßstab für die Wirtschaftlichkeit des eingesetzten Sachanlagevermögens ist.

$$\text{Abschreibungsintensität} = \frac{\text{Abschreibungsaufwand}}{\text{Gesamtaufwand}} \cdot 100$$

Diese Kennzahl ist insofern schwierig zu ermitteln, als der Abschreibungsaufwand durch bilanzpolitische Maßnahmen stark beeinflusst ist.

- Die **Struktur des Ertrages**, bei der als informative Kennzahl die Umsatzdominanz gilt.

$$\text{Umsatzdominanz} = \frac{\text{Umsatz}}{\text{Gesamtertrag}} \cdot 100$$

Sie zeigt den Anteil der Umsatzerlöse am Gesamtertrag.

6. Rentabilitätsanalyse

Die Rentabilitätsanalyse soll Aufschluss über den **Erfolg** eines Unternehmens geben. Ihre **Problematik** liegt in der richtigen Ermittlung des Gewinnes.

Die handelsrechtliche Erfolgsrechnung zeigt beispielsweise nur den verteilungsfähigen Reingewinn, also den Gewinn nach Abzug von Steuern, die aus dem Gewinn zu zahlen sind, und nach Abzug von Gewinnanteilen, die auf Rücklagen überführt worden sind. Der ausgewiesene Gewinn kann außerdem durch Bildung stiller Reserven verfälscht sein. Er ist ferner nicht nur durch den Umsatzprozess der Betriebsleistungen, sondern auch durch außerordentliche Erträge entstanden.

Inzwischen werden bei der Berichterstattung und Analyse auch Unternehmenskennzahlen verwendet, die aus dem angelsächsischen Sprachraum stammen und oftmals wesentlich höhere Volumen als die bilanziellen Größen aufweisen. Damit wird ihre Aussagekraft deutlich geschmälert. Anzuführen sind:

EBIT	Als »Earning before interest and tax« zeigt diese Kennzahl den »freien Erfolg« eines Unternehmens ohne Abschreibung und vor Steuern.
EBDIT*	Dies ist der Gewinn vor Abschreibungen, Zinsen und Steuern (Earning before depreciation, interest and tax). Als operative Größe – bereinigt von außerordentlichen Einflüssen – kann sie einem Brutto Cash Flow nahekommen.

Bei der Rentabilitätsanalyse lassen sich unterscheiden:

- **Gewinnorientierte Rentabilitätsanalyse**

  - Die **Eigenkapitalrentabilität** ergibt sich:

$$\text{Eigenkapitalrentabilität} = \frac{\text{Gewinn}}{\text{Eigenkapital}} \cdot 100$$

Als **Gewinn** wird hier der Jahresüberschuss der Handelsbilanz verstanden, der um die Steuern vom Einkommen, Ertrag und Vermögen vermindert wird. Das **Eigenkapital** besteht aus dem gezeichneten Kapital, den Rücklagen und dem nicht ausgeschütteten Teil des Jahresgewinnes. Allerdings kann die Aussagekraft durch den Leverage Effekt abgeschwächt und damit verzerrt werden.

  - Die **Gesamtkapitalrentabilität** wird ermittelt:

$$\text{Gesamtkapitalrentabilität} = \frac{\text{Gewinn + Fremdkapitalzinsen}}{\text{Gesamtkapital}} \cdot 100$$

Die Gesamtkapitalrentabilität stellt die Verzinsung des in einem Unternehmen insgesamt eingesetzten Kapitals dar.

  - Die **Umsatzrentabilität** lässt sich errechnen:

$$\text{Umsatzrentabilität} = \frac{\text{Gewinn}}{\text{Umsatz}} \cdot 100$$

Zweckmäßigerweise kann anstelle des Gewinnes das ordentliche Betriebsergebnis verwendet werden, weil damit betriebsfremde oder außerordentliche Aktivitäten des Unternehmens unberücksichtigt bleiben.

$$\text{Umsatzrentabilität} = \frac{\text{Ordentliches Betriebsergebnis}}{\text{Umsatz}} \cdot 100$$

---

* In Amerika auch als EBITDA (Earning before interest, tax, depreciation and amortization) bekannt, da man hier die Abschreibung auf materielle Vermögensgegenstände (depreciation) und auf immaterielle Vermögensgegenstände (amortization) unterscheidet.

- **Cash Flow-orientierte Rentabilitätsanalyse**

  Sie hat den **Vorteil**, dass sie über den Gewinn hinaus auch andere Einflussgrößen berücksichtigt und somit ein umfassenderes Bild ermöglicht, insbesondere unter finanzwirtschaftlichen Aspekten.

  - Die **Eigenkapitalrentabilität** ergibt sich:

$$\text{Eigenkapitalrentabilität} = \frac{\text{Cash Flow}}{\text{Eigenkapital}} \cdot 100$$

  Die so errechnete Eigenkapitalrentabilität gibt Auskunft darüber, wie viel Prozent des Eigenkapitals der Cash Flow ausmacht. Dadurch kann die Finanzierungs- und Ertragskraft eines Unternehmens fundierter analysiert werden als bei der gewinnorientierten Betrachtung.

  - Die **Gesamtkapitalrentabilität** wird ermittelt :

$$\text{Gesamtkapitalrentabilität} = \frac{\text{Cash Flow}}{\text{Gesamtkapital}} \cdot 100$$

  - Die **Umsatzrentabilität** lässt sich errechnen:

$$\text{Umsatzrentabilität} = \frac{\text{Cash Flow}}{\text{Umsatz}} \cdot 100$$

- **Return on Investment**

  Beim RoI handelt es sich um eine erweiterte Form der Gesamtkapitalrentabilität. Durch Einbeziehung der Umschlagshäufigkeit des investierten Kapitals werden die Beziehungen zwischen Gewinn, Umsatz und eingesetztem Kapital dargestellt.

  Die Umsatzrendite wird nicht isoliert, sondern im Zusammenhang mit dem investierten Kapital gesehen.

  Die Kennziffer ist auch unter dem Namen »**DuPont-Formel**« bekannt.

  Die ursprüngliche Kennziffer des RoI knüpft an die **Gesamtkapitalrentabilität** an:

$$\text{RoI} = \frac{\text{Gewinn}}{\text{Investiertes Kapital}} \cdot 100$$

  Sie wird durch die **Einbeziehung des Umsatzes** erweitert :

$$\text{RoI} = \frac{\text{Gewinn} \cdot \text{Umsatz}}{\text{Investiertes Kapital} \cdot \text{Umsatz}} \cdot 100$$

Anschließend erfolgt eine **Zerlegung der Formel** in die Teile:

- Umsatzrentabilität
- Kapitalumschlag

$$\text{RoI} = \text{Umsatzrentabilität} \cdot \text{Umschlagshäufigkeit des investierten Kapitals}$$

Die Kennziffer kann daher auch definiert werden:

$$\text{RoI} = \frac{\text{Gewinn}}{\text{Umsatz}} \cdot \frac{\text{Umsatz}}{\text{Investiertes Kapital}} \cdot 100$$

Der RoI erteilt Auskunft darüber, ob eine Veränderung der Gesamtkapitalrentabilität auf einer Veränderung der Umsatzrentabilität oder des Kapitalumschlags beruht.

Die Kennziffer kann beeinflusst werden durch:

- Umsatzsteigerungen
  (Preiserhöhung)

- Verringerung des betriebsnotwendigen Kapitals
  (Erhöhung der Umschlagsgeschwindigkeit)

- Kostensenkungen.

80 Seite 491

	Kontrollfragen	bearbeitet	Lösungshinweis	Lösung +	Lösung -
01	Welche Aufgabe hat die finanzwirtschaftliche Analyse?		397		
02	Welche Möglichkeiten der Information hat ein externer Analytiker?		397		
03	Was versteht man unter einem Objekt- und Zeitvergleich?		397		
04	Welche Ziele können mit der finanzwirtschaftlichen Analyse verfolgt werden?		397 f.		
05	Womit wird eine Informationsverdichtung erreicht?		397		
06	Erläutern Sie, worauf sich die Urteilsbildung bezieht!		397 f.		
07	Was sind die Subjekte bzw. Objekte der Entscheidungsfindung?		398		
08	Welche Arten von finanzwirtschaftlichen Analysen lassen sich unterscheiden?		398		
09	Wozu dienen Substanzanalysen?		399		
10	Was sind Kennzahlen?		399		
11	Welche Arten von Kennzahlen können unterschieden werden?		399 f.		
12	Geben Sie Beispiele für relative Kennzahlen!		400		
13	Zeigen Sie, welche Relationen bei der Bilanz und GuV-Rechnung grundsätzlich gebildet werden können!		400		
14	Wie können Kennzahlen systematisiert werden?		400		
15	Inwieweit ist der handelsrechtliche Jahresabschluss zur Kennzahlenanalyse geeignet?		402 f.		
16	Was geschieht bei der Bereinigung der Bilanz?		403		
17	Wie wird die Bilanz aufbereitet?		403		
18	Was versteht man unter einer „Balanced Scorecard“?		406		
19	Auf welche Fragestellungen bezieht sich die Investitionsanalyse?		407		
20	Wozu dienen die Kennzahlen zur Investitionsstruktur?		407		
21	Erläutern Sie die Kennzahlen zur Investitionsstruktur!		407 f.		
22	Beschreiben Sie die Kennzahlen, welche die Investitionspolitik beurteilen sollen!		408 f.		
23	Welche umsatzbezogenen Kennzahlen lassen sich unterscheiden?		409 f.		
24	Worauf bezieht sich die Finanzierungsanalyse?		410 f.		
25	Welche Kennzahlen dienen der Analyse der Finanzierungsstruktur?		411 f.		
26	Was sind vertikale Finanzierungsregeln?		412		
27	Wie ist ihre Eignung zu beurteilen?		412		

	Kontrollfragen	bearbeitet	Lösungshinweis	Lösung +	Lösung -
28	Erläutern Sie die Kennzahlen zur Finanzierungsdauer!		413		
29	Wie ermittelt man den Bilanzkurs?		414		
30	Was sagt die Kreditanspannung aus?		414		
31	Wie kann die Liquiditätsanalyse durchgeführt werden?		414		
32	Welcher Kennzahlen bedient man sich bei der langfristigen statischen Liquiditätsanalyse?		414 f.		
33	Beschreiben Sie die horizontalen Finanzierungsregeln!		415		
34	Inwieweit können horizontale Finanzierungsregeln helfen, den Bestand eines Unternehmens zu sichern?		415		
35	Nennen Sie die kurzfristigen statischen Liquiditätskennzahlen!		415 f.		
36	Wie sind sie zu beurteilen?		416		
37	Welche Möglichkeiten der dynamischen Liquiditätsanalyse lassen sich unterscheiden?		416 f.		
38	Was ist der Cash Flow im engeren Sinne?		416 f.		
39	Welche Arten des Cash Flow gibt es?		416 f.		
40	Beschreiben Sie den Cash Flow im weiteren Sinne!		417		
41	Was versteht man unter einer Bewegungsbilanz?		417 f.		
42	Was ist eine Kapitalflussrechnung?		418		
43	Wie kann eine Kapitalflussrechnung aussehen?		418		
44	Welchen Aussagen enthält die Kapitalflussrechnung?		418 f.		
45	Wozu dient die Ergebnisanalyse?		419		
46	Mithilfe welcher Kennzahlen kann die Aufwandsstruktur analysiert werden?		419 f.		
47	Welche Kennzahl gibt über die Ertragstruktur Auskunft?		420		
48	Welchen Zweck verfolgt die Rentabilitätsanalyse?		420		
49	Worin liegt die Problematik bei der Rentabilitätsanalyse?		420		
50	Welche Kennzahlen dienen der Gewinn- und Cash Flow-orientierten Rentabilitätsanalyse?		421 f.		
51	Was ist der Return on Investment, welche Aussagen sind mit seiner Hilfe möglich?		422 f.		

Anhang

Finanzwirtschaftliche Faktoren

Finanzwirtschaftliche Tabellen

Gliederung der Bilanz (§ 266 HGB)

Gliederung der Gewinn- und Verlustrechnung (§ 275 HGB)

q^n	$(1+i)^n$	Aufzinsungsfaktor
$\frac{1}{q^n}$	$\frac{1}{(1+i)^n}$	Abzinsungsfaktor
$\frac{q-1}{q^n-1}$	$\frac{i}{(1+i)^n-1}$	Restwert-verteilungsfaktor
$\frac{q^n(q-1)}{q^n-1}$	$\frac{i(1+i)^n}{(1+i)^n-1}$	Kapitalwieder-gewinnungsfaktor
$\frac{q^n-1}{q-1}$	$\frac{(1+i)^n-1}{i}$	Endwertfaktor
$\frac{q^n-1}{q^n(q-1)}$	$\frac{(1+i)^n-1}{i(1+i)^n}$	Barwertfaktor

Eine ausführliche Darstellung finanzmathematischer Tabellen findet sich bei *Däumler*, Finanzmathematisches Tabellenwerk.

5,0 % n	q^n	$\frac{1}{q^n}$	$\frac{q-1}{q^n-1}$	$\frac{q^n(q-1)}{q^n-1}$	$\frac{q^n-1}{q-1}$	$\frac{q^n-1}{q^n(q-1)}$
1	1,050000	0,952381	1,000000	1,050000	1,000000	0,952381
2	1,102500	0,907029	0,487805	0,537805	2,050000	1,859410
3	1,157625	0,863838	0,317209	0,367209	3,152500	2,723248
4	1,215506	0,822702	0,232012	0,282012	4,310125	3,545951
5	1,276282	0,783526	0,180975	0,230975	5,525631	4,329477
6	1,340096	0,746215	0,147018	0,197017	6,801913	5,075692
7	1,407100	0,710681	0,122820	0,172820	8,142008	5,786373
8	1,477455	0,676839	0,104722	0,154722	9,549109	6,463213
9	1,551328	0,644609	0,090690	0,140690	11,026564	7,107822
10	1,628895	0,613913	0,079505	0,129505	12,577893	7,721735
11	1,710339	0,584679	0,070389	0,120389	14,206787	8,306414
12	1,795856	0,556837	0,062825	0,112825	15,917127	8,863252
13	1,885649	0,530321	0,056456	0,106456	17,712983	9,393573
14	1,979932	0,505068	0,051024	0,101024	19,598632	9,898641
15	2,078928	0,481017	0,046342	0,096342	21,578564	10,379658
16	2,182875	0,458112	0,042270	0,092270	23,657492	10,837770
17	2,292018	0,436297	0,038699	0,088699	25,840366	11,274066
18	2,406619	0,415521	0,035546	0,085546	28,132385	11,689587
19	2,526950	0,395734	0,032745	0,082745	30,539004	12,085321
20	2,653298	0,376889	0,030243	0,080243	33,065954	12,462210

6,0 % n	q^n	$\frac{1}{q^n}$	$\frac{q-1}{q^n-1}$	$\frac{q^n(q-1)}{q^n-1}$	$\frac{q^n-1}{q-1}$	$\frac{q^n-1}{q^n(q-1)}$
1	1,060000	0,943396	1,000000	1,060000	1,000000	0,943396
2	1,123600	0,889996	0,485437	0,545437	2,060000	1,833393
3	1,191016	0,839619	0,314110	0,374110	3,183600	2,673012
4	1,262477	0,792094	0,228592	0,288591	4,374616	3,465106
5	1,338226	0,747258	0,177396	0,237396	5,637093	4,212364
6	1,418519	0,704961	0,143363	0,203363	6,975319	4,917324
7	1,503630	0,665057	0,119135	0,179135	8,393838	5,582381
8	1,593848	0,627412	0,101036	0,161036	9,897468	6,209794
9	1,689479	0,591898	0,087022	0,147022	11,491316	6,801692
10	1,790848	0,558395	0,075868	0,135868	13,180795	7,360087
11	1,898299	0,526788	0,066793	0,126793	14,971643	7,886875
12	2,012196	0,496969	0,059277	0,119277	16,869941	8,383844
13	2,132928	0,468839	0,052960	0,112960	18,882138	8,852683
14	2,260904	0,442301	0,047585	0,107585	21,015666	9,294984
15	2,396558	0,417265	0,042963	0,102963	23,275970	9,712249
16	2,540352	0,393646	0,038952	0,098952	25,672528	10,105895
17	2,692773	0,371364	0,035445	0,095445	28,212880	10,477260
18	2,854339	0,350344	0,032357	0,092357	30,905653	10,827603
19	3,025600	0,330513	0,029621	0,089621	33,759992	11,158116
20	3,207135	0,311805	0,027185	0,087185	36,785591	11,469921

7,0 % n	q^n	$\frac{1}{q^n}$	$\frac{q-1}{q^n-1}$	$\frac{q^n(q-1)}{q^n-1}$	$\frac{q^n-1}{q-1}$	$\frac{q^n-1}{q^n(q-1)}$
1	1,070000	0,934579	1,000000	1,070000	1,000000	0,934579
2	1,144900	0,873439	0,483092	0,553092	2,070000	1,808018
3	1,225043	0,816298	0,311052	0,381052	3,214900	2,624316
4	1,310796	0,762895	0,225228	0,295228	4,439943	3,387211
5	1,402552	0,712986	0,173891	0,243891	5,750739	4,100197
6	1,500730	0,666342	0,139796	0,209796	7,153291	4,766540
7	1,605781	0,622750	0,115553	0,185553	8,654021	5,389289
8	1,718186	0,582009	0,097468	0,167468	10,259803	5,971299
9	1,838459	0,543934	0,083487	0,153486	11,977989	6,515232
10	1,967151	0,508349	0,072378	0,142378	13,816448	7,023582
11	2,104852	0,475093	0,063357	0,133357	15,783599	7,498674
12	2,252192	0,444012	0,055902	0,125902	17,888451	7,942686
13	2,409845	0,414964	0,049651	0,119651	20,140643	8,357651
14	2,578534	0,387817	0,044345	0,114345	22,550488	8,745468
15	2,759032	0,362446	0,039795	0,109795	25,129022	9,107914
16	2,952164	0,338735	0,035858	0,105858	27,888054	9,446649
17	3,158815	0,316574	0,032425	0,102425	30,840217	9,763223
18	3,379932	0,295864	0,029413	0,099413	33,999033	10,059087
19	3,616528	0,276508	0,026753	0,096753	37,378965	10,335595
20	3,869684	0,258419	0,024393	0,094393	40,995492	10,594014

8,0 % n	q^n	$\frac{1}{q^n}$	$\frac{q-1}{q^n-1}$	$\frac{q^n(q-1)}{q^n-1}$	$\frac{q^n-1}{q-1}$	$\frac{q^n-1}{q^n(q-1)}$
1	1,080000	0,925926	1,000000	1,080000	1,000000	0,925926
2	1,166400	0,857339	0,480769	0,560769	2,080000	1,783265
3	1,259712	0,793832	0,308034	0,388034	3,246400	2,577097
4	1,360489	0,735030	0,221921	0,301921	4,506112	3,312127
5	1,469328	0,680583	0,170457	0,250456	5,866601	3,992710
6	1,586874	0,630170	0,136315	0,216315	7,335929	4,622880
7	1,713824	0,583490	0,112072	0,192072	8,922803	5,206370
8	1,850930	0,540269	0,094015	0,174015	10,636628	5,746639
9	1,999005	0,500249	0,080080	0,160080	12,487558	6,246888
10	2,158925	0,463193	0,069030	0,149029	14,486562	6,710081
11	2,331639	0,428883	0,060076	0,140076	16,645487	7,138964
12	2,518170	0,397114	0,052695	0,132695	18,977126	7,536078
13	2,719624	0,367698	0,046522	0,126522	21,495297	7,903776
14	2,937194	0,340461	0,041297	0,121297	24,214920	8,244237
15	3,172169	0,315242	0,036830	0,116830	27,152114	8,559479
16	3,425943	0,291890	0,032977	0,112977	30,324283	8,851369
17	3,700018	0,270269	0,029629	0,109629	33,750226	9,121638
18	3,996019	0,250249	0,026702	0,106702	37,450244	9,371887
19	4,315701	0,231712	0,024128	0,104128	41,446263	9,603599
20	4,660957	0,214548	0,021852	0,101852	45,761964	9,818147

9,0 % n	q^n	$\frac{1}{q^n}$	$\frac{q-1}{q^n-1}$	$\frac{q^n(q-1)}{q^n-1}$	$\frac{q^n-1}{q-1}$	$\frac{q^n-1}{q^n(q-1)}$
1	1,090000	0,917431	1,000000	1,090000	1,000000	0,917431
2	1,188100	0,841680	0,478469	0,568469	2,090000	1,759111
3	1,295029	0,772183	0,305055	0,395055	3,278100	2,531295
4	1,411582	0,708425	0,218669	0,308669	4,573129	3,239720
5	1,538624	0,649931	0,167093	0,257092	5,984711	3,889651
6	1,677100	0,596267	0,132920	0,222920	7,523335	4,485919
7	1,828039	0,547034	0,108691	0,198691	9,200435	5,032953
8	1,992563	0,501866	0,090674	0,180674	11,028474	5,534819
9	2,171893	0,460428	0,076799	0,166799	13,021036	5,995247
10	2,367364	0,422411	0,065820	0,155820	15,192930	6,417658
11	2,580426	0,387533	0,056947	0,146947	17,560293	6,805191
12	2,812665	0,355535	0,049651	0,139651	20,140720	7,160725
13	3,065805	0,326179	0,043567	0,133567	22,953385	7,486904
14	3,341727	0,299246	0,038433	0,128433	26,019189	7,786150
15	3,642482	0,274538	0,034059	0,124059	29,360916	8,060688
16	3,970306	0,251870	0,030300	0,120300	33,003399	8,312558
17	4,327633	0,231073	0,027046	0,117046	36,973705	8,543631
18	4,717120	0,211994	0,024212	0,114212	41,301338	8,755625
19	5,141661	0,194490	0,021730	0,111730	46,018458	8,950115
20	5,604411	0,178431	0,019546	0,109546	51,160120	9,128546

10,0 % n	q^n	$\frac{1}{q^n}$	$\frac{q-1}{q^n-1}$	$\frac{q^n(q-1)}{q^n-1}$	$\frac{q^n-1}{q-1}$	$\frac{q^n-1}{q^n(q-1)}$
1	1,100000	0,909091	1,000000	1,100000	1,000000	0,909091
2	1,210000	0,826446	0,476191	0,576190	2,100000	1,735537
3	1,331000	0,751315	0,302115	0,402115	3,310000	2,486852
4	1,464100	0,683013	0,215471	0,315471	4,641000	3,169865
5	1,610510	0,620921	0,163798	0,263797	6,105100	3,790787
6	1,771561	0,564474	0,129607	0,229607	7,715610	4,355261
7	1,948717	0,513158	0,105406	0,205405	9,487171	4,868419
8	2,143589	0,466507	0,087444	0,187444	11,435888	5,334926
9	2,357948	0,424098	0,073641	0,173641	13,579477	5,759024
10	2,593742	0,385543	0,062745	0,162745	15,937425	6,144567
11	2,853117	0,350494	0,053963	0,153963	18,531167	6,495061
12	3,138428	0,318631	0,046763	0,146763	21,384284	6,813692
13	3,452271	0,289664	0,040779	0,140779	24,522712	7,103356
14	3,797498	0,263331	0,035746	0,135746	27,974983	7,366687
15	4,177248	0,239392	0,031474	0,131474	31,772482	7,606080
16	4,594973	0,217629	0,027817	0,127817	35,949730	7,823709
17	5,054470	0,197845	0,024664	0,124664	40,544703	8,021553
18	5,559917	0,179859	0,021930	0,121930	45,599173	8,201412
19	6,115909	0,163508	0,019547	0,119547	51,159090	8,364920
20	6,727500	0,148644	0,017460	0,117460	57,274999	8,513564

11,0 % n	q^n	$\frac{1}{q^n}$	$\frac{q-1}{q^n-1}$	$\frac{q^n(q-1)}{q^n-1}$	$\frac{q^n-1}{q-1}$	$\frac{q^n-1}{q^n(q-1)}$
1	1,110000	0,900901	1,000000	1,110000	1,000000	0,900901
2	1,232100	0,811622	0,473934	0,583934	2,110000	1,712523
3	1,367631	0,731191	0,299213	0,409213	3,342100	2,443715
4	1,518070	0,658731	0,212326	0,322326	4,709731	3,102446
5	1,685058	0,593451	0,160570	0,270570	6,227801	3,695897
6	1,870415	0,534641	0,126377	0,236377	7,912860	4,230538
7	2,076160	0,481658	0,102215	0,212215	9,783274	4,712196
8	2,304538	0,433926	0,084321	0,194321	11,859434	5,146123
9	2,558037	0,390925	0,070602	0,180602	14,163972	5,537048
10	2,839421	0,352184	0,059801	0,169801	16,722009	5,889232
11	3,151757	0,317283	0,051121	0,161121	19,561430	6,206515
12	3,498451	0,285841	0,044027	0,154027	22,713187	6,492356
13	3,883280	0,257514	0,038151	0,148151	26,211638	6,749870
14	4,310441	0,231995	0,033228	0,143228	30,094918	6,981865
15	4,784589	0,209004	0,029065	0,139065	34,405359	7,190870
16	5,310894	0,188292	0,025517	0,135517	39,189948	7,379162
17	5,895093	0,169633	0,022471	0,132471	44,500843	7,548794
18	6,543553	0,152822	0,019843	0,129843	50,395936	7,701617
19	7,263344	0,137678	0,017563	0,127563	56,939488	7,839294
20	8,062312	0,124034	0,015576	0,125576	64,202832	7,963328

12,0 % n	q^n	$\frac{1}{q^n}$	$\frac{q-1}{q^n-1}$	$\frac{q^n(q-1)}{q^n-1}$	$\frac{q^n-1}{q-1}$	$\frac{q^n-1}{q^n(q-1)}$
1	1,120000	0,892857	1,000000	1,120000	1,000000	0,892857
2	1,254400	0,797194	0,471698	0,591698	2,120000	1,690051
3	1,404928	0,711780	0,296349	0,416349	3,374400	2,401831
4	1,573519	0,635518	0,209234	0,329234	4,779328	3,037349
5	1,762342	0,567427	0,157410	0,277410	6,352847	3,604776
6	1,973823	0,506631	0,123226	0,243226	8,115189	4,111407
7	2,210681	0,452349	0,099118	0,219118	10,089012	4,563757
8	2,475963	0,403883	0,081303	0,201303	12,299693	4,967640
9	2,773079	0,360610	0,067679	0,187679	14,775656	5,328250
10	3,105848	0,321973	0,056984	0,176984	17,548735	5,650223
11	3,478550	0,287476	0,048415	0,168415	20,654583	5,937699
12	3,895976	0,256655	0,041437	0,161437	24,133133	6,194374
13	4,363493	0,229144	0,035677	0,155677	28,029109	6,423548
14	4,887112	0,204620	0,030871	0,150871	32,392602	6,628168
15	5,473566	0,182696	0,026824	0,146824	37,279715	6,810864
16	6,130394	0,163122	0,023390	0,143390	42,753280	6,973986
17	6,866041	0,145644	0,020457	0,140457	48,883674	7,119630
18	7,689966	0,130040	0,017937	0,137937	55,749715	7,249670
19	8,612762	0,116107	0,015763	0,135763	63,439681	7,365777
20	9,646293	0,103667	0,013879	0,133879	72,052442	7,469444

13,0 % n	q^n	$\frac{1}{q^n}$	$\frac{q-1}{q^n-1}$	$\frac{q^n(q-1)}{q^n-1}$	$\frac{q^n-1}{q-1}$	$\frac{q^n-1}{q^n(q-1)}$
1	1,130000	0,884956	1,000000	1,130000	1,000000	0,884956
2	1,276900	0,783147	0,469484	0,599484	2,130000	1,668102
3	1,442897	0,693050	0,293522	0,423522	3,406900	2,361153
4	1,630474	0,613319	0,206194	0,336194	4,849797	2,974471
5	1,842435	0,542760	0,154315	0,284315	6,480271	3,517231
6	2,081952	0,480319	0,120153	0,250153	8,322706	3,997550
7	2,352605	0,425061	0,096111	0,226111	10,404658	4,422610
8	2,658444	0,376160	0,078387	0,208387	12,757263	4,798770
9	3,004042	0,332885	0,064869	0,194869	15,415707	5,131655
10	3,394567	0,294588	0,054290	0,184290	18,419749	5,426243
11	3,835861	0,260698	0,045842	0,175841	21,814317	5,686941
12	4,334523	0,230706	0,038986	0,168986	25,650178	5,917647
13	4,898011	0,204165	0,033350	0,163350	29,984701	6,121812
14	5,534753	0,180677	0,028668	0,158667	34,882712	6,302488
15	6,254270	0,159891	0,024742	0,154742	40,417464	6,462379
16	7,067326	0,141496	0,021426	0,151426	46,671735	6,603875
17	7,986078	0,125218	0,018608	0,148608	53,739060	6,729093
18	9,024268	0,110812	0,016201	0,146201	61,725138	6,839905
19	10,197423	0,098064	0,014134	0,144134	70,749406	6,937969
20	11,523088	0,086782	0,012354	0,142354	80,946829	7,024752

14,0 % n	q^n	$\frac{1}{q^n}$	$\frac{q-1}{q^n-1}$	$\frac{q^n(q-1)}{q^n-1}$	$\frac{q^n-1}{q-1}$	$\frac{q^n-1}{q^n(q-1)}$
1	1,140000	0,877193	1,000000	1,140000	1,000000	0,877193
2	1,299600	0,769468	0,467290	0,607290	2,140000	1,646661
3	1,481544	0,674972	0,290732	0,430731	3,439600	2,321632
4	1,688960	0,592080	0,203205	0,343205	4,921144	2,913712
5	1,925415	0,519369	0,151284	0,291284	6,610104	3,433081
6	2,194973	0,455587	0,117158	0,257157	8,535519	3,888668
7	2,502269	0,399637	0,093192	0,233192	10,730491	4,288305
8	2,852586	0,350559	0,075570	0,215570	13,232760	4,638864
9	3,251949	0,307508	0,062168	0,202168	16,085347	4,946372
10	3,707221	0,269744	0,051714	0,191714	19,337295	5,216116
11	4,226232	0,236617	0,043394	0,183394	23,044516	5,452733
12	4,817905	0,207559	0,036669	0,176669	27,270749	5,660292
13	5,492411	0,182069	0,031164	0,171164	32,088654	5,842362
14	6,261349	0,159710	0,026609	0,166609	37,581065	6,002072
15	7,137938	0,140096	0,022809	0,162809	43,842414	6,142168
16	8,137249	0,122892	0,019615	0,159615	50,980352	6,265060
17	9,276464	0,107800	0,016915	0,156915	59,117601	6,372859
18	10,575169	0,094561	0,014621	0,154621	68,394066	6,467420
19	12,055693	0,082948	0,012663	0,152663	79,969235	6,550369
20	13,743490	0,072762	0,010986	0,150986	91,024928	6,623131

15,0 % n	q^n	$\frac{1}{q^n}$	$\frac{q-1}{q^n-1}$	$\frac{q^n(q-1)}{q^n-1}$	$\frac{q^n-1}{q-1}$	$\frac{q^n-1}{q^n(q-1)}$
1	1,150000	0,869565	1,0500000	1,150000	1,000000	0,869565
2	1,322500	0,756144	0,4651163	0,615116	2,150000	1,625709
3	1,520875	0,657516	0,2879770	0,437977	3,472500	2,283225
4	1,749006	0,571753	0,2002654	0,350265	4,993375	2,854978
5	2,011357	0,497177	0,1483156	0,298316	6,742381	3,352155
6	2,081952	0,432328	0,1142369	0,264237	8,753738	3,784483
7	2,660020	0,375937	0,0903604	0,240360	11,066799	4,487322
8	3,059023	0,326902	0,0728501	0,222850	13,726819	4,487322
9	3,517876	0,284262	0,0595740	0,209574	16,785842	4,771584
10	4,045558	0,247185	0,0492521	0,199252	20,303718	5,018769
11	4,652391	0,214943	0,0410690	0,199252	20,303718	5,018769
12	5,350250	0,186907	0,0344808	0,184481	29,001667	5,420619
13	6,152788	0,162528	0,0291105	0,179110	34,351917	5,583147
14	7,075706	0,141329	0,0246885	0,174688	40,504705	5,724476
15	8,137062	0,122894	0,0210171	0,171017	47,580411	5,847370
16	9,357621	0,106865	0,0179477	0,167948	55,717472	5,954235
17	10,761264	0,982826	0,0153669	0,165367	65,075093	6,047161
18	12,375454	0,080805	0,0131763	0,163186	75,836357	6,127966
19	14,231772	0,070265	0,0113364	0,161336	88,211811	6,198231
20	16,366537	0,061100	0,0097615	0,159761	102,443583	6,259331

16,0 % n	q^n	$\frac{1}{q^n}$	$\frac{q-1}{q^n-1}$	$\frac{q^n(q-1)}{q^n-1}$	$\frac{q^n-1}{q-1}$	$\frac{q^n-1}{q^n(q-1)}$
1	1,160000	0,862069	1,0000000	1,160000	1,000000	0,862069
2	1,345600	0,743163	0,4629630	0,622963	2,160000	1,605232
3	1,560896	0,640658	0,2852579	0,445258	3,505600	2,245890
4	1,810639	0,552291	0,1973751	0,357375	5,066496	2,798181
5	2,100342	0,476113	0,1454094	0,305409	6,877135	3,274294
6	2,436396	0,410442	0,1113899	0,271390	8,977477	3,684736
7	2,826220	0,353830	0,0876127	0,247613	11,413873	4,038565
8	3,278415	0,305025	0,0702243	0,230224	14,240093	4,343591
9	3,802961	0,262953	0,0570825	0,217082	17,518508	4,606544
10	4,411435	0,226684	0,0469011	0,206901	21,321469	4,833227
11	5,116265	0,185417	0,0388608	0,198861	25,321469	5,028644
12	4,817905	0,195416	0,0388608	0,198861	25,732904	5,197107
13	6,885791	0,145227	0,0271841	0,187184	36,786196	5,342334
14	7,987518	0,125195	0,0228980	0,182898	43,671987	5,467529
15	9,265521	0,107927	0,0193575	0,179358	51,659505	5,575456
16	10,748004	0,093041	0,0164136	0,176414	60,925026	5,668497
17	12,467685	0,080207	0,0139522	0,173952	71,673030	5,748704
18	14,462514	0,069144	0,0118849	0,171885	84,140715	5,817848
19	16,776517	0,059607	0,0101417	0,170142	98,603230	5,877455
20	19,460759	0,051385	0,0086670	0,168667	115,379747	5,928841

Gliederung der Bilanz (§ 266 HGB)

Aktivseite

A. Anlagevermögen:
- I. Immaterielle Vermögensgegenstände:
  1. Konzessionen, gewerbliche Schutzrechte und ähnliche Rechte und Werte sowie Lizenzen an solchen Rechten und Werten;
  2. Geschäfts- oder Firmenwert;
  3. geleistete Anzahlungen;
- II. Sachanlagen:
  1. Grundstücke, grundstücksgleiche Rechte und Bauten einschließlich der Bauten auf fremden Grundstücken;
  2. technische Anlagen und Maschinen;
  3. andere Anlagen, Betriebs- und Geschäftsausstattung;
  4. geleistete Anzahlungen und Anlagen im Bau;
- III. Finanzanlagen:
  1. Anteile an verbundenen Unternehmen;
  2. Ausleihungen an verbundene Unternehmen;
  3. Beteiligungen;
  4. Ausleihungen an Unternehmen, mit denen ein Beteiligungsverhältnis besteht;
  5. Wertpapiere des Anlagevermögens;
  6. sonstige Ausleihungen.

B. Umlaufvermögen:
- I. Vorräte:
  1. Roh-, Hilfs- und Betriebsstoffe;
  2. unfertige Erzeugnisse, unfertige Leistungen;
  3. fertige Erzeugnisse und Waren;
  4. geleistete Anzahlungen;
- II. Forderungen und sonstige Vermögensgegenstände:
  1. Forderungen aus Lieferungen und Leistungen;
  2. Forderungen gegen verbundene Unternehmen;
  3. Forderungen gegen Unternehmen, mit denen ein Beteiligungsverhältnis besteht;
  4. sonstige Vermögensgegenstände
- III. Wertpapiere:
  1. Anteile an verbundenen Unternehmen;
  2. eigene Anteile;
  3. sonstige Wertpapiere;
- IV. Schecks, Kassenbestand, Bundesbankguthaben, Guthaben bei Kreditinstituten.

C. Rechnungsabgrenzungsposten

Passivseite

A. Eigenkapital:
- I. Gezeichnetes Kapital;
- II. Kapitalrücklage;
- III. Gewinnrücklagen:
  1. gesetzliche Rücklage;
  2. Rücklage für eigene Anteile;
  3. satzungsmäßige Rücklagen;
  4. andere Gewinnrücklagen;
- IV. Gewinnvortrag/Verlustvortrag;
- V. Jahresüberschuss/Jahresfehlbetrag.

B. Rückstellungen:
1. Rückstellungen für Pensionen und ähnliche Verpflichtungen;
2. Steuerrückstellungen;
3. sonstige Rückstellungen.

C. Verbindlichkeiten:
1. Anleihen, davon konvertibel;
2. Verbindlichkeiten gegenüber Kreditinstituten;
3. erhaltene Anzahlungen auf Bestellungen;
4. Verbindlichkeiten aus Lieferungen und Leistungen;
5. Verbindlichkeiten aus der Annahme gezogener Wechsel und der Ausstellung eigener Wechsel;
6. Verbindlichkeiten gegenüber verbundenen Unternehmen;
7. Verbindlichkeiten gegenüber Unternehmen, mit denen ein Beteiligungsverhältnis besteht;
8. sonstige Verbindlichkeiten, davon aus Steuern, davon im Rahmen der sozialen Sicherheit.

D. Rechnungsabgrenzungsposten

Gliederung der Gewinn- und Verlustrechnung (§ 275 HGB)

• Gliederungsschema nach dem Gesamtkostenverfahren (GKV)

1. Umsatzerlöse
2. Erhöhung oder Verminderung des Bestands an fertigen und unfertigen Erzeugnissen
3. andere aktivierte Eigenleistungen
4. sonstige betriebliche Erträge
5. Materialaufwand: a) Aufwendungen für Roh-, Hilfs- und Betriebsstoffe und für bezogene Waren;
   b) Aufwendungen für bezogene Leistungen
6. Personalaufwand: a) Löhne und Gehälter; b) soziale Abgaben und Aufwendungen für Altersversorgung und für Unterstützung, davon für Altersversorgung
7. Abschreibungen: a) auf immaterielle Vermögensgegenstände des Anlagevermögens und Sachanlagen sowie auf aktivierte Aufwendungen für die Ingangsetzung und Erweiterung des Geschäftsbetriebs
   b) auf Vermögensgegenstände des Umlaufvermögens, soweit diese die in der Kapitalgesellschaft üblichen Abschreibungen überschreiten
8. sonstige betriebliche Aufwendungen
9. Erträge aus Beteiligungen, davon aus verbundenen Unternehmen
10. Erträge aus anderen Wertpapieren und Ausleihungen des Finanzanlagevermögens, davon aus verbundenen Unternehmen
11. sonstige Zinsen und ähnliche Erträge, davon aus verbundenen Unternehmen
12. Abschreibungen auf Finanzanlagen und auf Wertpapiere des Umlaufvermögens
13. Zinsen und ähnliche Aufwendungen, davon an verbundene Unternehmen
14. Ergebnis der gewöhnlichen Geschäftstätigkeit
15. außerordentliche Erträge
16. außerordentliche Aufwendungen
17. außerordentliches Ergebnis
18. Steuern vom Einkommen und vom Ertrag
19. sonstige Steuern
20. Jahresüberschuss/Jahresfehlbetrag.

• Gliederungsschema nach dem Umsatzkostenverfahren (UKV)

1. Umsatzerlöse
2. Herstellungskosten der zur Erzielung der Umsatzerlöse erbrachten Leistungen
3. Bruttoergebnis vom Umsatz
4. Vertriebskosten
5. allgemeine Verwaltungskosten
6. sonstige betriebliche Erträge
7. sonstige betriebliche Aufwendungen
8. Erträge aus Beteiligungen, davon aus verbundenen Unternehmen
9. Erträge aus anderen Wertpapieren und Ausleihungen des Finanzanlagevermögens, davon aus verbundenen Unternehmen
10. sonstige Zinsen und ähnliche Erträge, davon aus verbundenen Unternehmen
11. Abschreibungen auf Finanzanlagen und auf Wertpapiere des Umlaufvermögens
12. Zinsen und ähnliche Aufwendungen, davon an verbundene Unternehmen
13. Ergebnis der gewöhnlichen Geschäftstätigkeit
14. außerordentliche Erträge
15. außerordentliche Aufwendungen
16. außerordentliches Ergebnis
17. Steuern vom Einkommen und vom Ertrag
18. sonstige Steuern
19. Jahresüberschuss/Jahresfehlbetrag.

Gesamtliteraturverzeichnis

Gesamtliteraturverzeichnis

A. Grundlagen

Bestmann, U. (Hrsg.), Kompendium der Betriebswirtschaftslehre, 10. Auflage, München/Wien 2001
Beyer/Bestmann, Finanzlexikon, 2. Auflage, München 1989
Blazek/Deyhle/Eiselmayer, Finanzcontrolling, 7. Auflage, Offenburg 2002
Boemle, M., Unternehmensfinanzierung, 11. Auflage, Zürich 1995
Büschgen, H.E., Bankbetriebslehre, Bankgeschäfte und Bankmanagement, 5. Auflage, Wiesbaden 1999
Büschgen, H.E., Grundlagen betrieblicher Finanzwirtschaft, 3. Auflage, Wiesbaden 1991
Christians, F.W. (Hrsg.), Finanzierungs-Handbuch, 2. Auflage, Wiesbaden 1988
Däumler, K.-D., Betriebliche Finanzwirtschaft, 8. Auflage, Herne/Berlin 2002
Ditges/Arendt, Bilanzen, 11. Auflage, Ludwigshafen (Rhein) 2005
Drukarczyk, J., Finanzierung, 9. Auflage, Stuttgart 2003
Eilenberger, G., Betriebliche Finanzwirtschaft, 7. Auflage, München/Wien 2003
Gerke/Steiner (Hrsg.), Handwörterbuch des Bank- und Finanzwesens, 3. Auflage, Stuttgart 2001
Größl, L., Betriebliche Finanzwirtschaft, 4. Auflage, Grafenau/Stuttgart 1999
Hahn, O., Allgemeine Betriebswirtschaftslehre, 3. Auflage, München/Wien 1997
Hahn, O., Finanzwirtschaft, 2. Auflage, Landsberg 1983
Hopfenbeck, W., Allgemeine Betriebswirtschafts- und Managementlehre, 14. Auflage, Landsberg 2002
Mann, R., Praxisstrategisches Controlling, 5. Auflage, Landsberg 1989
Nitsch/Niebel, Praxis des Cash Management, Wiesbaden 1997
Olfert, K., Investition, 9. Auflage, Ludwigshafen (Rhein) 2003
Olfert/Reichel, Kompakt-Training Finanzierung, 4. Auflage, Ludwigshafen (Rhein) 2004
Olfert/Reichel, Kompakt-Training Investition, 3. Auflage, Ludwigshafen (Rhein) 2003
Perridon/Steiner, Finanzwirtschaft der Unternehmung, 12. Auflage, München 2003
Rahn, H.J., Unternehmensführung, 6. Auflage, Ludwigshafen (Rhein) 2005
Reichmann, T., Controlling mit Kennzahlen und Managementberichten, 6. Auflage, München 2001
Schierenbeck, H., Grundzüge der Betriebswirtschaftslehre, 16. Auflage, München/Wien 2003
Schneider, D., Investition, Finanzierung und Besteuerung, 7. Auflage, Wiesbaden 1992
Süchting, J., Finanzmanagement, 6. Auflage, Wiesbaden 1995
Vormbaum, H., Finanzierung der Betriebe, 9. Auflage, Wiesbaden 1996
Walz/Gramlich, Investitions- und Finanzplanung, 6. Auflage, Heidelberg 2004
Witte/Klein, Finanzplanung der Unternehmung, 3. Auflage, Reinbek 1983
Wöhe/Bilstein, Grundzüge der Unternehmensfinanzierung, 9. Auflage, München 2002
Ziegenbein, K., Controlling, 8. Auflage, Ludwigshafen (Rhein) 2004

B. Finanzplanung

Bestmann, U. (Hrsg.), Kompendium der Betriebswirtschaftslehre, 10. Auflage, München/Wien 2001
Beyer/Bestmann, Finanzlexikon, 2. Auflage, München 1989
Blazek/Deyhle/Eiselmayer, Finanzcontrolling, 7. Auflage, Offenburg 2002
Blohm/Lüder, Investition, 8. Auflage, München 1995
Boemle, M., Unternehmensfinanzierung, 11. Auflage, Zürich 1995
Büschgen, H.E., Grundlagen betrieblicher Finanzwirtschaft, 3. Auflage, Wiesbaden 1991
Christians, F.W. (Hrsg.), Finanzierungs-Handbuch, 2. Auflage, Wiesbaden 1988
Däumler, K.-D., Betriebliche Finanzwirtschaft, 8. Auflage, Herne/Berlin 2002
Däumler, K.-D., Grundlagen der Investitions- und Wirtschaftlichkeitsrechnung, 10. Auflage, Herne/Berlin 2002
Ehrmann, H., Unternehmensplanung, 4. Auflage, Ludwigshafen (Rhein) 2002
Eilenberger, G., Betriebliche Finanzwirtschaft, 7. Auflage, München/Wien 2003
Gerke/Steiner (Hrsg.), Handwörterbuch des Bank- und Finanzwesens, 3. Auflage, Stuttgart 2001

Gutenberg, E., Grundlagen der Betriebswirtschaftslehre, Bd. 3 Die Finanzen, 8. Auflage, Berlin/Heidelberg/New York 1987
Hahn, O., Finanzwirtschaft, 2. Auflage, Landsberg 1983
Hauschildt/Sachs/Witte, Finanzplanung und Finanzkontrolle, München 1981
Hielscher/Laubscher, Finanzierungskosten, 2. Auflage, Frankfurt/Main 1989
Hopfenbeck, W., Allgemeine Betriebswirtschaftslehre und Managementlehre, 14. Auflage, Landsberg 2002
Jahrmann, U., Finanzierung, 5. Auflage, Herne/Berlin 2003
Mann, R., Praxisstrategisches Controlling, 5. Auflage, Landsberg 1989
Modigliani/Miller, The Cost of Capital, Corporation Finance and the Theory of Investment, in: Archer/Ambrosio (Hrsg.), The Theory Business Finance, 6. Auflage, New York/London 1971
Oeldorf/Olfert, Materialwirtschaft, 11. Auflage, Ludwighafen (Rhein) 2004
Olfert, K., Investition, 9. Auflage, Ludwigshafen (Rhein) 2003
Olfert, K., Kostenrechnung, 14. Auflage, Ludwigshafen (Rhein) 2005
Olfert/Pischulti, Kompakt-Training Unternehmensführung, 3. Auflage, Ludwigshafen (Rhein) 2004
Olfert/Reichel, Kompakt-Training Finanzierung, 4. Auflage, Ludwigshafen (Rhein) 2004
Olfert/Reichel, Kompakt-Training Investition, 3. Auflage, Ludwigshafen (Rhein) 2003
Perridon/Steiner, Finanzwirtschaft der Unternehmung, 12. Auflage, München 2003
Rahn, H.-J., Unternehmensführung, 6. Auflage, Ludwigshafen (Rhein) 2005
Schierenbeck, H., Grundzüge der Betriebswirtschaftslehre, 16. Auflage, München/Wien 2003
Schneider, D., Investition, Finanzierung und Besteuerung, 7. Auflage, Wiesbaden 1992
Süchting, J., Finanzmanagement, 6. Auflage, Wiesbaden 1995
Vormbaum, H., Finanzierung der Betriebe, 9. Auflage, Wiesbaden 1996
Walz/Gramlich, Investitions- und Finanzplanung, 6. Auflage, Heidelberg 2004
Witte, E., Finanzplanung der Unternehmung, 3. Auflage, Opladen 1983
Witte/Klein, Finanzplanung der Unternehmung, 3. Auflage, Wiesbaden 1983
Wöhe/Bilstein, Grundzüge der Unternehmensfinanzierung, 9. Auflage, München 2002
Ziegenbein, K., Controlling, 8. Auflage, Ludwigshafen (Rhein) 2004

C. Zahlungsverkehr

Baumbach/Hefermehl, Wechselgesetz und Scheckgesetz, 22. Auflage, München 2000
Bühler, T., Sicherungsmittel im Zahlungsverkehr, Zürich 1997
Büschgen, H.E., Bankbetriebslehre, Bankgeschäfte und Bankmanagement, 5. Auflage, Wiesbaden 1999
Compter, W., Bankbetriebslehre, 4. Auflage, Darmstadt 1991
Dickertmann/Feucht, Der Kreditkartenmarkt in Deutschland: Eine ökonomische Analyse, in: Braatz/Brinker (Hrsg.): Fachbuchreihe des Informationsdienstes SOURCE, Neuwied 1996
Diepen/Sauter, Wirtschaftslehre für Bankkaufleute, 3. Auflage, Wiesbaden 1991
Eilenberger, G., Bankbetriebswirtschaftslehre, 7. Auflage, München/Wien 1997
Eilenberger, G., Betriebliche Finanzwirtschaft, 7. Auflage, München/Wien 2003
Eilenberger/Burr, Zur Virtualisierung von Banken: Konsequenzen des Electronic Banking für Bankorganisation und Bankwettbewerb, in: *Hörter/Wagner* (Hrsg.): Visionen im Bankmanagement: zukünftige Anforderungen an die Führung von Banken, Festschrift für L. Schuster, München 1997, S. 183-215
Gerke/Steiner (Hrsg.), Handwörterbuch des Bank- und Finanzwesens, 3. Auflage, Stuttgart 2001
Grefe, C., Unternehmenssteuern, 8. Auflage, Ludwigshafen (Rhein) 2004
Grill/Perczynski, Wirtschaftslehre des Kreditwesens, 38. Auflage, Bad Homburg 2004
Häberle, S.G., Handbuch der Außenhandelsfinanzierung, 3. Auflage, München/Wien 2002
Lippe/Esemann/Tänzer, Das Wissen für Bankkaufleute, 9. Auflage, Wiesbaden 2001
Morath, R., Chipkarten als elektronische Zahlungsinstrumente, Köln 1996
Obst/Hintner, Geld-, Bank- und Börsenwesen, 40. Auflage, Stuttgart 2000
Olfert/Reichel, Kompakt-Training Finanzierung, 4. Auflage, Ludwigshafen (Rhein) 2004
Sauter, W., Grundlagen des Bankgeschäfts, 7. Auflage, Frankfurt a. M. 2002
Schöchle, S., Kartengebundene Zahlungssysteme in Deutschland, 4. Auflage, Hamburg 1994
Sietmann, R., Electronic Cash: der Zahlungsverkehr im Internet, Stuttgart 1997

D. Beteiligungsfinanzierung

Bestmann, U. (Hrsg.), Kompendium der Betriebswirtschaftslehre, 10. Auflage, München/Wien 2001
Beyer/Bestmann, Finanzlexikon, 2. Auflage, München 1989
Boemle, M., Unternehmensfinanzierung, 11. Auflage, Zürich 1995
Büschgen, H.E., Grundlagen betrieblicher Finanzwirtschaft, 3. Auflage, Wiesbaden 1991
Christians, F.W. (Hrsg.), Finanzierungs-Handbuch, 2. Auflage, Wiesbaden 1988
Compter, W., Bankbetriebslehre, 4. Auflage, Darmstadt 1991
Däumler, K.-D., Betriebliche Finanzwirtschaft, 8. Auflage, Herne/Berlin 2002
Diepen/Sauter, Betriebswirtschaftslehre für Bankkaufleute, 3. Auflage, Wiesbaden 1991
Eilenberger, G., Bankbetriebswirtschaftslehre, 7. Auflage, München/Wien 1997
Eilenberger, G., Betriebliche Finanzwirtschaft, 7. Auflage, München/Wien 2003
Gerke/Steiner (Hrsg.), Handwörterbuch des Bank- und Finanzwesens, 3. Auflage, Stuttgart 2001
Grefe, C., Unternehmenssteuern, 9. Auflage, Ludwigshafen (Rhein) 2005
Grill/Perczynski, Wirtschaftslehre des Kreditwesens, 38. Auflage, Bad Homburg 2004
Hilscher/Laubscher, Finanzierungskosten, 2. Auflage, Frankfurt/Main 1989
Jahrmann, U., Finanzierung, 5. Auflage, Herne/Berlin 2003
Lippe/Esemann/Tänzer, Das Wissen für Bankkaufleute, 9. Auflage, Wiesbaden 2001
Obst/Hintner, Geld-, Bank- und Börsenwesen, 40. Auflage, Stuttgart 2000
Olfert/Reichel, Kompakt-Training Finanzierung, 4. Auflage, Ludwigshafen (Rhein) 2004
Perridon/Steiner, Finanzwirtschaft der Unternehmung, 12. Auflage, München 2003
Sauter, W., Grundlagen des Bankgeschäfts, 7. Auflage, Frankfurt a. M. 2002
Schierenbeck, H., Grundzüge der Betriebswirtschaftslehre, 16. Auflage, München/Wien 2003
Süchting, J., Finanzmanagement, 6. Auflage, Wiesbaden 1995
Vormbaum, H., Finanzierung der Betriebe, 9. Auflage, Wiesbaden 1996
Wöhe/Bilstein, Grundzüge der Unternehmensfinanzierung, 9. Auflage, München 2002

E. Fremdfinanzierung

Ausfuhrkreditgesellschaft mbH, Kreditrichtlinien, Frankfurt/Main 1974
Baumbach/Hefermehl, Wechselgesetz und Scheckgesetz, 22. Auflage, München 2000
Becker/Peppmeier, Bankbetriebslehre, 5. Auflage, Ludwigshafen (Rhein) 2002
Bestmann, U. (Hrsg.), Kompendium der Betriebswirtschaftslehre, 8. Auflage, München/Wien 1997
Beyer/Bestmann, Finanzlexikon, 2. Auflage, München 1989
Büschgen, H.E., Bankbetriebslehre, Bankgeschäfte und Bankmanagement, 5. Auflage, Wiesbaden 1999
Büschgen, H.E., Grundlagen betrieblicher Finanzwirtschaft, 3. Auflage, Frankfurt/Main 1991
Christians, F.W. (Hrsg.), Finanzierungs-Handbuch, 2. Auflage, Wiesbaden 1988
Compter, W., Bankbetriebslehre, 4. Auflage, Darmstadt 1991
Däumler, K.-D., Betriebliche Finanzwirtschaft, 7. Auflage, Herne/Berlin 1997
Däumler, K.-D., Grundlagen der Investitions- und Wirtschaftlichkeitsrechnung, 10. Auflage, Herne/Berlin 2002
Däumler, K.-D., Finanzmathematisches Tabellenwerk für Praktiker und Studierende, 4. Auflage, Herne/Berlin 1998
Deutsche Bundebank (Hrsg.), Monatsberichte der Deutschen Bundesbank, Frankfurt/Main 1995 ff.
Diepen/Sauter, Wirtschaftslehre für Bankkaufleute, 3. Auflage, Wiesbaden 1991
Eilenberger, G., Bankbetriebswirtschaftslehre, 7. Auflage, München/Wien 1997
Eilenberger, G., Betriebliche Finanzwirtschaft, 7. Auflage, München/Wien 2003
Gerke/Steiner (Hrsg.), Handwörterbuch des Bank- und Finanzwesens, 3. Auflage, Stuttgart 2001
Grefe, C., Unternehmenssteuern, 9. Auflage, Ludwigshafen (Rhein) 2005
Grill/Perczynski, Wirtschaftslehre des Kreditwesens, 38. Auflage, Bad Homburg 2004
Hagenmüller, K.F. (Hrsg.), Factoring-Handbuch, 3. Auflage, Frankfurt/Main 1997
Hagenmüller/Eckstein, Leasing-Handbuch für die betriebliches Praxis, 6. Auflage, Frankfurt/Main 1992
Hilscher/Laubscher, Finanzierungskosten, 2. Auflage, Frankfurt/Main 1989

Jahrmann, F.U., Außenhandel, 11. Auflage, Ludwigshafen (Rhein) 2004
Lippe/Esemann/Tänzer, Das Wissen für Bankkaufleute, 9. Auflage, Wiesbaden 2001
Lwowski, H.-J., Das Recht der Kreditsicherung, 8. Auflage, Berlin 2000
Obst/Hintner, Geld-, Bank- und Börsenwesen, 40. Auflage, Stuttgart 2000
Olfert/Reichel, Kompakt-Training Finanzierung, 4. Auflage, Ludwigshafen (Rhein) 2004
Perridon/Steiner, Finanzwirtschaft der Unternehmung, 12. Auflage, München 2003
Pottschmidt/Rohr, Kreditsicherungsrecht, 4. Auflage, München 1992
Schierenbeck, H., Grundzüge der Betriebswirtschaftslehre, 16. Auflage, München/Wien 2003
Steckler, B., Kompendium Wirtschaftsrecht, 6. Auflage, Ludwigshafen (Rhein) 2003
Süchting, J., Finanzmanagement, 6. Auflage, Wiesbaden 1995
Vormbaum, H., Finanzierung der Betriebe, 9. Auflage, Wiesbaden 1996
Wöhe/Bilstein, Grundzüge der Unternehmensfinanzierung, 9. Auflage, München 2002

F. Innenfinanzierung

Adler/Düring/Schmaltz, Rechnungslegung und Prüfung der Unternehmen, 8 Bde., 6. Auflage, Stuttgart 1995 ff.
Bestmann, U. (Hrsg.), Kompendium der Betriebswirtschaftslehre, 10. Auflage, München/Wien 2001
Beyer/Bestmann, Finanzlexikon, 2. Auflage, München 1989
Boemle, M., Unternehmensfinanzierung, 11. Auflage, Zürich 1995
Büschgen, H.E., Grundlagen betrieblicher Finanzwirtschaft, 3. Auflage, Wiesbaden 1991
Bussiek/Ehrmann, Buchführung, 8. Auflage, Ludwigshafen (Rhein) 2004
Christians, F. W. (Hrsg.), Finanzierungs-Handbuch, 2. Auflage, Wiesbaden 1988
Däumler, K.-D., Betriebliche Finanzwirtschaft, 8. Auflage, Herne/Berlin 2002
Ditges/Arendt, Bilanzen, 11. Auflage, Ludwigshafen (Rhein) 2005
Drukarczyk, J., Finanzierung, 9. Auflage, Stuttgart 2003
Eilenberger, G., Betriebliche Finanzwirtschaft, 7. Auflage, München/Wien 2003
Gerke/Steiner (Hrsg.), Handwörterbuch des Bank- und Finanzwesens, 3. Auflage, Stuttgart 2001
Gutenberg, E., Grundlagen der Betriebswirtschaftslehre, Bd. 3, Die Finanzen, 8. Auflage, Berlin/Heidelberg/New York 1987
Jahrmann, U., Finanzierung, 5. Auflage, Herne/Berlin 2003
Oeldorf/Olfert, Materialwirtschaft, 10. Auflage, Ludwigshafen (Rhein) 2002
Olfert, K., Kostenrechnung, 14. Auflage, Ludwigshafen (Rhein) 2005
Olfert/Reichel, Kompakt-Training Finanzierung, 4. Auflage, Ludwigshafen (Rhein) 2004
Perridon/Steiner, Finanzwirtschaft der Unternehmung, 12. Auflage, München 2003
Schierenbeck, H., Grundzüge der Betriebswirtschaftslehre, 16. Auflage, München/Wien 2003
Schneider, D., Investition, Finanzierung und Besteuerung, 7. Auflage, Wiesbaden 1992
Süchting, J., Finanzmanagement, 6. Auflage, Wiesbaden 1995
Vormbaum, H., Finanzierung der Betriebe, 9. Auflage, Wiesbaden 1996
Wöhe, G., Bilanzierung und Bilanzpolitik, 9. Auflage, München 1997
Wöhe, G., Die Steuern des Unternehmens, 6. Auflage, München 1991
Wöhe/Bieg, Grundzüge der betriebswirtschaftlichen Steuerlehre, 4. Auflage, München 1995
Wöhe/Bilstein, Grundzüge der Unternehmensfinanzierung, 9. Auflage, München 2002

G. Finanzwirtschaftliche Analyse

Blazek/Deyhle/Eiselmayer, Finanzcontrolling, 7. Auflage, Offenburg 2002
Buchner, R., Finanzwirtschaftliche Statistik und Kennzahlenrechnung, München 1985
Buchner, R., Grundzüge der Finanzanalyse, München 1981
Coenenberg, A., Jahresabschluss und Jahresabschlussanalyse, 19. Auflage, München 2003
Ditges/Arendt, Bilanzen, 11. Auflage, Ludwigshafen (Rhein) 2005
Gerke/Steiner (Hrsg.), Handwörterbuch des Bank- und Finanzwesens, 3. Auflage, Stuttgart 2001
Gräfer, H., Bilanzanalyse, 8. Auflage, Herne/Berlin 2001
Hesse/Frailing/Frailing, Wie beurteilt man eine Bilanz, 20. Auflage, Wiesbaden 2000
Hopfenbeck, W., Allgemeine Betriebswirtschaftslehre und Managementlehre, 14. Auflage, Landsberg 2002

Küting/Weber, Die Bilanzanalyse, 7. Auflage, Stuttgart 2004
Langenbeck, J., Kompakt-Training Bilanzanalyse, 2. Auflage, Ludwigshafen (Rhein) 2003
Meyer, C., Bilanzierung nach Handels- und Steuerrecht, 14. Auflage, Herne/Berlin 2003
Moxter, A., Bilanzlehre, in 2 Bänden, 3. Auflage, Wiesbaden 1984
Olfert/Reichel, Kompakt-Training Finanzierung, 4. Auflage, Ludwigshafen (Rhein) 2004
Reichmann, T., Controlling mit Kennzahlen und Managementberichten, 6. Auflage, München 2001
Schierenbeck, H., Grundzüge der Betriebswirtschaftslehre, 16. Auflage, München/Wien 2003
Wöhe, G., Bilanzierung und Bilanzpolitik, 9. Auflage, München 1997
Ziegenbein, K., Controlling, 8. Auflage, Ludwigshafen (Rhein) 2004

Übungsteil

Aufgaben/Fälle

1 : Eigen-/Fremdkapital/Anlage-/Umlaufvermögen

(1) Ordnen Sie die folgenden Positionen dem bilanziellen Eigenkapital, Fremdkapital, Anlagevermögen oder Umlaufvermögen zu:

		Eigenkapital	Fremdkapital	Anlagevermögen	Umlaufvermögen
a	Kapitalrücklagen				
b	Steuerrückstellungen				
c	Beteiligungen				
d	Emittierte Anleihen				
e	Wertpapiere im Bestand				
f	Rechte aus schwebenden Geschäften				
g	Verbindlichkeiten gegenüber Kreditinstituten				
h	Unfertige Erzeugnisse				
i	Schecks				
j	Rücklagen für eigene Anteile				
k	Erhaltene Anzahlungen auf Bestellungen				
l	Geleistete Anzahlungen				
m	Patente				
n	Gewinnvortrag				
o	Forderungen auf Lieferungen und Leistungen				
p	Gesetzliche Rücklage				

(2) Wie sieht die Grobgliederung der Bilanz nach § 266 Abs. 2 und 3 HGB aus?

Aktiva	Bilanz	Passiva
A. I. II. III. B. I. II. III. IV. C.		A. I. II. III. IV. V. B. C. D.

2 : Finanzierungsmatrix

Im Unternehmen sind die unterschiedlichsten Finanzierungsvorgänge festzustellen. Ordnen Sie der folgenden Finanzierungsmatrix geeignete Finanzierungsbeispiele zu.

	Außenfinanzierung	**Innenfinanzierung**
Finanzierung mit Eigenkapital		
Finanzierung mit Fremdkapital		

3 : Arten der Finanzierung

(1) Um welche Arten von Finanzierung handelt es sich bei folgenden Vorgängen:

		Finanzierung mit Eigenkapital	Finanzierung mit Fremdkapital	Außenfinanzierung	Innenfinanzierung	Beteiligungsfinanzierung	Umfinanzierung
a	Es wird ein neuer Gesellschafter im Unternehmen aufgenommen.						
b	Das Unternehmen bildet Pensionsrückstellungen zur Altersversorgung der Mitarbeiter.						
c	Ein kurzfristiger Kredit wird in einen langfristigen Kredit umgewandelt.						
d	Erzielte Gewinne werden im Unternehmen einbehalten und für Investitionszwecke verwendet.						
e	Das Unternehmen nimmt einen Kredit auf.						
f	Das Unternehmen kauft für die zurücklaufenden Abschreibungsbeträge eine Maschine.						
g	Dem Unternehmen wird eine Maschine geliefert, die erst 6 Wochen später zu bezahlen ist.						
h	Das Unternehmen verkauft eine nicht mehr benötigte Maschine um Rohstoffe zu beschaffen.						
i	Das Unternehmen least einen Personenkraftwagen.						
j	Eine Aktiengesellschaft erhöht ihr gezeichnetes Kapital.						

(2) Wie können folgende Arten der Finanzierung noch genannt werden?

Beteiligungsfinanzierung	
Fremdfinanzierung	
Finanzierung aus Umsatzerlösen	

4 : Arten der Investition

(1) Ordnen Sie die folgenden Vorgänge den entsprechenden Arten der Investition zu:

		Sach-investition	**Finanz-investition**	**Immaterielle Investition**	**Netto-investition**	**Re-investition**
a	Das Unternehmen beschafft Maschinen, um die Leistungsmenge zu vergrößern.					
b	Eine Maschine wird durch eine technisch verbesserte neue Maschine ersetzt.					
c	Das Unternehmen erwirbt eine Konzession.					
d	Das Unternehmen gründet eine Vertriebs-GmbH.					
e	Das Unternehmen kauft Rohstoffe für die laufende Produktion.					
f	Das Unternehmen nimmt Umweltschutzmaßnahmen vor.					

(2) Wie können folgende Arten der Investition noch genannt werden?

Sachinvestitionen	
Finanzinvestitionen	
Gründungsinvestitionen	

5 : Zahlungsverkehr

(1) Die Metallbau GmbH hat einem Zulieferer gegenüber eine Rechnung in Höhe von 10.050 € zu begleichen. Inwieweit hat die Metallbau GmbH ihre Verpflichtung erfüllt, wenn der Betrag

(a) bar bezahlt wird,
(b) durch Scheck bezahlt wird,
(c) durch Banküberweisung bezahlt wird?

(2) Ergänzen Sie das Schaubild um die Arten des Zahlungsverkehrs!

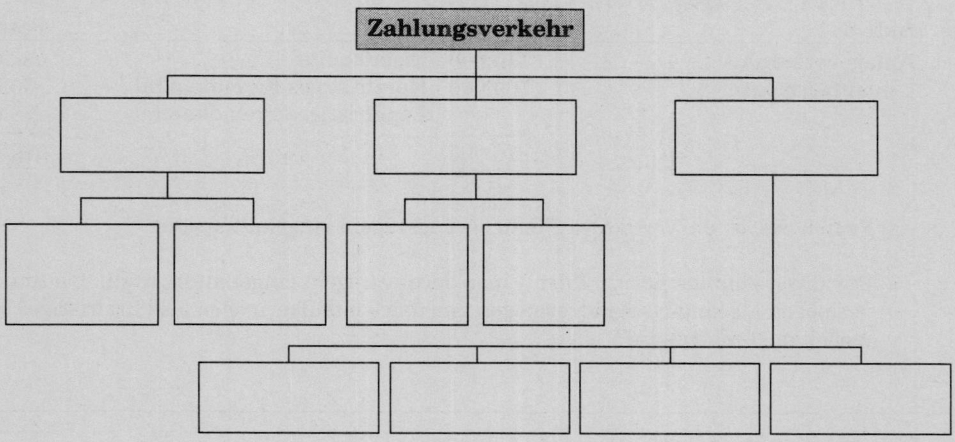

6 : Beeinflussung der Zahlungsströme

Dem Unternehmen droht ein Liquiditätsengpass.

Zeigen Sie geeignete Maßnahmen auf, welche die Einzahlungsströme beschleunigen bzw. die Auszahlungsströme verzögern oder diese erhöhen bzw. absenken.

7 : Liquidität/Strukturelle Liquidität

(1) Ein Unternehmen hat innerhalb von 10 Tagen folgende Zahlungsverpflichtungen zu erfüllen:

31.03.	Lohnzahlungen	41.000 €
01.04.	Lieferantenrechnung	33.000 €
03.04.	Reparaturrechnung	7.500 €
06.04.	Lieferantenrechnung	36.000 €
09.04.	Umsatzsteuervorauszahlung	17.000 €

Als Einzahlungen werden erwartet:

02.04.	Kundenrechnung	36.000 €
05.04.	Kundenrechnung	10.000 €
08.04.	Kundenrechnung	39.000 €

Das Bankguthaben am 30.03. betrug 40.000 €.

(a) Wie ist die (dynamische) Liquidität des Unternehmens zu beurteilen?

(b) Muss das Unternehmen ein Insolvenzverfahren eröffnen lassen?

(2) Folgende Daten gelten für ein Unternehmen:

Aktiva	Bilanz		Passiva
Anlagevermögen	110.000	Eigenkapital	80.000
Umlaufvermögen	100.000	Kurzfristiges Fremdkapital	60.000
		Langfristiges Fremdkapital	70.000
	210.000		210.000

(a) Prüfen Sie, ob die vertikalen Finanzierungsregeln eingehalten sind!

(b) Inwieweit sind die horizontalen Finanzierungsregeln eingehalten, wenn das Anlagevermögen als langfristiges Vermögen und das Umlaufvermögen als kurzfristiges Vermögen angesehen wird?

8 : Rentabilität

Ein Unternehmen weist folgende Daten auf:

Aktiva	Bilanz		Passiva
Vermögen	10.400.000	Gezeichnetes Kapital	2.000.000
		Rücklagen	3.000.000
		Fremdkapital	5.000.000
		Gewinn	400.000
	10.400.000		10.400.000

Aufwendungen	Erfolgsrechnung		Erträge
Verschiedene Aufwendungen	29.300.000	Erträge	30.000.000
Zinsaufwendungen	300.000		
Gewinn	400.000		
	30.000.000		30.000.000

Ermitteln Sie:

(1) die Gesamtkapitalrentabilität

(2) die Eigenkapitalrentabilität

(3) die Umsatzrentabilität.

9 : Zielkonflikt

Finanzwirtschaftliche Entscheidungen unterliegen zumeist einem Zielkonflikt.

Zeigen Sie anhand eines Beispieles das Spannungsverhältnis zwischen den finanzwirtschaftlichen Zielsetzungen Rentabilität und Sicherheit auf!

Legen Sie dies auch grafisch dar!

10 : Kapitalbedarf (1)

Gegeben sind folgende Einzahlungen und Auszahlungen:

Monat	Auszahlungen (Tsd. €)	Einzahlungen (Tsd. €)
Januar	100	0
Februar	80	20
März	50	70
April	100	100
Mai	100	70
Juni	60	100
Juli	60	110
August	60	240
September	80	90
Oktober	100	40
November	110	0
Dezember	80	20

(1) Ermitteln Sie den Kapitalbedarf jeden Monats rechnerisch!

(2) Stellen Sie den Kapitalbedarf für die einzelnen Monate grafisch dar!

11 : Kapitalbedarf (2)

(1) Wie kann der Kapitalbedarf vermindert werden, ohne dass sich die Werte der Auszahlungen und Einzahlungen verändern?

(2) Nennen Sie hierzu Vorgänge aus der Praxis, welche dieses Ziel anstreben!

12 : Kapitalbedarf (3)

Als Mitarbeiter der Finanzabteilung eines Unternehmens sind sie mit der Finanzdisposition beschäftigt.

Welche Form des Produktionsprozesses würden Sie aus Sicht der Finanzabteilung bevorzugen? Ist eine zeitlich gestaffelte Prozessanordnung oder ein zeitlich nebeneinander angeordneter Prozess vorteilhafter?

13 : Kapitalbedarf (4)

Die Firma Schmittke KG fertigt gleichartige Maschinen. Dabei können die folgenden Zahlungsströme für jede Maschine als typisch angesehen werden:

1. Dekade	7.500 €	Auszahlungen für Fertigungsstufe 1
2. Dekade	10.500 €	Auszahlungen für Fertigungsstufe 2
3. Dekade	2.500 €	Auszahlungen für Fertigungsstufe 3
4. Dekade	0 €	Lagerung der gefertigten Maschine
5. Dekade	0 €	Verkauf auf Ziel
6. Dekade	20.500 €	Einzahlungen aus dem Verkauf

(1) Wie entwickelt sich der Kapitalbedarf des Unternehmens, wenn mit Abschluss der Fertigung einer Maschine die Fertigung der nächsten Maschine jeweils begonnen wird?

Stellen Sie die Entwicklung tabellarisch und grafisch für 15 Dekaden dar!

(2) Wie entwickelt sich der Kapitalbedarf des Unternehmens, wenn durch Rationalisierungsmaßnahmen erreicht wird, dass die Lagerzeit der gefertigten Maschinen sowie die Zahlungsziele eine Verminderung um 50 % erfahren?

Stellen Sie dies tabellarisch und grafisch für 15 Dekaden dar!

(3) Stellen Sie tabellarisch und grafisch dar, inwieweit sich der Kapitalbedarf durch die Rationalisierungsmaßnahmen vermindert!

14 : Kapitalbedarf (5)

Eine Firma, die Küchengeräte herstellt, soll errichtet werden. Bei der Planung der Auszahlungen ist zu berücksichtigen, dass

- ein Fabrikgebäude im Werte von 750.000 € gekauft wird,
- Maschinen im Werte von 550.000 € benötigt werden,
- Betriebs- und Geschäftsausstattung im Werte von 350.000 € erforderlich ist,
- Auszahlungen für Roh-, Hilfs- und Betriebsstoffe von täglich 4.000 € anfallen,
- Auszahlungen für Löhne und Gehälter von täglich 7.000 € entstehen,
- sonstige Auszahlungen von täglich 1.000 € anfallen.

Die Roh-, Hilfs- und Betriebsstoffe lagern 20 Tage, die Fertigerzeugnisse 10 Tage.

Der Fertigungsprozess umfasst 6 Tage.

Die Gründung und Ingangsetzung des Geschäftsbetriebes verursacht Ausgaben von 10.000 €.

Als weitere Daten sind zu berücksichtigen, dass für die Roh-, Hilfs- und Betriebsstoffe von den Lieferanten ein Ziel von 15 Tagen eingeräumt wird und die Fertigerzeugnisse binnen fünf Tagen bezahlt werden.

(1) Ermitteln Sie den Kapitalbedarf mithilfe der kumulativen Methode!

(2) Errechnen Sie den Kapitalbedarf danach auch unter Verwendung der elektiven Methode!

15 : Kapitalbedarf (6)

(1) Wie verändert sich der Kapitalbedarf nach der elektiven Methode der Firma aus Übung 14, wenn die Roh-, Hilfs- und Betriebsstoffe binnen 5 Tagen zu bezahlen sind, den Kunden aber aus Wettbewerbsgründen ein Zahlungsziel von 30 Tagen eingeräumt werden muss?

(2) In welcher Weise verändert sich der Kapitalbedarf nach der elektiven Methode der Firma aus (1), wenn es sich als möglich erweist, die Lagerdauer der Roh-, Hilfs- und Betriebsstoffe sowie der Fertigerzeugnisse zu halbieren?

16 : Kosten- und Gewinnvergleichsrechnung

Die Stahlbau GmbH benötigt zur Herstellung von Zulieferteilen eine Maschine. Drei Angebote stehen zur Auswahl:

	Maschine I	Maschine II	Maschine III
Anschaffungskosten (€)	120.000	100.000	80.000
Nutzungsdauer (Jahre)	10	10	10
Leistung (Stück/Jahr)	20.000	20.000	20.000
Kalkulationszinsfuß (%)	10	10	10
Gehälter (€/Jahr)	15.000	15.000	15.000
Löhne (€/Jahr)	82.000	88.000	105.000
Material (€/Jahr)	140.000	140.000	140.000

(1) Ermitteln Sie, welche Maschine bei einer jährlichen Auslastung von 20.000 Stück am günstigsten zu beurteilen ist!

(2) Wie sieht die Vorteilhaftigkeit der angebotenen Maschinen aus, wenn ihre Auslastung lediglich bei 8.000 Stück pro Jahr liegt?

(3) Die Erlöse, die für die Zulieferteile am Markt erzielt werden können, betragen:

- 14,50 €/Stück bei den auf Maschine I und III gefertigten Erzeugnissen.
- 15,20 €/Stück bei den auf der Maschine II gefertigten Erzeugnissen, da hier eine größere Präzision gewährleistet ist.

Welche Maschine erweist sich unter Einbeziehung der Erlöse als die vorteilhafteste, wenn jährlich 20.000 Stück gefertigt und abgesetzt werden?

17 : Rentabilitätsvergleichsrechnung

Führen Sie einen Rentabilitätsvergleich für folgende Investitionsalternativen durch:

	Maschine I	Maschine II
Anschaffungskosten (€)	100.000	100.000
Nutzungsdauer (Jahre)	8	8
Variable Kosten (€)	140.000	145.000
Fixe Kosten (€) (ohne kalkulatorische Abschreibungen und Zinsen)	7.000	5.000

Auf beiden Maschinen werden voraussichtlich 6.000 Stück/Jahr eines Erzeugnisses gefertigt. Das Stück wird für 30 €/Stück verkauft.

(1) Ermitteln Sie, welche Maschine aufgrund der vorliegenden Daten die vorteilhaftere ist!

(2) Beziehen Sie das Umlaufvermögen, das für beide Maschinen 35.000 € beträgt, in den Rentabilitätsvergleich ein und zeigen Sie, wie sich die Rentabilitäten dadurch verändern!

18 : Amortisationsvergleichsrechnung

Zwei Maschinen stehen für eine Erweiterungsinvestition zur Auswahl.

Maschine I verursacht Anschaffungskosten von 80.000 €, hat eine Nutzungsdauer von 8 Jahren und erwirtschaftet einen durchschnittlichen jährlichen Gewinn von 20.000 €.

Maschine II verursacht Anschaffungskosten von 120.000 €, hat ebenfalls eine Nutzungsdauer von 8 Jahren und bringt einen durchschnittlichen jährlichen Gewinn von 34.000 € ein.

(1) Welche Maschine ist unter Zugrundelegung der genannten Daten bei der Anwendung der Amortisationsvergleichsrechnung die vorteilhaftere?

(2) Inwieweit kann gesagt werden, dass die Amortisationsvergleichsrechnung allgemein die Gefahr berge, Fehlentscheidungen zu fördern?

19 : Barwert

(1) Welchen Barwert weist eine Zahlung auf, die am Ende des 8. Jahres in Höhe von 124.500 € geleistet wird? Der Kalkulationszinssatz beträgt 8 %.

(2) Ermitteln Sie den Barwert von drei zu leistenden Zahlungen, wenn der Kalkulationszinssatz 10 % beträgt:

Ende des 3. Jahres	70.000 €
Ende des 5. Jahres	150.000 €
Ende des 7. Jahres	150.000 €

(3) Es wird über 10 Jahre hinweg eine Rente von 6.800 € gezahlt. Die Zahlungen erfolgen jeweils am Jahresende, der Kalkulationszinssatz beträgt 9 %. Ermitteln Sie den Barwert der Rente!

(4) Herr Müller schuldet Herrn Meier einen bestimmten Geldbetrag. Herr Müller bietet an, Herrn Meier 5 jährliche Raten von 12.000 € zu zahlen. Die Zahlungen sollen jeweils am Jahresende erfolgen.

Herr Meier ist grundsätzlich bereit, auf den Vorschlag einzugehen, macht aber doch einen Gegenvorschlag: Herr Müller könne ihm das Geld in 15 Jahresraten in Höhe von 6.000 € zurückzahlen. Er geht ebenfalls davon aus, dass die Zahlungen am Jahresende erfolgen.

Welche der beiden Alternativen würden Sie Herrn Müller empfehlen, wenn der Kalkulationszinssatz 10 % beträgt?

(5) Zu welchem Barwert führen die folgenden Zahlungen bei einem Zinssatz von 12 %:

1. Jahr:	5.000 €	3. Jahr:	15.000 €
2. Jahr:	10.000 €	4. Jahr:	20.000 €

Wie hoch ist der Barwert bei gleichem Zinssatz und folgendem Verlauf der Zahlungen:

1. Jahr:	20.000 €	3. Jahr:	10.000 €
2. Jahr:	15.000 €	4. Jahr:	5.000 €

Weshalb sind die Barwerte unterschiedlich hoch, obgleich die Beträge in ihrer Summe gleich sind?

20 : Endwert

(1) Welcher Betrag ergibt sich, wenn 5.000 € über 10 Jahre hinweg mit 8 % verzinst werden, am Ende des 10. Jahres?

(2) Ermitteln Sie den Wert, der sich nach 5 Jahren ergibt, wenn jährlich 2.500 € auf ein Sparbuch eingezahlt werden. Der Zinssatz beträgt 6 %.

(3) Ist es bei einem Zinssatz von 10 % vorteilhafter, jetzt 10.000 € oder über 6 Jahre hinweg eine jährliche Rate von 2.300 € oder zum Ende des 6. Jahres 18.000 € zu zahlen?

(4) Wie sieht der Vorteilsvergleich von (3) aus, wenn der Zinssatz 6 % bzw. 14 % beträgt?

21 : Jahreswert

(1) Ein jetzt fälliger Betrag von 50.000 € soll in 5 gleich hohen Jahresraten ausgezahlt werden. Wie hoch sind die Jahresraten bei einem Kalkulationszinssatz von 10 %?

(2) Eine Zahlung ist nach 10 Jahren fällig. Sie beträgt 100.000 €. Die Vertragspartner kommen überein, den Betrag nicht einmalig nach 10 Jahren, sondern in gleich hohen Jahresbeträgen über die 10 Jahre hinweg zu zahlen. Wie hoch ist der Jahresbetrag, wenn von einem Kalkulationszinssatz von 8 % ausgegangen wird?

(3) Eine Zahlung von 10.000 € ist jetzt fällig. Es wird angeboten, anstelle der einmaligen Zahlung in fünf jährlichen Raten von 2.600 € zu zahlen. Der Kalkulationszinssatz beträgt 10 %.

Ist das Angebot für den Schuldner vorteilhaft?

22 : Kapitalwertmethode

Die Speditions GmbH beabsichtigt, einen Lastkraftwagen zu kaufen. Er kostet 80.000 € und ist 6 Jahre nutzbar. Der Kalkulationszinsfuß beträgt 10 %, der Liquidationserlös wird auf 8.000 € geschätzt.

(1) Ist diese Investition vorteilhaft, wenn der Lastkraftwagen voraussichtlich folgende Rückflüsse erwirtschaftet:

1. Jahr	15.000 €	4. Jahr	25.000 €
2. Jahr	20.000 €	5. Jahr	20.000 €
3. Jahr	25.000 €	6. Jahr	20.000 €

(2) Wie verändert sich die Vorteilhaftigkeit der Investition, wenn mit einem Kalkulationszinsfuß von 14 % gerechnet wird und ein Liquidationserlös nicht anfällt?

23 : Interne Zinsfuß-Methode

Eine Investition mit einem Anschaffungswert von 40.000 € führt über 10 Jahre hinweg zu Rückzahlungen von jährlich 6.000 €. Ein Liquidationserlös fällt nicht an.

(1) Ermitteln Sie rechnerisch, ob die Investition vorteilhaft ist, wenn ein Kalkulationszinsfuß von 8 % zu Grunde gelegt wird!

(2) Ist die Investition auch bei einem Kalkulationszinsfuß von 9 % vorteilhaft?

(3) Stellen Sie die Ergebnisse aus (1) und (2) grafisch dar!

24 : Annuitätenmethode

Ermitteln Sie mithilfe der Annuitätenmethode, welche der beiden Investitionsalternativen bei einem Kalkulationszinsfuß von 8 % die vorteilhaftere ist:

Maschine I kostet 100.000 € und ist 5 Jahre nutzbar. Die jährlichen Rückflüsse betragen:

1. Jahr	28.000 €	4. Jahr	32.000 €
2. Jahr	36.000 €	5. Jahr	30.000 €
3. Jahr	35.000 €		

Der Liquidationserlös wird mit 5.000 € veranschlagt.

Maschine II kostet 80.000 € und ist ebenfalls 5 Jahre nutzbar, die jährlichen Rückflüsse betragen:

1. Jahr	22.000 €	4. Jahr	28.000 €
2. Jahr	30.000 €	5. Jahr	20.000 €
3. Jahr	28.000 €		

Ein Liquidationserlös fällt nicht an.

25 : **Kapitalstruktur (1)**

Nehmen Sie Stellung zu folgenden Gegebenheiten:

(1) Die Metallbau GmbH plant die Erweiterung ihrer Produktionskapazitäten. Dazu müssen für 1.200.000 € eine neue Halle gebaut und Maschinen für 4.130.000 € beschafft werden.

Die Geschäftsführung plant eine Finanzierung mit kurzfristigem Kapital.

(2) Ein Kreditgeber bietet der Metallbau GmbH einen variablen Zinssatz von 7,9 % an. Als Sicherheit fordert er die Eintragung einer Grundschuld.

Die Geschäftsführung rechnet in ihrem mittelfristigen Finanzplan, der 4 Jahre umfasst, mit diesem Zinssatz.

(3) Weiter fordert der Kreditgeber ein Mitspracherecht bezüglich dieses Erweiterungsprojektes. Er setzt seine Zustimmung zu allen Planungen und Auszahlungen voraus, die in Zusammenhang mit diesem Projekt stehen.

Die Geschäftsführung weist diese Forderung zurück. Nach ihrer Auffassung haben die Fremdkapitalgeber keine Mitspracherechte im Unternehmen.

26 : **Kapitalstruktur (2)**

Eine OHG hat die folgende vereinfachte Bilanz:

Aktiva	Bilanz zum 31.12.2004		Passiva
Anlagevermögen	40.000	Eigenkapital	80.000
Umlaufvermögen	60.000	Fremdkapital	20.000
	100.000		100.000

Die Gesamtkapitalrentabilität beträgt 10 %.

(1) Ermitteln Sie, wie hoch die Eigenkapitalrentabilität bei dem oben genannten Eigenkapital-Fremdkapital-Verhältnis ist, wenn die Fremdkapitalzinsen 8 % betragen!

(2) Die Gesellschafter planen die Erweiterung der Kapitalbasis um 100.000 €. Sie beabsichtigen, das Eigenkapital um 60.000 € und das Fremdkapital um 40.000 € zu steigern.

Wie verändert sich die Eigenkapitalrentabilität, wenn die Gesamtkapitalrentabilität und die Fremdkapitalzinsen voraussichtlich gleich bleiben?

(3) Ein Unternehmensberater empfiehlt den Gesellschaftern, die Kapitalerhöhung ausschließlich mit Fremdkapital vorzunehmen.

Wie ist diese Empfehlung – bei gleichbleibender Gesamtkapitalrentabilität und unveränderten Fremdkapitalzinsen – zu beurteilen?

(4) Eine Marktanalyse zeigt, dass die Gesamtkapitalrentabilität im kommenden Jahr um 2 % absinken wird. Es ist mit einem Ansteigen der Fremdkapitalzinsen um 1 % zu rechnen.

Welche Bedeutung haben diese Informationen für die Gesellschafter, die sich noch nicht entschieden haben, ob sie bei der Kapitalerhöhung ihren Vorstellungen oder dem Vorschlag des Unternehmensberaters folgen sollen?

27 : Mittelwert-Verfahren

Ein Zahlungsstrom wies in der Vergangenheit folgende Entwicklung auf:

1. Quartal 2003	4.000 €	1. Quartal 2004	4.600 €
2. Quartal 2003	4.200 €	2. Quartal 2004	4.900 €
3. Quartal 2003	4.500 €	3. Quartal 2004	4.900 €
4. Quartal 2003	4.500 €		

Das Unternehmen bedient sich zur Ermittlung des jeweiligen Prognosewertes stets der letzten vier Vergangenheitswerte.

(1) In welcher Höhe kann der Zahlungsstrom für das 4. Quartal 2004 angesetzt werden?

Nehmen Sie an, der Zahlungsstrom wird 5.100 € im 4. Quartal 2004 betragen. Mit welchem Wert kann – unter Verwendung des gleitenden Mittelwertes – das 1. Quartal 2005 angesetzt werden?

(2) Welche Entwicklung kann der Zahlungsstrom im 4. Quartal 2004 nehmen, wenn die Vergangenheitswerte die folgende Gewichtung erhalten:

Viertletztes Quartal	10 %	Vorletztes Quartal	30 %
Drittletztes Quartal	20 %	Letztes Quartal	40 %

Begründen Sie, weshalb der ermittelte Prognosewert erheblich von dem in (1) ermittelten Wert abweicht!

28 : Exponentielle Glättung

Ein Zahlungsstrom wies in den letzten Jahren die folgende Entwicklung auf:

2001	300.000 €	2004	350.000 €
2002	240.000 €	2005	320.000 €
2003	270.000 €		

Ermitteln Sie mithilfe der exponentiellen Glättung erster Ordnung die Vorhersagewerte für die Jahre 2002, 2003, 2004 und 2005 rechnerisch und stellen Sie die Ergebnisse grafisch dar, wobei die α-Werte

0,1 / 0,4 / 0,8

zu Grunde gelegt werden sollen.

Als Vorhersagewert für das Jahr 2001 gelten 280.000 €.

29 : Trendrechnung

Ein Zahlungsstrom hatte in der Vergangenheit folgenden Verlauf:

2002	280.000 €	2004	330.000 €
2003	290.000 €	2005	350.000 €

Welcher Prognosewert ergibt sich für das Jahr 2006?

30 : Finanzplan

Sie haben als Assistent der Finanzleitung die Aufgabe, einen ersten Entwurf eines Finanzplanes für 2006 zu erstellen, wofür Ihnen die notwendigen Unterlagen der Marktforschung, des Rechnungswesens usw. vorliegen.

Der Finanzplan hat folgendes Aussehen:

Beträge in Tsd. €	Jan.	Feb.	März	April	Mai	Juni	Juli	Aug.	Sep.	Okt.	Nov.	Dez.
A. Zahlungsmittel-Anfangsbestand	30	50	120	165	140	55	– 20	– 60	– 40	5	10	40
⋮	⋮	⋮	⋮	⋮	⋮	⋮	⋮	⋮	⋮	⋮	⋮	⋮
B. Einzahlungen	145	185	175	100	85	75	80	120	150	165	180	165
⋮	⋮	⋮	⋮	⋮	⋮	⋮	⋮	⋮	⋮	⋮	⋮	⋮
C. Auszahlungen	125	115	130	125	170	150	120	100	105	160	150	155
D. Zahlungsmittel-Schlussbestand	50	120	165	140	55	– 20	– 60	– 40	5	10	40	50

(1) Interpretieren Sie das vorliegende Zahlenmaterial!

(2) Welche Möglichkeiten gibt es, die Liquidität des Unternehmens zu verbessern, ohne dass Kapital aufgenommen wird?

(3) Was ist dem Unternehmen zu raten, wenn es überliquide ist?

31 : Bargeld/Buchgeld/Geldersatzmittel

Worin bestehen die Unterschiede zwischen Bargeld, Buchgeld und Geldersatzmitteln?

	Arten	Erfüllung einer Zahlungsverpflichtung	Annahmepflicht des Gläubigers
Bargeld	• •		
Buchgeld	• •		
Geldersatzmittel	• •		

32 : Überweisungsverkehr

(1) Wie läuft der Überweisungsvorgang bei Kreditinstituten ab?

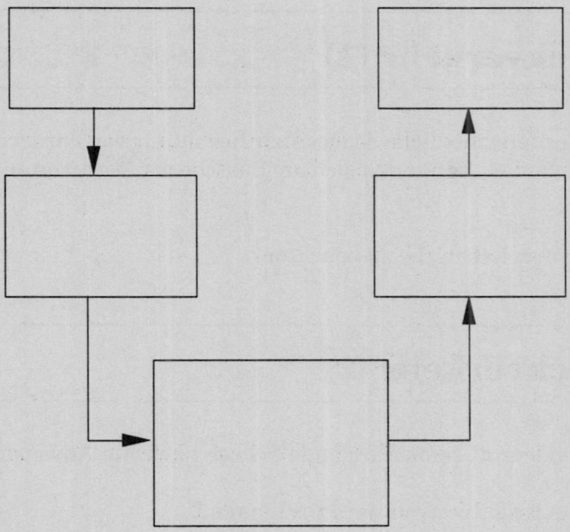

(2) In welchen Fällen bietet sich eine Dauerüberweisung an?

33 : Lastschriftverkehr

(1) Worin unterscheiden sich die Einsatzgebiete der Dauerüberweisung und der Lastschrift?

Dauerüberweisung	Lastschrift

(2) Wie erfolgt der Ablauf des Lastschriftverkehrs bei der Einzugsermächtigung?

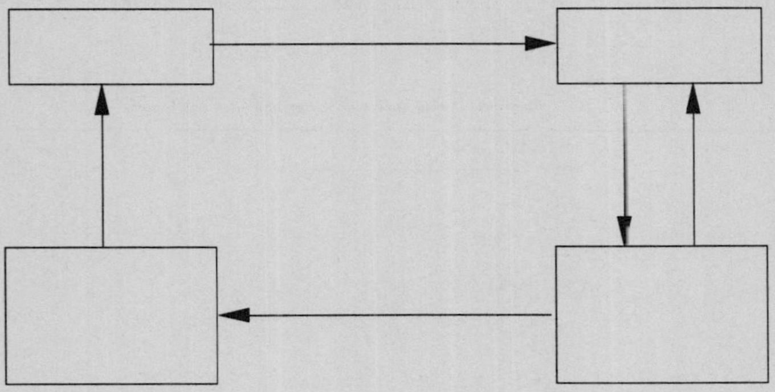

34 : Scheckverkehr (1)

Sie haben mehrere unterschiedliche Schecks zur Bezahlung von Forderungen Ihres Unternehmens vorgelegt bekommen. Es handelt sich um Barschecks, Verrechnungsschecks und Orderschecks.

Welche Besonderheiten haben Sie zu beachten?

35 : Scheckverkehr (2)

(1) Ein Aussteller widerruft seine durch den Scheck bewirkte Anweisung nach vier Wochen.

Inwieweit ist das Kreditinstitut daran gebunden?

(2) Vermerken Sie auf dem nachfolgenden Scheck die gesetzlichen Bestandteile!

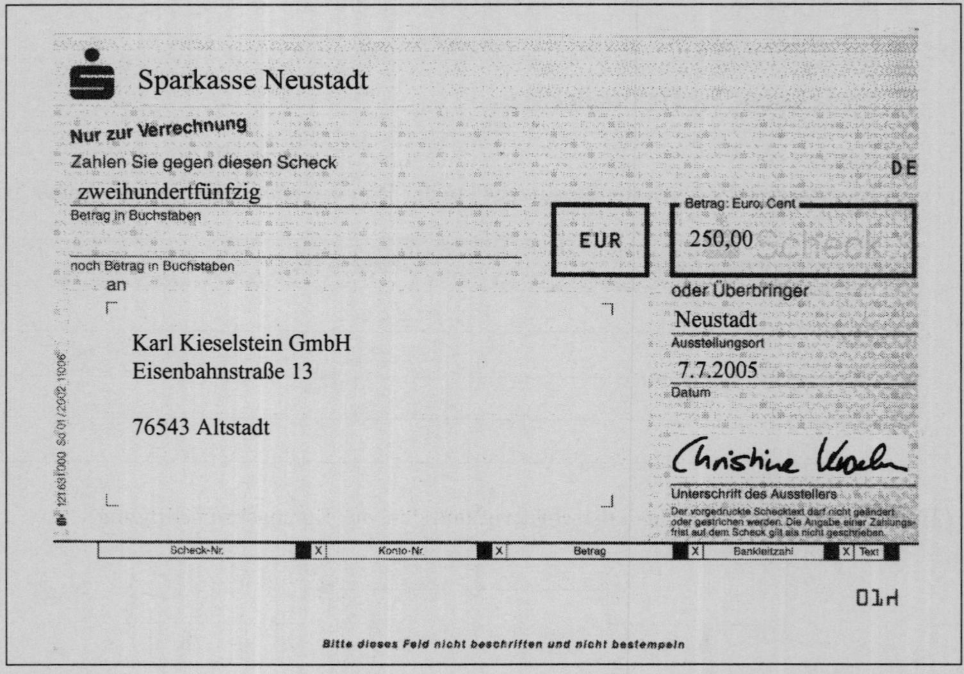
Sparkasse Neustadt
Nur zur Verrechnung
Zahlen Sie gegen diesen Scheck DE
zweihundertfünfzig
Betrag in Buchstaben
noch Betrag in Buchstaben
EUR
Betrag: Euro, Cent
250,00
an
oder Überbringer
Karl Kieselstein GmbH
Eisenbahnstraße 13
76543 Altstadt
Neustadt
Ausstellungsort
7.7.2005
Datum
Christine Koch
Unterschrift des Ausstellers
Der vorgedruckte Schecktext darf nicht geändert oder gestrichen werden. Die Angabe einer Zahlungsfrist auf dem Scheck gilt als nicht geschrieben.
Scheck-Nr. X Konto-Nr. X Betrag X Bankleitzahl X Text
01H
Bitte dieses Feld nicht beschriften und nicht bestempeln

36 : Wechselverkehr (1)

Sie schicken mit der Rechnung und der Warenlieferung eine Tratte an Ihren Kunden. Dieser akzeptiert und schickt den Wechsel an Sie zurück.

Wie können Sie mit diesem Wechsel verfahren, welche Funktion erfüllt er?

37 : Wechselverkehr (2)

(1) Der Student Peter Kamb zahlt beim Kauf eines gebrauchten Autos mit einem Wechsel. Nach einer Woche stellt sich heraus, dass das Auto einen versteckten Mangel hat, der arglistig verschwiegen wurde. Er gibt das Auto zurück.

Nach 4 Monaten will der Verkäufer (fristgerecht) den Wechsel einlösen. Peter Kamb lehnt ab, da das Auto zurückgegeben wurde. Mit Recht?

(2) Vermerken Sie auf dem nachfolgenden Wechsel die gesetzlichen Bestandteile:

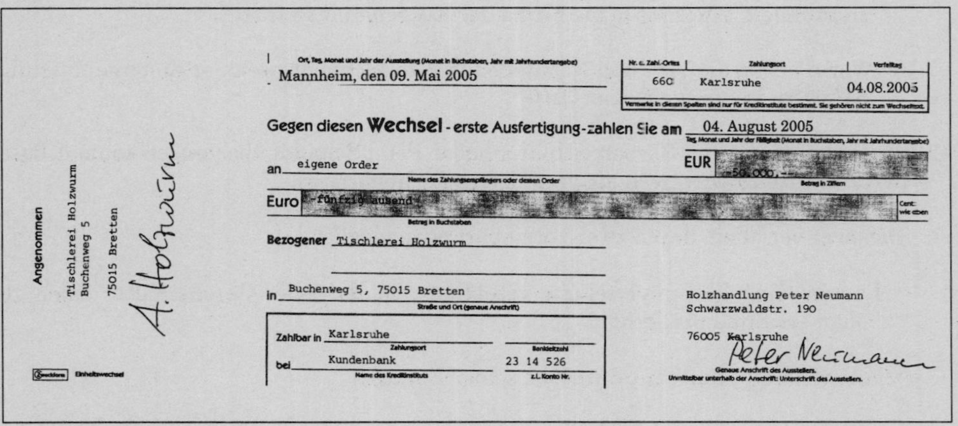

Ort, Tag, Monat und Jahr der Ausstellung (Monat in Buchstaben, Jahr mit Jahrhundertangabe)
Mannheim, den 09. Mai 2005

Nr. d. Zahl.-Ortes	Zahlungsort	Verfalltag
66C	Karlsruhe	04.08.2005

Vermerke in diesen Spalten sind nur für Kreditinstitute bestimmt. Sie gehören nicht zum Wechseltext.

Gegen diesen **Wechsel** - erste Ausfertigung - zahlen Sie am 04. August 2005
Tag, Monat und Jahr der Fälligkeit (Monat in Buchstaben, Jahr mit Jahrhundertangabe)

an eigene Order — EUR -50.000,--
Name des Zahlungsempfängers oder dessen Order — Betrag in Ziffern

Euro -fünfzig tausend- — Cent: wie oben
Betrag in Buchstaben

Bezogener Tischlerei Holzwurm

in Buchenweg 5, 75015 Bretten
Straße und Ort (genaue Anschrift)

Zahlbar in Karlsruhe (Zahlungsort) — Bankleitzahl
bei Kundenbank (Name des Kreditinstituts) — 23 14 526 (z.L. Konto Nr.)

Holzhandlung Peter Neumann
Schwarzwaldstr. 190
76005 Karlsruhe
Genaue Anschrift des Ausstellers.
Unmittelbar unterhalb der Anschrift: Unterschrift des Ausstellers.

Angenommen
Tischlerei Holzwurm
Buchenweg 5
75015 Bretten

Zweckform Einheitswechsel

38 : Elektronischer und kartengestützter Zahlungsverkehr

Zeigen Sie die Unterschiede auf zwischen:

- Elektronic Banking und Internet Banking
- »Pay later«-, »Pay now«- und »Pay before«-Zahlungssystemen
- POS- und POZ-Systemen.

39 : Auslandszahlungsverkehr

Zeigen Sie die Unterschiede auf zwischen:

- Loro- und Nostro-Konto
- Konnossement und Frachtbrief
- Dokumenteninkasso und Dokumentenakkreditiv.

40 : OHG / KG

(1) Martin Lehmann, Herbert Schlüter und Peter Schmidt wollen eine OHG betreiben, die mit Büromöbeln handelt.

(a) Welche Möglichkeiten haben sie, die Firma zu benennen?

(b) Peter Schmidt sieht nach eingehenden Überlegungen nur die Möglichkeit, eine Haftung in Höhe seiner Einlage zu übernehmen. Man erwägt deshalb, anstelle der OHG eine KG zu gründen. Wie könnte die Firma der KG benannt werden?

(c) Worin liegen die Vor- und Nachteile für Peter Schmidt, wenn er Kommanditist in der KG wird, im Vergleich zur OHG?

(2) Martin Lehmann und Herbert Schlüter haben Peter Schmidt überzeugen können, dass die OHG für ihre Zwecke doch die geeignetere Rechtsform ist.

Dies war vor allem durch zwei Vereinbarungen möglich:

- Es wird eine Gewinnverteilung vereinbart, bei der jeder Gesellschafter einen gleich hohen Gewinnanteil erhält.
- Peter Schmidt haftet nur in Höhe seiner Einlage.

(a) Inwieweit erweist sich die vertraglich vereinbarte Gewinnverteilung im Vergleich zu der handelsrechtlich vorgesehenen Gewinnverteilung für Peter Schmidt von Vorteil, wenn die Geschäftsanteile zu Beginn des ersten Geschäftsjahres

- 30.000 € (Martin Lehmann)
- 28.000 € (Herbert Schlüter)
- 24.000 € (Peter Schmidt)

betragen und ein Gewinn von 18.000 € im ersten Geschäftsjahr erzielt wurde.

(b) Innerhalb des ersten Geschäftsjahres geht ein Gläubiger, der Forderungen in Höhe von 35.000 € hat, gegen Peter Schmidt vor. Peter Schmidt verweist auf seine, im Gesellschaftsvertrag auf den Geschäftsanteil beschränkte Haftung, und fordert ihn auf, den über seinen Geschäftsanteil von 24.000 € liegenden Betrag unmittelbar von seinen Mitgesellschaftern einzutreiben. Der Gläubiger lehnt ab, mit Recht?

(3) Das Ergebnis dieses Rechtsstreits hat Peter Schmidt entmutigt, und er will mit Ende des zweiten Geschäftsjahres (31. Dezember) aus der OHG ausscheiden, was er seinen Mitgesellschaftern auch am 05. September des Jahres schriftlich mitteilt. Seine Mitgesellschafter sind mit der Kündigung nicht einverstanden. Welchen Grund können sie vorbringen?

41 : Stille Gesellschaft / GdbR / KG

(1) Inwieweit gibt es Unterschiede oder Ähnlichkeiten der Stillen Gesellschaft zu der GdbR und KG?

Kriterium	Stille Gesellschaft	GdbR	KG
Firma			
Art der Gesellschaft			
Wirkung der Gesellschaft			
Vermögen der Gesellschaft			
Geschäftsführung der Gesellschaft			
Vertretung der Gesellschaft			
Haftung der Gesellschaft			

(2) Der Einzelunternehmer Manfred Paule nimmt einen stillen Gesellschafter mit der Maßgabe auf, dass dieser an den während der Zeit seiner Kapitalbereitstellung entstehenden Reserven beteiligt wird.

(a) Widerspricht diese Vereinbarung nicht der grundlegenden Konstruktion der Stillen Gesellschaft?

(b) Welche Auswirkungen hat diese Vereinbarung steuerrechtlich für den stillen Gesellschafter?

(c) Wie weist der Einzelunternehmer das vom stillen Gesellschafter bereitgestellte Kapital aus?

(d) Für das dritte Geschäftsjahr der Stillen Gesellschaft steht dem stillen Gesellschafter ein Gewinnanteil in Höhe von 5.000 € zu. Der Einzelunternehmer teilt dem stillen Gesellschafter mit, er sehe sich gezwungen, dessen Gewinnanteil einzubehalten, da seine Liquiditätslage angespannt sei.

- Kann der Einzelunternehmer dies tun, wenn vertraglich keine besondere Regelung hierüber getroffen wurde?
- Ist der Einzelunternehmer berechtigt, lediglich 3.000 € an den stillen Gesellschafter auszuzahlen, wenn dessen Kapitalanteil im Vorjahr durch einen Verlust um 2.000 € gemindert wurde?

(3) Die Haftung der Gesellschafter der GdbR gegenüber ihren Gläubigern kann beschränkt werden. Kann dies im Gesellschaftsvertrag vorgenommen werden?

42 : Vergleich von Personen- und Kapitalgesellschaften

Kriterium	Personengesellschaft	Kapitalgesellschaft
Rechtspersönlichkeit		
Vermögen der Gesellschaft		
Befugnis zur Geschäftsführung und Vertretung		
Haftung		

43 : GmbH

Die Bilanz der Hobby GmbH wies zum Ende des Geschäftsjahres 2004 folgende Werte auf:

Aktiva — Bilanz per 31.12.2004 — Passiva

Aktiva		Passiva	
Noch ausstehendes Stammkapital	20.000	Gezeichnetes Kapital	400.000
Noch ausstehendes Nachschusskapital	15.000	Nachschusskapital	40.000
Vermögen	660.000	Rücklage	5.000
		Verbindlichkeiten	255.000
		Verlustvortrag ./.	5.000
	695.000		695.000

Die Gesellschafterversammlung beschloss 2003, Nachschusskapital in Höhe von 10 % des Stammkapitals zu bilden, das bis zum 31.03.2004 eingezahlt werden sollte. Die Gesellschafter Peters, Meier und Wagner sind Geschäftsführer.

Gesellschafter Peters hat das Nachschusskapital fristgerecht eingezahlt. Gesellschafter Meier steht mit seinem Nachschuss in Höhe von 10.000 € sowie mit Stammkapital in Höhe von 20.000 € noch aus. Gesellschafter Wagner hat am 31.10.2003 Nachschusskapital in Höhe von 3.000 € eingezahlt.

Der Gewinn der Hobby GmbH liegt für das Jahr 2004 in Höhe von 96.000 €.

Der Gesellschaftervertrag enthält u. a. folgende Vereinbarungen.

.
.
.

§ 5 Das Stammkapital der Gesellschaft beträgt 400.000 €. Davon übernimmt Gesellschafter Peters 220.000 €, Gesellschafter Meier 100.000 €, Gesellschafter Wagner 80.000 €.

§ 8 Nachschusspflicht wird bis zur Höhe von 50 % des Stammkapitals vereinbart. Ein Nachschuss ist zulässig, wenn mindestens 90 % des Stammkapitals eingezahlt sind.

§ 9 Für noch ausstehende Stammeinlagen und noch ausstehende bzw. verspätet geleistete Nachschüsse werden Verzugszinsen in Höhe von 7 % berechnet.

§ 10 Bis zur vollständigen Aufbringung der Stammeinlage bzw. des Nachschusses einschließlich der Verzugszinsen erfolgt eine Aufrechnung mit den Gewinnanteilen der betreffenden Gesellschafter.

.
.
.

§ 14 Aus dem Jahresgewinn abzüglich eines eventuell vorhandenen Verlustvortrages sind 5 % als Rücklage einzubehalten, bis 10 % des Stammkapitals erreicht sind.

§ 15 Die geschäftsführenden Gesellschafter erhalten 30 % des Jahresüberschusses vor Verlustverrechnung zu gleichen Teilen als Tantieme.

Ermitteln Sie, wie hoch der auszuzahlende Gewinnanteil eines jeden Gesellschafters ist, wenn eine Dividende von 10 % auf das Stammkapital und 5 % auf das Nachschusskapital ausgezahlt wird, unabhängig davon, ob die Einlagen voll einbezahlt sind.

Berücksichtigen Sie die Kapitalertragsteuer (20 %), die Körperschaftsteuer (25 %) und den Solidaritätszuschlag (5,5 %).

44 : Aktiengesellschaft

(1) Die Elektronic AG wird gegründet. Ihr Grundkapital beträgt 3.000.000 €, der Emissionskurs beträgt 110 %. Gründungskosten fallen in Höhe von 150.000 € an.

Wie sieht die Gründungsbilanz aus, wenn

(a) der volle Nennbetrag der Aktien einbezahlt wird,

(b) lediglich 25 % des Nennbetrages der Aktien einbezahlt werden?

(c) Unter welcher Voraussetzung ist es möglich, lediglich 25 % des Nennwertes der Aktien einzuzahlen?

(2) Folgende Daten der Maschinen AG liegen vor:

Gezeichnetes Kapital	500.000 €
Gewinnrücklagen	22.500 €
Gewinnvortrag	2.500 €
Vorläufiger Jahresüberschuss	80.000 €
Vorstandstantieme (nach Beschluss des Aufsichtsrates)	10.000 €
Aufsichtsratstantieme (gemäß Satzung)	6.000 €

Es werden 20 % des Jahresüberschusses nach Einstellung in die gesetzliche Rücklage der freien Rücklage zugeführt.

Die höchstmögliche, auf einen vollen Prozentsatz lautende Dividende, ist auszuschütten.

Ermitteln und verteilen Sie den Bilanzgewinn!

45 : Bilanz- / Ertragswertkurs /Rendite

Die Kosmetik AG weist folgende, vereinfachte Bilanz auf:

Aktiva — Bilanz per 01.01.2005 — Passiva

Aktiva		Passiva	
Anlagevermögen	750.000	Gezeichnetes Kapital	600.000
Umlaufvermögen	390.000	Gewinnrücklagen	30.000
		Freie Rücklage	65.000
		Verbindlichkeiten	440.000
		Gewinnvortrag	5.000
	1.140.000		1.140.000

Jahresgewinn: 115.000 €

Kalkulationszinsfuß: 10 %

Ein Konkurrenzunternehmen, die Beauty AG, hat folgende vereinfachte Bilanz:

Aktiva — Bilanz per 01.01.2005 — Passiva

Aktiva		Passiva	
Anlagevermögen	340.000	Gezeichnetes Kapital	300.000
Umlaufvermögen	246.000	Gewinnrücklagen	15.000
		Freie Rücklage	130.000
		Verbindlichkeiten	140.000
		Gewinnvortrag	1.000
	586.000		586.000

Jahresgewinn: 62.000 €

Kalkulationszinsfuß: 10 %

(1) Ermitteln Sie den Bilanzkurs und Ertragswertkurs für beide Unternehmen und interpretieren Sie die Ergebnisse!

(2) Der Kaufmann Peter Merseburger hat eine 50 €-Aktie der Beauty AG zum Kurs von 180 € gekauft. Als Dividende erhält er 10,30 €. Hat sich seine Investition gelohnt, wenn der effektive Zinssatz am Kapitalmarkt bei 7,5 % liegt?

46 : Kursfindung / Kurszusätze

(1) Folgende Kaufaufträge und Verkaufaufträge liegen an der Wertpapierbörse vor:

Kaufaufträge	Verkaufaufträge
100 billigst	150 bestens
150 Stück zu 190,00 €	100 Stück zu 184,00 €
200 Stück zu 188,00 €	130 Stück zu 186,00 €
175 Stück zu 186,00 €	190 Stück zu 188,00 €
150 Stück zu 184,00 €	240 Stück zu 190,00 €

Wie hoch ist der Kurs nach dem Meistausführungsprinzip an diesem Tag?

(2) Was heißt:

(a) bG

(b) -G

(c) exD

(d) B

(e) *

47 : Vergleich Genussschein/Aktie

	Genussschein	Aktie
Rechtsstellung des Inhabers		
Mitbestimmung		
Gewinnanspruch		
Fristigkeit		

48 : Gründung

(1) Welche rechtlichen Regelungen haben für die folgenden Unternehmensformen Gültigkeit?

	OHG	KG	SG*)	GdbR	GmbH	AG
Anzahl der Gründer						
Notwendigkeit der notariellen Beurkundung						
Notwendigkeit des Handelsregister-Eintrages						
Haftung der Gründer *vor* Handelsregister-Eintrag						
Haftung der Gründer *nach* Handelsregister-Eintrag						
Mindestkapitalhöhe						

(2) Worin kann die Begründung liegen, dass die Kommanditisten zwar namentlich und mit der Höhe ihrer Einlage beim Handelsregister anzumelden sind, aber bei der Bekanntmachung der Eintragung lediglich die Zahl der Kommanditisten angegeben wird?

(3) Welchen Zweck verfolgen die Bestimmungen über die Nachgründung im AktG?

49 : Kapitalerhöhung bei der OHG

(1) Die Wulf OHG weist folgende, vereinfachte Bilanz auf:

Aktiva	Bilanz		Passiva
Anlagevermögen	80.000	Geschäftsanteil Wulf	60.000
Umlaufvermögen	65.000	Geschäftsanteil Meister	30.000
		Geschäftsanteil Pilz	15.000
		Verbindlichkeiten	40.000
	145.000		145.000

*) SG = Stille Gesellschaft

Die stillen Reserven werden auf 28.000 € geschätzt.

Die Geschäftsanteile der OHG-Gesellschafter werden anteilig um insgesamt 31.500 € erhöht. Wie sieht die Bilanz nach der Kapitalerhöhung aus und welche Auswirkungen hat die Kapitalerhöhung für den Anteil der einzelnen Gesellschafter an den stillen Reserven?

(2) Nehmen Sie an, die Kapitalerhöhung würde nicht anteilig vorgenommen, sondern jeder Gesellschafter würde seinen Geschäftsanteil um 10.500 € erhöhen. Wie sehen die Auswirkungen auf die Anteile der einzelnen Gesellschafter an den stillen Reserven aus?

(3) Die Kapitalerhöhung erfolgt nicht wie zuvor beschrieben sondern derart, dass ein neuer Gesellschafter aufgenommen wird, dessen Geschäftsanteil 31.500 € beträgt. In welcher Weise verändern sich die Anteile der OHG-Gesellschafter an den stillen Reserven?

50 : Kapitalerhöhung bei der AG (1)

Die Chemie AG mit einem gezeichneten Kapital von 20.000.000 € beabsichtigt, eine Kapitalerhöhung in Höhe von 5.000.000 € durch Ausgabe neuer Aktien vorzunehmen.

Als Ausgabekurs der neuen Aktien werden 90 € pro 50 €-Aktie festgelegt. Der Kurs der alten Aktien liegt bei 130 €.

(1) Welches Bezugsverhältnis liegt bei dieser Kapitalerhöhung vor?

(2) Welchen Wert hat das Bezugsrecht rechnerisch, wenn die Ausgabe der neuen Aktien zum Zeitpunkt der Dividendenauszahlung erfolgt?

(3) Welchen Wert hat das Bezugsrecht rechnerisch, wenn die Ausgabe der neuen Aktien 3 Monate vor Dividendenauszahlung erfolgt und mit einer Dividende von 15 € gerechnet wird?

51 : Kapitalerhöhung bei der AG (2)

(1) Der tatsächliche Wert eines Bezugsrechtes liegt bei einer ordentlichen Kapitalerhöhung um 4 € höher als der rechnerisch ermittelte Wert des Bezugsrechts. Weshalb ist das möglich?

(2) Welche Auswirkungen kann ein relativ hoher Bezugskurs bei einer ordentlichen Kapitalerhöhung für das Unternehmen und die alten Aktionäre haben?

(3) Inwieweit dürfen nicht im Grundkapital enthaltene Eigenkapitalanteile für eine Kapitalerhöhung aus Gesellschaftsmitteln verwendet werden?

(4) Wie kann man die Kapitalerhöhung aus Gesellschaftsmitteln als Finanzierungsart nennen?

52 : Sanierung

Die Werkzeugmaschinen AG weist folgende, vereinfachte Bilanz auf:

Aktiva		Bilanz		Passiva
Anlagevermögen	3.000.000	Gezeichnetes Kapital		2.000.000
Umlaufvermögen	1.000.000	Verbindlichkeiten		2.400.000
		Verlustvortrag	./.	400.000
	4.000.000			4.000.000

Die 50 €-Aktie wird an der Börse mit 40 € gehandelt.

Die Hauptversammlung beschließt die Herabsetzung des Grundkapitals durch eine Zusammenlegung von Aktien im Verhältnis 4 : 3, um den Verlustvortrag auszugleichen und die anschließende Erhöhung des Grundkapitals im Verhältnis 3 : 1, wobei die neuen 50 €-Aktien pari ausgegeben werden.

(1) Welches Aussehen hat die Bilanz der Werkzeugmaschinen AG nach der Kapitalherabsetzung?

(2) Wie sieht die Bilanz der Werkzeugmaschinen AG nach der Kapitalerhöhung aus, die sich an die Kapitalherabsetzung angeschlossen hat?

53 : Kreditwürdigkeitsprüfung

Eine Bank prüft die Kreditwürdigkeit eines Unternehmens, das eine Million € Kredit aufnehmen will.

(1) Ist die Bank hierzu verpflichtet?

(2) Welche Kriterien werden überprüft?

54 : Bürgschaft

(1) Der Kaufmann Willi Schmidt ist in finanziellen Schwierigkeiten. Die Rechnung des Lieferanten Peters war fällig, Peters hat den ausstehenden Betrag von 4.500 € bereits angemahnt.

Schmidt bittet einen Freund, den Pensionär Wuttke, für ihn zu bürgen. Der Freund ruft den Lieferanten Peters an und bittet ihn um Stundung des Rechnungsbetrages bis zum Monatsende. Er versichert, er würde in Höhe dieses Betrages bürgen.

(a) Schmidt kann auch am Monatsende nicht zahlen, weshalb Peters den Wuttke auffordert, die Zahlung zu leisten. Wuttke lehnt ab, mit Recht?

(b) Nehmen Sie an, Wuttke zahlt. Sein Rechtsanwalt weist ihn später darauf hin, dass er keine Verpflichtung gehabt hatte, die Zahlung zu leisten. Daraufhin fordert Wuttke den Betrag von Peters zurück, mit Erfolg?

(2) Der Kaufmann Werner Meier hat für seinen Kegelbruder, den Installateur Karl Dall, eine Ausfallbürgschaft übernommen, die sich auf eine noch zu bezahlende Lieferung des Fabrikanten Müßig an Dall in Höhe von 10.000 € bezieht.

Dall zahlt nicht, weshalb sich Müßig unmittelbar an Meier wendet und ihn auffordert, die Zahlung zu leisten. Meier ist dazu nicht bereit, mit Recht?

(3) Stehen dem Bürgen, der eine selbstschuldnerische Bürgschaft eingeht, überhaupt keine Einspruchsrechte zu?

55 : Eigentumsvorbehalt (1)

Die Metall Handels GmbH liefert der Mertens KG Rohstoffe für deren Fertigung, die erst in vier Wochen zu bezahlen sind. Außerdem teilt sie der Mertens KG mit, die Ware bliebe bis zur vollständigen Bezahlung im Eigentum des Lieferanten.

Die Mertens KG zahlt die Rohstoffe zum vereinbarten Termin nicht. Die Metall Handels GmbH macht daraufhin ihre Eigentumsvorbehalte geltend.

Wie ist die Rechtslage, wenn

(1) die Rohstoffe bei der Mertens KG noch auf Lager liegen,

(2) die Mertens KG die Rohstoffe an die Werkzeugmaschinen GmbH weiter veräußert hat,

(3) die Mertens KG die Rohstoffe verarbeitet hat,

(4) die Rohstoffe untergegangen sind?

56 : Eigentumsvorbehalt (2)

(1) Anstelle des in Übung 55 dargestellten Eigentumsvorbehalts wird vereinbart:

Die Metall Handels GmbH liefert an die Mertens KG folgende Rohstoffe:

Bestell-Nr.	Preis pro Einheit	Einheiten	Gesamtpreis
178061	1.100,–	4	4.400,–
191612	450,–	2	900,–
121641	1.500,–	1	1.500,–
171721	1.000,–	2	2.000,–
Summe			8.800,–
+ 16 % Umsatzsteuer			1.408,–
Rechnungsbetrag			10.208,–

Der Kaufpreis ist zahlbar nach Ablauf von vier Wochen, vom Tag der Lieferung an gerechnet. Die Metall Handels GmbH behält sich das Eigentum an den gelieferten Rohstoffen bis zur restlosen Zahlung des Kaufpreises vor. Die Mertens KG überträgt der Metall Handels GmbH das Eigentum an den aus den gelieferten Rohstoffen gefertigten Erzeugnissen und tritt ebenso die Kaufpreisforderung aus der Veräußerung dieser Erzeugnisse an die Metall Handels GmbH ab für den Fall, dass sie die aus diesem Vertrag geschuldeten Zahlungen nicht erbringt.

(a) Um welchen Eigentumsvorbehalt handelt es sich hier?
(b) Worin liegt der Vorteil dieses Eigentumsvorbehaltes im Vergleich zu Übung 55?
(c) In welchem Falle kommt dieser Eigentumsvorbehalt nicht zum Tragen?

(2) Anstelle des in Übung 55 dargestellten Eigentumsvorbehaltes wird vereinbart, dass die Eigentumsübertragung unter der aufschiebenden Bedingung der Bezahlung nicht nur dieser Lieferung, sondern auch der früheren Lieferungen erfolgt.

(a) Welcher Eigentumsvorbehalt liegt vor?
(b) Worin liegt der Vorteil dieses Eigentumsvorbehaltes im Vergleich zu Übung 55?

57 : Pfandrecht / Sicherungsübereignung/-abtretung

(1) Der Handelsvertreter Oskar Scholz ist in Schwierigkeiten. Anlässlich eines Kundenbesuches ist er bei Glatteis mit seinem Pkw von der Straße abgekommen und hat sich überschlagen. Der Pkw hat Totalschaden.

Scholz verfügt über 20.000 €, für den Kauf eines berufsbedingt notwendigen neuen Pkw benötigt er noch 5.000 €. Er bittet seinen Freund Edgar Kunz um den fehlenden Betrag und sagt ihm zu, Sicherheit zu leisten.

Kunz ist bereit, die fehlenden 5.000 € bereitzustellen und fordert Pfandrecht an dem Pkw. Scholz hält diese Form der Sicherung für ungeeignet und schlägt eine andere Form der Sicherung vor, die sich nach seinen Worten dafür geradezu anbiete.

Was könnte Scholz dazu bewogen haben, das Pfandrecht abzulehnen und welche Form der Sicherung könnte er vorgeschlagen haben?

(2) Der kaufmännische Angestellte Peter Schreiner schuldet dem Radiohändler Fröhlich 12.500 €. Er ist bereit, seine Gehaltsansprüche an Fröhlich abzutreten. Kann Fröhlich damit über die 1.650 € pro Monat verfügen, die Schreiner netto verdient?

58 : Grundpfandrecht

(1) Ein Grundstück weist folgende Belastungen auf:

1. Grundschuld:	50.000 €
2. Grundschuld:	30.000 €
3. Grundschuld:	40.000 €

Ein Notverkauf des Grundstückes erbringt 90.000 €.

Welche Bedeutung hat dies für die Gläubiger der Grundschuld?

(2) Der Fabrikant Lehmann will eine sein Grundstück belastende Verkehrshypothek abtreten. Wie kann das geschehen?

(3) Worin unterscheiden sich Hypothek und Grundschuld grundlegend, und wie ist ihre Eignung zur Sicherung von laufenden Krediten zu beurteilen?

(4) Die Verkehrshypothek, mit der das Grundstück des Fabrikanten Lehmann belastet ist, beträgt 100.000 €.

- Welche Bedeutung kommt einer Eigentümergrundschuld zu?
- Das Darlehen, für das die Verkehrshypothek im Grundbuch eingetragen wurde, ist nicht zur Auszahlung gelangt. Was bedeutet das für Lehmann?
- Wie hoch ist die Eigentümergrundschuld, wenn das Darlehen gewährt wurde und zwischenzeitlich zu 70 % bzw. zu 100 % von Lehmann zurückgezahlt worden ist?

59 : Lieferantenkredit

Die Pharma GmbH bezieht chemische Rohstoffe von der Chemie AG. Die Rechnungsstellung erfolgt monatlich, wobei der Rechnungswert durchschnittlich 18.000 € beträgt und die Zahlung innerhalb von 10 Tagen abzüglich 2 % bzw. innerhalb von 30 Tagen netto Kasse zu erfolgen hat.

(1) Ermitteln Sie den effektiven Zinssatz für den Fall, dass die Pharma GmbH das Zahlungsziel ausnutzt, mithilfe der praxisüblichen Faustformel!

(2) In welcher Weise kann der effektive Zinssatz aus (1) genauer ermittelt werden und um wie viel Prozent weicht er von dem mithilfe der Faustformel ermittelten effektiven Zinssatz ab?

(3) Bei der Pharma GmbH hat man festgestellt, dass die Chemie AG erst nach 46 Tagen reagiert, wenn die Rechnung nicht beglichen wurde. Deshalb werden die Rechnungen der Chemie AG erst 46 Tage nach Rechnungstellung bezahlt. Inwieweit erweist sich diese Maßnahme als vorteilhaft?

60 : Kundenkredit

Die Chemie AG benötigt eine Produktionsanlage. Sie holt mehrere Angebote ein. Das günstigste Angebot wird von der Metallbau GmbH abgegeben:

Preis	2.500.000 €
Anzahlung	500.000 € bei Vertragsschluss
Restzahlung	2.000.000 € nach Fertigstellung
Lieferzeit	48 Monate

Der Kalkulationszinsfuß beträgt 10 %.

(1) Die Chemie AG schlägt vor, eine Anzahlung von 500.000 € bei Vertragsschluss zu leisten, der sich vier, jeweils zum Jahresende zu zahlende Raten von 420.000 € anschließen sollen.

Wie ist dieser Vorschlag zu beurteilen?

(2) Die Metallbau GmbH unterbreitet der Chemie AG ein verändertes Angebot, das so aussieht:

Die Anzahlung bei Vertragsschluss entfällt, dafür werden vier gleiche Raten, jeweils zum Jahresende zahlbar, in Höhe von 585.000 € geleistet.

Beurteilen Sie dieses Angebot!

(3) Es erfolgt eine Einigung zwischen der Chemie AG und der Metallbau GmbH. Die Chemie AG zahlt bei Vertragsabschluss einmalig 1.865.000 €.

Wie ist diese Vereinbarung zu beurteilen?

61 : Kontokorrentkredit / Diskontkredit

Die Firma Schmittke KG befindet sich in einem finanziellen Engpass. Herr Schmittke nimmt deshalb mit seiner Hausbank Gespräche auf, um die aufgetretenen Schwierigkeiten zu bewältigen.

Für den Zeitraum von drei Monaten werden 100.000 € benötigt.

Die Bank erklärt sich bereit, der Schmittke KG entweder die Kreditlinie für Kontokorrentkredite um 100.000 € zu erhöhen oder einen Diskontkredit zu gewähren.

Der effektive Zinssatz für Kontokorrentkredite beträgt 12 % p.a. Der Zinssatz für die Diskontierung von Wechseln liegt bei 4 %, die Marge bei 5 %, Diskontspesen fallen in Höhe von 10 € an.

Vergleichen Sie die Kapitalkosten beider Finanzierungsalternativen

(1) nach der Faustformel

(2) nach der genauen Formel

und schlagen Sie Herrn Schmittke vor, was er tun soll!

62 : Lombardkredit

Im Umlaufvermögen eines Unternehmens befinden sich Wertpapiere und Waren in folgender Größenordnung:

Aktien von bester Bonität	100.000 €
Bundesanleihen	250.000 €
Waren	400.000 €

Welches kurzfristige Liquiditätsvolumen könnte sich über eine Lombardierung ergeben?

63 : Außenhandelskredit und internationale Finanzmärkte

Ein Unternehmer beabsichtigt erstmals internationale Projekte in Angriff zu nehmen.

(1) Welche Möglichkeit besitzt das Unternehmen, seine Zahlungsfähigkeit auch am internationalen Markt zu beweisen?

(2) Welche Finanzierungsmöglichkeiten bietet ein Roll-over-Kredit am Eurokreditmarkt für das Unternehmen?

64 : Darlehen (1)

Die Stahlbau GmbH benötigt ein langfristiges Darlehen in Höhe von 200.000 € für die Laufzeit von 6 Jahren.

(1) Die Stadtsparkasse unterbreitet der Stahlbau GmbH den Vorschlag:

Zinssatz 8 %, Auszahlung 98 %
Tilgung jährlich in gleichen Raten

Wie hoch ist die Effektivverzinsung?

(2) Die Handelsbank AG bietet als Konditionen:

Zinssatz 7 %, Auszahlung 95 %
Tilgung nach 2 tilgungsfreien Jahren in jährlich gleichen Raten.

(a) Wie ist der effektive Zinssatz dieses Angebotes zu beurteilen?

(b) Inwieweit haben die tilgungsfreien Jahre Einfluss auf die Effektivverzinsung?

(3) Wie hoch würde der effektive Zinssatz sein, wenn die Darlehen erst mit Ende der Laufzeit getilgt würden?

65 : Darlehen (2)

Die Handelsbank AG ist bereit, einem Unternehmen ein Darlehen zu gewähren:

Darlehensbetrag	120.000 €
Zinssatz	10 %
Laufzeit	6 Jahre

Erstellen Sie Tilgungspläne jeweils für die folgenden Fälle:

(1) Das Darlehen wird in gleichen jährlichen Raten getilgt.

(2) Das Darlehen ist für 2 Jahre tilgungsfrei, danach wird es in gleichen jährlichen Raten getilgt.

(3) Das Darlehen wird in gleichen jährlichen Annuitäten getilgt.

(4) Das Darlehen ist für 2 Jahre tilgungsfrei, danach wird es in gleichen jährlichen Annuitäten getilgt.

(5) Das Darlehen wird mit Ende der Laufzeit getilgt.

66 : Schuldscheindarlehen / Industrieobligation

Geben Sie einen Vergleich von Schuldscheindarlehen und Obligationen anhand des nachstehenden Kriterienkataloges!

Kriterium	Schuldscheindarlehen	Industrieobligation
Voraussetzungen		
Schuldner		
Gläubiger		
Ausgestaltung der Gläubigerrechte		
Publizität		
Ergiebigkeit des jeweiligen Teilmarktes		
Zeitpunkt der Kapitalaufnahme		
Mindestsumme		
Höchstsumme		
Eignung		
Verwertbarkeit		
Laufzeit		
Tilgungsfreie Zeit		
Planmäßige Tilgung		
Außerplanmäßige Tilgung		
Kosten		

67 : Industrieobligationen

Eine Industrieobligation wird zu folgenden Konditionen ausgegeben:

- Auszahlungskurs 96 %
- Rückzahlungskurs 100 %
- Nominalzinssatz 7 %
- Laufzeit 10 Jahre

(1) Ermitteln Sie die effektive Verzinsung der Industrieobligation, wenn sie jährlich in gleichen Raten getilgt wird!

(2) Worauf beläuft sich der effektive Zinssatz, wenn 4 Jahre tilgungsfrei sind und danach in gleichen jährlichen Raten getilgt wird?

(3) Wie hoch würde die effektive Verzinsung sein, wenn die Konditionen aus (2) gelten, der Rückzahlungskurs aber 104 % betragen würde?

68 : Optionsanleihe/Wandelschuldverschreibung

Vergleichen Sie die Optionsanleihe und die Wandelschuldverschreibung anhand der folgenden Kriterien:

	Optionanleihe	Wandelschuldverschreibung
Rechtsstellung des Inhabers		
Laufzeit		
Verzinsung		
Sicherheit		

69 : Factoring

Die Chemie AG hat einen Jahresumsatz von 10.000.000 €. Das Zahlungsziel beträgt 30 Tage.

Ein Factor unterbreitet der Chemie AG folgendes Angebot:

Dienstleistungsgebühr	1,6 % des Umsatzes
Delkrederegebühr	0,9 % des Umsatzes
Zinsen	8,0 % p.a.

Es werden 10 % des Umsatzes als Sperrbetrag einbehalten.

(1) Ermitteln Sie die jährlichen Factor-Kosten!

(2) Beachten Sie, dass bei Inanspruchnahme des Factors zwei Mitarbeiter der Chemie AG eingespart werden können, für die Personalkosten von 85.000 € anfallen und sonstige Kosteneinsparungen von jährlich 20.000 € möglich sind.

Was bedeutet das für die Chemie AG?

70 : Leasing

Vergleichen Sie das Leasing mit einem Kreditkauf unter Verwendung der folgenden Daten:

Anschaffungskosten einer Anlage	900.000 €
Nutzungsdauer der Anlage	6 Jahre
Kreditsumme	900.000 €
Kreditlaufzeit	6 Jahre
Kreditzinsen	9 %
Kredittilgung	6 Raten
Grundmietzeit	4 Jahre
Abschlussgebühr	10 %
Leasing-Raten pro Monat	3 %
Anschlussmiete pro Jahr	18.000 €
Einzahlungen aus der Anlagen-Nutzung pro Jahr	220.000 €

Jahr	Auszahlungen		Einzahlungen	Liquiditätsbelastung (kumuliert)	
	Kreditkauf	Leasing		Kreditkauf	Leasing
1					
2					
3					
4					
5					
6					

71 : Derivatives Instrumentarium

(1) Zeigen Sie die Unterschiede zwischen Kassa-, Termin- und Optionsmarkt auf.

(2) Ein Unternehmen hat einen längerfristigen, aber variabel verzinslichen Kredit vereinbart. Das Unternehmen befürchtet zukünftige Zinssteigerungen.

Ein Kreditinstitut bietet zur Absicherung gegen diese möglichen Zinssteigerungen einen Cap an und verlangt hierfür eine Prämienzahlung. Diese Prämie erscheint dem Unternehmen zu hoch. Was kann es zur Reduzierung der Prämienkosten tun?

72 : Gewinnverteilung bei einer OHG

Eine OHG hat zwei Gesellschafter X und Y, deren Kapitalanteile zu Geschäftsjahresbeginn wie folgt lauten:

X: 500.000 €	Y: 350.000 €

Während des Geschäftsjahres leistet X eine Einlage am 30.06. über 30.000 € und Y entnimmt mit Zustimmung von X am 31.04. des Jahres 20.000 € und am 30.10. des Jahres 10.000 € von seinem Gesellschafterkonto.

Der nach HGB zu verteilende Gewinn beträgt 110.000 €.

Wie entwickeln sich die Kapitalanteile von X und Y und welche Gewinnanteile errechnen sich für beide Gesellschafter?

73 : Selbstfinanzierung

Ein Unternehmen will sein beabsichtigtes Wachstum aus eigener Kraft über Umsatzerlöse finanzieren.

(1) Welche Voraussetzungen müssen hierfür gegeben sein?

(2) Welche Formen der Selbstfinanzierung bestehen? Legen Sie diese anhand geeigneter Beispiele dar.

74 : Abschreibungen

Eine Maschine kostet 200.000 €, sie ist voraussichtlich 10 Jahre nutzbar und wird einen Liquidationserlös von 21.475 € erbringen.

(1) Wie hoch sind die jährlichen Abschreibungsbeträge bei der linearen Abschreibung?

(2) Wie gestaltet sich der Abschreibungsverlauf bei der arithmetisch-degressiven Abschreibung?

(3) Wie hoch sind die jährlichen Abschreibungsbeträge bei der geometrisch-degressiven Abschreibung?

(4) Wie ist der Abschreibungsverlauf, wenn in den ersten 3 Jahren je 150.000, in den nächsten 3 Jahren je 120.000 und während der restlichen Nutzungszeit jährlich 100.000 Erzeugnisse gefertigt werden?

75 : Kapazitätserweiterungseffekt

Ein Unternehmen beschafft 40 Maschinen zum Preis von je 10.000 € als Erstausstattung. Die Maschinen werden linear auf 10 Jahre abgeschrieben.

Die Abschreibungsbeträge werden zur Anschaffung neuer, gleichartiger Maschinen verwendet.

Wie entwickelt sich die Gesamt-Perioden-Kapazität?

76 : Pensionsrückstellungen

Ermitteln Sie, inwieweit die Chemie AG bei einem Gewinn vor Körperschaftsteuer von 2.500.000 € durch die Bildung einer Pensionsrückstellung von 1.000.000 € einen Finanzierungseffekt erzielen kann, wenn sie in vollem Umfang im Unternehmen bleibt!

77 : Finanzwirtschaftliche Analyse (1)

Die nachstehende Bilanzen und Gewinn- und Verlustrechnungen liegen Ihnen zur Analyse des Jahresabschlusses vor. Die Darstellung wurde für interne Zwecke teilweise über die Gliederungsvorschriften der §§ 266 und 275 HGB hinaus aufgegliedert.

Bilanzen **Aktiva**		**Vorjahr** Tsd. €		**Berichtsjahr** Tsd. €
A. Anlagevermögen				
I. Sachanlagen:				
1. Grundstücke und Bauten				
- bebaute Grundstücke		80		95
- unbebaute Grundstücke		5		5
2. technische Anlagen und Maschinen		17		20
3. andere Anlagen, Betriebs- und Geschäftsausstattung		10		10
II. Finanzanlagen				
1. Beteiligungen		5		10
2. sonstige Ausleihungen		1		1
B. Umlaufvermögen				
I. Vorräte				
1. Roh-, Hilfs- und Betriebsstoffe		20		24
2. unfertige Erzeugnisse		30		28
3. fertige Erzeugnisse		25		20
II. Forderungen und sonstige Vermögensgegenstände				
1. Forderungen aus Lieferungen und Leistungen				
- Forderungen		68		78
- Wechsel		1		2
2. sonstige Vermögensgegenstände		6		10
III. Schecks, Kassenbestand, Bundesbankguthaben, Guthaben bei Kreditinstituten		26		30
C. Rechnungsabgrenzungsposten		4		5
		298		338

Passiva		Tsd. €		Tsd. €
A. Eigenkapital				
I. Gezeichnetes Kapital		70		70
II. Gewinnrücklagen				
1. gesetzliche Rücklage		7		7
2. andere Gewinnrücklagen		25		40
III. Bilanzgewinn		40		30
B. Rückstellungen				
1. Rückstellungen für Pensionen		30		36
2. sonstige Rückstellungen		20		24
C. Verbindlichkeiten				
1. Verbindlichkeiten gegenüber Kreditinstituten		81		103
- davon Restlaufzeit bis 1 Jahr	24		30	
- davon Restlaufzeit mehr als 5 Jahre	57		73	
2. Verbindlichkeiten aus Lief. und Leistungen		12		18
3. sonstige Verbindlichkeiten		12		8
D. Rechnungsabgrenzungsposten		1		2
		298		338

Gewinn- und Verlustrechnung	**Vorjahr** Tsd. €	Tsd. €	**Berichtsjahr** Tsd. €	Tsd. €
1. Umsatzerlöse	441		510	
2. Erhöhung oder Verminderung des Bestands an fertigen und unfertigen Erzeugnissen	+ 3	444	– 7	503
3. Aufwendungen für Roh-, Hilfs- und Betriebsstoffe		95		115
Rohergebnis		349		388
4. Personalaufwand				
a) Löhne und Gehälter	150		160	
b) soziale Abgaben	20		38	
5. Abschreibungen und Sachanlagen	29		40	
6. sonstige betriebliche Aufwendungen	50		45	
7. Zinsen und ähnliche Aufwendungen	15	264	20	303
8. **Ergebnis aus der gewöhnlichen Geschäftstätigkeit**		85		85
9. Steuern vom Einkommen und vom Ertrag	30		35	
10. sonstige Steuern	5	35	5	40
11. **Jahresüberschuss**		50		45
12. Einstellung in andere Gewinnrücklagen		10		15
13. Bilanzgewinn		40		30

Zusatz-Informationen:

(1) Das unbebaute Grundstück betrifft einen Zufahrtsweg mit einer Fläche von 100 qm. Der qm-Preis lag im Vorjahr bei 80 € und im Berichtsjahr bei 100 €.

(2) Die Position Technische Anlagen und Maschinen enthält stille Reserven von 2 Tsd. € im Vorjahr und 4 Tsd. € im Berichtsjahr.

(3) Bei den anderen Anlagen, Betriebs- und Geschäftsausstattung wurden bis einschließlich Vorjahr 10 Tsd. € stille Reserven gelegt. Im Berichtsjahr wurden hier Abschreibungen in Höhe des Zugangs von 15 Tsd. € vorgenommen. Bestimmen Sie die stillen Reserven näherungsweise.

(4) Entsprechend den Vorjahren ist mit einer Inanspruchnahme aus Pensionsverpflichtungen in Höhe von 2/3 der eingestellten Pensionsrückstellungen zu rechnen.

Bereiten Sie die Bilanzen der beiden Jahre für eine Bilanzanalyse auf!

78 : Finanzwirtschaftliche Analyse (2)

Berechnen und erläutern sie folgende Relationen aus der in Übung 77 dargestellten Bilanz:

(1) Vermögensstruktur
(2) Kapitalstruktur
(3) Finanzstruktur
(4) Liquidität.

79 : Finanzwirtschaftliche Analyse (3)

Folgende aufbereitete Bilanz ist gegeben:

Aktiva	Abgelaufenes Jahr Tsd. €	Vorjahr Tsd. €	Passiva	Abgelaufenes Jahr Tsd. €	Vorjahr Tsd. €
Sachanlagen	5.000	4.000	Gezeichnetes Kapital	3.500	3.000
Finanzanlagen	670	500	Gewinnrücklagen	870	300
Vorräte	3.000	4.000	Bilanzgewinn	300	100
Forderungen	1.600	800	Rückstellungen	200	100
Flüssige Mittel	600	200	langfr. Verbindlichkeiten	4.000	3.000
			kurzfr. Verbindlichkeiten	2.000	3.000
	10.870	9.500		10.870	9.500

Anlagevermögen	Zugänge	Abgänge	Abschreibungen
Sachanlagen	2.000	300	700
Finanzanlagen	200	–	30

Erstellen Sie die Bewegungsbilanz und erläutern Sie die Finanzierungsvorgänge während des abgelaufenen Geschäftsjahres!

80 : Return on Investment

Drei Unternehmen weisen folgende Daten auf:

Unternehmen	X Tsd. €	Y Tsd. €	Z Tsd. €
Jahresüberschuss	40	50	36
Bilanzsumme	200	500	360
Umsatz	400	500	720
Gesamtkapitalrendite	20 %	10 %	10 %

Beurteilen Sie die drei Unternehmen mithilfe des RoI!

Lösungen

1 : Eigen-/Fremdkapital/Anlage-/Umlaufvermögen

(1)

		Eigenkapital	Fremdkapital	Anlagevermögen	Umlaufvermögen
a	Kapitalrücklagen	•			
b	Steuerrückstellungen		•		
c	Beteiligungen			•	
d	Emittierte Anleihen		•		
e	Wertpapiere im Bestand				•
f	Rechte aus schwebenden Geschäften			•	
g	Verbindlichkeiten gegenüber Kreditinstituten		•		
h	Unfertige Erzeugnisse				•
i	Schecks				•
j	Rücklagen für eigene Anteile	•			
k	Erhaltene Anzahlungen auf Bestellungen		•		
l	Geleistete Anzahlungen			•	
m	Patente			•	
n	Gewinnvortrag	•			
o	Forderungen aus Lieferungen und Leistungen				•
p	Gesetzliche Rücklage	•			

(2) Aktiva — Bilanz — Passiva

Aktiva	Passiva
A. Anlagevermögen	A. Eigenkapital
I. Immaterielle Vermögensgegenstände	I. Gezeichnetes Kapital
II. Sachanlagen	II. Kapitalrücklage
III. Finanzanlagen	III. Gewinnrücklagen
B. Umlaufvermögen	IV. Gewinnvortrag/ Verlustvortrag
I. Vorräte	V. Jahresüberschuss/ Jahresfehlbetrag
II. Forderungen und sonstige Vermögensgegenstände	B. Rückstellungen
III. Wertpapiere	C. Verbindlichkeiten
IV. Schecks, Kassenbestand, Bundesbankguthaben, Guthaben bei Kreditinstituten	D. Rechnungsabgrenzungsposten
C. Rechnungsabgrenzungsposten	

2 : Finanzierungsmatrix

	Außenfinanzierung	**Innenfinanzierung**
Finanzierung mit Eigenkapital	Beteiligungsfinanzierung	Gewinnthesaurierung
Finanzierung mit Fremdkapital	Kreditfinanzierung	Pensionsrückstellungen

3 : Arten der Finanzierung

(1)

		Finanzierung mit Eigenkapital	Finanzierung mit Fremdkapital	Außenfinanzierung	Innenfinanzierung	Beteiligungsfinanzierung	Umfinanzierung
a	Es wird ein neuer Gesellschafter im Unternehmen aufgenommen.	•				•	
b	Das Unternehmen bildet Pensionsrückstellungen zur Altersversorgung der Mitarbeiter.		•		•		
c	Ein kurzfristiger Kredit wird in einen langfristigen Kredit umgewandelt.		•	•			•
d	Erzielte Gewinne werden im Unternehmen einbehalten und für Investitionszwecke verwendet.	•			•		
e	Das Unternehmen nimmt einen Kredit auf.		•	•			
f	Das Unternehmen kauft für die zurücklaufenden Abschreibungsbeträge eine Maschine.	*			•		
g	Dem Unternehmen wird eine Maschine geliefert, die erst 6 Wochen später zu bezahlen ist.		•	•			
h	Das Unternehmen verkauft eine nicht mehr benötigte Maschine um Rohstoffe zu beschaffen.	*			•		
i	Das Unternehmen least einen Personenkraftwagen.		•	•			
j	Eine Aktiengesellschaft erhöht ihr gezeichnetes Kapital.	•		•		•	

* Dieser Vorgang wird vielfach als Finanzierung mit Eigenkapital angesehen. Eine solche Zuordnung ist aber in der Praxis nicht ohne weiteres möglich.

(2)

Beteiligungsfinanzierung	Einlagenfinanzierung
Fremdfinanzierung	Kreditfinanzierung
Finanzierung aus Umsatzerlösen	Überschussfinanzierung
	Cash Flow-Finanzierung

4 : Arten der Investition

(1)

		Sachinvestition	Finanzinvestition	Immaterielle Investition	Nettoinvestition	Reinvestition
a	Das Unternehmen beschafft Maschinen, um die Leistungsmenge zu vergrößern.	•			•	
b	Eine Maschine wird durch eine technisch verbesserte neue Maschine ersetzt.	•				•
c	Das Unternehmen erwirbt eine Konzession.			•	•	
d	Das Unternehmen gründet eine Vertriebs-GmbH.		•		•	
e	Das Unternehmen kauft Rohstoffe für die laufende Produktion.	•				•
f	Das Unternehmen nimmt Umweltschutzmaßnahmen vor.	•				•

(2)

Sachinvestitionen	Leistungswirtschaftliche Investitionen Produktionswirtschaftliche Invesititionen Realinvestitionen
Finanzinvestitionen	Finanzwirtschaftliche Investitionen Nominalinvestitionen
Gründungsinvestitionen	Anfangsinvestitionen Erstinvestitionen Errichtungsinvestitionen Neuinvestitionen

5 : Zahlungsverkehr

(1) Die Verpflichtung der Metallbau GmbH ist

(a) bei Barzahlung mit der Zahlung erfüllt (Zahlung an Erfüllungs Statt),

(b) bei Zahlung durch Scheck erst dann erfüllt, wenn der Scheck eingelöst wurde (Zahlung erfüllungshalber),

(c) bei Zahlung durch Überweisung mit der Überweisung erfüllt (Zahlung an Erfüllungs Statt).

(2)

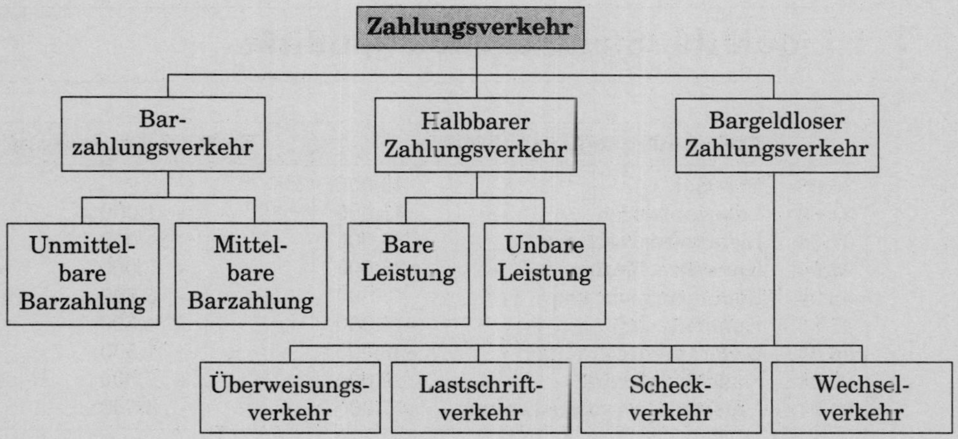

6 : Beeinflussung der Zahlungsströme

Beschleunigen bzw. erhöhen der Einzahlungen	**Verzögern bzw. absenken der Auszahlungen**
○ Überprüfung der betrieblichen Notwendigkeit von Anlage- und Umlaufvermögen; Verkauf dieser Güter (Desinvestition) ○ Aufnahme von zusätzlichem Eigenkapital oder Fremdkapital; letzteres z. B. durch die Erhöhung bestehender Kontokorrentkreditlinien. ○ Streichung oder Kürzung eingeräumter Zahlungsziele ○ Verkauf von Forderungen (Factoring) ○ Verbesserung der Mahn- und Inkassoverfahren	○ Durchführung von Kosteneinsparungsprogrammen (z. B. Energie, Miete) ○ Rückstellung geplanter Erweiterungsinvestitionen ○ Verzicht auf Ersatzinvestitionen ○ Verzicht auf Anzahlungen ○ Ausnutzung der eingeräumten Zahlungsziele bzw. Verlängerung dieser Zeiträume ○ Stundungsverhandlungen mit Gläubigern (z. B. Kreditinstituten) ○ Anpassungen im Personalbereich/ Kurzarbeit

7 : Liquidität/Strukturelle Liquidität

(1) (a)

	Auszahlungen/Einzahlungen		Unter-/Überdeckung
30.03.	Bestand	40.000	
31.03.	Lohnzahlungen	41.000	– 1.000
01.04.	Lieferantenrechnung	33.000	– 34.000
02.04.	Kundenrechnung	36.000	+ 2.000
03.04.	Reparaturrechnung	7.500	– 5.500
05.04.	Kundenrechnung	10.000	+ 4.500
06.04.	Lieferantenrechnung	36.000	– 31.500
08.04.	Kundenrechnung	39.000	+ 7.500
09.04.	Umsatzsteuervorauszahlung	17.000	– 9.500

Die Liquidität ist – sofern nicht weitere finanzielle Mittel (z. B. eine Bankkreditlinie) zur Verfügung stehen – rechnerisch gefährdet, da mehrfach Unterdeckungen festzustellen sind.

(b) Es muss nicht zwingend davon ausgegangen werden, dass das Unternehmen die Eröffnung eines Insolvenzverfahrens beantragen muss.

Die dynamische Liquidität wurde als Fähigkeit beschrieben, die »...**zwingend fälligen** Zahlungsverpflichtungen ...« zu erfüllen. Deshalb wäre zu prüfen, welche Zahlungsverpflichtungen zu den angegebenen Terminen tatsächlich zwingend fällig sind. Das sind auf alle Fälle die Lohnzahlungen und die Umsatzsteuervorauszahlung.

Bei den übrigen Forderungen wären alle Möglichkeiten auszuschöpfen, die Zahlungstermine um einige Tage zu verschieben. Ist das möglich, sind sie erst zu den späteren Terminen »zwingend fällig« und die Liquidität gesichert.

Auch kann versucht werden, Kundenzahlungen früher als erwartet zu erlangen.

(2) (a) $\frac{\text{Fremdkapital}}{\text{Eigenkapital}} = \frac{130.000}{80.000} = \mathbf{1{,}625}$

Die 1 : 1-Regel ist nicht eingehalten, dagegen ist die 2 : 1-Regel beachtet.

(b) $\frac{\text{Anlagevermögen}}{\text{Eigenkapital}} = \frac{110.000}{80.000} = \mathbf{1{,}375}$

Die goldene Bilanzregel im engeren Sinne ist nicht eingehalten.

$$\frac{\text{Anlagevermögen}}{\text{Eigenkapital + langfristiges Fremdkapital}} = \frac{110.000}{80.000 + 70.000} = \mathbf{0{,}733}$$

Dagegen ist die goldene Bilanzregel im weiteren Sinne beachtet.

$$\frac{\text{Kurzfristiges Vermögen}}{\text{Kurzfristiges Kapital}} = \frac{100.000}{60.000} = \mathbf{1{,}667}$$

$$\frac{\text{Langfristiges Vermögen}}{\text{Langfristiges Kapital}} = \frac{110.000}{80.000 + 70.000} = \mathbf{0{,}733}$$

Die goldenen Finanzierungsregeln sind eingehalten.

8 : Rentabilität

(1) Gesamtkapitalrentabilität $= \frac{400.000 + 300.000}{5.000.000 + 5.000.000} \cdot 100 = \mathbf{7{,}00\ \%}$

(2) Eigenkapitalrentabilität $= \frac{400.000}{2.000.000 + 3.000.000} \cdot 100 = \mathbf{8{,}00\ \%}$

(3) Umsatzrentabilität $= \frac{400.000}{30.000.000} \cdot 100 = \mathbf{1{,}33\ \%}$

9 : Zielkonflikt

Zielkonflikt zwischen Rentabilität und Sicherheit:

Die Anlage von Kapital kann in sichere, aber dafür nur niedrig verzinste Anleihen, z. B. Staatsanleihen, erfolgen oder in Wertpapieren, die zwar eine höhere Rentabilität in Aussicht stellen, deren Kauf aber mit ebenso ansteigendem Risiko verbunden ist, z. B. Aktien.

Grafisch lässt sich der Zielkonflikt wie folgt darstellen:

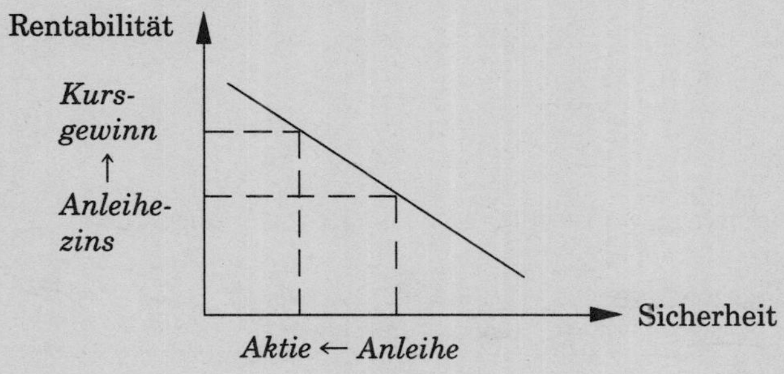

10 : Kapitalbedarf (1)

(1)

Monat	Auszahlungen Tsd. €		Einzahlungen Tsd. €		Kapitalbedarf Tsd. €
	monatlich	kumuliert	monatlich	kumuliert	
Januar	100	100	0	0	100
Februar	80	180	20	20	160
März	50	230	70	90	140
April	100	330	100	190	140
Mai	100	430	70	260	170
Juni	60	490	100	360	130
Juli	60	550	110	470	80
August	60	610	240	710	– 100
September	80	690	90	800	– 110
Oktober	100	790	40	840	– 50
November	110	900	0	840	60
Dezember	80	980	20	860	120

(2)

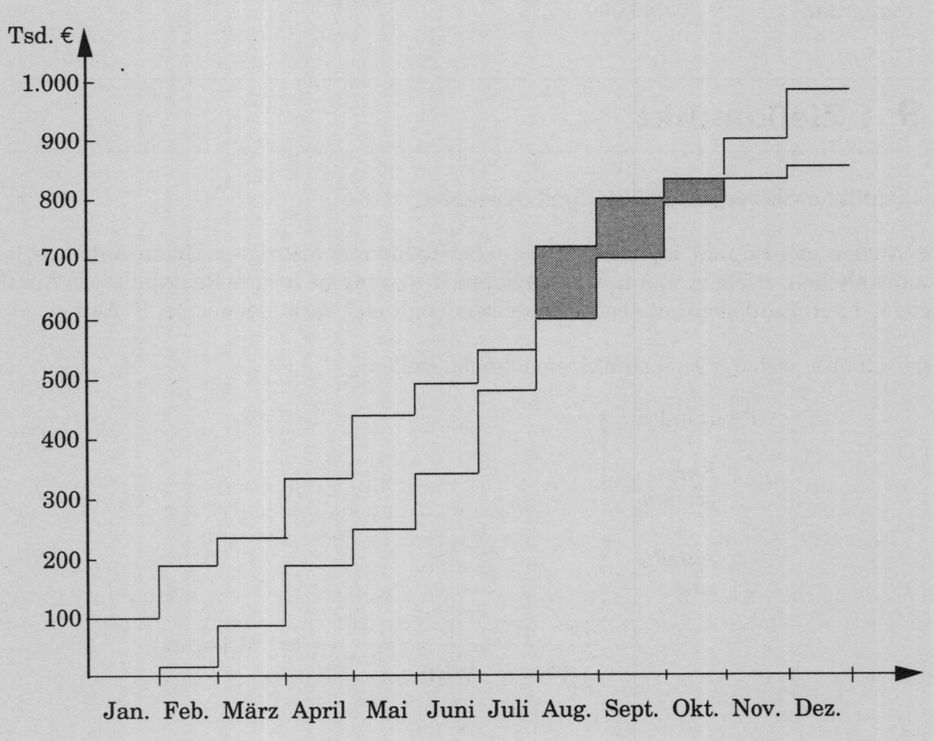

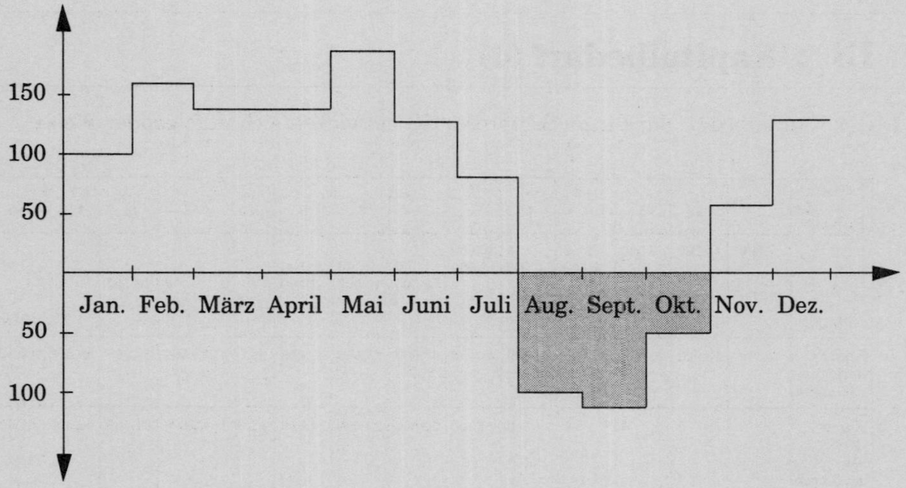

11 : Kapitalbedarf (2)

(1) Der Kapitalbedarf kann – ohne dass die Werte der Auszahlungen und Einzahlungen sich verändern – vermindert werden, indem die Auszahlungen auf einen späteren Zeitpunkt verlagert bzw. die Einzahlungen zu einem früheren Zeitpunkt bewirkt werden.

(2) Auszahlungen werden auf einen späteren Zeitpunkt verlagert, indem längere Zahlungsziele vereinbart werden oder vereinbarte Zahlungsziele prolongiert werden sowie bestimmte Zahlungsarten (Scheckzahlung) angewandt werden.

Einzahlungen können früher erfolgen, wenn das Forderungs- und Mahnwesen sowie das Inkassowesen rationeller eingesetzt werden.

12 : Kapitalbedarf (3)

Aus Sicht der Finanzabteilung ist die zeitlich gestaffelte Produktionsanordnung zu bevorzugen. Sie erbringt einen deutlich niedrigeren absoluten Kapitalbedarf. Des Weiteren ergeben sich geringere Schwankungen der Kapitalbedarfshöhe im Zeitverlauf.

Eine solche Entwicklung des Kapitalbedarfes ist aus Sicht der Finanzabteilung vorteilhaft, weil die Disponierbarkeit der liquiden Mittel einfacher aufgrund eines konstanteren Verlaufes wird. Es treten geringere Leerkosten bei den eingeräumten Kreditlinien auf, da der Kapitalbedarf weniger schwankt. Der gesamthaft niedrigere Kapitalbedarf schont Kreditpotenziale.

13 : Kapitalbedarf (4)

(1) Der Kapitalbedarf der Firma Schmittke KG entwickelt sich in folgender Weise:

Dekade / Prozess	1	2	3	4	5	6	7	8	9	10	11	12	13	14	15
1	7.500	10.500	2.500	0	0	20.500									
2				7.500	10.500	2.500	0	0	20.500						
3							7.500	10.500	2.500	0	0	20.500			
4										7.500	10.500	2.500	0	0	20.500
5													7.500	10.500	2.500
Kumulierte Auszahlungen	7.500	18.000	20.500	28.000	38.500	41.000	48.500	59.000	61.500	69.000	79.500	82.000	89.500	100.000	102.500
Kumulierte Einzahlungen	0	0	0	0	0	20.500	20.500	20.500	41.000	41.000	41.000	61.500	61.500	61.500	82.000
Kapitalbedarf	**7.500**	**18.000**	**20.500**	**28.000**	**38.500**	**20.500**	**28.000**	**38.500**	**20.500**	**28.000**	**38.500**	**20.500**	**28.000**	**38.500**	**20.500**

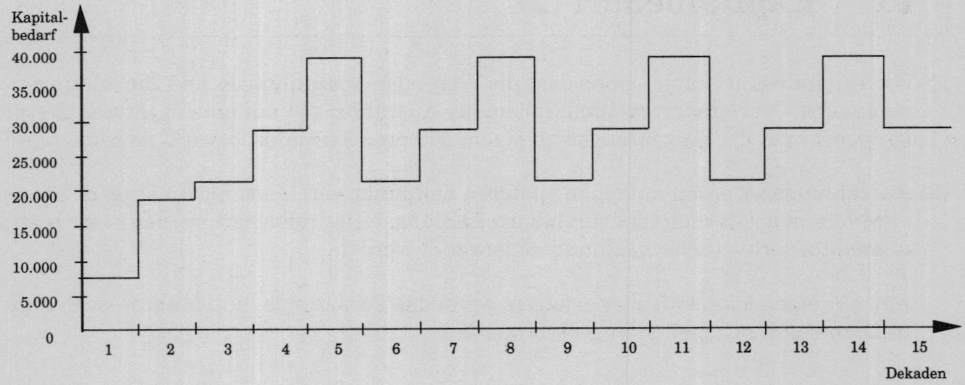

(2) Mit der Verminderung der Lagerzeiten und Zahlungsziele um 50 % ergibt sich, dass der Zahlungsmittelrückfluss bereits in der 5. Dekade erfolgt:

Dekade / Prozess	1	2	3	4	5	6	7	8	9	10	11	12	13	14	15
1	7.500	10.500	2.500	0	20.500										
2				7.500	10.500	2.500	0	20.500							
3							7.500	10.500	2.500	0	20.500				
4										7.500	10.500	2.500	0	20.500	
5													7.500	10.500	2.500
Kumulierte Auszahlungen	7.500	18.000	20.500	28.000	38.500	41.000	48.500	59.000	61.500	69.000	79.500	82.000	89.500	100.000	102.500
Kumulierte Einzahlungen	0	0	0	0	20.500	20.500	20.500	41.000	41.000	41.000	61.500	61.500	61.500	82.000	82.000
Kapitalbedarf	**7.500**	**18.000**	**20.500**	**28.000**	**18.000**	**20.500**	**28.000**	**18.000**	**20.500**	**28.000**	**18.000**	**20.500**	**28.000**	**18.000**	**20.500**

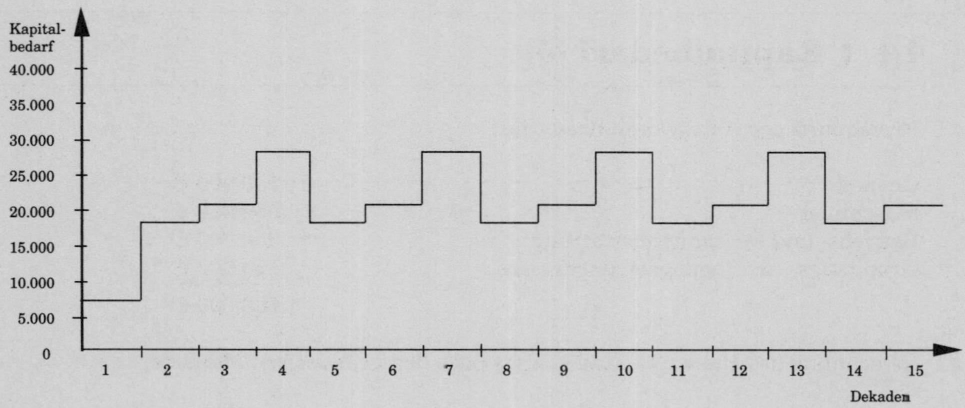

(3) Durch die getroffenen Rationalisierungsmaßnahmen vermindert sich der Kapitalbedarf der Firma Schmittke KG um:

Dekade	**1**	**2**	**3**	**4**	**5**	**6**	**7**	**8**	**9**	**10**	**11**	**12**	**13**	**14**	**15**
Kapital bedarf vor Rationalisierung	7.500	18.000	20.500	28.000	38.500	20.500	28.000	38.500	20.500	28.000	38.500	20.500	28.000	38.500	20.500
Kapitalbedarf nach Rationalisierung	7.500	18.000	20.500	28.000	18.000	20.500	28.000	18.000	20.500	28.000	18.000	20.500	28.000	18.000	20.500
Verminderung des Kapitalbedarfes durch Rationalisierung	**0**	**0**	**0**	**0**	**20.500**	**0**	**0**	**20.500**	**0**	**0**	**20.500**	**0**	**0**	**20.500**	**0**

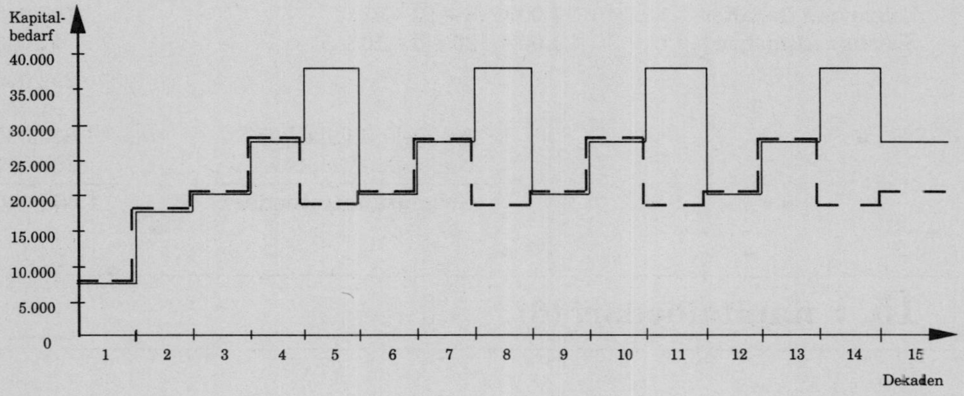

14 : Kapitalbedarf (5)

Errechnung des Anlagekapitalbedarfes:

Gebäude	750.000 €
Maschinen	550.000 €
Betriebs- und Geschäftsausstattung	350.000 €
Gründungs- und Ingangsetzungskosten	10.000 €
	1.660.000 €

(1) Errechnung des Umlaufkapitalbedarfes nach der kumulativen Methode:

Täglicher Roh-, Hilfs- und Betriebsstoffeinsatz	4.000 €
Täglicher Einsatz von Löhnen und Gehältern	7.000 €
Sonstige, tägliche Ausgaben	1.000 €
	12.000 €

Lagerung der Roh-, Hilfs-und Betriebsstoffe	+ 20 Tage
Lagerung der Fertigerzeugnisse	+ 10 Tage
Dauer des Fertigungsprozesses	+ 6 Tage
Lieferantenziel	– 15 Tage
Kundenziel	+ 5 Tage
	26 Tage

12.000 · 26 = 312.000 €

Anlagekapitalbedarf	1.660.000 €
Umlaufkapitalbedarf	312.000 €
Gesamtkapitalbedarf	**1.972.000 €**

(2) Errechnung des Umlaufkapitalbedarfes nach der elektiven Methode:

Roh-, Hilfs-und Betriebsstoffe	4.000 · (20 + 6 + 10 + 5 – 10) =	104.000 €
Löhne und Gehälter	7.000 · (6 + 10 + 5) =	147.000 €
Sonstige Ausgaben	1.000 · (20 + 6 + 10 + 5) =	41.000 €
		292.000 €

Anlagekapitalbedarf	1.660.000 €
Umlaufkapitalbedarf	292.000 €
Gesamtkapitalbedarf	**1.952.000 €**

15 : Kapitalbedarf (6)

(1) Anlagekapitalbedarf 1.660.000 €

Roh-, Hilfs- und Betriebsstoffe	4.000 · (20 + 6 + 10 + 30 – 5)	244.000 €
Löhne und Gehälter	7.000 · (6 + 10 + 30)	322.000 €
Sonstige Ausgaben	1.000 · (20 + 6 + 10 + 30)	66.000 €
Umlaufkapitalbedarf		**632.000 €**

Anlagekapitalbedarf	1.660.000 €
Umlaufkapitalbedarf	632.000 €
Gesamtkapitalbedarf	**2.292.000 €**

(2) Anlagekapitalbedarf 1.660.000 €

Roh-, Hilfs- und Betriebsstoffe	4.000 · (10 + 6 + 5 + 30 – 5)	184.000 €
Löhne und Gehälter	7.000 · (6 + 5 + 30)	287.000 €
Sonstige Ausgaben	1.000 · (10 + 6 + 5 + 30)	51.000 €
Umlaufkapitalbedarf		522.000 €

Anlagekapitalbedarf	1.660.000 €
Umlaufkapitalbedarf	522.000 €
Gesamtkapitalbedarf	**2.182.000 €**

16 : Kosten- und Gewinnvergleichsrechnung

(1) Bei 20.000 Leistungseinheiten pro Jahr ergeben sich folgende Kosten:

	Maschine I	**Maschine II**	**Maschine III**
Anschaffungskosten (€)	120.000	100.000	80.000
Nutzungsdauer (Jahre)	10	10	10
Leistungsmenge (Stück/Jahr)	20.000	20.000	20.000
Kalkulatorische Abschreibungen	12.000	10.000	8.000
Kalkulatorische Zinsen	6.000	5.000	4.000
Gehälter	15.000	15.000	15.000
Fixe Kosten	33.000	30.000	27.000
Löhne	82.000	88.000	105.000
Material	140.000	140.000	140.000
Variable Kosten	222.000	228.000	245.000
Gesamtkosten	**255.000**	**258.000**	**272.000**
Kostendifferenz	– 3.000	– 14.000	

Bei 20.000 Leistungseinheiten ist die Maschine I die vorteilhafteste, weil sie gegenüber der Maschine II 3.000 € und gegenüber der Maschine III 17.000 € weniger Kosten verursacht.

(2) Bei Verminderung der Leistungsmengen der Maschinen auf 8.000 Stück ergibt sich:

	Maschine I	Maschine II	Maschine III
Leistungsmenge (Stück/Jahr)	8 .000	8.000	8.000
Fixe Kosten	33.000	30.000	27.000
Variable Kosten			
222.000 : 20.000 · 8.000	88.800		
228.000 : 20.000 · 8.000		91.200	
245.000 : 20.000 · 8.000			98.000
Gesamtkosten	**121.800**	**121.200**	**125.000**
Kostendifferenz	+ 600	– 3.800	

Die Veränderung der Leistungsmengen von 20.000 auf 8.000 Stück/Jahr lässt die Maschine I nicht mehr die vorteilhafteste Investitionsalternative sein, sondern Maschine II.

(3) Unter Einbeziehung der Erlöse ergibt sich bei 20.000 Leistungseinheiten pro Jahr:

	Maschine I	Maschine II	Maschine III
Leistungsmenge (Stück/Jahr)	20.000	20.000	20.000
Gesamtkosten	255.000	258.000	272.000
Gesamterlöse			
20.000 · 14,50 €	290.000		
20.000 · 15,20 €		304.000	
20.000 · 14,50 €			290.000
Gewinn (€/Jahr)	**35.000**	**46.000**	**18.000**

Maschine II erweist sich unter den gegebenen Daten als die vorteilhafteste, da sie den größten Gewinn erwirtschaftet.

17 : Rentabilitätsvergleichsrechnung

(1)

	Maschine I	Maschine II
Anschaffungskosten (€)	100.000	100.000
Nutzungsdauer (Jahre)	8	8
Leistungsmenge (Stück/Jahr)	6.000	6.000
Kalkulatorische Abschreibungen	12.500	12.500
Sonstige fixe Kosten (ohne kalkulatorische Zinsen)	7.000	5.000
Variable Kosten	140.000	145.000
Gesamte Kosten	159.500	162.500
Erlöse (6.000 · 30 €)	180.000	180.000
Gewinn (€/Jahr)	**20.500**	**17.500**

$$R_I = \frac{20.500}{0,5 \cdot 100.000} \cdot 100 = \mathbf{41\ \%}$$

$$R_{II} = \frac{17.500}{0,5 \cdot 100.000} \cdot 100 = \mathbf{35\ \%}$$

Die Maschine I ist vorteilhafter, da sie eine um 6 % höhere Rentabilität erwirtschaftet.

(2)
$$R_I = \frac{20.500}{0,5 \cdot 100.000 + 35.000} \cdot 100 = \mathbf{24,12\ \%}$$

$$R_{II} = \frac{17.500}{0,5 \cdot 100.000 + 35.000} \cdot 100 = \mathbf{20,59\ \%}$$

Unter Einbeziehung des Umlaufvermögens erweist sich die Maschine I ebenfalls als die vorteilhaftere, allerdings mit einer geringeren Rentabilitätsdifferenz von 3,53 % zu der Maschine II.

18 : Amortisationsvergleichsrechnung

(1) Die beiden Maschinen weisen folgende Wiedergewinnungszeiten auf:

$$W_I = \frac{80.000}{20.000 + (80.000 : 8)} = \mathbf{2,67\ Jahre}$$

$$W_{II} = \frac{120.000}{34.000 + (120.000 : 8)} = \mathbf{2,45\ Jahre}$$

Maschine II ist vorteilhafter, da sie sich in kürzerer Zeit amortisiert als Maschine I.

(2) Es besteht die Gefahr von Fehlentscheidungen, wenn das Unternehmen für den Vergleich der Vorteilhaftigkeit von Investitionsalternativen ausschließlich die Amortisationsvergleichsrechnung heranzieht.

Gründe hierfür sind:

- Aussagen über die Rentabilität der Investitionsalternativen werden nicht gegeben.
- Erträge, die dem Unternehmen nach der Amortisationszeit zufließen, bleiben unberücksichtigt.
- Es entsteht tendenziell der Eindruck, dass längerfristige Investitionen unvorteilhafter sind als kürzerfristige Investitionen.

19 : Barwert

(1) $K_o = K_8 \cdot \frac{1}{q^8}$

$K_o = 124.500 \cdot 0{,}540269$

$K_o =$ **67.263,49 €**

(2) $K_o = K_3 \cdot \frac{1}{q^3} + K_5 \cdot \frac{1}{q^5} + K_7 \cdot \frac{1}{q^7}$

$K_o = 70.000 \cdot 0{,}751315 + 150.000 \cdot 0{,}620921 + 150.000 \cdot 0{,}513158$

$K_o =$ **222.703,90 €**

(3) $K_o = e \cdot \frac{q^{10} - 1}{q^{10}(q-1)}$

$K_o = 6.800 \cdot 6{,}417658$

$K_o =$ **43.640,07 €**

(4) Angebot Müller:

$K_o = e \cdot \frac{q^5 - 1}{q^5(q-1)}$

$K_o = 12.000 \cdot 3{,}790787$

$K_o =$ **45.489,44 €**

Angebot Meier:

$K_o = e \cdot \frac{q^{15} - 1}{q^{15}(q-1)}$

$K_o = 6.000 \cdot 7{,}606080$

$K_o =$ **45.636,48 €**

Herr Müller würde 147,04 € einsparen, wenn er auf seinem Angebot bestehen würde.

(5)

	Abzinsungs-faktor	Fall I Zahlung	Fall I Barwert	Fall II Zahlung	Fall II Barwert
1. Jahr	0,892857	5.000	4.464,29	20.000	17.857,14
2. Jahr	0,797194	10.000	7.971,94	15.000	11.957,91
3. Jahr	0,711780	15.000	10.676,70	10.000	7.117,80
4. Jahr	0,635518	20.000	12.710,36	5.000	3.177,59
Summe		50.000	**35.823,29**	50.000	**40.110,44**

Die Barwerte sind unterschiedlich hoch, weil die Entwicklung der Zahlungen gegensätzlich verläuft und ein umso höherer Barwert erreicht wird, je früher hohe Zahlungen geleistet werden.

20 : Endwert

(1) $K_{10} = K_o \cdot q^{10}$

$K_{10} = 5.000 \cdot 2{,}158925$

K_{10} = **10.794,63 €**

(2) $K_5 = e \cdot \frac{q^5 - 1}{q - 1}$

$K_5 = 2.500 \cdot 5{,}637093$

K_5 = **14.092,73 €**

(3) $K_6 = K_o \cdot q^6$

$K_6 = 10.000 \cdot 1{,}771561$

K_6 = **17.715,61 €**

$K_6 = e \cdot \frac{q^6 - 1}{q - 1}$

$K_6 = 2.300 \cdot 7{,}715610$

K_6 = **17.745,90 €**

K_6 = **18.000 €**

Es ist am vorteilhaftesten, jetzt 10.000 € zu zahlen, weil diese Zahlung den geringsten Endwert ergibt.

(4) **Zinssatz 6 %**

$K_6 = K_o \cdot q^6$

$K_6 = 10.000 \cdot 1{,}418519$

K_6 = **14.185,19 €**

$K_6 = e \cdot \frac{q^6 - 1}{q - 1}$

$K_6 = 2.300 \cdot 6{,}975319$

K_6 = **16.043,23 €**

K_6 = **18.000 €**

Auch bei einem Zinssatz von 6 % ist es am vorteilhaftesten, jetzt 10.000 € zu zahlen.

Zinssatz 14 %

$K_6 = K_o \cdot q^6$

$K_6 = 10.000 \cdot 2{,}194973$

K_6 = **21.949,73 €**

$K_6 = e \cdot \frac{q^6 - 1}{q - 1}$

$K_6 = 2.300 \cdot 8{,}535519$

K_6 = **19.631,69 €**

K_6 = **18.000 €**

Der Zinssatz von 14 % lässt die jetzige Zahlung von 10.000 € nicht mehr vorteilhaft erscheinen. Am günstigsten ist es, zum Ende des 6. Jahres 18.000 € zu zahlen.

21 : Jahreswert

(1) $e = K_o \cdot \frac{q^5 (q - 1)}{q^5 - 1}$

$e = 50.000 \cdot 0{,}263797$

e = **13.189,85 €**

(2) $e = K_{10} \cdot \frac{q - 1}{q^{10} - 1}$

$e = 100.000 \cdot 0{,}069030$

e = **6.903 €**

(3) $e = K_o \cdot \frac{q^5 \cdot (q - 1)}{q^5 - 1}$

$e = 10.000 \cdot 0{,}263797$

e = **2.637,97 €**

Das Angebot ist für den Schuldner vorteilhaft, da seine jährliche Rate mit 2.600 € geringer ist als die finanzmathematisch errechnete Rate.

22 : Kapitalwertmethode

(1) Bei einem Kalkulationszinsfuß von 10 % ergibt sich:

Jahr	Abzinsungsfaktor	Rückfluss	Barwert
1	0,909091	15.000	13.636,37
2	0,826446	20.000	16.528,92
3	0,751315	25.000	18.782,88
4	0,683013	25.000	17.075,33
5	0,620921	20.000	12.418,42
6	0,564474	20.000	11.289,48
Liquidationserlös	0,564474	8.000	4.515,79
Summe			94.247,19
– Anschaffungswert			80.000,00
= **Kapitalwert**			**14.247,19**

Die Investition ist vorteilhaft.

(2) Ein Kalkulationszinsfuß von 14 % und ein nicht anfallender Liquidationserlös führen zu folgenden Werten:

Jahr	Abzinsungsfaktor	Rückfluss	Barwert
1	0,877193	15.000	13.157,90
2	0,769468	20.000	15.389,36
3	0,674972	25.000	16.874,30
4	0,592080	25.000	14.802,00
5	0,519369	20.000	10.387,38
6	0,455587	20.000	9.111,74
+ Liquidationserlös	0,455587	0	0
Summe			79.722,68
– Anschaffungswert			80.000,00
= **Kapitalwert**			**– 277,32**

Der negative Kapitalwert zeigt, dass die Investition unter diesen Voraussetzungen die 14-prozentige Verzinsung nicht erreicht.

23 : Interne Zinsfuß-Methode

(1) $K_o = e \cdot \frac{q^n - 1}{q^n (q - 1)}$

Kapitalwert bei 6 % Versuchszinssatz:

(6.000 · 7,360087) – 40.000 = 4.160,52 €

Kapitalwert bei 10 % Versuchszinssatz:

(6.000 · 6,144567) – 40.000 = – 3.132,60 €

Hinweis: Die Lösung kann auch mithilfe anderer als der verwendeten Versuchszinssätze erzielt werden.

$$r = 6 - 4.160{,}52 \cdot \frac{10 - 6}{- 3.132{,}60 - 4.160{,}52}$$

r = **8,28** %

Die Investition ist vorteilhaft, weil sie die geforderte Verzinsung von 8 % um rund 0,3 % übersteigt.

Eine nochmalige Interpolation mit 8 % und 9 % würde das auf zwei Kommastellen genaue Ergebnis von 8,14 % erbringen.

(2) Bei einem Kalkulationszinsfuß von 9 % kann die Investition nicht als vorteilhaft angesehen werden.

(3) Grafisch lassen sich die Erkenntnisse aus (1) und (2) in folgender Weise darstellen:

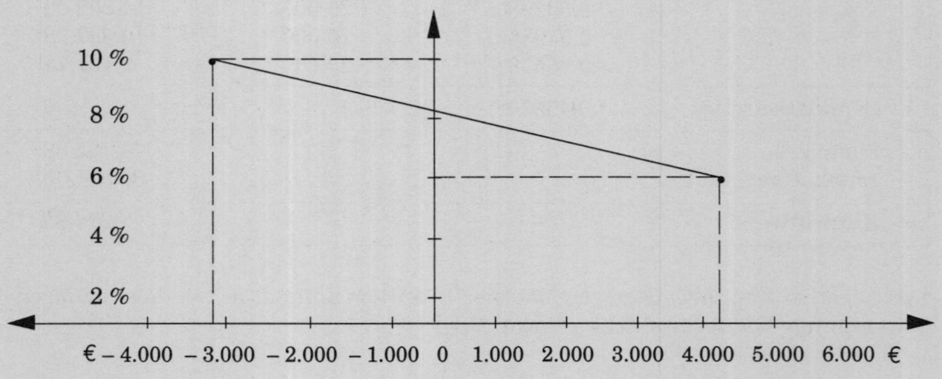

24 : Annuitätenmethode

		Maschine I		Maschine II	
Jahr	**Abzinsungs-faktor**	**Rückfluss**	**Barwert**	**Rückfluss**	**Barwert**
1	0,925926	28.000	25.925,93	22.000	20.370,37
2	0,857339	36.000	30.864,20	30.000	25.720,17
3	0,793832	35.000	27.784,12	28.000	22.227,30
4	0,735030	32.000	23.520,96	28.000	20.580,84
5	0,680583	30.000	20.417,49	20.000	13.611,66
Liquidationserlös	0,680583	5.000	3.402,92	0	0
Summe			131.915,62		102.510,34
– Anschaffungswert			100.000,00		80.000,00
= **Kapitalwert**			**31.915,62**		**22.510,34**

$a_I = 31.915{,}62 \cdot 0{,}250456 = \mathbf{7.993{,}46}$ **€**

$a_{II} = 22.510{,}34 \cdot 0{,}250456 = \mathbf{5.637{,}85}$ **€**

Maschine I ist die vorteilhaftere Alternative, da sie eine um 2.355,61 € höhere Annuität erzielt.

25 : Kapitalstruktur (1)

(1) Eine solchermaßen umfangreiche Investition mit kurzfristigem Fremdkapital zu finanzieren, erscheint sehr risikoreich, da die Gefahr besteht, dass

- der Fremdkapitalgeber sein Kapital kurzfristig abzieht und keine Anschlussfinanzierung zu Stande kommt, was den Bestand des Unternehmens gefährden oder beenden kann,
- der Fremdkapitalgeber sein Kapital kurzfristig abzieht und eine Anschlussfinanzierung nur zu höheren Kosten möglich ist, was zumindest die Rentabilität des Unternehmens beeinträchtigen würde,
- der Fremdkapitalgeber sein Kapital nach Ende der kurzen Frist nur zu einem höheren Zinssatz weiterhin bereitstellt, was ebenfalls zumindest die Rentabilität des Unternehmens beeinträchtigen würde.

Die Finanzierung einer so umfangreichen Investition mit kurzfristigem Kapital ist also grundsätzlich für das Unternehmen gefährlich. Wie gefährlich, kann bei den vorliegenden Informationen nicht genau gesagt werden. Das hängt von mehreren Faktoren ab, z. B.:

- Seiner Ertragskraft
- Seines Vermögens
  (Umfasst diese Investition beispielsweise 5 % oder 50 % des Unternehmensvermögens?)

- Der Finanzierung seines Vermögens
  (Ist das übrige Vermögen beispielsweise mit 0 % oder 20 % oder mit 70 % ebenfalls fremdfinanziert?)

Keine oder geringere Bedenken gäbe es, wenn die kurzfristige Finanzierung nur eine Überbrückungsfinanzierung für eine danach gesicherte, längerfristige Finanzierung ist.

(2) Die Rechnung mit 7,9 % über die nächsten 4 Jahre hinweg ist falsch und gefährlich:

- Zum einen sind die letztlich tatsächlich zu zahlenden Zinsen – die Effektivzinsen – gewiss höher als dieser Prozentsatz. Das ergibt sich u. a. bereits daraus, dass die Stellung einer grundbuchmäßigen Sicherheit – wie auch deren spätere Rücknahme – Notariatskosten, Grundbuchkosten und gegebenenfalls Bewertungskosten für die als Sicherheit dienende Immobilie verursacht.

- Weiterhin wurde ein variabler Zinssatz vereinbart, der sich – in Anlehnung an beispielsweise einen Geldmarktsatz – im Zeitablauf merklich verändern kann.

(3) Die Auffassung der Geschäftsführung, Fremdkapitalgebern stünden keine Mitspracherechte im Unternehmen zu, hat zwar theoretisch eine gewisse Begründung. Praktisch ist das aber eine Frage des Marktes. Dort wird entschieden, welche Forderungen Fremdkapitalgeber stellen und welche Leistungen Fremdkapitalnehmer bieten müssen.

Gerade wenn die Investition als eher risikoreich eingeschätzt wird, ist die Forderung nach der zusätzlichen Sicherheit »Mitsprache« verständlich und nicht praxisfremd.

26 : Kapitalstruktur (2)

(1)		Eigenkapital		80.000 €
	+	Fremdkapital		20.000 €
	=	Gesamtkapital		100.000 €
		Gewinn vor Fremdkapitalzinsen	(100.000 · 0,10)	10.000 €
	–	Zinsen für Fremdkapital	(20.000 · 0,08)	1.600 €
	=	Reingewinn		8.400 €
		Eigenkapitalrentabilität	(8.400 : 80.000) · 100	**10,50 %**
(2)		Eigenkapital		140.000 €
	+	Fremdkapital		60.000 €
	=	Gesamtkapital		200.000 €
		Gewinn vor Fremdkapitalzinsen	(200.000 · 0,10)	20.000 €
	–	Zinsen für Fremdkapital	(60.000 · 0,08)	4.800 €
	=	Reingewinn		15.200 €
		Eigenkapitalrentabilität	(15.200 : 140.000) · 100	**10,86 %**

(3)	Eigenkapital		80.000 €
	Fremdkapital		120.000 €
=	Gesamtkapital		200.000 €
	Gewinn vor Fremdkapitalzinsen	(200.000 · 0,10)	20.000 €
–	Zinsen für Fremdkapital	(120.000 · 0,08)	9.600 €
=	Reingewinn		10.400 €
	Eigenkapitalrentabilität	(10.400 : 80.000) · 100	**13,00** %

Der Vorschlag des Unternehmensberaters scheint sich als vorteilhaft zu erweisen, da bei der vorgeschlagenen Kapitalstruktur eine um 2,14 % höhere Eigenkapitalrentabilität erzielt werden kann.

(4)	Eigenkapital		140.000 €
+	Fremdkapital		60.000 €
=	Gesamtkapital		200.000 €
	Gewinn vor Fremdkapitalzinsen	(200.000 · 0,08)	16.000 €
–	Zinsen für Fremdkapital	(60.000 · 0,09)	5.400 €
=	Reingewinn		10.600 €
	Eigenkapitalrentabilität	(10.600 : 140.000) · 100	**7,57** %
	Eigenkapital		80.000 €
+	Fremdkapital		120.000 €
=	Gesamtkapital		200.000 €
	Gewinn vor Fremdkapitalzinsen	(200.000 · 0,08)	16.000 €
–	Zinsen für Fremdkapital	(120.000 · 0,09)	10.800 €
=	Reingewinn		5.200 €
	Eigenkapitalrentabilität	(5.200 : 80.000) · 100	**6,50** %

Die prognostizierte Verschlechterung bei der Gesamtkapitalrentabilität und den Fremdkapitalzinsen lässt den Vorschlag des Unternehmensberaters als nicht vorteilhaft erscheinen, da die Eigenkapitalrentabilität sich beträchtlich vermindert.

27 : Mittelwert-Verfahren

(1) $V = \frac{4.500 + 4.600 + 4.900 + 4.900}{4} = \mathbf{4.725}$ **€**

Der Zahlungsstrom wird im 4. Quartal 2004 voraussichtlich 4.725 € betragen.

Um den Prognosewert für das 1. Quartal 2005 zu erhalten, ist der Wert des 4. Quartals 2004 in die Berechnung einzubeziehen, der Wert des 4. Quartals 2003 entfällt.

$$V = \frac{4.600 + 4.900 + 4.900 + 5.100}{4} = \mathbf{4.875\ €}$$

$$(2)\ V = \frac{4.500 \cdot 10 + 4.600 \cdot 20 + 4.900 \cdot 30 + 4.900 \cdot 40}{10 + 20 + 30 + 40} = \mathbf{4.800\ €}$$

Mithilfe des gewogenen, gleitenden Mittelwertes können die letzten Quartale stärker berücksichtigt werden als frühere Quartale. Darin ist auch der Grund zu sehen, dass der hier errechnete Mittelwert von dem in (1) errechneten Mittelwert beträchtlich abweicht.

28 : Exponentielle Glättung

	α = 0,1	α = 0,4	α = 0,8
2002	280.000 + 0,1 · (300.000 – 280.000) = **282.000**	280.000 + 0,4 · (300.000 – 280.000) = **288.000**	280.000 + 0,8 · (300.000 – 280.000) = **296.000**
2003	282.000 + 0,1 · (240.000 – 282.000) = **277.800**	288.000 + 0,4 · (240.000 – 288.000) = **268.800**	296.000 + 0,8 · (240.000 – 296.000) = **251.200**
2004	277.800 + 0,1 · (270.000 – 277.800) = **277.020**	268.800 + 0,4 · (270.000 – 268.800) = **269.280**	251.200 + 0,8 · (270.000 – 251.200) = **266.240**
2005	277.020 + 0,1 · (350.000 – 277.020) = **284.318**	269.288 + 0,4 · (350.000 – 269.280) = **301.576**	266.240 + 0,8 · (350.000 – 266.240) = **333.248**

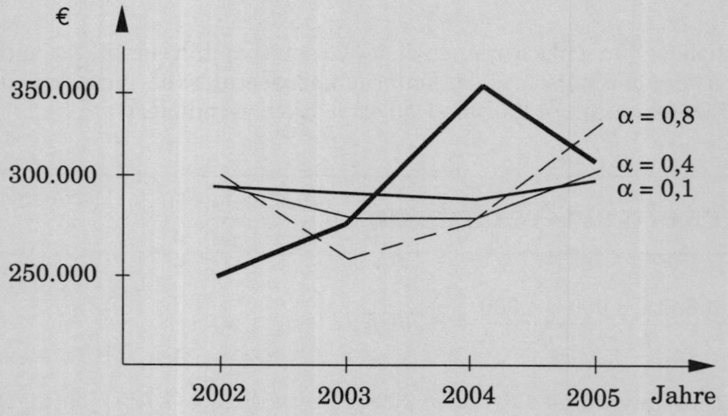

Wie zu sehen ist, erfährt die α = 0,1-Kurve die größte Glättung. Die α = 0,8-Kurve weist starke Zufallsschwankungen auf.

29 : Trendrechnung

$a = \frac{1}{4} \cdot (280.000 + 290.000 + 330.000 + 350.000) = \mathbf{312.500\ €}$

$b = \frac{12}{4\,(16 - 1)} \left[y_1 \left(1 - \frac{5}{2}\right) + y_2 \left(2 - \frac{5}{2}\right) + y_3 \left(3 - \frac{5}{2}\right) + y_4 \left(4 - \frac{5}{2}\right)\right] = \mathbf{25.000\ €}$

$t = i - \frac{4 + 1}{2} = \mathbf{i - 2{,}5}$

$y = 312.500 + 25.000\,(i - 2{,}5) = \mathbf{250.000 + 25.000\ i}$

Für 2006 ergibt sich als prognostizierter Zahlungsstrom:

$y_5 = 250.000 + 25.000 \cdot 5 = \mathbf{375.000\ €}$

30 : Finanzplan

(1) Aus dem Finanzplan lässt sich für die Monate

- Januar, Mai, Dezember

eine leichte Überliquidität, für die Monate

- Februar, März, April

eine beträchtliche Überliquidität feststellen.

Bereits im Anschluss an diesen ersten Entwurf eines Finanzplanes sollten Möglichkeiten der Anlage der überschüssigen Mittel festgestellt und vorgeschlagen werden bzw. die Rückführung von aufgenommenen Krediten in Betracht gezogen werden.

Dem Finanzplan ist zu entnehmen, dass sich in den Monaten

- Juni, Juli, August

voraussichtlich eine finanzielle Unterdeckung ergeben wird. Diese Feststellung sollte bewirken, dass sogleich Überlegungen angestellt werden, wie Einzahlungen oder Auszahlungen beeinflusst bzw. gestaltet werden könnten, um die Liquidität sicherzustellen.

Der Finanzplan weist für die Monate

- September, Oktober

zwar Liquidität aus, jedoch ist Vorsicht geboten. Die überschüssigen Mittel sind so gering, dass bereits eine leichte Veränderung der Zahlungsströme zur Unterliquidität führen kann. Im Übrigen geht aus dem Finanzplan ohnehin nicht hervor, wie sich die Liquidität an jedem Tag dieser Monate entwickelt. Deshalb sind aus Sicherheitserwägungen heraus Überlegungen anzustellen, wie eine mögliche Unterliquidität abgewendet werden kann.

(2) Möglichkeiten, die Liquidität des Unternehmens zu verbessern, ohne dass Kapital aufgenommen wird, sind beispielsweise:

- Verminderung der Auszahlungen
- Verzögerung der Auszahlungen
- Erhöhung der Einzahlungen
- Beschleunigung der Einzahlungen.

(3) Bei einer Überliquidität des Unternehmens sind Möglichkeiten der Anlage der finanziellen Mittel zu überprüfen. Dies können beispielsweise sein:

- Durchführung erst später vorgesehener Investitionen
- Erwerb von Beteiligungen
- Erwerb von Wertpapieren
- Bereitstellung von Krediten.

Des Weiteren können kurzfristige Kredite zurückgeführt werden oder Sondertilgungen bei langfristigen Krediten mit Kreditinstituten ausgehandelt werden, wobei hier eine Vorfälligkeitsentschädigung anfallen kann.

31 : Bargeld / Buchgeld / Geldersatzmittel

	Arten	**Erfüllung einer Zahlungsverpflichtung**	**Annahmepflicht des Gläubigers**
Bargeld	• Banknoten • Münzen	Hingabe von Bargeld erfolgt als Erfüllung	Ja, aber bei Münzen begrenzt
Buchgeld	• Sichteinlage • Bankkredite	Hingabe erfolgt an Erfüllungs statt	Nein
Geldersatz-mittel	• Schecks • Wechsel	Hingabe erfolgt nur erfüllungshalber	Nein

32 : Überweisungsverkehr

(1)

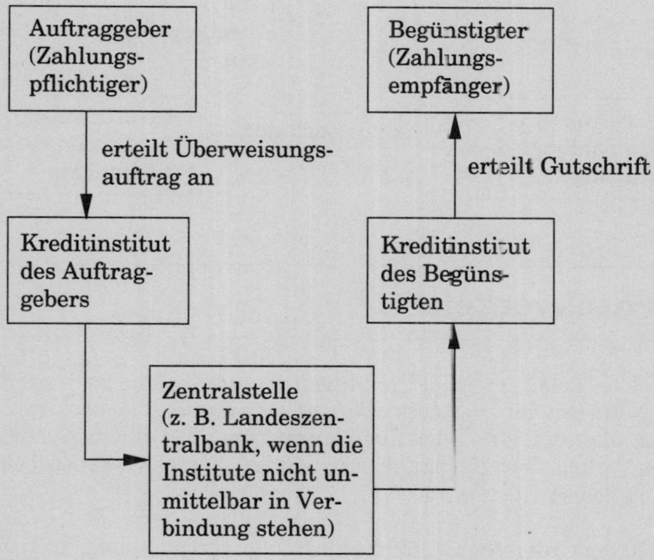

(2) Da ein einmaliger Dauerauftrag erteilt wird, müssen alle Daten unverändert bleiben. D. h. nicht nur der Empfänger und sein Konto bleiben gleich, sondern auch die Beträge und Zahlungstermine (monatlich, viertel-, halb-, jährlich).

Beispiele für solche Zahlungen sind Mieten oder Beiträge.

33 : Lastschriftverkehr

(1)

Dauerüberweisung	Lastschrift
stets gleicher Empfänger	stets gleicher Empfänger
stets gleiches Konto	stets gleiches Konto
stets gleicher Betrag	gleicher oder sich ändernder Betrag
regelmäßig wiederkehrende Termine	regelmäßige oder sich ändernde Termine

(2)

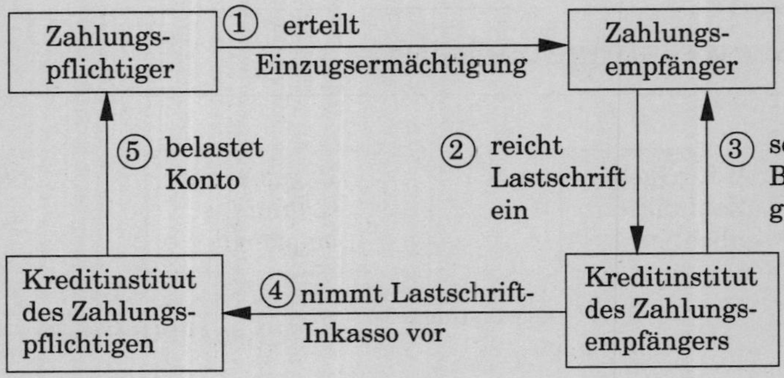

34 : Scheckverkehr (1)

Da der Barscheck bei dem bezogenen Kreditinstitut vorgelegt und bar eingelöst werden kann, empfiehlt es sich ihn mit dem Vermerk *„Nur zur Verrechnung"* zu versehen. Damit kann der Scheck nur noch über ein Giro- oder Kontokorrentkonto bei einem Kreditinstitut eingelöst werden, was das Verlust- bzw. Diebstahlrisiko mindert. Dieses Vorgehen ist bei den vorliegenden Verrechnungsschecks zwingend.

Als Besonderheit von Orderschecks gilt die Übertragungsbedingung, die neben der Einigung und Übergabe auch ein Indossament auf der Rückseite des Schecks vorsieht. Hier ist die Angabe der Person, die ein Orderscheck erhalten soll, notwendig, wodurch die Sicherheit erhöht und die Legitimation des Scheckvorlegers nachprüfbar wird.

35 : Scheckverkehr (2)

(1) Das Kreditinstitut hat unabhängig davon, ob der Widerruf oder die Schecksperre innerhalb oder nach den Vorlegungsfristen erfolgt, den Widerruf zu beachten.

(2) ① Bezeichnung als Scheck

② Unbedingte Anweisung, eine bestimmte Geldsumme zu zahlen

③ Name des Bezogenen

④ Angabe des Zahlungsortes

⑤ Angabe des Tages und Ortes der Ausstellung

⑥ Unterschrift des Ausstellers als Verfügungsberechtigtem

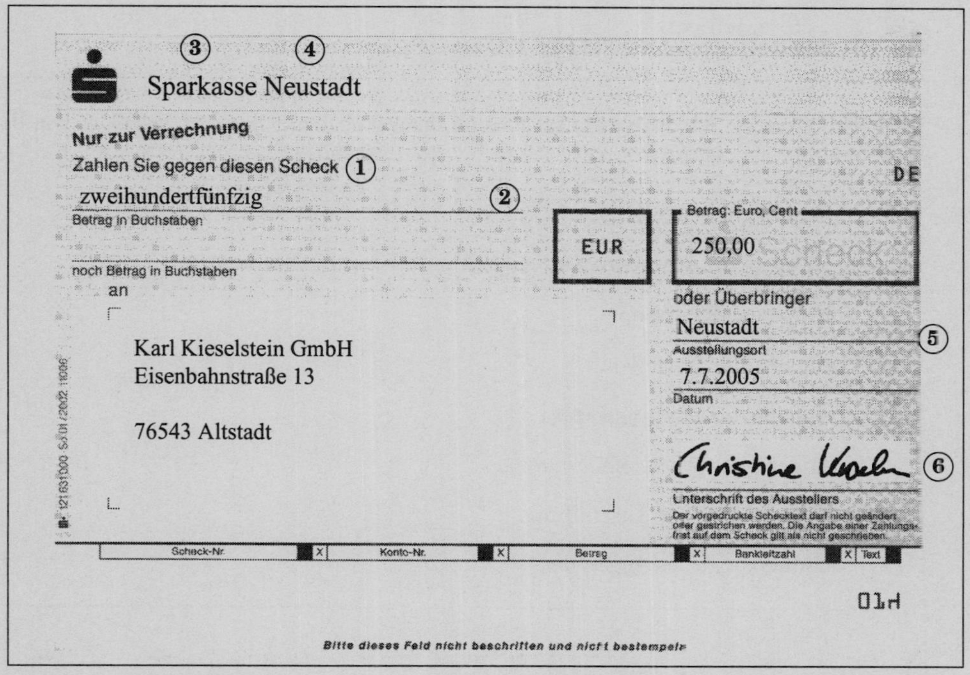

③ ④
Sparkasse Neustadt
Nur zur Verrechnung
Zahlen Sie gegen diesen Scheck ①
zweihundertfünfzig ②
Betrag in Buchstaben
noch Betrag in Buchstaben
an
Karl Kieselstein GmbH
Eisenbahnstraße 13
76543 Altstadt
DE
EUR
Betrag: Euro, Cent
250,00
oder Überbringer
Neustadt ⑤
Ausstellungsort
7.7.2005
Datum
Christine Koch ⑥
Unterschrift des Ausstellers
Der vorgedruckte Schecktext darf nicht geändert oder gestrichen werden. Die Angabe einer Zahlungsfrist auf dem Scheck gilt als nicht geschrieben.
Scheck-Nr. | X | Konto-Nr. | X | Betrag | X | Bankleitzahl | X | Text
01H
Bitte dieses Feld nicht beschriften und nicht bestempeln

36 : Wechselverkehr (1)

(1) Der Wechsel kann im eigenen Portefeuille aufbewahrt oder auch einem Kreditinstitut übergeben werden. Nach Ablauf des Wechsels erfolgt ein Inkasso. Hier übernimmt der Wechsel vor allem eine Sicherungsfunktion der Zielzahlung Ihres Kunden - dies insbesondere aufgrund der Wechselstrenge.

(2) Der Wechsel kann zur Zahlung einer Ihrer Verbindlichkeiten an einen Lieferanten weitergegeben werden, wodurch er eine Zahlungsmittelfunktion erhält.

(3) Durch die Ausstellung des Wechsels und die Einräumung eines Zahlungsziels kreditieren Sie Ihren Kunden - siehe auch (1). Allerdings besteht auch die Möglichkeit, den Wechsel vor Fälligkeit zur Diskontierung bei einem Kreditinstitut einzureichen. Hierdurch erhält Ihr Unternehmen einen Kredit. Auch hier hätte der Wechsel eine Kreditmittelfunktion.

(4) Der Wechsel könnte bei einem Lombardkredit als Pfand verwendet werden. Er dient damit dem Wechselinhaber als Besicherungsmöglichkeit für einen aufzunehmenden Kredit.

37 : Wechselverkehr (2)

(1) Peter Kamb muss zahlen, da die Wechselforderung abstrakt ist, d. h. losgelöst von dem Kaufvertrag.

(2) ① Bezeichnung als Wechsel

② Unbedingte Anweisung, eine bestimmte Summe zu zahlen

③ Name des Bezogenen

④ Angabe der Verfallzeit

⑤ Angabe des Zahlungsortes

⑥ Angabe des Wechselnehmers

⑦ Ort und Tag der Ausstellung

⑧ Unterschrift des Ausstellers

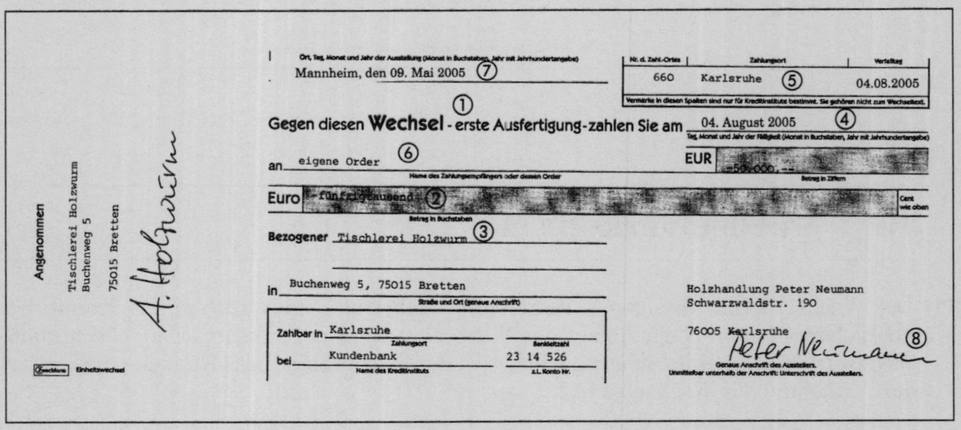
Ort, Tag, Monat und Jahr der Ausstellung (Monat in Buchstaben, Jahr mit Jahrhundertangabe)
Mannheim, den 09. Mai 2005 ⑦

Nr. d. Zahl.-Ortes	Zahlungsort	Verfalltag
660	Karlsruhe ⑤	04.08.2005

Vermerke in diesen Spalten sind nur für Kreditinstitute bestimmt. Sie gehören nicht zum Wechseltext.

①
Gegen diesen **Wechsel** - erste Ausfertigung - zahlen Sie am 04. August 2005 ④
Tag, Monat und Jahr der Fälligkeit (Monat in Buchstaben, Jahr mit Jahrhundertangabe)

an eigene Order ⑥ EUR -50.000,--
Name des Zahlungsempfängers oder dessen Order — Betrag in Ziffern

Euro -fünfzigtausend- ② Cent wie oben
Betrag in Buchstaben

Bezogener Tischlerei Holzwurm ③

in Buchenweg 5, 75015 Bretten
Straße und Ort (genaue Anschrift)

Zahlbar in Karlsruhe (Zahlungsort) — Bankleitzahl
bei Kundenbank (Name des Kreditinstituts) — 23 14 526 (z.L. Konto Nr.)

Holzhandlung Peter Neumann
Schwarzwaldstr. 190

76005 Karlsruhe
Peter Neumann ⑧
Genaue Anschrift des Ausstellers.
Unmittelbar unterhalb der Anschrift: Unterschrift des Ausstellers.

Angenommen
Tischlerei Holzwurm
Buchenweg 5
75015 Bretten
A. Holzwurm

Zweckform Einheitswechsel

38 : Elektronischer und kartengestützter Zahlungsverkehr

- **Electronic Banking** erlaubt über den Computer direkte Geschäfte mit einem Kreditinstitut. Hierzu benötigt man wie beim Internet Banking auch einen Computer, ein Modem und einen Telefonanschluss. Allerdings werden diese technischen Vorkehrungen ausschließlich zum Informationstransport, z. B. in Form der Beauftragung des Kreditinstituts zur Ausführung eines Überweisungsauftrages genutzt.

  Im **Internet Banking** hingegen kann es zum Transfer von virtuellem Geld kommen. Hier tauschen z. B. beim E-Cash Handelspartner Geld aus.

- **»*Pay later*«-Zahlungssysteme** sind typisch für Kreditkarten, welche die Bezahlung zeitlich verzögern und dementsprechend eine Kreditfunktion erfüllen.

  »*Pay now*«-Zahlungssysteme belasten bei Bezahlungen das Konto in kürzester Zeit. Verwandte Karten sind hier Debitkarten, die online die Ordnungsmäßigkeit und die Deckung des Kontos überprüfen kann.

  »*Pay before*«-Zahlungssysteme zeichnen sich dadurch aus, dass liquide Mittel auf einen Chip »getankt« werden müssen, bevor Zahlungen vom Chip erfolgen können.

- **POS-Systeme** ermöglichen eine online-Prüfung der durch Magnetstreifen eingelesenen Karten. Kreditinstitute haften für Ausführung der vorgenommenen Zahlungen. Diese Systeme sind i. d. R. für den Händler hinsichtlich der laufenden Kosten teuerer als POZ-Systeme, die eine billigere off line-Lösung darstellen.

  POZ-Systeme werden nicht mit Zahlungsgarantien vonseiten der Kreditinstitute versehen. Sie initiieren einen Lastschrifteinzug und führen nur für höhere Beträge eine Online-Abfrage durch.

39 : Auslandszahlungsverkehr

- **Lorokonto**

  Ein inländisches Kreditinstitut führt für ein ausländisches Kreditinstitut ein Konto, das auf inländische Währung lautet.

- **Nostrokonto**

  Ein inländisches Kreditinstitut unterhält bei einem ausländischen Kreditinstitut ein Konto, das auf ausländische Währung lautet.

- **Konnossement**

  Dies ist ein Orderpapier für den internationalen Seefrachtverkehr. Es dokumentiert den Empfang der Ware durch den Seefrachtführer, dessen Verpflichtung zur Beförderung und zur Aushändigung der Ware bei Dokumentenvorlage.

- **Frachtbrief**

  Er verkörpert ein Dispositionsrecht im Eisenbahngüter-, Straßengüter- und Luftfrachtverkehr.

- **Dokumenteninkasso**

  Es sichert dem Exporteur die »Zahlung gegen Dokumente« zu.

- **Dokumentenakkreditiv**

  Hier werden zusätzlich Garantien durch Kreditinstitute gegeben, die gegen das Risiko der Nichtleistung gerichtet sind.

40 : OHG / KG

(1) (a) Die Firma der OHG könnte beispielsweise folgende Namen tragen:

- Lehmann, Schlüter & Schmidt OHG
- Schlüter, Schmidt & Lehmann OHG
- Schmidt, Lehmann & Schlüter OHG
- LSS Büromöbel OHG
- Lehmann OHG
- Lehmann & Co. OHG
- Lehmann & Schlüter OHG
- Lehmann, Schlüter & Co. OHG

(b) Die Firma der KG könnte beispielsweise folgende Namen tragen:

- Lehmann & Schlüter KG
- Schlüter & Lehmann KG
- LS Büromöbel KG
- Lehmann KG
- Schlüter KG

(c) Peter Schmidt würde sich als Kommanditist im Hinblick auf die Haftung besser stellen als bei der OHG.

Dafür hätte er, sofern vertraglich keine besonderen Vereinbarungen getroffen sind, mehrere Nachteile:

- Er ist von der Geschäftsführung ausgeschlossen.
- Er ist von der Vertretung ausgeschlossen.
- Er erhält lediglich einen Gewinn, der in einem den Umständen nach angemessenen Verhältnis steht.
- Er kann seinen Geschäftsanteil nicht erhöhen, indem er auf Entnahmen verzichtet.

(2) (a) Die **vertraglich** vereinbarte Gewinnverteilung führt zu folgenden Werten:

18.000 € : 3 = **6.000 €**

Jeder Gesellschafter erhält danach einen Gewinnanteil von 6.000 €.

Die **handelsrechtlich** vorgesehene Gewinnverteilung führt zu folgenden Werten:

Lehmann	30.000 · 0,04	=	1.200 €	+	4.906 €	=	**6.106 €**
Schlüter	28.000 · 0,04	=	1.120 €	+	4.906 €	=	**6.026 €**
Schmidt	24.000 · 0,04	=	960 €	+	4.906 €	=	**5.866 €**
			3.280 €				

Gewinnrest, nach Köpfen zu verteilen (volle €): 14.720 € : 3 = 4.906 €

Wie zu sehen ist, liegt der vertragsmäßige Gewinnanteil des Peter Schmidt um 134 € höher.

(b) Die Vereinbarung, dass Peter Schmidt nur in Höhe seiner Einlage haftet, hat ausschließlich für das Innenverhältnis Bedeutung. Im Außenverhältnis – und damit auch gegenüber dem erwähnten Gläubiger – haftet Peter Schmidt in jedem Falle unmittelbar, unbeschränkt und solidarisch.

Somit muss er den Gläubiger befriedigen, auch wenn die Forderung über seinen Geschäftsanteil hinausgeht. Er hat im Innenverhältnis aber die Möglichkeit, den Teil der Forderungen von seinen Mitgesellschaftern zurückzuverlangen, der die vereinbarte Haftsumme übersteigt.

(3) Peter Schmidt kann nicht zum Ende des zweiten Geschäftsjahres kündigen, weil dies nur mit einer Frist von sechs Monaten möglich ist, die er nicht eingehalten hat.

41 : Stille Gesellschaft / GdbR / KG

(1)

Kriterium	Stille Gesellschaft	GdbR	KG
Firma	keine gemeinsame Firma	keine eigene Firma	Personenfirma
Art der Gesellschaft	keine Handelsgesellschaft	keine Handelsgesellschaft	Handelsgesellschaft
Wirkung der Gesellschaft	nach innen (Innengesellschaft)	nach außen (Außengesellschaft)	nach außen (Außengesellschaft)
Vermögen der Gesellschaft	kein Gesellschaftsvermögen	Gesamthandsvermögen der Gesellschafter	Gesamthandsvermögen der Gesellschafter
Geschäftsführung der Gesellschaft	liegt beim Geschäftsinhaber, nicht beim stillen Gesellschafter	sie steht grundsätzlich allen Gesellschaftern gemeinsam zu	sie steht grundsätzlich nur den Komplementären zu
Vertretung der Gesellschaft	liegt beim Geschäftsinhaber, nicht beim stillen Gesellschafter	sie steht grundsätzlich allen Gesellschaftern gemeinsam zu	sie steht grundsätzlich nur den Komplementären zu
Haftung der Gesellschaft	Geschäftsinhaber haftet entsprechend seiner Rechtsform, stiller Gesellschafter haftet Gläubigern gegenüber nicht	Gesellschafter haften grundsätzlich als Gesamtschuldner, Haftungsbeschränkung durch Vertrag mit Gläubigern möglich	Komplementäre haften gesamtschuldnerisch, Kommanditisten haften nur bis in Höhe ihrer Einlage

(2) (a) Die Vereinbarung, den stillen Gesellschafter an den während der Zeit seiner Kapitalbereitstellung entstehenden Reserven zu beteiligen, ist zulässig, wenngleich die grundlegende rechtliche Konstruktion der Stillen Gesellschaft dies nicht vorsieht.

(b) Deshalb spricht man bei Vorliegen einer derartigen Vereinbarung von der atypischen stillen Gesellschaft. Bei ihr wird der stille Gesellschafter – im Gegensatz zur typischen stillen Gesellschaft – steuerrechtlich als Mitunternehmer angesehen, seine Einkünfte aus der Stillen Gesellschaft sind Einkünfte aus Gewerbebetrieb.

(c) Der Einzelunternehmer weist den Kapitalanteil des stillen Gesellschafters nicht gesondert aus, es besteht weiterhin ein Kapitalkonto.

(d) Der Einzelunternehmer ist nicht berechtigt, den Kapitalanteil einzubehalten, sofern der Kapitalanteil des stillen Gesellschafters nicht durch Verlust gemindert ist.

Liegt keine Minderung des Kapitalanteiles vor, ist der Einzelunternehmer verpflichtet, die 5.000 € auszuzahlen. Bei einer Minderung des Kapitalanteils des stillen Gesellschafters um 2.000 € im Vorjahr, ist er andererseits berechtigt, den Kapitalanteil um 5.000 € aufzufüllen und nur 3.000 € an den stillen Gesellschafter auszuzahlen.

(3) Die Beschränkung der Haftung der Gesellschafter der GdbR gegenüber ihren Gläubigern muss vertraglich mit diesen vereinbart werden, nicht im Gesellschaftsvertrag.

Es empfiehlt sich, die Haftungsbeschränkung in die Geschäftsbedingungen der GdbR aufzunehmen, die als Grundlage des Geschäftsverkehrs dienen und üblicherweise auf der Rückseite von Angebotsschreiben, Bestellschreiben u. Ä. abgedruckt sind.

Mit Anerkennung der Geschäftsbedingungen wird dann auch die Haftungsbeschränkung vom Vertragspartner akzeptiert.

42 : Vergleich von Personen- und Kapitalgesellschaften

Kriterium	Personengesellschaft	Kapitalgesellschaft
Rechtspersönlichkeit	Die Gesellschaft stellt keine juristische Person dar.	Hier liegt eine juristische Person vor.
Vermögen der Gesellschaft	Es besteht ein Gesamthandsvermögen der Gesellschafter.	Die Gesellschaft als juristische Person weist ein eigenes Vermögen aus.
Befugnis zur Geschäftsführung und Vertretung	In der Regel sind alle Gesellschafter – mit Ausnahme der Kommanditisten der KG – zur Geschäftsführung und Vertretung befugt, soweit der Gesellschaftsvertrag nichts anderes besagt.	Kapitalgesellschaften haben für die Geschäftsführung bestimmte Organe (z. B. Geschäftsführender Gesellschafter, Vorstand).
Haftung	Gesellschafter sind mit Ausnahme des Kommanditisten der KG Vollhafter, die auch mit ihrem Privatvermögen haften können.	Die Haftung ist auf das Gesellschaftsvermögen beschränkt und für die einzelnen Gesellschafter auf ihren Anteil.

43 : GmbH

Ermittlung der Verzugszinsen (volle €)

• Gesellschafter Peters		0 €	
• Gesellschafter Meier			
Ausstehendes Nachschusskapital	10.000 · 0,07 · (9 : 12) =	525 €	
Ausstehendes Stammkapital	20.000 · 0,07 =	1.400 €	1.925 €
• Gesellschafter Wagner			
Ausstehendes Nachschusskapital			
01.04. - 31.10.	8.000 · 0,07 · (7 : 12) =	327 €	
01.11. - 31.12.	5.000 · 0,07 · (2 : 12) =	58 €	385 €
			2.310 €

Gewinnverteilung (volle €):

	Vorläufiger Gewinn	96.000 €
+	Verzugszinsen	2.310 €
=	Jahresüberschuss	98.310 €
–	Tantieme geschäftsführ. Gesellschafter (30 %)	29.493 €
–	Verlustvortrag	5.000 €
=	Zwischensumme/Körperschaftsteuerlich relevantes Einkommen	63.817 €
–	Einstellung in die Rücklage	3.191 €
=	Bilanzgewinn	60.626 €
–	Körperschaftsteuer aus Zwischensumme (25 % v. 63.817)	15.954 €
–	Solidaritätszuschlag (5,5 % auf Körperschaftsteuer)	877 €
=	Ausschüttungsfähige Gewinnanteile	43.795 €
–	Dividende auf Stammkapital (10 %)	40.000 €
–	Dividende auf Nachschusskapital (5 %)	2.000 €
=	**Gewinnvortrag**	**1.795 €**

Gesellschafter	Stammkapital	Nachschusskapital	Verzugszinsen Stammkapital	Verzugszinsen Nachschusskapital	Tantieme	Dividende Stammkapital	Dividende Nachschusskapital	Gewinnanteile		
								ausschüttungsfähig	Kapitalertragsteuer (20 %) Solidaritätszuschlag (5,5 %)	ausgezahlt
Peters	220.000	22.000	0	0	11.831	22.000	1.100	23.100	4.620 + 254 = 4.874	18.226
Meier	100.000	10.000	1.400	525	11.831	10.000	500	0	0	0
Wagner	80.000	8.000	0	385	11.831	8.000	400	3.400	680 + 37 = 717	2.683

44 : Aktiengesellschaft

(1) Gründungsbilanz bei voller Einzahlung des Nennbetrages der Aktien:

(a) Aktiva — Gründungsbilanz — Passiva

Aktiva		Passiva		
Vermögen	3.150.000	Gezeichnetes Kapital		3.000.000
		Kapitalrücklage		300.000
		Verlustvortrag	./.	150.000
	3.150.000			3.150.000

(b) Gründungsbilanz bei einer Einzahlung von 25 % des Nennbetrages der Aktien:

Aktiva — Gründungsbilanz — Passiva

Aktiva		Passiva		
Ausstehende Einlagen	2.250.000	Gezeichnetes Kapital		3.000.000
Vermögen	900.000	Kapitalrücklage		300.000
		Verlustvortrag	./.	150.000
	3.150.000			3.150.000

Wie aus der Bilanz zu erkennen ist, muss das Agio in voller Höhe geleistet werden, auch wenn der Nennbetrag der Aktien nicht voll eingezahlt wird.

(c) Bei einer Einzahlung, die unter dem Nennwert der Aktien liegt, dürfen nur Namensaktien ausgegeben werden. Ist vorgesehen, Inhaberaktien auszugeben, sind Interims- oder Zwischenscheine auszustellen, solange der Nennwert der Aktien nicht in voller Höhe eingezahlt ist.

(2)

Vorläufiger Jahresüberschuss	80.000 €
– Vorstandstantieme	10.000 €
– Aufsichtsratstantieme	6.000 €
= Jahresüberschuss	64.000 €
+ Gewinnvortrag	2.500 €
= Zwischensumme	66.500 €
– Einstellung in Gewinnrücklagen (gesetzliche Rücklage) (5 % von 64.000 €)	3.200 €
– Einstellung in Gewinnrücklagen (freie Rücklage) (20 % von 64.000 € – 3.200 €)	12.160 €
= Bilanzgewinn	51.140 €
– Dividende (10 % von 500.000 €)	50.000 €
= Gewinnvortrag	**1.140 €**

45 : Bilanz-/Ertragswertkurs/Rendite

(1) Bilanzkurs der Kosmetik AG $= \frac{600.000 + 30.000 + 65.000 + 5.000}{600.000} \cdot 100 = \mathbf{116{,}67\ \%}$

Bilanzkurs der Beauty AG $= \frac{300.000 + 15.000 + 130.000 + 1.000}{300.000} \cdot 100 = \mathbf{148{,}67\ \%}$

Der Bilanzkurs gibt Aufschluss über den inneren Wert der Aktien. Dieser ist bei der Beauty AG erheblich positiver zu beurteilen als bei der Kosmetik AG. Stille Reserven bleiben dabei unbeachtet. Ihre Aufdeckung kann zu einer Veränderung der ermittelten Werte führen.

Ertragswert der Kosmetik AG $= \frac{115.000}{1{,}1 - 1} = \mathbf{1.150.000\ €}$

Ertragswertkurs der Kosmetik AG $= \frac{1.150.000}{600.000} \cdot 100 = \mathbf{191{,}67\ \%}$

Ertragswert der Beauty AG $= \frac{62.000}{1{,}1 - 1} = \mathbf{620.000\ €}$

Ertragswertkurs der Beauty AG $= \frac{620.000}{300.000} \cdot 100 = \mathbf{206{,}67\ \%}$

Auch der Ertragswertkurs der Beauty AG ist günstiger zu beurteilen als der Ertragswertkurs der Kosmetik AG.

Weder der Bilanzkurs noch der Ertragswertkurs entsprechen dem Marktpreis, der – weil er an der Börse ermittelt wird – auch Börsenkurs genannt wird.

(2) Die effektive Verzinsung der von P. Merseburger erworbenen 50 €-Aktie der Beauty AG beträgt 5,72 %, da die Verzinsung sich auf den Kurswert, nicht auf den Nominalwert bezieht:

$$\frac{\text{Dividende}}{\text{Anschaffungskosten}} \cdot 100 = \frac{10{,}30}{180} \cdot 100 = \mathbf{5{,}72\ \%}$$

Beim Vergleich der effektiven Zinssätze erweist sich die Investition des Peter Merseburger nicht als vorteilhaft.

46 : Kursfindung / Kurszusätze

(1)

Ausführbar zum Kurs	Käufe	Verkäufe	Umsatz
184 €	775	250	250
186 €	625	380	380
188 €	*450*	*570*	*450*
190 €	250	810	250

Der Kurs nach dem Meistausführungsprinzip wird bei 188 € liegen, weil hier der größte Umsatz erfolgt. Da mehr Verkäufe möglich wären, wird ein Kurszusatz »bB« über das zu große Angebot informieren.

(2) Die Kurszusätze/Hinweise bedeuten:

(a) bezahlt Geld:
Die zum festgestellten Kurs limitierten Kaufaufträge müssen nicht vollständig ausgeführt sein. Es bestand weitere Nachfrage.

(b) gestrichen Geld:
Ein Kurs konnte nicht festgestellt werden, da überwiegend Nachfrage bestand.

(c) ohne Dividende:
Notierung am Tag des Abschlages der Dividende.

(d) Brief:
Zu diesem Preis bestand nur Angebot.

(e) *:
Kleine Beträge konnten nicht gehandelt werden.

47 : Vergleich Genussschein/Aktie

	Genussschein	Aktie
Rechtsstellung des Inhabers	Hier liegt eine Gläubigerposition vor, da steuerrechtlich Fremdkapital zugeführt wird.	Eingezahlte Beträge werden im gezeichneten Kapital ausgewiesen. Der Inhaber ist Miteigentümer der Gesellschaft.
Mitbestimmung	Der Genussscheininhaber hat kein Mitbestimmungs- und kein Kontrollrecht.	Liegen Stammaktien vor, hat der Inhaber alle Aktionärsrechte. Das Stimmrecht kann bei Vorzugsaktien entzogen werden.
Gewinnanspruch	Kann bei Eigenkapital ähnlichen Genussscheinen gegeben sein, wie aber auch alternativ hierzu eine Fremdkapital ähnliche Verzinsung.	Der Aktionär hat Anspruch auf Gewinn, der in Form der Dividende ausgezahlt wird.
Fristigkeit	Die Rückzahlung des Kapitals kann vorgesehen sein. Damit ist eine bestimmte Laufzeit des Genussscheines vorgegeben.	Die Laufzeit der Aktie ist unbefristet.

48 : Gründung

(1)

		KG	SG*)	GdbR	GmbH	AG
Anzahl der Gründer	mindestens 2	mindestens 1 Vollhafter und 1 Teilhafter	mindestens 2	mindestens 2	mindestens 1	mindestens 1
Notwendigkeit der notariellen Beurkundung	nein	nein	nein	nein	ja	ja
Notwendigkeit des Handelsregister-Eintrages	ja	ja	nein	nein	ja	ja
Haftung der Gründer *vor* Handelsregister-Eintrag	gesamtschuldnerisch	gesamtschuldnerisch auch Teilhafter	–	–	unbeschränkt, solidarisch	unbeschränkt, persönlich
Haftung der Gründer *nach* Handelsregister-Eintrag	gesamtschuldnerisch	Vollhafter gesamtschuldnerisch, Teilhafter bis zur Höhe der Einlage	–	–	bis zur Höhe der Stammeinlage, Nachschusspflicht möglich	bis zur Höhe ihres in der Aktie begründeten Anteils
Mindestkapitalhöhe	keine	keine	keine	keine	25.000 €	50.000 €

*) SG = Stille Gesellschaft

(2) Obwohl die Kommanditisten namentlich und mit der Höhe ihrer Einlage beim Handelsregister anzumelden sind, erfolgt keine Bekanntmachung dieser Daten, weil zu befürchten ist, dass eine Veröffentlichung potenzielle Kommanditisten davon abhalten könnte, sich an einer KG zu beteiligen.

Es könnte ein Ausweichen auf die Stille Gesellschaft erfolgen.

(3) Die Bestimmungen über die Nachgründung (§ 52 AktG) sollen den Gründern der AG die Durchführung einer Scheinbargründung erschweren, bei der eine externe Gründungsprüfung gegebenenfalls vermieden werden kann.

Insbesondere soll auch die Möglichkeit einer damit verbundenen Manipulation ausgeschlossen werden.

Das Namensaktiengesetz von 2001 beschränkt die Nachgründung auf Vertragsabschlüsse der Aktiengesellschaft mit ihren Gründern bzw. mit Aktionären, die mit mehr als 10 % beteiligt sind.

49 : Kapitalerhöhung bei der OHG

(1) Aktiva — Bilanz nach Kapitalerhöhung — Passiva

Aktiva		Passiva	
Anlagevermögen	80.000	Geschäftsanteil Wulf	78.000
Umlaufvermögen	96.500	Geschäftsanteil Meister	39.000
		Geschäftsanteil Pilz	19.500
		Verbindlichkeiten	40.000
	176.500		176.500

Durch die anteilige Erhöhung der Geschäftsanteile der OHG-Gesellschafter bleiben ihre Anteile an den stillen Reserven unverändert.

(2) **Vor** der Kapitalerhöhung waren die OHG-Gesellschafter im Verhältnis

	60.000 €	:	30.000 €	:	15.000 €
=	0,57	:	0,29	:	0,14

an den stillen Reserven beteiligt. Das waren

16.000 €	:	8.000 €	:	4.000 €
Wulf	:	Meister	:	Pilz

Nach der Kapitalerhöhung liegt die Beteiligung der OHG-Gesellschafter an den stillen Reserven bei:

	70.500 €	:	40.500 €	:	25.500 €
=	0,52	:	0,29	:	0,19

0,52	·	28.000 €	=	**14.560 €**	(Gesellschafter Wulf)
0,29	·	28.000 €	=	**8.120 €**	(Gesellschafter Meister)
0,19	·	28.000 €	=	**5.320 €**	(Gesellschafter Pilz)

Wie zu sehen ist, verschlechtert sich der Anteil an den stillen Reserven bei dem Gesellschafter, der den höchsten Geschäftsanteil vor der Kapitalerhöhung aufwies. Bei den anderen beiden Gesellschaftern erfolgt - durch die Nivellierung - eine Erhöhung ihrer Anteile an den stillen Reserven, die beim Gesellschafter Pilz besonders stark ist.

(3) Mit Aufnahme des neuen Gesellschafters stehen die Anteile an den stillen Reserven im Verhältnis:

	60.000 €	:	30.000 €	:	15.000 €	:	31.500 €
=	0,44	:	0,22	:	0,11	:	0,23

Das bedeutet, dass folgende Beteiligungen an den stillen Reserven folgende Werte annehmen:

0,44	·	28.000 €	=	**12.320 €**	(Gesellschafter Wulf)
0,22	·	28.000 €	=	**6.160 €**	(Gesellschafter Meister)
0,11	·	28.000 €	=	**3.080 €**	(Gesellschafter Pilz)
0,23	·	28.000 €	=	**6.440 €**	(neuer Gesellschafter)

Im Vergleich zu den Anteilen an den stillen Reserven, die vor der Kapitalerhöhung gegeben waren, verschlechtert sich die Höhe dieser Anteile bei den Alt-Gesellschaftern zu Gunsten des Anteils, der dem Neu-Gesellschafter zuzurechnen wäre.

50 : Kapitalerhöhung bei der AG (1)

(1) Das Bezugsverhältnis ergibt sich aus:

20.000.000 : 5.000.000 = **4 : 1**

Für vier alte Aktien wird eine neue Aktie ausgegeben.

(2) Das Bezugsrecht hat rechnerisch den folgenden Wert, wenn die Ausgabe der neuen Aktien zum Zeitpunkt der Dividendenauszahlung vorgenommen wird:

$$B = \frac{K_a - K_n}{\frac{a}{n} + 1} = \frac{130 - 90}{\frac{20.000.000 : 50}{5.000.000 : 50} + 1} = \mathbf{8\ €}$$

(3) Erfolgt die Ausgabe der neuen Aktien 3 Monate vor der Dividendenauszahlung, liegt der Wert des Bezugsrechtes bei:

$$B = \frac{K_a - (K_n + d)}{\frac{a}{n} + 1} = \frac{130 - [90 + 15\,(1 - \frac{3}{12})\,]}{5} = \mathbf{5{,}75\ €}$$

51 : Kapitalerhöhung bei der AG (2)

(1) Der tatsächliche Wert des Bezugsrechtes ergibt sich aus der Situation von Angebot und Nachfrage an der Börse, wo das Bezugsrecht gehandelt wird.

(2) Für das Unternehmen ergibt sich ein hoher Finanzierungseffekt.

Altaktionäre könnten dazu neigen, ihre Bezugsrechte zu verkaufen.

(3) Es dürfen verwendet werden:

- Die Kapitalrücklage und gesetzliche Rücklage, soweit sie zusammen größer sind als der zehnte Teil bzw. ein satzungsmäßig bestimmter höherer Teil des bisher gezeichneten Kapitals.

- Die Gewinnrücklage, soweit sie die »anderen Gewinnrücklagen« betrifft bzw. die satzungsmäßigen Rücklagen diesem Zweck entsprechen.

(4) Beteiligungsfinanzierung, genauer Umfinanzierung.

52 : Sanierung

(1) Die Bilanz der Werkzeugmaschinen AG hat nach der Kapitalherabsetzung folgendes Aussehen:

Aktiva	Bilanz nach	Kapitalherabsetzung	Passiva
Anlagevermögen	3.000.000	Gezeichnetes Kapital	1.500.000
Umlaufvermögen	1.000.000	Gesetzliche Rücklage	100.000
		Verbindlichkeiten	2.400.000
	4.000.000		4.000.000

Die Kapitalherabsetzung im Verhältnis 4 : 3 führt zu einer Verminderung des gezeichneten Kapitals um 500.000 €. Da der Verlustvortrag aber nur 400.000 € ausmachte, verbleiben 100.000 €, die der gesetzlichen Rücklage zugeführt werden müssen.

(2) Die Bilanz der Werkzeugmaschinen AG hat nach der Kapitalerhöhung das folgende Aussehen:

Aktiva	Bilanz nach	Kapitalerhöhung	Passiva
Anlagevermögen	3.000.000	Gezeichnetes Kapital	2.000.000
Umlaufvermögen	1.500.000	Gesetzliche Rücklage	100.000
		Verbindlichkeiten	2.400.000
	4.500.000		4.500.000

53 : Kreditwürdigkeitsprüfung

(1) Die Bank ist nach § 18 KWG verpflichtet, sich ab einem Kredit von 250.000 € die wirtschaftlichen Verhältnisse eines Kreditnehmers offen legen zu lassen. Sie kann hierauf verzichten, wenn Sicherheiten wie Grundschulden oder Bürgschaften, gestellt werden.

(2) Es sind zu unterscheiden:

- Die persönliche Kreditwürdigkeitsprüfung, die anhand folgender Kriterien die Vertrauenswürdigkeit des Kreditnehmers beispielsweise überprüft:
  - Zahlungs-/Geschäftsmoral
  - Geschäftliche und berufliche Qualifikation
  - Zuverlässigkeit

- Die wirtschaftliche Kreditwürdigkeitsprüfung, die insbesondere untersucht:
  - Wirtschaftliche und finanzielle Verhältnisse
  - Vermögensverhältnisse
  - Unternehmenssituation.

  Hierzu werden Jahresabschlüsse, Geschäfts- und Planungsunterlagen und auch der Zweck der Kreditausreichung überprüft. Im Bedarfsfalle werden Auskünfte eingeholt.

54 : Bürgschaft

(1) (a) Im vorliegenden Fall besteht eine Hauptschuld, für deren Erfüllung Wuttke sich verbürgt hat. Damit sind zwei Voraussetzungen für das Entstehen der Bürgschaft erfüllt. Die dritte Voraussetzung wird dagegen nicht erfüllt, die Schriftform der Bürgschaftsverpflichtung. Da Pensionär Wuttke kein Kaufmann ist, ist eine schriftliche Erklärung notwendig.

Wuttke lehnt mit Recht ab, die Zahlung zu leisten, da die Bürgschaft nicht rechtswirksam geworden ist.

(b) Unter der Annahme, Wuttke habe bezahlt und danach erst erfahren, dass die Bürgschaft gar nicht zu Stande gekommen ist, gelten zwar die obigen Ausführungen. Durch die Erbringung der Leistung ist der Formmangel aber geheilt worden, sodass Wuttke den Betrag nicht zurückfordern kann.

(2) Müßig wird sich nicht mit Erfolg unmittelbar an Meier wenden können, da Meier sich die Einrede der Vorausklage vorbehalten hat.

Meier kann die Befriedigung des Müßig verweigern, solange dieser nicht versucht hat, sich durch Zwangsvollstreckung gegen den Dall zu befriedigen und dabei erfolglos geblieben ist.

(3) Bei der selbstschuldnerischen Bürgschaft steht dem Bürgen keine Einrede der Vorausklage zu. Das unterscheidet sie von der gewöhnlichen Bürgschaft und der Ausfallbürgschaft.

Bei jeder Bürgschaft stehen dem Bürgen aber diejenigen Einwendungen und Einreden zu, zu denen der Schuldner berechtigt ist, auch wenn dieser darauf verzichtet hat (§ 768 BGB). Das sind beispielsweise:

- Mangel an der Sache
- Stundung des Kaufpreises
- Zurückbehaltungsrecht des Schuldners
- Verjährung der Forderung.

55 : Eigentumsvorbehalt (1)

(1) Solange sich die Rohstoffe unverarbeitet im Lager der Mertens KG befinden, ist der Eigentumsvorbehalt in der vereinbarten Form unproblematisch. Die Metall Handels GmbH kann die Herausgabe der Rohstoffe verlangen, wenn die Mertens KG nicht bezahlt.

(2) Hat die Mertens KG die Rohstoffe an die Werkzeugmaschinen GmbH weiterveräußert und war die Werkzeugmaschinen GmbH gutgläubig, ist das Eigentum auf sie übergegangen.

(3) Wenn die Mertens KG die Rohstoffe verarbeitet hat, ist das Eigentum auf sie übergegangen.

(4) Sind die Rohstoffe untergegangen, hat der Eigentumsvorbehalt der Metall Handels GmbH ebenfalls keinen Nutzen.

56 : Eigentumsvorbehalt (2)

(1) (a) Bei dieser Vereinbarung handelt es sich um einen verlängerten Eigentumsvorbehalt.

(b) Sein Vorteil besteht darin, dass der Lieferant sich nicht nur das Eigentum an den gelieferten Rohstoffen, sondern auch an den aus den Rohstoffen hergestellten neuen Erzeugnissen vorbehält bzw. sich – bei deren Verkauf – die Kaufpreisforderung abtreten lässt.

(c) Ein absoluter Schutz des Lieferanten ist aber auch beim verlängerten Eigentumsvorbehalt nicht gegeben. Wenn ein Käufer die von der Mertens KG gefertigten Erzeugnisse gutgläubig erwirbt, nützt der Metall Handels GmbH der verlängerte Eigentumsvorbehalt insoweit, als dass die entstehenden Forderungen im Voraus als Sicherheiten abgetreten werden.

(2) (a) Hier liegt ein erweiterter Eigentumsvorbehalt in Form des Kontokorrentvorbehaltes vor.

(b) Mit ihm wird die Sicherheit des Lieferanten gegenüber der Mertens KG vergrößert, insbesondere wenn eine Geschäftsbeziehung über längere Zeit gegeben ist.

57 : Pfandrecht/Sicherungsübereignung/-abtretung

(1) Die Entstehung des Pfandrechtes ist an drei Voraussetzungen geknüpft:

- Vorliegen einer Forderung, auf die sich das Pfandrecht bezieht.
- Einigung der Parteien, dass das Pfandrecht dem Gläubiger zustehen soll.
- Übergabe des Pfandes.

Die ersten beiden Voraussetzungen können im vorliegenden Falle problemlos erfüllt werden, die Übergabe des Pfandes hingegen widerspricht dem Zweck, der mit der Beschaffung des neuen Pkw erreicht werden soll. Scholz muss den Pkw berufsbedingt verfügbar haben, kann ihn also nicht verpfänden. Insofern ist seine Kritik an dem Angebot von Kunz berechtigt.

Es ist anzunehmen, dass Scholz eine Sicherungsübereignung vorgeschlagen hat. Sie stellt das Recht des Kunz an dem Pkw sicher, Scholz hat aber dennoch die Möglichkeit, den Pkw zu nutzen.

(2) Die Abtretung von Gehaltsansprüchen ist eine Möglichkeit der Sicherung, die besonders dann genutzt wird, wenn andere Sicherungen nicht verfügbar sind.

Wichtig ist aber, dass eine Gehaltsforderung nur zu einem bestimmten Teil der Pfändung unterworfen werden darf. Von den 1.650 € Nettogehalt pro Monat wäre demnach der »pfändungsfreie Betrag« abzusetzen, der dem Arbeitnehmer das Existenzminimum gewährleisten soll und entsprechenden Tabellen der ZPO entnommen werden kann.

58 : Grundpfandrecht

(1) Die Bedeutung liegt darin, dass beim Notverkauf diejenigen Gläubiger umso eher befriedigt werden, die über einen besseren Rang verfügen.

Praktisch bedeutet dies, dass die Gläubiger der ersten und zweiten Grundschuld voll befriedigt werden, der Gläubiger der dritten Grundschuld lediglich mit 10.000 €.

1. Grundschuld 50.000 €	Erlös aus Notverkauf 90.000 €
2. Grundschuld 30.000 €	
3. Grundschuld 40.000 €	

(2) Für die Form der Abtretung der Verkehrshypothek ist ausschlaggebend, ob es sich um eine Briefhypothek oder um eine Buchhypothek handelt.

Liegt eine Buchhypothek vor, ist zum Zwecke der Abtretung eine Umschreibung im Grundbuch erforderlich, die vom Gläubiger notariell bewilligt werden muss.

Bei einer Briefhypothek reicht es aus, den Hypothekenbrief schriftlich abzutreten, auch ohne dass damit ein Grundbucheintrag notwendig wird.

(3) Der grundlegende Unterschied zwischen Hypothek und Grundschuld ist darin zu sehen, dass die Hypothek akzessorisch ist, d. h. sie kann nur in Verbindung mit einer Forderung entstehen. Die Grundschuld ist dagegen nicht an das Bestehen einer Forderung gebunden und wird daher vornehmlich von der Kreditwirtschaft zur Besicherung von Krediten verwandt.

(4) Die Eigentümergrundschuld entsteht für denjenigen Teil einer Hypothek, für den keine Forderung vorliegt.

Das bedeutet, dass die Eigentümergrundschuld 100.000 € beträgt, wenn das Darlehen nicht zur Auszahlung gekommen und damit eine Forderung nicht entstanden ist.

Ist das Darlehen gewährt und zu 70 % zurückgezahlt worden, beträgt die Hypothek 30.000 € und die Eigentümergrundschuld 70.000 €. Bei einer völligen Rückzahlung des Darlehens umfasst die Eigentümergrundschuld 100.000 €.

59 : Lieferantenkredit

(1) Der mithilfe der praxisüblichen Faustformel ermittelte effektive Zinssatz beträgt:

$$r = \frac{S}{z-s} \cdot 360 = \frac{2}{30-10} \cdot 360 = \mathbf{36\ \%}$$

(2) Genauer lässt sich der effektive Zinssatz in folgender Weise berechnen:

$$r = \frac{S}{1-0{,}01\,S} \cdot \frac{365}{z-s} = \frac{2}{1-0{,}01 \cdot 2} \cdot \frac{365}{30-10} = \mathbf{37{,}24\ \%}$$

$$r_{eff} = \left(1 + \frac{r}{\frac{365}{z-s}}\right)^{\frac{365}{z-s}} - 1 = \left(1 + \frac{0{,}3724}{18{,}25}\right)^{18{,}25} - 1 = \mathbf{44{,}58\ \%}$$

Wie zu sehen ist, weicht der genauer ermittelte effektive Zinssatz nicht unwesentlich von dem Zinssatz, der mithilfe der Faustformel ermittelt wurde, ab.

(3) Durch die einseitige Ausweitung des Zahlungszieles von 30 Tagen auf 46 Tage ergibt sich bei der Pharma GmbH eine merkliche Verminderung des Effektivzinses:

Faustformel: $$r = \frac{2}{46-10} \cdot 365 = \mathbf{20{,}28\ \%}$$

Genauere Formeln: $$r = \frac{2}{1-0{,}01 \cdot 2} \cdot \frac{365}{46-10} = \mathbf{20{,}69\ \%}$$

$$r_{eff} = \left(1 + \frac{0{,}2069}{\frac{365}{46-10}}\right)^{\frac{365}{46-10}} - 1 = 1{,}0204^{10{,}14} - 1 = \mathbf{22{,}73\ \%}$$

Unter Ansatz der Faustformel vermindert sich der Effektivzinssatz bei Ausweitung des Zahlungszieles um 15,72 %, bei Verwendung der genauen Formel um 21,85 %.

60 : Kundenkredit

(1) Bei einer Anzahlung zu Vertragsabschluss von 500.000 € und vier, jeweils zum Jahresende zu zahlenden Raten von 420.000 € ergibt sich folgendes Bild:

$$420.000 \cdot \frac{q^n - 1}{q-1} = 420.000 \cdot 4{,}641000 = \mathbf{1.949.220\ €}$$

Der Vorschlag der Chemie AG ist für die Metallbau GmbH nicht vorteilhaft, da er einer Restzahlung von lediglich 1.949.220 € anstelle der geforderten 2.000.000 € gleichkommt. Insgesamt wären von der Chemie AG zu zahlen gewesen:

$$500.000 \cdot 1{,}464100 + 1.949.200 = 2.681.250\ €$$

(2) Zunächst ist der Wert des ursprünglichen Angebotes zum Ende des vierten Jahres zu ermitteln:

$$500.000 \cdot q^n + 2.000.000 = 500.000 \cdot 1{,}464100 + 2.000.000 = \mathbf{2.732.050\ €}$$

Das veränderte Angebot der Metallbau GmbH führt zu folgendem Wert am Ende des vierten Jahres:

$$585.000 \cdot \frac{q^n - 1}{q - 1} = 585.000 \cdot 4{,}641000 = \mathbf{2.714.985\ €}$$

Das veränderte Angebot der Metallbau GmbH liegt nur wenig unter dem ersten Angebot (17.065 €), aber beträchtlich über dem Vorschlag der Chemie AG:

$$2.714.985 - 2.681.250 = 33.735\ €$$

(3) Die einmalige Zahlung von 1.865.000 € ergibt:

$$1.865.000 \cdot q^n = 1.865.000 \cdot 1{,}464100 = \mathbf{2.730.546{,}50\ €}$$

Die getroffene Vereinbarung ist für die Metallbau GmbH vorteilhafter als die von ihr im Rahmen des veränderten Angebotes vorgeschlagene, von der Chemie AG abgelehnte Regelung. Sie kommt den ursprünglichen Forderungen der Metallbau GmbH sehr nahe.

61 : Kontokorrentkredit / Diskontkredit

Die Kapitalkosten für den Kontokorrentkredit belaufen sich auf:

$$100.000 \cdot 0{,}12 \cdot \frac{3}{12} = \mathbf{3.000\ €}$$

Die Kapitalkosten für den Diskontkredit betragen:

(1) Nach Faustformel

$$r = \frac{DB + DS}{KB} \cdot \frac{360}{WL} = \frac{100.000 \cdot \frac{0{,}09}{4} + 10}{100.000 - (100.000 \cdot \frac{0{,}09}{4} + 10)} \cdot \frac{360}{90}$$

$$r = \frac{2.250 + 10}{100.000 - 2.260} \cdot \frac{360}{90} = \mathbf{9{,}25\ \%}$$

$$100.000 \cdot 0{,}0925 \cdot \frac{3}{12} = \mathbf{2.312{,}50\ €}$$

Die Kapitalkosten für den Diskontkredit liegen – nach der Faustformel – um 687,50 € niedriger als beim Kontokorrentkredit.

(2) Genaue Formel

$$r = \frac{DB + DS}{KB} = \frac{2.250 + 10}{97.740} = \mathbf{0{,}023}$$

$$r_{eff} = (1 + r)^{\frac{365}{WL}} - 1 = (1 + 0{,}023)^{4{,}06} - 1 = \mathbf{9{,}67\ \%}$$

$$100.000 \cdot 0{,}0967 \cdot \frac{3}{12} = \mathbf{2.417{,}50\ €}$$

Unter Berücksichtigung der Unterjährigkeit ergibt sich – bei Verwendung der genauen Formel – ein etwas höherer effektiver Zinssatz. Entsprechend liegen die Kapitalkosten geringfügig höher.

Der Diskontkredit ist hier eine wesentlich günstigere Finanzierungsalternative, wenn die Kapitalkosten für die Beurteilung herangezogen werden. Allerdings weist der Diskontkredit merklich geringere Flexibilität auf. Insbesondere unterliegt er den strengen Vorschriften des Wechselgesetzes.

62 : Lombardkredit

Folgende Beleihungsgrenzen sind hinsichtlich des möglichen Kreditvolumens zu beachten:

Aktien bester Bonität	100.000 € · 70 %	=	70.000 €
Bundesanleihen	250.000 € · 80 %	=	200.000 €
Waren	400.000 € · 50 %	=	200.000 €
			470.000 €

Über die Verpfändung der Wertpapiere und Waren könnte kurzfristig ein zusätzliches Liquiditätsvolumen von 470.000 € geschaffen werden.

63 : Außenhandelskredit und internationale Finanzmärkte

(1) Das Unternehmen kann mittels eines Akzeptkredits einen von einem Kreditinstitut akzeptierten Wechsel als Zahlungs- oder als Kreditierungsmittel im Ausland einsetzen.

Eine weitere Möglichkeit der Erlangung internationaler Zahlungsfähigkeit bzw. Kreditwürdigkeit ist die Vereinbarung eines Avalkredits. Durch Bürgschaften von Kreditinstituten werden internationale Handelsgeschäfte und Investitionen besichert.

(2) Internationale Kreditmärkte bieten Kredite mit variablen Zinsen an, die in kurzen Zeitabständen verlängert werden mit einem an das aktuelle Marktniveau angepassten Zins. Diese Kredite können sein:

- **Roll-over-Eurodarlehen**, das in einem Festbetrag ausgegeben wird und unterschiedliche Tilgungsvarianten aufzeigt.
- **Revolvierender Roll-over-Eurokredit**, der wie ein Kontokorrentkredit flexibel in der Aufnahme wie auch in der Tilgung ist.
- **Stand-by-Roll-over-Eurokredit**, der eine Kreditlinie darstellt, die in Ausnahmefällen in Anspruch genommen werden kann.

64 : Darlehen (1)

(1) Bei **jährlicher Tilgung** in **gleichen Raten** ergibt sich:

$$r = \frac{Z + \frac{D}{t_m}}{K} \cdot 100 = \frac{8 + \frac{2}{3{,}5}}{98} \cdot 100 = \mathbf{8{,}75\ \%}$$

Genauer kann die effektive Verzinsung ermittelt werden, indem der obige Zinssatz (aufgerundet auf 9,0 %) in der folgenden Formel Verwendung findet:

$$r = \frac{Z + D\ \frac{q-1}{q^n - 1}}{K} \cdot 100 = \frac{8 + 2 \cdot (0{,}305055 + 0{,}218669) : 2}{98} \cdot 100 = \mathbf{8{,}70\ \%}$$

(2) (a) Bei **2 tilgungsfreien Jahren** ergibt sich:

$$r = \frac{Z + \frac{D}{t_f + \frac{(t - t_f) + 1}{2}}}{K} \cdot 100 = \frac{7 + \frac{5}{2 + 2{,}5}}{95} \cdot 100 = \mathbf{8{,}54\ \%}$$

Auch hier kann die effektive Verzinsung genauer ermittelt werden, wobei der errechnete Zinssatz (aufgerundet auf 9,0 %) Verwendung findet:

$$r = \frac{Z + D \cdot \frac{q-1}{q^n - 1}}{K} \cdot 100 = \frac{7 + 5 \cdot (0{,}218669 + 0{,}167093) : 2}{95} \cdot 100 = \mathbf{8{,}38\ \%}$$

Das Angebot der Handelsbank AG ist für die Stahlbau GmbH vorteilhafter als das Angebot der Stadtsparkasse.

(b) **Ohne** die beiden **tilgungsfreien Jahre** würde sich als Effektivverzinsung ergeben:

$$r = \frac{Z + \frac{D}{t_m}}{K} \cdot 100 = \frac{7 + \frac{5}{3{,}5}}{95} \cdot 100 = \mathbf{8{,}87\ \%}$$

Auch hier kann die effektive Verzinsung genauer ermittelt werden, wobei der Zinssatz 8,87 % (aufgerundet auf 9,0 %) Verwendung findet:

$$r = \frac{Z + D \cdot \frac{q-1}{q^n - 1}}{K} \cdot 100 = \frac{7 + 5 \cdot (0{,}305055 + 0{,}218669) : 2}{95} \cdot 100 = \mathbf{8{,}75\ \%}$$

Wie zu sehen ist, steigt der effektive Zinssatz, wenn die Tilgung über die gesamte Laufzeit des Darlehens erfolgt.

(3) **Darlehen der Stadtsparkasse**

Bei Tilgung mit Ende der Laufzeit ergibt sich:

$$r = \frac{8 + \frac{2}{6}}{98} \cdot 100 = \mathbf{8{,}50\ \%}$$

Genauer kann die effektive Verzinsung ermittelt werden, indem der errechnete Zinssatz in der folgenden Formel verwendet wird:

$$r = \frac{Z + D \cdot \frac{q-1}{q^n - 1}}{K} \cdot 100 = \frac{8 + 2 \cdot 0{,}134607}{98} \cdot 100 = \mathbf{8{,}44\ \%}$$

Darlehen der Handelsbank AG

$$r = \frac{7 + \frac{5}{6}}{95} \cdot 100 = \mathbf{8{,}25\ \%}$$

Auch hier kann die effektive Verzinsung genauer ermittelt werden, wobei der Zinssatz von 8,25 % Verwendung findet:

$$r = \frac{Z + D \cdot \frac{q-1}{q^n - 1}}{K} \cdot 100 = \frac{7 + 5 \cdot 0{,}135459}{95} \cdot 100 = \mathbf{8{,}08\ \%}$$

65 : Darlehen (2)

(1) Tilgungsplan bei **gleichen jährlichen Raten**

Jahr	Restschuld Jahresanfang	Zinsen	Tilgung	Jährlicher Rückzahlungsbetrag	Restschuld Jahresende
1	120.000	12.000	20.000	32.000	100.000
2	100.000	10.000	20.000	30.000	80.000
3	80.000	8.000	20.000	28.000	60.000
4	60.000	6.000	20.000	26.000	40.000
5	40.000	4.000	20.000	24.000	20.000
6	20.000	2.000	20.000	22.000	0
		42.000	120.000	162.000	

Tilgungsrate = 120.000 : 6 = 20.000

(2) Tilgungsplan bei **gleichen jährlichen Raten nach 2 tilgungsfreien Jahren**

Jahr	Restschuld Jahresanfang	Zinsen	Tilgung	Jährlicher Rückzahlungsbetrag	Restschuld Jahresende
1	120.000	12.000	0	12.000	120.000
2	120.000	12.000	0	12.000	120.000
3	120.000	12.000	30.000	42.000	90.000
4	90.000	9.000	30.000	39.000	60.000
5	60.000	6.000	30.000	36.000	30.000
6	30.000	3.000	30.000	33.000	0
		54.000	120.000	174.000	

Tilgungsrate = 120.000 : 4 = 30.000

(3) Tilgungsplan bei **gleichen jährlichen Annuitäten**

Jahr	Restschuld Jahresanfang	Zinsen	Tilgung	Annuität	Restschuld Jahresende
1	120.000,00	12.000,00	15.552,84	27.552,84	104.447,16
2	104.447,16	10.444,72	17.108,12	27.552,84	87.339,04
3	87.339,04	8.733,90	18.818,94	27.552,84	68.520,10
4	68.520,10	6.852,01	20.700,83	27.552,84	47.819,27
5	47.819,27	4.781,93	22.770,91	27.552,84	25.048,36
6	25.048,36	2.504,84	25.048,00	27.552,84	0,36
		45.317,40	119.999,64	165.317,04	0,36

Annuität = 120.000 · 0,229607 = 27.552,84 €

0,229607 = Kapitalwiedergewinnungsfaktor für 6 Jahre (10 %)

(4) Tilgungsplan bei **gleichen jährlichen Annuitäten nach 2 tilgungsfreien Jahren**

Jahr	Restschuld Jahresanfang	Zinsen	Tilgung	Annuität	Restschuld Jahresende
1	120.000,00	12.000,00	0	12.000,00	120.000,00
2	120.000,00	12.000,00	0	12.000,00	120.000,00
3	120.000,00	12.000,00	25.856,52	37.856,52	94.143,48
4	94.143,48	9.414,35	28.442,17	37.856,52	65.701,31
5	65.701,31	6.570,13	31.286,39	37.856,52	34.414,92
6	34.414,92	3.441,50	34.415,02	37.856,52	– 0,10
		55.425,98	120.000,10	175.426,08	– 0,10

Annuität = 120.000 · 0,315471 = 37.856,52 €

0,315471 = Kapitalwiedergewinnungsfaktor für 4 Jahre (10 %)

(5) Tilgungsplan bei **Tilgung mit Ende der Laufzeit**

Jahr	Restschuld Jahresanfang	Zinsen	Tilgung	Jährlicher Rückzahlungsbetrag	Restschuld Jahresende
1	120.000	12.000	0	12.000	120.000
2	120.000	12.000	0	12.000	120.000
3	120.000	12.000	0	12.000	120.000
4	120.000	12.000	0	12.000	120.000
5	120.000	12.000	0	12.000	120.000
6	120.000	12.000	120.000	132.000	0
		72.000	120.000	192.000	

66 : Schuldscheindarlehen / Industrieobligation

Kriterium	Schuldscheindarlehen	Industrieobligation
Voraussetzungen	Bank bzw. Vermittler nur beim indirekten Revolvingsystem; keine Kurspflege, da kein Börsenhandel erfolgt.	Bankenkonsortium, das die Emission und Kurspflege besorgt.
Schuldner	Neben Börsengesellschaften auch AG's, deren Aktien nicht amtlich gehandelt werden, sowie GmbH's und Personengesellschaften. Voraussetzung: Bedeutung in der jeweiligen Branche, überdurchschnittliche Bilanzverhältnisse, beste Bonität.	Nur Gesellschaften mit Emissionsrecht bzw. Börsenfähigkeit. Diese haben i.d.R. große Aktiengesellschaften.
Gläubiger	Nur Kapitalsammelstellen; insbesondere Versicherungen.	Institutionelle und private Zeichner, auch in Kleinbeträgen.
Ausgestaltung der Gläubigerrechte	Unverbriefte Forderungen, maßgeblich ist der Darlehensvertrag; bei Ausstellung von Schuldscheinen sind diese nur Beweisurkunden. Übertragung durch Forderungsabtretung möglich.	Verbrieft im Wertpapier (Teilschuldverschreibung). Als Inhaberpapier erfolgt die Übertragung durch Einigung und Übergabe.
Publizität	Anonyme Aufnahme und anonyme Hergabe.	Beim Schuldner publizitätspflichtig.
Ergiebigkeit des jeweiligen Teilmarktes	Beschränkt; wird aber durch das Revolvingsystem erhöht, da hierdurch kurzfristige Mittel langfristig nutzbar sind.	Groß wegen hoher Mobilität und Publizität.

Zeitpunkt der Kapitalaufnahme	Kapitalmarktverhältnisse im ganzen sind maßgebend; Platzierung gelingt immer, da Vorgespräche üblich.	Börsenverhältnisse maßgebend; Platzierung ist unsicher; Emission kann missglücken.
Mindestsumme	50.000 €	5.000.000 €
Höchstsumme	50.000.000 €	Keine Höchstbegrenzung
Eignung	Auch für kleinere Unternehmen geeignet, ratenweise Aufnahme möglich.	Nur für große Unternehmen geeignet, ratenweise Aufnahme schwer.
Verwertbarkeit	Daueranlage; eng begrenzte Möglichkeit der Zession; Schuldner-Genehmigung erforderlich.	Fungibel, d. h. börsenmäßig verwertbar.
Laufzeit	Sie kann elastisch vereinbart werden; ca. 3 bis längstens 15 Jahre.	Relativ unelastische Regelung, etwa 15 Jahre; höchstens 20 Jahre.
Tilgungsfreie Zeit	2 bis 5 Freijahre; sie richtet sich, wie auch die Gesamtlaufzeit, nach dem Einzelfall.	Freijahre möglich; sie richten sich nach der Gesamtlaufzeit.
Planmäßige Tilgung	Sie richtet sich nach Gesamtlaufzeit und Anzahl der Freijahre.	Gleiche von der Laufzeit abhängige Jahresraten, gegebenenfalls verstärkte Tilgung.
Außerplanmäßige Tilgung	Verstärkung der Tilgung nach Ankündigung.	Im Belieben des Schuldners ganz oder teilweise durch Auslosung oder Rückkauf.
Kosten	Laufende Kosten etwas über Kapitalmarktsatz; einmalige Kosten gering (1 bis 2 %)	Laufende Kosten am Kapitalmarkt orientiert; einmalige Kosten relativ hoch; z. B. 4 bis 5 % bei einem Übernahmekonsortium.

67 : Industrieobligationen

(1) Effektive Verzinsung bei **Tilgung in gleichen jährlichen Raten**

$$r = \frac{Z + \frac{R - K}{t_m}}{K} \cdot 100 = \frac{7 + \frac{4}{(10 + 1) : 2}}{96} \cdot 100 = \mathbf{8{,}05\ \%}$$

Genauer kann die effektive Verzinsung ermittelt werden, indem der obige Zinssatz (abgerundet auf 8,0 %) in folgender Formel Verwendung findet:

$$r = \frac{Z + (R - K)\frac{q - 1}{q^n - 1}}{K} \cdot 100 = \frac{7 + 4 \cdot (0{,}170457 + 0{,}136315) : 2}{96} \cdot 100 = \mathbf{7{,}93\ \%}$$

(2) Effektive Verzinsung bei **4 tilgungsfreien Jahren** und anschließender **Tilgung in jährlichen gleichen Raten**

$$r = \frac{7 + \frac{4}{4 + 3{,}5}}{96} \cdot 100 = \mathbf{7{,}85\ \%}$$

Genauer kann die effektive Verzinsung ermittelt werden, indem der errechnete Zinssatz 7,85 (aufgerundet auf 8,0 %) in der folgenden Formel übernommen wird:

$$r = \frac{Z + (R - K)\frac{q - 1}{q^n - 1}}{K} \cdot 100 = \frac{7 + 4 \cdot (0{,}112072 + 0{,}094015) : 2}{96} \cdot 100 = \mathbf{7{,}72\ \%}$$

(3) Effektive Verzinsung bei **4 tilgungsfreien Jahren** und anschließender **Tilgung in gleichen jährlichen Raten** bei einem **Rückzahlungskurs von 104 %.**

$$r = \frac{7 + \frac{8}{4 + 3{,}5}}{96} \cdot 100 = \mathbf{8{,}40\ \%}$$

Genauer kann die effektive Verzinsung ermittelt werden, indem der obige Zinssatz (abgerundet auf 8,0 %) in der folgenden Formel Verwendung findet:

$$r = \frac{Z + (R - K)\frac{q - 1}{q^n - 1}}{K} \cdot 100 = \frac{7 + 8 \cdot (0{,}112072 + 0{,}094015) : 2}{96} \cdot 100 = \mathbf{8{,}15\ \%}$$

68 : Optionsanleihe/Wandelschuldverschreibung

	Optionanleihe	**Wandelschuldverschreibung**
Rechtsstellung des Inhabers	Die Optionsanleihe bleibt während ihrer gesamten Laufzeit bestehen. Sie ist damit ein Gläubigerpapier, das dem Unternehmen Fremdkapital zuführt. Es besteht parallel hierzu ein Bezugsrecht auf Aktien.	Die Wandelschuldverschreibung ist vor dem Umtausch Fremdkapital und nach dem Umtausch Eigenkapital. Durch den Umtausch wird der Inhaber zum Aktionär.
Laufzeit	Bei der Ausgabe angegeben.	Abhängig vom Zeitpunkt des Umtausches.
Verzinsung	Niedriger verzinst als Normalanleihen, allerdings besteht ein Optionsrecht.	Vor dem Umtausch Normalverzinsung wie Anleihen, nach Umtausch Dividendenberechtigung.
Sicherheit	Die Optionsanleihe selbst entspricht in ihrem Risiko festverzinslichen Anleihen. Chancen und Risiken bestehen vor allem durch den Kauf der Optionsscheine, die auch gesondert von der Anleihe gehandelt werden können.	Vor dem Umtausch besteht ein den Anleihen typisches Risiko, während nach dem Umtausch die Wandelschuldverschreibung als Aktie Risikokapital mit allen damit verbundenen Problemen darstellt.

69 : Factoring

(1) Die Factor-Kosten betragen jährlich:

• Dienstleistungsgebühr		10.000.000 €	· 0,016 =	160.000 €
• Delkrederegebühr		10.000.000 €	· 0,009 =	90.000 €
• Kapitalkosten				
Umsatz		10.000.000 €		
Sperrbetrag	–	1.000.000 €		
Jährlich zu finanzierender Betrag	=	9.000.000 €		
Durchschnittlich zu finanzierender Betrag				
= 9.000.000 : (360 : 30) = 750.000		750.000 € · 0,08	=	60.000 €
				310.000 €

(2) Den Factor-Kosten stehen Einsparungen gegenüber, die zu folgender effektiven Belastung der Chemie AG führen:

Factor-Kosten	310.000 €/Jahr
– Personalkosten	85.000 €/Jahr
– Sonstige Kosten	20.000 €/Jahr
= Effektive Belastung	**205.000 €/Jahr**

Die Beurteilung, ob die Zusammenarbeit mit dem Factor vorteilhaft ist, darf also nicht nur die Factor-Kosten betreffen, sondern es sind auch die sich meist ergebenden Einsparungen zu berücksichtigen.

Weiterhin müsste auch Beachtung finden, dass der Umsatz durch die Einräumung von Zahlungszielen ebenfalls Kapitalkosten verursacht. Dementsprechend könnte weiter gerechnet werden:

10.000.000 : 12 = 833.333 €
833.333 · 0,08 = 66.667 €

Dieser Betrag wäre dann noch abzuziehen. Nachdem der Factor mit der Delcrederegebühr auch das Ausfallrisiko übernommen hat, müsste letztlich die Gebühr auch mit den in der Vergangenheit ausgefallenen und damit wertberichtigten Forderungen verglichen werden.

Es muss beachtet werden, dass in die Beurteilung der Vorteilhaftigkeit auch Überlegungen einfließen sollten, die sich auf die Abhängigkeit der Chemie AG vom Factor beziehen.

70 : Leasing

Der Vergleich von Leasing und Kreditkauf weist die folgenden Werte auf:

Jahr	Auszahlungen		Einzahlungen	Liquiditätsbelastung (kumuliert)	
	Kreditkauf	Leasing		Kreditkauf	Leasing
1	231.000	414.000	220.000	11.000	194.000
2	217.500	324.000	220.000	8.500	298.000
3	204.000	324.000	220.000	– 7.500	402.000
4	190.500	324.000	220.000	– 37.000	506.000
5	177.000	18.000	220.000	– 80.000	304.000
6	163.500	18.000	220.000	– 136.500	102.000
	1.183.500	**1.422.000**			

Es ist zu sehen, dass die Liquiditätsbelastung beim Leasing beträchtlich höher ist als beim Kreditkauf.

71 : Derivatives Instrumentarium

(1) Im Kassamarkt fallen Geschäftsabschluss und Geschäftserfüllung zeitlich in einer Transaktion zusammen. Der Terminmarkt lässt den Geschäftsabschluss für den jetzigen Zeitpunkt zu und verschiebt die für beide Handelspartner verbindliche Geschäftserfüllung in die Zukunft. Der Optionsmarkt verschiebt ebenso die Geschäftserfüllung in die Zukunft. Allerdings besteht für den Käufer einer Option ein Wahlrecht auf die Ausübung der Option.

(2) Es bestehen zwei Möglichkeiten:

- Das Unternehmen kann für die Zinsobergrenze des Cap einen höheren Zins wählen. Da nun der Zins entfernter vom aktuellen Marktzins ist und für den Cap-Verkäufer das Risiko geringer ist, dass der Referenzzins die Obergrenze erreicht, wird eine geringere Prämie durch den Cap-Käufer zu zahlen sein.
- Der Cap-Käufer kann die zu zahlende Cap-Prämie verringern, indem er gleichzeitig zum Cap-Kauf einen Floor-Verkauf mit einem Kreditinstitut abschließt. Aus dem Floor-Verkauf erhält das Unternehmen eine Prämie. Allerdings besteht das Risiko, dass an Zinssenkungen das kreditaufnehmende Unternehmen für die Laufzeit des Floor nur bis zur vereinbarten Floorgrenze teilnehmen kann. Diese Konstruktion nennt man Collar.

72 : Gewinnverteilung bei einer OHG

(1) Berechnung der durch HGB festgelegten vierprozentigen Verzinsung der Gesellschaftsanteile.

Gesellschafter X:		4 % von 500.000 €	=	20.000 €
	+	4 % auf 30.000 € für 180 Tage	=	600 €
		Gesamtverzinsung		20.600 €
Gesellschafter Y:		4 % von 350.000 €	=	14.000 €
	–	4 % auf 20.000 € für 240 Tage	=	533 €
	–	4 % auf 10.000 € für 60 Tage	=	67 €
		Gesamtverzinsung		13.400 €

Kopfanteil: [110.000 – (20.600 + 13.400)] : 2 = 38.000 €

Gesell-schafter	Entwicklung des Kapitalanteils	Verzinsung des Gewinnes	Kopf-anteil	Gesamt-gewinn
X	500.000 €			
	+ 30.000 €			
	530.000 €	20.600 €	38.000 €	58.600 €
Y	350.000 €			
	– 20.000 €			
	– 10.000 €			
	320.000 €	13.400 €	38.000 €	51.400 €
Gesamt:		34.000 €	76.000 €	110.000 €

73 : Selbstfinanzierung

(1) Voraussetzungen für die Finanzierung aus Umsatzerlösen sind:

- Die hierfür nötigen Größen (Gewinne, Abschreibungen oder Rückstellungen) werden in die Preise einkalkuliert.
- Die sich durch diese Kalkulation ergebenden Preise sind am Markt durchsetzbar.
- Der Verkauf von Gütern zieht Einzahlungen nach sich.

(2) Man unterscheidet die stille und die offene Selbstfinanzierung.

- Die stille Selbstfinanzierung erfolgt durch den Aufbau stiller Reserven, die eine positive Wertdifferenz zwischen dem Tagesbeschaffungswert und dem Buchwert darstellen und nicht aus der Bilanz ersichtlich sind.

  Stille Reserven entstehen

  – durch die Unterbewertung der Aktiva in Form von z. B. überhöhter Abschreibung oder Wertabschlägen auf das Umlaufvermögen

  – durch die Überbewertung der Passiva in Form von z. B. der Einstellung überhöhter Rückstellungen.

- Die offene Selbstfinanzierung bedingt das Vorliegen von Gewinnen, die in der Bilanz ausgewiesen und versteuert sind, aber nicht ausgeschüttet werden. Dieser Vorgang wird als Gewinnthesaurierung bezeichnet.

74 : Abschreibungen

(1) **Lineare Abschreibung**

$$a = \frac{200.000 - 21.475}{10} = \mathbf{17.852{,}50\ €}$$

Jahr	Jährliche Abschreibungsbeträge (€)
1	17.852,50
2	17.852,50
3	17.852,50
4	17.852,50
5	17.852,50
6	17.852,50
7	17.852,50
8	17.852,50
9	17.852,50
10	17.852,50

(2) **Arithmetisch-degressive Abschreibung**

Zunächst ist der Degressionssatz zu ermitteln:

$$D = \frac{200.000 - 21.475}{1 + 2 + 3 + 4 + 5 + 6 + 7 + 8 + 9 + 10} = \mathbf{3.245{,}91\ €}$$

Jahr	Jährliche Abschreibungsbeträge (€)
1	32.459
2	29.213
3	25.967
4	22.721
5	19.476
6	16.230
7	12.984
8	9.738
9	6.491
10	3.246

(3) **Geometrisch-degressive Abschreibung**

Zunächst ist der Abschreibungsprozentsatz zu ermitteln:

$$p = 100 \cdot \left(1 - \sqrt[n]{\frac{R_n}{B}}\right) = 100 \cdot \left(1 - \sqrt[10]{\frac{21.475}{200.000}}\right) = \mathbf{20\ \%}$$

Jahr	Jährliche Abschreibungsbeträge (€)
1	40.000
2	32.000
3	25.600
4	20.480
5	16.384
6	13.107
7	10.486
8	8.389
9	6.711
10	5.936

(4) **Leistungsbezogene Abschreibung**

Gesamtkapazität = 3 · 150.000 + 3 · 120.000 + 4 · 100.000 = **1.210.000**

Jahr	Jährliche Abschreibungsbeträge (€)
1	22.131
2	22.131
3	22.131
4	17.705
5	17.705
6	17.705
7	14.754
8	14.754
9	14.754
10	14.754

75 : Kapazitätserweiterungseffekt

Die Gesamt-Perioden-Kapazität entwickelt sich in folgender Weise:

Jahr	Zahl der Maschinen zu Jahresanfang	Anschaffungswert	Buchwert	Abschreibung	Maschinenzugang	Maschinenabgang
1	40	400.000	400.000	40.000	4	0
2	44	440.000	400.000	44.000	4	0
3	48	480.000	400.000	48.000	5	0
4	53	530.000	400.000	53.000	5	0
5	58	580.000	400.000	58.000	6	0
6	64	640.000	400.000	64.000	6	0
7	70	700.000	400.000	70.000	7	0
8	77	770.000	400.000	77.000	8	0
9	85	850.000	400.000	85.000	8	0
10	93	930.000	400.000	93.000	10	40
11	63	630.000	400.000	63.000	6	4
12	65	650.000	400.000	65.000	7	4
13	68	680.000	400.000	68.000	6	5
14	69	690.000	400.000	69.000	7	5
15	71	710.000	400.000	71.000	7	6
16	72	720.000	400.000	72.000	8	6
17	74	740.000	400.000	74.000	7	7
18	74	740.000	400.000	74.000	7	8
19	73	730.000	400.000	73.000	8	8
20	73	730.000	400.000	73.000	7	10

Wie zu sehen ist, stabilisiert sich die erweiterte Kapazität nach dem 15. Jahr zunehmend.

Die Gesamt-Perioden-Kapazität ist im 20. Jahr auf das 1,8-fache der Erstausstattung angewachsen.

76 : Pensionsrückstellungen

Durch die Bildung einer Pensionsrückstellung in Höhe von 1.000.000 € ergibt sich bei der Chemie AG folgender Finanzierungseffekt:

	Gewinn vor Körperschaftsteuer	2.500.000 €
–	Pensionsrückstellung	0 €
=	Körperschaftsteuerpflichtiger Gewinn	2.500.000 €
	Körperschaftsteuer (25 %)	625.000 €
	Gewinn vor Körperschaftsteuer	2.500.000 €
–	Pensionsrückstellung	1.000.000 €
=	Körperschaftsteuerpflichtiger Gewinn	1.500.000 €
	Körperschaftsteuer (25 %)	375.000 €
	Körperschaftsteuer ohne Pensionsrückstellung	625.000 €
–	Körperschaftsteuer mit Pensionsrückstellung	375.000 €
=	**Finanzierungseffekt**	**250.000 €**

77 : Finanzwirtschaftliche Analyse (1)

Aktiva	Vorjahr Tsd. €	Berichtsjahr Tsd. €
I. Anlagevermögen		
Bilanzansätze »Sachanlagen«	112	130
+ stille Reserven:		
a) Grundstück	3	5
b) Maschinen	2	4
c) Betriebs- und Geschäftsausstattungen	10	20
	127	159
Bilanzansätze »Finanzanlagen«	6	11
	133	170
II. Umlaufvermögen		
1. Mittel I. Grades		
Schecks, Kassenbestand, Bundesbank- und Postbankguthaben, Guthaben bei Kreditinstituten	26	30
2. Mittel II. Grades		
Wechsel	1	2
Forderungen L.u.L. 50 %	34	39
sonstige Vermögensgegenstände 50 %	3	5
	38	46
3. Mittel III. Grades		
Forderungen L.u.L. 50 %	34	39
sonstige Vermögensgegenstände 50 %	3	5
Vorräte	75	72
Aktive Rechnungsabgrenzung	4	5
	116	121
Summe Aktiva	**313**	**367**
Passiva		
I. Eigenkapital		
Gezeichnetes Kapital	70	70
Rücklagen	32	47
Bilanzgewinn	40	30
Stille Reserven Aktiva	15	29
Stille Reserven Passiva	10	12
	167	188

II. Fremdkapital		
1. kurzfristig		
Andere Rückstellungen	20	24
Verbindlichkeiten aus L.u.L.	12	18
Verbindlichkeiten gegenüber Kreditinstituten 50 %	12	15
Sonstige Verbindlichkeiten 50 %	6	4
Passive Rechnungsabgrenzung	1	2
	51	63
2. mittelfristig		
Verbindlichkeiten gegenüber Kreditinstituten 50 %	12	15
Sonstige Verbindlichkeiten 50 %	06	04
	18	19
3. langfristig		
Pensionsrückstellungen	20	24
Verbindlichkeiten gegenüber Kreditinstituten	57	73
	77	97
Summe Passiva	**313**	**367**

Erläuterungen zur Aufbereitung

Die Einteilung des Umlaufvermögens in Mittel I., II. und III. Grades sowie des Fremdkapitals in kurz-, mittel- und langfristig kann keinen Anspruch auf volle Richtigkeit erheben. Auf jeden Fall wurde im Interesse des Gläubigerschutzprinzips die Aufbereitung vorsichtig vorgenommen, d. h. Mittel, bei denen es fraglich ist, welchem Grad sie zuzuordnen sind, wurden in den höheren Grad eingestellt.

Die stillen Reserven wurden zu den entsprechenden Aktivposten addiert, bei den Pensionsrückstellungen auf der Passivseite dagegen abgezogen. Zum Ausgleich erhöhte sich das Eigenkapital um den Betrag der gesamten stillen Reserven. Der Näherungswert im Berichtsjahr bei der Bilanzposition andere Anlagen, Betriebs- und Geschäftsausstattung errechnet sich wie folgt:

Die im Vergleich zum Buchwert hohen Abschreibungen deuten auf das Vorhandensein von geringwertigen Wirtschaftsgütern hin. Unterstellt man hier eine durchschnittliche Nutzungsdauer von vier Jahren, ergibt sich wirtschaftlich eine Abschreibung von einem Viertel der Zugänge. Bei einem durchschnittlichen Anschaffungszeitpunkt um die Jahresmitte sind demnach 12,5 % von 15 Tsd. €, etwa 2 Tsd. € gerechtfertigt.

Die Abschreibung auf den Restbuchwert per 1.1. kann ohne Anhaltspunkt ebenfalls nur geschätzt werden. Sie wird mit rund einem Drittel von 10 Tsd. €, und zwar mit 3 Tsd. € angenommen. Insgesamt belaufen sich somit die wirtschaftlich vertretbaren Abschreibungen auf 5 Tsd. € gegenüber einem Bilanzansatz von 15 Tsd. €, die im Berichtsjahr zusätzlich gelegten stillen Reserven betragen 10 Tsd. €.

78 : Finanzwirtschaftliche Analyse (2)

Bildung und Erläuterung der Relationen

Überblick mit Prozentausweisen:

Aktiva	Vorjahr Tsd. €	Vorjahr %	Berichtsjahr Tsd. €	Berichtsjahr %
I. Anlagevermögen	133	42,5	170	46,3
II. Umlaufvermögen				
Mittel I. Grades	26	8,3	30	8,2
Mittel II. Grades	38	12,1	46	12,5
Mittel III. Grades	116	37,1	121	33,0
	180	57,5	197	53,7
	313	100,0	367	100,0
Passiva				
I. Eigenkapital	167	53,4	188	51,2
II. Fremdkapital				
kurzfristig	51	16,3	63	17,2
mittelfristig	18	5,7	19	5,2
langfristig	77	24,6	97	26,4
	146	46,6	179	48,8
	313	100,0	367	100,0

(1) Vermögensstruktur

Die Vermögensstruktur gibt darüber Auskunft, wie anlageintensiv ein Unternehmen ist:

	Vorjahr	Berichtsjahr
Anlagevermögen	42,5 %	46,3 %
Umlaufvermögen	57,5 %	53,7 %

Das Unternehmen ist nicht sehr anlageintensiv. Die Steigerung des Vorjahres gegenüber dem Berichtsjahr könnte auf Kapazitätserweiterung und/oder Rationalisierungsmaßnahmen schließen lassen.

Weiteren Aufschluss gibt eventuell ein Vergleich mit Branchendurchschnittszahlen, die im Einzelfall dem Statistischen Jahrbuch der Bundesrepublik Deutschland zu entnehmen sind.

(2) Kapitalstruktur

Die Kapitalstruktur drückt das Verhältnis Eigenkapital zu Fremdkapital aus:

	Vorjahr	Berichtsjahr
Eigenkapital	53,4 %	51,2 %
Fremdkapital	46,6 %	48,8 %

Ebenso wie bei der Vermögensstruktur kann man auch hier nicht ein bestimmtes Verhältnis als gut oder schlecht bezeichnen. Dementsprechend kann wiederum ein Vergleich mit dem Branchendurchschnitt aufschlussreich sein.

Allgemein besteht die Forderung, dass das Eigenkapital möglichst hoch sein soll, um seine investitionstechnische, kreditwirtschaftliche und betriebspolitische Funktion optimal erfüllen zu können.

Die Eigenkapitalstruktur hat sich im Vergleich vom Vorjahr zum Berichtsjahr leicht verschlechtert, da die Steigerung des Eigenkapitals durch den gleichzeitigen Anstieg des Fremdkapitals mehr als kompensiert wurde. Die Stärkung der Kapitaldecke dürfte wahrscheinlich ein unternehmenspolitisches Ziel der Zukunft sein.

(3) Finanzstruktur

	Vorjahr	Berichtsjahr
Eigenkapital	53,4 %	51,2 %
Anlagevermögen	42,5 %	46,3 %
	+ 10,9 %	+ 4,9 %
Langfristiges Fremdkapital	24,6 %	26,4 %
	35,5 %	31,3 %

Das Anlagevermögen wird in beiden Jahren voll durch Eigenkapital gedeckt. Diese Situation kann als zufriedenstellend bezeichnet werden, auch wenn mit dem Anstieg des Anlagevermögens eine Minderung der Eigenkapitaldecke verbunden ist. Es ist gelungen, die Zugänge im Anlagevermögen größtenteils durch Aufnahme zusätzlicher langfristiger Mittel zu finanzieren.

(4) Liquidität

Eine externe Liquiditätsbeurteilung anhand des Jahresabschlusses enthält aus verschiedenen Gründen Ungenauigkeiten (vgl. Textteil). Der Feststellung der einzelnen Liquiditätsgrade und der Ermittlung der Über-/Unterdeckung kommt deshalb nur Näherungscharakter zu.

	Vorjahr		Berichtsjahr	
	Tsd. €	%	Tsd. €	%
Liquidität I. Grades				
Mittel I. Grades	26	8,3	30	8,2
Fremdkapital (kurzfristig)	51	16,3	63	17,2
Unterdeckung	25	8,0	33	9,0

Liquidität II. Grades				
Mittel II. Grades	38	12,1	46	12,5
Fremdkapital (mittelfristig)	18	5,7	19	5,2
Überdeckung	20	6,4	27	7,3
– Unterdeckung I. Grades	25	8,0	33	9,0
Unterdeckung	5	1,6	6	1,7
Liquidität III. Grades				
Mittel III. Grades	116	37,1	121	33,0
Fremdkapital (langfristig)	77	24,6	97	26,4
Überdeckung	39	12,5	24	6,6
– Unterdeckung II. Grades	5	1,6	6	1,7
Überdeckung	34	10,9	18	4,9

Die Liquiditätslage des Unternehmens ist zufriedenstellend. Es ergibt sich zwar erst bei der Liquidität III. Grades eine Überdeckung, dem ist aber entgegenzuhalten, dass die Aufteilung der Mittel und des Fremdkapitals mit großer Vorsicht vorgenommen wurde. Zudem ist zu berücksichtigen, dass der Jahresabschluss nach dem Stichtagsprinzip erstellt wird, während die Liquidität eine zeitraumbezogene Rechnung ist.

79 : Finanzwirtschaftliche Analyse (3)

Bewegungsbilanz

Mittelverwendung			Mittelherkunft		
I. Anlageinvestitionen			I. Finanzierung aus		
Sachanlagen	2.000		Anlagenabgängen	300	
Finanzanlagen	200	2.200	Abschreibungen	730	1.030
II. Zugänge Umlaufvermögen			II. Eigenkapitalerhöhung		1.070
Forderungen	800		III. Langfrist. Fremdkapital		
Flüssige Mittel	400	1.200	kurzfr. Verbindl.	1.000	
III. Abbau von Fremdkapital			Rückstellungen	50	1.050
kurzfr. Verb.	1.000				
Rückstellungen	– 50		IV. Abbau der Vorräte		1.000
Bilanzgewinn	– 200	750			
		4.150			4.150

Die Anlageninvestitionen (2.200) wurden aus eigenen Mitteln (1.030 + 1.070) finanziert. Kurzfristiges Fremdkapital wurde abgebaut (750) durch Umschuldung (1.050). Der Abbau der Vorräte (1.000) hat zu Zugängen im Umlaufvermögen (1.200) geführt.

80 : Return on Investment

Unternehmen	X	Y	Z
Gesamtkapitalrendite	20 %	10 %	10 %
Umsatzrendite	10 %	10 %	5 %
Kapitalumschlag	2	1	2

Die Betrachtung der Gesamtkapitalrendite ergibt eine Reihenfolge der Unternehmen:

X vor Y und Z.

Die RoI-Bestandteile Umsatzrendite und Kapitalumschlag vertiefen diese Analyse:

- Die Umsatzrendite zeigt, dass hier das Unternehmen Z am schlechtesten abschneidet. Die Umsatzrendite von nur 5 % lässt vermuten, dass im leistungswirtschaftlichen Bereich die Kostenstrukturen unzureichend sind bzw. die Umsatzerlöse bei gegebenen Kosten unterdurchschnittlich sind. Hier müsste die Preisfestsetzung überprüft werden.

- Der Kapitalumschlag zeigt, dass Unternehmen Y nur halb so gut abschneidet wie X und Z. Dringend bei Unternehmen Y zu untersuchen wäre das betriebsnotwendige Vermögen. Maßnahmen die eine verringerte Kapitalbindung (geringe Läger, Leasing, Factoring) mit sich bringen, sind in die Überlegung einzubeziehen.

Stichwortverzeichnis

Stichwortverzeichnis